# A COMPENDIUM

OF

# ECCLESIASTICAL HISTORY,

BY

## DR JOHN C. L. GIESELER,

CONSISTORAL COUNSELLOR AND ORDINARY PROFESSOR OF THEOLOGY IN GOTTINGEN.

FOURTH EDITION REVISED AND AMENDED.

TRANSLATED FROM THE GERMAN,

BY THE

REV. JOHN WINSTANLEY HULL, M.A.,

INCUMBENT OF ST MICHAEL'S, GRIMSARGH.

VOLUME IV.

WIPF & STOCK · Eugene, Oregon

Wipf and Stock Publishers
199 W 8th Ave, Suite 3
Eugene, OR 97401

A Compendium of Ecclesiastical History, Volume 4
Fourth Edition Revised and Expanded
By Gieseler, John C. L. and Hull, John Winstanley
Softcover ISBN-13: 978-1-6667-3536-9
Hardcover ISBN-13: 978-1-6667-9236-2
eBook ISBN-13: 978-1-6667-9237-9
Publication date 9/28/2021
Previously published by T. & T. Clark, 1853

This edition is a scanned facsimile of
the original edition published in 1853.

# CONTENTS OF THE THIRD PERIOD.

## FOURTH DIVISION.

FROM THE REMOVAL OF THE PAPAL SEE INTO FRANCE TO THE COUNCIL OF PISA FROM 1305—1409

### FIRST CHAPTER

HISTORY OF THE PAPACY

I —HISTORY OF THE POLITICAL CONSTITUTION OF THE PAPACY AT AVIGNON UNTIL THE SCHISM FROM 1305—1378

|   |   | Page |
|---|---|---|
| § 98. Clement V. 1305—1314, | . . . . | 2 |
| 99 John XXII A D. 1334, | . . . . | 18 |
| 100 Benedict XII. Clement VI. A D. 1352, | . | 44 |
| 101 Innocent VI Urban V. Gregory XI. A D. 1378, | . | 64 |

II —HISTORY OF THE ECCLESIASTICAL CONSTITUTION OF THE PAPACY AT AVIGNON

| 102. Completion of the Papal Code, | . . . | 72 |
|---|---|---|
| 103. Ecclesiastical Usurpations, | . . . | 73 |

III —HISTORY OF THE PAPAL SCHISM

| 104 Rise and progress of the Schism, | . . . | 95 |
|---|---|---|
| 105. Oppressions of the Church, | . . . . | 99 |
| 106 Attempts to end the Schism, | . . | 109 |
| 107. Effects of the Schism on the general opinion of the Church, | | 115 |

## SECOND CHAPTER

### HISTORY OF THE HIERARCHY OF NATIONAL CHURCHES

|  | Page |
|---|---|
| § 108. Their relation to the State, | 122 |
| 109. Internal relations of the Diocesan Hierarchy, | 131 |
| 110. Moral condition of the Clergy, | 133 |

## THIRD CHAPTER

### HISTORY OF MONASTICISM

| | |
|---|---|
| 111. History of the Earlier Endowed Orders, | 139 |
| 112. Agency of the Mendicant Orders, | 142 |
| 113 Internal History of the Franciscan Order, | 148 |
| 114. New Orders, | 157 |
| 115. Independent Ecclesiastical Communities, | 158 |

## FOURTH CHAPTER

### HISTORY OF THEOLOGICAL SCIENCE

| | |
|---|---|
| 116. Third Period of Scholastic Theology, | 168 |
| 117 Mystic Theology, | 176 |
| 118. History of the Remaining Theological Sciences, | 190 |

## FIFTH CHAPTER.

### HISTORY OF RELIGION AMONG THE PEOPLE

| | |
|---|---|
| 119 | 197 |

## SIXTH CHAPTER.

### HISTORY OF CHURCH DISCIPLINE

| | |
|---|---|
| 120. Ecclesiastical Rewards and Punishments, | 205 |
| 121. Synodal Tribunals, | 216 |

## SEVENTH CHAPTER

### HISTORY OF HERETICAL SECTS

| | |
|---|---|
| 122. History of the Earlier Sects, | 218 |
| 123. Flagellants, | 227 |

## EIGHTH CHAPTER
### EFFORTS FOR REFORM

| | Page |
|---|---|
| § 124. In Bohemia, | 233 |
| 125. John Wycliff, | 242 |

## NINTH CHAPTER

| | |
|---|---|
| 126. Lithuanians, Laplanders, Mongols, | 258 |
| 127. Persecutions and Conversions of the Jews, | 260 |

## FIRST APPENDIX.
### HISTORY OF THE GREEK CHURCH.

| | |
|---|---|
| 128. Efforts for Union with the Latin Church, | 263 |
| 129. Hesychastic Controversy, | 267 |

## SECOND APPENDIX.

| | |
|---|---|
| 130. History of the remaining Oriental Churches, | 271 |

# FIFTH DIVISION.
## FROM THE COUNCIL OF PISA TO THE REFORMATION. 1409—1517.

### FIRST CHAPTER
#### HISTORY OF THE PAPACY.

| | |
|---|---|
| 130. (Edit. 1) Council of Pisa, | 278 |
| 131. Council of Constance, | 285 |
| 132. Council of Basle, | 312 |
| 133. Nicolas V. Calixtus III. Pius II. Paul II., | 344 |
| 134. Sixtus IV. Innocent VIII. Alexander VI | 377 |
| 135. Pius III. Julius II. Leo X. | 399 |
| 136. General Position. | 416 |

# THIRD PERIOD.

## DIVISION IV.

FROM THE REMOVAL OF THE PAPAL SEE TO FRANCE, TO THE COUNCIL OF PISA. FROM 1305-1409

### PRINCIPAL SOURCES.

Albertınus Mussatus, Poet Laureate and Statesman in Padua († 1330) · Historia Augusta s. de gestis Henrici VII. libb xvi De gestis Italicorum post mortem Henrici VII. libb xii down to 1329 Ludovicus Bavarus, from 1327 to 1329 inclusive, in Muratori rerum Ital scriptt. T. x. Ludov. Bavarus best in Bohmer's fontes rerum Germ. i. 170 —Giovanni Villani, Statesman in Florence Historie Fiorentine libb xii, down to 1348 in Muratori T xiii., continued in xi. libb. by his brother Matteo Villani down to 1363, and from lib xi c 61 by his son Filippo Villani down to 1364 in Muratori T xiv. (On this historical work see Gervinus hist. Schriften, Frankf a. M 1833 s 24 Donniges Kritik d Quellen f. d Gesch. Heinrich's VII., Berlin 1841, S 107 )—Joannes de Winterthur, or Vitoduranus, a Franciscan (Chronicon from Innocent III. down to 1348, in Eccardi corp. scriptorum med. aevi T. i., better in the Thesaurus historiae Helveticae, Tıguri 1735. fol. p. 1 ss.)—M. Albertus Argentinensis (Chronicon from 1273 to 1378 in Urstisii German historicorum ii 95.)—Fritsche (*i. e* Friedrich) Closener's (Canon at Strasburg † 1384) Strassburgische Chronik, down to 1362 (in the Bibliothek d. literar. Vereins in Stuttgart i 1843), is taken for his groundwork by Jacob Twinger v Konigshoven (Priest at Strasburg † 1420) in his Elsassischen Chronik, which, edited by him in a longer form down to 1414, in a shorter down to 1386, has been publisht in the latter shape by Joh Schilter, Strasburg 1698. 4. cf. Jac Twingerum Regiovillanum solemni eruditorum examini subjicit S. F. Hollaender, Argent. 1789. 4.—Detmar, Franciscan Lecturer at Lubeck, wrote from 1385 to 1395 his Chronicle from 1101 to 1395 (with a continuation down to 1482 publisht by F. H Grautoff die lubeckischen Chroniken in niederdeutscher Sprache 2 Th Hamburg 1829. 30.)—Gobelinus Persona Dean in Bielefeld, † about 1424, see Leben v. Rosenkranz, in Erhard's and Gehrkhen's Zeitschr f. vaterland Gesch. u Alterthumskunde, Bd. 6, Munster 1843 S. 1) Cosmodromium down to 1418, divided into 6 aetates, publisht from Aet. vi c 69 or from the year 1347 onwards, independently and alone, in H. Meibomii rerum Germanicarum i. 53.

# FIRST CHAPTER.

### HISTORY OF THE PAPAL SEE.

Sources The antient Lives of the Popes; Vitae Paparum Avenionensium ed. St Baluzius. Tomi ii. Paris 1693 4 The Lives of all the Popes of this age scattered through Muratori scriptt. rer. Ital. T. iii. P. i. and ii. Besides: Theodorici de Niem (literarum apostolicarum abbreviatoris) vitae Pontiff. Rom (from 1288—1418) additis Imperatorum gestis (in Eccardi corpus hist. medii aevi i. 1461 )

Histoire politique de la monarchie pontificale au xiv. siècle, ou la Papauté à Avignon, par l' Abbé J. F. André, Paris 1845.

I. HISTORY OF THE POLITICAL RELATIONS OF THE PAPAL SEE IN AVIGNON UNTIL THE SCHISM.
1305—1378.

§ 98.

CLEMENT V (5. JUN 1305—20. APR. 1314 )

Clement V., by taking up his residence in France, and by fixing his see at Avignon from the year 1309, introduced a dilemma into the state of Papal politics, which could not but be very hurtful to his influence over the faithful. In their dealings with other States, the French Pontiffs from their safe retreat promulgated with increasing arrogance the principles of the Pope's universal monarchy : but in France they not only had to see these principles continually set aside, but also in their whole sphere of operation, they were so dependent upon the nod of the

French court, that they never ventured, except by stealth, to oppose them to its policy.

Clement V.[1] was not only obliged to revoke in form the encroachments of his predecessor Boniface VIII. upon France (1306),[2] but also to allow proceedings to be instituted against

[1] Giov. Villani hist. Fiorent. viii. c. 80 (in Muratori xiii. 418) puts the following conditions in the mouth of King Philip, as those which he made with Clement, when he helpt him to mount the Papal throne : Le sei spetiali gratie, ch'io voglio da te, sono queste. La prima, che tu mi riconcilii perfettamente colla Chiesa, e facciami perdonare il misfatto, ch'io commissi per la presura di Papa Bonifatio. La seconda di ricomunicare me, e miei seguaci. La terza, che mi concede tutte le decime per 5 anni del mio Reame, per ajuto alle spese fatte alla guerra di Fiandra. La quarta, che tu mi prometti di disfare e anullare la memoria di Papa Bonifatio. La quinta, che tu renda l'honore del Cardinalato a Messier Jacopo, e Messer Piero della Colonna (comp. Part 2, § 59, note 14) e rimetteralli in stato, e facci con loro insieme certi miei amici Cardinali. La sesta gratia e promessa mi riserbo a luogo e a tempo, ch'è secreta e grande Clement had promised all per sacramento in sul Corpus Domini. It is as certain that Philip did impose conditions on the Pope, as that this detailed dramatical account of Villani cannot be verbally correct, see Donniges Kritik d. Quellen f. d. Gesch. Heinrichs VII. s. 125. Schlosser's Weltgesch IV. i. 24.

[2] Clementin. lib. iii. tit. 17 : Quoniam ex constitutione Bonifacii P. VIII. praedecessoris nostri, quae incipit *Clericis laicos*, et ex declaratione, seu declarationibus (see Part 2, § 59, note 6 and 9) ex illa postmodum subsequutis nonnulla scandala, magna pericula, et incommoda gravia sunt sequuta, et ampliora sequi, nisi celeri remedio succurratur, praesumitur verisimiliter in futurum : nos de consilio fratrum nostrorum constitutionem, et declarationem, seu declarationes praedictas, et quidquid ex eis sequutum est vel ob eas, penitus revocamus, et eas haberi volumus pro infectis, volentes et firmiter statuentes, illud contra quoscumque laicos, exigentes seu extorquentes ab Ecclesiis ecclesiasticisque personis tallias seu collectas,—inviolabiliter observari, quod super his a praedecessoribus nostris in Lateranensi, et generali conciliis (see Part 2, § 63, note 15 and 16)—salubriter est provisum. Extravagant. commun. lib. v. lit. 7. c. 2 : Meruit carissimi filii nostri Philippi, Regis Francorum illustris, sincerae adfectionis ad nos et Ecclesiam Romanam integritas, et progenitorum suorum praeclara merita meruerunt, meruit insuper regnicolarum puritas ac devotionis sinceritas, ut tam Regem quam regnum favore benevolo prosequamur. Hinc est, quod nos Regi et regno per definitionem et declarationem bonae memoriae Bonifacii P. VIII. praedecessoris nostri, quae incipit *Unam sanctam* (Part 2, § 59, note 26), nullum volumus vel intendimus praejudicium generari. Nec quod per illam Rex, regnum, et regnicolae praelibati amplius Ecclesiae sint subjecti Romanae, quam antea existebant : sed omnia intelligantur in eodem esse statu, quo erant ante

him, which wounded the Papal dignity to the quick.³ Then Philip the Fair began the persecution of the Templars in a highly arbitrary manner (13. Oct. 1307): Clement pardoned the transaction, and sided with the persecutor.⁴ The Pope

definitionem praefatam, tam quantum ad Ecclesiam, quam etiam ad Regem, regnum et regnicolas superius nominatos. According to the contemporary Bernard Guido (Quarta vita Clementis V in Baluzii vitae PP. Aven. i. 64) both Bulls date from the 1st Feb. 1306. The Bull *Unam sanctam* was not at any rate hereby repealed. Further, about this time it was furnished with a gloss by Johannes Monachus, in which all its assertions were defended, demonstrated, and commented on. Comp also Alvarus Pelagius de planctu Eccl. i. c 60, below § 99, note 15.

³ Comp. Part 2. § 59. note 39. According to Villani viii. c. 91, at an interview with the Pope in Poictiers, 1307, Philip prest him hard to fulfil his promise, *ch'elli condannasse la memoria di Papa Bonifatio, e facesse ardere le sue ossa e corpo :* The Pope escaped by means of a subterfuge : He engaged to summon a general council at Vienne for the execution of this difficult undertaking. However in 1309 he was forced to open a formal inquiry with regard to Boniface, in which Nogaret and Du Plessis came forward as accusers (Raynald 1309 note 4). The acts of the inquiry are in Du Puy hist du differend entre le Pape Boniface VIII. et Philippe le bel, Paris 1655 fol. p 325. The evidence of several Cardinals before a Papal Commission 14. Apr. 1311 and following days, is publisht by Hofler in the Abhandl. d. hist. Classe d. baierischen Akad. d. Wiss. Bd. 3. Abth. 3. (1843) S. 45.

⁴ Comp. P. Dupuy hist de la condemnation des Templiers, Paris 1650. 4 with many additions Bruxelles 1751. 4. Raynouard monumens histor. relatifs à la condamnation des chevaliers du temple et à l'abolition de leur ordre. Paris 1813 W. F. Wilcke Gesch. des Tempelherrnordens (3 Bde. Leipzig 1826—35) i 234. E. A. Schmidt's Gesch v. Franckreich i. 692. W. Havemann's Gesch. d. Ausgangs des Tempelherrenordens. Stuttg. u. Tübingen 1846. In the year 1306 the Grandmaster, James of Molay, came from Cyprus to France at the Pope's invitation to consult about a new crusade (Raynald ann. 1306 no. 12): but although he was honourably received even in Paris (Raynouard p 17), Philip nevertheless entertained secret designs against the order, comp. Clementis ep. ad Philippum dd. 24. Aug. 1307 (in Baluzii vitae PP. Aven ii. 75) : Sane a memoria tua non credimus excidisse, quod Lugduni et Pictavis de facto Templariorum zelo fidei devotionis accensus nobis tam per te quam per tuos pluries locutus fuisti, et per Priorem monasterii novi de Pictavo aliqua intimari curasti. Et licet ad credendum quae tunc dicebantur, cum quasi incredibilia et impossibilia viderentur, nostrum animum vix potuerimus applicare ; quia tamen plura incredibilia et inaudita extunc audivimus de praedictis, cogimur haesitare.—Quia vero magister militiae Templi ac multi praeceptores—a nobis, nedum semel, sed pluries cum magna

ventured to oppose nothing but mean cunning to the urgent

instantia petierunt, quod nos super illis eis falso impositis, ut dicebant, vellemus inquirere veritatem;—nos—diligentis inquisitionis indaginem infra paucos dies—propter hoc instanti die Veneris civitatem Pictaviensem intraturi proponimus inchoare etc   The result of this Papal inquiry was without doubt in favour of the Templars : however Philip, supported by a requisition from the Inquisitor, William of Paris, his father-confessor (secret order of the 14th Sept. 1307 in Ménard hist. de la ville de Nismes T. i., Paris 1750. 4, Preuves p. 195), gave orders for the general arrest of the Templars in France on the 13th Oct. 1307, and then allowed the enquiry to begin at once.   In the articles subjoined to this order, the secular authorities were instructed : cum eis [templariis] primo per se inquirant, commissariis inquisitoris subsequenter vocatis, et veritatem, examinent omnimodo quo poterunt, etiam ubi faciendum viderint per tormenta.   The errors of the Templars, against which the inquiry was to be directed, were thus stated : Illi, qui recipiuntur, petunt primo panem et aquam illius Ordinis, et postmodum Praeceptor vel Magister recipiens eum ducit secrete post altare, vel in sacristiam, seu locum similem, et eis ostendit crucem cum effigie Domini nostri J. Chr., et facit eum qui recipitur negare prophetam, scil Dominum J. Chr., cujus est illa figura, et hoc ter, et qualibet vice spuere supra crucem ; et postea exuitur suis vestibus qui recipitur, et recipiens osculatur eum in capite spinae dorsi sub balteo, et secundo osculatur eum in umbilico, tertio in ore ; et dicit ei, quod si quis frater Ordinis velit se commiscere sibi concubitu, hoc sustineat, quia hoc tenetur facere juxta statuta Ordinis, et quod ob hoc plures ex eis super sodomiam ad invicem se commiscent ; et cum recipiuntur, singulis cordis lineis cinguntur, quas toto tempore vitae suae portare tenentur, et dicitur quod in quodam idolo quod adorant involutae fuerunt ; item quod Presbyteri illius Ordinis non conficiunt sacramentum altaris ;— item quod habent quoddam idolum in forma capitis hominis, quod in capitulis provincialibus adorant, sed hoc nesciunt omnes fratres, sed antiqui.   (In some examinations the name Baffometus, i.e. Mahomet in the Provençal dialect, as Mosques are called Bafomairia, appears for this idol. Thus in the examination at Carcassone in Raynouard p. 291 : Gauzerand de Montpézat—dit, que le chef, qui le recevait, lui montra une idole dorée, ayant la forme d'homme avec de la barbe : ce chef lui déclara, qu'elle était faite *in figuram Baffometi.*—Raymond Rubei dépose, que celui qui le recevait lui montra un bois où était peinte *figura Baffometi,* et illam adoravit osculando sibi pedes, dicens *yalla,* verbum Saracenorum.   In a trial at Florence it was deposed, in Raynouard p 295., that one Templar had called aloud to the rest : adorez cette tête : istud caput vester Deus est et vester *Mahumet.*)   The enquiry was conducted with cruelty: many confest (Continuator Guilelmi de Nangiaco in d'Achery spicil. iii 60 : eorum nonnulli sponte quaedam praemissorum vel omnia etiam lacrimabiliter sunt confessi. Alii quidem, ut videbatur, poenitentia ducti, alii autem diversis tormentis quaestionati, seu comminatione vel eorum aspectu perterriti, alii blandis tracti promissionibus et illecti,

alii arcta carceris inedia cruciati vel coacti, multipliciterque compulsi.
Multi tamen penitus omnia negaverunt, et plures, qui confessi primo
fuerunt, ad negationem postea reversi sunt, in ea finaliter persistentes,
quorum nonnulli inter ipsa supplicia perierunt), in several places all
confest (thus did 45 in Aigues-mortes, 15 in Nismes, see the minutes
in Ménard l. c. p. 197): only the greater part knew nothing of an
idol, and of the unconsecrated Host  Even the Grandmaster confest
repeatedly (Clementis V. vita i. in Baluzii vitae Paparum Aven. p. 10;
again in October 1307 congregatione generali omnium magistrorum et
scholarium cujusque Facultatis facta apud Templum, Magister trans-
marinus adductus et quidem alii coram omnibus confessi sunt quosdam
articulorum praedictorum, et dixerunt aliqui eorum, quod credebant,
hunc modum professionis suae maledictae coepisse jam erant quadraginta anni et amplius, et hactenus fuerat occultatum.  Item in alia
congregatione coram Universitate Magister et alii plures totum simpliciter sunt confessi, et Magister pro toto Ordine. p. 11 : Parisiensis
Universitas, praecipue Magistri in theologia requisiti—mittere confessionem Magistri Templi et quorundam aliorum magnorum, sabbato
post ascensionem Domini (1308)—per manum tabellionis scriptam
dictam confessionem Regi mandaverunt, et copiam literarum Magistri
Templi, quibus omnibus fratribus suis intimabat, quod haec et haec
fuerat confessus, et quod idem confiterentur omnes, velut antiquo
decepti errore.)  The Pope was at first roused to anger by this proceeding (see Letters to all French Bishops and Inquisitors of the 5th
July 1308 in Guilelmi Majoris Episc Andegav. gesta c. 49. d'Achery
spicileg. ii. 199 : Dudum Templariorum subitam captionem, quam ad
nostri apostolatus et fratrum nostrorum pertulit vulgatus rumor auditum, quia rationes et causae, quae—Philippum Regem—induxerant ad
hujusmodi captionem, tibique Guilermo suggesserant Regem super hoc
requirere, nostram—latebant notitiam, non immerito nos et fratres ipsi
dolentes suscepimus, cum per te Guilermum praedictum nobis, quibus
quodammodo vicinus eras in januis, nihil intimatum fuisset ; ac praeci-
piti festinatione processus per vos contra ipsos habiti, et ut timebatur
habendi, super quo inaudita publica referebat assertio, grandis suspi-
cionis materia in nostra et fratrum ipsorum mentibus exstitit suscitata.
Propter quod omnem quae habebatis in negotio potestatem de praedictorum fratrum concilio suspendentes, ad nos negotium ipsum totaliter
duximus revocandum.  The minutes of the examinations were then
transmitted to him : Multa per eosdem processus contra ipsos apparent
fuisse reperta, de quibus modicam habebamus verisimilem conjecturam,
nec ad illa credenda nostrae mentis opinio poterat inclinari.) However
after that 72 Templars had repeated their confessions before him, and
the Cardinals at Poictiers in June 1308 (see the Bull Regnans in caelis
of 12. Aug. 1308 in Mansi xxv. 371: Multos de Praeceptoribus, Presbyteris, Militibus et aliis Fratribus dicti Ordinis, reputationis non
modicae, in nostra praesentia constitutos, praestito ab eis juramento,
quod super praemissis meram et plenam nobis dicerent veritatem, super
praedictis interrogavimus, et usque ad numerum septuaginta duorum
examinavimus, multis ex fratribus nostris nobis assistentibus diligenter.
Eorumque confessiones per publicas manus in authenticam scripturam

desire of the ambitious monarch to procure the Imperial throne vacated by the death of Albert I. († 1308) for his own brother Charles of Valois.[5] True the imposing spectacle of a general council assembled at Vienne (from 16. Oct. 1311—6. May 1312) furnisht the Pope with the means of escaping the disgrace of condemning his predecessor;[6] but in return for this at the same

redactas, illico in nostra et dictorum fratrum nostrorum praesentia, ac deinde interposito aliquorum dierum spatio in Consistorio legi fecimus coram ipsis, et illas in suo vulgari cuilibet eorum exponi. Qui perseverantes in illis, eas expresse et sponte, prout recitatae fuerant, approbarunt), likewise also the Grandmaster and five Praeceptors before a deputation of three Cardinals at Chinon in August (l. c. and the report of these Cardinals on the proceeding in Du Puy, p. 240. The Grandmaster acknowledged only the apostatizing, all askt and received absolution): Then Clement appointed ecclesiastical commissions of enquiry for all Christian realms, by the Bulls, Regnans in caelis and Faciens misericordiam dd. 12 Aug. 1308 (Du Puy p. 242 and 252. Mansi xxv. 369.) To these Bulls 127 articles of Inquisition were affixt (in Du Puy p. 262. Michelet p. 89), in which some additional charges, for instance the worship of a cat, are brought forward. The Papal commission appointed for France, carried on the enquiry at Paris from 7. August 1309 to 26. May 1311 in a very humane manner. The minutes may be found translated in Moldenhawer's Process gegen den Orden der Tempelherrn, Hamburg 1792, in the Latin original in Michelet Procès des Templiers T. I. Paris 1841. 4. belonging to the collection de documents inédits sur l'hist. de France. The minutes of the enquiry carried on in England may be seen in the Concilia Magnae Brit. et Hiberniae ii. 329.

[5] Publickly he seemed to recommend Charles to the Electoral Princes (see Olenschlager's Staatsgeschichte des rom. Kaiserthums in der ersten Hälfte des 14ten Jahrh. Frankf. a M. 1755. 4. Urkundenbuch S. 12. ff.): in private he forwarded the election of Henry Count of Luxemburg (Villani lib. viii. c. 101). F. W. Barthold's Romerzug Konig Heinrichs v. Lutselburg (2 Th. Konigsberg 1830. 31.) i. 303.

[6] Preliminary thereto was the Bull of 27. April 1311 (in Raynald ad h. a. no. 26 ss ) After the recital of the progress of the prosecution and defence down to this time, it continues : Nos—apud eundem Regem —irstitimus,—ut rejectis anfractibus denunciationum et objectionum hujusmodi—ipsius negotii prosecutionem nostrae et Ecclesiae ordinationi relinqueret,—ita quod nos et eadem Ecclesia—ex officii nostri debito ad ipsius negotii cognitionem,—et totalem decisionem procedere—ac finem congruum eidem imponere deberemus.—Competenti super his inquisitione praehabita comperimus, quod, etsi etiam— denunciatores— ad denunciationes,—ac dictum Regem ad requisitionem praedictam— faciendas objectorum veritas, de quibus certi non sumus, forsitan non movisset · ipsos tamen ad hoc praeconcepta malignitas, aut mala causa non impulit, sed bonus, sincerus et justus zelus induxit : unde—denun-

council he sacrificed the Templars to the ambitious King,[7] without any sufficient proof of the guilt of the Order.[8]

ciatores—et dictum Regem—extra omnem calumniam fuisse et esse, ac bono, sincero et justo zelo, ex fervore catholicae fidei processisse,—tenore praesentium declaramus.—Quibus pronunciationibus—factis—cum in negotio memorato vellemus ulterius—procedere,—illi qui defensioni—dicti Bonifacii se—offerebant, negotium hujusmodi in officii nostri mera et libera potestate sponte ac libere dimiserunt : ac demum praefatus Rex—pro se ac universis regnicolis regni sui—nostris in hac parte requisitionibus de abundantia regalis clementiae per effectum operis acquievit.—Motum et zelum dicti Regis in hac parte ex fervore fidei—prodeuntem non immerito approbantes, et sonoris laudum efferentes praeconiis, ac volentes praefato Regi et suis adversus futura pericula sic plene prospicere,—quod inclytae domus et regni Franciae fama celebris,—nullis obloquentium morsibus—in posterum pateat;—omnes sententias latas ab homine vel a jure, constitutiones, declarationes non inclusas in sexto libro Decretalium, in quantum praejudicant, vel possent praejudicare honori, statui, juribus et libertatibus dictorum Regis et regni, regnicolis assertoribus, denunciatoribus, delatoribus,—relaxamus, revocamus, irritamus, annullamus, cassamus —Et si qua calumnia, macula, sive nota ex praemissis denunciationibus,—aut quibuscunque contumeliis, blasphemiis—eidem Bonifacio—illatis—praefato Regi, posteritati suae,—et denuntiatoribus,—nec non et adjutoribus—ex captione, insultu et aggressione praedictis—impingi, imponi, vel imputari possent in posterum quoquo modo ; hujusmodi calumnias, notas, maculas—totaliter abolemus et tollimus.—So the decision of the Council in acquittal of Boniface might be foreseen (Villani IX., c. 22. Raynald ann. 1312. no. 15 ) On the other hand, all passages offensive to Philip were obliterated from the Registrum Bonifacii, (Raynouard monumens hist. relatifs à la condamn des Chevaliers du Temple p. 190 : a list of these may be seen in Raynald ann. 1311. no. 32 ss.)

[7] Bernardus Guido in vita Clementis (Baluz. i. 58) records that the Pope in privato consistorio on 22. March 1312 had decreed the suppression of the order, and at the second session of the Council 3. April announced this decree praesente Rege Franciae Philippo cum tribus filiis suis, cui negotium erat cordi (comp. contin. chron Guil. de Nangis in d'Achery spicil. iii. 65 ) The Bull of suppression Ad providam (in Mansi xxv. 389. Rymer-Clarke II. i. 167) is dated 2. May 1312. Here we find : Dudum siquidem Ordinem domus militiae templi Hierosolymitani propter magistrum et fratres—variis—infandis—obscoenitatibus, pravitatibus, maculis et labe respersos,—ejusque Ordinis statum, habitum atque nomen,—*non per modum diffinitivae sententiae*, cum eam super hoc secundum inquisitiones et processus super his habitos non possemus ferre de jure (to-wit as this Contin. Guil. de Nangis l. c. declares, cum Ordo ut Ordo non esset adhuc convictus : the acknowledged crimes of individuals were regarded as proved), *sed per viam provisionis*, seu ordinationis apostolicae, irrefragabili et perpetuo valitura sustulimus sanctione. With regard to the possessions of the

CH 1.—PAPACY IN 1378.—I. POLIT HIST. § 98. CLEMENT V 9

Order it was decreed, ut Ordini hospitalis s. Joannis Hierosolymitani— in perpetuum unirentur :—exceptis bonis—Ordinis—consistentibus in regnis—Castellae, Aragoniae, Portugalliae et Majoricarum regum illustrium (in Aragon the Order of Montesa founded in 1317 received these possessions, in Portugal the Order of Christ founded in 1319; see Havemann's Gesch. d. Ausgangs d. Tempelherrnordens s. 336. That the Order of St John, notwithstanding the payment of vast sums over to the Pope and King, still did not come into possession of all their property, may be seen in Raynouard p. 197. Havemann S. 333, Wilcke ii. 63.) It is remarkable that even after this Papal Bull of suppression, the Council of Tarragona (10 Aug. 1312 ff.) pronounced the Templars of this place guiltless, after a previous examination, and decreed them a maintenance (Mansi xxv. 516 : The publication of the minutes of this Council promised by Peter de Marca, was never accomplisht.) The Grandmaster, James of Molay, was sentenced to imprisonment for life : When, however, he revoked his confession, he was burnt to death on 11. March 1314, together with another chief of the Order. (Cont. chron. de Nangis in d'Achery iii. 67. Villani viii. c 92. Raynouard p 205. ss.)

8 Some even of the writers of the day thought that Philip had supprest the Order unjustly out of covetousness, see Chronique de Godefroy de Paris in Buchan collection de chroniques ix. 221 :

> Dyversement de ce l'on parle
> Et au monde en est grant bataille ;
> Mais je ne sais que vous en die.
> Li uns dient que par envie,
> Li autres dient autrement.

Villani viii. c 92. Jo. Boccacius († 1375) de casibus virorum illustrium (see Bulaei hist. Univ. Paris. iv. 110.) Especially Albericus de Rosate, Jurist about 1350, in his Dictionarium juris ed. Venet. 1601 s. v. Templo : Templarii erant magnus ordo in Ecclesia, et erant milites strenui b. Mariae Et destructus fuit ipso tempore Clementis Papae ad procurationem Regis Franciae. Et, sicut audivi ab uno qui fuit examinator causae et testium, destructus fuit contra justitiam. Et mihi retulit, quod ipse Clemens protulit hoc : etsi non per viam justitiae possit destrui, destruatur tamen per viam expedientiae, ne scandalizetur carus filius noster Rex Franciae. Thus also the historians, F. Closener († 1384 Bibliothek d. literar. Vereins in Stuttgard i. 51 f.), Detmar (1385 Grautoff's Lubeckische Chroniken i. 190), Antoninus Florentinus († 1459 in Raynald ann. 1307 no. 12), and Joannes Trithemius († 1517) maintain the injustice of the condemnation of the Order. On the other hand all French writers of the 14th and 15th centuries, and from the 16th century onwards for a long time, almost all historians have taken for granted that the guilt of the Templars was proven. Later writers recognize the irregularity of the proceeding : but their opinion as to the guilt of the Order is divided. Nicolai (essay on the charges brought against the Order of Knights Templars.

Berlin 1782) was the first to discover in the idolatry attributed to the Templars, an esoteric mystery of Gnosticism, into which men were initiated in the three degrees of the Order ; he explained Baffometus the supposed idol of the Templars to be βαφὴ μήτους, a gnostic symbol. v. Hammer (mysterium Baphometis revelatum in d. Fundgruben des Orients Bd. 6. st. 1. Wien 1818) concluded from some imagery, which he considered to belong to the Temple, that the Templars were Ophites, and their idolatry a worship of the powers of nature, especially the power of procreation. Wilcke Gesch. des Tempelherrnordens i. 342. ff. considers the mystery of the Temple, a Mahometan gnosticism, Leo Gesch. d. Mittelalters i. 364 a frivolous Deism, which secured the secrecy of its followers by a disgraceful initiation : in like manner Rehm Gesch. d. Mittelalters III. i. 235 and Schlosser Weltgesch. IV.i. 192 : Michelet (Revue des deux mondes x. 318) understands a symbolical denial, an imitation of St Peter's.—Defenders of the Order : Herder historic doubts on Nicolai's book, &c. (in the deutschen Mercur 1782. March, &c., with additions in Herder's works on philosophy and history, Carlsruhe edition xiii. 266 ;) Munter on the principal charges brought against the Order of the Temple (in Henke's neuem Magazin v. 351) ; Raynouard monumens historiques relatifs à la condamnation des Chevaliers du Temple, Paris 1813, and his later treatises in refutation of Hammer in the Journal des Savans Mars et Avril 1819, Biblioth. universelle x. 327, xi. 3, especially the note in Michaud hist. des croisades éd. 4. v. 572 ; W. G. Soldan uber d. Process der Templer (in Raumer's hist. Taschenbuche 1845 s. 389 ;) W. Havemann's Gesch. d. Ausgangs d. Tempelherrnordens, Stuttg. u. Tubingen, 1846 ; G. J. Rooijens de Beschuldigingen tegen de Tempelorde (in Kist en Royaards nederlandsch Archief voor kerkelijke Geschiedenis vii. 5.) It cannot but be allowed, that Philip desired the condemnation of the Templars from ambition and self interest, and compelled the Pope to this measure; that the confessions of the Templars are as unworthy of belief, as all others extorted by torture in the inquisitorial trials of the day : that many Templars under torture had confest what was manifestly false and preposterous (thus two stated at Alais, that the Devil appeared as a cat, and fiends as women in their chapters, that the cat and an idol-head had spoken, Ménard hist. de Nismes, i., Preuves p 211, 212) ; that the Templars who confest at first, could not revoke their confession even before the Papal commission of enquiry without fear of being burnt alive as relapsed (for the Papal commissaries declared repeatedly, e.g. Michelet procès des Templiere p. 43, quod non intromittebant se de facto singularium personarum, sed de facto ordinis, comp. p. 28, accordingly they delivered over all proceedings against individuals to the customary inquisitors); and that in fine many depositions of the Templars, which assert their innocence, carry with them a high degree of moral-probability (e.g. Amerius de Villaribus in Michelet p. 276, Johannes de Pollencourt p. 369.) But on the other side the following considerations also must be thrown into the scale. 1. Of all who confest, by far the greater number acknowledge only the denial of Christ, and in spite of all torture repel the rest of the charges. Thus Gerardus de Pasagio

(Michelet p. 212) confesses the denial, says that on this account he had retired from the order five years before, but he pleads innocent of sodomy and idolatry, and says, p. 218, quod propter dictos articulos, quia non confitebatur eos coram baylico regio Matisconensi, fuit quaestionatus ponderibus appensis in genitalibus suis et in aliis membris quasi usque ad exanimationem —2. Many declare that they had already made confession of this denial to priests, who did not belong to the order; they mention their names, and give their expressions, and the penances which they had imposed upon them, comp. Michelet p. 273, 303, 361, 523, 526, 528, 533, 545.—3. Baldoynus de s. Justo, Praeceptor, says in Michelet p. 241, that he vi et metu tormentorum confessus fuit plura coram ipsis Praedicatoribus quam postea Parisius coram domino Episcopo,—et plus quam non deponat coram dominis commissariis. Still he continued to acknowledge the denial; he believed, however, p. 244, quod abnegationes ab aliquibus et in aliquibus locis fierent, sicut ipse fecit :—scit tamen bene, ut dixit, quod in aliquibus locis non fiebant dictae abnegationes.—4. Others who were not Templars asserted, that even before the investigation, intimations had been given to them by friends of their own who were Templars, of secret abominations in the order, without any more accurate statement. Thus Radulphus de Praellis in Michelet p. 175, Antonius Syci de Vercellis, public notary, p. 644.— 5. The Grandmaster and several officers of high rank, who must have retained a lively sense, that it was their especial duty to defend the honour of their order, who also as knights were accustomed to look death in the face, confess directly and repeatedly, but only to the denial. The after-declaration of the Grandmaster before the Papal commission, by no means contradicts, as has been often supposed, his former confessions. When the Bull *Faciens misericordiam*, and in it his deposition taken down before the Cardinals, was read over to him (Michelet p. 34), producendo bis signum crucis coram facie sua et in aliis signis praetendere videbatur, se esse valde stupefactum de his, quae continebantur super praedicta confessione sua et aliis in literis apostolicis supradictis, dicens inter alia, quod si dicti domini commissarii fuissent alii, quibus liceret hoc audire, ipse diceret aliud. Et cum fuisset responsum eidem per dictos dominos commissarios, quod ipsi non erant ad recipiendum vadium duelli, subjunxit dictus Magister, quod non intendebat dicere de hoc, sed placeret Deo, quod illud quod observatur a Saracenis et Tartaris observaretur contra tales perversos in hoc casu, nam dicti Saraceni et Tartari abscindunt caput perversis inventis, vel scindunt eos per medium. He does not here declare that the statements with regard to his former avowals were false, but his reproaches are aimed against the Commissaries before whom he was standing. His avowal was employed as evidence of the guilt of the order, and the Commissaries explained to him, that their investigation was concerned only with the guilt of the order, not with that of individuals : he however had expected that the guilt of individuals would be punisht, but the innocence of the order be recognized. With this end in view, he demanded the assistance of counsel, which he as well as many other Templars desired for this purpose ; he did not require it for the explanation of his own confession. Accordingly as a *miles illiteratus* he declined the defence of the order (p. 42), but he recalled to their recollection its deserts at the hands of the Church. Also the last words of Molay before his death, with regard to which, at any rate, we can look for no more trustworthy statement, neither in Villani (Muratori scriptt. xiii. 430) nor elsewhere, are to be explained by his grief at the disgraceful end of his order, and besides at the fact that he had been made to contribute to it by his confession: accordingly he refused to repeat his confession, and asserted the innocence of the order.—6. It has been concluded from the manner of the suppression, that Clement acknowledged the innocence of the order, but could not escape from Philip's importunity. However, it is much more consistent with the foregoing circumstances to conjecture, that the Pope wisht to avoid a public inquiry and condemnation, by means of which the hidden abominations existing in the order, would have been brought to light in an incontrovertible manner, because it might easily exercise an unwholesome influence upon public opinion with regard to all ecclesiastical orders.—Accordingly, we must believe that the charge of apostacy was better grounded than the other charges brought against the order. It is in the highest degree probable, that it was a common occurrence in the order, that sometimes immediately after the statutory initiation, sometimes after an interval, the initiated person was required, either by one officer, generally the officiator at the ceremony, or by more than one, commonly without further witnesses, to deny Christ and spit upon the cross. Stephen of Stapelbrugge states for this reason (Conc. Magnae Brit ii. 383): duae sunt professiones in Ordine Templi, prima licita et bona, et secunda est contra fidem: Geraldus de Causso in Michelet p. 379, and Matthaeus de Tilleyo p. 358, describe both forms of admission with the greatest minuteness. It was given as the reason for the denial of Christ, that it was de punctis Ordinis (Michelet p. 222, 475), quod ita servabatur in Ordine (p. 194), quia sic erat in Ordine consuetum (p. 335.) On the other hand the brethren were very far from taking this in earnest: the cross which they denied was afterwards regarded with the greatest reverence by the initiator and the initiated (p. 361): all the Templars who avow the denial, assert at the same time their orthodoxy, and declare that they believe their brethren also to be orthodox. When Egidius de Rotangi refused the denial (p. 464) quia erat bonus Christianus, the initiator answered him: talem vos reputamus et esse volumus, sed oportet vos abnegare, quia hoc est de punctis Ordinis nostri. To an initiated surprised by the denial another Templar declares it to be *pro trufa* (p. 510.) On the other side, many who had themselves denied Christ, assert that the denial was not universal in the order; so Baldoynus de s Justo p. 244, see above, Geraldus de Causso p. 392, Guido Delphini p. 415. Therefore Ponzardus de Gysiaco, p. 36, denies, ipsum Ordinem abnegare Jesum Christum et spuere super crucem: the Order was guiltless, though some members were guilty. With regard to the origin of this evil custom no satisfactory information is furnisht by the minutes. The serving brother Mattheus de Tilleyo (Michelet p. 361) believed that the denial was required of him, ut esset eis (superioribus) magis subjectus et in majorem confusionem suam, si vellet erigere se contra superiorem suum  But this gives us no clue to the reason for its first introduction. Probably some Arabian charms, which were supposed to make men victorious and strong, but which had no effect upon a man unless he renounced his allegiance to Christ by denial, were known to many Christian knights during the Crusades, and were appropriated especially by the ambitious Templars, always on the understanding that they would afterwards be able to reconcile themselves to the Church in time enough for the salvation of their souls. The unfortunate issue of the Crusades was frequently ascribed to the magic arts of the Saracens  Even a Roger Bacon Opus majus ed. Jebb. p. 253. writes: Et ideo Tartari procedunt in omnibus per viam astronomiae, et in praevisione futurorum et in operibus sapientiae.  Cujus signum est evidens, quod cum sit gens habens parvos et debiles homines,—jam totam latitudinem mundi prostraverunt—Similiter Saraceni multum utuntur astronomia, et sciunt sapientes inter eos facere haec opera.— Et nisi Ecclesia occurrat per sancta consilia ad impediendum et destruendum opera hujusmodi, aggravabitur intolerabiliter flagellis Christianorum.—Si igitur Christiani scirent haec opera auctoritate papali facienda ad impedienda mala Christianorum satis esset laudabile, et non solum propter mala repellenda, sed ad promotionem quorumcunque utilium. This opinion naturally took a rude form among rude soldiers. The Sirvente of the Troubadour, le Chevalier du Temple, Part 2. §. 56. note 23. shows with how great resentment the Knights Templars regarded the fruitlessness of their efforts in Palestine. Christ seemed to sleep, the great wizard Mahomet to rule alone, so whoever wishes for good luck and success must borrow of him. The rude soldiers, as Bacon will have it, were too much wanting in education to adopt the mysterious sciences of the Saracens; but they found among them certain charms and talismans to keep them unwounded and victorious in battle, to win them kingdom, honour and might, and so forth, the use of which was easily learnt (with reference to the magic of this age see the Bull of John XXII, Super illius specula in the Bullarium Romanum, Meiner's comparison of the manners of the middle ages with those of our century, iii. 182: The advantage of the Order, which they had been long wont to prefer even to the interest of the Church (Part 2. §. 72. note 13.) covered the guilt. That the Templars were often united in very close connection with Mahometan princes is well known. Frederick II. relates, that two Sultans were received into one stronghold of the Templars and allowed to celebrate their worship. (Part 2. quoted above.) Afterwards a Praeceptor in Sidon had concluded a treaty of alliance with the Sultan of Babylon, with the ceremony of mutually drinking each other's blood (Michelet p. 645.) The denial of Christ may have been a preparation for the reception of a magic charm which perhaps consisted in the peculiar fashion of the lace (Schnur) which the Templars wore. After the close of the war the tradition of the magic charm was lost, but the denial was retained in a large part of the Order, for those who had themselves denied Christ found some relief under their guilt in imposing it as a custom of the Order upon those who were admitted. In consequence of this one impious custom, the mysterious rites, as they were then practised in many societies upon

Clement seemed to wish to recompense himself for these concessions to France by an extension of his power abroad. Against Venice, with which he had begun a quarrel about the possession of Ferrara (1308),[9] he launcht with ghastly imprecations the ecclesiastical Ban, blended with secular outlawry in a manner hitherto unheard of (1309).[10] From this the Republic could obtain absolution only by submission (1313).[11] He demeaned himself no less imperiously towards the German monarch Henry VII.[12] When this young and gallant Prince, on his progress

novices, might easily assume an impious form, and gradually be accepted by many in real earnest. Thus may the filthy kisses, which next to the denial were most frequently avowed, be easily accounted for. Thus also the charge that the Order enjoined sodomy, the frequent representation of two Templars upon one horse, furnisht their coarse wit with a handle for this assertion; and thus the tale of the head of Mahomet into which what was originally a metal saint's head with relics, such as are still found sometimes upon (Roman) Catholic altars, may have been misinterpreted by military profaneness. That the apparition of fiends in the chapters was afterwards added by popular superstition is self-evident.

[9] cf. Raynald. ann. 1308 no. 14. Le Bret Staatsgesch. der Republik Venedig i. 672.

[10] Raynaldus ann. 1309 no. 6. is ashamed to communicate in full the *judiciarum edictum die coenae Dom. consignatum*, and only gives a report of it: Ni parerent, sacrorum usu et commercio publico Venetorum omnem ditionem privavit · inussit infamiae notam magistratibus, legum et judiciorum beneficio privatos pronunciavit, viros ecclesiasticos abire ditione Veneta jussit, exceptis iis, qui baptismalia infantibus et morituris confesssionis sacra conferrent. Demum si in coeptis perstarent, praefixo ad veniam poscendam tempore, ducem insignibus ducalibus exuendum, et omnes Venetorum fortunas fisco addicendas, Regumque in eos imploranda arma pronunciavit, donec Ferrariam Ecclesiae restituissent. Besides there is also the determination (ibid. no 7.) Venetos in servitutem addictos, occupantibus bona direptioni sive in Italia sive in Graecia exposita, and the injunction on all princes and bishops to spoil and enslave the Venetians found in their dominions.

[11] Raynald. ann. 1313. no. 31 ss. Le Bret i. 707.

[12] Henry had sent ambassadors to the Pope in 1309 with full powers (Raynald ad h. a. no. 10.), devotionem et filialem reverentiam, quam erga vos et sacrosanctam Romanam Ecclesiam—gerimus, exponendi, —nec non—praestandi in animam—nostram *debitae vobis et s. Romanae Ecclesiae fidelitatis, et cujuslibet alterius generis juramentum*, et specialiter ad petendum a vobis unctionem, consecrationem et coronam Imperii de sacratissimis manibus vestris nobis impendendum etc. The

to Rome (1310 ss.) vindicating once more the long forgotten imperial rights in Italy,[13] acted against Robert, King of Naples, who immediately met him with hostilities, as against a vassal; the Pope was not satisfied with merely asserting his own feudal superiority over Sicily, but also ventured, at the same time erecting the Papal right of universal monarchy in opposition to the Imperial claim founded on the fundamental principles of the Roman Jurists,[14] to desire to mediate peace as between two conflicting vassals.[15] Henry's firmness gave reason to expect a remarkable struggle,[16] when sudden death carried him off at

oath taken by them in Henry's name (Raynald l. c. no. 12), is remarkably suggestive at the beginning of the oath of fealty in use at the time (comp. Part 1. § 23. note 11): Nos—vobis sanctissimo Patri —vice et nomine—nostri Regis, et in animam ipsius promittimus, et juramus,—quod nunquam vitam aut membra, neque ipsum honorem quem habetis, sua voluntate, aut suo consensu, aut suo consilio, aut sua exhortatione perdetis; et in Roma nullum placitum aut ordinationem faciet de omnibus, quae ad vos pertinent aut Romanos, sine vestro consilio et consensu etc.

[13] Olenschlager's Staatsgeschichte des Röm. Kaiserthums in der ersten Halfte des 14ten Jahrh. Frankf. a. M. 1755. 4. Der Römerzug Konig Heinrichs v. Lutselburg, v. F. W. Barthold 2 Th. Konigsb. 1830. 31. Acta Henrici VII. Imp. primum luci dedit Gu. Doenniges P. II. Berol. 1839. 4. W. Donniges Kritik d. Quellen fur die Gesch. Heinrichs VII. Berlin 1841.

[14] See Part 2. § 52. note 11. § 54. note 4. At this period (not first under Lewis the Bavarian) Dante Alighieri defended this claim in his Monarchia lib iii. (in S. Schardii syntagma tractatuum de imperiali jurisdictione, Basil. 1566 and Argent. 1609 fol. p. 80), when he endeavoured to prove, Monarcham Romanum de jure esse Monarcham mundi, et immediate a Deo dependere, non ab aliquo Dei vicario vel ministro, quem Petri successorem intelligo. Henry himself decidedly asserted this idea in a law issued at Pisa in 1312 (Extravagantes, quas nonnulli xi. Collationem appellant, Tit. I. at the end of the Codex Justin.): divina praecepta, quibus jubetur, quod omnis anima Romanorum Principi sit subjecta.

[15] Clement wrote to Henry and Robert (Raynald ann. 1312 no. 44), quod cum ipsi Reges, ejusdem Ecclesiae specialissimi filii, sibi juramento fidelitatis et alias multipliciter essent adstricti, ipsius Ecclesiae debeant esse promptissimi defensores. Henry on the other side caused a declaration to be made in a public instrument, se non fore cuiquam ad juramentum fidelitatis adstrictum.

[16] When Nicolaus, Ep. Botrontinensis, who had accompanied the Emperor so far, warned him at leave-taking (cf. ejusd. relatio de Henrici itinere Italico in Baluzii PP. Aven. ii. 1228, and in Böhmer's

Buonconvento in the territory of Siena (24. Aug. 1313):[17]

fontes rerum Germ. i. 136), quod caveret summe de occasione quacumque, per quam Ecclesia Romana haberet causam ipsum offendendi directe vel indirecte, the Emperor answered ridendo et quasi me comfortans: Sitis consolatus. Nos audivimus consilium nostrorum Clericorum juratorum, utrum defendendo nos Deum offendamus, et utrum teneamur facere justitiam et delinquentes punire. ex quo Deum non offendimus praedicta faciendo, sed magis offenderemus ipsum contrarium facientes. When the Legate announced to him that in case of an invasion of Naples Papa excommunicatum vos denunciabit, et postea procedet ad vestram depositionem, sicut factum fuit de Frederico, qui fuit ditior, nobilior, et potentior et minores rebelles habuit, et plures amicos, tamen finaliter Ecclesia ipsum destruxit: then he answered: Si Deus pro nobis, nec dominus Papa, nec Ecclesia destruet nos, ex quo Deum non offendimus. The Ban did not follow till Aug. 6. 1313 (Raynald ad h. a. no. 22.) a few days before the Emperor's death.

[17] According to common report he died of poison, which is supposed to have been administered to him by the Dominican Bernardino of Montepulciano in the Lord's Supper. True, the Italian historians of the time mostly allow him to have died of disease (Albertinus Mussatus, the Dominican Ptolemaeus Lucensis, Ferretus Vicentinus, Giov. Villani), and some contradict expressly the tale of the poisoning: only Giovanni di Lelmo, likewise a contemporary, in his Chronicle of S. Miniato (in Lamii deliciae Eruditorum, Florent. 1740 p. 106.) records it in plain language On the other hand among the German retainers of the Emperor the story was generally believed; and from this circle the author of the Gesta Balduini lib. ii. c. 17 (Gesta Trevir. ed. Muller et Wyttenbach ii. 230), who was closely connected with the Emperor's brother, Baldwin Archbishop of Trêves, reports it in a decided and circumstantial manner (viz postea sui prudentissimi intelligentes medici ipsum nulla infirmitate alia, quam intoxicationis materia graviter laborare, sibi indicarunt, devotissime supplicarunt, quod hanc intoxicationis materiam sineret eos per inferendum sibi vomitum radicitus revocare Quibus fertur respondisse: malo migrando ad Dominum diem claudere extremum, quam generare scandalum in sacrum dominicum et detrimentum Christianorum); and Henry high-steward of Diessenhofen, canon of Constance, and chaplain to Pope John XXII., states in his additions to Ptolemaeus Lucensis (comp Docen in Büchler's u. Dumge's Archiv d. Gesellschaft f. altere deutsche Geschichtskunde ii. 26): intoxicatus fuit per quendam Fratrem de Ordine Praedicatorum in speciebus corporis Christi, *ut a suis audivi, qui secum fuerunt.* Thus all the German chronicles of the 14th cent. and many poems (Romantiae, chronicae et cantilenae ac moteti, in vorgebl. Diplome des Königs Johann v. Bohmen) record this story of the poisoning; in some it is further stated that the instigators of the poisoning were the Pope and certain Italian towns (Closener S. 52) or only the towns hostile to the Emperor (Vitoduranus p. 20), or Engerannus de Marigny, thesaurarius regis Franciae (Chron Corn. Zantfliet in Martene et Durand ampl.

and now Clement could publish the new doctrine of a Papal collectio v. 163.) The Dominican order afterwards endeavoured to clear itself of this disgrace by evidence, for instance by the evidence of John King of Bohemia, son of the Emperor Henry : This evidence however was first brought forwaid in Hermanni Korneri, a Dominican at Lubeck about 1438, Chronica novella (in Eccardi corp. historic. med. aevi ii. 984), who had discovered it in manuscript in the archives of his monastery. In the 17th century it was publisht from the Dominican archives at Luxemburg in Bertelii histor Luxemb. p. 49, from those at Verdun in Baluzii miscell i. 162. As it is now quite incredible that the originals being of such vast importance to the Dominicans, should have been lost, and that these witnesses should not have been brought forward in the 14th cent , if they had been in existence ; so, besides, their spuriousness is manifested even by the difference of the copies from each other. The evidence of John of Bohemia is dated 1326 in one copy, in the other 1346, and, nevertheless, is authenticated in Korner by John Bishop of Strasburg in 1314. The way in which these evidences arose is explained by a passage of a manuscript in the Vatican Library, which Hofler (Munchener gel. Anz. Febr. 1846 s. 222) contributes. After the mention of a report of poisoning, it proceeds : Quod tamen falsum esse asseruit illustrissimus Rex Bohemiae, Heinrici praefati Imperatoris filius, plenissime Praedicatorem habens excusatum. Similiter illustrissima domina Beatrix praefati Imperatoris genitrix vivae vocis oraculo excusat publice coram civibus Metensibus intra Missarum solemnia praedictum confessorem cum multis aliis, quod Imperatori erat cordatissimus ; omnes Imperatorem affirmant sine omni suspicione toxici naturali morte quiete vitam finivisse. Quae omnia publice praedicari praecepit Episcopus Johannes Argentinensis in eadem dioecesi, de quibus literae sunt sane sigillatae in conventu Ordinis Praedicatorum in Nurenberga. Thus at first a document from John Bishop of Strasburg was shewn, in which this evidence was stated as given by word of mouth ; afterwards the evidence of John King of Bohemia and others, was drawn up in writing, which must have been authenticated by John Bishop of Strasburg. — The question whether Henry was poisoned could only have been solved by an enquiry instituted immediately after his death, but now it cannot be decided at all. As it was wrong to maintain the affirmative, first out of hatred to the order, with a view to make the misdeed of an individual member the crime of the entire society, afterwards to be employed in the Protestant controversy against the (Roman) Catholic clergy (see especially Mart. Dieffenbach de vero mortis genere, ex quo Henricus VII. Imp. obiit. Francof. 1685. 4.) so neither does it admit of absolute denial with Barthold (Römerzug K. Heinrichs v. Lutzelburg Th. 2 Beil. S. 3) and Böhmer (Regesta Imperii from 1246— 1313 S. 311.) Either way it is a fact of less historical importance, whether the Dominican did commit this crime or not, than, that general opinion in Germany attributed it to him with great consistency, and in part even accused the Pope of instigating the deed.

sovereignty over the Imperial power, in a solemn Bull,[18] dated 21. March 1314, without encountering any immediate resistance.

## § 99.

### JOHN XXII. (7. AUG. 1316—4 DEC. 1334)

After a long, interrupted, and stormy election,[1] John XXII. became Pope; notwithstanding his former promise, he likewise

[18] In the first place he repealed the sentence of outlawry pronounced by Henry upon Robert, by the Bull Pastoralis (Clementin. lib. ii. tit. xi. c. 2 : the antient text is in Doenniges acta Henrici vii. ii. 241. cf. praef. p. xlii.), not only because the King, as noster et Ecclesiae Romanae—notorie subditus homoque ligius et vasallus, was not subject to the Emperor, but also tam ex superioritate, quam ad Imperium non est dubium nos habere, quam ex potestate, in qua, vacante Imperio, Imperatori succedimus, et nihilominus ex illius plenitudine potestatis, quam Christus—nobis—in persona b. Petri concessit. These two bold assertions were again vindicated in two special Bulls. The first (Clementin. lib. ii. tit. ix. : the antient text is in Doenniges ii. 237 cf. praef. l. c.) Romani Principes—non reputaverunt indignum,—Romano Pontifici, a quo approbationem personae, ad imperialis celsitudinis apicem assumendae, nec non unctionem, consecrationem, et Imperii coronam accipiunt, se adstringere vinculo juramenti. Then, as Henry had denied that this juramentum was an oath of fealty; nos,—ne quis in Romanum assumptus Principem, vel in posterum assumendus, an juramentum hujusmodi—fidelitatis rationabiliter dici possit, in dubitationem ducere audeat, vel super hoc contrarium adstruere veritati : auctoritate apostolica de fratrum nostrorum consilio—declaramus, illud juramentum fidelitatis existere ac censeri debere. The other dd. ii. Id. Mart. 1314 (in Raynald. ad h. a. no. 2) ad Robertum Regem Sicil. : Nos, ad quos Romani vacantis Imperii regnum pertinere dignoscitur, attendentes, quam avide Italiae partes, praesertim quae ad Imperium ipsum pertinent, rectorem exigant,—Te de fratrum nostrorum consilio in partibus ipsis—vicarium in temporalibus usque ad sedis apostolicae beneplacitum constituimus generalem etc.

[1] Compare the contemporary Joannes Canonicus s. Victoris in vita Joannis XXII. (Baluzii PP. Aven. i. 113) : Cardinales apud Carpentras, ut de pastore providerent Ecclesiae, convenerunt. Sed effusa est contentio super Principes, nec poterant concordare. Italici talem eligere intendebant, qui ad Romanam sedem curiam revocaret. Quod Cardinales Gascones facere formidabant : quia cum sui de Gasconia Italicis multas injurias irrogassent, certi erant, quod si in manibus Romanorum inciderent, aequipollentiam sustinerent. Fuerunt ergo diu in tali discordia, licet inclusi multa incommoda sustinerent, quia cibariaeorum

abode at Avignon.[2] Dependent upon France and haughty towards the Empire, as his predecessor, he quickly found, in the contested imperial election,[3] between Lewis of Bavaria and Frederick of Austria, a favourable opportunity for vindicating the newly devised sovereignty of the Pope over the Imperial throne. He secretly connived at the contest between the two candidates for the crown, that in the meantime he might rule as an arrogant viceroy, especially in Italy,[4] and afterwards hand

---

subtrahebantur, et domus eorum desuper dissipatae. Tandem haec Wascones non ferentes ignem in palatio posuerunt, per quem combusta est pars maxima civitatis. Et sic dispersi Cardinales. According to the Epist. Encyclica of the Italian Cardinals (in Baluz ii. 286) many of their people were killed, and they themselves could save their lives only by flight. The business of the election was resumed at last in Lyons by means of French mediation.

[2] Quinta vita Jo. XXII. (Baluz. i. 178) in sua electione—juravit se nunquam ascensurum equum vel mulum, nisi iret Romam. Quod et servavit, quia navigio ivit usque ad Avinionem et pedes ascendit palatium, de quo postea nisi intrando Ecclesiam majorem, quae contigua palatio est, non exivit.

[3] With reference to the struggle which ensued betwixt Lewis and the Pope, see Georg. Herwart ab Hohenburg (Privy Councillor of Bavaria) Ludovicus IV. Imp. defensus, Bzovius injuriarum postulatus. Monachii III. Partes 1618—19. 4. Chr. Gewold (aulic councillor of Bavaria) defensio Ludov. IV. Imp. ratione electionis contra Bzovium. Ingolst. 1618. 4. Joh. Dan. v. Olenschlager's erlauterte Staatsgesch. des Röm. Kaiserthums in der ersten Halfte des 14ten Jahrh. sammt einem Urkundenbuche. Frankf. a M. 1755. 4. S. 86. ff. H. Zschokke's baierische Geschichten Bd. 2. (Aarau 1815) S. 108 ff. A. Buchner's Gesch. v. Bayern, Buch 5. (Munchen 1831) S. 269. Conr. Mannert's Kaiser Ludwig IV. eine gekrönte Preisschrift. Landshut 1812 Ludwig's d. Baier's Lebensgesch. Preisschrift v. Roman Zirngibl, in d. Hist. Abhandl. d. baier. Akademie d. Wissensch. Bd. 3. Munchen 1814. 4. Jos. Schlett's Biographie von Kaiser Ludwig dem Baier. Sulzbach 1822. C. Hofler's urkundl. Beitrage zur Gesch. Kaiser Ludwig's IV. aus ital. Archiven (bes. aus den Regesten Johannes XXII.) in d. Oberbaierischen Archive f. vaterl. Gesch. Bd. 1. (Munchen 1839) S. 45. J. F. Bohmer regesta Imperii v. 1314—1347. Frankf. a. M. 1839. 4.

[4] The Bull of 31. March 1317 (in Raynald ad h. a. no. 27 and in the Extrav. Jo. xxii. tit. 5.) In nostram—deductum est—notitiam, quod, licet de jure sit liquidum, *et ab olim fuerit inconcusse servatum*, quod vacante Imperio,—cum in illo ad saecularem judicem nequeat haberi recursus, ad summum Pontificem, cui in persona b. Petri terreni simul et caelestis imperii jura Deus ipse commisit, imperii praedicti jurisdictio, regimen et dispositio devolvantur, et ea, tempore durante

over the Imperial throne to the King of France.[5] However after Lewis had taken his antagonist prisoner (at the battle of Ampfing or Mühldorf, 28. Sept. 1322),[6] John resented with anger his assuming the character of King of Rome[7] before the grant of Papal confirmation; and when on the other hand Lewis derived

ipsius vacationis imperii, per se vel alium seu alios exercuisse noscitur in imperio memorato; nonnulli tamen in Italiae partibus—vicariatus seu alterius cujuscumque nomen officii, quod Imperatore vivente ex ipsius commissione gerebant,—post decessum ipsius absque nostra— licentia retinere sibi—praesumpserunt.—Quia igitur error, cui non resistitur, approbari videtur; nos volentes nostris et Ecclesiae sponsae nostrae juribus et honoribus in hac parte prospicere,—nec non periculis animarum hujusmodi retinentium—nomina—salubriter occurrere cupientes; praesentium auctoritate monemus sub excommunicationis poena omnes et singulos,—quatenus de caetero a denominatione hujusmodi,— necnon usu, potestate et exercitio supradictis prorsus abstineant.— Alioquin in omnes et singulos—excommunicationis in singulares personas, et in terras et loca ipsorum—interdicti sententias—publice promulgamus etc. On the quarrel with Mattheo Visconti, imperial vicar in Milan, who indeed laid aside this title, but exercised the same power as Capitaneus, see Villani ix. c. 85. ss. As Robert King of Sicily was not a fit match for him, Philip.of Valois was appointed second vicar (Raynald 1320 no. 10), but Mattheo pronounced a heretic, cum illi Ecclesia auctoritas sacrorumque religio ludibrio esset (ib no. 13.)—The Pope's attempts to interfere as Viceroy in Germany also may be seen in Olenschlager S. 102.

[5] See Raynald ann 1234, no. 26. Chronik des Franciscaner Lesemeisters Detmar (geschr. 1395) herausgeg. von. D. F. H. Grautoff Th I. (Hamburg 1829) S. 216 : De Paves dachte jo mer unde mer, wu he dat Kayserrike van den Dudeschen brachte, vgl. S. 237. How entirely his whole policy was directed by the King of France, is plain from his letters to him, Oberbaierisches Archiv. I. 52. 54. 70.

[6] Compare Buchner v. 323. F. Kurz Oesterreich unter K. Friederich d Schonen, Linz 1818, S. 223.

[7] The Bull of 8. Oct 1323 (*Processus primus contra Lud*) is in Raynald. ad h. a. no. 30, more fully in Herwart i. 194 and in Martene et Durand thes. nov. anecdot. ii. 644 : Ludovicus a nobis, ad quem suae electionis—ac personae ipsius examinatio, approbatio, ac admissio, repulsio quoque et reprobatio noscitur pertinere, electione praedicta nequaquam admissa, nec ejus approbata persona,—Romanorum Regni nomen sibi et titulum regium usurpavit; quamvis priusquam alterutrius eorum per sedem apostolicam fuisset approbata vel reprobata persona, neutri electorum ipsorum assumere licuit nomen et titulum praelibatum : cum nec interim Romanorum Reges existant, sed in Reges electi.— Idem etiam Ludovicus—ad administrationem jurium Regni et Imperii praedictorum, in gravem Dei offensam et contemptum, ac manifestam

his rank from the choice of the electoral princes,[8] the hostile

injuriam Romanae Ecclesiae matris suae, ad quam ejusdem vacationis tempore Imperii regimen, sicut et inpraesentiarum vacat, pertinere dignoscitur, necnon et plurimorum scandalum et rei turbationem ac laesionem publicae, ac suae animae detrimentum prosilire, seque illi immiscere irreverenter ac indebite praesumpsit hactenus et praesumit.— Ejusdem insuper Ecclesiae Romanae hostibus, sicut Galeacio de Vicecomitibus (Galeazzo Visconti Son and Successor of Matteo) et ejus fratribus, quamvis sint de crimine haeresis—condemnati,—se exhibere fautorem et defensorem—non est veritus nec veretur. Nos itaque— praefatum Ludovicum—praesentium tenore monemus, eidem sub virtute sanctae obedientiae, ac excommunicationis poena, quam ipsum, nisi cum effectu hujusmodi monitioni nostrae paruerit, incurrere volumus ipso facto, auctoritate apostolica nihilominus injungentes, ut infra trium mensium spatium, a data praesentium computandum,—ab administratione, fautoria et defensione praedictis prorsus abstineat ac desistat;— quodque gesta per eum post praesumptum ab eo titulum memoratum circa praemissa, quatenus processere de facto (cum de jure non teneant, velut ab ipso, cui jus faciendi non competebat nec competit), attentata, curet infra praedictum terminum, quantum patietur possibilitas, realiter revocare. Then follows a command to all vassals of the Empire, sub poenis excommunicationis in personas, et interdicti in terras eorum, necnon privationis privilegiorum quorumcunque Apostolicorum et imperialium, ac feudorum, quae ab Ecclesia vel Imperio obtinent, to render Lewis neither obedience nor assistance. Lastly : Ut autem hujusmodi processus noster ad ipsius Ludovici—notitiam deducatur, chartas sive membranas processum continentes eundem in Ecclesia Avenionensi appendi vel affigi ostiis seu superliminaribus ejusdem Ecclesiae faciemus, quae processum ipsum suo quasi sonoro praeconio et patulo indicio publicabunt ; ut idem Ludovicus et alii, quos processus ipse contingit, nullam possint excusationem praetendere, quod ad eos non pervenerit : —cum non sit verisimile, quoad ipsos remanere incognitum,—quod tam patenter omnibus publicatur. As to the method of publication introduced by Boniface VIII. see Part 2. § 59. note 33.

[8] The Protest of Lewis before a notary and witnesses at Nuremberg 16. Dec 1323 (in Herwart i. 248, in Olenschlager's Urkundenb. S. 84.) —A tempore, cujus non est memoria, circa electos Romanorum Reges et Principes sic est de jure et consuetudine observatum,—quod Romanus Rex eo solum, quod electus est a Principibus Electoribus—omnibus vel majori numero eorundem, et coronatus corona regia in solitis locis et consuetis, Rex est,—ac jura Regni libere administrat.—Nec concedimus, ita simpliciter, ut proponitur, ad sedem apostolicam examinationem, admissionem et approbationem electionis et personae nostrae, [aut] repulsionem et reprobationem pertinere, sicut asserit. Sed si, quod non credimus, pertineret, hoc unum demum sibi locum vendicare forte posset, si per querelam, vel per viam supplicationis, appellationis vel provocationis, vel alio modo ad ipsam sedem fuisset devolutum ipsum negotium vel deductum ; quae locum non obtinent in praesenti : vel si forte,

Pontiff pronounced sentence of excommunication upon him (21. March 1324.)[9]

petitis per nos infulis imperialibus vel denominatione nostra, ex causis legitimis jure scriptis, quas ad nos locum non credimus habuisse, personam nostram contigisset exigente justitia refutari. Denominatio quippe personae vel electionis admissio habitae subsequenter nobis non jus, nomen vel titulum tribuissent, quae jam ex ipsa electione sortiti sumus, sed ea potius detexissent, approbassent, et latius commendassent —Quod vero adjunxit, nos Galeazio de Vicecomitibus et ejus fratribus de haeresi condemnatis—defensionem exhibuisse, penitus nihil scimus. Nam si dicti Galeazius et fratres sui sunt de haeresi condemnati, nobis non innotuit.—Imo quem favorem aut defensionem eis— exhibuimus, et quomodo sint vel fuerint rebelles Ecclesiae, non videmus; aperte conjicimus, et per effectum operis cognoscimus, nonnullos rebelles nominari Ecclesiae, qui per fidem devotionis suae molientibus contra statum et jura Imperii renituntur.—Sed—nos astringimus et offerimus —legitime probaturos, quod ipse est dissimulator, defensor et fautor haereticae pravitatis ejus, quae totam s Ecclesiam inficit et conturbat, et a confessione retrahit poenitentes.—Nam cum ad ipsius summi Pontificis audientiam gravibus et frequentibus Archiepiscoporum, Episcoporum—querimoniis sit deductum—contra—Fratres Minores,—quod ipsi sint secretae confessionis proditores, et peteretur ab eo, ut hoc— emendaret; ipse tanquam tergiversando, dissimulando et celando morbum hujusmodi—curare—non curavit, dictis Fratribus in hac parte s. Romanae Ecclesiae et fidei catholicae inimicis constituens se fautorem. Caeterum—ipse contra divinae dispositionis ordinationem, per quam in firmamento Ecclesiae militantis duo magna luminaria Deus fecit, pontificalem videlicet auctoritatem et imperatoriam majestatem, illud ut praeesset diei, spiritualia disponendo, alterum ut praeesset nocti, temporalia judicando, manifeste nititur luminaris alterius, potestatis scilicet radios saecularis suffocare: unde in confusionem et errorem sancta reponetur Ecclesia, causabuntur haereses, ingerentur lites, suscitabuntur scandala, et Ecclesia Romana, carens praeposito advocato, resistere non poterit insurgentibus ex adverso. Nos igitur,—sentiens, nos et jura Imperii et nostra, sanctam professionem catholicam, sanctam Romanam Ecclesiam ex praedictis processibus—gaviter et enormiter— aggravatos esse;—a processibus dicti Pontificis manifeste iniquis— sanctam sedem apostolicam—appellamus.— Cum vero propter praemissos articulos — opus sit convocatione concilii generalis, instanter et cum omni devotione ipsum, quam primum commode poterit, ad locum communem et aptum petimus congregari.

[9] The Processus secundus of 9. Jan. 1324 (in Martene et Durand thes. anecd. ii. 647) contains nothing more than a confirmation of the first, and a further respite of two months. The Processus tertius of 21. March 1324 (in Martene l. c. p. 652. Olenschlager in the work quoted above, S. 96): Nos adhuc volentes cum eodem electo uti potius mansuetudine quam rigore,—per infra scriptum modum duximus ordinandum, videlicet quod ad publicationem sententiae excommunicationis,

Thus the insatiable Papacy began once more the war against the Empire, in order to rob the German crown of its remaining lustre by means of newly devised rights, and to crush one of the best of the German Emperors. Public opinion, once the most dangerous ally of the Papal see, was now, however, especially at first, rather against than for the unrighteous usurper. The Jurists were the natural allies of the Emperor;[10] not all even of

—in qua idem electus propter suam in praedictis inobedientiam et contemptum incidisse dignoscitur, procedentes, ab aliarum poenarum publicatione, in quas similiter incidit, supersedeamus ad praesens. Then Lewis was ordered, sub poena privationis omnis juris, si quod sibi ex sua electione—quoquomodo competit, to render obedience within three months : ac insuper infra dictum terminum per se vel procuratorem—compareat coram nobis, super dictis excessibus—definitivam sententiam et beneplacitum, quantum officium nostrum patitur, auditurus, ac alias facturus et recepturus quod justitia suadebit. The threats issued in the first process against his adherents were repeated. Et licet contra civitates, communitates, universitates, et singulares personas alias, quae in praedictis vel circa ea forsitan deliquerint,—ad debitam impositionem poenarum propter hoc fuisset merito procedendum, tamen de apostolicae sedis gratia adhuc providimus expectandum. All persons, however, who from this time forward should continue to render obedience or assistance to Lewis, were ipso facto to incur excommunication or interdict, from which the Pope only could absolve them.

[10] The great Jurist Bartolus de Saxoferrato (in Bologna † 1356) in his Comm. super secund. partem ff. novi (in Dig. lib. xlix. tit. 15. de captiv. et de postlim. l. 24 ) demonstrates in detail the universal monarchy of the Emperor, and concludes : si quis diceret, dominum Imperatorem non esse dominum et monarcham totius orbis, esset haereticus : quia diceret contra determinationem Ecclesiae (comp. Part 2. §. 59. note 31 ) et contra textum s. Evangelii, dum dicit : *Exivit edictum a Caesare Augusto, ut describeretur universus orbis*, ut habes Luc. ii vel iii. cap. et ita etiam recognovit Christus Imperatorem ut dominum. But comp. ad Dig. lib. xlviii. tit. 17 de requir. reis l. 1. §. 2. Praesides : Dantes—in uno libro, quem fecit, qui vocatur, monarchia —disputavit tres quaestiones, quarum una fuit, an imperium dependeat ab Ecclesia, et tenuit, quod non sed post mortem suam quasi propter hoc fuit damnatus de haeresi. Nam Ecclesia tenet, quod Imperium dependeat ab Ecclesia pulcherrimis rationibus, quas omitto, tenendo, istud, quod imperium dependeat ab Ecclesia. The following passage is characteristic, it is on the question, whether Henry VII. could summon Robert, and on the Bull Pastoralis (§. 98. note 18) : Cynus (Bartolus' Teacher † 1341) disputavit istam quaestionem Senis, et dicit, quod ista citatio potest fieri.—Sed ad illam decretalem dicit ipse : *non potest dari responsum in pace, sed pertranseat cum aliis erroribus Canonistarum.*

Ita dicit ipse. Ego consuevi tenere illam decretalem, *tamquam existens in terris Ecclesiae,* dicens eam esse veram de jure. Nam etc. Thus the Papal Jurist allows the universal monarchy of the Emperor in dependence upon the Pope, as Boniface VIII. did (Part 2. §. 59. note 31.)—Albericus de Rosate is worthy of consideration (from Bergamo † 1354.) In his Lectura super Cod. he argues indeed very rationally against the universal monarchy claimed by the Emperor, ad Cod. lib. 1. t 1. l. 1. no 7. but afterwards ad l. 7. §. Gloriosissimo no. 6., he declares : Quidquid ergo dicatur, credo potestates esse distinctas, ut unus praesit in spiritualibus sc. Papa, alter in temporalibus. He enlarges most fully on the relations of the Papal and Imperial power ad Cod. lib. vii. tit. 39 : De quadriennii praescriptione l. 3. Bene a Zenone Here are some remarkable reminiscences from earlier times, e. g. omnes Clerici et Ecclesiae antiquitus suberant Imperatori.— Eodem modo posset dici de electione Papae, nam olim eligebatur per Imperatorem.—Et ista forte privilegia perdidit Imperium de facto potius quam de jure, propter longam vacationem ejusdem et potentiam et prudentiam summorum pontificum et aliorum praesidentium Romanae Ecclesiae. At the end : Nunc illam duram et subtilem quaestionem aggredior, utrum Imperator ex sola electione concordi vel a majori parte facta dicatur verus Imperator, et omnimodam administrationem et potestatem habeat circa privilegia concedenda et omnia alia, an vero indigeat confirmatione, unctione, examinatione, coronatione Papae. After unfolding in detail the reasons for and against, he proceeds · Quid ergo in tanta jurium Doctorum et glossarum varietate tenebimus ? Dominus *Oldradus* (de Ponte, Advocatus consistorialis, and much employed by John xxii. † 1320) sequebatur opinionem, quod administrare non posset.—In eadem opinione fuit *Ostiensis* (Henricus Card. Ostiensis Canonist about 1260) and other Canon-lawyers. Contrariam opinionem tenuit Jacobus de Arena (about 1280 Prof. juris in Padua), qui hanc quaestionem publice disputavit, et cujus disputationem inseruit hic Cynus (Jurist at Bologna and Perugia † 1341), qui eandem opinionem clare hic sequitur. Eandem opinionem sequitur Guilelmus Naso (by him are the glossae ad Decretales, see Savigny's Gesch. d. rom. Rechts im Mittelalter iii. 583. 585),—qui dicit quod eligendo confirmatur, sicut dominus Papa,—quia sacerdotium et imperium parum discrepant. Et tenet, quod privilegia per eum concessa valeant etiam si cassaretur ejus electio. Hanc etiam opinionem sequitur Innocentius (IV. who had written a Comm. in Decretales Pontificum), d. c. Venerabilem (Decr. Greg i. 6. 34) in glossa art. *quod sicut potest,* ubi haec verba ponit : Credimus tamen quod, si Imperator coronam in loco debito recipere non possit, nihilominus auctoritate ministrandi ab Archiepiscopo Coloniensi posset recipere, vel sua auctoritate, quam habet ex electione. Haec ibi. Et hanc opinionem veriorem puto per jura et rationes ad hoc adductas, et maxime auctoritate dicti domini Innocentii et aliorum hoc tenentium. Alias sequeretur maxima absurditas, quod cum Imperium et Imperatores fuerunt ante Papam,—et multo etiam tempore Papae fuerunt non confirmati nec coronati ab eo, immo eligebant Papam, ut praedictum est, videretur, quod gesta per eos non valuissent, et sic leges civiles et multa subverterentur Hanc etiam

the Canonists were able to keep pace with the bold encroachments of Papal claims.[11] The justice of the German people decided more readily for Lewis,[12] as it became continually more plain, that the Pope had no other end in view than the elevation of the King of France to the Imperial throne.[13] But the taint of heresy had no less influence upon popular feeling: the active Minorites, persecuted by the Pope, and seeking refuge under

opinionem sequitur quidam magister Joannes Parisiensis (Part 1. §. 59. note 36) et Dantes de Florentia (above §. 98. note 14) —De hoc fuit magna concertatio tempore Joannis XXII et successoris sui Benedicti XII. inter eos et dominum Ludovicum de Bavaria, electum in Imperatorem. *Et me existente tunc in Romana curia, audivi magnos Praelatos et etiam laicos, utrosque jurisperitos, in hanc opinionem inclinare tamquam veriorem.* — Praesidentes Romanae Ecclesiae eorum astuta et sagaci prudentia secundum temporum varietatem sua variaverunt statuta, modo Imperium sublimando, modo paulatim deprimendo de tempore in tempus : sed considerato initio cujuslibet puto potestates fuisse distinctas, et si quaelibet fuisset contenta suis limitibus, et una alteram coadjuvasset, sicut facere tenentur, puto, quod pax esset in universo orbe.

[11] Hermannus Januensis, about 1348 in the continuation of Martini Minoritae flores temp. (in Eccardi corpus hist. medii aevi i. 1638) : Papa anno 1323 Ludovicum excommunicavit etc.—Isti processus a quibusdam stricte servabantur ; a multis vero quasi invalidi nihil curabantur, quia Bononiae et Parisius, ut dicitur, examinati a Doctoribus Theologiae et utriusque juris judicabantur penitus nil valere. cf. Albericus a Rosate note 10.

[12] How entirely this sense of justice spoke for Lewis is manifest from the fact, that it declared itself even in the form of visions. Thus the infant Jesus appeared to Margaretha Ebner, a Dominican nun in the monastery of Medingen, in Dillingen, who had often received revelations, and said, " Ich will ihn nimmer verlassen, denn er hat Lieb zu mir, das entbeut ihm." At another time it was said to her, that he should overcome his enemies : and, lastly, that he was undergoing great chastisement, but should not fail of eternal life, see Jo. Heumanni opuscula, quibus varia juris germ. itemque historica et philologica argumenta explicantur (Norimb. 1747. 4) p. 340.

[13] The German princes were summoned to meet at Bar sur Aube in June 1324, to depose Lewis, and elect King Charles of France. But only Leopold, Duke of Austria, brother of the imprisoned Frederick, made his appearance, and received promises in return for his engagement, zealously to further Charles' design, for instance a promise of help in the reconquest of Schwyz and Unterwalden (see the deeds in F. Kurz Oesterreich unter K. Friedrich d Schonen, Linz 1818, S. 482), comp. Villani l. ix. c. 267. Albertus Argentin. p. 123 Kurz in the work quoted above S. 283. Buchner's Gesch. v Baiein V 352

the Emperor, cast this imputation upon the former;[14] the authors who now came forward on the Emperor's side, Marsilius of Padua († after 1342), physician in ordinary to the Emperor, and John of Jandun († after 1338),[15] who advancing

[14] To wit, because of his decision issued in 1323, haereticum esse, pertinaciter affirmare, Christum ejusque Apostolos in speciali non habuisse aliqua, nec in communi etiam. See below in the history of the Franciscans.

[15] According to Albert. Mussatus in Lud. Bav. (Murat. x. 773) Lewis' advisers, quorum consiliis potissimum fruebatur, were *Marsilius de Raymundinis*, civis Paduanus plebejus, philosophiae gnarus et ore disertus, (he is generally believed to have died in 1328, he was however mentioned among the living in Ludov. ep. ad Bened. xii. in Raynald ann. 1336 no. 36, and there is no reason here for disclaiming for him the work de jurisdict. imp in causis matrim. publisht in 1342, see below § 100 note 18), and Ubertinus de Casali, Januensis Monachus, vir similiter astutus et ingeniosus (see part 2. § 70. note 14.) Beside these there were Johannes de Janduno (called by mistake de Gandavo, or of Ghent, see Oudin. comm. de scriptt. eccl. iii. 883) and Ulrich Hangenor (Mag. Ulricus de Augusta), private secretaries to the Emperor.—The principal work : Defensor pacis (in Goldast. monarchia ii. 154) the joint composition of Marsilius and John belongs to this period . also Marsilius' tract de translatione Imperii (ibid. p. 147) and John's tract. de potestate ecclesiastica (Ms. bibl. Colbert. see Oudin. l. c. p. 884.)—The Defensor pacis divided into 3 dictiones or partes, treats in the first part of the origin and aim of the state, in the second of the relations between the secular and sacerdotal powers, and in the third gives 41 conclusions from the foregoing treatises, cf. concl. i. : Solam divinam s. canonicam scripturam, et ad ipsam per necessitatem sequentem quamcunque ipsius interpretationem, ex communi concilio fidelium factam, veram esse et ad aeternam beatitudinem consequendam necesse credere, si alicui debite proponatur. II. Legis divinae dubias definire sententias—solum generale concilium fidelium—debere, nullumque aliud partiale collegium aut personam singularem, cujuscunque conditionis existat, jam dictae determinationis auctoritatem habere. III. Ad observanda praecepta divinae legis poena vel supplicio temporali—nemo evangelica scriptura compelli praecipitur. IV. Solius novae legis divinae praecepta, vel ad ipsa per necessitatem sequentia, et quae secundum rectam rationem fieri aut omitti convenit, propter aeternam salutem necesse servari, antiquae vero legis nequaquam omnia. V In divinis novae legis praeceptis aut prohibitis neminem mortalem dispensare posse : permissa vero prohibere, obligando ad culpam aut poenam pro statu praesentis saeculi vel venturi, solum posse generale concilium, aut fidelem legislatorem humanum. VI. Legislatorem humanum solam civium universitatem esse, aut valentiorem illius partem. VII Decretales vel Decreta Romanorum aut aliorum quorumlibet pontificum, communiter aut divisim, absque concessione legislatoris humani constituta, neminem obligare poena vel supplicio

far beyond the empty formalism of the jurists, maintained temporali. VIII. In humanis legibus solum legislatorem vel illius auctoritate alterum dispensare posse. X. Cujuslibet principatus aut alterius officii per electionem instituendi, praecipue vim coactivam habentis, electionem a solius legislatoris expressa voluntate pendere. XV. Super omnem singularem personam mortalem, cujuscunque conditionis existat, atque collegium laicorum ac clericorum, auctoritate legislatoris solummodo Principem jurisdictionem tam realem quam personalem coactivam habere. XVI. Excommunicare quenquam, aut divinorum officia interdicere absque fidelis legislatoris auctoritate nulli Episcopo vel sacerdoti aut ipsorum collegio licere. XVII. Omnes Episcopos aequalis auctoritatis esse immediate per Christum, neque secundum legem divinam convinci posse in spiritualibus aut temporalibus praeesse invicem vel subesse. XVIII. Auctoritate divina, legislatoris humani fidelis interveniente consensu seu concessione, sic alios Episcopos communiter aut divisim excommunicare posse Romanum Episcopum, et in ipsum auctoritatem aliam exercere, quemadmodum e converso. XIX. Conjugia—divina lege, nova praesertim, prohibita per mortalem neminem dispensari posse ; humana vero lege prohibita ad solius legislatoris vel per ipsum principantis auctoritatem pertinere. XXI. Ad ecclesiasticos ordines promovendos, ipsorumque sufficientiam judicare judicio coactivo, ad solum legislatorem fidelem spectare, ac sine ipsius auctoritate quenquam promovere ad hoc cuiquam sacerdoti vel Episcopo non licere. XXII. Numerum Ecclesiarum sive templorum, ac in ipsis ministrare debentium sacerdotum, diaconorum, et reliquorum officialium ad solum principantem secundum leges fidelium pertinet mensurare. XXVII. Ecclesiasticis temporalibus, expleta sacerdotum et aliorum Evangelii ministrorum, et his quae ad cultum divinum pertinent ac impotentum pauperum necessitate, licite ac secundum legem divinam pro communibus seu publicis utilitatibus aut defensionibus uti posse legislatorem humanum totaliter et in parte. XXXIII. Generale Concilium aut partiale sacerdotum et Episcoporum ac reliquorum fidelium per coactivam potestatem congregare, ad fidelem legislatorem aut ejus auctoritate principantem in communitatibus fidelium tantummodo pertinere, nec in aliter congregato determinata vim aut robur habere. According to Concl xxxii. a general council alone could constitute and abolish metropolitan sees, and according to Concl. xxxv canonize saints ; thus also concl. xxxvi. : Episcopis aut Presbyteris aliisque templorum ministris si uxores interdicere convenit, reliqua quoque circa ecclesiasticum ritum, per generale solum fidelium Concilium id statui et ordinari ; et illud solum collegium, aut personam in hoc cum praedictis dispensare posse, cui data fuerit ejus auctoritas per Concilium supra dictum. Concl. xxxvii. A judicio coactivo, Episcopo vel sacerdoti concesso, semper ad legislatorem contendentem (*leg.* concedentem) liceat appellare, vel ad ejus auctoritate principantem. Concl. xl. Legislatorem fidelem, aut ejus auctoritate principantem in subjecta sibi provincia compellere posse tam Episcopos quam reliquos evangelicos ministros, quibus de sufficientia victus et tegumenti provisum est, ad divina officia celebranda

opinions of unprecedented boldness, made the people rather mis-
et sacramenta ecclesiastica ministranda. The historical elucida-
tions of the origin of the hierarchy are worthy of remark, cf. P. II. c.
15. p. 239 : Haec nomina, *Presbyter* et *Episcopus*, in primitiva
Ecclesia fuerunt synonyma, quamvis a diversis proprietatibus eidem
imposita fuerint. Nam *Presbyter* ab aetate nomen impositum est, quasi
senior; *Episcopus* vero a dignitate seu cura super alios, quasi super-
intendens. Proofs are given from Jerome. Phil. i. 1 see vol. i. part
1. § 30. note 1.—Post haec autem Apostolorum tempora numero
sacerdotum notabiliter aucto ad scandalum et schisma evitandum
elegerunt sacerdotes unum ex ipsis, qui alios dirigeret et ordinaret,
quantum ad ecclesiasticum officium et servitium exercendum et oblata
distribuendum, ac reliqua disponendum convenientiori modo, ne istud
quolibet pro libito faciente oeconomia et servitium templorum turbaretur propter affectionum diversitates. Hic siquidem electus—ex
posteriorum consuetudine retinuit sibi soli nomen *Episcopi*, quasi super-
intendentis—Verum jam dicta electio seu institutio per hominem—
nihil amplioris meriti essentialis seu sacerdotalis auctoritatis—tribuit,
sed solum ordinationis oeconomicae in domo Dei seu templo potestatem
quandam, alios sacerdotes—ordinandi et regulandi, quomodo Priori
datur potestas in monachos.—Et ideo secundum veritatem et intentionem Hieronymi non aliud est Episcopus quam Archipresbyter. *Cap*.
16 demonstrates, Apostolorum neminem ad alios habuisse praeeminen-
tiam from Luc. xxii. 19; Jo xx. 21, 22 ; Gal. ii. 6—9. Nullam ergo
potestatem, eoque minus coactivam jurisdictionem habuit Petrus a Deo
immediate super Apostolos reliquos, neque instituendi eos in officio
sacerdotali, neque segregandi eos seu mittendi ad officium praedicationis, nisi quod hoc sane concedi potest, ipsum fuisse priorem
aliis aetate vel officio fortasse secundum tempus, aut Apostolorum
electione, qui eum propterea reverebantur merito, quamvis hanc electionem ex Scriptura nemo convincere possit. Signum autem, verum
esse quod diximus, est, quoniam b. Petrum nullam sibi assumpsisse
singulariter auctoritatem supra reliquos Apostolos invenimus ex Scriptura, sed magis cum ipsis aequalitatem servasse. For proof see Acts
xv.—Sicut Petrus Antiochiae legitur electus in Episcopum per fidelium
multitudinem, aliorum Apostolorum confirmatione non indigens, sic et
Apostolorum reliqui praefuerunt in aliis provinciis absque Petri
scientia, institutione, vel consecratione aliqua: fuerant enim per
Christum consecrati sufficienter. Propter quod similiter opinandum,
horum Apostolorum successores non indiguisse aliqua confirmatione
successorum Petri : quinimo multi successores aliorum Apostolorum
fuerunt electi et instituti Episcopi rite, ipsorumque provincias sancte
rexerunt absque alia institutione vel confirmatione de ipsis facta per
successores Petri. Et extitit hoc sic legitime observatum usque quasi
ad tempora Constantini Imp.—Quod si tamen Apostoli b. Petrum
tanquam sibi Episcopum elegissent ;—non tamen ex hoc sequeretur,
quod ipsius successores in Romana sede vel alia, si alibi fuit Episcopus,
hanc prioritatem habeant super aliorum successores, nisi a reliquorum
successoribus eligerentur ad hoc majoris enim virtutis fuerunt aliqui

trustful of the imperial cause, than favourably inclined towards

successores aliorum quibusdam successoribus Petri.—Rursum cur magis conveniret hoc successoribus ejus in sede Romana, quam in Antiochena vel Hierosolymitana vel alia, si Episcopus in pluribus extitisset? Amplius quilibet Episcopus quantum ad intrinsecam dignitatem— indifferenter successor est cujuslibet Apostoli, et ejusdem meriti sive perfectionis quantum ad dignitatem praedictam sive characterem, quoniam omnes hunc habent eundem ab uno efficiente—Christo, non ab eo qui manus imposuit.—Jam dictis autem audiri desuetis mirabilius est, quia desuetum amplius et inopinabile fortassis videbitur, si non falsum : quod ex certo Scripturae testimonio convinci potest, Romanos Episcopos magis esse successores, quantum ad provinciam et gentem, Apostoli Pauli quam Petri.—Cum per Scripturam constet evidenter, Paulum Romae fuisse biennio, et ibidem omnes suscepisse gentiles converti volentes,—constat ipsum fuisse Romanum Episcopum specialiter —De beato vero Petro—dico per Scripturam sacram convinci non posse, ipsum Romanum Episcopum, et quod amplius est, ipsum unquam Romae fuisse —Sed per Scripturam sacram indubitanter tenendum, b. Paulum fuisse Romanum Episcopum, et si quis alter cum ipso Romae fuerit, tamen Paulum singulariter et principaliter—fuisse Rom. Episcopum, b. vero Petrum Antiochiae, ut apparet ad Gal. ii : Romae vero non contradico, sed verisimiliter teneo, ipsum in hoc non praevenisse Paulum, sed potius e converso.—Cap. 18 p. 251. *Unde Romanus Episcopus et Ecclesia—super caeteros sibi quendam primatum assumpsit.*—Nemo Episcoporum per omne tempus illud (until the time of Constantine) in alios Episcopos coactivam jurisdictionem exercuit. Quamvis tamen aliarum provinciarum Episcopi plures, in quibus dubitabant, tam de Scriptura sacra, quam de ritu ecclesiastico, non audentes se publice congregare, consuluerunt Episcopum et Ecclesiam fidelium existentem Romae, propter majorem ibidem forte fidelium multitudinem et magis peritiorem, eo quod studia scientiarum omnium tunc multum Romae vigebant.—Unde etiam provinciarum aliarum fideles, sufficientia personarum carentes, ad ipsorum Ecclesias gubernandas ab Episcopo et Ecclesia Romana fidelium postulabant personas sibi ad episcopatum praeficiendas, eo quod Ecclesia fidelium Romae personis talibus, ut jam diximus, amplius abundabat. Episcopi vero et Ecclesia Romanorum sic requisiti—charitative atque fraterne subveniebant in his ;—ordinationes, quas super ecclesiasticum ritum sibi fecerant, aliis communicando provinciis, et quandoque etiam in aliis provinciis contentionem aut schisma fidelium inter se audientes charitative monendo. Haec autem aliarum provinciarum Ecclesiae grate suscipiebant.—Hoc etiam modo vel consimili quasi suscepit a Graecis Romanus populus gratuite non coacte leges quasdam vocatas decem tabularum. Ex jam dicta vero quasi consuetudinaria prioritate, aliarum Ecclesiarum consensu spontaneo, Romanorum Episcopi—auctoritatem quandam decreta—constituendi super universalem Ecclesiam— sumpserunt usque ad tempora Constantini.—Constantinus vero—primus fuit Imperator, qui fidem Christi, ministerio b. Sylvestri tunc Papae

it. It was their merit to have furnisht their own and the follow-

Romani patenter adeptus est, et—Ecclesiae Romanae ac ipsius Episcopo tribuisse videtur auctoritates et potestates super alios Episcopos et Ecclesias omnes.—Cap. 22 p. 268 : Post tempora vero Constantini I. et praecipue imperiali sede vacante hanc sibi deberi prioritatem quandoque lege divina, quandoque vero concessione Principum suis epistolis expresserunt Rom Episcopi quidam —Hanc etiam extendentes auctoritatem in omnes Episcopos et Ecclesias, populos et singulares personas, ad sententiam excommunicationis et interdicti divinorum officiorum— in supradictos fideles ferendum.—Sic etiam suis epistolis expresserunt, sibi convenire temporalium omnium ecclesiasticorum dispensationem.— Quibus etiam moderniores excessibus non contenti suis expresserunt epistolis sive decretis, auctoritatem sive jurisdictionem coactivam supremam super omnes mundi principatus—sibi lege divina deberi ;—propter quod etiam ad suam auctoritatem pertinere dicunt, omnia mundi regna et principatus conferre ac auferre licite posse Regibus—ipsorum mandata transgredientibus, quamvis impia sint secundum veritatem et illicita saepe. Hoc autem inter caeteros Romanos Episcopos—octavus Bonifacius in tantum expressit et asseruit, ut hanc Romanis Episcopis deberi potestatem decreverit ab omnibus credendum et confitendum esse de necessitate salutis aeternae (Part 2, § 59, note 26.) Cujus sententiam assecuti sunt successores ejus Clemens V. et—Joannes,—quamvis hoc solum explicite videantur dicere de solo imperio Romanorum. Quod quia id asserunt innisi titulo supradicto, plenitudinis videlicet sibi datae potestatis a Christo, indubium est, potestatem hanc sive auctoritatem, si qua talis ex hoc sibi conveniat, omnia mundi regna et principatus ex aequo respicere. Cap 26 p. 281 is on the origin of the Papal encroachments upon the empire : Voluerunt Romanorum Principum quidam citra tempora Constantini electionem de se factam amicabiliter signare Romanis Pontificibus, ut—per Pontificum intercessionem ampliorem benedictionem et gratiam ad suum gubernandum imperium obtinerent : eodemque aut consimili quasi modo.—Romanorum quidam Imperatores diadema regium imponi sibi fecerunt per Romanos Pontifices : quam siquidem impositionem Pontifici Romano plus auctoritatis tribuere super Rom. Principem, quam Remensi Archiepiscopo super regem Francorum, quis dicet ? Non enim conferunt hujusmodi solemnitates auctoritatem, sed habitam vel collatam significant. Ex hac quidem igitur reverentia sic sponte per Romanos Principes exhibita, quaerentes saepius quae sua non sunt, Episcopi Romani induxerunt consuetudinem et abusum verius, propter Principum simplicitatem, non modo dicam ignaviam, laudationem electae personae ac benedictionem, quam super illam mittebant, vocaliter aut in scriptis vocare confirmationem electionis praedictae. Nec attendentibus olim Romanis Principibus, quae sub hac appellationis figura praejudicialis latebat intentio, sic ipsam successive subinduxerunt latenter, nunc vero patenter Romani Pontifices, ut nullus quantumcunque convenienter electus in Romanorum Regem Rex vocari debeat, neque Regis Romanorum auctoritatem habeat aut exerceat, nisi per Romanum Episco-

ing age, with plentiful materials for reflection.[16] Perhaps more useful to the Emperor than these, were the Pope's advocates who encountered them, the Augustine monk Augustinus Triumphus, from Ancona († 1328),[17] and the Franciscan Alvarus Pelagius

copum fuerit approbatus.—Non esset hoc aliud quam Romanum solvere principatum, et Principis creationem perpetuo prohibere.—Quid ergo aliud sibi tribuit auctoritatis Principum electio, quam nominationem, ex quo ipsorum determinatio ab unius solius alterius voluntate dependet? Tantam nempe septem tonsores aut lippi possent Romano Regi auctoritatem tribuere.

[16] Thus speaks the Canon Closener († 1384) in his Strasburg. Chronik S. 54 : In den Ziten wart daz buch gemacht, daz do heisset *Defensor pacis* : daz bewiset mit redelichen Spruchen der heil. Geschrift, daz ein Bobest under eime Keiser sol sin, un daz er kein weltlich Herschaft sol han. Es beweiset ouch des Bobestes un der Cardinal Grit, un ire Hofart, un ire Symonie, die su gewonlich tribent, un sich des beschonent mit falschen Glossen.

[17] Summa de potestate ecclesiastica ad Joh. P. xxii. (ed. Aug. Vind. 1473. Colon. 1475. Romae 1582. fol ) divided into III. partes and 112 quaestiones. Qu. 1, art. 1 : Sola potestas Papae est immediate a Deo. —Habet omnem potestatem saecularem judicare et deponere, si non bona est.—Et si inveniatur, quandoque aliquos Imperatores dedisse aliqua temporalia summis Pontificibus, sicut Constantinus dedit Sylvestro : hoc non est intelligendum, quod suum est, sed restituerunt, quod injuste et tyrannice ablatum est (cf. Qu. 43 art. 3.)—Omnis potestas Imperatorum et Regum est subdelegata respectu potestatis Papae. Qu. 18 art. 1 : Major est jurisdictio Papae quam cujuslibet angeli.— Papae totius mundi jurisdictio et cura commissa est,—quod super caelum et terram jurisdictionem accepit. Qu 22 art. 3 : Magis tenentur laici subditi obedire Papae, quam Imperatori vel Regi.—Tota machina mundialis non est nisi unus principatus :—princeps autem totius principatus mundi est ipse Christus, cujus Papa vicarius existit juxta illud Dan. vii.—Si aliud mandat Papa, et aliud Imperator, obediendum est Papae et non Imperatori. Qu. 23 art. 1 : Pagani jure sunt sub Papae obedientia.—Vicarius Christi est Papa, unde nullus potest se subtrahere ab ejus obedientia de jure, sicut nullus potest de jure se subtrahere ab obedientia Dei. Qu. 35 art. 1 : Papa per se ipsum Imperatorem potest eligere.—Imperator est minister Papae eo ipso quod est minister Dei.—Est autem principaliter agentis, eligere ministros et instrumenta ad suum finem.—Unde puto, quod Papa, qui universos fideles in praesenti Ecclesia ad pacem habet ordinare, et ad supernaturalem finem consequendum derigere et destinare, justa et rationabili causa existente per se ipsum possit Imperatorem eligere : ut propter eligentium negligentiam et discordiam, aut propter electi bonitatem et condecentiam, vel propter populi christiani pacis providentiam, seu propter coërcendum haereticorum, paganorum et schismaticorum potentiam et audaciam. Posse enim Papae fulcitum debet esse veri-

tate, justitia et aequitate · non enim potest adversus veritatem sed pro
veritate, ut dicit Apostolus II. ad Cor. ult.—Art. 3. Sicut a sede
apostolica potestas eligendi Imperatorem Electoribus est concessa, ita a
praedicta sede potest eis auferri. Art. 6. Papa potest Imperatorem
facere per haereditariam successionem sicut per electionem.—Qu. 37.
art. 3 : Auctoritate Papae Imperium a Romanis est ad Graecos translatum.—Constantinus hujusmodi translationem fecit auctoritate summi
Pontificis, qui tanquam vicarius Dei filii, caelestis Imperatoris, jurisdictionem habet universalem super omnia regna et imperia.—Propter
imperium ad Graecos post tempus Constantini translatum, Ecclesia ibi
potestate et dignitate multum vigebat. Et ideo quatuor Concilia fuerunt ibi celebrata, quibus Imperatores sic se subjecerunt, quatenus per
summum Pontificem approbarentur. Art 4. Auctoritate Papae Imperium est translatum a Graecis ad Germanos. Art 5. Auctoritate
Papae Imperium potest a Germanis transferri ad alios.—Conditio Imperatoris a tempore Constantini multipliciter variata est. Nam tempore
dicti Constantini Imp. eligebantur.—Qui modus servatus est usque ad
tempora Michaelis Imp. et Caroli M. Postea institutio Imperii processit
per successionem ad tertiam generationem puta usque ad tertium Otto-
nem, qui fuit nepos primi et filius filii. De istis enim non invenitur
facta electio, sed sola provisio per summum Pontificem.—Gregorius V.
convocatis Principibus Almaniae ordinavit electores Imperatoris officiales ipsius imperialis curiae. Qualitercunque tamen institutio Imperii
sit variata : nulli tamen dubium esse debet, quin summus Pontifex—
Imperatorem possit eligere, quemcunque et undecunque sibi placet in
auxilium et defensionem Ecclesiae. Qu. 38. art. 1 : Per Papam Imperator electus debet confirmari.—Ad illum pertinet immediate Imperatoris confirmatio, ad quem pertinet Imperii immediata jurisdictio.
Postquam enim Constantinus cessit Imperio occidentali nulla sibi
reservatione facta,—plenum jus totius Imperii est acquisitum summis
Pontificibus, non solum superioris dominationis, verum etiam immediatae
administrationis, ut ex ipsis tota dependeat imperialis jurisdictio, quantum ad electionem et quantum ad confirmationem : ita ut ex tunc nullus
de jure poterit se intromittere de regimine occidentalis Imperii absque
expressa auctoritate et mandato sedis apostolicae, nisi usurpative et
tyrannice, sicut fecit Julianus Apostata et multi alii. Art 4 : Papae
Imperator electus debet fidem jurare.—Imperator assumitur in defensorem et protectorem Ecclesiae, potissime in partibus Italiae et in
occidentalibus regionibus, in quibus Ecclesia non solum temporalium
habet universalem jurisdictionem, sicut in toto orbe noscitur habere,
verum etiam habet mediante ministro, quem elegit, immediatam administrationem. Talis ergo minister in tribus tenetur Ecclesiae fidelitatem
servare : primo in ipsius Ecclesiae exaltatione, ut per rebelles et infideles
Ecclesia non deprimatur, sed potius illis expugnatis juxta posse suum
supra candelabrum ponatur ; secundo in Ecclesiae pastoris et rectoris
defensione ;—tertio in temporalium per Constantinum concessorum
Ecclesiae conservatione, ut in talibus non praetendat aliquam immediatam jurisdictionem, sed solum immediatam administrationem. Et ista
tria ponuntur in juramento fidelitatis, quod ipse Imperator summo
Pontifici praestare tenetur. Qu. 39. art. 1: Imperator per solam

electionem non potest administrare, nisi beneficium confirmationis recipiat Qu. 40. art. 1 : Papa potest Imperatorem deponere, Art 4 : Imperatoris subditos a juramento fidelitatis absolvere. Qu. 41. art. 1 · Ad Papam spectat Imperatoris electionem examinare. Qu 44. Art. 1 Absque Papae auctoritate Imperator non potest leges condere.—Omnis justa lex (quae secundum Augustinum si justa non est, non est lex) dependet a lege divina —Illo ergo jure lex imperialis dependet ab auctoritate Papae, quo jure dependet a lege divina, cujus ipse Papa est vicarius et minister, potissime cum secundum Dionysium lex divinitatis hoc habeat, ut ejus influentia non transeat ad inferiora nisi per media Medius autem inter Deum et populum christianum est ipse Papa, unde nulla lex populo christiano est danda, nisi ipsius Papae auctoritate; sicut nec aliqua lex fuit data populo Israelitico nisi mediante Moyse. Art 4 : Papa potest sua auctoritate leges imperiales corrigere. Qu. 45. art. 2 : Papae subjiciuntur omnes Reges, quantum ad temporalium recognitionem.—Dicentes, Papam, vicarium Christi, in toto orbe dominium habere solum super spiritualia, non autem super temporalia, similes sunt consiliariis Regis Syriae, qui dixerunt iii. Reg. 20 · *Dii montium sunt dii eorum etc.* Sic hodie mali consiliarii adulatione pestifera seducunt Reges et Principes terrae, dicentes . dii montium, puta spiritualium donorum, sunt summi Pontifices, sed non sunt dii convallium, quia temporalium bonorum nullum habent dominium : ideo in campestribus et in potentia bonorum temporalium pugnemus contra eos et obtinebimus. Sed quid dicit eis divina sententia, audiamus : *quia dixerunt*, inquit, *Syri, deus montium est dominus, non deus vallium, dabo omnem multitudinem hanc in manu vestra, et scietis, quia ego sum Dominus.* Qu. 46. art. 2 : Papa potest omnes Reges, cum subest causa, deponere. Art. 3 : Papa potest in quolibet regno Regem instituere. —Sicut Deus est factor omnium regnorum et provisor, sic Papa vice Dei est omnium regnorum provisor. Unde cum causa rationabilis subest, in quolibet regno potest Regem instituere, sive sit causa ipsius Regis nequitia, ut dictum est supra de Rege Francorum, sive ipsius populi fraudulenta malitia, ut si in Regis mortem conspirarent, vel eum ejicerent,—vel quocunque alio modo causa justa et rationabilis subest, ad Papam spectaret, illi regno de Rege providere. Qu. 61 art 3. Papa non potest aliquos eximere a se ipso in temporalibus.—Apostolus ii. ad. Tim. 2 dicit . *Deus fidelis est, et seipsum negare non potest.* Negaret autem seipsum, si eximeret aliquos a suo dominio temporali vel spirituali, quia tunc negaret, se esse dominum omnium tam temporalium quam spiritualium. Cum igitur Papa verus vicarius Dei sit, si aliquos eximeret a seipso in jurisdictione temporalium vel spiritualium, negaret quod non esset verus Dei vicarius, et talis negatio in errorem Manichaeorum ipsum induceret, ponentium, ab alio principio spiritualia et ab alio temporalia esse producta. Unde non est dubium, quod. si pro tali veritate testificanda Papa pateretur, verus Christi martyr esset censendus. To the plea : consuetudo servanda est, et longo tempore approbata pro lege tenenda est, ut jurisconsultus dicit. Sed ab antiqua consuetudine fuit observatum in Ecclesia Gallicana, quod Praelati Franciae non recognoscunt temporalia a Papa sed a Rege, et ipse similiter Rex a nullo temporalia recognoscit, he answers : consuetudo

(† after 1340),[18] who, heated by their boldness, proudly and fearlessly unfolded the newly erected political right of the Pope with its most obnoxious results.

Under these circumstances, neither the Papal excommunication, which Lewis met without delay by an appeal to a General Council,[19] nor the interdict[20] afterwards pronounced against veritati et rationi contraria, quanto diuturnior tanto perniciosior et periculosior, nec consuetudo sed abusio dicenda est. Non enim dixit Christus, ut dicit Gregorius : Ego sum consuetudo, sed : *ego sum veritas*. Si vero potentia regalis vel imperialis allegatur, videatur, ut dicit Aug. quod factum sit de Nabuchodonosor, quomodo a regno depositus est et inter bestias connumeratus est, donec recognosceret, Deum caeli esse dominum universorum   Qu. 73. art. 3 : Papa alicui potest concedere decimas Laicorum —Jus naturale propria facit communia in necessitate, jus vero divinum ex caritate, et jus civile ex reipublicae utilitate. Planum est autem, quod Papa est omnis juris interpres et ordinator, tamquam architector in tota ecclesiastica hierarchia vice Christi, unde quolibet jure potest, cum subest causa rationabilis, decimas laicorum, non solum subditorum, verum etiam Regum, Principum et Dominorum recipere et concedere pro Ecclesiae utilitate, ac eos, si noluerint dare, compellere.

[18] His work de planctu Ecclesiae libb. ii. (ed. Ulmae 1474. Venet. 1560 fol.) composed at Avignon in 1330, and revised in 1340 by the author, at that time Bishop of Silves in Portugal, agrees entirely in principle with that of August. Triumphus. cf. lib. 1. c. 13 : quod jurisdictionem habet universalem in toto mundo Papa nedum in spiritualibus, sed temporalibus, licet executionem gladii temporalis et jurisdictionem per filium suum legitimum Imperatorem, cum fuerit, tanquam per advocatum et defensorem Ecclesiae, et per alios Reges et mundi Principes ; et in patrimonio s. Petri et in regno Siciliae, quod est regnum Ecclesiae et patrimonium,—et in aliis terris Ecclesiae eam per suos rectores debeat exercere.—Cum animae corporibus sunt pretiosiores, et spiritualia temporalibus digniora;—cui ergo commissae sunt animae et spiritualia, multo potius res sunt et corpora committenda. —Temporalia accessoria sunt ad spiritum, Matth. xvi.: *haec omnia* scil. temporalia *adjicientur vobis :* sed accessoria naturam habent principale sequendi.   Accordingly the Papal encroachments were defended against the Emperor Lewis, here styled only Bavarus schismaticus. Afterwards, cap 33 : Quod Papa non tenetur se purgare de aliqua infamia, a quibuscunque exorta, bonis vel malis, si non vult. Cap. 34 : Quod in hac vita, etiamsi injuriam vel injustitiam facit Papa alicui, non habet judicem super se, nec tenetur eligere judices vel arbitros. Cap. 36 . Quod antea fuit Ecclesia, quam Imperium. Cap. 60 he introduces the Bull Unam sanctam. Cap. 68 is against the new Schismatici, especially against the haeresiarcha novellus Marsilius Padovanus.

[19] dd. Sachsenhausen in April or May 1324 (ed Baluz. vitae PP. Aven. T. ii. p. 478): Nos Ludovicus Dei gratia Romanorum Rex

Lewis' faithful subjects, produced the desired effect in Germany.[21] The Pope's anger rose higher, when Lewis was reconciled even

semper Augustus proponimus contra Johannem, qui se dicit Papam XXII., quod inimicus sit pacis, et intendit ad discordias et scandala suscitanda.—Nam publice dicere dicitur, quod quando inter Reges mundi et Principes est discordia, tunc Papa est verus Papa, et timetur. —Maxime autem dicere dicitur, quod discordia Alamanniae—salus est et pax Romani Pontificis et Ecclesiae. Unde cum multiplicarentur in Alamania, occasione diversarum electionem, caedes,—et sanguinis effusiones, proh dolor, innocentium; nunquam unam literam vel qualemcunque nuntium misit ad obviandum praedictis periculis atque malis, cum tamen multos haberet in partibus Alamanniae exactores et collectores pecuniarum pro ipso, quibus hoc committere sine aliquo suo onere potuisset, si voluisset, vel sibi de hoc cura aliqua fuisset, ostendens se per hoc facere contra doctrinam et vitam et exemplum Christi, cujus vicarium se mentitur et dicit. After the rights of the Emperor, and the unfounded assumptions and political injustice of the Pope have been demonstrated, there follows a long and zealous refutation of the Papal assertion, Christum et Apostolos habuisse bona temporalia in communi eo modo, quo alia collegia habent, quod dictum est notorie haereticum, et profanum et contra Evangelii sacrum textum, which evidently proceeded from the pen of some persecuted Minorite. In conclusion: ad generale Concilium, quod instanter et cum instantia repetita in loco tuto nobis et nostris convocari petimus, et ad verum legitimum futurum summum Pontificem, et ad sanctam matrem Ecclesiam et apostolicam sedem, et ad alium vel ad alios, ad quem vel ad quos fuerit appellandum, provocamus et appellamus.

[20] Processus quartus of 11. July 1324 in Martene et Durand thes. anecd. ii. 660. (Ludovicum) reputamus et declaramus merito contumacem,—omni jure, si quod sibi ex electione sua competere seu competiisse poterat, a Domino privatum denunciamus,—de benignitate sedis apostolicae—supersedentes ad praesens a poenis aliis, quibus excessus praedicti ipsum reddiderunt obnoxium.—Personas ecclesiasticas,—quae contra—mandata nostra Ludovico praefato tamquam Regi—paruerunt vel adhaeserunt quomodolibet,—declaramus poenas suspensionis ab officio, ac excommunicationis sententias—incurrisse. Civitates autem, communitates,—ac singulares personas illarum, quae in praedictis—deliquerunt, declaramus, civitates—interdicti, singulares vero personas excommunicationis sententiis subjacere. Next Lewis was forbidden sub poenis excommunicationis ac privationis feudorum, quae ab Ecclesia Romana vel aliis seu Imperio obtinet, ne deinceps se Regem Romanorum vel electum intitulet, and the first of October was peremptorily assigned him as the day on which he should answer for himself before the Pope.

[21] Compare the Papal briefs of the year 1324 in the Oberbaierischen Archiv. f. vaterl. Gesch. Bd. 1 (Munchen 1839.) According to S. 50 the townsmen of Liége and Strasburg wisht their Bishops to forbid the publication of the Processus. On the faithful adherence of Strasburg

to Frederick (March 1325):[22] and when the latter, in defiance of all requisitions to the contrary,[23] fairly broke his plighted word. And now the pretended vicegerent of Christ avenged himself by causing the march of Brandenburg, with which Lewis had shortly before enfeofft his son,[24] to be laid waste by the neighbouring tribes, chiefly by the heathenish Lithuanians.[25]

to Lewis, see Wencker apparatus et instructus archivorum, Argent. 1713. 4 p. 194.) According to S 60 the Archbishop of Mayence, to S. 68 the Archbishop of Cologne refused to publish it The Pope, S. 81, required the city and diocese of Basle, with threats, to allow the publication: but Jo. Vitoduranus p. 32: quidam clericus famosus a Papa Basileam dirigitur, ut quosdam processus frivolos ibidem promulgaret: qui statim de curia Monasterii summae Canoniae dictae Burg, eminenti et valde excelso loco, in fluvium Rhenum illic praeterfluentem praecipitatur. The Archbishop of Saltzburg, and the Bishops of Freisingen and Passau, were obliged as adherents of the Pope to fly to Austria. Buchner's Gesch. v. Baiern v 360

[22] See the compact in Gewold p 89, and Olenschlager, Urkundenbuch S. 129. Frederick renounced all claim to the kingdom, and pledged himself to aid Lewis " wider allermeniglich, swie sie genannt seyn, Pfaffen und Layen, und mit nahmen wider den, der sich Babst nennet,—dieweil er wider den Chunig und das Riche ist." Vgl. Kurz Oesterreich unter K. Friedrich d Schonen S 304.

[23] Comp. Kurz S. 319. The Pope wrote to Frederick dd. 4 May 1325 (in Raynald. ad h. a. no. 2): Sane quia multorum habet opinio, quod in relaxatione hujusmodi ad multa Deo infesta, tibique inexpedientia, et Rei periculosa publicae Te promissionibus,—juramentis ac poenis—duxeris astringendum: nos super hoc de salubri providere remedio cupientes—ea ex officio nostro cassa et irrita, et nulla esse penitus declaramus;—Tibique nihilominus—in virtute sanctae obedientiae ac sub excommunicationis poena—districtius inhibentes, ne ad ejusdem Ludovici Rebellis et excommunicati quoquo modo redire carcerem, aut sibi—obedire praesumas He declared also that Frederick's rights rising from his election were restored (Raynald. l. c. no. 5): however he proceeded secretly in his endeavour to procure the imperial crown for Charles IV. King of France. He wrote to him dd 30. July 1325 (l. c. no 6): res sic sunt dispositae, ut regium possit ad prius desiderium adimpleri.—Tepiditas regia multum negotio obfuit, quia et nos reddit et reddidit tepidos et morosos —Excutiat circumspectio regia quaeso hunc torporem, et operetur, dum ad hoc intendat, dum dies est.

[24] The Pope declared the investiture, which was made in 1323 (see the deeds in Ludewig reliqu. mss. ii. 262. x. 642) invalid, and charged the men of Brandenburg in virtute sanctae obedientiae, and under pain of Ban and Interdict, to renounce their allegiance to their new lord (Raynald. ann. 1322. no. 8.)

[25] Jo. Vitoduranus in thesaur. hist. Helv p. 32: De Johanne Papa

Lewis meanwhile establisht his ascendancy in Germany so firmly that he was able to turn his thoughts to an attack upon the Pope in Italy his most assailable quarter (1327.)  John advanced in vain to the Fifth Process.[26]  The outcry of heresy raised by the Minorites blunted his ecclesiastical weapons;[27]

exsecrabile factum fidelibus in perpetuum displicibile praecedentibus subnecto.—Nam in quibusdam Christianitatis, ut fertur, extremitatibus Teutonicis cruciferis diffuse dominantibus, paganorum truculentam rabiem eos contingentium coercentibus et refraenantibus, ne per suas invasiones et incursiones pestiferas fidelium terris, quantum gliscunt, nocere possint, dominus Papa in mandatis districtissime dedit, quatenus ipsos per terram suam liberum transitum habere sinerent, ut in vindictam et injuriam Imperatoris ad terram filii sui demoliendam, vocatam Brandeburg, accessum habere possent. Qui jussioni papali contraire pertimescentes, inviti cum ejulatu, ut ita dicam, amarissimo paganis transitum pro suo libitu indulserunt. (Quidam ajunt, Papam haec demandasse Regi Graagogiae (i e. Cracoviae), et quia sibi in hoc paruit, Regem eum fecit, qui ante Dux unus Poloniae fuit. Qui venientes ad terram praenominatam immanissima scelera auditu horribilia commiserunt. Armati enim in multitudine incredibili ex insperato ad terram memoratam supervenerunt bestiali mente, indomito ac agresti more ipsam vastantes : nec in hoc eis suffecit, quin etiam mulieres certatim temerarent coitu nefario; ipsis quoque mamillas absciderunt, Ecclesias diruerunt, Altaria destruxerunt, corpus Christi in scriniis super aris reconditum sustulerunt, et sibi lanceas suas infixerunt, blasphemando dicentes : Ecce Deus Christianorum in nullo se defendere valens.

[26] Processus quintus of 3. April 1327 in Martene thes. ii. 671 :— declaramus ipsum Ludovicum privatum feudis omnibus, quae a Romana Ecclesia, vel Ecclesiis aliis, seu ab Imperio obtinebat, et specialiter Ducatu Bavariae,—exponendis vel concedendis catholicis, si, prout, et quando, ac quibus vel de quibus sedes apostolica duxerit ordinandum, principalis domini jure salvo :—vasallos quoque ipsius a juramento fidelitatis— expressius nunciantes eos absolutos. Et quia excommunicatus pro fautoria haereticorum excommunicationis sententiam sustinuit per biennium et ultra animo indurato, idcirco declaramus praefatum Ludovicum fore manifestum haereticorum fautorem, ipsumque poenas omnes a canonibus inflictas talibus incurrisse (see Part 2. § 89. note 22.) About the same time dd. 9. April 1327 (l. c. p. 692) several adherents of Lewis especially Marsilius and Johannes de Janduno were excommunicated by name.  These two however were expressly declared heretics and outlaws 23 Oct. 1328 (l. c. p. 704.)

[27] On 9. Jan. 1328, the secretary of the Bishop of Constance desired to publish this Papal Processus in Freiburg : " da erbaten ihn die Burgere fruntliche und liepliche, dass er dieselben Brieve willekliche und gerne hie ungekundet liess, und sie wieder hinan fuhrte."  Freiburger Rechtsbuchlein, in Schreiber's Urkundenbuch der Stadt Freiburg i. 278.

Lewis overran Upper Italy with conquest:[28] and while the Pope was ordering a crusade to be preacht against him, he received the Imperial crown at Rome (17. Jan. 1328),[29] pronounced upon John sentence of dethronement,[30] and appointed a Franciscan to be Pope under the name of Nicolas V.[31]

[28] Villani x. c. 15 ss. Albert. Mussati Ludov. Bavarus in Bohmer's fontes rer. Germ. i. 172.

[29] dd. 21. Jan. 1328 in Martene thes. ii. 716 : Omnibus vere poenitentibus et confessis, qui dictum Ludovicum ejusque complices—expugnabunt, et super hoc per annum—laborabunt, Ecclesiae sequendo vexillum, *tam clericis quam laicis,*—illam concedimus veniam peccatorum, quae concedi—proficiscentibus in terrae sanctae subsidium consuevit, et in retributione justorum salutis aeternae pollicemur augmentum. Eos autem, qui non per annum integrum, sed per ipsius anni partem in hujusmodi Dei servitio laborabunt, juxta qualitatem laboris et devotionis affectum participes esse volumus indulgentiae supradictae

[30] 18. Apr. 1328. See Villani x. c. 68. Ludovici IV. Imp. processus contra Jo. XXII. in Baluzii vitae PP. Aven. ii. 512 : Ludovicus Dei gratia Romanorum Imp. et semper Augustus ad perpetuam rei memoriam. Gloriosus Deus—nos, Ludovicum IV. Romanorum Imperatorem, —in Principem super haereditatem suam inunxit, ut de manibus inimicorum suum populum liberemus. Eapropter ex imperialis celsitudinis debito excessus enormes Jacobi de Caturco, qui nunc se Papam Johannem XXII. licet mendaciter asserere non veretur, dissimulatione diuturniori nullatenus sufferre valentes—celeri cursu in Italiam venimus ad sedem nostram praecipuam, Romam videlicet, properantes. Then the Pope's offences were enumerated, Simony, instigation to rebellion (Ex quibus profecto evidenter agnoscimus, sacrum Imperium—per hunc *mysticum Antichristum,* qui se Papam nominat, si quod absit effrenis ejus rabies ultra procederet, irreparabiliter exterminari), the devastation of Brandenburg by heathens, especially usurpation of the chief temporal power against the doctrine of Christ (cui etiam Decretistae asserunt, dicentes, Papam non habere utramque jurisdictionem), non residence at Rome. Quapropter cum hic praevaricator nefarius divinae dispositionis ordinem sacerdotio et imperio praestitum publice impugnaverit, statu sui vicariatus abutens enormiter, dum gladio sanguinis uti praecipit pro gladio spiritus, quod est verbum Dei; hinc est, quod zelo justitiae atque reipublicae,—auctoritate nobis in hoc casu caelitus ordinata contra quoslibet fidei et veritatis sanctae matris Ecclesiae turbatores, praedecessorum nostrorum, videlicet Ottonis primi, qui cum clero et populo Romano Johannem XII deposuit de papatu, et cum clero et populo de alio pastore urbi et orbi providit, et aliorum quamplurium Imperatorum vestigiis inhaerere volentes, ipsum Jacobum in haeresi deprehensum, cum ex facti evidentia, quia haeresim publice praedicat, perfectionem altissimae paupertatis in Christo penitus denegando,—quam ex confessione propria, ut liquet ex iniquis

But Italy was fatal to Lewis also, as it had been ere now to many German Emperors. The insufficiency of his resources, and the inconstancy of the Italian people, compelled him to withdraw from this country (1329 :)[32] The Pope's party regained so strong an ascendancy, that the forsaken Imperial Pontiff was quickly delivered over to his antagonist.[33] Fresh anathemas[34] followed the Emperor on his return to Germany, and now that public feeling was alarmed by many of the foregoing events,[35] they made a stronger impression than before, even in Germany.[36]

et temerariis vocatis processibus ab ipso contra sacrum Imperium in nostra persona factis,—eo quod indigne gerit et gessit vicariatus officium,—a Christo privatum esse—denunciamus, nostraeque imperialis auctoritatis sententia episcopatu Romano et universalis Ecclesiae Dei seu Papatu tenore praesentium privamus, et ab eodem deponimus in his scriptis, sententia lata de communi consilio—cleri et populi Romani, nostrorumque Principum et Ecclesiae Praelatorum, tam Alamannorum quam Italicorum.—Unde et saepedictum Jacobum omnis ecclesiastici ordinis praerogativa nudatum—subjicimus saecularis nostrorum ministrorum arbitrio potestatis,—ubicumque deprehensus fuerit, velut haereticum animadversione debita puniendum. In a second Sententia of the same day (l. c. p. 522) after a long refutation of his idea of the poverty of Christ, John was declared to be haereticus notorius et manifestus et excommunicatus.

[31] 12. May 1328 : Villani X c. 71 ss.

[32] Villani X. c. 96 ss. At Pisa even in 1328 a number of zealous Minorites, who had made their escape from Avignon, came over to him ; among them were some of the most distinguisht of the Order. Michael of Cesena, the General, William Occam and Bonagratia of Bergamo, who henceforth remained with Lewis (Contin chron. Guil. de Nangis in d'Achery spicil. iii. 88. Wadding annales Minorum ann. 1328 no. 17.)

[33] Villani X. c. 162. Bernardus Guido in secunda vita Joannis XXII ap. Baluz. vitae PP. Aven. i. 143.

[34] Processus sextus of 20. April 1329 (in Martene thes. ii. 771) condemns Lewis as a heretic, quod damnatam haeresim,—quod Christo et Apostolis in rebus, quas habuerant, nullum jus competierat, sed tantummodo in eis habuerant usum facti, asserere praesumserat temere et publice, and because he, asserens errorem,—quod Imperatori licebat Papam deponere, contra nos depositionis de facto praesumsit sententiam promulgare. On 25. June he gave fresh orders to preach the crusade against Lewis in Italy (l. c. p 777.) On 27. Jan. 1330 the command not to render allegiance to Lewis was repeated (l. c. p. 787.)

[35] Chiefly by the appointment of an anti-Pope, who soon after was obliged to abjure his error before John xxii. comp. Jo. Vitoduranus in thes. hist. Helv. p. 28. who was by no means well inclined towards

Wearied out with so obstinate a persecution, Lewis tried fresh negotiations for peace. But the Pope, so entangled with the ambitious Philip VI. of Valois, since 1328 King of France, that he was obliged to yield to his most extravagant demands,[37]

Pope John XXII., and recognized the mira sanctitas of the anti-Pope. Still he pronounced the election an error, Lewis and the Romans probably wisht to vindicate the antient right eligendi summum Pontificem et sedem apostolicam ordinandi, granted by Hadrian to Charlemagne: sed non super petram, sed potius super arenam—aedificassent. Quia—successores Caroli memorati praefato juri longe ante istius renunciaverunt tempora.

[3,] Jo. Vitoduranus l. c. p 29 : Ex tunc plures civitates—abstinuerunt se a divinis, et interim Clerus graviter fuit angariatus et compulsus ad divina resumenda, et plures annucrunt, non verentes latam sententiam, nec ultionem divinam. Multi etiam erant inobedientes, et ob hoc de locis suis expulsi, et sic tandem facta fuit lamentabilis difformitas Ecclesiarum: quaedam enim immunem se existimans ab interdicti censura in laudes divinas celebrando imperterrite ac secure laxavit ora; quaedam vero e contrario interdicti poena se plexam reputans organa Domino canentia suspendit  Et illae mutuo se sinistre judicabant, et quod mirabilius est, tacentes in divino cultu habito clausis januis mutuo sibi non communicabant, sed frequenter se excludebant, cantantes etiam se alterutrum vitaverunt —Haec autem diversitas lamentabilis causabatur non solum propter diversitatem conscientiarum,—sed etiam ex eo, quod Jurisperiti in iis requisiti diversimode canones juris ecclesiastici interpretabantur. Jacob v. Konigshoven Elsass. Chronicke S 128 : Hievon wart grosse Irrunge und Zweyunge in der Pfaffheit in des Riches Stetten, und in den frigen Stetten, die disen Ludwig fur einem Keyser hettent. Wan etliche Pfaffen und das Mereteil die woltent des Bobestes Briefen gehorsam sin, und woltent nut singen, noch Gottesdienst han.  Also die Agestyner und vil bi alle Orden zu Strosburg und anderswo in frigen und Riches Stetten, die worene XVII Jor one singen. Aber die Brediger und Barfussen zu Strosburg die sungent vil Jor an der erste wider des Bobestes Briefe, Hunden noch liessent die Brediger abe, und woltent auch nyme singen : do sprochent die Herren von Strosburg, sit das su hettent vor gesungen do soltent su ouch furbas singen, oder aber us der Statt springen.  Do zugent die Brediger us der Statt, und liessent ir Closter lere ston IV halb Jor.  Ouch zweiete sich die Pfafheit underenander so sere, das die Pfaffen uf einre Stift, und die Muniche in eime Closter ire etliche sungent und die Andern swigent. Der Keyser was so gut und tugenthaft, das er keinen armen Pfaffen det derumb kestigen ; doch twang er die Bischove und Prelaten, das su mustent ir Lehen von ime enphohen

[37] He obtained the ascendancy in the College of Cardinals, by continually pressing on the Pope more French Cardinals. On 25 May 1331 John wrote to him : Circumspectionem regiam volumus non latere, quod jam XX Cardinales, de quibus XVII de regno Franciae

haughtly rejected the proposals of submission, which were first brought before him by the Emperor's friends in (1330),[38] and afterwards renewed by the Emperor himself 1331 and 1332:[39] originem tɪaxisse noscuntur, existant: nevertheless immediately after he was obliged to create the Bishop of Autun a Cardinal, on the King's recommendation (Raynald ann. 1331 no 33. 34.)—The Kings of France tried to enrich themselves at the expense of the Church, especially upon the empty pretext of a new crusade With this view even Charles IV. had demanded six millions librarum Turonensium from John (Raynald. ann. 1323 no. 10: but he received the answer: summam praedictam—dividere inter omnes—difficile nimɪs nobis.— Philip VI. offered again in 1331 to undertake a crusade, but he demanded for this purpose from the Pope (Villani X. c. 196) tutto il tesoro della Chiesa, e le Decime di tutta Christianita per sei anni, pagando in tre anni, e in suo Reame le investiture e promutazione d'ogni benefizio ecclesiastico; e adomandava titolo del Reame d'Arli e di Vienna per lo figliuolo, e d'Italia volea la signoria per Messer Carlotto suo fratello. Thereupon he was reminded indeed, that the Kings of France, for 40 years past, had drawn a tenth from the French Church on the pretext of a crusade, and had employed it in other wars. However, the Pope did his utmost to satisfy him. He appointed him, 26. July 1333, rector et capitaneus totius exercitus christiani, qui transfretabit, and assigned per universas mundi partes decimam ecclesiasticorum redituum sexennalem—in utilitatem dicti passagii (Raynald. ad h. a. no. 3 cf. Ughelli Italia sacra iii. 537.) In the Vita octava Bened. xii. (in Baluz. 1, 241) honourable mention was made of this pretext, which was afterwards repeated: quod tamen effectum non habuit, *cum etiam propter delusiones praeteritas mɪnime fiendum communiter crederetur.* The Papal decree by which Italy was separated from the German empire, doubtless belongs to this time (in Baluz. i. 704, publisht entire by Höfler in the Oberbaier. Archive f. vaterland. Gesch. i. 113:) provinciam Italiam ab eodem imperio et regno Alamaniae, totaliter eximentes, ipsam a subjectione, communitate et jurisdictione eorumdem regni et imperii separamus,—decernentes, ut nullo unquam tempore conjungantur; et eo praecipue, quod earundem provinciarum longa diffusaque protensio--impedit unius regnantis jurisdictionis et gubernationis effectum.—Ac declaramus, regnum praescriptum Alamaniae a regno Franciae claris distingui terminis,—per nos—paterno amore provide distinguendis. Even the contemporary Albericus de Rosate dict. juris s. v. Italia and Papa, mentions this decree, with the words: an potuerit illud statuere, Deus novit; and so Baluzen's doubts as to its genuineness have no foundation

[38] Viz. by John, King of Bohemia and Baldwin, Archbishop of Trêves, with whom afterwards Otto, Duke of Austria, united himself. Compare the Pope's two answers of the 31st July (in Raynald. ann. 1330 no. 29 ss., more fully in Martene thes. ii. 800) and the 21st September (in Raynald. l. c. no. 34 ss.) The proposals were (Raynald. l. c. no. 35. Martene l. c. p 801): Primo quod (*Bavarus*) cum

so that for a short time the persecuted monarch was quite resolved to resign the crown, which was a no less grievous than glorious burden.[40] A second accusation of heresy with which the Pope was charged,[41] put new weapons into Lewis' hands to

effectu deponet suum haereticum antipapam. Secundo quod penitus recedet ab appellatione. Tertio quod omnia, quae fecit seu attentavit contra sanctam personam domini nostri Papae Ecclesiamque Romanam, revocabit cum effectu. Quarto quod recognoscet, se excessisse et sententias excommunicationis ipsum ligasse. Quinto quod gratiae nostri Papae se offeret ad misericordiam.—Haec omnia sic intelliguntur, quod Bavarus in honore et suo statu remaneat, scil. in regno et imperio. The Pope's answer: Nescitis quid petitis!—Impossibile enim est ipsum remanere in honore imperiali et regio sine novi juris acquisitione, cum honorem et dignitatem non habeat.—Offerimus, si ad gremium Ecclesiae redire voluerit idem Bavarus, sicut debet, ipsum benigne recipere nos paratos, eique tantam et talem impartiri gratiam, quod tu et Principes supradicti poteritis merito contentari.

[39] The Emperor's petition, and the instructions for the Ambassadors of Oct. 1331 are in Gewold p. 118 ss. Olenschlager's Urkundenbuch S. 180 ff. Lewis declared himself prepared for everything on condition that he and the Roman empire should remain unimpaired in rights and in honour.—On the second imperial embassy of 1322 see the contemporary Heinrici Mon. in Rebdorff annales (ed. Chr. Gewold. Ingolst. 1618 4. and in Freher-Struve T. I.) ad h. a., especially Joh. xxii. ep. ad Reg. Franciae (in Raynald ann. 1333 no. 28): Ut quae nobiscum egerunt Bavari nuncii, celsitudo regia non ignoret, ecce quod quia mandatum sufficiens non habebant, oblataque per ipsos erant insufficientia ad ea, quae idem commiserat Bavarus comperta, et quae petebant per nos sibi fieri, erant omnino obvia rationi, tractatum cum eis habere renuimus etc.

[40] Heinricus de Rebdorff ad ann. 1334. Quinta vita Joh. XXII. in Baluz. i. 176. Raynald. ann 1334 no, 20 ss.

[41] So early as the first Sunday in Advent 1331 he had publicly preacht (Cont. Guil. de Nangis in d'Achery spicileg. iii. 95), quod animae decedentium in gratia non videant Deum per essentiam, nec sint perfecte beatae, nisi post resumptionem corporis, an opinion, which agrees indeed with the earliest fathers (vol. i. Part 1, § 52, note 23), but had been abandoned ever since the fifth century (Munscher's Dogmengeschichte iv. 414), and, together with certain other opinions, had been condemned by the University of Paris in 1240 (d'Argentré collectio judiciorum de novis erroribus i. 186.) The greater part of the Court bowed to the Pope's opinion: only the English Dominican Thomas Walleis stood forth to oppose it on the 27th Dec. at Avignon (see Guilemus Thorn chron. de gestis Abbatum s. Augustini Cantuar in Scriptt. X hist. Anglicanae. London 1652. d'Argentré i 316), but he was thrown into prison. Now in 1332 the Pope wisht to vindicate his doctrine in Paris also by means of two Dominicans (Cont. Guil. de Nangis l c p. 96), here however it encountered great resistance the

be employed against him: but he escaped by death from the King desired the opinion of the theologians of the University: on the 2d Jan. 1333 they decided (d'Argentré l. c.), quod a tempore mortis Domini nostri Jesu Christi, per quam pretium redemptionis humani generis extitit persolutum, omnes animae ss. Patrum, quas idem salvator noster ad inferos descendens eduxit de limbo, caeterorumque fidelium animae, quae de corporibus exierant, nihil habentes purgabile, vel quae jam in Purgatorio sunt purgatae, ad visionem nudam et claram, beatificam, intuitivam et immediatam divinae essentiae et benedictissimae Trinitatis, — quam Apostolus 1 Cor. xiii. nominat visionem facie ad faciem, erunt assumptae, ipsaque Deitate beata perfecte fruuntur; et jam quod crediderunt videntes, quod speraverunt tenentes, non in spe sed in re sunt beatae. Quamquam dicta visio, quam nunc habent, resumptis corporibus minime evacuabitur, alia succedente, sed ipsamet in eis, cum sit earum vita aeterna, perpetuo remanebit: At the same time, in order to leave the Pope a way of escape, they assumed that he had propounded the contrary opinion only recitando, not determinando, asserendo seu etiam opinando. The King sent this decision to the Pope (Cont. chron. Guil. de Nangis p. 97), mandans sibi a latere, quatenus sententiam Magistrorum de Parisius, *qui melius sciunt, quid debet teneri et credi in fide, quam Juristae et alii Clerici, qui parum aut nihil sciunt de theologia*, approbaret, et quod sustinentes contrarium corrigeret. According to the statement of Petrus de Alliaco, in Concil. Eccl. Gall. ann. 1406, the King even caused an intimation to be made to the Pope, qu'il se revoquast, ou qu'il le feroit ardre (Bulaei hist. Univ. Paris. iv. 238. The Pope's answer of 18. Nov. 1333 is very characteristic of the manners of the age (in Raynald. ad h. a. no. 46): He had heard that the King had instigated certain Magistros in theologia, ut, quod animae sanctae ante suorum resumptionem corporum videbant clare divinam essentiam, praedicarent; some even said quod illos qui hoc facere renuebant, capitulaveras satis dure. Ab aliis vero audivimus, quibus fidem prorsus adhibemus, quod praeceptum tale seu inductio ab ore regio non processit; sed ut princeps zelator veritatis— aliquibus, qui forsan dicebant seu fingebant, se propter metum aliquem non audere talia praedicare, dixisti, quod metu cujusquam personae non sinerent veritatem—praedicare. Hoc profecto dicere decebat et decet regiam majestatem. Cum autem hanc quaestionem b. Augustinus interdum in scriptis suis reputaverit valde dubiam, et circa eam variasse dicatur, et nedum ipse, sed et multi doctores alii circa istam materiam varient; propter hoc, ut veritas possit melius aperiri, nos interdum in nostris sermonibus mentionem habuimus, non proferendo verbum de nostro capite, sed dicta Scripturae sacrae et Sanctorum:—multique— coram nobis—pro et contra de ista materia sunt locuti.—*Et quia, fili dilectissime, forsan tibi dicitur, quod nos non sumus in theologia magister*, audi quid unus sapiens dicat: Non quis, inquit, sed quid dicat, intende. He recommends to the King his Collection upon this subject from holy writ and the fathers. Profecto, amantissime fili, si quae circa istam materiam aliqui scripserint et dixerint, sciret tua magnificentia, merito miraretur. Many had stated of the King, that he had

general council[42] which was being prepared for him by the imperial side

## § 100.

**BENEDICT XII. (20 DEC. 1334 – 25 APR 1342) CLEMENT VI. (7. MAY 1342 – 6 DEC. 1352)**

Benedict XII. a well-meaning monk, but bound with monastic fetters, and not equal to his lofty place, now mounted the consecrated chair of St Peter.[1] He had the best intentions of shaking

declared himself for the contrary opinion, multisque comminati sunt religiosis et saecularibus sub umbra tui culminis, si partem illam, quod animae separatae divinam essentiam non videant [defenderent],—quod illos capi facerent per inquisitores haereticae pravitatis. The Pope did not believe this: quia scimus, quod in his vel aliis ut elucidetur veritas intendes, rogamus benevolentiam regiam, ut—magistris in theologia Parisiis legentibus facias nunciari, quod—quilibet dicere et disputare et praedicare valeat, quod sibi juxta doctrinam evangelicam—disputandum videbitur et etiam praedicandum, donec aliud ordinatum per sedem fuerit apostolicam :—sic enim ad veritatem quaestionis praedictae poterit promptius perveniri. The stubborn old man held his ground without regard to Philip. Afterwards the recantation, which he was to have publisht on the day before his death, 3. Dec 1334, but was first divulged by his successor 17. March 1335 (Raynald. ann. 1334, no. 35 ss.), was held in suspicion even by contemporaries. Cont. chron. Guil. de Nangis l. c. Joannes Papa—errorem de beatitudine animae, quam ipse diu tenuerat,—insufficienter tamen, ut aliqui dicunt, moriens revocavit. Accordingly Benedict XII 29. Jan. 1336 was obliged to issue an express dogmatical decision on the subject (in Raynald. ad h. a. no 3)—Compare on the whole question Bulaeus hist. Univ. Paris. iv. 235. d'Argentré collectio judiciorum de novis erroribus i 314.

[42] The discontent of the Italian Cardinals with the French Pope, furthered the interests of the Emperor, and the zealous Minorites at his court, one of whom, Bonagratia, wrote against the Papal heresy. Their chief, Cardinal Neapoleo, had almost completed his negotiations with Lewis on the Council which was to be summoned, when the Pope died, Raynald ann 1334, no. 31 ss.

[1] Petrarch, in a confidential letter written immediately after Benedict's death, passes an unfavourable judgment upon him (Epistt. sine titulo, ep. 1, that this letter does refer to Benedict, may be seen proved in Sade mémoires pour la vie de F. Petrarque t ii. notes p 13) He is here characterised as vino madidus (according to Vitoduranus also, p. 39, he was potator vini permaximus, according to Galvaneus Flamma in Muratori xii. 1009 comestor maximus et potator egregius, and according to the vita octava in Baluz i 141, he had given occasion

off the shameful bondage of France :[2] but Philip of Valois contrived still as before to overpower him by means of the preponderance of French Cardinals. Thus he frustrated the Pope's intention of returning to Italy :[3] thus also he quencht his hearty desire to be reconciled with Lewis.[4] With the latter the Pope himself opened negotiations; Lewis met them with ready humility : but Philip always contrived to hinder an actual

to the proverbial saying : bibamus papaliter.) Petrarch says further: Huc nos gubernatoris nostri perduxit inscitia :—fecit hoc furor et rabies, et turpis inertia, et procellosi littoris fervidus appetitus, et rationis imperium fortunae traditum, et hortatu foedae cupidinis pondus infamiae susceptum. Heu quanto felicius patrio terram sulcasset aratro, quam scalmum piscatorium ascendisset!—ille digitis omnium ostensus, omnium salibus aspersus, omnium ludibrium, jocusque mensarum, postremo omnibus hoc mare sulcantibus in aeternum fabula.

[2] Albertus Argent. (who in 1338 was at Avignon himself as Ambassador of the Bishop of Strasburg, cf, chron p. 129) p 125 : Benedictus XII.—sic ut a Joanne Papa discrepabat in statura (ille enim fuit pallidus, statura et voce pusillus, iste in corpore maximus, facie sanguineus, et voce sonorus), ita et in moribus discrepabant. Ille ad magnificandum et ditandum consanguineos, ad regnandum nobilibus, et exaudiendis eorum petitionibus, ad vestiendum annuatim plus quam LXX. comites et milites intendebat : iste de talibus non curavit. Dixit enim : absit, quod Rex Franciae per consanguineos meos super me ditaretur [*dominaretur* ?], meque sicut praedecessorem meum ad sua quaevis vota coartaret.—Fuit—theologorum summus, sed nullus in jure, quem inter omnes a longissimis temporibus justissimum aestimabant.—Huic Benedicto in principio creationis suae Philippus rex Franciae mittens legatos, audacter, quasi nihil sibi denegare auderet, petiit inaudita : inter alia scilicet, ut filium suum primogenitum—faceret Regem Viennae, quod se faceret vicarium Italiae, quod sibi per totam Christianitatem daret decimam decimarum per decennium, ut sibi daret totum Ecclesiae thesaurum in subsidium terrae sanctae. Benedict did not only refuse the whole of this demand, but, as John XXII. had already granted the King the tithes of his kingdom under the pretext of a new Crusade (Prima vita Bened. XII in Baluz. i. 200), quia dictum passagium non habuit effectum, dictus Benedictus Papa concessionem decimarum hujusmodi revocavit.—Nam idem Philippus voluit plus intendere ad dictam guerram (against the King of England) prosequendam, quam ad dictum passagium faciendum.

[3] Raynald ann. 1335 no. 3 ss.

[4] Jac. v. Königshoven S. 129 : Benedictus der zwelfte hette den Keyser gerne usser Banne gelassen und sich mit ime versunet Do woltent es die Cardinale u. der Kunig von Frangrich nut gestatten. wan es verdros den Kunig von Frangrich, das der Keyser sich uber in schreip.

reconciliation.[5] Lewis at last resolved openly to combat his

[5] Albertus Argent. p. 126. The first imperial embassy (April 1335) enquired, qualiter et sub qua forma redire deberet, et sub quibus articulis absolutionem et gratiam petere, and returned from the Emperor cum illis articulis et mandatis sufficientissimis. The Pope welcomed them with the friendly assurance (2. Oct.), se et fratres suos de hoc, quod nobilis ramus Ecclesiae, Alemannia, qui se in persona domini Ludovici laedi per Ecclesiam aestimans, jam ab arbore Ecclesiae separari coeperat, eidem arbori cum tam magno honore sedis redintegraretur, plurimum gratulari: multum commendans Alemaniam et dominum Ludovicum, quem nobiliorem mundi dicebat: conquerens regi Italiam per tyrannos, ac regnum Armeniae capi a paganis,—ac terram sanctam propter Imperatoris carentiam occupari: unde merito dixit absolutionem eidem impertiri se debere, quae et dari crastino sperabatur. Verum praedictus Rex Franciae, et Rex Siciliae—omnes quasi Cardinales a proposito averterant praeconcepto. Venerant enim ad impediendum factum ad curiam duo Archiepiscopi, duo Episcopi et duo Comites ex parte Regis Franciae, et totidem ex parte Regis Roberti, proponentes erroneum esse, tantam haeresiarcham praeponere dominis eorum Ecclesiae fidelissimis; Papamque cavere debere, ne fautor haereticorum diceretur. (During the troubles Philip had drawn over to himself certain cities of the Empire, which he would have had to resign, if a reconciliation had been effected. Raynald. ann. 1335 no. 7. Jo Vitoduranus below note 15.) Papa vero dicente: *quid volunt domini vestri, quod non sit Imperium?* illis vero proterve dicentibus: *Pater, non impingatis hoc dominis nostris vel nobis, quod non dicimus; quia contra imperium non loquimur, sed contra personam Ludovici damnatam:* cumque dicerent, Ludovicum multa contra Ecclesiam fecisse, Papa dixit: *immo nos fecimus contra eum: ipse enim cum baculo venisset ad pedes praedecessoris nostri, si voluisset, sed ipse noluit eum recipere: et quicquid ille fecit, quasi provocatus fecit.* Quantumcunque autem Papa assereret, se meliora pacta ab ipso Ludovico pro praedictis Regibus, eorum regnis et posteris extracturum, quam si eum in turri tenerent, penitus nil profecit. Rex Franciae etiam in terra sua undique bona et reditus Cardinalium interdixit et occupavit. Scripserant etiam illis diebus ad Curiam Joannes rex Bohemiae et Heinricus dux Bavariae, gener ejus, quod de auxilio Hungariae et Cracoviae Regum et aliorum alium vellent constituere Regem Romanorum potenter. Et sic Cardinales Papam pro tunc ab absolutione Principis, retraxerunt, dicentes, cum sui in partibus suis vellent eum destituere, inconsultum esse Sedi, si propter impotentem et inopem tot Principes offensaret. Sic dato alio termino deliberationis nuncii Principis infecto negotio sunt reversi. (Compare the Pope's letter to Lewis delivered at the same time, in Raynald. ann. 1336 no. 29.) When Lewis afterwards gained the victory over his enemies, the good Benedict rejoiced, gloriabatur— dicens ad Cardinales: isti dicunt eum esse destitutum, sed quis adhuc ingressus est locum suum? He himself resumed negotiations: misit autem Papa solennem legatum ad Ludovicum, Episcopum, Magalo-

hidden foe, and concluded an alliance with Edward, King of England, against Philip (July 1337).[6] At the same time the sense of honour and justice of the German nation declared more eagerly than before for Lewis.[7] After that the last endeavour for reconciliation, which the Bishops gathered at Speyer by the Archbishop of Mayence, Henry of Virneburg, a faithful adherent

nensem, qui mores et motum Principis erga Ecclesiam indagaret. Accordingly Lewis sent a new embassy to Avignon in Oct 1336, with the fullest powers, to profess repentance for everything, and promise everything that the Roman Court could require (see in Raynald. ann. 1336 no. 31 ss.), viz. ad deponendum—nomine nostro et pro nobis titulum imperialem Romae per nos receptum,—ad promittendum,— quod super omnibus praedictis excessibus—faciemus confessionem plenam, propria in persona petemus humiliter veniam, ac offeremus et suscipiemus emendam.—Item ad supplicandum vice et nomine nostro, —pro absolutione, et pro nostra assumptione et in integrum restitutione ad famam, honorem et statum, et interdictorum in Alemanniae partibus remotione, et singularium personarum absolutione.—Item ad promittendum—vice et nomine nostro,—quod nomine satisfactionis, poenae, et emendae, ac poenitentiae per nos commissorum effectualiter assumemus passagium ultramarinum, prout vestrae Sanctitati videbitur expedire, et quod ibi manebimus, quantum vestra Sanctitas duxerit ordinandum. — Item ad promittendum, nos ecclesias et monasteria aedificaturos, prout vestra Sanctitas ordinabit.—Item quod suscipiemus et perficiemus poenitentias alias quascunque atque poenas, quas vestra Sanctitas pro dictis excessibus nobis duxerit injungendas. At the same time, in order to remove all hindrances, Lewis concluded a treaty with Philip (see the deeds in Leibnitii cod. jur. gentium p. 148 ss.) But, nevertheless, Alb Argent. p. 127 : Quantumcunque Benedictus Papa ad absolutionem Principis niteretur, in praedictis tamen Franciae et Apuliae Regibus, et quasi omnibus Cardinalibus, seductis per eos, assensum habere nequivit. Unde tandem legatis Principis saepe ad Curiam venientibus, quibus et legati Regis Franciae plures in Curia verecundias (insults) inferebant, in tantum quod nullum poterant habere finem, respondit, asserens sibi hoc non a homine sed a s. Spiritu inspiratum.

[6] The deeds are in Rymer.

[7] This feeling manifested itself when, after a long dispute betwixt Baldwin, Archbishop of Treves, and Henry of Virneburg for the Archbishopric of Mayence, the former in 1337, induced by the mediation of the Emperor, renounced his claim (Albert Argent. p 127) : Capitulum vero,—adhaerentes Imperatori, praedictum Henricum Archiepiscopum, ligantem se primo Principi, retentis in manibus Capituli sex castris et abjuratis per eum ne variare posset,—concorditer receperunt, qui et postea ferventer Ludovico adhaesit.

to the Emperor, had made by an embassy sent to Avignon,[8] served only to prove incontestably the Pope's dependent position :[9] the States assembled at Frankfort pronounced the Papal sentence invalid.[10] The electoral Princes withdrew to Rense (First Electoral League, 15th July 1338), in order to make a solemn declaration, that the Roman King receives his rank and

[8] Their letter to the Pope of 27. March 1338 is in Olenschlager Urkundenbuch S 186.

[9] As the Archbishop of Mayence was under sentence of Papal excommunication, the Pope gave the Ambassadors only a verbal answer, which he afterwards communicated to the Archbishop of Cologne (in Raynald. ann. 1338 no. 3), viz. that the absolution of Lewis was only hindered by the fact, that his Ambassadors, impatientes adhibendae in tanto negotio debitae gravitatis, had suddenly taken their departure; that the Emperor himself must send ambassadors again, but chiefly, quod illa, per quae praecipue reconciliatio sua poterat impediri, erat assumptio guerrae — contra Regem Franciae,—quod nos — eundem Regem dimittere non possemus,—cum Reges Franciae nunquam dimiserint Ecclesiam. On the other hand Albertus Argent. p. 127 · Cum Papa Benedictus nuncios recepisset benigne, in aurem nunciis quasi flens conquerebatur, quod ad Principem esset inclinatus, et quod rex Franciae sibi scripserit certis literis, si Bavarum sine ejus voluntate absolveret, pejora sibi fierent, quam Papae Bonifacio a suis praedecessoribus essent facta.

[10] Jo. Vitoduramus p. 49 : Qui discutientes causas et motiva singula tam Papae quam Imperatoris, diligenterque examinantes, et acumine intellectus luce clarius omnia speculantes et perscrutantes per se, principaliter vero per Imperatoris Legistas et Canonistas valentissimos, principalissime autem per fratrem Bonamgratiam, almarium seu scrinium totius juris, consequenterque per cunctos Praelatos, caeterumque Clerum ibidem congregatum, repererunt, Imperatorem cuncta, quae debuit, sufficienter peregisse, et sibi aditum et accessum omnis gratiae et justitiae interclusum, et obstructum, et indiscrete temereque penitus denegatum. Sententia ergo matura et unanimi Principes etiam jurejurando praestito determinaverunt, omnes processus, a Domino Papa contra Dominum Imperatorem latos, indebitos, et prorsus nullius fore roboris vel momenti, sed eos irritos et inanes, et ab aequitatis lance penitus alienos. Adstruxeruntque eodem jurejurando sententia diffinitiva, per totam terram Imperii--divinum cultum, diu indebite—interdictum et suspensum, legitime liciteque omni scrupulo conscientiae deposito debere resumi. Decreverunt nihilominus, totum Clerum ubilibet in regno seu imperio Imperatoris constitutum, qui adhuc non resumpsisset divina, compellendum ad resumendum cultum divinum diu intermissum, et si renueret, et contumaciter parere despiceret, tanquam hostis Reipublicae esset acriter puniendus.

power solely from the choice of the Electoral Princes.[11] This declaration was immediately afterwards establisht as the law of the land.[12] Now again learned men, such as William Occam and Leopold of Bebenburg, came forward with heightened cou-

[11] The first Churverein (Electoral League) (in Gewold p. 146. Olenschlager's Urkundenbuch S. 188): Wir—han uns des vereint, das wir dats egenant Rich, und unser furstlich Er, die wir von Im haben, nemlichen an der Kur des Richs, an sinen und unsern Rechten, Friheiten, und Gewonheiten, als von Alter an uns, und an des Richs Kurfursten herkomen und bracht ist, handhaben, beschurn, und beschirmen wollen, nach aller unser Macht und Craft an Geverde, wider aller meniglichen, nieman aussgenommen, wan es unser Er und Aid anget, und wellen das nit lassen, durch dheinerley Gebot, von wem oder wie es chom,—und geloben an disen gegenwertigen Brief bi unsern furstlichen Eren, und haben es auch gesworen zu den Heiligen, fur uns und unser Nachkomen, stet und vest zehalten.—Und geloben,—das wir—uns dawider nit behelffen mit dheiner dispensation, absolution, relaxation, abolition, in integrum restitution, deheinerleie beneficio, wie das genant sie, wann es chum, oder wie es chum,—und solten Got und der Werlt erlos, trewloss und maineidig sin und heissen, wo oder wie wir darwider teten etc.—The Electoral Princes showed this to the Pope (see the letters in Herwart p. 744. Olenschlager, Urkundenbuch S. 190), and announced to him at the same time that in contravention of the sententias et processus, quos Joannes P. xxii. de facto contra Deum et justitiam et juris ordinem fulminavit, they had determined, quod vacante Romano Imperio is, qui eligitur concorditer, vel a majori parte Principum Electorum, pro Rege Romanorum ab omnibus est habendus. Et quod nec nominatione, approbatione, confirmatione, consensu, vel auctoritate sedis apostolicae super administratione bonorum et jurium Imperii indiget, sive titulo Regis assumendo, quodque jura et bona Imperii administrare et gubernare poterit, et de jure et consuetudine, nulla sedis apostolicae super hoc licentia habita vel obtenta. With regard to this meeting of the Electoral Princes compare Pfeffingeri Vitriarius illustratus i. 667.

[12] The Emperor promulgated two laws on 8. Aug. 1338. In the first Licet jura utriusque (in Leibnitii cod. jur. gent. i. 148. Olenschlager's Urkundenbuch S. 189) he confirmed this declaration of the Electoral Princes: in the second (in Freheri scriptt. rer. Germ. i. 655. Olenschlager's S. 193), a more lengthy document drawn up by Bonagratia, he pronounced the Papal sentences invalid, and forbade them to be observed. These imperial decrees were sanctioned at the diet of Frankfort in March 1339 (Goldast. constitt. Imper. iii. 411.) The allegations per varios magistros et sacram paginam approbatae which are mentioned in Grotefend's Verzeichniss d. Handschriften u. Incunabeln der Stadtbibliothek zu Hannover (Hann. 1844) S. 5. no. 17 c, appear to be a work written in defence of Lewis and belonging to this period.

rage to defend the Imperial cause.[13] Public opinion was general in behalf of Lewis; and the clergy who wisht to maintain the interdict were banisht.[14]

[13] There appeared in particular Guil. Occam compend. errorum Joannis P. xxii. (in Goldasti monarchia T. ii. p. 957 ss.) and Lupoldi de Bebenburg (now Bemberg on the Brettach, of the noble family of the Kuchenmeister v. Rotenburg and Nortenberg, see Bensen's Untersuchungen uber Rotenburg S. 441, Doctor decretorum and Archdeacon at Wurtzburg, after 1352 Bishop of Bamberg † 1362) tract. de juribus Regni et Imperii ad Balduinum Archiep. Trevir. (in Schardii syntagma tractatuum de jurisdictione imperiali p 167), compare his lib. de zelo christianae religionis vett. Principum German. ibid. 208 and Rhythmicum querulosum dictamen de modernis cursibus Imperii Romanorum in Bohmer's fontes rerum Germ. i. 479.

[14] Jo. Vitoduranus p. 49 : Exiit ergo edictum a Caesare Augusto Ludovico, ut universa pars orbis sibi subjecta vel subjicienda sub obtentu gratiae suae divinum cultum resumeret incunctanter; quod sui officiales, praesides, advocati sibi seriosius commendatum ad terras suas in literis Imperatoris secum deportantes, fideli executioni mandarunt, praecipientes singulis civitatibus et aliis locis advocatiae suae vel jurisdictioni subjectis per minas et terrores, jussionem Regis urgentem per omnia observari. Quod cum clerus aliquarum civitatum una cum civibus effectui mancipare aliquot dierum spatio minime curasset vel sprevisset, tandem cives habito consilio super hoc, ad cor redeuntes vel recognoscentes durum fore contra stimulum calcitrare, valenter jubebant per civitates proclamari : quicunque clericus tam religiosus quam saecularis divinum cultum apertis januis, pulsatis campanis habere vel resumere contemneret, extra civitatem in perpetuum vel ad tempus fieret, vel si quis animo fugiendi divina civitatem exiret, usque post decennium se sciret irremediabiliter exterminatum ab illa civitate, oppido, villa, coenobio vel loco quocunque; relinquentes tamen et indulgentes clericis octo dierum, vel citra manendi vel recedendi, deliberandi spatium. Multi igitur diversorum ordinum clerici et pauci saeculares, aliis cantantibus, de locis suis discedebant, hinc inde vagantes, et in locis aliorum dominorum ad divina resumenda non coactis se recipiebant, et ibi nomen psallentium in tantum maculaverunt, ut more stercoris vel luti foetidi abjicerentur, et ipsorum communio, familiaritas, conversatio, missa, oratio, praedicatio, absolutio et quaeque clavium auctoritas execrabilis haberetur. E contrario remanentes, et Domino praecinentes, tacentes et recedentes, tanquam vecordes, erroneos, pertinaces, fatuos et rebelles occulte et manifeste persequebantur, et eos coram hominibus vitandos et detestandos tanquam perversores et dilaniatores latere, nihilominus tanquam venenatos et contagiosos, et adinstar canis rabidi fugiendos affirmarunt. Utraque pars alteram desipientem, vel una alteram scismaticam, rumpentem et scindentem tunicam Christi integram et inconsutilem judicabant. Multi vero de numero exeuntium ducti post medium annum poenitentia locum suum

But the posture of affairs was quickly changed by Lewis' inconstancy.[15] First, he allowed himself to be induced by the intrigues of the French King, who now seemed to have the power of command over the keys of Peter, to forsake his ally, and seek afresh the Pope's absolution (1341.)[16] When, however, he saw himself once more deceived, he seemed to wish to cut

ardenti desiderio repetebant, sed indultum eis non erat, quia fere tota universitas juramenta in eorum exitu in contrarium emiserunt, videlicet ut nullus eorum facultatem vel possibilitatem regrediendi haberet ante finem termini eis super hoc praefixi : unde factum est, ut inviti cum amaritudine maxima mentis extra remanerent, qui voluntarie ac improvide exierunt.—Muta diu labia in vocem cantus et laetitiae cultus divini sunt resoluta, et organa per multa annorum curricula suspensa relaxata sunt in melodiae ac psalmodiae harmoniam.

[15] How little support he gave to the English may be seen in Olenschlager S. 300. Jo. Vitoduranus ad ann. 1339 et 1340 p. 55 : si Imperator promissum suum exhibitum Regi Angliae servasset,—contra Regem Franciae proeliaturus procedendo, et regnum ejus intrando, procul dubio, ut verisimile est, regnum Franciae cum Rege suo penitus debellasset, et civitates imperiales Imperio recuperasset, et consequenter Papam Benedictum XII. tunc Ecclesiae praesidentem benevolum et propitium ad perficiendum omne voluntatis suae desiderium invenisset. Nam Rex Franciae—Papam sibi subactum, quam diu in Avenione demoratur, cohibet et refrenat, ne Imperatori aliqualiter condescendat, ne bona Imperii surrepta et sibi usurpata (see above note 5) eum amittere contingat. Cum autem Ludwicus, ut supra dixi, remissus et negligens, pavidusque existat ad proeliandum contra suum adversarium, —bonum taliter suum et Imperii consequenter neglexit : maluit enim in Alemania sibi valde subdita confessor esse, quam in Francia, ut timuit, martyr fieri. Fortunatus enim valde erat, et multa bona sine proelii certamine adeptus erat etc.

[16] Alb. Argentin. p. 128 : Post haec misit Francus nuncium et literas Imperatrici, filiae sororis suae, quam dominam Alemanniae scripsit, ut inter ipsum et Principem concordiam, si posset, ordinaret, et sibi nuncium, de quo Princeps confideret, de concordia attentanda destinaret. Et missis hinc inde pluries nunciis et literis inter Principem et Francum, interpositis juramentis et confectis literis liga perpetua est firmata, in qua ipse Francus Principem cum sede apostolica reformare juravit. Et sic Princeps per Francum et in tota Francia post haec et Parisiis scriptus est et nominatus Imperator.—Missis saepius nunciis Imperatoris una cum legatis et literis Franci ad Papam pro reformatione Principis, Papa Benedictus nunquam Ludovicum Principem ad arbitrium Franci nunc haereticum, nunc christianissimum haberi debere, respondit. Et protracto variis occasionibus negotio Francus, ut credebatur, quod noluisset, simulavit se velle; Benedictus vero, quod voluisset, simulavit se nolle.

away from himself every hope of future reconciliation, by encroaching upon the Pope's unquestioned rights; in order to win the Tyrol for his family he dissolved the marriage of Margaret Maultasch by his Imperial powers;[17] and upon her second marriage with his son, Lewis Margrave of Brandenburg (Feb. 1342), he granted the dispensations necessary because of their being too near akin.[18]

Notwithstanding the support of all his learned men,[19] Lewis lost for his cause the confidence of the people by this encroachment upon ecclesiastical privileges,[20] as much as he awakened the discontent and jealousy of many of the nobles, by this fresh aggrandizement of the power of his house.[21] Thus he put new weapons to be turned against himself into the hands of the

[17] See the documents in Goldasti monarchia ii. 1383, Freheri scriptt. rer. Germ. i. 620.

[18] The documents are in Goldast. l. c. p. 1385, in Freher l. c. p. 621. E. g. Papa Romanus super impedimento affinitatis sanguinis per dispensationem tollendo—ad suam auctoritatem asserit pertinere: ac in talibus matrimoniis pluries dispensaverunt de facto praeteriti quidam Pontifices Romanorum. Quod si talis gradus affinitatis sanguinis matrimonium legitimum impediret legis divinae seu christianae praecepto, non posset aliquis hominum, quinimo neque angelus de caelo, dictum impedimentum per dispensationem aliquo modo amovere.—Ex quibus quidem manifeste apparet, ac fateri cogitur Romanus Episcopus,— quod si gradus affinitatis sanguinis, quanquam licitum matrimonium, impediat fieri, hoc tantum factum esse praecepto sive statuto legis humanae, de cujus siquidem legis praeceptis sive statutis dispensare solummodo pertinet ad auctoritatem Imperatoris seu Principis Romanorum.

[19] Guil. Occam tract. de jurisdictione Imperatoris in causis matrimonialibus in Goldasti monarchia i. 21, and Marsilii Patavini tract. de jurisdict. Imp. in causis matrimon. Ibid ii. 1383.

[20] Alb. Argent. p. 129: Sicque Ludovicus Princeps filium Joannis Regis Bohemiae uxore et dominio spoliavit, inconsuetum et horribile facinus attentando. Filium namque ad hoc maleficii genus induxit invitum, quod videlicet uxorem sui consanguinei in tertio gradu, non separatam ab ullo judice Ecclesiae, ipsamque suam consanguineam non uxorem, sed moecham traduxit.—O idolorum servitus avaritia, quae tantos Principes confudisti, ex quibus iterum inter Bohemos et Principem et filios suos non immerito livor edax et odia suscitantur. Jo. Vitoduranus p. 58: tota terra illud matrimonium multifariam multisque modis diris vocibus inculpavit.

[21] Olenschlager S. 318 ff

worldly minded Clement VI.,[22] who took the place of the pious Benedict (7. May 1342) full of inveterate hatred against Lewis.[23] The first attempt to resume negotiations with him ended in a fresh Bull of excommunication (12. April 1342.)[24] As this Bull now made an impression in Germany, Lewis resolved to yield all the conditions which the Pope prescribed to him : still, however, in answer he received fresh demands.[25] The German States acknowledged indeed at the Diet at Frankfort (Sept.

[22] Matteo Villani iii. c. 43 (Muratori scriptt. Ital. xiv. 186) : Costui fu natio di Francia, e Arcivescovo di Ruem (Rouen), e grande amico e protettore del Re Filippo di Francia, e per lui, innanzi al Papato e poi che fu Papa, assai cose fece.—Huomo fu di convenevole scienzia, *molto cavalleresco, poco religioso* Delle femmine, essendo Arcivescovo, non si guardò, ma trapassò il modo de' saeculari giovani Baroni : e nel l'apato non se nè seppe contenere, nè occultare : ma alle sue camere andavano le grandi Dame, come i Prelati, e fra l'altre una Contessa di Torenna fu tanto in suo piacere, che per lei faceva gran parte delle grazie sue. Albertus Argentin. p. 133 : Hic ab antecessoris sui moribus multum distans, mulierum, honorum et potentiae cupidus,—ipse Francus Franco ferventer adhaesit Jacob v. Konigshoven S. 129 : Clemens der sechste. der was gar ein gritiger hochfertiger Bobest. er meinde uber den Keyser und uber alle Welt Herre zesinde.

[23] Albert. Argent. p 133 : Qui cum adhuc esset Rotomagensis, Parisiis in praesentia Franci et Bohemi publicum sermonem faciens, ipsos contra Principem, quem nominavit *Baurum*, animavit, interpretans nomen *baurus* i. e. nesciens tergere barbam, quia tantam dixit esse foeditatem oris sui, quod ipsam abjicere non valeret. (Instead of *Baurus Bavarus* should be read, which he derives from bava, the French bave spittle, as bavara, a bib.

[24] The previous Collatio Papae is in Schunk's Beitr. zur Mainzer Gesch. ii. 469, the Bull of excommunication is in Raynald ann. 1343. no. 43 ss.

[25] Albert. Argent. p. 133 : Missisque iterum per Principem literis et nunciis ad Curiam et ad Francum ad sciscitandum causam impedimenti reformationis, cum ipse paratus esset omnia facere, quae sibi injungerentur a Papa : datoque responso per Francum, quod diceretur per Papam, quod non peteret eo modo gratiam, quo deberet ; nunciisque (prout in mandatis habebant) dicentibus, quod daretur eis forma procuratorii Papae placens, secundum quam, qualiscunque esset, se petituros dicebant : conceptum est procuratorium turpissimum et rigidissimum (see the same in Gewold. p. 181. Olenschlager's Urkundenbuch S. 226), quod non credebant Ludovicum sigillaturum, etiamsi captus fuisset. Dabatur enim in eo potestas Humberto Delphino, avunculo Principis, item Augustensis et Babenbergensis Ecclesiarum praepositis, item M Ulrico, cancellario suo, in solidum confitendi omnes errores et

1344) that these demands violated the rights of the Empire :[26] but instead of readiness to make the Emperor's cause their own, a strong dislike now rose in the minds of many against him, whose personal advantage alone interrupted the peace of the Empire.[27]

haereses; item resignandi Imperium, nec resumendi, nisi hoc fieret de gratia Papae, et se ac filios suos, ac bona ac statum suum in manus et voluntatem Papae ponendi, et multa insolita faciendi. Verum Princeps mandatum hujusmodi non solum sigillavit (see the records of 18.. Sept. 1343 in Gewold p. 173. Olenschlager S. 234), sed etiam coram tabellione, misso per Papam, se servaturum nec revocaturum juravit. De quo Papa ipse et Collegium mirabantur, dicentes intra se: *iste homo diffidentia est perplexus*. Illisque quatuor procuratoribus juxta formam mandati jurantibus, ac pro articulis injunctionis et poenitentiae denuo instantibus, nec sine articulis abire volentibus, tandem Papa de consilio Collegii articulos, quos Principem facere voluit, qui non tangebant personam ejus, sed statum Imperii, asssignavit. In these articles the following occurs among others (see in Gewold p. 195. Olenschlager S. 241): Concedit suis Procuratoribus potestatem pronunciandi, confitendi, nulla et falsa—omnia dicta et gesta sub imperatorio aut regio titulo;—item ejusmodi facta et negotia omnia, et unumquodlibet horum, tanquam injuste facta et gesta, revocandi, annullandi;—item promittendi sua vice, et nomine ejus et pro se, quod nihil faciet, ordinabit, aut mandabit sub imperatorio titulo aut regali, aut quivis alius illius vice, absque speciali concessione sedis Romanae;—item promittendi sua vice,—quod non veniet, nec intrabit in terras Italiae, nec quidquam in illis mandabit nec ordinabit—sine speciali concessione sedis Romanae;—item dicendi ac promittendi, quod si in praescriptis articulis—aliquid esset dubium aut incertum,—quod tunc V. S. et successorum vestrorum interpretationem admittet, et sicut V. S. intellexerit et pronunciabit, quomodo intelligi debeat, huic inviolabiliter et cum effectu stabit.

[26] Albert. Argent. p 134: illos articulos in perniciem et destructionem Imperii esse conceptos.

[27] Immediately after the diet at Frankfort, the nobles assembled at Rense to concert further measures (Albert. Argent. l. c): there, however, some voices were raised against Lewis. Jo. Vitoduranus p. 75: Alii famant, quod Principes magnam displicentiam propter nimiam sui (Ludovici) humiliationem erga Papam conceperunt, quia culmini regalis imperialisque celsitudinis derogaret: et ideo expresse sibi in faciem restiterunt non assentiendo sed contradicendo aperte suae excessivae ac indebitae erga Papam humiliationi. Fertur quoque, quod iidem Principes aegre ferentes, et amaro animo sustinentes remissionem et negligentiam Imperatoris, tanquam causam destructionis Imperii, ab eo seriose postulabant, ut filium Regis Boemiae [Carolum Marchgravium Moraviae] sibi subrogaret in Regem Alemaniae. Quem recusans, filium, Marchgravium Brandenburgensem, pro Rege praesentavit: quem ipsi similiter abjicientes ab eo indignanter discesserunt. Regnum tantum periit et debilitatum est sub te Bavaro, dixerunt ad invicem,

So Clement could count upon support even in Germany, when the Emperor, in conjunction with Lewis of Hungary, who wisht to avenge the murder of his brother, Andrew of Naples, († 1345) upon his widow, Joanna, aimed at the restoration of his imperial rights in Italy. While the Pope took the murderess Joanna under his protection,[28] he launcht against the Emperor the most terrible curses (13. April 1346); he summoned the electoral Princes to a new election;[29] but at the same time nomi-

quare summopere praecavendum est, ne deinceps ad Bavaros transferatur. Tamen, antequam ab invicem divellerentur, quemadmodum fama communis me instruxit, decreverunt concorditer cum Imperatore, quod ultra a Papa gratiam quaerere non attemptaret, quam totiens irrationabiliter sibi senserat denegatam.

[28] General opinion laid upon Joanna the guilt of the murder, or at least a share in it, compare the contemporaries Dominicus de Gravina de rebus in Apulia gestis (in Muratorii scriptt. rer. It. T xii.) Jo. Villani lib. xii. c. 50. Heinr. de Rebdorff ad ann. 1345 See de Sade mémoires pour la vie de Fr. Pétrarque T. ii. (Amsterdam 1764. 4.) Notes p. 21.— Albert. Argent. p. 130 even states: De quo crimine non solum uxor et Princeps Taranti, sed et Papa et aliqui Cardinalium tenebantur suspecti; and Martinus Minorita (in Eccard corpus hist. medii aevi i. 1635): Hoc flagitium multi aemuli Papae et IV. Cardinalibus suis impingunt; Papa vero in die sanctae Coenae publice in Consistorio se de hoc crimine expurgavit etc. The Pope had drawn this suspicion upon himself by his own behaviour. During the enquiry enjoined by him, Joanna had taken some of the accused under her zealous protection, and the Pope himself complained, praetermissum aliquorum sontium supplicium (Raynald. ann. 1346 no. 51.) Clement promised the King of Hungary to set on foot a strict investigation about Joanna, as being her feudal lord. But when a Papal Legate made his appearance with this view, he was sent back by Joanna (no 58), yet Clement did not launch against her the ready thunder-bolt of his excommunication. On the contrary, he threatened the King of Hungary with the Ban, when he wisht to invade Naples (no. 56 )

[29] The Bull of excommunication of Maundy-Thursday April 13 is in Raynald ann. 1346. no. 3, and in Schunk's Britragen zur Mainzer Gesch ii. 474 (the previous Collatio, the Pope's speech in consistory, is in Schunk ii 341.) The penalties were here first enumerated, which Lewis had incurred as a condemned heretic Siquidem secundum condemnationem—praedecessoris praefatus Ludovicus infamis existit, nec ad publica officia, vel ad eligendos aliquos ad ea, aut ad testimonium perhibendum, vel ad haereditatem seu successionem alicujus est admittendus, nec testamenti habet liberam factionem; nullusque ipsi super quocunque negotio, sed ipse aliis est respondere cogendus: nullae causae ad ipsius sunt audientiam deferendae: sententiae quoque per eum latae nullam obtinent firmitatem: nullus advocatus in causis ejus patrocinium praestare, nullusque notarius pro

nated a partizan of his own, the son of John, King of Bohemia, to be Roman Emperor, under the name of Charles IV. (22. April.)[30] In order to win the majority of voices at the approach-

factis sive causis ipsius publica debet conficere instrumenta. Omnis audientia est ipsi in quocunque negotio deneganda, omnisque proclamationis et appellationis beneficium ei est specialiter interdictum : universa ejus bona sunt perpetuo confiscata, ejusque filii et nepotes ad nullum sunt unquam beneficium ecclesiasticum, nullumque publicum officium admittendi. Cunctis fidelibus cum dicto Ludovico, nisi pro ipsius conversione et animarum salute, est communio interdicta; ipseque moriens carere debet ecclesiastica sepultura. Omnes saeculares potestates ipsum Ludovicum de terris eorum jurisdictioni subjectis pro viribus exterminare jubentur. Then follows the ghastly imprecation itself ; divinam suppliciter imploramus potentiam, ut Ludovici praefati confutet insaniam, deprimat et elidat superbiam, et eum dexterae suae virtute prosternat, ipsumque in manibus inimicorum suorum et eum persequentium concludat, et tradat corruentem ante ipsos. Veniat ei laqueus quem ignorat, et cadat in ipsum. Sit maledictus ingrediens, sit maledictus egrediens. Percutiat eum Dominus amentia, et caecitate, ac mentis furore Caelum super eum fulgura mittat. Omnipotentis Dei ira et beatorum Petri et Pauli, quorum Ecclesiam praesumpsit et praesumit suo posse confundere, in hoc et futuro saeculo exardescat in ipsum. Orbis terrarum pugnet contra eum : aperiatur terra, et ipsum absorbeat vivum. In generatione una deleatur nomen ejus, et dispereat de terra memoria ejus. Cuncta elementa sint ei contraria Habitatio ejus fiat deserta, et omnia Sanctorum quiescentium merita illum confundant, et in hac vita super eum apertam vindictam ostendant, filiique ipsius ejiciantur de habitationibus suis, et videntibus ejus oculis in manibus hostium eos perdentium concludantur. Porro quia Romanum Imperium—jam per longa tempora dignoscitur vacavisse;—nos hoc ulterius tolerare nolentes,—omnes et singulos Principes ecclesiasticos et saeculares, ad quos Regem in Imperatorem postmodum promovendum jus pertinet eligendi, praesentium tenore apostolica auctoritate monemus, districtius injungentes eisdem, quatenus sine morae dispendio pro electione Regis in Imperatorem postmodum promovendi de persona idonea facienda conveniant, et ad electionem ipsam procedere non postponant. *Alioquin sedes apostolica, a qua jus et potestas electionis praedictae ad Principes pervenit eosdem, super hoc de opportuno remedio providebit.* There is an especial call upon the electoral Princes dd. 28. April 1346 ibid. no. 9. ss. In this he declared Lewis Margrave of Brandenburg incapable of taking part in the election : but as to the rest of the electors : illi ex vobis, qui propter favorem—Ludovici essent forsitan praedictis excommunicationum sententiis innodati, dummodo ab illis desistant,—ne dictum negotium (electionis) impediri valeat propter hoc, absolventur juxta formam Ecclesiae consuetam.

[30] Before this time, during a stay of two years at Paris, in his youth, Charles had been united in close friendship with Clement, at that time

ing election, he deposed Henry of Virneburg, Archbishop of Mayence (7. April), and appointed in his place Count Gerlach of Nassau.[31] Measures of all kinds were tried to gain the rest of the electors :[32] and so Charles was actually appointed by the

Petrus Abbas Fiscanensis, and Councillor to King Philip : He records himself in the Commentarius de vita sua in Bohmer's fontes rerum Germ. i. 235 : me multum caritative ac paterne confovebat, de sacra Scriptura me saepius informando. When Charles was afterwards on one occasion at Avignon, he lodged with him, then created Cardinal and Archbishop of Rouen (ibid. p 261): dixitque una hora mecum existens in domo sua : *tu eris adhuc rex Romanorum.* Cui respondi : *tu eris ante Papa.* Quod utrumque secutum est, prout infra describetur. The conditions to which Charles had to pledge himself as future King of Rome at Avignon 22. April, may be seen in Raynald. ann. 1346 no. 19 ss. E. g. promitto et juro, quod omnes processus factos,—et quaecunque alia—gesta per Ludovicum de Bavaria, per Ecclesiam de haeresi et schismate justo judicio condemnatum—nulla esse ac cassa et irrita pronunciabo et declarabo. Then he guarantees all the possessions of the Church, also regna Siciliae, Sardiniae et Corsicae, quae de directo dominio, jure et feudo ejusdem Romanae Ecclesiae esse noscuntur :—nec aliquod dominium, jurisdictionem, superioritatem, servitutem, potestariam, capitaneatum, vel aliud officium, quocunque nomine censeatur, accipiam vel vindicabo—in praedictis Roma, regnis, provinciis, ducatibus, comitatibus—et territoriis supradictis.—Promitto ut supra, quod ante diem, mihi pro coronatione imperiali praefigendam, non ingrediar urbem Romanam, quodque—ipsa die, qua coronam hujusmodi recepero—dictam urbem—exibo cum tota—gente mea, et—extra totam terram Romanae Ecclesiae me recto gressu transferam versus terras imperio subjectas, nunquam postmodum ad urbem, regna praedicta Siciliae, Sardiniae, Corsicae,—vel alias terras Romanae Ecclesiae, nisi de speciali licentia sedis apostolicae accessurus —Item si per Henricum Imp. avum meum, vel per jam dictum Ludovicum, seu per quemcunque alium—fuerint aliqua ad jurisdictionem pertinentia attentata in Roma, regnis etc , promitto et juro, quod illa omnia decernam et pronunciabo nulla : quodque si aliquae fidelitates, homagia, —donationes,—seu concessiones qualescunque a praedictis dómino Henrico et Ludovico—factae fuerint vel receptae pro Roma, regnis etc., illa omnia nulla fore pronunciabo, et quatenus processerunt de facto, totaliter revocabo.—Promitto etiam bona fide, quod intrusos in Ecclesiis infra—imperium consistentibus, si—super hoc per vos dominum nostrum Papam—fuero requisitus, expellam ac pro posse faciam expelli de illis : et provisos per sedem apostolicam juvabo et faciam juvari, ut ad Ecclesias, quibus de eis per sedem apostolicam provisum est vel fuit, in futurum realiter admittantur   F. M. Pelzel's Kaiser Karl IV (2 Th. Prag. 1780. 81) i. 141.

[31] The Pope's Collatio in Schunk's Beitragen zur Mainzer Gesch. ii. 352. The Bull of dethronement in Raynald. ann. 1346. no. 12 ss.

[32] Alb. Argent. p. 135 . pro quo facto praedicti Coloniensis et dux

voices of five electors at Rense (11. July.)[33] This unworthy transaction could not fail to react upon the rest of the states of the realm purely in favour of Lewis.[34] He gained so strong an ascendancy in the Empire, that the priests' Emperor[35] was obliged to fly into France.[36] Even after the death of this active Emperor (11. Oct. 1347),[37] Charles did not at once reach the end he

Saxoniae magna pecunia sunt corrupti. Cf. Schaten ann. Paderborn. p. 310. That this is not a slander as Raynald. ann. 1346. no. 31 states, is now proved by two records of John of Bohemia of June 1346. In the one he promises the Elector of Cologne in return for his vote a great number of imperial grants, viz. 100,000 marks of silver, and in mortgage for them the city and province of Dortmund, and the wardenship of Essen, in Bodmann codex epist. Rodolfi I. Lips. 1806. 8. p. 339 : in the second he promises to pay shortly 40,000 reals (ibid p. 383).—Besides the electors received the Pope's absolution. Raynald. ann. 1346 no. 31. For the rest Jo. Vitoduranus records so early as the year 1345 : Tunc temporis religiosi saeculares et Clerici, qui divinum cultum in locis imperialibus vel aliis interdicto suppositis resumpserant, absolutionem ab hoc a Romana Curia impetrarunt, aliis Clericis in eisdem locis libere et absque pavore in celebratione persistentibus. Hujusmodi autem absolutio pro uno floreno facilime obtinebatur. O quam lamentabilis et execrabilis scissura et difformitas Ecclesiae illis in temporibus facta est ! Hoc verbum Evangelii : *gratis accepistis, gratis date*, irritum visum est.

[33] The new Archbishop of Mayence had issued the summons for the election from Metz on the 20th May, see the records in Bodmann p 382. As regards the election itself see Alb. Argent. p. 135.

[34] Alb. Argent. p. 139. Detmar's Chronik i. 260 : De Keiser unde de Biscop van Megence, beyde olde wyse Heren, droghen wol overen ; se leten den Paves bannen, so vele he wolde, se droghen Kronen al like sachte, se helden guden Brede. By deme Ryne weren de groten Stede alle willich, unde bereden sik to deme Keisere, umme dat he was bequeme unde vredesam. In deme Brede ging eme to grot Rikedom ; des vruchteden eme sine Viande. Jac. v. Konigshoven S. 180 : Donoch besamete Keyser Ludwig alle Stette und Herren von dem Ryne und Swoben und Franken zu Spire, und frogete su, ob su in woltent haben fur einen Keyser, oder Karlen, den die Kurfursten erwelet hettent Do entwurtent die Stette und Herren alle, su woltent in fur einen rehten Keyser haben, und woltent sich an des Karlens Erwelung noch an des Bobestes Briefe nutschet keren. Zirngibl. S. 513.

[35] Jo. Villani xii c. 59 : per dispetto della detta elezione per li più si chiama *lo'mperadore de' preti*.

[36] Jo. Vitoduranus p. 80 : perterritus a coepto itinere et opere resiliens, ad Regem Franciae protinus refugiebat.

[37] It is worthy of note that several Popes of later times, e.g. Eugene

had in view. The Pope's absolution which he brought with him into Germany, to win the people's favour, only made him contemptible in their eyes.[38] The most pious men considered the Pope's conduct towards Lewis unrighteous, and the Interdict IV., Innocent VIII., Alexander VI., also the Council of Basle, speak of him with honour as Divae memoriae Ludov. Rom. Imperatorem see Herwart. praef. p. viii. He is worst abused by Bzovius ann. eccl. I. i. 412 ss., who provoked the refutations of Herwart and Gewold, and was forced to recant by Maximilian Duke of Bavaria (see Bayle dict. art. Bzovius.) But also Raynald. and even Muratori Annali d'Italia T. viii. designate the years from 1314—1346 as vacante Imperio.

[38] Albert. Argent. p. 142 : Venit autem Rex Basileam in vigilia Thomae anno Dom. 1348, ubi interdictum papale diu servatum fuit, nec Basilienses eum recipere intenderant, nisi divina rehaberent. Et ecce in sero venit Marquardus de Randecke Praepositus Babenbergensis de Curia Avinionensi, ferens commissionem factam Babenbergensi Episcopo, et absolutionibus et relaxationibus impendendis.—Summa autem commissionis Babenbergensi Episcopo factae talis erat : *Cum multi, qui sententias, processus et poenas Joannis Papae, inflictas adhaerentibus quondam Ludovico de Bavaria haeretico et de haeresi damnato, [incurrerunt], redire cupiant ad Ecclesiae unitatem: committimus tibi, ut, qui confessi fuerint errores suos confessatos, et non confessatos, et poenas, quas inciderunt explicite vel implicite, et juraverint, deinceps fidem catholicam habere, et fideles fore sedi apostolicae, et nulli deinceps haeretico vel schismatico favere, et credere, quod non spectat ad Imperatorem, Papam deponere, et alium creare, sed hoc haeresim esse damnatam . et quod nullum pro Imperatore habebunt, nisi per sedem apostolicam probatum, nec relictae* (the widow) *et liberis ipsius Ludovici favebunt, nisi cum Ecclesia reformentur, et Carolo Romanorum Regi per sedem approbato parebunt ; ab hujusmodi sententiis et poenis absolvas etc.* (Cf. Raynald. ann. 1349 no 15.) Visa autem forma hujusmodi dura omnibus displicente, aliqui consuluerunt, eam non acceptandam esse per Regem, sed occultandam, et pro alia forma Papae scribendum. Sed quia timor erat, Basilienses non juraturos Regi, nisi reformarentur divina, rescriptum oportuit exhiberi. Cum autem cives nec errores vellent fateri, nec secundum formam jurare ; clerus autem, quasi poenitens quod cessavit etsi non tam [*leg. etiamtum*], occasionem quaereret celebrandi, animo nunquam mandata similia receptandi : ecce comparuerunt Magistri et Consules Basilienses coram Rege, et praedictis Episcopis ;—coram quibus Chunradus de Berenvels, magister civitatis, nomine universitatis vulgariter coram tabellione proposuit in haec verba : Domine Bambergensis, sciatis, quod nec fateri nec credere volumus, quod quondam dominus noster Ludovicus Rom. Imp. unquam fuerit haereticus. Quemcunque etiam nobis dederint Principes Electores, vel major pars ex eis, pro Romanorum Rege vel Imperatore, illum pro tali habebimus, etiamsi nunquam Papam requireret : nec quicquam aliud faciemus, quod sit contra jura Imperii quovis modo. Sed si habetis potestatem a domino

laid upon Germany invalid.³⁹ They wanted no Emperor, to
serve the Priests, but one to drive them back within their original

Papa, quod vultis nobis remittere omnia peccata nostra, placet. Et
convertens se ad populum, dixit : datis mihi et Chunrado Monacho
potestatem petendi, ut absolvamini a peccatis vestris? Qui dicebant :
placet nobis. Nec aliud procuratorium habuerunt. Qui duo milites
seorsum coram Secretario Papae, Joanne de Pistorio praesente, juraverunt secundum mandati formam, sicque relaxatis processibus divina
publice sunt reassumpta, civesque Regi solitum praestiterunt juramentum.—Civitates autem, praesertim Argentina, exasperatae fuerunt
propter formam hujusmodi.—When Charles came to Worms where
the Interdict had not been hitherto observed, the clergy received
absolution, and now refused to celebrate Divine service for the people :
but factus est tumultus, clausisque portis omnibus populus ad hospitium
Regis, ad quod Bambergensis confugerat, armatus accessit, ipseque Bambergensis mandante Rege territo omnem clerum et populum Worma-
tiensem sine omni conditione et juramento absolvit.—Post haec Rex
ivit Moguntiam, ubi sub pacto, ne introduceret Gerlacum provisum
Papae, vel aliquas legi literas permitteret, honorifice est receptus.

³⁹ Daniel Specklin, civic-architect at Strasburg († 1589), relates in
his Collectaneis in usum Chronici Argent. MS on the year 1350
(Joh. Tauler by Dr C Schmidt, Hamburg 1841, S. 53), that Tauler
and his two friends the Augustine monk Thomas of Strasburg, and the
Carthusian Ludolph of Saxony, were dragged before the Emperor
Charles IV., when he came to Strasburg accompanied by several
Bishops, to answer for two works. During the Interdict they had
required all priests in a letter, to comfort the sick by directing their
thoughts to the death of Christ, which makes atonement for us all with
God. " Und kunte der Papst den Himmel vor armen Sundern, so
unschuldig im Bann waren, nit zuschliessen. Wer dann seine Sund
beicht, die Absolution und das heilig Sacrament begerte, sollten sie ihm
solches reichen und ihn trosten, und war mehr uf Christi und seiner
Apostel Wort zu gan, denn uf den bann, welcher allein aus Neid und
weltlichem Ehrgeiz geschehe." In another pamphlet directed to the
clergy they had said, " dass zweierlei Schwerter waren, ein geistliches,
welches ware Gottes Wort, das ander die weltliche Oberkeit, und hatte
keins mit dem andern zu thun ; diewil sie alle bede von Gott waren,
konnen sie nit wider einander sein.—Warum sollte den die Oberkeit
von Geistlichen verdammt werden, dan also wurde Gott sein Werk
selbs verdammen. Wo aber ein weltlich Haupt sundigt, geburt dem
Geistlichen den Sunder auf den rechten Weg zu weisen mit grosser
Demuth, und Gott Dag u. Nacht mit Zähren anliegen, dass der Sunder
wiederum von seinem Weg umkehre, zu wahrer Erkanntnuss seiner
Sunden komme : dan Gott nit den Dot des Sunders begert, sunder dass
er sich bekehr u. lebe.—Noch vil weniger geburte einem christlichen
Hirten, wan Einer des Bann schuldig, dass man unschuldige arme
Leut, die etwan den Schuldigen nit kennen noch gesehen haben, ja
ganze Länder, Stadt, Dorfer, alles ohn Unterscheid verbanne und ver-

limits.⁴⁰ The Bavarian party raised up Günther of Schwarzburg

damme.—Dass aber alle die dem Papst mussten Ketser sein, die ihme die Fuss nit wollten kussen, oder dass solchs ein Artikel des Glauben, und ein Abtrünniger von der Kirchen, welcher durch ordentliche Wahl der Churfursten sich ein Konig oder Keisser nennt u. sein Amt versehe, auch alle die, als ihme von Gott verordneter Oberkeit Gehorsam leisten, wider die Kirch sundigten u. Ketser waren, kunnte mit gottlicher Geschrift nit beibrocht werden. Oberkeit ist ein Stand von Gott, dem man in weltlichen Sachen solle gehorsamen, auch die Geistlichen, es sey wer es wolle. Der Keiser ist die hoste Oberkeit, darum ist man ihme Gehorsam schuldig; regiert er nit recht, muss er Gott Rechenschaft darum geben, un nit der arme Underthane So wenig als Gott von den—Underthane—wird Rechenschaft fordern, also wenig kann man arme unschuldige, Underthanen von wegen ihrer Oberkeit bannen noch verdammen. Derhalben alle die den wahren christlichen Glauben halten, u. allein an der Personen des Papst sundigen, sind keine Ketser.—Daraus ist schliesslichen, dass alle, die in unrechtem u. unschuldigen Bann sind, frey vor Gott sind, dann ihr Vermaledeiung kehrt sich zur Benedeiung!" The Bishops condemned these doctrines, and Tauler betook himself to Cologne. When however in March 1350 Strasburg sent deputies to the Papal Court, to request entire release from the Interdict, they were charged to promise nothing (Wencker collecta archivi et cancellariae jura p. 155), " das wider das romische Rich oder sine Recht oder sine Ehre, oder wider gemeinen Nuts, oder wider unser oder unsere Stadte Recht, Freiheit oder Ehre in deheinen Weg si."

⁴⁰ This feeling found its chief expression in the hope of the return of Frederick II., which was now once more awakened with renewed vigour (see Part 2 § 90. note 40) as Jo. Vitoduranus represents it, p. 85, on the year 1348, his concluding year, and so from his own immediate observation : In his temporibus apud homines diversi generis, immo cuncti generis multos valde assertissime vulgabatur, Imperatorem Fridericum secundum hujus nominis ad reformandum statum omnino depravatum Ecclesiae venturum in robore maximo potentatus. Adjiciunt quoque homines praedicta sentientes, quod necesse sit eum venire, si in mille partes secatus esset, immo si in pulverem per combustionem redactus foret, eo quod divinitus sit decretum ita debere fieri, quod immutari impossibile est. Secundum igitur istam assertionem cum resuscitatus ad Imperii sui culmen reversus fuerit, puellae vel feminae pauperi in matrimonio junget virum divitem, et e converso ; moniales et sorores in saeculo degentes maritabit, monachos uxorabit ; pupillis, orphanis, viduis omnibus et singulis spoliatis res ablatas restituet, cunctisque faciet justitiae complementum. Clericos persequetur adeo atrociter, quod coronas et tonsuras suas stercore bovino, si aliud tegumentum non habuerint, obducent, ne appareant tonsorati : religiosos, qui denunciando processus papales contra eum, praecipue fratres minores, ipsum de Imperio repulerant, de terra fugabit. Post resumptum Imperium justius et gloriosius gubernatum quam ante, cum

to dispute the throne with him.[41] Charles was obliged to win over his adversaries by concessions of every kind;[42] he was even

exercitu copioso transfretabit, et in monte Oliveti, vel apud arborem aridam (Matth. xxi. 19) Imperium resignabit. The narrator indeed calls this hope dementia magna et fatuitas : but that to him—a Franciscan—and so probably to a large part of the nation, the very thoughts from which this expectation rose at that time, were far from strange is clear from his poetical effusion p. 69 :

> Ecclesiae capita nimis extant obtenebrata,
> Delirant penitus Sathana delusa patenter,
> Disceptant pariter, quod vigeat latius,
> Primum Romanus Caesar, sed Papa secundum.—
> Dimissis rebus caelestibus atque beatis
> Contendunt regnis pro terrenis capiendis,
> Schismata quod dederat perniciosa satis.
> Alter in alterius messem falcem male mittit :
> Neuter jure suo contentari bene sentit :
> Hinc pereant animae, vivere quae poterant.—
> Rex Constantinus cum successoribus ejus
> Si Papae regna tam pinguia non tribuisset,
> Tunc humilis staret, simplicitate pia.
> Hinc non immerito vox caelestis resonabat :
> Nunc est in mundum virus miserabile fusum,
> Unde perit concors Ecclesiae bonitas
> Sed quia dotavit Caesar nimis atque ditavit
> Fertilibus terris Papas, ideo tumuerunt,
> Et cupidi certant carpere plura bona.
> Rex gliscit terras sibi cunctas suppeditari,
> Multo plus Papa cupit ipsis praedominari.
> Haec pestis saeva causata avaritia.
> Ecclesiam nummus vilem fecit meretricem,
> Nam pro mercede scortum dat se cupienti :
> Nummus cuncta facit, nil bene justitia.

[41] Alb. Argent. p. 145—152.

[42] Among these at this time were included also (Jo. Vitodur. p. 48) relaxatio interdicti, dispensationes, absolutiones ab excommunicationibus, suspensionibus, irregularitatibus contractis et ab aliis censuris ecclesiasticis. Haec beneficia administrabant hominibus Praelati plures in diversis partibus terrae Teutoniae, quibus Papa ea commisit. Hae autem gratiae tantum impertiebantur hominibus Regi juratis a Praelatis. The sons of Lewis remained longest in excommunication : for although the Emperor Charles so early as 1349 had concluded a treaty with them (Buchholtz Gesch. d. Churmark Brandenburg ii. 430), still the sentence rested upon them because of the injuries of the Bishopric of Lebus, see Wohlbruch's Gesch. des ehemal. Bisthums Lebus (Berlin 1829. 3 Th.) i 444  Still, how little the interdict was regarded in

yielding enough to allow himself to be elected and crowned a second time (July 1349.)[43] Meanwhile Joanna of Naples had sold the province of Avignon to Clement (1348) to raise money for her war against Lewis of Hungary.[44] The Pope at last contrived that both parties should recognise him as arbitrator : he decided in favour of Joanna, and she mounted again her blood-stained throne (1351.)[45]

the March by clergy and laity one may see from the renewed Bull of Excommunication of 14. May 1350 (in Buchholtz Bd. 5. Anhang S. 82.) Lewis the Roman, Elector of Brandenburg, was absolved in 1354 (Wohlbruck i. 490), the elder brother, Lewis, Duke of Bavaria, in 1359 (Raynald. ad h. a. no. 7.)

[43] This was the case according to Heinricus de Rebdorf ad ann. 1349. Olenschlager's Staatsgesch. S. 411, on the other side Pelzel in his Kaiser Karl iv. 1, 266, denies this second coronation.

[44] Joanna, unchaste in the highest degree, without waiting for the Papal dispensation, so soon as 20. Aug. 1347 was married again to her kinsman Lewis of Tarentum (see Jo. Villani xii. c. 98 in Muratori xiii. 976. Matth. Palmerius de vita Nicol. Acciajoli. Ibid. p. 1207); and now, being driven from Naples by Lewis of Hungary, she came to Avignon in search of help. Although she here persisted in declining all examination as to the murder of her husband (Raynald. ann. 1348 no. 11) : nevertheless the necessary dispensation for her marriage was included in that bargain : Tertia vita Clementis VI. (Baluz. i. 292) : Regina autem cum filio Principis Tarentini matrimonium propria auctoritate contraxit, qui se secundo gradu consanguinitatis attingebant. Tandem ad Romanam curiam venientes pro dispensatione obtinenda, obtinuerunt. Ipsi vero multum gravati super expensis, non inveniebant consilium de quo possent ad locum proprium [redire.] Quod dictus Pontifex circumspectus et providus velut Argus advertens, tanquam ille quem zelus domus Domini comedebat, opportunis exquisitis tractatibus et cautis intermediis viis, civitatem Avenionensem—omni modo juris meliori quo potuit emit a Regina praedicta pro pretio invicem concordato. Et sic Regina et ejus socius per venditionem hujusmodi pecunia redundantes simul in regnum redierunt. Matth. Palmerius p. 1208 : jura dominatus, quae Regina in civitate populumque Avenionensem habebat, Romano Pontifici vendidit, et ab eodem tunc primum Pontifice Ludovicus titulos Regios accepit. The purchase money was 80,000 gold-florins, the documents of 9. June 1348 are in Bzovii ann. eccl. ad h. a no. 10. Leibnitii cod. jur. gent. i. 200.

[45] Matth. Villani ii. c. 24. c. 41. c, 65. Raynald. ann. 1350 no. 27. 1351 no. 32. 1352 no. 1.

## § 101.

INNOCENT VI (18. DEC. 1352—12. SEPT 1362) URBAN V. (28 OCT 1362 —19 DEC. 1370) GREGORY XI. (30 DEC 1370 - 27. MARCH 1378)

Much knowledge of the state of the Church and Papal See was indeed furthered and spread abroad by the Pope's contest with Lewis the Bavarian :[1] but internally it was wanting in harmony and chiefly in firm ground work, externally in concentration and the sense of power and security. Accordingly during this struggle men's higher convictions were not seldom disavowed from political reasons, and the issue of this contest apparently fulfilling the Pope's utmost expectations, taught the princes once more, that the time was not yet come for a decisive struggle with the Papal See. But on the other side the Popes also felt that public opinion, the strongest support of their power, began to fall away from them. Thus instead of that stubborn implacability which Lewis the Bavarian underwent, we now find a mild forbearance towards powerful offenders, such for instance as Peter the Cruel, King of Castile,[2] which, content with a shadow of satisfaction, was ever ready for reconciliation.

[1] Particularly in France. That the Pope had no power over princes in secular affairs, was a maxim generally acknowledged in this country since the time of Philip the Fair, and about 1370 at the command of King Charles V was proved at length by Raoul de Praelles, Conseiller et Maistre de Requestes in the Tract. de potestate pontificali et imperiali seu regia (in Goldasti monarchia i. 39.) Yet more remarkable is the Somnium Viridarii de jurisdictione regia et sacerdotali (translated into Latin in Goldasti monarchia i 58, the French original is in the Traitez des droits et libertez de l'eglise Gallicane ii. 1), dedicated about the same time by an unknown author to King Charles V, in which the encroachments of the clergy and the Pope are defended by a Clericus and attackt by a Miles. The views of the latter, who even (p. 79) represents the original equality of all Bishops, and the gradual rise of the Papal power, quite in the style of Marsilius Patavinus (see above § 99, note 15) are evidently those of the author, and are maintained with overwhelming proofs. The dreamer indeed at the end leaves all to the decision of the Roman Church : illud credo, teneo et firmiter profiteor, quod ipsa sacrosancta Eccl. Romana credit, tenet atque profitetur necnon et illud teneo et credo verum, quod ipsa duxit statuendum in Extravaganti quae incipit *Unam sanctam:* but the mention of the Bull *Unam sanctam* to a King of France seems almost to indicate irony.

[2] Who indeed transgresst the law of God more than the Papal

In the States of the Church the Popes lost their influence, partly because they were far away, partly because they were foreigners, and the nobles seized on the highest power In Rome for a short time they were brought under by the adventurous Cola di Rienzi (1347);[3] a host of petty principalities grew up in the provinces.[4] Innocent VI. sent thither at last the warlike Cardinal Aegidius Albornoz, 1353, to reconquer the States of the Church.[5] Charles IV., who undertook his progress to Rome in 1354, true to his former promises, contented himself with

interest. This monster, whose whole reign was a chain of shameful deeds, soon after his marriage put away his wife Blanche, for the sake of a courtezan Maria de Padilla (1353), then he had himself divorced from her by two Bishops of the country, and married a third time (Raynald. 1354 no 21.) Now at last the Ban followed (ibid. 1355 no. 29): as at the same time some dangerous riots arose, Peter took Blanche back again, but only to divorce her once more soon after (ibid. no. 31.) The tyrant now heapt murder upon murder. The Pope only interceded in behalf of Blanche with prayers and remonstrances (Rayn. 1356 no. 38, 1357 no. 10), he threatened indeed more in earnest, when Peter confiscated the property of certain Cardinals in his kingdom (ib. 1356 no. 40), but his chief effort was to rescue his vassal Peter of Aragon from the overpowering might of Castile A Legate negotiated a truce: when Peter of Castile broke it, he was excommunicated (ibid. 1357 no. 9): still the Pope continued to invite him as carissimum in Christo, to peace with Aragon by a new Legate (ibid. 1359 no. 2.) Peter yielded, that he might make war upon the Moors. He answered the Pope's request that he would take his wife again, by saying that he had had her poisoned (ibid. 1361 no. 6.) He soon broke the peace with Aragon, and butchered the inhabitants of Calatajuba, a city of Aragon which did not at once surrender. The excommunication pronounced by the Legate on this account (ibid. 1362 no. 18) was quickly forgotten: and Urban V. overwhelmed the tyrant with fulsome praise, when he offered him his help against the mercenary robber-bands which threatened Avignon (ib. 1365 no. 7), though all the Pope's endeavours to negotiate peace between him and Aragon (ib. 1364. no. 18. 1366 no. 30) remained fruitless

[3] Cola di Rienzo u. s. Zeit, chiefly compiled from unprinted sources, by Dr F. Papencordt, Hamburg and Gotha 1841.

[4] Compare Clement's VI. Bull of 16th July 1346 Etsi solertem (Bullarium Rom. i. 302) against the civitates and singulares personae, which civitates, castra et villas patrimonii b. Petri in Tuscia, eorumque dominium, superioritatem, advocationem, capitaneatum et jurisdictionem non verentur diversis exquisitis coloribus occupare.

[5] With regard to his enterprises see especially Matteo Villani from lib· iii. c. 84 onwards. Schlosser's Weltgesch. iv. i. 408. 618. Papencordt S. 277.

receiving in Italy the empty honour of two crowns, without availing himself of the opportunity to restore their rights.[6] So that ecclesiastical general was able to bring back the whole states of the Church to obedience without resistance. When, however, he finisht his work (1360) by wresting Bologna from the powerful Bernarbo Visconti, ruler of Milan;[7] then he met with a foe, to whom all fear of the Church and Papal see was as unknown[8] as to the mercenary bands, which at that time, by turns, served the nobles in their wars, and pillaged on their own account.[9] Urban V., indeed, moved by the most grievous complaints,

[6] How the hopes of the Italians were disappointed in him see Petrarchae epistt. 3—5 (in Goldast monarchia ii. 1350 ss.) Ep. III.: Ergo tu Caesar, quod avus tuus innumerique alii tanto sanguine quaesierunt tantisque laboribus, sine labore adeptus complanatam apertamque Italiam, patens limen urbis Romae, sceptrum facile, imperturbatum ac pacificum Imperium, incruenta diademata,—haec linquis, et—ad barbarica rursum regna revolveris? Non audeo clare tibi dicere, quod mens resque exigunt, ne te verbo contristem, qui me et mundum facto contristas tuo.—O si in ipsis Alpium jugis avus tibi nunc paterque fiant obvii, quid dicturos putas?—Profecisti eximie, ingens Caesar, hoc tuo per tot annos dilato in Italiam adventu, et festinato abitu refers demum istud ferreum, illud aureum diadema, simul ac sterile nomen Imperii. Ep. IV: vereor ne—jam Pontifex Romanus Principem Romae esse vetuerit, *quod et fama loquitur*, et fuga Caesaris indicio est, qui non cupidius Italiam petiit, quam reliquit.

[7] Clement VI. in 1352 had been obliged to deliver over Bologna to John Visconti, Archbishop and Lord of Milan, and his family for twelve years (Raynald. ann. 1352 no. 7 ss.) The Legate wrested the town by craft from Bernarbo before the expiration of this time (Matteo Villani ix. 74 ss. Raynald. ann. 1360 no. 6 ss.)

[8] Jacob v Konigshoven s. 203 represents Urban V. as complaining to the Emperor Charles IV. " das er vor e er Bobest wart, eines moles weyt gesant zu den Herren von Meyelon und brohte den Briefe von des Bobestes wegen. Dise Briefe gevielent den Herren von Meyelon nut wol. dovon hiessent su disen Urbanum die Briefe essen, und dotent ime ouch vile andere Smocheit, und hiessent in balde enweg varn. Dis muste Urbanus alles tun."

[9] Des grandes Compagnies au XIVième siècle par M. E. de Fréville in. his Bibliothèque de l'école des Chartes T. iii. (Paris 1841. 42) p. 258. Andié hist. politique de la monarchie pontificale au XIVième siècle p 402. Schlosser's Weltgesch. IV. i. 392. 594. Urban V. summoned aid against these bands which devastated the south of France (Raynald. 1364 no. 15), but he was soon after obliged to buy off one of them, which threatened Avignon, at a great price (Raynald. 1365 no 7.)

launcht his Ban, and had a crusade preacht against him (1363) :[10] but soon after he found it advisable to make peace with the desperate Italian on equal terms (1364.)[11] Soon after the Papal

[10] The Bull of 30. Nov. 1362, in which Bernarbo was cited, is full of the most grievous charges (Raynald. ad h. a. no. 12), e.g. Robertum Archiepiscopum Mediolanensem, pro eo quod quendam monachum—noluerat—ad ordinem promovere, ad suam praesentiam accedere compulerat, omnique reverentia Dei et officii pontificalis abjecta, eidem Archiepiscopo sermonibus contumeliosis, multis ibidem praesentibus, dixerat: *Genuflecte ribalde* (good for nothing fellow); et cum sic genuflexus existeret, adjecerat: *Nescis, pultrone* (poltroon), *quod ego sum Papa et Imperator ac dominus in omnibus terris meis, et quod nec Imperator, immo nec Deus posset in terris meis facere, nisi quod vellem?* —ipsumque Archiepiscopum deinde post multa ignominiosa opprobria sibi dicta in quadam camera recludi ausu sacrilego fecerat.—Per civitates, castra, villas et loca, quae tenebat, fecerat etiam publice proclamari, quod nullus—sub poena concremationis ad dicti praedecessoris (Innocentii VI.), seu etiam—apostolicae sedis legati curias praesumeret accedere, aut inibi gratiam vel aliud impetrare, seu eidem praedecessori, aut dicto legato de aliquibus—respondere, aut dare consilium, auxilium vel favorem; quodque absque ejus vel cujusdam sui familiaris Gerardoli nomine, quem vulgus Papam nominat, licentia nulla electio—seu provisio fieret in Ecclesiis ac Monasteriis :—apostolicas et legatorum apostolicae sedis ac inquisitorum haereticae pravitatis literas et processus, ac etiam literas clausas, quae jam dicto praedecessori et eisdem Cardinalibus—de diversis mundi partibus mittebantur, aperiri, legi, et saepissime lacerari, eorumque latores capi et carceribus mancipari. Besides according to Raynald's account the Pope complains : varia crudelitatis genera a Bernabone in sacerdotes et viros religiosos injuste exercita, alios in cavea ferrea flammis exustos, alios in equuleo discruciatos, alios amputatos capite etc.—eo etiam prorupisse, ut Parmensem sacerdotem turrim conscendere, atque ex ea Innocentium VI. et Cardinales anathemate defixos proclamare cogeret: ad suam vero ac suorum satellitum avaritiam satiandam in bona ecclesiastica adeo grassatum, ut plures sacerdotum vectigalibus exuti divina ministeria abjecerint etc. As Bernarbo disregarded the summons, he was condemned 5. March 1363, Raynald. ann. 1363 no. 2 :—velut haereticum condemnamus, decernentes,—eundem Bernabonem militari cingulo, ac omnibus honoribus,—bonis et juribus suis universis et singulis fore privatum, ac universis poenis—promulgatis adversus haereticos subjacere, et eum velut haereticum, et ab Ecclesia Dei praecisum ab omnibus Christifidelibus evitandum. Cf. Matteo Villani xi. c. 41. The Bull for the crusade appeared in July (Raynald. l. c. no 4.)

[11] Raynald. ann. 1364 no. 3. Compare only the preamble of the treaty of peace: In nomine Domini Amen. Suborta dudum inter reverendissimum in Christo patrem et dominum, dominum Aegidium Episcopum Sabinensem A. S. L. nomine Romanae Ecclesiae occasione vicariatus civitatis Bononiensis ejusque districtus et ex aliis causis, et

See had to rue its dependence upon France for another reason, England, out of hostility to this country, released herself from her former tribute.[12] So Urban V. had reason enough to take up his abode at Rome once more (1367.) But five French Cardinals remained at Avignon,[13] and Urban was induced soon after to return thither again in person (1370.)[14] Bernarbo Visconti was thus again encouraged to invade the Papal territory. Gregory XI. indeed pronounced the anathema against both

magnificum dominum Bernabonem de Vicecomitibus Mediolan. gravis et nociva dissensio, et deinde inter eandem Ecclesiam—et praefatum dominum Bernabonem—guerra pestifera inde secuta quasi totam provinciam Lombardiae ac partes vicinas in discrimine posuerunt. Et tandem pro hujusmodi guerra sedanda—intervenientibus invictissimo domino, domino Carolo IV.—Imp.—ac serenissimis, dominis Joanne Franciae, Ludovico Ungariae, ac Petro Jerusalem et Cypri illustribus Regibus—partes ipsae super concordia et pace hujusmodi convenerunt. Among the conditions, according to Raynald's account, was, remissae inprimis acceptae illataeve injuriae; thus all censures against Bernarbo were revoked, and he was recognised in all his former honours. Bernarbo had indeed to resign to his powerful mediator, Modena and Ramandiola in return for his possessions in the territory of Bologna: but the Pope was obliged to promise 500,000 gold florins in compensation.

[12] In 1365 Urban made application for this tax, which had been in arrears ever since 1332 (Raynald. 1365 no. 13.) Edward III. in answer obtained a decision from his Parliament in 1366 (Rotuli Parliamentorum tempore Edwardi R. III. p. 290): qe le dit Roi Johan ne nul autre purra mettre lui ne son Ro.alme ne son Poeple en tiele subjection saunz (*sans*) Assent de eux, et come piert par plusours Evidences, qe si ce feust fait ce feust fait saunz lour Assent, et encontre son Serment en sa Coronation. Et outre ce, les Ducs, Countes, Barons, Grantz et Communes accorderent et garanterent qe en cas qe le Pape se afforceroit ou rien attempteroit par Proces ou en autre manere de fait, de constreindre le Roi ou ses Subgitz de perfaire ce qe est dit q'il voet clamer celle partie, q'ils resistront et contreesterront ove toute leur peussance.

[13] As the fleet put to sea from Marseilles, the Cardinals who accompanied him called out in grief (Petrarchae rer. senil. lib. ix. ep. 2 to Brunus, a Papal Secretary): *O malum Papam, o patrem impium, quonam terrarum miseros filios rapit?* non quasi ad Christianitatis unicam ac supremam arcem, urbem Romam, sed quasi Ctesiphontem aut Memphim Saracenorum in carceres traherentur.

[14] As he declared to the Romans (Raynald 1370 no. 19), ex certis causis non solum utilibus pro universali Ecclesia, sed etiam urgentibus: but Petrarch (rer. senil. lib. xiii. ep. 13) clearly points out the urgency of the French Cardinals as the cause. Petrarch had written to the Pope soon after his arrival in Rome a letter of congratulation, in which Rome was extolled far above Avignon (rer. senil lib ix. ep. 1). Now upon the

brothers Galeazzo and Bernarbo (1372).[15] But as at the same time he closed the long struggle against the Aragonian rulers of Sicily, by the recognition of Frederick III. as king of Trinacria,[16] he gave his adversaries a fresh proof, that spiritual weapons were not invincible in Italy. The cities of the Ecclesiastical States also dissatisfied with the Pope, and opprest by their governors, quickly asserted their independence again, and entered into an alliance with the Florentines and the Visconti (1375.)[17] Whilst Charles IV. humbly recognized the rights lately usurpt by the Popes over the empire,[18] Gregory XI. was unable to re-establish

Pope's return, there appeared an Invectiva in F. Petrarcham (Opp. ii 1060) written in praise of Avignon by an anonymous Frenchman, which Petrarch answered in 1372 with an Apologia contra anonymi Galli calumnias (l. c. p. 1068).

[15] Raynald 1372 no. 1 ss. With regard to the frightful cruelties which Bernarbo practised in return upon the clergy of the Pope's obedience, see the narration in another Bull in Raynald. 1373 no. 10. He often said, quod ipse in terris, quas detinet, intendit esse Papa et etiam Imperator.

[16] Boniface VIII. in 1303 had granted the island to Frederick II. only for his lifetime (See Part 2. § 59 note 30): nevertheless Frederick had his son Peter crowned as his successor (Raynald. ann. 1321 no. 40). Even Frederick was laid under Ban and Interdict as an ally of Lewis of Bavaria (l. c. 1329 no. 88): and these censures continued under Peter II. (1337-42), Lewis (1355) and Frederick III. as reigning in defiance of right, without accomplishing the end in view. Joanna of Naples now concluded a treaty with Lewis (Raynald. ann. 1372 no. 5), and the Pope sanctioned it with certain alterations and additions (ibid no. 7 ss.) Frederick and his issue male, was to hold the island in fee with the title of King of Trinacria immediately from Joanna, but secondarily from the Roman See as the superior et directus dominus; both took the oath of fealty, to respect the freedom of the Church, &c.

[17] Prima vita Gregor. XI. in Baluz. i. 434: Eodem tempore communitas Florentina contra dictum Gregorium Papam et Romanam Ecclesiam insurrexit, doloseque et malitiose operata est, quod fere omnes civitates et loca alia, quae ad dictam Ecclesiam in Italia pertinebant, ei se confoederaverunt et colligaverunt, in unumque convenerunt, ut amodo excusso a se quocunque alio superiori vel domino, in sua libertate viverent et permanerent; factoque vexillo, in quo solum magnis literis erat descripta *Libertas*, ordinaverunt magnam gentem armigeram, quae cum vexillo hujusmodi dictae ligae adhaerere volentes confoveret, resistentes vero vi et potentia ad eam sectandam comprimeret et arctaret. Schlosser's Weltgesch. IV. ii 358.

[18] He prayed the Pope's permission 6. March 1376, to have his son Wenceslaus chosen King of Rome, cum ad hujusmodi electionis celebrationem nobis viventibus procedi non valeat sine vestris beneplacito,

the unquestioned claims of the See in Italy, either by the severest imprecations[19] or by his return in person to Rome in assensu et gratia ac favore : and Gregory answered on 3. May : ut electio praedicta modo praemisso *hac vice dumtaxat* valeat celebrari, nostrum beneplacitum, assensum ac favorem et gratiam auctoritate apostolica tenore praesentium impertimur. See Raynald 1376 no. 13. Leibnitii cod. jur. gent. mantissae P. ii. p. 260 ss.

[19] The Bull of Excommunication issued against the Florentines 31. March 1376 (in Raynald. ad h. a. no. 1 ss.) gives fresh examples of the measures which the Italians allowed themselves to take at that time against the Church and the Pope. E.g. Inquisitorum haereticae pravitatis officium in ipsius libera executione impedientes, statuerunt, quod non possit in eorum civitate—et districtu contra haereticos nisi certo modo procedi; nec dicti inquisitoris familiares, nisi ad certum numerum et habita licentia eorundem officialium temporalium arma deferre valeant, ordinarunt.—Ipsius quoque inquisitoris carcerem, in quo haeretici ponebantur, concitato tumultu populi totaliter destruxerunt, et inquisitorem qui tunc erat expulerunt:—ac etiam ordinarunt, quod auctoritate literarum apostolicae sedis possessionem alicujus beneficii ecclesiastici—nullus recipere audeat, nisi prius literae ipsae prioribus et vexillifero dictae civitatis praesententur, et licentiam obtineant ab eisdem; et quod quando clericus accusatur coram judice temporali, vel ab eo aliquid civiliter petitur, et allegat privilegium clericale, quod ex hoc sit extra custodiam dictae civitatis, ita quod quilibet possit eum impune offendere et occidere : omnesque allegantes hujusmodi privilegium clericale in quodam libro seu chartulario describuntur, ut pateat omnibus libera licentia offendendi eos et etiam occidendi. Et insuper dudum priores et vexillifer dictae civitatis Florentinae, qui tunc erant, ac populus et commune supradicti, spiritu furoris accensi, quendam Nicolaum monachum in sacerdotio constitutum quibusdam sceleratis viris, cum nullus officialis justitiae partium earundem de hoc se intromittere vellet, torquendum dederunt, qui monachum ipsum, in suae religionis et ordinis clericalis vituperium, ad ostendendum eum fore sacerdotem de novo radi fecerunt, et eum in quodam curru posuerunt, et cum tenaculis (hooks) igneis ipsius carnes evellentes, eas canibus projecerunt: et sic eum per civitatem Florentinam praedictam, transeundo etiam prope Ecclesiam cathedralem ad majus ordinis clericalis vituperium, usque ad locum, ubi fures suspenduntur, deduxerunt : ipsumque coram populo clamantem, quod a sibi impositis innocens erat penitus et immunis, vivum sepeliri fecerunt atque mori. Afterwards it gives examples of the instigation of the Papal territories to rebellion. Et a clero civitatis et dioecesis Florentinae et aliarum terrarum, quas tenent, diversas pecuniarum summas importabiles, etiam omni humanitate prorsus abjecta, extorserunt : ac octo viros sceleratos,—quos publice octo Sanctos appellant, ad rapiendum bona ecclesiastica deputarunt, qui ecclesias, monasteria, et alia pia loca, eorumque personas bonis suis spoliant, et hujusmodi bona mobilia et immobilia vendunt et distrahunt pro libito voluntatis. Et insuper dilectum filium Lucam de Florentia,

1377.[20] He was obliged to forego his Papal sovereignty, and open negotiations with his enemies;[21] they were interrupted by

Ordinis fratrum Humiliatorum professorem, sacrae theologiae magistrum, ad revelandum et declarandum quendam hominem, qui eidem peccata sua, et inter caetera quaedam furta per eum commissa confessus fuerat, sigillum confessionis frangere coegerunt : ac deinde praefatum hominem, cujus peccata fuerant revelata, suspendi et mori fecerunt. Ad haec priores artium et vexillifer,—ac populus et commune civitatis Florentinae venerabilem fratrem nostrum Lucam Episc. Narniensem, apost. sedis Nuncium, quem specialiter ad partes dicti patrimonii destinabamus, —injuriosis, violentis et sacrilegis ausibus capere, et captum aliquamdiu crudelissimo carcere detinere miserabiliter praesumpserunt etc. For these reasons, besides excommunication and interdict, the following penalties were pronounced against the Florentines : Et ne ipsorum temeritas transiret praesumptoribus in exemplum, bona—quorumcunque Florentinorum, ubicunque consistentium, immobilia—confiscavimus : et personas ipsorum omnium et singulorum, absque tamen morte seu membri mutilatione, exponimus fidelibus, ut capientium fiant servi, et bona eorum mobilia quibuscunque fidelibus occupanda. Then the remaining penalties of heretics were pronounced against them, infamy, forfeiture of civil rights, disqualification of their successors for honours and rank. On the result of this Bull see Prima vita Greg. XI. in Baluz. i. 435 : Quorum occasione multi tam in Avinione quam aliis partibus collocati cum damnis et detrimentis innumeris ad propria redire sunt compulsi. (According to Thomas Walsingham de rebus Angl. the Florentine merchants in England were reduced to slavery, and their property confiscated.) Ex quibus eorum communitas ad cor minime reversa est, immo fortius in sua malitia extitit indurata, continue pejora prioribus contra dictam Ecclesiam procurando et machinando, libellos etiam diffamatorios, falsa tamen et erronea continentes, contra statum ipsius Ecclesiae et personam dicti Papae ubique transmittendo.

[20] St Birgitta († 1373) had long before earnestly implored the Pope to take this step (Revelationum lib. iv. c. 139—143) : the same course was now pursued by St Catharine of Siena (her letters to the Pope are in the Lettere devotissime della b. vergine santa Caterina da Siena, in Venetia 1562. 4. f. 1) ; she however strove in vain to mediate between the Florentines and the Pope, because of the obstinacy of the former (vita s. Catharinae written by Raimundus Capuanus her father confessor, P. iii. c. 8 in Act. SS April iii., 956.)

[21] The first unfortunate attempt was made in Florence by St Catharine, who riskt her life on this occasion, vita S. Cathar. l. c p. 957. However, she gave out p. 958, se non posse a territorio illo recedere, quousque pax esset praeconizata inter patrem et filios, sicque dixit se habere a Domino in mandatis. The Guelph party prevailed in the end, and peace was concluded soon after Urban's VI. accession. Peace was already made with Galeazzo Visconti, and soon after restored with Bernarbo

his death in 1378, but nevertheless soon afterwards restored peace.[22]

## II. HISTORY OF THE ECCLESIASTICAL CONSTITUTON OF THE PAPACY AT AVIGNON.

### § 102.

COMPLETION OF THE PAPAL CODE. COMP PART II § 60.

Clement V. caused the V. Libri Clementinarum, the last authentic collection of Decretals, to be composed in 1313 from the canons of the Council at Vienne, and his Decretals issued at other times.[1] The constitutions which afterwards appeared

[22] Gerson relates that Gregory XI. on his death bed warned the bystanders (tract. de examinatione doctrinarum P. ii. consider. 3. Opp. i. 16), ut caverent ab hominibus, sive viris, sive mulieribus, sub specie religionis loquentibus visiones sui capitis, quia per tales ipse seductus (see note 20), dimisso suorum rationabili consilio, se traxerat et Ecclesiam ad discrimen schismatis imminentis, nisi misericors provideret sponsus Jesus. This was the view taken in France; the Romans on the other hand pronounced the fact that Gregory had come to Rome and died there, a miraculous dispensation to bring back the Papal See to this place again (Baluzii notae ad vit. Pap. Avenion, i. 1224.)

[1] Sexta vita Clementis V. (in Baluz PP. Aven. i. 110) : Anno 1313, 12 Kal. April.—dictus Papa—in consistorio publico suas constitutiones decretales, quas in Concilio Viennensi ordinaverat, publicari fecit, quae hodie Clementinae vocantur : sed postea infirmitate praeventus ad studia generalia per eum transmissae non fuerunt, donec per suum successorem executioni demandatae fuerunt. Clement indeed sent them to the University of Orleans founded by himself (see Boehmer de Clementinis § ix. ) But the fact that he did not send them to the other more renowned universities is certainly surprizing, and, moreover, significant, considering that he lived a whole year after their publication, see Aventinus ann. Bojorum lib. vii. c. 15 § 18 : quod multa, quae simplicitati christianae, libertati religionis imponerent (comp. above § 98 note 18), ibi continerentur, (Clemens) publicare supersederat, atque animam agens aboleri jusserat.—*Haec a Wilhelmo Occomensi accepi.* In the year 1317 John XXII. first sent this collection to the University of Bologna, which was held at that time to be the principal guardian of Canon Law, see the Bull prefixt to the Clementines. The Clementines were soon plentifully commented on (see Lang Gesch. und Institutionen des Kirchenrechts i. 264) ; their glossa ordinaria is by John. Andreae (see Part ii. § 60 note 13.) Cf. G.

(Extravagantes)[2] were kept quite distinct. The selection and collection of these in use in the editions of the corpus juris canon. consisting of 20 extravagg. Joannis XXII. in 14 chapters,[3] and of 74 Extravagg. Communes in 5 books,[4] derives its origin from the edition of John Chapuis, Paris 1500.

§ 103.

ECCLESIASTICAL USURPATIONS OF THE POPES AT AVIGNON.

The idea of the Papal See, which had grown up in the period previous to this, was indeed incapable of further extension (Part II. § 61.); but now it was developed without remorse into all its most obnoxious results, particularly by the Mendicant Friars,[1] whose privileges, so often attackt, were only founded upon the Papal supremacy.[2] Their pitiful flattery did not even blush to

L. Boehmer diatr. de Clementinis in his Observatt. juris canon. Goett. 1791. no. i
[2] T. W. Bickell uber die Entstehung u. d. heut. Gebrauch der beiden Extravagantensammlungen des Corp. juris canon. Marburg 1825.
[3] This is only a selection from this Pope's Decretals, which, however, so early as 1325 was commented upon by Zenzelinus de Cassanis, canonist at Toulouse, see Bickell S. 7 ff.
[4] In the earlier editions before Chapuis only a few Extravagantes are found, with indefinite numbering and arrangement, Bickell S 14. ff. Chapuis collected them all from the better known editions extant (communes i. e. tritae) Bickell S. 34. The earliest among them is a constitution of Urban IV. in 1262, the latest, one of Sixtus IV. in 1483, the greater number are by John XXII. They are not all commented upon; the most distinguisht of the commentators belonging to this period are, Joannes Monachus, afterwards Cardinal, Guilelmus de Monte Lautluno, Abbot at Poictiers, and Zenzelinus de Cassanis, canon lawyer at Toulouse.
[1] Compare the Augustine Augustini Triumphi Summa de potest. eccl. above § 99 note 17, the Franciscan Alvari Pelagii de planctu Ecclesiae libb. ii. ibid. note 18, the Dominican Petri Paludani (about 1330 Patriarch of Jerusalem † 1342) tract. de causa immediata ecclesiasticae potestatis (publisht at Paris 1506), the Franciscan Rogeri Connovii (or de Conway commonly called Chonoe, at Oxford) defensio religionis mendicantium, immediately after 1357 (in Goldasti monarchia ii. 1410.)
[2] E. g. Augustini Triumphi Summa qu. 6 art. 1 : Utrum a Papa possit appellari ad Deum ?—Solus Papa dicitur esse vicarius Dei, quia

solum quod ligatur vel solvitur per eum, habetur solutum et ligatum per ipsum Deum. Sententia igitur Papae et sententia Dei una sententia est, sicut una sententia est Papae et adjutoris ejus. Cum igitur appellatio semper fiat a minori judice ad superiorem, sicut nullus est major seipso, ita nulla appellatio tenet, facta a Papa ad Deum, quia unum Consistorium est ipsius Papae et ipsius Dei, cujus Consistorii claviger et ostiarius est ipse Papa Nullus ergo potest appellare a Papa ad Deum.—Qu. 19 art. 1 : Utrum solus Papa sit sponsus Ecclesiae?—Papa, qui obtinet vicem Christi in tota Ecclesia, universalis Ecclesiae sponsus dicitur. Episcopus vero dicitur sponsus suae dioecesis, presbyter autem suae parochiae. Nec tamen propter hoc sequitur, quod sint plures sponsi unius Ecclesiae : quia sacerdos sicut minister cooperatur Episcopo tanquam principali, et simul omnes Episcopi cooperantur Papa, et Papae Christo Unde Christus, Papa, Episcopus et sacerdos non dicuntur nisi unus sponsus Ecclesiae Art. 4 : Papa succedit Christo in officio et universali jurisdictione, quia Petrus in persona omnium summorum Pontificum recepit universalem jurisdictionem a Christi.—Quantum ad officium et universalem jurisdictionem Papa est Episcopus universalis Ecclesiae, sed quantum ad personalem administrationem singulariter est Episcopus urbis Romae. Art. 5 : Utrum Papa possit immediate in qualibet dioecesi et parochia, quod potest Episcopus vel sacerdos ?—Papa tenet locum Petri in Ecclesia, Episcopus vero locum Apostolorum, Presbyteri vero locum LXXII discipulorum. Absurdum autem videtur, quod Petrus non potuisset solvere et ligare sine auctoritate Apostolorum vel discipulorum, etiam in provinciis et parochiis eis deputatis, cum singulariter Petro fuit dictum : *dabo tivi claves*, et ipsi non nisi per usum clavium potestatem ligandi et solvendi haberent. Eodem modo absurdum est dicere, quod Papa non possit solvere et ligare in dioecesi cujuslibet Episcopi et parochia cujuslibet Presbyteri, vel absolutionem et ligationem committere quibus placet. Potest etiam in provinciis et parochiis eis deputatis omnia facere per seipsum, vel per commissionem, quae ipsi Episcopi vel Presbyteri facere possunt, et adhuc amplius.— Qu. 20 art. 3 : Utrum solus Papa habeat potestatem clavium ?— Singulariter solus Petrus dicitur habere claves per immediatam commissionem, per immediatam derivationem, per universalem administrationem. Per immediatam quidem commissionem, quia soli Petro, cujus successor Papa existit, claves sunt commissae.—Per immediatam vero derivationem, quia potestas clavium ab eo tanquam a capite in omnes Praelatos Ecclesiae derivari debet.—Per universalem autem administrationem, quia solus ipse in tota Ecclesia universaliter Christi Vicarius existit.—Qu. 64 art. 2 : sicut Apostoli missi sunt ad praedicandum non nisi praesupposita auctoritate Petri :—sic Episcopi admittuntur et assumuntur in partem sollicitudinis non nisi praesupposita auctoritate Papae, qui sicut dat eis auctoritatem exequendi officium receptum super tanta vel tali materia, si bene utantur, ita culpa exigente, si commisso officio abutuntur, potest eos dicta executione privare.—Qu. 65 art. 5 : non minoris auctoritatis est Papa in tota Ecclesia, quam quilibet Episcopus in sua dioecesi, immo majoris, cum in propria dioecesi Episcopus jurisdictionem non exerceat nisi auctoritate Papae. Sed quilibet Episcopus in propria dioecesi potest et debet religiosos et alios idoneos viros ad sanctae praedicationis officium assumere, qui vice ipsorum plebes Christi eis commissas aedificent verbo et exemplo, absque omni requisitione Presbyterorum, in quorum parochiis praedicant — Ergo similiter Papa potest et debet in tota Ecclesia aliquos religiosos et idoneos viros ad sanctae praedicationis officium ordinare,—qui in qualibet dioecesi et in qualibet parochia—absque omni requisitione Episcoporum et Presbyterorum possunt praedicare, et alia spiritualia per sedem apostolicam eis commissa administrare.—Alvari Pelagii de planctu Ecclesiae lib. i. c. 6 : Papa super omnia, etiam generalia, concilia est, et ab ipso ipsa recipiunt jurisdictionem et auctoritatem, et licentiam congregandi se. c. 14 : Omnis creatura per eum valet judicari, et ipse a nulla in terris, etiam universali concilio. c. 17 : Plus potest Papa solus in iis, quae non sunt contra capitulos fidei, et adjacentia eis, et sacramenta, quam tota Ecclesia catholica, et concilia seorsum. c. 29 : unum est consistorium et tribunal Christi et Papae in terris. c. 58 : Sciendum est, quod potentia summi Pontificis et Christi vicarii plena dicitur. Primo quia ab hac potentia nullus ad Ecclesiam militantem qualitercunque pertinens excipitur.—Secundo quia omnis potestas ad gubernationem fidelium a Deo ordinata et hominibus data, sive spiritualis, sive temporalis, in hac potestate comprehenditur —Tertio quia omnis potestas in Ecclesia ab hac potestate, derivatur, et ad eam ordinatur,—quia ipsa principium est et finis cujuslibet potestatis, et ideo quaelibet potestas humana ei jure subditur. Quarto quia a nulla potestate humana exceditur, vel superatur.—Quinto quia nulla alia potestate puri hominis limitatur, aut ordinatur, aut judicatur : sed ipsa alias limitat, ordinat, et judicat.—Sexto quia ordine potestatum, aut legibus ab ipso positis non coarctatur : potest enim agere et mediantibus aliis potestatibus, et non mediantibus, quando viderit expedire, quia ordinarius omnium est.—Potest etiam agere et secundum leges quas ponit, et praeter illas, ubi opportunum esse judicaverit.—Merito ergo in summo Pontifice plenitudo dicitur existere potestatis : unde et propter hoc dicitur potestas ejus esse sine numero, pondere et mensura —Est enim sine numero, quantum ad eos, qui ejus potestati subduntur, qui quoad nostram notitiam sunt innumerabiles. Est autem sine pondere, quantum ad locum : pondus enim est inclinatio rei ad locum proprium et determinatum : haec autem potestas non determinatur ad unum locum, vel ad unam Ecclesiam, sed ad omnes prorsus Ecclesias in quibuslibet locis positis extenditur. Est sine mensura, quantum ad actum et modum agendi, quia quodammodo immensa est in agendo et in modo agendi. Unde sicut homini Christo datus est spiritus non ad mensuram Jo. iii. 34, caeteris autem datur secundum aliquam mensuram donationis Christi Eph. iv. 7. Rom. xii. : sic vicario Christi Pontifici summo data est potestas non ad mensuram, sed in quadam immensitate ; aliis autem datur potestas secundum mensuram aliquam participationis hujus immensae potestatis. Et cum sit ipsa potestas vicarii Christi sine numero, pondere et mensura, imponit tamen et determinat aliis potestatibus pondus, numerum et mensuram.

claim for the Popes almost divine honours.³ The dissenting

³ Augustini Triumphi qu. 9 art. 1. Utrum Papae debeatur honor, qui debetur Christo secundum quod Deus? *Videtur:*—quia honor debetur potestati, sed una est potestas Christi secundum quod Deus et Papae : quod probatur, quia potestas Christi secundum quod Deus est peccata dimittere juxta illud *Marc.* 2 *quis potest peccata dimittere nisi solus Deus?* istud autem convenit Papae, quia quodcunque ligat vel solvit super terram, est ligatum vel solutum in caelis.—Porro latria est servitus soli Deo debita :—sed omnis servitus debetur Papae, ergo honor, qui debetur Deo debetur sibi.—*In contrarium est,* quod honor, qui debetur creatori, sine peccato idololatriae non debetur purae creaturae.—R. *Dicendum,*—quod honor potest exhiberi Deo dupliciter. Primo ratione communis potestatis, cum qua convenit cum creaturis convenientia cujusdam analogicae univocationis. Convenit ergo creatori et creaturae potestas et dominatio, et multa alia, ut bonitas, scientia et justitia, quae attribuuntur Deo, tamen conveniunt creaturae, Deo quidem essentialiter, creaturae vero participative et ministerialiter vel instrumentaliter : et ratione istorum quidam honor, et quaedam servitus impenditur Deo, quae sine peccato potest exhiberi creaturae, ut thurificatio et genuflexio et alia servitus, quae graeco nomine dulia appellatur. Quaedam vero servitus Deo impenditur ratione ejus singularis majestatis,—ratione cujus singulare genus servitii sibi exhibetur, quod latria appellatur.—Sacrificium est ille singularis honor et illa singularis servitus, quae sic debetur Christo secundum quod Deus, non debetur Papae, nec alicui purae creaturae.—*Ad primum ergo est dicendum :*— in Christo secundum quod Deus invenitur dominatio, quae est summa potestas, et ideo servitus summa sibi debetur, quae latria appellatur : in Papa autem non invenitur nisi participative et ministerialiter etc.— In Art. 3. it is proved that the same honour is due to the Pope as to the Saints (honor Papae exhibetur ratione potestatis et auctoritatis : verum quia potestas talis est ordinata potissime, quia est a Deo sibi tributa, et quae a Deo sunt, ordinata sunt, sic dicit Apost. ad Rom. 13 : ideo includit talis potestas vitae sanctitatem et doctrinae veritatem.— Propter quod licet honor sit sibi exhibendus ratione sanctitatis, non est sibi subtrahendus honor, qui debetur Sanctis ratione sanctitatis et doctrinae veritatis ) And in Art. 4. the honour rendered to angels is shown to be due to him (exhibebatur honor Angelis per Patres veteris Testamenti, quia in eis repraesentabatur Deus per subjectam creaturam de aere vel undecunque visibiliter ab eis assumptam : sed longe melius Deus repraesentatur per Papam, et quantum ad naturae conformitatem, quia Dei filius nunquam Angelos apprehendit, sed semen Abrahae in unitatem personae, et quantum ad officii potestatem, quia nulli Angelorum concessit clavis ligandi et solvendi in caelo et in terra, sicut concessit Petro et successoribus ejus).—Zenzelinus (1325) adds plainly in his gloss to Extravag. Jo. xxii. tit. xiv. c. 4 in fine : Credere autem dominum *Deum* nostrum Papam, conditorem dictae decretalis, sic non potuisse statuere, prout statuit, haereticum censeretur. Thus the passage stands in the Lyonese editions of 1584 and 1606, and in the

voices raised on the side of Lewis the Bavarian made no general impression, and died away altogether when after Lewis' death, the victory of the Papal See was complete and decisive. In France indeed under Philip the Fair, a sounder system had won almost universal acceptation among learned men :[4] however since the Kings of France gladly allowed this extension of the Papal power, now that it was always at their service, no resistance found utterance among them.

In the new ecclesiastical usurpations with which the Popes of Avignon struggled for the complete realization of their idea of the Papacy, mean selfishness and low avarice together with open disregard of the Church's wants were most odiously conspicuous. There began in the Papal Court at Avignon a more prodigal and voluptuous mode of life,[5] whilst the rich revenues of the Popes

Paris editions of 1585, 1601, and 1612 : the word Deum is left out in the later editions.

[4] See part 2. § 62. note 27 compare above § 101. note 1. This was chiefly displayed in the disputes between the University of Paris and the Mendicant Friars, see below § 112. note 3.

[5] Francesco Petrarca († 1374) who lived a long time at the Papal Court in Avignon, gives a hideous description of its corruption in his confidential letters to his friends (Epistolae sine titulo.) In Ep. 8 (Opp. ii. 719) he calls Avignon the third Babylon and the fifth Labyrinth : quam juste autem, qui noscere cupit, huc properet. Non hic carcer horrendus, non tenebrosae domus error, non fatalis urna humani generis fata permiscens, denique non imperiosus Minos, non Minotaurus vorax, non damnatae Veneris monimenta defuerint : sed remedia, sed amor, sed caritas, sed promissorum fides, sed amica consilia, sed fila perplexum iter tacita ope signantia, sed Ariadna, sed Daedalus. Una salutis spes in auro est, auro placatur rex ferus, auro immane monstrum vincitur, auro salutare lorum texitur, auro durum limen ostenditur, auro vectes et saxa franguntur, auro tristis janitor mollitur, auro caelum panditur, quid multa ? auro Christus venditur. Comp. Epist. 14 and 15, especially Epist. 16 : Omne bonum ibi perditur, sed primum omnium libertas, mox ex ordine quies, gaudium, spes, fides, caritas, animae jacturae ingentes. Sed in regno avaritiae nihil damno adscribitur, modo pecunia salva sit. Futurae tibi vitae spes inanis quaedam fabula, et quae de inferis narrantur fabulosa omnia, et resurrectio carnis et mundi finis et Christus ad judicium venturus inter naenias habentur. Veritas ibi dementia est, abstinentia vero rusticitas, pudicitia probrum ingens : denique peccandi licentia magnanimitas et libertas eximia, et quo pollutior eo clarior vita, quo plus scelerum eo plus gloriae, bonum nomen coeno vilius, atque ultima mercium fama est.—Taceo haereditatem Simonis, et illam haeresis speciem, non ultimam, Spiritus sancti dona mercantium. Taceo mali illius avaritiam matrem, quae idolorum

and their curia drawn from the States of the Church, were partly uncertain, partly in abeyance. Thus the Popes of Avignon were obliged to discover for themselves and their courtiers fresh resources elsewhere. The want was quickly supplied, but now followed insatiable avarice, and the most intolerable oppressions were set on foot in the Church: The proceeds were sometimes treasured up at Avignon, sometimes misspent on the political aims of the Pope, sometimes squandered.

servitus ab Apostolo dicta est. Taceo utriusque pestis artifices, et concursantes Pontificum thalamis proxenetas. Taceo crudelitatem humanitatis immemorem, et sui ipsius oblitam insolentiam, atque illos vanis flatibus tensos utres. Taceo denique illa prodigia,—quorum moesta nimis et severa narratio: ad ridicula simul atque odiosa festino. Quis enim oro non irascatur et rideat illos senes pueros coma candida, togis amplissimis, adeoque lascivientibus animis, ut nihil illuc falsius videatur, quam quod ait Maro: *Frigidus in Venerem senior?* Tam calidi, tamque praecipites in Venerem senes sunt, tanta eos aetatis et status et virium cepit oblivio, sic in libidines inardescunt, sic in omne ruunt dedecus, quasi omnis eorum gloria non in cruce Christi sit, sed in comessationibus, et ebrietatibus, et, quae has sequuntur in cubilibus, impudicitiis: sic fugientem manu retrahunt iuventam, atque hoc unum senectutis ultimae lucrum putant, ea facere, quae juvenes non auderent.—Mitto stupra, raptus, incestus, adulteria, qui jam pontificalis lasciviae ludi sunt: mitto raptarum viros, ne mutire audeant, non tantum avitis laribus, sed finibus patriis exturbatos, quaeque contumeliarum gravissima est, et violatas conjuges et externo semine gravidas rursus accipere, et post partum reddere ad alternam satietatem abutentium coactos. Quae omnia non unus ego, sed vulgus novit, etsi taceat, quamvis ne id ipsum taceat jam major est indignatio quam metus etc. Several of Petrarch's eclogues are satires on the Papal Court (Ginguené hist. liter. d'Italie T. 2, Paris 1811, p. 477). Thus in the sixth Pamphilus (i e. St. Peter) sternly rebukes Mition (Clement VI.) for his course of life: in the Seventh Mition converses with the nymph Epy (Epicurea, i.e. Avignon), she represents the Cardinals one after another in dark colours.—cf. De ruina Ecclesiae (with the title de corrupto Eccl. statu in the earlier editions, written in 1401, but not as is commonly believed by Nic. de Clemangis, see Nic. de Clémanges, these par A. Muntz, Strasbourg et Paris 1846, p. 66) c. 42, in v. d. Hardt Concil. Constant. I. iii. 45: Ex illo plane suam cladem imminere praenosse debuit (Ecclesia), ex quo propter suas fornicationes odibiles Romuli urbe relicta Avinionem confugit. Ubi quanto liberius, tanto apertius et impudentius vias suae simoniae et prostitutiones exposuit, peregrinosque et perversos mores, calamitatum inductores, in nostram Galliam invexit, rectisque usque ad illa tempora moribus frugalibus disciplina instante, nunc vero luxu prodigioso usque adeo solutam, ut merito ambigere possis, utrum res ipsa audita mirabilior sit, an visa miserabilior.

CH. I —PAPACY IN 1378 —II ECCL CONST § 103 PROVISIONS 79

Amongst the new Papal usurpations the most disgraceful were the extended reservations of ecclesiastical offices, in consequence of which even bishoprics and parishes were now granted in commendam, or bestowed upon unfit persons. Clement V. had already reserved to himself several churches, tó which indeed in France he was obliged to appoint according to the King's pleasure,[6] granted many benefices in commendam,[7] and drew upon

[6] Thus writes Clement in 1306 to Philip (Baluz. PP. Aven. ii. 65) : De Ecclesiis vero, de quibus nobis tua Serenitas scripsit, scire te volumus, quod nos earum provisiones hac vice nobis duximus reservandas. Quibus Ecclesiis de personis Deo, nobis ac tibi gratis et Ecclesiis ipsis utilibus curabimus—providere : and accordingly Philip thanks him, p. 87, for the promotio per uberem gratiam clementiae vestrae facta de dilectis et fidelibus clericis nostris. The Pope at length wearied of acting only as the King's instrument, and when Philip required him in 1309 to grant the Archbishopric of Sens to the Bishop of Cambray, he wrote to him, p. 145 : considerantes attentius, quod super translatione hujusmodi per alium modum non poteramus decenter satisfacere votis tuis, provisionem ipsius Ecclesiae Senonensis, quamvis reservationes hujusmodi menti nostrae displiceant, prout nosti, hac vice dispositioni nostrae—duximus reservandam :—tuam Celsitudinem exhortantes, ut nos super similibus reservationibus faciendis, quae nostrae voluntati redduntur contrariae, saltem absque magna causa non infestes.

[7] On 20th Febr. 1307 Clement issued a constitution (Extrav comm. lib. iii. tit. ii. c. 2. Raynald. 1307 no 28), in which he states that in the beginning of his reign he had granted benefices in Commendam out of deference to secular and ecclesiastical dignitaries : ad eorum importunas et multiplicatas precum instantias nonnullis clericis—patriarchales, archiepiscopales et episcopales Ecclesias ac monasteria—sub commendae vel custodiae, seu curae, vel guardiae, aut administrationis titulo—duximus—committenda. Super iis autem, an tales videlicet et tantas gratias per nos fieri decuisset, variorum et arduorum negotiorum multiplicitate distracti usque ad tempus, quo infirmitate satis periculosa nos iis diebus Deus, visitavit omnipotens, nequivimus plenarie cogitare. Verum in debilitate ipsius aegritudinis constituti, et a negotiorum utcumque discussione semoti, ad haec sub diligenti examine direximus aciem nostrae mentis, demumque prospeximus evidenter, quod Ecclesiarum et monasteriorum eorundem cura negligitur, bona et jura dissipantur ipsorum, ac subjectis eis personis et populis spiritualiter plurimum et temporaliter derogatur.—Volentes opportunum et debitum in hac parte remedium adhibere, omnes et singulas commissiones hujusmodi per nos -- factas quibuscunque cujusvis ordinis, dignitatis, aut status, si etiam s. Romanae Ecclesiae Cardinalibus—factae noscantur, auctoritate apostolica—cassamus et annullamus. But how little this constitution came into operation was manifested at the Council of Vienne 1311. Guil. Durantis complains in his work written at that

himself the charge of simony.[8] But his successor John XXII. proceeded in a still more shameful manner. While he found it unnecessary to announce his will otherwise than by a verbal declaration to his Chancery,[9] he extended the former reservation time de modo celebrandi generalis concilii (comp. Part 2, §. 62 note 28) P. ii. tit. 21 : domini Cardinales in grave animorum ipsorum periculum et universalis Ecclesiae dispendium multa millia florenorum— sibi et multis pestifera adinventione super Ecclesias etiam parochiales et curatas faciunt cumulari, et Ecclesias etiam cathredrales et ultramarinas sub diversis coloribus commendari, et certas sibi solvi ab illis, qui eorum promoventur auxilio, pensiones, quae numquam in Romana Ecclesia moriuntur, sed ab uno Cardinali in alium vel in ejus vel domini Papae propinquum vel nepotem detinentur  Ex quibus sequitur, cum sibi vindicent universa, infelix quod Clericus, qui de praedictis beneficiis sustentari et eis personaliter deservire debuerat, mendicat in plateis.—Ex hac peste etiam noviter introductum est contra jura, quod Prioratus Conventuales, et alia beneficia ecclesiastica, consueta regi per Monachos et alios Regulares, domini Cardinales—sibi et suis faciunt assignari, quanquam non efficiantur Monachi. — Ex quibus in dictis Prioratibus et beneficiis Regularium periit in totum regularis observantiae disciplina, cum non sit inter eos, qui corrigat etc. A Bishop brought similar complaints before the Council (Raynald 1311 no. 59): Quia multi vita et moribus detestabiles de diversis mundi partibus ad sedem apostolicam concurrentes—beneficia cum cura, vel sine cura quotidie impetrare noscuntur,—et a Praelatis veneranter instituti vel admissi ita detestabilem vel deformem vitam ducunt, quod ob hoc Ecclesiae destruuntur ;—Praelati non possunt hodie bonis personis de beneficiis—obstante numerosa multitudine clericorum impetrantium providere —Heu ,mittuntur ad Ecclesias vel personae inutiles, peregrinae linguae, barbarae nationis ; vel si sunt bonae personae et utiles nunquam in eisdem resident Ecclesiis, sed in Romana curia, aut Regis aut Principum curiis commorantes per privilegia fructus beneficiorum percipiunt, qui eisdem Ecclesiis de nihilo serviunt.—Cum tam secundum jura divina quam humana singula ecclesiastici juris officia sint singillatim singulis committenda personis ;—hodie—una persona, aliquando minus idonea, quatuor vel quinque in diversis Ecclesiis obtinet beneficia,—quinimmo decem vel duodecim—et aliquando plures, sicut vidi. Heu aliquando una persona tot obtinet dignitates, personatus vel officia, quod ex eis posset quinquaginta vel sexaginta exercitatis et literatis personis sufficientissime provideri.—Quid autem de pueris, qui omni discretione carentes—tot obtinent dignitates et beneficia, referam, nescio etc.

[8] Jo. Villani ix. c 58 : questi fu huomo molto cupido di moneta e simoniaco, che ogni beneficio per moneta in sua corte si vendea, e fu lusurioso,. che palese si dicea che tenea per amica la Contessa di Palagorgo, bellissima donna.—E lasciò i suoi nipoti e suo lignaggio con grandissimo e innumerabile tesoro

[9] Just as he publisht his " Processus" by posting them on the church

of benefices falling vacant in curia,[10] reserved to himself the most lucrative stalls in all foundations,[11] and all churches in Upper

doors at Avignon, see above § 99 note 7.—Baluz. PP. Aven. i., 722 contributes the following remarkable documents: Anno Dom. MCCCXVI. 17 Kal. Oct. Lugduni sanctissimus pater et dominus Johannes P. XXII. pontificatus sui anno primo reservavit suae et sedis apostolicae collationi omnia beneficia ecclesiastica, quae fuerunt et quocunque nomine censeantur, ubicunque ea vacare contigerit per acceptationem alterius beneficii praetextu gratiae ab eodem domino Papa factae vel faciendae acceptati; mihique Gaucelmo Vicecancellario suo praecepit in praesentia magistri Petri Fabri, quod haec ad memoriam redigerem in scripturam. This is the first trace of the notorious Papal Chancery rules (Regulae cancellariae.) Comp. Gesh. d. röm. Kanzleiregeln, in Le Bret's Magazin f. Staaten- u. Kirchengesch. ii. 605 iii. 1.

[10] By the Decretal Ex debito (Extravagg. comm. lib. i. tit. iii. c. 4) in the year 1316; this is only a further development of that decree in Chancery note 9. Hujusmodi autem sedes, monasteria, ecclesias, et alia praefata beneficia ecclesiastica per mortem vel depositionem ac privationem eorum, qui ea obtinerent, per electionum cassationem,— quorumlibet provisionem, translationem—vacare apud sedem intelligimus praelibatam. Episcopales insuper vel alias dignitates—fratrum nostrorum s. Rom. Eccl. Cardinalium apud dictam sedem per eorum obitum vacare censemus, sive inibi, sive alibi, ubicunque ipsas migrare contigerit de hac luce. Et hoc idem in dignitatibus et beneficiis quibuslibet—officialium nostrorum, videlicet vicecancellarii, ejusdem Ecclesiae Camerarii, notariorum, auditoris contradictarum, correctorum, scriptorum literarum, ac poenitentiariorum nostrorum, nec non abbreviatorum curiae Romanae locum sibi volumus vindicare. On these principles, in the year 1317, by the decretal Execrabilis (Extravagg. comm. iii. tit 2, c. 4) he opened the way for himself to the disposal of numerous places; in this, after several censures on the prevailing avarice of all pluralists (Cardinalibus tamen s Rom. Eccl.—ac Regum filiis—exceptis) he commands them to choose one beneficium cum cura, and one sine cura, but to resign all the rest. Quae omnia et singula beneficia vacatura—vel dimissa nostrae et sedis apostolicae dispositioni —reservamus.

[11] Jo. Villani xi. c. 20 (Papa Giovanni) infino l'anno 1319 puose le riservazioni di tutti i benefici collegiati di Christianità, e tutti gli volea dare egli, dicendo il facea per levare le simonie. E. di questo trasse e ragunò infinito tesoro. Et oltre a ciò, per la detta reservatione quasi mai non confermò elettione di niuno Prelato, ma promovea uno Vescovo in uno Arcivescovado, e al Vescovado del Vescovo promosso promovea un minore Vescovo, e allora avenia bene sovente, che d'una vacazione d'uno Vescovado grande, o Arcivescovado, o Patriarcato facea sei o piu permutazioni; e simile d'altri benefici; onde molte e grandi provisioni di moneta tornavano alla camera del Papa.

VOL. IV. F

Italy,[12] without regard to any isolated resistance.[13] The treasures left behind him after his death testified to his way of procedure with regard to appointments.[14] The conscientious Benedict XII. revoked the grants in commendam,[15] and only confirmed the

[12] The Bull of 30. July 1322 is in Raynald. 1322 no. 4, quoted at length in Ughelli Italia sacra iii. 185: Statu Ecclesiarum, necnon—monasteriorum—tam in terris Italiae Ecclesiae Romanae immediate subjectis, quam in patriarchatu Aquilejensi, nec non Mediolanensi, Ravennate, Januensi et Pisana provinciis consistentium, quas et quae —malitia temporis in eorum provisionibus variis noscitur discriminibus subjecisse (see § 99 note 4), nostrae mentis obtutibus occurrente; ac propterea similibus in posterum obviare periculis, donec—sublata procella temporis impacati, eisdem Ecclesiis—plena in eligendo securitas ministretur, sollicitis affectibus cupientes; provisiones omnium patriarchalium, archiepiscopalium, episcopalium, et aliarum quarumlibet Ecclesiarum collegiatarum, nec non abbatiarum, monasteriorum, prioratuum et aliorum quorumcunque piorum locorum saecularium et regularium—consistentium in patriarchatu et provinciis supradictis,—vacantium,—dispositioni et ordinationi nostrae et sedis apostolicae—usque ad ejusdem sedis beneplacitum—reservamus.

[13] Thus the Kings of Castile and Portugal complained to the Pope (Raynald. ann. 1330 no. 44) that, whereas formerly the native clergy had rendered them considerable assistance in the wars with the Moors, nunc istis (indigenis) exclusis pariter et contemptis alienigenae, qui nec zelo fidei, nec devotione aliqua ad praemissa invitantur, sed de imbursanda pecunia, quam de ipsis beneficiis percipere possunt, ad alias transferendi partes, continuam gerunt sollicitudinem, eisdem Ecclesiis, monasteriis, personatibus, dignitatibus sunt praelati. Quare supplicant iidem Reges humiliter et instanter, quatenus praemissis alienigenis ad alia beneficia in aliis partibus translatis de praelatiis, personatibus etc. per eos detentis indigenis regnorum praedictorum dignetur eadem sanctitas providere. A more powerful resistance was offered in Germany: Heinricus de Rebdorff ad ann. 1333: In Alemania magnum schisma est in clero et populo, ex provisionibus sedis apostolicae ad episcopales et solemnes praelaturas et alia beneficia, quas idem Ludwicus in odium sedis apostolicae fortiter impedivit.

[14] According to Jo. Villani xi. c. 20, who appeals on this point to the testimony of his brother, a merchant at Avignon, who had heard the fact from the Papal treasurer, he amast 18 millions of gold florins in sterling money, and 7 millions in treasure. But over and above this, the members of his curia also had acquired much wealth, cf. Quinta vita Benedicti XII. (Baluz. i. 232): temporibus retroactis, quando per Papam gratiae seu supplicationes gratiarum signabantur, ipsae supplicationes praesentabantur per Camerarios domini Papae aut per alios de ipsorum mandato, unde frequenter quaestus illicitos ab eis fieri contingebat

[15] Secunda vita Bened. XII. (Baluz. i. 214): Praelatos omnes ad eorum Ecclesias redire coegit, volens eorum ambitiosis pravitatibus

reservations of his predecessor,[16] with a view to fill up again the ecclesiastical posts with worthier appointments.[17] However, he could win no respect for himself and his principles among the members of his curia.[18] Clement VI., a Pope of exactly opposite character, was the rather chosen after his death : treading in the

obviare ; et commendas Ecclesiarum, praeterquam dominis Cardinalibus factas, expectationes omnes secundum formam juris canonici revocavit, et fugavit realiter simoniam.

[16] In the year 1335 he confirmed the constitution Ex debito (see note 10) by the Bull Ad regimen (Extravagg. comm. III. ii. 13.)

[17] Prima vita Benedicti XII. (Baluz. i. 209) : Quantum in ipso fuit, dedit operam efficacem, ut in beneficiis, dignitatibus, et praelaturis suo tempore vacantibus ponerentur et praeficerentur bonae et honestae personae,—ac sufficientes in literatura, ac maturae in moribus, essentque aetatis provectae, juxta—qualitatem beneficiorum,—ad quae—essent assumendae.—Et in hoc multotiens se decipi formidavit Et ob hoc, antequam provideret de talibus suae dispositioni reservatis, inquirebat summa cum diligentia de meritis et sufficientia illorum, qui ad hoc sibi nominabantur. Et cum eos non reperiebat juxta gustum suum bene idoneos et sufficientes, potius volebat, quod vacarent et remanerent in manibus suis, quam si aliter provideret. Propter quod suo tempore multa beneficia, dignitates, et praelaturae quamplures diutius in vacatione permanserunt. Dicebat enim, quod melius et securius erat, quod vacarent, quam si haberent malos vel minus idoneos praesidentes. Ipse enim de suis consanguineis vel propinquis exaltandis vel promovendis nullatenus curavit.

[18] Octava vita p. 240 : Huic domino Benedicto maxime insitum cordi fuit, clericos et religiosorum ordinum professores et status reformare, et, ut dicatur verius, infirmare. Paucos enim vel nullos bonos credebat, et omnes a via mandatorum domini et conciliorum semita declinasse dicebat —Hic dominus Benedictus Papa avarus, durus et tenax, in conferendis gratiis remissus, tardus et negligens in providendo statum Ecclesiarum supra modum fuit; et in excusatione duritiae suae paucos ad haec dignos vel sufficientes dicebat. Omnes dominos Cardinales fore deceptores sui credebat. Raro supplicationes ipsorum recipere volebat, ipsosque non modicum suspectos habebat. Ordines mendicantium supra modum per facti evidentiam exosos habebat. Paucos vel nullos de ipsis ordinibus ad praelationes promovebat. Dissensiones eorum libenter audiebat, et subditis contra Praelatos favere videbatur mirabiliter. After his death the following verses were made upon him (Septima vita p. 240):

Iste fuit Nero, laicis mors, vipera clero,
Devius a vero, cuppa (barrel) repleta mero.

(comp. § 100. note. 1.)

footsteps of John XXII., he arbitrarily disposed of the Benefices of all countries[19] chiefly in favour of his own nephews, and the members of his curia ;[20] he was also addicted to secular pomp. Innocent VI.[21] and Urban V.[22] returned indeed to a worthier

[19] Prima vita Clementis VI. in Baluz. i. 264): Habuit hanc humanitatem—ac liberalitatem generaliter ad omnes ad ipsum recurrentes, —quod nunquam vel raro aliquem a se emiserit sine consolatione reali aut verbali, saepius tamen ad rem, quam ad verba intendens.—Suos fratres, nepotes,—compatriotas et servitores valde dilexit. Plurimos— in altis et magnis praelaturis et dignitatibus sublimavit, multos vero in inferioribus beneficiis fere ubique terrarum existentibus collocavit. Tertia vita (Baluz i. 284) : volens pauperibus clericis universis de eo quod gratis acceperat gratis dare, bullam gratiae suae clementer aperuit, ut infra duorum mensium spatium (anno 1342) de suae clementiae plenitudine gratiam pro gratia cuncti reciperent.—Eadem aestate pontificatus sui prima, cunctis Ecclesiis cathedralibus, collegiatis et aliis, quas praedecessor ejus immediatus, zelo forsitan justitiae, rectoribus viduatas dimiserat,—Episcopos et rectores restituit,—quamvis lucide nosceret, quod proventus non modicos apostolicae camerae defalcabat.—Labia mea laudabunt te, in Clemente VI. clementiam, quae per ejus praedecessorem rigorose retenta, misericordiae liquore condita dispergens omni petenti se tribuit gratiosam etc.—Quinta vita p. 310 : Qui cum eodem anno (1342) circa Pentecosten faceret gratias generales, in Avinione tanta convenit multitudo clericorum volentium in gratia pauperum impetrare, quod numerus clericorum pauperum tunc in examinationibus diocesium per universum orbem fuit computatus ad centum millia clericorum, prout ego personaliter ibidem tunc existens veridicorum relatione intellexi. Hic Papa cum in principio sui pontificatus faceret reservationes abbatiarum et praelaturarum, electiones conventuum et capitulorum irritas habens ; et super hoc sibi fuerit intimatum, quod hujusmodi reservationes a suis praedecessoribus minime fuerint factae, ipse fertur respondisse: *Praedecessores nostri nesciverunt esse Papa.* These reservations seem to have been made by decrees in Chancery. How widely they spread even over the French Bishoprics is shown in the document given by de Marca de concord. Sac. et Imp. lib. vi. c. 3. § 14, in which the Pope decides against the suffragans of the Archbishop of Narbonne, who, on the plea of being appointed by the Pope, refused the customary oath to their Metropolitan. He gave away the Deanery of Breslau in 1350 to one man, although he had formerly granted the reversion of it to another ; and a law suit was commenced on the point between the parties interested, in the Papal Court, Stenzel's Urkunden des Bisth. Breslau, Einleit. S. xcii.

[20] Quinta vita (Baluz. i. 311): Ipse sumptuosissimum tenuit statum et multum pomposum ac saecularem.

[21] Christ said to St Birgitta (S. B. revelationum lib. iv. c. 136) : Iste Papa Innocentius est de aere meliori quam antecessor ejus, et

course, they could not, however, obliterate all traces of the abuses which had broken out.[23] Gregory XI. again appointed to offices according to the wish of his nephews ;[24] and so in the exercise of the newly usurpt privileges, wrong recovered the upper hand. Moveover the Church was burdened with fresh imposts. Confirmation fees[25] were demanded from the Prelates: The

materia apta ad recipiendum colores optimos. Tertia vita Innoc. vi. (in Baluz. i. 357): Hic fuit vir justus et durus in concedendo beneficia et jura ecclesiastica. Subito post suam coronationem multas reservationes factas per Clementem suum praedecessorem suspendit, et constituit, Praelatos et alios beneficiatos in curia tunc morantes unumquemque ad suum beneficium personaliter applicare, et ibi residentiam facere sub poena excommunicationis: quod et factum est. Hic diminuit expensas et familiares suos et etiam omnium Cardinalium He gives himself in his Bull (Raynald. ann. 1354 no. 31) as the reason for the abolishment of grants in commendam, quod occasione commendarum,—sicut experientia docuit, ut plurimum divinus cultus minuitur, animarum—cura negligitur, hospitalitas consueta et debita non servatur, ruinis aedificia patent etc.

[22] Prima vita Urb. V. (Baluz. i. 394): Simoniacos execratus est. Ementes enim et vendentes beneficia sive spirituales gratias—puniri multimode ordinavit, immo et eorum quamplurimos curiam exire coegit. Beneficiorum multiplicationem, praesertim incompatibilium, in eandem personam concurrentium invitissime toleravit, immo multos ex illis qui plurima obtinebant privavit, relictis eis tantummodo illis, quae suis statui et sufficientiae congrue convenire judicavit. Super quo etiam constitutionem edidit, quae incipit *Horribilis ;* in qua quod suo tempore licere sibi non passus est suis successoribus indicavit etc. There is one Bull by this Pope Contra pluralitates in beneficiis of. 5. May 1365 in Wilkins Conc. Magn. Brit. iii. 62, another against the union and incorporation of benefices l. c. p. 65.

[23] Even Urban V. had to grant (1368) the Archbishopric of Cologne for some years in commendam to Euno, Archbishop of Trêves. The earlier reservations too remained unchanged.

[24] Prima vita Gregorii XI. (Baluz i. p. 441): Ipse multum dilexit suos,—ac eorum consilio et instigatione ac favore multa fecit, praesertim in promotionibus nonnullorum, quibus sufficientiores in moribus et scientia forsitan reperiri potuissent.

[25] From an early date taxes on consecration were alternately demanded, and condemned as simony, see de Marca de Conc. Sac. et Imp. lib. vi. c. 10: so early as the time of Alexander IV. about 1260, a portion of these fees under the name annatae (for they were considered in the light of an annual revenue) was paid over to the Pope and Cardinals, and complaints were made on this account (Ostiensis comm. in Decr. Greg. i. tit. 32 c. 15): Under Clement V whether the Bishops were conse-

Popes generally claimed from the benefices in case of a vacancy, the fructus primi anni.[26] But the taxes most burdensome to crated at the Papal Court or not, the fees were levied for that provision, see Guil. Durantis de modo generalis concilii celebrandi P. ii. tit. 20 : Cum illa decreta, in quibus agitur de simonia,—non serventur, et maxime in curia Romana, in qua etiam coetus dominorum Cardinalium vult habere una cum domino Papa certam portionem a Praelatis, qui promoventur ibidem : videretur super hoc maxime providendum. cf. Johannes Andreae (Decretalist in Bologna † 1348) comm. in Decr. Greg. I. tit. 32, c. 15 : Pluries clamavi in tantum, quod de hoc fuit sermo in Concilio Viennensi, quod optarem, quod curia reciperet vicesimam redituum clericorum totius orbis ad sustentationem Papae et Cardinalium, et nihil exigi posset pro servitiis Prelatorum, quos promovet, exceptis laxatis salariis laborantium, puta scriptorum et similium : et tunc provideret legatis et nunciis, quos mittit, de praedicta quota, abstineret autem ab exactione fructuum primi anni, exactionibus decimarum et similibus, quae nunc pullulant.

[26] The Bishops of many countries even in early times had asserted a jus deportuum in direct opposition to the jus regaliae (see part 2. § 63 note 8) with reference to their collation to vacant Benefices, but in order to secure their revenue, they changed the vacantiae in fructus primi anni. Clement V. in Conc. Vienn. (Clementin. lib. v. tit. 6) forbad this proceeding of the Bishops praetextu privilegii, quod adserunt se habere, quod usque ad certum tempus fructus beneficiorum vacantium possint percipere primi anni. But in England he had already wrested this pretended right from the Bishops, in order to exercise it himself : Matthaei Westmonasteriensis (about 1377) flores histor. ad ann. 1306 (ed. Francof. 1601 fol. p. 454) ; Ipse vero Papa videns insatiabilem quorundam Episcoporum Angliae avaritiam, importune postulantium primas vacantes Ecclesias per annum in suis dioecesibus sibi concedi, advertensque, quia quod postulat inferior, potest et superior, appropriavit sibi ipsi per biennium omnes proventus de primo vacantibus Ecclesiis in Anglia, videlicet de primo anno primos fructus, tam de episcopatibus, abbatiis, prioratibus, praebendis, rectoriis et vicariis, quam de caeteris minutis beneficiis. John XXII., in the year 1317, still drew these revenues from England, (Raynald. 1317 no. 49) : but he soon after extended his claim for them over the whole Church, when he reserved (see the Bull Cum nonnullae of the year 1319, Extravagg. comm. III. ii. 11, an extension of the former Bull of reservation no longer extant) pro Ecclesiae Rom. necessitatibus fructus, reditus et proventus primi anni beneficiorum ecclesiasticorum, et jam vacantium, et quae in diversis orbis partibus usque ad triennium vacare contingeret, but with the exception of the archiepiscopales et episcopales Ecclesiae, ac regulares Abbatiae. In the Declaratio nationis Gallicae in Conc. Const. (1417) de Annatis non solvendis cap. 2 (in v d. Hardt Concil. Const. I. xiii. 764) it was remarkt that this was the first reservation of this kind. Deinde postmodum nonnulli Romani Pontifices, ipsius (Joannis XXII.) successores, etiam certis temporibus

the Church, and chiefly to the lower ranks of the clergy, were those which the Popes incessantly levied as tithes, sometimes in their own behalf, sometimes in behalf of secular princes under the pretext of crusades.[27]

[27] similes fecerunt reservationes, certis causis expressis. Quas Clerus, Principes et populus aliquo tempore tolerarunt. Sed postmodum nimium gravati ex iis, in aliquibus regnis et provinciis, recusaverunt solvere. Prout fuit factum in Anglia et quibusdam aliis locis. That these reservations were not yet the Annates which afterwards arose, may be seen in Boehmeri observatt. sel. ad de Marca lib. vi. c. 10 p. 153 ss. How these grew up see below §. 105 not 3.

[27] Continuatio chron. Guil de Nangis ad ann. 1326 (in d'Achery spicil. iii. 86) : Papa depauperatum se videns, misit nuncios speciales per universas provincias regni Franciae ad petendum Ecclesiarum—subsidium pro guerra sua in Italia prosequenda. Quod Rex Franciae, asserens hoc in regno Franciae inconsuetum, prohibuit sed domino Papa sibi super his rescribente, postmodum Rex considerans do ut des. faciliter concessit ; unde et pro duobus succedentibus annis Papa Regi biennalem decimam super Ecclesiam concessit : et ita dum miseram Ecclesiam unus tondet, alter excoriat. How often and how long the Kings of France raised these tithes, see above §. 99 note 37 §. 100 note 2. Thomassini vetus et nova eccl. discipl. P. iii. lib. i. c. 43 §. 10 : the kings of Spain had almost unceasingly levied these tithes for their wars against the Moors, see Thomassini l. c. c. 44 §. 3; but they were not seldom granted even to the Kings of England, thus in 1306 for two years (Matth. Westmonaster. p. 454), in 1317 for one year (Raynald. ad. h. a. no. 49), in 1333 for four years (Thomas Walsingham p. 131), etc. On this head says the Minorite Johannes de Rupescissa 1349 in his Prophetia (in Edw. Brown appendix ad fascic. rerum expetendarum et fugiendarum, Lond. 1690 fol. p. 495) : propter impositionem decimarum et visitationum, orationes quae deberent fieri per clerum—convertuntur in maledictiones et lamentationes, et maxime contra illos, qui talia imposuerunt, quia tanta est paupertas in clero, quod onera non possunt supportare.—Et quia praetextu guerrarum praedictarum sunt imposita, utinam reducerentur ad mentem verba, quae ego audivi a domino Benedicto (XII.) sanctae memoriae super factis guerrarum, quod nunquam fuit intentionis faciendi guerras, etiam pro patrimonio Ecclesiae, nisi cum armis spiritualibus : et dicebat etiam quod guerrae, quae fuerunt factae per Ecclesiam, vel fierent in futurum, sortientur tristem effectum ; et quod plus confidebat orationibus et lacrymis, quam impositionibus decimarum et visitationum, et ideo nunquam voluit talia concedere, sed cunctos ab omni gravamine conservabat : tamen dicta et facta sua et plurium aliorum Deum timentium reputantur phantastica, et conversa sunt in cantica et musicum carmen. However the Popes quickly met with a stout resistance when they demanded the tithes of the Church. In the year 1359 a Legate of

Innocent VI., who required a tithe from the German clergy, was decidedly refused at a diet (Trithemii chron. Hirsaug. ii. 235): in 1366 the Archbishop of Gnesna with his Suffragans protested against a tithe for three years exacted from them by Urban V. (Stenzel's Urkunden des Bisth. Breslau, Einleit. S. xcvi.): in 1372 the chapter and religious houses of Mayence united in resistance to a tithe levied by Gregory XI., see the Unio in Gudeni codex diplomaticus iii. 507: they first recite the misfortunes and oppressions which made it impossible for them to pay this tax, among these was even mentioned usualis monetae debilitas, quae et plurimum ex transportatione florenorum harum partium ad Romanam Curiam et aliunde facta communiter accidisse refertur. They had come to such a state, quod non est reperire personam ecclesiasticam civitatis et diocesis Maguntinae, quae de reditibus ecclesiasticis, deductis omnibus debitis, juxta sui beneficii et status exigentiam valeat sustentari.—Propter exactiones papales perplurimas in his terris Clerici ad magnam paupertatem redacti, servis, immo Judaeis comparati, detestabiliter despiciuntur, et a Laicis—quasi licite capiuntur, ipsorumque bona diripiuntur et ignibus devastantur, ipsaque sancta sedes et nomen apostolicum—adeo vilipensa diffamantur, quod proinde fides catholica magna vacillat in parte, Laicis videntibus Clericos—per sedem apostolicam et ejus diversarum impositionum modos, videlicet *servitiorum communium, decimarum papalium et imperialium, procurationum, primarum Annatum, subventionum Nunciorum apostolicorum, ecclesiasticarum reservationum, ac specialiter decedentium Praelatorum continuis extortionibus* affligi. Et exinde diversa et gravissima animarum pericula et schismata—jam insurgunt—laicis ipsis clamantibus, et despective contra Romanam Ecclesiam invehentibus, quod sedes ipsa—ad partes exteras nunquam his temporibus mittit praedicatores vel vitiorum correctores, sed quotidie mittit bene pompizantes,—pecuniarum peritissimos exactores. Et propter haec et alia, —paucissimi jam in terris istis inveniuntur, nisi solo nomine Christiani. Accordingly they wisht to write, ne quoque nobis, miserabiliter sicut praemittitur afflictis, intolerabilis afflictio superaddatur, nosque per artationem et compulsionem solutionis hujusmodi Decimarum et aliarum Collectarum, quocunque nomine censeantur, imposterum ut verisimiliter praesumitur imponendarum, paulatim et successive ad extremae exinanitionis dispendium deducamur, they agreed to bear all dangers and costs in common, sic etiam, quod talis, quicunque hujusmodi rei occasione qualitercunque gravatus seu damnificatus, a nobis et a Clero non vitetur, nec in suis Ecclesia aut Monasterio—ab aliquibus actibus excludatur, sed quod suis praebendis ac beneficiis—pacifice gaudeat et fruatur, ac si gravatus nullo modo fuisset.—Item nullus dictam Decimam in parte vel in toto solvat, seu se soluturum promittat, aut super ea componat—absque Nostrum scitu—et assensu.—Et si aliqui forsan tenui conscientia tenti, trepidantes ubi trepidandum non est, etiam hujusmodi Decimam solverint, vel super ea se composuerint:—praeter perjurii poenam quam ipso facto incurrunt, a perceptione omnium fructuum— beneficiorum suorum—suspensi maneant, et sint infames, nec ad aliquam dignitatem, beneficium seu officium aliquod—per electionem seu alterius

Thus all kinds of Church oppression, which when essayed in earlier times by secular princes, the Popes had resisted to the utmost of their power, were now practised in a greater degree by the Popes themselves. However the most revolting fact was the slavish flattery which with the aid of a pitiful casuistry sought to excuse these manifest abuses,[28] and even the Papal Simony.[29] On the other hand in England there grew up a

dispositionis modum ullatenus admittantur. In the year 1375 also the three Archbishops of Mayence, Treves, and Cologne, refused to pay the tithe to the Pope, Detmar's Chronik. i. 301.

[28] E. g. Augustinus Triumphus qu. 68 art. 1 : Utrum Papa possit dispensare in pluralitate beneficiorum ?—In collatione beneficiorum aliquid est de jure divino et naturali, et aliquid est de jure positivo. De jure namque naturali et divino est, ut beneficium detur propter administrationem officii —De jure vero positivo est paucitas vel pluralitas beneficiorum : non enim possunt talia cadere sub una regula, quia considerata quandoque Ecclesiae necessitate vel personae dignitate plura beneficia conferenda sunt uni quam alteri. Cum igitur Papa non solum possit illa, quae sunt juris positivi, verum etiam supra ipsum jus potest dispensare (Decr. Greg. III. 8, 4. Part 2 §. 61 note 10) : ideo dicendum est, quod sicut de jure positivo communi, cujus Papa est conditor, facta est talis restrictio, ut nulli liceat plura beneficia habere, sed quicunque recipit aliquid beneficium curam habens animarum annexam, si prius tale beneficium habebat, est eo ipso jure privatus : sic Papa, qui est supra jus, potest talem restrictionem relaxare etc.— Q. 72 art. 2 : Utrum Papa peccet providendo compatriotae et domestico magis, quam extraneo ? *Videtur*,—quia bona communia sunt communiter dispensanda.—Porro in provisione spiritualis beneficii causa spiritualis debet considerari, sed patria vel familiaritas est causa carnalis, non spiritualis. Porro scandalum multorum Papa debet maxime vitare : sed multi scandalizantur, cum compatriotis et familiaribus Papae vel Praelati providetur magis quam aliis.—*In contrarium* est Apostolus 1 Tim. 5 : Qui suorum et maxime domesticorum curam non habet, fidem negavit, et est infideli deterior.—*R dicendum*, quod in provisione ecclesiastici beneficii vel potest attendi beneficium quod confertur, vel intentio conferentis, vel locus, in quo confertur. Si vero consideretur beneficium, quod confertur, cum sit spirituale, non debet dari nisi pro officio. Quanto ergo quis est sufficientior et dignior in officii administratione, tanto citius meretur beneficii provisionem.—Si vero consideretur intentio providentis, aut providet compatriotae et domestico ex aliqua causa debita magis quam extraneo, utputa propter ejus majorem paupertatem, vel propter receptum honestum obsequium, puto quod non peccat. Si vero faciat hoc ex causa illicita et indebita, ut praecise propter patriae affectionem, vel consanguinitatem, vel propter cumulandas ejus divitias, peccato non caret provisio.

[29] Thus before this time Card. Ostiensis, Part 2. §. 61 not. 9.

decisive resistance to the oppressions of the Papal See, leagued as it was with hostile France: the Popes dared not venture to encounter this resistance in earnest, for its roots were in the people.[30]

Alvarus Pelagius de planctu eccl. lib. ii. c 14 : Quaerendum est, an Papa possit committere simoniam. Et tenet Thomas, quod sic.—Quamvis enim res Ecclesiae sint ejus, ut principalis dispensatoris, non tamen sunt ejus ut domini et possessoris.—On the other hand : Papa legibus loquentibus de simonia et canonibus solutus est.—Credo, quod si Papa in iis, quae sunt prohibita quia simoniaca, ut vendere sacramenta, quorum venditio in veteri testamento etiam prohibetur,—pactum vel conditionem vel conventionem apponeret, committeret simoniam. Secus in iis, quae sunt simoniaca, quia ab Ecclesia prohibita, ut vendere beneficia, sepulturas et similia,—quod tunc, etsi peccet malum exemplum dando,—si tamen ex certa scientia hoc faciat, nolens subjici juri positivo, quo solutus est, non committeret simoniam, licet ut dixi illa pactio et conventio etiam in iis de se grave peccatum sit. Sic sentio.— Augustinus Triumphus qu. 5 art. 3 : Certum est, summum Pontificem canonicam simoniam a jure positivo prohibitam non posse committere, quia ipse est supra jus, et eum jura positiva non ligant.—Potest tamen forte simoniam committere prohibitam a lege naturae, ut quod pro re temporali intenderet spiritualem tribuere.—Certum est similiter, quod summus Pontifex pro bono publico ab Episcopis et aliis Praelatis Ecclesiarum accipere potest summam pecuniae, prout secundum Deum et rationem videtur sibi expedire, quod alii inferiores Praelati facere sine peccato non possunt.

[30] This resistance was especially directed against the Papal invasions of the King's jurisdiction, and the Papal Provisions. Edward III., 12. May 1343, explained to the Pope, that causae super jure patronatus quorumque beneficiorum ecclesiasticorum regni nostri Angliae,—ac placita transgressionum et incarcerationum ibidem in Curia nostra, et non alibi, tractari debeant et finiri, and required him to refuse to hear a suit of the kind instituted at Avignon. In like manner he wrote to him on the 3rd Jan. 1344 that omnis et omnimoda cognitio causarum civilium et criminalium inter quascunque personas regni nostri Angliae ad forum et examen nostra notorie pertineat et pertinuerit ab antiquo, and demanded that the petitions of certain clerks and laymen, who had been guilty of a breach of the peace, should not be heard (both letters are in Rymer's foedera.) The Parliament also which sat after Easter 1343 (Rotuli Parliamentorum tempore Edwardi R. iii. p. 144) complained of the damages, grevance et opppression du poeple et de seinte Eglise d'Engleterre, qui sont faitz en Roialme d'Engleterre par provisions et reservations, de la Court de Rome, aussi bien des beneficz come des primers fruitz, et par impositions des dismes et autres charges, and moved that all persons who brought Bulls into England for these purposes, received or executed them, should be thrown into prison (soient pris et aresteez par lour corps, pur prendre et resceivre ce que la court agardera.) The King made the Pope acquainted with these complaints

The powerful voice with which St Birgitta († at Rome 1373) against the provisorum exercitum, qui regnum nostrum Angliae in excessiva multitudine jam invasit (dd 30. Aug. 1343 in Rymer) and prayed for redress. At the same time he reminds the clergy of the legal decision (Breve regium ad Episc Wigorn. of 12. Dec. 1343 in Wilkin's Conc. Magnae Brit. ii. 726), quod nullus—sub gravi forisfactura nostra infra regnum nostrum Angliae literas, bullas, processus, instrumenta, seu aliqua alia nobis et populo nostro praejudicialia deferat,—et quod nullus sub forisfactura nostra praedicta ea recipere praesumat sine mandato nostro speciali.—Thomae Walsingham (about 1440) histor. Angliae, in Anglica, Hibernica a veteribus scripta ex bibl. Guil. Camdeni. Francof. 1602 fol. p. 161 : Eodem anno (1343) Papa Clemens iterum fecit in Anglia provisiones duobus Cardinalibus de beneficiis proximo vacantibus praeter episcopatus et abbatias ad extentam duarum millium marcarum. Quod Rex et tota regni nobilitas pati noluit, sed procuratores dictorum Cardinalium sub poena carceris Angliam exire coegit. The Pope complained bitterly to the King of this, and sought to justify those provisions, 28. Aug. (p. 162): convenire, quod Cardinales ipsi, qui super expediendis negotiis ad alveum apostolicae sedis undique confluentibus nobiscum labores et onera partiuntur, et haberent congrue unde suis valeret necessitatibus secundum status sui decentiam provideri. But Edward answered 26. Sept. in an Epistola plena fructu, cui pro tunc Papa aut Cardinales respondere rationabiliter nesciebant (Walsingham p. 161. in Rymer of the 10th Sept.): He first reminds him of the services rendered by his ancestors to the Church, and then laments that it is falling into decay, dum per impositiones et provisiones sedis apostolicae, quae solito gravius invalescunt, ipsius peculium—manus occupant indignorum, et praesertim exterorum, et ejus dignitates et beneficia conferuntur pinguia personis alienigenis, plerumque nobis suspectis, qui non resident in dictis beneficiis, et vultus commissorum eis pecorum non agnoscunt, linguam non intelligunt, sed animarum cura neglecta, velut mercenarii, solummodo temporalia lucra quaerunt, et sic diminuitur Christi cultus, animarum cura negligitur,—clerici dicti regni, viri magnae literaturae, et conversationis honestae, qui curam et regimen possent sibi salubriter peragere, —studium deserunt propter promotionis congruae spem ablatam.—Jus patronatus, quod nos et fideles nostri in talibus obtinemus beneficiis, enervatur,—regni thesaurus ad extraneos, ne dicamus nostros malevolos asportatur :—quae singula—fuerunt nuper coram nobis in parliamento nostro — palam exposita, unanimi — petitione subjuncta, ut praedictis dispendiis—celeriter occurramus. Nos autem—ad vos successorem Apostolorum principis, qui ad pascendum, non ad tondendum oves dominicas—mandatum a Christo suscepit, ista deferimus votivis affectibus supplicantes, quatenus—velitis ut pater filiis thesaurizans alleviare dictarum impositionum et provisionum ac onerum, jam per sedem apostolicam invalescentium gravitatem, permittentes ulterius, ut patroni patronatus sui solatium non amittant, Ecclesiaeque cathedrales et aliae dicti regni liberas electiones et earum affectum habeant, quas quidem Ecclesias dicti progenitores nostri dudum in singulis vacationi-

bus earundem personis idoneis jure suo regio libere conferebant, et
postmodum ad rogatum—dictae sedis sub certis modis et conditionibus
concesserunt, quod electiones fierent in dictis Ecclesiis per capitula
earundem.—Sed—dicta sedes per reservationes et provisiones suas dictis
capitulis electiones adimit supradictas, et nobis jus et praerogativam,
quae—nobis competunt in hac parte, propter quod juxta legem regni
nostri, ex quo lex in concessione posita non servatur, concessio resol-
vitur, et res statum revertitur in primaevum. Against these acts of
Parliament was written Clement's Epist. ad Eduardum in Raynald
ann. 1344 no. 55 ss. Ad nostram—audientiam—pertulit rumor,—
quod in regno tuo edicta et brevia in derogationem et enervationem
praedictae libertatis ecclesiasticae, primatus ejusdem Romanae Ecclesiae
ac auctoritatis et potestatis ipsius sedis apostolicae, ad diversas partes
missa fuerunt : ut de captione et incarceratione multarum personarum
ecclesiasticarum sacrilega, et impedimentis literarum et gratiarum apostolicarum ibidem appositis taceatur ad praesens. Immo ad tantae
ferocitatis in regno eodem audaciam dicitur fuisse deventum, quod vix
aliquis audet ibidem literas apostolicas praesentare. The Pope refused
to revoke that Reservation in favour of two Cardinals. Accordingly it
was again bitterly assailed in the Parliament of 1346 (Rotuli p. 162.)
The Commons made the following motion among others, que les provisours aliens voident la terre, et apres la feste de Seint Michel soient
tenuz hors de la ley. Likewise also the Procuratour or Executour.
When therefore the vacated Abbey of St Augustine at Canterbury was
filled up by the Pope without any regard to the election which had
already taken place in 1346, the King commanded the monks under
pain of the heaviest penalties, ne ipsum Praefectum, quantum in vobis
est, administrationem seu dispositionem aliquam de terris,—bonis seu
catallis praedictis absque licentia nostra—speciali aliqualiter habere
permittatis, see Guil. Thorn (a monk of this house about 1380) chron.
de gestis abb. s. August. Cantuar. c. 38. At last these difficulties
were settled by two royal decrees, I, by the Statute of Provisors of
benefices A.D. 1350 (Statutes at large by Owen Ruffhead, London
1769. 4. 1, 268): If the Pope made an appointment to any Ecclesiastical benefice, the King was to fill up the benefice for this turn. But
the nominees of the Papal provisors were disturbed in their possession,
adonqes soient les ditz provisours, et lour procuratours, executours et
notaires attaches par lour corps et menes en response, et sils soient con-
victz, demoergent en prisone,—tanqils averont fait fin et redemption au
Roi a sa volonte, et gree a la partie qe se sentera greve. Et nient
meins avant qils soient delivres, facent pleine renunciation, et troevent
sufficeante seurete, qils nattempteront tiele chose en temps avenir, ne
nul proces sueront par eux ne par autre devers nuly en la dite court de
Rome, ne nule part aillours pur nules tieles emprisonementz ou renun-
ciations ne nule autre chose dependant de eux. II., by the Statute of
Praemunire A.D. 1353 (l. c. p. 272): Whosoever should bring any
cause which belonged to the King's jurisdiction, before a foreign tribunal, or appeal from the former to the latter, should be summoned to
answer to this charge. Et sils ne viegnent mie au dit jour en propre
persone de estere a la lei, soient ils, lour procuratours, attournez, execu-

exhorted the Papal see to a reformation,[31] died away with all the

tours, notairs et meintenours de cel jour enavant mis hors de la protection le Roi, et lour terres, biens et chateux forfaitz au Roi, et soient lour corps, ou qils soient trovez, pris et emprisonez et reintz a la volunte le Roi, et sur ce soit brief fait de les prendre par lour corps, et de seisir lour terres, biens et possessions en la main le Roi, et si retourne, soit qils ne sont mie trovez, soient mis en exigend et utlaghez (outlawed, beyond the protection of Law Germ. vogelfrei.) The curia was especially aggrieved, when Edward, who wanted money to carry on his war with France, confiscated not only many other ecclesiastical imposts, but particularly the revenues which the Cardinals and other non-resident incumbents drew from his kingdom (comp. Edward's letter to the Pope of 12th Febr. 1346 in Rymer), just as his enemy Philip had done (Rayn. 1346 no. 39. 1347 no. 24); he, however, at the request of his wife Joanna freely restored the beneficia Cardinalium (see the Pope's letter of thanks for this in 1347 in d'Achery spicil. iii. 723.) Edward was already threatened with excommunication (Rayn. 1352 no. 17) when death carried off Clement. In the year 1373 Parliament remonstrated once more against the Pope's reservations and provisions, and the primos fructus which he received. The money was of use to the enemy, and the foreign clergy in England descoverent par lour lettres les secreez de mesme le Roialme, et les envoiont par de la a les enemys (Rotuli Parliam. tempore Edwardi iii. p. 320.) There was a negotiation carried on at Bruges for two years beginning in 1374 between English Ambassadors, one of whom was Wycliffe, and Papal emissaries with regard to these grievances. In 6 Bulls from 1. Sept. 1375 (in Rymer) the Pope endeavoured to satisfy the English by revoking the reservations made up to this time, by deciding the disputes between the Papal nominees and the regular incumbents, with regard to benefices in favour of the latter, and by remitting all former demands of fructibus male perceptis and primis fructibus. But though Walsingham states p. 188: concordatum est inter eos, quod Papa de caetero reservationibus beneficiorum minime uteretur, et quod Rex beneficia per literas ."*Quare impedit*" non conferret. There is no mention whatever of this in the Bulls How little redress was granted to the grievances, is shown by the copious remonstrances and motions of the Parliament of 1376 (Rotuli p. 337) with reference to the throng of foreigners introduced, and the manifold extortions of the court en la peccherouse Cite d'Avenon. The king now charged the clergy (see the Breve regium of 21. Aug. 1376 to the Archbishop of Canterbury in Wilkins Conc. Magnae Brit.iii 107), quod literas, bullas et scripta quaecunque nobis ac regno et subditis nostris praejudicialia, si quae vobis deferri contigerit, statim cum ea receperitis, nobis et consilio nostro mittatis,—ut nos, visis et examinatis —hujusmodi literis et scriptis, ulterius inde fieri faciamus, quod justum fuerit.—Alphonso King of Castile also made a show of resisting the Papal provisions, but he was more easily overpowered. Raynald. ann. 1344. no. 54. 1348 no. 14.

[31] Thus in the case of Urban V. when he was returned to Rome,

less effect, because immediately after, a turning point was reacht upon which still greater corruption ensued.

### III. HISTORY OF THE PAPAL SCHISM.

Documents in d'Achery spicileg i 763. Martene et Durand thesaur. novus anecdotorum ii 1073. Eorundem veterum scriptorum ampliss collect. vii. 425. Theodorici de Niem (from the small town of Nieheim in the district of Paderborn from the year 1372 Abbreviator d. rom. Papste † 1416)1 libb iii. de schismate (from 1378—1410), Nemus Unionis (Sammlung von Urkunden uber die Unterhandlungen zwischen Benedict XIII. und Gregor. XII.)

Revelationum s. Birgittae (Colon. Agripp. 1628 fol.) lib. iv., c. 49 : Papa—inclinatus est ad mundialia.—Propterea Papa incipiat veram humilitatem in seipso, primo in apparatu suo in vestibus, in auro, et argento, et vasis argenteis, in equis, et aliis utensilibus, segregando de eis omnibus sola necessaria sua, alia vero erogando pauperibus, et specialiter his, quos noverit amicos Dei. Deinde moderate disponat familiam suam.—Cardinales—effusi sunt—ad omnem superbiam, cupiditatem et carnis delectamentum. Ideo recipiat Papa in manu malleum et forcipem, et flectat cardines ad velle suum, non permittendo eos habere plura de vestibus, et familia, et de utensilibus, nisi quantum requirit necessitas, et vitae usus. Flectatque eos forcipe, i. e. verbis lenibus, et consilio divino, paternaque caritate : qui si noluerint obedire, recipiat malleum, scilicet ostendendo eis severitatem suam.—Episcopi et clerici saeculares, quorum cupiditas nullum habet fundum, de quorum superbia et vita luxuriosa procedit fumus, ob quem abominantur eos omnes Angeli in caelis, et amici Dei in terris. Ista enim Papa in multis emendare potest, si unumquemque permittit habere necessaria, non superflua, praecipiatque unicuique Episcopo attendere ad cleri sui vitam, et omnis, qui noluerit emendare vitam suam, et stare in continentia, privetur omnino praebenda sua. She thus addrest Gregory IX. while he was still at Avignon (l. c. cap. 142) : Cur tantum odis me? quare tanta est audacia tua, et praesumtio tua contra me? Nam curia tua mundana depraedatur caelestem curiam meam. Tu vero superbe spolias me ovibus meis, bona quoque ecclesiastica, quae mea propria sunt, et bona subditorum Ecclesiae meae indebite extorques et surripis, et das illa amicis tuis temporalibus.—In curia tua regnat superbia maxima, cupiditas insatiabilis, et luxuria mihi execrabilis, ac etiam vorago pessima horribilis simoniae. Insuper etiam rapis et depraedaris a me innumerabiles animas. Nam quasi omnes, qui veniunt ad curiam tuam, mittis in gehennam ignis, ex eo quod non diligenter attendis ea, quae pertinent ad curiam meam, quia tu es Praelatus et pastor ovium mearum.

[1] His life by G. J. Rosenkranz is in Erhard's and Gehrken's Zeitschr. f. vaterl. Geschichte Bd. 6. (Munster 1843) S. 37. There

zusammen Basil. 1566 fol. Argentor. 1608 and 1629. 8.—Tractatus de longaevo schismate from 1378—1422, written probably by an ecclesiastic at Breslau. MS. in the library of St Mark at Venice, see Fr. Palachy literar. reise nach Italien, Prag 1838.

Chronica Caroli sexti (Chronique du Religieux de St Denys contenant le règne de Charles VI de 1380 à 1422 publiée en latin pour la première fois et traduite par M. L. Bellaguet, à Paris 1839—42. 4 Tomes in 4. they reach only to 1412, belonging to the Collection de Documents inédits, première série.)

Works. Pierre du Puy histoire du Schisme (in his Traitez concernant l'hist. de France. à Paris 1700. 12. à Bruxelles 1713. 8 ) Louis Maimbourg hist du grand Schisme d'Occident. à Paris 1678. 4. Jaq. Lenfant hist. du Concile de Pise (T. ii. Amsterd. 1724. 4.) liv. i. et. ii. The Praefatio to Martene et Durand ampliss. coll. T. vii.

Popes at Rome: Urban VI. (8. Apr. 1378—15. Oct 1389.) Boniface IX. (2. Nov. 1389—1. Oct 1404.) Innocent. VII 17 Oct 1404—7. Nov. 1406.) Gregory XII. (2. Dec. 1406— )

Popes at Avignon Clement VII. (20. Sept. 1378—16. Sept. 1394. Benedict XIII (28. Sept. 1394—.)

§ 104.

RISE AND PROGRESS OF THE SCHISM.

Urban VI., who was elected after the death of Gregory XI.[2] (8. Apr. 1378) exasperated most of the Cardinals[3] by his harsh

S. 65 the common statement that Niem was appointed by Boniface IX., Bishop of Verdun, and afterwards of Cambray, is called in question.

[2] According to the French account (see Prima vita Gregorii XI. in Baluzii PP. Aven. i. 442, and Secunda vita ejusd ibid. p. 456) the choice of an Italian was forced upon them by a rising of the people (see Baluzii notae ibid. p. 999 ss.); but according to the Italian account (Theod. a Niem i. c. 2 Raynald ann. 1378 no. 2 ss 1379 no. 3 ss ) the election was quite free, and a passing tumult which arose was only owing to some misunderstanding with regard to the election after it was finisht: comp. Lenfant hist. du Concile de Pise i. 7. No immediate violence had overruled the election, but certainly fear of violence had influenced it.

[3] Probably also by severe censures of the prevailing abuses. Thus Theod. a Niem i. 4 : incepit increpare Episcopos,—dicendo quod omnes essent perjuri, quia Ecclesias suas desererent in eadem Curia residendo. Then he preacht a sermon cap. 5 : in quo etiam mores—Cardinalium et Praelatorum incepit redarguere, quod ipsi aegre tulerunt.—Veniens etiam illo tempore quidam Collector fructuum Camerae apostolicae de

severity to such a degree, that they retired to Anagni, declared his election invalid,[4] on the plea of compulsion by the Romans, and on the 20th Sept. 1378 elected Clement VII. at Fondi. Joanna, Queen of Naples, immediately gave her support to this election.[5] however the prevailing opinion of Italy continued to be in favour of Urban VI.:[6] Clement accordingly quickly betook himself to

quadam provincia ad praesentiam dicti Urbani, ei quandam pecuniae summulam ratione sui Collectaneae officii offerebat : cui respondens ait : *pecunia tua tecum sit in perditionem*, ac illam recipere non curavit. Similia multa insolita et abusiva de die in diem faciens, per quae paene omnium Cardinalium et Praelatorum contra se magis iracundiam concitavit.—Cap. 7 : eum delirum communiter ipsi Cardinales judicabant. Sed paulo post suscitata nimis periculosa discordia inter ipsum et dictos Cardinales, praedictum schisma, magis propterea ex rancore mutuo partium, quam allegata impressione in electione dicti Urbani—habuit ortum.

[4] Their manifesto ad universos Christfideles ed. Anagniae 9 Aug. 1378 is in Secunda vita Gregorii XI. in Baluz. i. p. 465 ss cf. Bulaei hist. Univ. Paris. T. iv. p. 468 ss.

[5] She was at first greatly rejoiced at the election of Urban, who was a Neapolitan (Theod. a Niem i. 6), but she was alienated from him by his haughty demeanour and inflexibility to her wishes (Theod. a Niem i. 8. Raynald ann 1378 no. 46.)

The two St Catharines were both on his side. St Catharine of Siena, who is said to have foretold the schism three years before it took place (Raymund. Capuan. in vita s. Cathar. P. ii. c. 10 in the Act. ss. Apr. t. iii.), exprest herself with the greatest abhorrence of the dissenting Cardinals, and down to her death († 1380) was zealously active in Urban's cause. Her letter to him may be consulted (Lettere devotissime della b. vergine santa Caterina da Siena, in Venetia 1562. 4. f. 15) in which there is no want of exhortations (e.g. f. 20 : Mitigate un poco per l'amor di Christo crocifisso quelli movimenti subiti, che la natura vi porge), particularly her letters to the three dissentient Cardinals (f. 34. verso), and the King of France (f. 213.) St Catharine of Sweden, daughter of St Birgitta was examined at Rome as an eye witness of Urban's election (the minutes are in Raynald. 1379 no. 20), she declared it to have been free and regular : interrogata quae fuit ergo causa istius schismatis, respondit et dixit, quod credit, quod rigor justitiae domini nostri, qui Cardinalibus non erat blandus in eorum petitionibus, et corrigere eos optabat.—The most famous jurists of the time in their opinions pronounced likewise in favour of the regularity of Urban's election, i.e. Joannes de Lignano, the Pope's Vicar General at Bologna (see Raynald. 1378 no. 31. ss. and in App. ad xvii. 510. Bulaei hist. Univ. Paris. iv. 482), Baldus at that time a Professor at Perugia (Rayn. 1378 no. 36 ss. and in App. ad xvii. 497 ; but Mansi shows in his notes to Raynald, that Baldus afterwards composed a still longer work in favour of the anti-Pope), Jacobus de Sena Doctor Bonon. (in Bulaei hist. Univ.

Avignon, and put himself under French protection, and into the most complete dependence upon France.[7] By dint of French influence,[8] he was immediately recognized as Pope in Scotland, Savoy and Lorraine, afterwards in Castile (1381),[9] Aragon (1387),[10] and Navarre (1390).[11] On the other hand Germany,

Paris iv. 485 ) Linus Colucius Pierius Salutatus, Chancellor of Florence, decides very impartially in his epist. ad Jodocum Marchionem Brandenburgensem dd. 13. Kal. Sept. 1398 (Colucii epistt. ed. Jos. Rigaccius i. 110. Gerdesii scrinium antiquarium v. 321.) The strongest fact against the dissentient Cardinals was, that for several months they recognized Urban as the true Pontiff.

[7] When Clement, still in Italy, was obliged to fly before the soldiers of his adversary, in order to induce the King of France to wage war against Urban in Italy, he erected, out of the larger portion of the states of the Church, of which he was not yet in possession a regnum Adriae for the King's brother, Lewis of Anjou. (The document dd. xv. Kal. Maji 1379 in d'Achery spicileg. iii. 746. Leibnitii cod. juris gentium i. 239), so that only urbs Romana cum ejus districtu, et provinciae patrimonii s Petri in Tuscia, Campania et Maritima ac Sabina would be left to the Pope. However there was no further mention of this new kingdom. The document seems never to have been delivered; since Clement, when he came into France in June 1379, found already the voice of the people on his side. The University of Paris also, after long deliberation, on the 22. May 1379, declared itself in favour of Clement (Bulaei Hist. Univ. Paris iv. 566) : but the Natio Anglicana privilegiata mansit Parisius de gratia D. Regis sub obedientia alia, i.e. as England herself under Urban (Bulaeus V 65.) The most remarkable work in defence of Clement was by the Cardinal Petrus de Barreria, written to answer the work of Jo. de Lignano, see Bulaeus iv. 529. Also the Dominican Vincentius Ferrerius wrote in his behalf (Quetif et Echard scriptt. Ord. Praed i. 766. Vincent. Ferrer by Dr C. Heller, Berlin, 1830, s. 18.)

[8] Prima vita Clementis vii. in Baluz. i 495 : Rex Francorum, ut per agnitionem veritatis et justitiae dicti Clementis—schisma sedari posset et extingui, quamplures ambaxiatores fere ad omnes Principes et regiones universas saepius destinavit.—Sed heu tanta fuit fere ubique obstinatio, quod—quorumcunque missorum per dictum Clementem aditio impedita fuit. Comp. the instructions of a French ambassador in Bulaeus iv. 520 ss.—cf. Richardi Ullerstoni (Professor of Theology in Oxford) Petitiones quoad reformat. Eccl. (A D. 1408 in v. d. Hardt Conc. Const. I. xxvi. 1170) : Occasio schismatis et fomentum erat discordia inter regna. Quod profecto exinde patuit, quod regna inter se prius divisa partibus a se invicem divisis et inter se de Papatu contendentibus se pariformiter conjunxerunt.

[9] Raynald. 1381 no. 29. Baluzii vitae PP. Aven. i. 1281. Lenfant hist. du Conc. de Pise i 34.

[10] Peter IV. first offered his obedience to Urban, but upon such hard

England, Denmark, Sweden, Poland, and Prussia, remained on Urban's side.[12]

The war between the two Popes was not only waged with sentences of excommunication, but in Italy with secular weapons also. Urban declared that Joanna, by her secession from his side, had forfeited the kingdom of Naples, and granted it in fee to Charles Duke of Durazzi. On the other hand Joanna, under Clement's influence, took Lewis Duke of Anjou, at that time Regent of France, for her adopted son and successor (1380.) Charles meanwhile in a short time made himself master of the whole kingdom, took Joanna prisoner in 1381, and had her put to death, when Lewis appeared in Italy, at the head of an army (1382.)[13] Charles continued to maintain his ascendancy, and Lewis' death (1384) would have been decisive as regards Naples in favour of Urban and Charles for ever, had not differences forthwith arisen between the two latter,[14] which increased to such a degree when the headstrong Pope went in person to Naples, that Urban pronounced sentence of dethronement and excommunication against Charles, and was in consequence besieged by him in the Castle of Lucera at Salerno (1385.) He escaped to Genoa (Sept. 1385) without becoming wiser. By the cruel

conditions, that he would not accept it (Raynald. 1383 no. 5): accordingly in Aragon no Pope at all was recognized until John I., immediately upon his accession to the throne, declared for Clement (Rayn. 1387 no. 10.)

[11] Raynald. 1390 no. 20. The instrument is in Bulaeus iv. 648.

[12] Opinion of later times on this question: Both the historians of the 15th cent. Antoninus Archbishop of Florence (in Pagi breviar. gest. Pontiff. Rom. II. ii. 145) and Werner Rolevinck (fasc. temporum Aet. vi. in Pistorii scriptt rer. Germ. ii 567) leave the question which were the rightful Popes, unsettled. Afterwards, the opinion of the Church, with the exception of France, whose authors continued to defend the French Pontiffs, decided for the most part in favour of the Roman Popes. Accordingly, in the later lists of Popes, the French anti-Popes were not reckoned, and so a Clement VII. appears again in 1523 a Benedict XIII. in 1724.

[13] Clement had appointed him generalis Capitaneus, ut nedum nomine proprio, sed etiam Ecclesiae et suo (Papae) ad negotia procederet supradicta Prima vita Clementis VII. in Baluz i. 504.)

[14] On this point and the following Theodor. de Niem i. c. 28 ss. Gobelinus Persona vi c 77 (Meibom. i 299.) Schlosser's Weltgesch IV. ii. 373.

execution of five Cardinals he made himself still more hateful. After Charles' death († 1386) by his impolitic refusal to invest his son Ladislaus with Naples, he exposed this kingdom afresh to the danger of falling under the dominion of France. The capital city was already conquered for the young Lewis of Anjou (1387), and the whole kingdom would have fallen to him and the French Pope, had not Urban's successor, Boniface IX., at the right moment, invested Ladislaus (1390) and rendered him his powerful support.[15] With a view to secure the states of the Church against Lewis, Boniface granted many towns and castles in fee to powerful nobles,[16] and thus roused afresh in Rome a struggle for independence, which kept him long in banishment from the city.[17] True, Lewis was forced to quit Italy altogether (1400),[18] and Ladislaus remained King of Naples. But this restless agitation in Rome increased, and was even supported by Ladislaus, who wisht to make himself master of the city.[19]

§ 105.

OPPRESSION OF THE CHURCH.

As the schism lessened the revenues of the Popes, and increased their expenses, so it caused a fresh aggravation of those Church oppressions which were already intolerable.

The French Pontiff, Clement VII., was obliged indeed to exercise the right of presentation to Ecclesiastical offices, to which now also were added the gratiae exspectativae, accord-

[15] Raynald. 1390 no. 10.
[16] Raynald. 1390 no 18.
[17] Raynald. 1393 no. 5. 1395 no. 17.
[18] Raynald. 1400 no. 11.
[19] Thus upon the accession of Innocent VII., who had to make important concessions to the Romans, Theodoric de Niem ii. c. 35. Raynald. 1404 no. 16. 1405 no. 9. On the disturbance after the death of Innocent VII. 1406 see the account of the Ambassador of the Teutonic order at that time in Rome in Raumer's hist. Taschenbuch 1833 s. 179. In the year 1407 Ladislaus took possession of Rome, with the private consent of Gregory XII., as Dietrich of Niem assures us (de schism. iii. c. 28, nemus unionis iv. c. 2), with a view to hinder the reconciliation with the anti-Pope, cf. Raynald. 1407 no. 15.

ing to the nod of the French Court, upon which he was quite
dependent :[1] but in return for this the Church of France, so

---

[1] De ruina Ecclesiae (written in 1401, not by Clemangis, see above
§ 103 note 5 ) c. 18 in v d. Hardt Conc. Const. i. iii. 19: Sed me
praeterire non decet,—quantam et quam abominabilem fornicationem
Papa et hi sui fratres cum saeculi principibus inierint. Namque ut sua
dominia, imo verius ut suam tyrannidem, omnibus nec injuria supra
modum invisam, inconcussa stabilitate confirmare possent, sicque tuto
quodcunque libitum esset peragere : temporalium principatuum, ad
quorum se imitationem componere atque conformare in animum induxerant, captare amicitias, favoresque conquirere, quacunque possent industria, studuerunt : nunc multa beneficiorum his, pro quibus exegissent,
largitione, nunc xeniis et donis, nunc promissis uberrimis, saepe assen-
tationibus et gnathonicae doctrinae versutiis, fraudulentiis. Itaque ne
longum faciam, adeo se et Ecclesiam universalem eorum arbitrio subjecerunt atque dediderunt, ut vix aliquam parvulam praebendam, nisi
eorum mandato vel consensu, in provinciis eorum tribuere ausi essent.
Si Episcopus aliquis obierat, si Decanus vel Praepositus, vel alia quaelibet persona ecclesiastica : quis in demortui locum surrogari appetens,
non prius ad Regem quam ad Papam ibat ? imo vero quis ita insanus,
ut absque regiis literis ad Papam postulaturus accederet? Mirabile
dicturus sum, et quanquam vix credibile, verum tamen. Si quis Papae
necessarius, propinquus, familiaris, aut quilibet alio titulo dilectissimus
pro sua apud eum promotione instituisset, regales ante omnia ab ipsomet
Pontifice jubebatur literas quaerere.—Quam vero importune, quam
imperiose, quam manu, ut ita dicam, ensifera, terreni ipsi domini per
suos sollicitati, Papam per suas quotidianas literas urgebant, nequaquam
credibile foret, nisi res usu assiduo promulgata certitudinem faceret.
Plus enim praeceptoriis et comminatoriis scriptis res agebatur, quam
commendatoriis vel precatoriis. Quibus si detrectassent Pontifices
obtemperare, et alteri, quam pro quo petebatur, contulissent, certum
erat illum non recipi.—Cap 42. p. 46 : Quid Clemente nostro, dum
advixit, miserabilius ? Qui ita se servum servorum Gallicis Principibus addiceret, ut vix minas et contumelias, quae illi quotidie ab aulicis
inferebantur, deceret in villissimum mancipium dici. Cedebat ille
furori, cedebat tempori, cedebat flagitantium importunitati, fingebat,
dissimulabat, largiter promittebat, diem ex die ducebat, his beneficia
dabat, illis verba : omnibus, quos aut ars assentatoria aut ludicra in
curiis acceptos fecerat, summovere placere studebat, eosque beneficiis
promereri quo talium patrocinio dominorum gratiam et favorem
assequeretur. His itaque et juvenibus nitidis et elegantibus, quorum
maxime consortio gaudebat, singulos fere vacantes episcopatus caete-
rasque praecipuas dignitates impendebat. Denique ut Principum
benevolentiam facilius assequeretur, assecutam foveret, fotamque con-
servaret, conservatam amplificaret, plurima ultro donaria atque xenia
illis dabat : quascunque super clero exactiones petere voluissent,
annuebat, ultro saepius etiam ingerebat. Sic omnem clerum saecularium
magistratuum dispositioni ita subjiciebat, ut Papa magis quilibet eorum,

long as her grievances were not too loudly exprest, was delivered over as a prey to his extortions.[2] Tithes Vacantiae and Annates[3] quam ipse putaretur. Also Prima vita Clem. VII. (in Baluz. i. 537) allows : Multis etiam saecularibus tam Principibus quam aliis fuit admodum familiaris et gratus, eorumque contemplatione et amore plures episcopavit et alias promovit, eis aliquando sufficientiores et idoneiores —postponendo, quandoque, ut eorum benevolentiam et favorem sibi et Ecclesiae acquireret, quandoque ut ipsorum odium et indignationem evitaret etc. Theodor. a Niem de schism. ii., c. 4 even says : Clemens multum favebat magnatibus sive nobilibus : unde petentibus ipsis terras, castra et dominia Ecclesiarum cathedralium et monasteriorum pro modico annuo censu ab ipsis solvendo in feudum sine difficultate concessit etc.

[2] Chronica Caroli VI. 1. ii. c. 2 A.D. 1381 (Chronique du Religieux de S. Denys publiée par Bellaguet i. 82) : Quisque (duorum Paparum) partem obedientiae suae non uniformiter regebat. Nam immunis sub Urbano a decimis manens, in promotionibus majorum dignitatum titulo de electione libere utebatur, et ad diocesanos et Ecclesiarum patronos devolvebatur collatio, quotiens beneficia et dignitates vacare contingebat : cujus rei sub Clemente fiebat contrarium, et revera in infinitorum praejudicium et gravamen. Equidem permissu Franciae Regis et procerum, velut libertatis et Ecclesiarum regni vehemens impugnator, earum patrimonia crebris *decimis* et usque ad supremam exinanitionem statuit atterere, ut sic aere alieno loca venerabilia gravata supra suarum vires obventionum, papalis camera opum coacervatis cumulis ditaretur. Eadem occasione sui sacri collegii triginta sex Cardinalium procuratores, bullis apostolicis muniti, insidiantium more, ubique sciscitabantur, si cathedralibus vel collegiatis Ecclesiis aliqua beneficia pinguia, si in abbatiis prioratus conventuales, officia claustralia, vel alicubi domus hospitales essent ingentis valoris, quae vacarent, ut mox dominorum nomine acceptarent, id solummodo inquirentes, quantis valebant in portatis. Utque via ad id daretur amplior, ipse Papa contemptis ss. Patrum generalibus decretis—*omnes ecclesiasticas dignitates* quascunque post episcopalem majores indifferenter suae dispositioni *reservabat.*—Sic longe lateque per regnum domini Cardinales inaestimabilis valoris beneficia possidentes, uno mortuo, alter alteri succedebat.—Quotiens ab hac luce Episcopos Franciae migrare contingebat, mox ex papali camera collectores et subcollectores procedebant, qui *mobilia*,—quae ad haeredes aut executores testamentorum dinoscebantur pertinere, et unde aedificia episcopatuum potuissent reparari, nemine contradicente *rapiebant;* et qui praetextu *arreragiorum ex decimis et servitiis* nondum integre persolutis provenientium tanta damna inferebant. Simili ratione nec post Abbates defunctos temporalitati monasteriorum parcebant : unde succedentes bonis omnibus spoliati non habebant, unde sibi et commonachis suis victualia ac caetera necessaria ministrarent.—Memorati iterum collectores reditus et *proventus primi anni* omnium et singulorum beneficiorum ecclesiasticorum in toto regno Franciae— quovis modo vacantium percipiebant, etiamsi Regi in regalia vel alteri domino temporali velut patrono proprio competere minime ignorarent.

were now the standing income of the Papal Cabinet. In addi-

—Multi viri ecclesiastici per mundum vagantes penuria maxima premebantur : regni etiam studia—annullabantur penitus. Omnium liberalium artium Parisiensis Universitas altrix dulciflua lacte scientiae enutritorum filiorum orbatam se dolebat, quoniam sinu materno relicto ad exteros transmigrabant, cum pater spiritualis deesset, qui penuriis eorum subveniret. Materno compatientes dolori, quos ad summum culmen scientiarum exaltaverat doctores, attendentes, quod haec et majora damna occasione nefandissimi schismatis essent proximo futura,— standum Concilio generali super discordia amborum contendentium de Papatu concludebant. Some restraint was effected by the royal edict of 6. Oct. 1385 contra exactiones Curiae Romanae et Cardinalium (l. c. l. vi. c. 12 p. 398. Preuves des libertez de l'église Gallicane chap. xxii. no. 8.) In his appointments to ecclesiastical offices, Clement attacht so little importance to a theological education, that he replied to a man of rank, who supported his recommendation of a kinsman by the statement that he was studying theology at Paris (Chron. Caroli VI. 1 xi. c 9 i. 696): Quid fatuitatis fuit ad hoc amicum dilectum applicare, cum isti theologi sint fantastici homines reputandi ?

³ On the gradual formation of the annates see Nationis Gallicae in Conc. Const. (1417) declaratio de Annatis non solvendis cap. 2 (in v. d. Hardt Concil. Const. i. xiii. 764 compare above § 103 note 25) : De vacantibus vero et fructibus primi anni *majorum praelaturarum*, abbatialium videlicet, episcopalium et supra, nullum aliud initium fuisse invenitur, quam voluntaria et gratuita oblatio quorundam, qui in discordia electi ad abbatialem vel cathedralem Ecclesiam, dum prosequerentur in Curia per appellationem ad eam factam, per eum, qui obtinebat finalem victoriam, et promovebatur sive eligebatur. Et talis oblatio et gratuita datio juxta vulgare Italicum dicta fuit servitium, et secundum Alemanos propina dicitur. Et dicta fuerunt servitia communia, quia communiter inter eos dividebantur, eo quod singulos, quibus dare volebat, non convocabat. Et singulis dare fuisset nimium onerosum his, qui tunc agebant in publico Consistorio. Sed postmodum deductum est in Consistorium secretum, quod tamen fuerat simoniacum.—Et successivo tempore volentes gratuite dare et voluntarie conferre summam certam vel aliquid, eo quod tunc nulla certa taxa esset in Camera : quoad aliqua ad tertiam partem valoris episcopatus, monasterii aliqua vero ad mediam, in aliquibus etiam taxa dictum valorem excedit, prout in libris cancellariae scriptae sunt, et ultra pro minutis servitiis compulsi sunt dare, et offerre ad solvendum se et monasterium, sive etiam obligare per suarum literarum retentionem. Et novissime additum est, et compelluntur per eandem retentionem se obligari ad id, quod reperiretur esse debitum in libris eorum Camerae, sive dominorum Cardinalium, per oblationem vel obligationem alicujus praedecessoris monasterii vel Ecclesiae, ad quam assumitur vel transfertur. Cap. 3 : Non petuntur, neque exiguntur *hae Annatae* per Cameram apostolicam et dominos Cardinales ex eo quod vacant ; sed quia conferunt, seu quia collationi et promotioni, quae fit per Papam, assentiunt. Et hoc est clare secundum canones simoniacum. As to the Forma obligationis

tion to these Clement laid claim to the spoils of deceased Prelates.[4] His successor, Benedict XIII., wherever it was possible, surpast him in these systems of impoverishment.[5]

---

[5] which the newly appointed Prelate had to draw up for the apostolic cabinet, see cap, 4 p. 786 ss. Compare an anonymous work of the year 1418 in Bulaei Hist. Univ. Paris. iv. 914 : Circa modum exactionis istarum vacantiarum est advertendum, quod ante tempora schismatis nulla solutio, aut obligatio exigebatur, sed habita possessione Collectores apostolici levabant in multis et prolixis terminis taxam : ita quod taxa vix tribus, decem vel duodecim annis erat levata, et communiter remittebatur pars, et aliquando totum propter paupertates vel alias considerationes.—Post vero tempus schismatis ante traditionem bullarum solvebatur una magna pars,—et de reliqua parte recipiebantur obligationes formarum in durissima et cum tot censuris gravissimis, quod pauci fuerunt, qui non inciderunt in illas.

[4] Compare note 2.

[5] This fact is discovered from the Appellatio interposita per Universit. Parisiensem a dom. Benedicto dd. 6 Jan. 1406 in Martene et Durand thesaur. ii. 1295, and the royal Ordonnance dd. 18 Febr. 1406 in the Preuves des lib. de l'égl. Gall. Chap xxii. no. 9 issued in consequence. In that Appellatio we find p. 1302 : Quantum hoc illud gravamen est, o piissime Jesu, quo (Benedictus XIII.) sibi beneficii cujuscunque vacantis *unius anni fructuum perceptionem* usurpavit? Et vere omnium unius anni fructuum in non taxatis et exemtis, per aequivalentiam in taxatis, altera parte penes se reservata, altera capellano deputata, sic totum convellendum et secum rapiendum decrevit, ut plerumque beneficio atque beneficiato nihil penitus remaneat. Quantum etiam illud gravamen, et quam religioni ac moribus nostris contrarium, quo visitandi *procurationes* Praelatis et Archidiaconis ad mores reformandos deputatas—sibi duxerit appropriandas —Nec minus est onus *decimarum*, quibus est uti solitus. Nuper unam imposuit, propter quam alma mater Universitas a sermonibus et lectionibus decem septimanis cessare coacta est. Ab hac pauperes hujus regni sacerdotes ita fuerunt oppressi, ut et excommunicationem et ab officio suspensionem multo tempore passi sint —Illud etiam novum et paene inauditum mihi gravamen videtur, quod ecclesiastico viro mortuo et adhuc efflante animam —*spolia* ipsius ac universa temporalia, quae successori vel Ecclesiae debent attribui, per suos ministros tam impie rapiantur, quo tanta crudelitas sequuta est, ut inhumatus evulso monumento atque corrupto corpore suis spoliis effossus privaretur.—Non contentus vir iste fructibus unius anni, quem beneficii vacantem appellant, multo tempore *beneficia pinguia vacare* permittit, et eo decursu saepe duorum vel trium annorum et amplius spiritualium fructus vel temporalium rapi atque comportari suis jubet aptissimis satellitibus.—Sed adhuc istius cupiditatis insatiabilis ardor non quiescit, petit *fructus* quos appellat *male perceptos*:—petit *vacantes* a quadraginta annis, pro quibus solvendis Ecclesiae plurimae radicitus everterentur. Talium enim summa mille millia transcendit. An etiam omittendum putatis, quod tempo-

So long as Urban VI. lived, the Roman Curia was advantageously distinguisht in this respect from that of Avignon.[6]

ribus fructuum a suis injuste captorum pensiones Ecclesiarum atque debita nullo modo persolvunt, quo fit ut pro talibas oneribus anni fructus sequentis non sufficiant. Exquisivit vir iste modos alios astutiores congerendae pecuniae, *monetam mutavit*, qua saepe pro quatuor millibus quinque colliguntur.—Monetam auream regni recipere nolunt iidem ministri, nisi supra proprium valorem certam summam recipiant.— Literas, absolutiones, quittancias pretio taxant intolerabili. Excommunicant saepe, ut absolutione pauperes spolient. Relaxant dumtaxat quartam unius anni pro quatuor francis.—Omitto quaestus pecuniarum insolitos sub officii pietatis et indulgentiarum colore, quibus fallaciter innumeras pecunias a simplicibus exigunt, ut eos, sicut dicunt, ad statum reducant innocentiae   Comp. de ruina ecclesiae (written 1401 see §. 103 note 5) c. 9 (v d. Hardt Conc. Const. I. iii. 11) : Ad haec omnia exigenda, et ad illam, seu cameram seu potius Charybdim dixerim, transportanda suos per omnes provincias *Collectores* instituerunt, illos videlicet, quos scirent in extorquendo argento—acriores, et qui nulli omnino parcerent, nullum eximerent, sed vel ex silice aurum elicerent. Quibus et auctoritatem annuerunt, quoscunque, etiam Praelatos, anathemate feriendi,—nisi intra praefinitos dies de postulata pecunia satisfacere curassent.  By these Collectores suspensions from divine service, interdicts and anathemas were made quite ordinary matters   Quis nescit, tot Abbatibus, totque aliis Praelatis, cum decessissent camerae prae inopia obnoxii, negata funeralia, negata exequiarum solemnia, negatam humationem, nisi forte in agris aut hortulis aut profanis aliis sedibus clanculo tumulati sint   Cap. 10. On the venalia judicia of the Curia. Cap. 14. On the avarice of the Cardinals who often appropriated four or five hundred benefices.  Cap. 15. Cernentes igitur inopes alii et calamitosi Ecclesiastici, nihil se posse consequi,—ad hos ipsos (Cardinales) se conferunt, et aut cum *simoniaca pravitate* beneficia ab iis mercantur, aut pensione annua, quod aeque simoniacum est, ab illis redimunt etc. As to the revenue derived from Annates Comp. Nationis Gall in Conc. Const. declaratio de Annatis non solvendis c. 4 in v. d. Haidt Conc. I. xiii. 780.   According to this they yielded in France alone 200,000 francs annually.

[6] Compare above § 104 note 3.  Yet even Urban did not restore free right of election, and he received Annates   Thomas Walsingham hist. Angl. ad ann. 1382 (Anglia, Hibernica a veteribus scripta ex bibl. Camdeni. Francof. 1602 p. 289), relates that Urban refused to confirm a newly elected Abbot of Bury, and appointed another in stead, however he was compelled by the King's requisition to allow the former election, still he did it, non confirmando electionem de ipso factam, sed per provisionem concessit abbatiam, ita duntaxat, ut solveret Romanae Curiae duplicis vacationis censum.   In the year 1387 he appointed Duke Rupert v. Bergen to be Bishop of Passau, while the chapter elected George Count of Hohenlohe : a tedious war in which George gained the victory was the consequence, see F. Kurz Oesterreich unter

His successor, Boniface IX., on the contrary imitated all the extortions of his rivals in France, but he far surpast them in the Simony[7] which was practised quite publicly by himself

Herzog Albrecht III. Th. 2 S. 119. His Oesterreich unter H. Albrecht IV. Th. 2 S. 245.

[7] Theodor. a Niem de schism. ii. c. 7 : Ipse (Bonifacius) reperit plures bonos et legales Cardinales,—qui simoniae vitium detestabantur omnino, quorum prae timore, quoad vivebant, quasi per septem annos non audebat simoniam publice exercere, attamen per aliquos mediatores secrete—exercebat, intercedentibus pactis clandestinis de promotionibus per ipsum faciendis.—Cardinalibus autem pro majori parte successive defunctis, quos ipse simoniam odio habere cognovit, exhilaratus est nimium, quia tunc liberas habebat habenas simoniam pro libito etiam publice exercendi (According to Raynald. ann. 1392 no. 1 he had decreed so early as this year, ut redigendorum ex omnibus sacerdotiis, quae conferrentur a sede apostolica, *vectigalium, quae primo labente anno obvenirent, dimidia pars* in fiscum Pontificis inferretur). Sed demum circa decimum annum sui regiminis, ut cautius ageret in hac parte, palliaretque simoniam, quam exercuit, quodam necessitatis colore *primos fructus unius anni omnium Ecclesiarum cathedralium et Abbatiarum vacantium* suae camerae reservavit, ita quod quicunque ex tunc in Archiepiscopum vel Episcopum aut Abbatem per eum promoveri voluit, ante omnia cogebatur solvere primos fructus Ecclesiae vel monasterii, cui praefici voluit, etiamsi numquam possessionem ejusdem consequi posset. De quo ipse Bonifacius penitus non curabat, imo saepe dicebat : utinam non adipiscatur possessionem Ecclesiae vel monasterii hujusmodi, ut iterum de alio rursus pecunias extorqueret. Dicti autem primi fructus per ipsum aestimati fuerunt ad triplum illius, quod in *literis camerae apostolicae pro communi servitio* solvendo taxata fuerunt. Et quia non omnes promovendi venientes ad Curiam sufficientibus pecuniis cum sacco parati erant, usura in Curia—tantum invaluit, quod foenus amplius non reputabatur peccatum.—Ut nihil ipse Pontifex omitteret, multas *uniones* Ecclesiarum parochialum et aliorum beneficiorum ecclesiasticorum simonia intercedente fecit. Cap. 8 : Hic Bonifacius suique secretarii et cubicularii in principio sui pontificatus unius anni spatio vel plus, primam, quae erat V. Id. Nov., plus offerentibus vendiderunt tam inverecunde ac frequenter, quod passim devenit in derisionem etiam populorum illa venditio. Et ibidem Bonifacius sub pacto quaecunque beneficia ecclesiastica ubicunque locorum vacantium, sive reservata essent sive non, dispositioni apostolicae sub dato obitus eorum, qui ea vivi possidebant, vendidit, et haec mercimonia publica multis annis duraverunt in curia Bonifacii. Invenisses etiam tunc plerosque cursores per Lombardiam et alias partes Italiae discurrere, perscrutantes, num infirmarentur aliqui pinguia ecclesiastica beneficia obtinentes, et si aliquos invenerunt aegrotantes, tunc currebant ad Romanam Curiam, et mortem talium intimabant illis, qui super hoc ipsos pretio conduxerunt. Sed Pontifex ipse, utpote improbus mercator, quandoque etiam sub eodem dato unum et idem sacerdotium pluribus vendens

2

veluti novum proclamabat, pro secundo, tertio, vel quarto, concurrentibus simul in dato super uno et eodem beneficio sic vacante—novas gratias posteriores in dato vendidit cum clausula *Anteferri,* per multos annos et tam diu, donec nulli vel pauci illarum gratiarum deinceps invenirentur emtores. Quod videntes ipsi proxenetae, ad inauditam prius practicam lucri captandi causa se improbe converterunt. Cap. 9 : Finxerunt enim alias novas *gratias exspectativas,* quae omnes gratias illas in Dato praecedenti, quae vocabantur cum clausula Anteferri, prosternebant, sed illae fuerunt nimis carae, quia illae cum simplici clausula Anteferri pro XXV. florenis vel circa, sed aliae gratiae cum antelationis praerogativa pro L. ducatis communiter vendebantur Sed quod ultimae gratiae per multos assidue ambitiosos emerentur, praefati mercatores seu institores, ut plus lucrarentur, novas cautelas invenerunt. Fecit enim dictus Pontifex perquam multas regulas cancellariae et alias ordinationes, per quas videbatur se hujusmodi gratiarum exspectativarum a se tum passim venditarum effrenatam multitudinem restringere velle. Quod cum multi dictarum gratiarum sentirent emtores, novo pacto intercedente pecuniario quaestu impetrarunt ab ipso, quod sub illis declarationibus non comprehenderentur gratiae ipsis factae. Beneficia etiam dispositioni dicti pontificis generaliter reservata, et illa potissime, quae vacabant in Curia praefata, plus offerenti vendebant sub conditione, quod emtores illorum etiam primos fructus eorundem beneficiorum in prompta pecunia ad utilitatem camerae apostolicae ante omnia solverent, quo facto tunc primum signabantur supplicationes pro ipsis emtoribus, in quibus dicta beneficia petebantur, et etiam postquam signatae fuerunt, si alter venisset forte, qui plus obtulisset, jam signatae supplicationes hujusmodi saepe de registris supplicationum dicti Bonifacii cancellabantur, et superveniens praeferebatur praecedenti in dato : dicebat enim ipse Bonifacius, quod illi, qui minus obtulerunt, eum decipere voluissent —Cap. 10 : Praeterea dispensationes, quae petebantur ab ipso antistite pro quibuscunque, dummodo corresponderet pecunia, quam ejus rei causa petebat, indifferenter docto et illi carius, et indocto et huic remissius, pacto etiam intercedente, vendere non negavit. Omnia etiam beneficia in Ecclesiis urbis vacantia vendidit, et si non potuit habere pecunias, res alias in commutationem recepit, ut porcos, sues, equos, granum et frumentum etc.—Hic etiam Argus antistes libros, vestes, utensilia et pecunias suorum Curialium et Praelatorum adhuc quandoque ipsis agonizantibus per quosdam officiales suae Curiae ad hoc deputatos pro se recolligi fecit ad instar corvi in praedam hiantis. Cap. 11.—postremo ad profundum iniquitatis descendens, nullam penitus supplicationem — signare voluit, nisi pro singulis supplicationibus—singulos florenos auri—recepisset. Cap. 12 : Praeterea idem Bonifacius circa septimum pontificatus sui annum—certam ordinationem seu regulam suae cancellariae edidit, continentem in effectu, quod quicunque Archiepiscopi, Episcopi, necnon Abbates per eum promoti infra annum a tempore promotionis—computandum literas ipsius Bonifacii super eisdem promotionibus usque ad Thesaurariam expeditas non haberent, caderent a jure sibi acquisito ex promotionibus ipsis, ac Ecclesiae et monasteria ex eo per annum vacarent : dictaeque literae, licet solvissent per eum promoti aliquando pro majori parte expensas et onera, quae de novo promotis incumbunt, non dabantur de

and the members of his Curia, and was even defended without any sense of shame.[8]

ipsa Thesauraria, nisi totaliter persolvissent.—Et licet *Innocentius VII.*—dictam ordinationem tanquam injustissimam et nequissimam in principio sui pontificatus refutasset, postremo tamen ad importunam instantiam aliquorum lucri causa eam circa aliquos Praelatos renovavit in principio secundi anni sui pontificatus, propter quod Deus subito punivit eum, ut creditur etc.—Under Boniface multi religiosi, et praesertim mendicantium Ordinum fratres, quod possent ecclesiastica beneficia regere, et extra eorum ordines et loca religiosa morari, ac alia similia multa impetrarunt, nec potuit adeo quid injustum aut absurdum postulari, quod non concederetur intercedente simoniaco pacto et soluta pecunia. Comp. Matthaei de Cracovia (from 1405 Bishop of Worms † 1410, as to him see Ullmann's Reformatoren vor der Reformation i. 336) de squaloribus Rom. Curiae, a book written in the time of Boniface IX (best in Walchii monim. medii aevi vol. i. fasc. 1), e.g. c. 11, p. 48 : Nec solum hoc modo destruuntur Ecclesiae et monasteria : sed etiam per hoc, quod dantur Cardinalibus vel mulieribus in *commendas*, vel assignantur et committuntur prioratus. Gobelini Personae cosmodromii aet vi. c. 84 in H. Meibomii rer. Germ. i. 316.

[8] Compare above § 103 note 29. Theod. a Niem. ii. c. 9 : Curiales pro majori parte affirmabant talia licite fieri, cum Papa in talibus, ut dicebant, peccare non posset. Cap 32 : Vivente eodem (Bonifacio) quidam integri magistri in sacra theologia et alii in scientiis illuminati, dolentes ita communiter et aperte simoniam committi in Curia, et quod sic fieri posset, multis juristis et aliis pertinaciter asserentibus ; in contrarium arguendo, et conclusiones in quaternas et codices redigendo determinarunt, licet sub magno timore, quod Papa vendendo ecclesiastica beneficia ex pacto intercedente simoniacus esset, quia non foret constitutus, ut illa venderet, sed ut dignis gratuito dispensaret. To the number of these works, which attackt the maxim of the Curia, that the Pope could commit no simony, the following belong especially, Matth. de Cracovia de squaloribus Rom. Curiae liber (see note 7) cap 11 ss., and the Speculum aureum (written in 1404, quod alias intitulatur : Petrus Paulus, see Jacobus de Misa in v. d. Hardt Conc Const. iii. 613. According to an unhappy guess of Goldast's Monarchia ii. 1527, the author was commonly called Paulus Anglicus ; according to Theodorus Engelhusius († 1434) in Leibnitii scriptt. Brunsv. ii. 1139 he was Albertus Engelstat, or Engelschalc, Doctor s theol. Pragensis ; again, a manuscript copy of the Speculum in the Library of the University at Bonn, calls the author Petrus Averunus : the best edition is in Walchii monim. medii aevi II. i. 67), of which Pars ii. and iii. p. 136 treat on this point cf. P. ii. cap. 1 : Video tot et tantos scribentes in jure canonico, et summistas simoniae vitium in Romana Curia excusare. As to their reasons, Bernardus (de Botono) in glossa ord. (to Decr. Greg. i. 29, 12) ponit hanc communissimam distinctionem simoniae dicens : quod quaedam sunt simoniaca, quia prohibita, scil constitutione Ecclesiae : quaedam prohibita, quia simoniaca de sui natura, quae scil. sunt novo et veteri testamento prohibita, ut emere

Thus at the end of this period both Obediences were groaning under the weight of persecution. England alone repeatedly threw off every Papal oppression,[9] and in 1404 Hungary also followed her example.[10]

vel vendere sacramenta.—Hanc distinctionem recipiunt communiter doctores, scribentes in jure canonico et summistae—. Simoniaca, quia prohibita, dicuntur, quae solum sunt spiritualia ex constitutione Ecclesiae, quae antea non fuerunt, sicut tituli beneficiorum ecclesiasticorum : et dicunt, talia jure positivo introducta, quia tempore Apostolorum non fuerunt decanatus, archipresbyteratus, canonicatus etc. Sic similiter dicunt, ea vendere vel emere est simonia ideo, quia constitutione Ecclesiae emtio vel venditio talium est prohibita.—Et ideo dicunt,—quod excusat auctoritas Papae, qui habet in talibus dispensare.—Quis enim dubitat, titulos ecclesiasticos jure positivo inductos ? Nam solus Papa facit dignitates, instituit Praelatos.—Unde sola voluntas, tacita vel expressa, tollit jus.—Et ideo dixit Goffr. et alii, quod simonia non habet locum in Curia Romana. These principles are hotly attackt by Paul in the Dialogue, until Peter confesses, P. iii. c. 1 p. 189 : Jam clare video, quod excusatoribus simoniae est sublata excusatio, et fundamentum, quo videbantur innixi, radicitus extirpatum. Imo, ut mihi videtur, haeresis est, asserere, quod Papa licite possit pro spirituali titulo recipere pecuniam : et multo magis, hoc facere in effectu. Propter quod videtur mihi, Paule, quod tota Romana Curia est in via damnationis, per ea, quae superius demonstrasti. Omnis enim curtisanus ipso facto sui officii videtur particeps simoniae.

[9] King Richard II., at the request of his Parliament 10. Oct. 1389 (in Rymer), forbad the Bishops to levy the impositio, which the Pope required of the clergy without the consent of the King and Parliament. In the year 1392 the Statute of Praemunire of 1353 (see § 103 note 30) was renewed against all men who endeavoured to obtain at the Roman Court, translations, processes, et sentences de escomengementz *(excommunications)*, bulles, instrumentz ou autre chose qeconque to the detriment of the King's rights (Statutes at large by Owen Ruffhead i 406 )

[10] King Sigismund, in consequence of a decree of the States of his realm 6. April 1404 (Katona hist. crit. Regum Hungariae stirpis mixtae iv. 614), ordered that no ecclesiastical benefices should be granted, auctoritate apostolica vel alia quavis, praeter quam nostra, sine nostro speciali consensu, and that no literae apostolicae tam in causis beneficialibus, quam in aliis quibuscunque causis litigiosis, sacris vel profanis, sine nostro consensu speciali should be acknowledged and executed, and this sub poena capitis et privationis beneficiorum et rerum singularum. The immediate cause of this was that the Pope had had Ladislaus crowned King of Hungary (Theod. a Niem de schismate. l. ii. c. 17. 18.)

## § 106.

### EFFORTS TO END THE SCHISM

In consequence of these Church-oppressions, which were the result of the schism, the religious scruples which were entertained with regard to it were strengthened, and earlier steps demanded for its settlement. The University of Paris in particular laboured with unshaken perseverance to bring the schism to a close.[1] After she had long waited in vain for a sound agreement of the two Popes betwixt themselves,[2] she at last obtained permisssion from the Court of France to interpose her opinion upon these events (1394.)[3] Benedict XIII., notwith-

[1] She was indeed an especial sufferer during its continuation, see above § 105 note 2. Her first steps in 1381 were directed against the Church oppressions, Bulaei hist. Univ. iv. 582 ss.—However in the same year there appeared also Henrici de Langenstein or de Hassia (Vice-chancellor of the University of Paris, after 1384 Professor of Theology in Vienna) Consilium pacis de unione ac reformatione Ecclesiae in concilio universali quaerenda (in v. d. Hardt Conc. Const. ii. 10, and in Jo. Gersonii opp. ed. du Pin ii. 809), and the Professor of Theology, Petrus de Alliaco, recommended a general council in an address to the Duke of Anjou as the best means for closing the schism, and assured him at the same time that this was the opinion of the University (Jo. Launoji hist. regii Navarrae gymnasii, Paris. P. iii. lib 1. c. 4.)

[2] According to Bulaei hist. Univ. Paris iv. 618, so early as the year 1387, at the request of the University, Clement declared in letters to all Princes and Prelates, se Concilii generalis auctoritati et definitioni libenter submissurum imo cessurum, si sic Ecclesiae videretur expedire. On the other hand Urban the Roman Pope, when some German nobles tried to persuade him, ut unionem faceret cum Clemente (Theod. a Niem i. 66) kept his ground quod ipse esset verus Papa, nec expediret illud in dubium vertere. However his successor Boniface IX. offered Stephen Duke of Bavaria, to appoint the antipope, if he would submit, as Cardinal in partibus ultramontanis, quas Gallias et Hispanias appellant etc.—to be apostolicae sedis legatus et pro Ecclesia Romana in temporalibus generalis Vicarius, for his lifetime.

[3] Cf. Chron. Caroli VI. lib. xiv c. 9 (Chronique du Religieux de Saint-Denys ii. 94): the opinion itself of 8. June 1394. l. c. lib. xv. c. 3. p. 136 in Bulaeus iv. 687. in d'Achery spicil. i. 776. The University proposed tres vias ad pacem in Ecclesia obtinendam, viz., cessionis, which she most recommended, compromissionis and Concilii generalis, aut secundum formam juris ex Praelatis tantummodo celebrandi, aut quia plures eorum satis, proh pudor! hodie illiterati

standing his promise made before his election, showed even less inclination than his predecessor, to take serious steps to close the schism.[4] To the urgent proposals of a French national-synod in 1395 he returned only an evasive answer.[5] The University sunt, pluresque ad alterutram partem inordinate affecti, mixtis una cum Praelatis ad aequalem eorum numerum magistris et doctoribus theologiae ac juris de studiis solemnibus utriusque partium antiquitus approbatis.—Si alter dissidentium aut uterque vias tres expositas inire obstinatius refugerit, eum velut schismaticum pertinacem, et—haereticum—judicandum etc. At the same time the University wrote also to Clement VII. (Bulaeus iv. 699), exhorted him to co-operate in the eradication of the schism, and complained of his legate Petrus de Luna (afterwards Benedict XIII.): nobis ea quae audivistis erga praefatum Principem pro Ecclesiae salute agentibus—supervenit inimicus homo, qui—hunc totum laborem nostrum—extinguere et cassare, licet frustra, molitus est. Et primo quidem tentavit audientiam nostram in Regia praesentia impedire.—Deinde—super hac materia perpetuum silentium imperari nisus est, sed certe dignam—repulsam retulit, qui a Rege christianissimo—tam execrabile scelus poposcisset.—Nequam qui hoc cogitavit, nequior qui tam iniquo cogitatui consensit, nequissimus qui hoc ipsum abominandum facinus explere voluit.—Eapropter, Pater beatissime, per fidem integerrimam,—per amorem amplissimum, et sanctissimum, quem ad sponsam Ecclesiam habere debetis,—vos hortamur,—ut ad hanc sanctissimam concordiam, quae in manu vestra sita est, non ultra jam prorogando, intendatis. Satis jam satis huc usque cessatum est, satis tepuimus, satis quievimus, satis exspectavimus etc  After reading this letter the Pope said (Chron. Caroli VI. lib. xv c. 5 p. 184): Istae literae sunt sanctae sedis apostolicae diffamatrices, veneno detractionis plenae : nec lectu nec recitatu dignae sunt. Then however he had to discover that his Cardinals agreed with the University (p. 186), dolore tactus intrinsecus coepit plurimum anxiari, nec diu postea vixit.

[4] The wish of the King and the University that the election should be deferred (Chron. Caroli VI. lib. xv. c 6 p 188. Bulaeus iv. 710. d'Achery i. 770) was defeated by the speed with which it was carried through. The Cardinals, however, upon this occasion had pledged themselves upon oath (Chron. Caroli. VI. lib. xv. c. 8 p. 198. Bulaeus iv. 730) that whosoever of their number was chosen Pope, omnes vias utiles et accommodas ad unitatem Ecclesiae—sine machinatione seu excusatione vel dilatione quacunque servabit et procurabit—usque ad cessionem etiam inclusive per ipsum de Papatu faciendam, si dominis Cardinalibus—hoc pro bono Ecclesiae et unitatis praedictae videatur expedire.

[5] As to this Council see Chron. Caroli VI. lib. xv c. 11 p. 218, and quoted thence in d'Achery i. 773, the minutes are in Martene ampl. coll. vii. 437 and 458, both are in Mansi xxvi. 773  The via cessionis was pronounced the best, and the King sent the Dukes of Berri, Burgundy, and Orleans to Benedict, to recommend it to him (see the

CH I.—PAPACY III—SCHISM § 106 EFFORTS FOR UNION 111

nevertheless persevered in her endeavour,[6] and at length contrived that Charles VI. King of France should join with the Emperor Wenceslaus in forcing both the Popes to resign (1398.)[7] The latter was in very truth too weak to keep his word, moreover he was himself deposed by the secret machinations of his Pope Boniface IX. (1400.)[8] On the other hand by the decree of a new National-Synod[9] France withdrew from the obedience

instructions in the Chron Caroli vi. lib. xv c. 12 p. 226. in Mansi xxvi. 787). He proposed on the contrary (see the Bull in the Chron. Caroli vi. lib. xvi. c. 6 p. 286. in d'Achery i. 789) a personal interview with his adversary and a compromise, the uselessness of which might be foreseen. The Cardinals were altogether for the King's proposal (Chron. Caroli vi. lib. xvi c. 4 p. 265), and wisht to sign a declaration to this effect (p. 308), but the Pope forbad them (p. 314 See the Papal Bull in d'Achery i. 794). Comp. particularly the narrative of the Monachus S. Dionysii in his Chron. Caroli vi. lib. xvi. from which Bulaeus and d'Achery had already borrowed much before.

[6] Then Benedict de praedictis indignatus, sine causa contra ipsam Universitatem et nonnulla ejus Supposita processus aliquos et sententias, seu beneficiorum privationes facere disposuit et facere praecepit et ad hoc faciendum aliquos commisit: so the University appealed in 1396 (see Bulaeus iv. 799) a praedicto Benedicto praetensisque Commissis et Committendis,—nec non ab omnibus et singulis gravaminibus—illatis et alias inferendis ad proximum futurum unicum, verum, orthodoxum et universalem Papam etc. Against this appeal which was instituted sub occasione nonnullorum per nos eis, ut falso dicebat (Procurator Univ.) comminatorum et in posterum forsan inferendorum gravaminum, quin potius ut sub pallio hujusmodi conceptarum malitiarum suum intentum valerent prosequi, Benedict issued on 30. May 1396 (l. c. p. 820) the declaration, *non licuisse seu licere a Rom Pontifice appellare, seu etiam provocare:* et nihilominus provocationem seu appellationem a jure prohibitam et damnatam esse, ac nullam, nulliusque efficaciae existere etc. The University refuted this brief very skilfully in a second appeal (l. c. p. 821).

[7] Theod a Niem ii. c 33. Anonymus in Martene ampliss. coll. vii. 431. Eberhard Windeck (about 1434) Gesch. Kaiser Siegmunds in Mencken scriptt. rer. Germ i. 1077. F M. Pelzel's Lebensgeschichte d. Konigs Wencenlaus (2 Th. Prag, 1788. 90 ) ii. 368. Dr J. Aschbach's Gesch. Kaiser Sigmund's i. 137.

[8] Peltsel ii. 410. Aschbach i. 151. Schlosser's Weltgesch. IV ii. 522

[9] Chron. Caroli vi. lib. xix. c. 1 (Chron. du Religieux de Saint Denys ii. 572). The minutes are in Bulaeus iv. 829. Mansi xxvi. 839 ss. The royal edict of 27 July Chron Caroli vi l. c. p. 598 in Bulaeus iv. p 853. Especially Chron. Caroli vi. p 640 *ab obedientia totali ipsius Benedicti—nos, Ecclesia, Clerus, et populus Regni ac Delphinatus—recedimus, nunciamusque auctoritate praesentium recessisse:*

of Benedict; Castile followed her example[10] (1398); and this Pope was kept a prisoner at Avignon.[11] It was not till after the lapse of many years, and the breach of express engagements, that Benedict succeeded in regaining the Church of France to his obedience A.D. 1403, by the help of the Duke of Orleans, who at that time had won the ascendancy at Court.[12] It was

volentes inter caetera, quod abinde inantea ipsi Benedicto—nullus—de emolumentis ecclesiasticis—solvere aut respondere praesumat. Quod etiam occurrentibus vacationum casibus assumantur ad Praelaturas, dignitates, et alia beneficia electiva per electionem; caeteris etiam beneficiis provideatur per collationem eorum, ad quos hujusmodi electio et collatio spectat:—districtius inhibentes universis et singulis subditis nostris,—ne praefato Benedicto, ejusque sequacibus—obedire quomodolibet—praesumant etc. The 18 Cardinals of Benedict renounced obedience to him, and betook themselves to Villa Nova (see their letter to the King in d'Achery i. 799): The burghers of Avignon, with the support of the Cardinals, besieged the Pope in his palace (Chron. Caroli vi. lib. xix. c. 8).

[10] The edict of Henry III. 12. Dec 1398, is in Raynald. ad h a no. 25.

[11] See Acta vett. in Baluzii vitae PP. Aven. ii. 1122.

[12] Negotiations for this purpose began as early as 1402 The Dukes of Berri and Burgundy, as well as the University of Paris, were against the Restitution, the Duke of Orleans, and the University of Toulouse, in favour of it (Chron Caroli vi. lib. xxiii. c. 13, Chron. du Religieux de Saint-Denys iii. 60.) The University of Toulouse, in order to effect its end, address a long letter to the King (Bulaeus v. 4) this, however, was refuted by the University of Paris (ibid. p. 25 and 30), and in a lengthy work of M. Guil. Ronacensis Praepositus (ib. p. 53.) An unprinted refutation of the same work, by Simon Gramaud, Patriarch of Alexandria, the President of the two national councils afore-mentioned, exists in MS. at the library of the University of Bonn. At length the party of Orleans, at a new national council, carried the restitution, Bulaeus v 63. Preuves des lib. de l'égl. Gall. ch. xx no. 7. Those promises were made to the assembly by the mediation of the Duke of Orleans (ll. cc.): Monseigneur le Duc d'Orleans se fait fort d'avoir Bulles de nostre S. Pere de l'acceptation de la voye de cession en trois cas, sçavoir *Adversario cedente, decedente, vel ejecto.—* Item que nulle discussion ne sera jamais faite de la soubstraction en Concile general, ne autre part, et toutes injures, qui ont esté faites ou dictes à cause d'icelle, et empeschemens, donnez d'une part et d'autre, soient annullez et pardonnez, et mondit seigneur d'Orleans se fait fort d'avoir Bulles, comme dessus.—Item le Roy ne l'église de France n'entendent point, que aucune chose soit innovée és collations et promotions faites par les Ordinaires pendant la substraction.—Item le Pape célébrera un Concile général de son obeyssance dedans un an, selon forme de droit, le plustot que faire se pourra, ou quel sera traitté et

quickly manifest, how little he meant to keep these promises;[13] but as the Italian cardinals imposed similar engagements upon their new Pope Innocent VII., on his election in 1404,[14] even only with a view to save appearances, it was necessary to open negotiations. The fruitlessness of this proceeding increast the general discontent: France threatened her Pope with a fresh withdrawal of allegiance (National Council of Jan. 1407),[15] when at length both the Popes agreed upon a personal interview at Savona in Sept. 1407.[16] Benedict appeared there in person; however, Gregory XII. went only as far as Lucca, and opened fresh negotiations for another place of congress.[17] This public

appointé de la poursuite de l'union dessusdite et des Reformations et libertez de l'Eglise, et des subsides et charges quelsconques, qui sont par la Cour de Rome sur l'église de France. Et le Pape mettra à execution ce qui sera appointé et ordonné audit Concile. Chron. Caroli vi. lib. xxiv. c. 5—8.

[13] He pleaded as a bar to the promises the occurrence of the election during the dissent. He caused the Servitiae and Vacantiae now due to be demanded, and arrears for 40 years, etc. See the royal edict of 19. Dec. 1403, against all this in Chron. Caroli VI. lib. xxiv. c. 16 (iii. 124), and in Bulaeus v. 67.

[14] Theod a Niem ii. c. 34 : ante electionem ipse Innocentius—ac ipsum eligentes praedicti Cardinales sponte jurarunt et voverunt, quod, quicunque ipsorum eligeretur in Papam, ad hoc, quod dicta unio fieret, ejus Papatui pure et sponte cedere deberet, dum tamen dictus Petrus de Luna (Benedictus XIII) etiam suo Papatui sponte cedere vellet. This compromise of the cardinals may be seen in Martene thes. ii. 1274 ss.

[15] Chron. Caroli vi. lib. xxvii. c. 17 (iii 464.) The minutes are in Bulaeus v. 137. Martene thes. ii. 1307. Mansi xxvi. 1017.

[16] Capitula accordata in Massilia die xxi. Apr. inter D. Benedictum ex una parte, et duos Episcopos etc. legatos D. Gregorii etc. in Chron. Caroli vi. lib. xxviii. c. 1 (iii. 528), and in Martene thes ii. 1314.

[17] Theod. a Niem iii. c. 14. 17—19. Ejusd. nemoris unionis tract iii. Leonardi Aretini (who was at Gregory's court) rerum suo tempore in Italia gestarum comm. (in Muratori scriptt. rer. Ital xix. 926): Voluntas illa Pontificis (Gregorii) recta nequaquam satis habere firmitatis reperta est ad pontificatum deponendum : cujus rei culpam multi in propinquos ejus referebant ; ab his enim formidines inanes, et adumbrata pericula quotidie fingi, ac instillari ejus auribus praedicabant, quibus ille deterritus nec Saonam accedere voluit, altero Pontifice illic constituto tempore se exhibente et absentiam ejus incusante; et in caeteris, quae facienda erant, difficilem se praebuit et morosum. Roma tamen profectus est Senas, ibique longiore mora protracta, cum ab universis accusaretur, Lucam se tandem contulit, data rursus inani spe quasi cum adversario Pontifice coiturus. Erat in altero Pontifice non

breach of promise roused the Roman cardinals, they forsook their Pope Gregory,[18] and renounced their allegiance to him,[19] at the same time that France withdrew from the obedience of Benedict.[20] Benedict indeed escaped the imprisonment with

melior sane mens, sed occultabat callidius malam voluntatem, et quia noster fugiebat, ipse obviam ire videbatur. Itaque Saona profectus est in Veneris Portum, atque inde, quo propior esset, Spediam venerat. Sed cum de congressu eorum per internuncios ageretur, noster tamquam terrestre animal ad litus accedere, ille tamquam aquaticum a mari discedere recusabat. On the negotiations of the King of France with both Popes, see Chron. Caroli vi. lib xxviii. (iii. 563), lib. xxix. c. 2 (iv. 3.) The records of the negotiations of both Popes are in Theod. de Niem nemoris unionis tract. vi. c. 2 ss. Martene thes. ii. 1366. Ejusd. ampl. coll. vii 759.

[18] The immediate occasion of this was given by the following command of Gregory : Praecipimus omnibus—Cardinalibus—sub poena privationis cardinalatus et omnium beneficiorum,—ne a die quarta Maji in antea aliquis eorum exeat de Luca sine speciali et expressa licentia nostra ;—ne ulterius congregentur in aliquo loco sine expresso mandato nostro ;—ne aliquis eorum participet cum oratoribus Petri de Luna, neque cum oratoribus Gallicis sive per se sive per interpositam personam. The cardinals first appealed against this command at Pisa on the 13th of May. (Th. de Niem. nem. unionis vi. 10. Martene thes. ii. 1394.)

[19] A royal edict of 12. Jan. 1408 (more Gallicano 1407) in Chron. Caroli vi. lib. xxix. c. 6 (iv. 18) Bulaeus v. 147 and 172, declared, judicamus, nullum ad praesens patere validius in tam desperato malo remedium, quam quod neutri contendentium, ac sibi forte successuris, praestetur deinceps obedientia a populo christiano : deficiente siquidem fomite ignis iste infernalis—collabetur. Quapropter—nos et Ecclesia regni nostri et Delphinatus Viennensis—decrevimus talem amplecti neutralitatem in festo Ascensionis proxime venturo, nisi interea nobis pulchra pax advenerit, et praedicta fiat unio. Benedict now publisht the Bull of excommunication, which had been prepared before on 19. May 1407, with reference to the National Council at that time assembled (Bulaeus v. 143), in omnes et singulos, qui Ecclesiae unionem—impedierint, aut turbaverint, et a nobis—appellare praesumpserint, seu a nostra—obedientia recesserint etc. This bull, and a letter which accompanied it (l. c. p. 152, d'Achery spicil. i 805), when delivered to the king, was solemnly torn to pieces. See Chron. Caroli vi. lib. xxix. c 4 (iv. 9), Bulaeus v. p. 170, and the king introduced the neutrality. (Edict of 25 May 1408, Bulaeus v. 165.) A new National Council (11 August and the following days) establisht advisamenta super modo regiminis Eccl. Gallicanae durante neutralitate, see Chron. Caroli vi. lib. xxix. c. 9 (iv. 20) in Bulaeus v. 175.

[20] They were encouraged to take this step by a letter from the King of France 22. May (Bulaeus v. p. 162), and the University of Paris 29 May (l. c. p. 163.) Their declaration ad universos Christi-

which he was threatened, by flight to Perpignan; but the cardinals of both obediences united at Livorno, and summoned a general council at Pisa in March 1409, with a view to the termination of the schism.[21]

## § 107.

### EFFECTS OF THE SCHISM ON THE GENERAL OPINION OF THE CHURCH.

The schism with its Church-oppression furnisht the impulse, the weakness of the Papal see gave the long-desired opportunity for an unbiassed trial of the existing state of the Church : it led men to opinions which had hitherto only been mooted in violent struggles with the Popes, and so not without an appearance of passion and party spirit; but now they struck root so deeply, even among the most faithful adherents of the Church, that they could never again be entirely supprest. Many an anxious gaze was turned backwards to the earlier and better ages of the Church, in order to discover in its constitution the remedy for the scandals of the present. This was a problem for learning. Its representatives the universities, particularly that of Paris, were listened to with eager attention, and attained an influence which was formidable even to the Popes.[1] This comparison of the

fideles from Livorno of 1. July is in d'Achery spicil. i. 807 : eundem Gregorium velut haereticum et nutritorem schismatis antiquati dereliquimus sibi, cum juxta canonicas sanctiones peccatum sit ei obedientiam praestare, die xi. mensis Maji proxime praeteriti omnem quantum in nobis fuit obedientiam juxta juris exigentiam abstraximus, ac recessimus ab eodem, dispositi ut oportuit et oportet ex adverso consurgere, et murum nos opponere pro domo Israel. Then follow exhortations to all believers to obey Gregory no more.

[21] As to the summons issued by Benedict's cardinals 14. July, see Chron. Caroli vi. lib. xxix. c. 14 (iv. 64) in d'Achery i. 811; that of Gregory's cardinals is in d'Achery i. 814.

[1] Cf. Prima appellatio Universitatis a Benedicto xiii. A.D. 1396 (Bulaeus iv. 806) : Nec est credendum, Jesum Christum sponsam suam omni adjutorio spoliatam relinquere velle; sed pie dicendum, adjutorem et propugnatorem suscitasse, suscitasse inquam Danielem eruditum in sapientia adversus senes, Susannam Ecclesiam, pudicam Christi sponsam, quae unius cubiculi puritatem casto Pudore custodivit et custodit, adulterare molientes, contra Jasonem et Menelaum praetactos, de pontificatu dissidentes, Mathatian Mathateosque (*leg. Maccabaeosque*) legis

present with the earlier ages of the Church, could not but lead to many convictions unfavourable to the Papal see. True there were but isolated individuals, who advanced so far upon this line of thought, as to wish the Papacy quite removed from the Church, as the source of all her evils.[2] But even its truest adherents now acknowledged the immoderate extension of Papal power, and the monstrous exaggeration of the Papal dignity.[3] They discovered in the bent of the Papacy to secular power the prime

Dei zelatores ferventissimos, *Universitatem* Parisiensem, matrem omnium scientiarum, fontem sapientiae totius inexhaustum, lumen Ecclesiae verum, quod nunquam appropinquat occasui, nunquam pertulit eclipsim, speculum fidei tersum et politum, convexum non concavum, non angulosum, nullis offuscatum nebulis, nullis contagiis maculatum ; *serenissimum Regem Francorum*, solem justitiae, *illustres Duces caeterosque Principes domus Franciae*, stellas fixas in lnce orthodoxae religionis clarissimo resplendentes fulgore.

[2] Epist. Univ. Paris. ad Clementem vii. A D. 1394 (Bulaeus iv. 700 : jam eo ventum est, et in tantam perniciem erroremque res processit, ut plerumque passim et publice non vereantur dicere, *nihil omnino curandum quot Papae sint*, et non solummodo duo aut tres, sed decem aut duodecim, imo et singulis regnis singulos praefici posse, nulla sibi invicem potestatis aut jurisdictionis auctoritate praelatos. The theologian of Paris, Jo. de Guignecurtius, maintained that the Church could quite disown the Pope (Benbellona ad edict. Diocl. P ii. p. 153, quoted in the Catalogi testium veritatis auctarium, Cattopoli 1667, p. 100 )

[3] Comp. Jo Gersonii considerationes de pace in the sermon which he preacht before Benedict XIII. in Tarascon on New Year's day 1404, Consid. i. (Opp. ed. du Pin ii 69) : Quis non videat, quam impium est, praesertim apud eos, qui se ecclesiasticos dici volunt, si peritos in evangelica lege vel non consultare vel abjicere, vel majori sacrilegio, habere probro cognoscantur; hinc errores, hinc praesumptuosae assertiones, hinc perplexitates inexplicabiles, hinc obstinatae defensiones adinventionum humanarum in perniciem Ecclesiae et pacis salutiferae, finis sui, surgunt : ut, *quod non licet disputare de potentia Papae, quod non potest sibi dici, cur ita facis?* cum tamen sit peccabilis ; *quod non potest in aliquo casu Ecclesia sine eo convocari vel aggregari ; quod hic est fidei articulus, Benedictus est Papa* (exempli gratia); *quod non potest in aliquo casu ad Concilium Papa vocari ; quod absque eo non stat salus*, cum tamen salus Ecclesiae in solum Deum ordinetur absolute et essentialiter, et in hominem Christum de ordinata lege, sed accidentaliter ordinatur in Papam mortalem : alioquin, dum vacat Sedes per mortem Papae vel naturalem vel civilem, utputa si sit haereticus depositus, quis hominum salvus esset? *Alii Papam praedicant impeccabilem, alii omnipotentem, alii sine ulla exceptione credunt extra salutis statum quemlibet suae parti non obedientem.* Quod quanta temeritate dicatur, ipsi viderint assertores.

CH I —PAPACY III —SCHISM. § 107. EFFECTS. 117

cause of all mischief, and even of the schism,[4] and they wisht the times back again when the Emperors could convoke Synods by their own authority to strangle a schism at its birth.[5] No less general was the discontent exprest against the Papal Church-oppressions, and the wish to remove them by limitations of the

[4] Compare the Jurist's Jo. Petri de Ferrariis Practica (written 1409—1413), Forma responsionis rei conventi (Edit. Lugdun. ann. 1502, fol. 39) : Quomodo et quot modis isti clerici illaqueant laicos, et suam jurisdictionem ampliant! Sed heu miseri Imperatores et Principes saeculares, qui haec et alia sustinetis, et vos servos Ecclesiae facitis, et mundum per eos infinitis modis usurpari videtis, nec de remedio cogitatis, quia prudentiae et scientiae non intenditis etc.—fol. 43 verso : among the casus, in quibus non currit praescriptio,—nonus est, dum est schisma in Ecclesia Dei, sicut moderno tempore, quo sunt duo Papae, qui jam durarunt XXX. annos et ultra; et perseverabit, nec unquam quiescet Ecclesia, nec Italia, donec ipsa Ecclesia possideat civitates vel castra, et donatio eidem facta per Constantinum fuerit per aliquem probum et potentem Imperatorem penitus revocata, cum non bene conveniat psalterium cum cithara, nec datum sit a Christo, nec a b. Petro, quod possidere debeant talia. Sed quod est Caesaris, reddatur Caesari, et quod est Dei, Deo.—Forma in actione confessoria pro servitutibus fol. 113 verso : Vides, quod ipse Papa, qui deberet tanquam verus vicarius vestigia sequi Jesu Christi, possidere et manu armata nititur detinere jurisdictionem in terris, civitatibus et villis et locis, quae sunt naturaliter, et a mundi creatione et Christi ordinatione, Imperii Romani.—Immo ipse Papa in ipso Imperatore nititur superioritatem habere, quod ridiculum est dicere, atque abominabile audire. Nam naturaliter a principio mundi omnes Clerici, nedum Laici, erant sub potestate et jurisdictione Imperii : sed ipsorum Imperatorum dulcedine et benignitate fuerunt clerici dismissi sub potestate Papae, et beneficium hoc tanquam ingrati sciunt male cognoscere, ut notat P. Innoc. in c. ii de maj. et obed. Bene ergo et sancte faceret ipse Papa, si totam corporalem jurisdictionem in manibus Imperatoris remitteret, nec aliter unquam respublica, et maxime Italia, quiescet : nec ulterius de papatu tale schisma, quale fuit et est XXXVI annos praeteritos, ullo tempore amplius accideret : et ex hoc status universus clericorum magis redderetur Deo ac populo devotus, et ipse Papa cum Cardinalibus viveret quietius ac Deo devotius, et populo magis acceptius et gratius.

[5] Theodoricus a Niem de schismate iii. c. 7 : Fatue et adulatorie loquuntur illi, qui dicunt, quod Papa seu Ecclesia duos habet gladios, scil. spiritualem et temporalem.—Etenim si uterque gladius apud Papam existeret, supervacue vel ficte Imperator, vel Rex Romanorum illud nomen haberet. Sed isti adulatores seu assentatores per talia scripta et dicta inducunt maximum errorem in tota Christianitate, et suscitant quodam modo perpetuam aemulationem seu discordiam inter Papam et Imperatorem. Conculcatur enim per hoc imperialis aucto-

Papal power.[6] Hitherto only adversaries of the Popes at open war with them, had appealed to a general council as a higher

> ritas, et ejus potestas sub dubio collocatur in totius reipublicae detrimentum, ut videmus. Patet enim ex Decreto, quod, cum schisma viget in Romana sede, quod propter auctoritatis excellentiam et in temporalibus potentiam Imperator, vel Rex Romanus Praelatos ecclesiasticos potest convocare, ut illud omnino tollatur. Quod credo intelligi debere de illis, qui re et nomine Imperatores vel Reges existunt Romani, non autem de illis, qui desides, seu solo nomine Imperatores seu Reges Romani sunt, sicuti fuerunt Imperatores et Reges Romani, quos nostro tempore habuimus et habemus. Illi enim non merentur Imperatores vel Reges Romani nominari, qui sunt pusillanimes et effoeminati. To their shame he relates how Theodorich, King of the Ostrogoths (Dieterich von Bern) proceeded on a disputed imperial election: quod autem imperialis potestas sit praecipue super malum et incorrigibilem Pontificem Romanum, per quem scandalizatur Ecclesia, he proves in c. 9 from the conduct of Otto I. towards John XII.: tunc erat adeo excellens Augustus, quod nemo contra ejus voluntatem aliquem Papam, praesertim malignum, abjectum, vel schismaticum ausus fuisset publice confovere. Cap 10: Quid igitur inducit aliud haec pompa tantorum temporalium dominiorum, de quibus nunc gloriatur Ecclesia Romana, quam negligentiam in spiritualibus, et erectionem tyrannorum in eisdem dominiis, et divisiones seu schisma in eadem Ecclesia, et alia mala plurima, [*sicut*] satis est notum.—Cap. 11: Quis tunc disputasset cum eodem magno Augusto Ottone de ipsius judicio super contendentes super Papatu, seu perverso unico Papa, scil. quod nisi a Deo possent judicari? Utinam talis Imperator surgeret temporibus nostris, qui nunc cassaret scripturarum multiplicitatem in hoc labyrintho, quae adeo creverunt,—quod vix eos centum cameli portarent.—Nec credo illud obstare, quod Canonistae dicunt, quod Papa, nisi a fide sit devius, dejici non possit, et quod nemo judicat primam sedem.—Quae licet ita teneantur, tamen in putativo et contendente de Papatu in schismate variantur nec subsistunt, nec etiam intelliguntur rationabiliter in uno et indubitato Papa malefico, et Ecclesiam scandalizante, quia ille revera proprie dici non potest Christi vicarius,—sed bestia magis proprie appellatur etc.

[6] Benedict XIII. had to promise this to the French Church in 1403, see above § 106 note 12. Matthaeus de Cracovia de squaloribus Rom. Curiae (see § 105 note 7) cap. iii.: Considerandum, quo jure, ratione, vel modo sedes apostolica sibi usurpaverit promotionem et provisionem episcopatuum, abbatiarum, et aliarum dignitatum, collationem quoque omnium beneficiorum, quae sunt de jure patronatus spiritualium personarum. Et videtur quod non de jure, sed contra jus et cum injuria capitulorum,—quibus competebat electio,—nec non cum injuria Episcoporum etc.—Forte dicitur, quod sedes apostolica fecit hoc ob culpam, et in poenam Praelatorum et capitulorum, quia hi eligebant et illi providebant minime bene. Sed si illa ratio valeret, tunc etiam deberet auferri et dimitti ab Ecclesia Romana: quia jam providet ita male,

authority,[7] but during the schism circumstances led to a general acknowledgment that such a council must rank above the Pope.[8] After the Council of Pisa was summoned to terminate the contest between the two Popes, and set a limit to the abuses of Papal power, the Canonists vied with each other in demonstrating this new opinion so injurious to the Papacy, of the superiority of

sicut prius est factum.—Insuper hoc non est de jure introductum, sed per cautelam et astutiam. Quia, ut fertur, in principio electionis ac coronationis suae apostolici dirigebant primarias preces dioecesanis pro familiaribus suis. Talis enim ordo et Romanae Curiae fuit consuetudo, quod primo monitoriae, secundo praeceptoriae, ultimo executoriae literae concedebantur (Part 2, § 62, note 13).—Item non erat verisimile, quod nullus Praelatorum bonus et diligens fuerit in providendo, et ideo non debuit omnibus auferri.—Amplius haec non est poena medicinalis, quae non sanat, sed mortificat Nec enim per hoc provisum est ne male provideant, sed ne quicquam in hoc boni vel mali faciant, sicut si Deus homini peccanti libertatem voluntatis auferret, ne ultra peccaret. —Amplius quando Praelati conferebant beneficia, melius impediri vel revocari potuit mala provisio, et puniri male providens, quam jam. Tunc enim Papa tanquam superior potuit irritare provisionem, privare institutos, et instituere meliores. Hoc autem per inferiores contra superiorem fieri non potest tam bene vel congrue. The Popes were wanting in sufficient local information, always to provide aright. Evil consequences of the Papal reservations. Cap. iv. : Posito autem, sed propter rationes praemissas non concesso, quod Papa de jure—potuerit omnium beneficiorum et dignitatum sibi collationem attrahere, quid boni vel utilitatis importat ista mirabilis multitudo *gratiarum* ad beneficia vacatura?—tot gratiae sunt, ut non sit possibile, vel medietatem earum effectum habere —Hence in Cap. v. the advice, recurrendum ad priora jura, non faciendo gratias exspectativas, and to leave provisions to the Ordinaries, sicut erat prius. Comp Speculum aureum (see § 105 note 8) cap. 4 ss. De ruina Eccl. (see § 103, note 5) cap. 4 ss.

[7] Philip the Fair, Part 2, § 59, note 32. Lewis the Bavarian above § 99 note 19.

[8] Matthaeus de Cracovia de squaloribus Rom. Curiae c: 20: Dicunt (the Curialists) quod si Papa peccet, oportet tamen obedire et non resistere,—imo nec judicare, quia membra non debent regere caput, sed e converso. It was allowed: nullus inferior habet judicare superiorem, imo nec communitas, quamdiu restat aliquis superior, cui de jure competat, et qui velit justitiam facere.—Quando vero non est aliquis talis, qui possit, et si est aliquis talis, qui possit, et si est invocatus, non velit facere, quod officii sui est; tunc communitas tota, vel hi qui sunt et totum simul aut partes repraesentant, possunt judicare eum, in quo manifestum est eum delinquere, et in quo incorrigibilis esse et perseverare comprobatur. Cap. 21: Ad hoc convenientius declarandum, ponatur casus,—quod ipse Deus aliquem Abbatem—exemerit—ab omni jurisdictione spiri-

general councils to the Pope,[9] and thus the Papal system of the last century seemed to be threatened with total overthrow.

tualium et saecularium, etiam Papae, et quod Abbas ille in reprobum sensum conversus gravet monachos suos, contra regulam intrantes simoniace recipiat,—omnes sibi consentientes permoveat ad agendum contra salutem suam et regulam, committitque bona monasterii monachis dissipatoribus eorundem. Et arguitur primo, quod in hoc casu non teneantur ipsi obedire monachi, sed resistere et opponere se ipsi, —et si opus est, ad ejus depositionem procedere. This is what was to be proved.—Cap. 22 : Si ergo contingat, quod Papa sic agat circa universalem Ecclesiam, sicut talis Abbas,—sequitur,—quod possint et debeant procedere contra eum.

[9] Rich. Ullerstoni (Professor at Oxford) petitiones quoad reformationem Ecclesiae militantis (written A.D. 1408), in v. d. Hardt Conc. Const. i. 1127. Franc. Zabarella (Bishop of Florence after 1411 Cardinal † 1417) de schismate (written 1409), in Schardii syntagma tractatuum de imperiali jurisdictione ac potestate eccl p. 235, and under Theod. a Niem histor. sui temporis, Argent. 1609 p. 537. Jo. Gersonii tract. de unitate Eccl. written in January 1409 (Opp. ed. du Pin. ii. 114). Consider. ii. : Unitas Ecclesiae essentialis semper manet ad Christum sponsum suum, nam caput Ecclesiae Christus.—Et si non habet vicarium, dum scilicet mortuus est corporaliter vel civiliter, vel quia non est probabiliter exspectandum, quod unquam sibi vel successoribus suis obedientia praestetur a Christianis ; tunc Ecclesia tam divino quam naturali jure, cui nullum obviat jus positivum rite intellectum, potest ad procurandum sibi vicarium unum et certum semet congregare ad Concilium generale repraesentans eam, et hoc non solum auctoritate dd. Cardinalium, sed etiam adjutorio et auxilio cujuscunque Principis vel alterius Christiani. Non enim habet corpus Ecclesiae mysticum a Christo perfectissime stabilitum minus jus et robur ad procurationem suae unionis, quam corpus aliud civile, mysticum, vel naturale verum : neque enim est de immediato ac immutabili jure, divino vel naturali, quod Ecclesia se non possit congregare et unire sine Papa, aut sine aliquo particulari Statu vel Collegio, ubi in casu cadere potest mors vel error.— Consid. x. : Occurrere possunt casus multi, in quibus pro adeptione pacis publicae aut justae defensionis sicut vim vi repellendo, liceret a rite electo in Papam substrahere obedientiam, liceret in neutralitate manere, liceret ipsum corporaliter incarcerare, liceret ei administrationem omnem publicam interdicere, liceret per appellationem aut simile remedium sibi resistere, fieretque sic obedientia vera potius quam contradictio vel resistentia :—liceret concilium generale eo invito celebrare, liceret tandem ipsum ad cessionem compellere, vel renitentem dejicere ab omni honore et gradu, immo et vita privare. Haec omnia denique taliter licere possunt stabili jure divino et naturali, quod adversus hanc veritatem nulla lex vel constitutio puri hominis cujuscunque sine nova autorizatione Dei fieri debet, quia erroris intolerabilis damnanda sit. Comp. his book written soon afterwards lib. de auferibilitate

## CH I —PAPACY III —SCHISM. § 107. EFFECTS. 121

Papae ab Ecclesia (l. c. p 209. Consider. ix. : Auferibilis est vicarius sponsus Ecclesiae per voluntariam ejus cessionem aut renunciationem a Papatu.—Cons. x.: Auferibilis est in casibus dabilibus vicarius sponsus Ecclesiae ab ipsa Ecclesia,—sive consentiat ipse— vel non consentiat suae cessioni.—Nam si vicarius sponsus potest resignare sponte ipsi Ecclesiae, dando ei libellum repudii ; cum sponsus et sponsa non debeant quoad hoc impari jure censeri, poterit similiter repudiare sponsum talem ipsa Ecclesia sponsa, dum par ratio vel potior adducitur pro ipsa contra sponsum ; vel quia prostituere quaerit eam quantum in se est, vel tyrannide saeva tractare, laniando eam vel plagando, bona sua dissipando, vel quia abuti conatur ea in perniciem filiorum.—Quomodo etiam uni singulari personae fas esset in casu violentiae attentate per Papam verum contra castitatem suam vel vitam, vim vi repellere, cum appositione inculpatae tutelae etc. et ita licite stabit, quod tangat Papam violenter, vel in mare dejiciat : cur similiter, in casu, non liceat idem toti Ecclesiae pro defensione sua, et violentiae attentatae cauta repressione. Cons. xii. : Auferibilis est in casu vicarius sponsus Ecclesiae per Ecclesiam, vel generale Concilium, nedum conciliative, aut dictative vel denunciative, sed auctoritative, judicialiter atque juridice.—sicut enim tradit Aristoteles V. Politic., quod ad communitatem totam spectat Principis vel correctio, vol totalis destitutio, si inemendabilis perseveret.—Sic Symmachus, sic b. Marcellinus, sic ipse Gregorius, sic alii plures judicium subiere Concilii : nequaquam ex humili condescensione, sicut fingunt aliqui, sed ex debito et obligatione : quorum multos, quia Concilium non reperit convictos de crimine, reliquit causam eorum examine judicis Dei terminandam.—Spernens concilium Ecclesiae, spernit Deum, a quo dirigitur. Et ita consequenter apparet enormis error dicentium, quod deliberatio Papae praeponderat super deliberatione ex concilio Ecclesiae seu Concilii generalis, nec tenetur Concilium insequi aut eidem acquiescere nisi velit  The way in which the opinion that a general council was above the Pope, first met with general recognition in this time, is shown by Gerson's expression in a later work, Circa materiam excommunicationum resolutio, consider. 8 (l. c p. 423) : si dicatur quod ita potest a Papa fieri appellatio ad Concilium generale, dixerunt olim ante Concilium generale Pisanum et Constantiense, quod hoc nullo modo licebat.—Sed constanter nunc asseritur, quod est haeresis, viz., to deny this. Accordingly Thomas Cajetanus 1511 in his tract. de comparatione auctoritatis Papae et Concilii c. 10 designates this opinion as novam quandam imaginationem Joannis Gerson.

# SECOND CHAPTER.

HISTORY OF THE HIERARCHY OF THE NATIONAL CHURCHES.

§ 108.

THEIR RELATION TO THE STATE.

The jealousies betwixt the ecclesiastical and secular tribunals arising from the immoderate extension of ecclesiastical jurisdictiction still continued, but they began more and more to result in favour of the latter. In Germany the fundamental principle that secular causes belonged only to secular tribunals, had been recognized long before, even by the Prelates, who were themselves temporal Lords of the land:[1] it was as a general rule always maintained,[2] though in individual cases, the ecclesiastical

[1] Comp. Part 2, § 63, note 28.
[2] Comp. the prohibition of Lewis the Bavarian, A D. 1318, against bringing a civil cause before an ecclesiastical court, in Gudeni sylloge diplom. p. 487. Comp. his decree A.D. 1329 in the Frankfort Privilegiis p. 15. The Golden Bull (1356) cap. xi. : in defectu vero justitiae praedictis omnibus ad imperialem duntaxat Curiam et tribunal, seu judicis immediate in imperiali Curia pro tempore praesidentis audientiam, et etiam eo casu non ad quemvis alium judicem sive ordinarium sive etiam delegatum, his quibus denegata fuerit justitia, liceat appellare. Quicquid vero contra praemissa factum fuerit, sit irritum eo ipso (directed against ecclesiastical encroachment, Part 2, § 63, note 26, see Olenschlager's Neue Erlauterung der guldenen Bulle s. 240.) Count Adolph of the March in 1402 had his parochial clergy gathered together, and sternly charged them (Scotti's Cleve-Markische Landesverordnungen i. 13) ut nulla mandata s. praecepta quorumcunque judicum apostolicorum vel ordinariorum ad se reciperent,—publicarent aut exequerentur quovis modo in causis saecularibus vel profanis, exceptis duntaxat in iv. causis spiritualibus et ecclesiasticis, videlicet *de testamentis et legatis, de matrimoniis, synodalibus, et reditibus spiritualibus et ecclesiasticis*, with a threat in case of disobedience, quod ille absque dilatione a suo territorio seu dominio excederet sub obtentu corporis, rerum et bonorum : This decree had been made before by his father, Count Engelbert, and his brother Theodore.

CH. II.—NATIONAL CHURCHES ? 108 RELAT TO THE STATE. 123

tribunals continually overstept their limits.³ But during the schism, the Emperor Wenceslaus could only execute his decisions in things temporal, against the higher orders of the clergy by deeds of violence.⁴ The cities continued to tax the excessive revenues of the ecclesiastical sovereinty. They either forbad altogether the increase of Church-property, or decreed that all fresh acquisitions should be alienated again in a year and a day, or required from the new revenues the customary taxes.⁵ Now

³ E.g. The clergy of Mayence in Hesse, comp. Kopp's Nachricht v. d. Verfassung der geistl. u. Civil-Gerichte in d. Hessen-Casselischen Landen Th. 1 (Cassel 1769. 4.) s. 177. But in the compacts of 1347 and 1354 the universal maxim was recognised : thus in the latter the Archbishop of Mayence promises (Kopp. s. 181) : " Wir sollen auch nit gestaden, daz man der Lantgreven von Hessin Undertanen, die da Leyen sint, an unser geistlich Gerichte ladin sulle in wertlichen Sachen ane Geverde : gesche ez abir, so sullen unser Richter sie wieder senden an yrer Herren Gerichte, und wer die Ladunge getan hette, der sal dem andırn sine Kost abelegen, und sullent sie unsir Richter darumb nicht bannen "

⁴ In 1381, the city of Breslau was put under Ban and Interdict by the cathedral chapter during the vacancy of the see, because the townsmen had taken away a cask of foreın beer from the Dean. As they refused to give way, Wenceslaus banisht the canons for two years from the city, and gave up their property to be plundered (Pelzel's Leben des Konigs Wenceslaus i. 105.) Thus also in 1383 the King kept the Archbishop of Prague a prisoner at the Carlstein, and gave up his property to be spoiled, because he would not yield in a dispute with the King's Marshal about a weir in the Elb. (Pelzel i. 143.)

⁵ The Emperor Albert granted to the city of Ulm in 1300 a privilege to this effect (Jäger's Ulm's Verfassung im Mittelalter s. 359), to the city of Augsburg in 1306 (Lunig's Reichsarchiv xiii. 90.) Heilbronn first establisht this right for itself, and then obtained its confirmation by a privilegium of the Emperor Lewis IV. 1359 (Jagers Mittheilungen zur schwäb. u. frank. Reformationsgeschichte s. 9.) Ratisbon past the same decree on its own authority in 1308, Munich in 1345, Cologne in 1385 (Hullmann's Städtewesen des Mittelalters iv. 129.) Likewise Wetslar in 1319 (Gudenus sylloge I variorum diplom. p. 490), Brunswick (leges Brunsv. in Leibnitii scriptt. Brunsv. iii. 442.) The same was establisht for Cassel in a compact of the townsmen with the Landgrave Henry A.D. 1354 (Beurkundete Nachricht von dem Klosterhaus Schiffenberg Th. 2, Giessen 1755 fol., Beilagen no. 170.) In Lubeck neither houses nor plots of land could be bequeathed to the clergy (Jus Lubecense in de Westphalen iii. 625.) The Jura municipalia which the duke Albert II. granted to the city of Vienna in 1340 determined (A. Rauch rerum Austriacarum scriptt. iii. 50) that the civic property of citizens could not be granted or bequeathed to a religious house, and that if it were to be done with the consent of

that the Parish priests, by their management of people's wills, provided too well for themselves and for the Church, it was determined that wills should only be made before the secular authorities.[6] Paderborn even prohibited the multiplication of masses for souls.[7] Still the Popes wisht to maintain a good understanding with the cities, and bind them to themselves by means of privileges.[8] During the schism, many concessions were made to the nobles also : thus Boniface IX., in 1399, allowed Albert IV. Duke of Austria the jus primarum precum.[9] The ree Swiss by the priests-law (Pfaffenbrief) in 1370 put an end the council, the property must be sold to a burgher within the year, otherwise it would be confiscated to the town. Also in Wismar no landed property could fall into ecclesiastical hands (D. Schroder's papistisches Mecklenburg s 1070) : Ribnits even decreed in 1329 that all property which had accrued to the Monastery of St Clare should be alienated within three months (Lamberti Schlaggert chron. coenobii Ribenicensis in de Westphalen iv. 857.) The Emperor Charles IV. in 1360 granted to the cities of Lusatia the Privilege, that ecclesiastical persons should not become possest of landed property within their limits either by gift or by will (Reinhard de jure Principum Germaniae circa sacra p. 222 ) Nevertheless by an ordinance of 1377 he annulled all those Statuta, which nobles and cities Dei timore postposito, had issued to the purport, quod nulla bona temporalia in potestatem ecclesiasticam transferantur (Eccard ad legem Salicam p. 203) : however, those Statuta remained still unaltered.

[6] Thus in Ulm 1367 (Ulm's Verfassung im Mittelalter v. Jager s. 335), K. Wenzel's Privilegium fur Frankfurt (Senckenberg selecta juris et hist i 565), Kopp be testamentis Germanorum p. 147.

[7] The Consuls decreed in 1379 (Gobelini Personae cosmodrom. vi. c. 70 in Meibom i. 286), quod quicunque civis—in exequiis alicujus defuncti offerret plus quam ad unam Missam, solveret Consulibus marcam argenti, cum prius ad tres Missas ut plurimum offerri moris erat, et sic duae Missae deinceps in exequiis subtractae sunt. To this was added in 1405 the determination (l. c. p. 289), quod cives, volentes exequias peragere defunctorum, debent illas dominicis diebus duntaxat peragere.

[8] Thus many cities obtained the Privilege that any Interdict laid upon them on account of individuals should be removed, so soon as the excommunicated persons left the city. Thus Wolfhagen, in 1395, (Kopp's Nachr. v. d. geistl. u. Civilgerichten in d. Hessen-Cassolischen Landen, Th. 1 Beil. s. 61), Wismar and Rostock in 1398 (Schroder's papist. Mecklenburg s. 1647 ) Wismar received in 1400 from Boniface IX. the right that no citizen should be summoned before a forein ecclesiastical court, the jus de non evocando, see C. F. Crain's Reformation d. Kirche in Wismar (Wismar 1841. 4) s. 3.

See the documents in Kurz, Oesterreich unter Herzog Albrecht iv Th 1 (Linz 1830) s. 185

to the encroachments of the ecclesiastical tribunals.[10] In Italy the operation of the ecclesiastical tribunals, like the condition of the whole country, was very fluctuating. Under Ghibelline Lords they were often quite supprest.[11] In France ecclesiastical jurisdiction had reacht its greatest extension: the kings connived at it, because they wisht to keep their Bishops well inclined to themselves, and knew how to tax any irregularities of the ecclesiastical tribunals. On the other hand the Barons were continually at issue with the Prelates on this point, and from both sides there were unceasing complaints of usurpation.[12] The remarkable negotiations which were instituted by command of

[10] Tschudi's Schweizerchronik i. 472. No Ban was to be endured in cases of debt and other secular matters. No clergyman should seek a forein court whether ecclesiastical or temporal: Otherwise meat and drink and lodging should not be given him, no man should have dealings with him in buying or selling, or other intercourse, comp. Müller's Schweizergesch (Leipz. 1825) ii. 287.

[11] Comp. above § 101, note 10 and 19.

[12] Complaints on the side of the clergy: Durandus de modo Concilii generalis celebrandi P. ii. tit. 70: Quasi per quandam alluvionem frustatim domini temporales ad se omnia trahunt. Et sicut frustatim lupus agnum comedit, ita per ipsos jurisdictio ecclesiastica frustatim quodammodo devoratur, quicquid ad ecclesiasticam jurisdictionem, *potissime quoad temporalia*, pertinet, sibi auferri putantes: alter that comes a long list of secular encroachments.—Conc. Avenicrense ann. 1326 (Mansi xxv 739) c. 8—10. 14 against the interference of temporal courts with regard to the clergy, c. 42. 43 against hindrance of ecclesiastical jurisdiction.

On the complaints of the secular side see especially the 66 Gravamina in the work of Petri Bertrandi (Goldasti monarch. ii. 1362), quoted in note 13: I. Officiales Praelatorum impediendo jurisdictionem temporalem, nituntur sibi attribuere cognitionem causarum realium, specialiter super possessione et super omnibus interdictis. II. Item quando laicus turbatur vel impeditur in possessione terrae suae per aliquem clericum, et propter hoc impetrat adiornamentum (citation) a judice saeculari in casu novitatis vel alias: Officiales Praelatorum— faciunt moneri ad instantiam clerici judicem saecularem et partem, ut post adiornamentum cessent sub poena excommunicationis et certae pecuniae quantitatis. III. Item cum cognitio personarum laicarum pertineat ad judicem saecularem, exceptis casibus spiritualibus, Officiales Praelatorum faciunt eos citari coram se ad instantiam partis. Et si dictae personae laicae declinant jurisdictionem dictorum Officialium, —dicti Officiales—compellunt per excommunicationem partes ad procedendum coram eis. IV. Item Praelati faciunt concilia provincialia, et synodalia statuta, in quibus plura faciunt et ordinant in grande

King Philip of Valois, with the Prelates summoned before Parliament (1329),[13] owing to the King's[14] political aims, failed of

praejudicium jurisdictionis temporalis. XIV. Item si duo laici sint in processu in curia alicujus domini temporalis super actione reali vel personali, et contingat, quod altera partium diffugiendo appellet ad curiam alicujus Praelati coram Officiali suo, post magnos processus factos et litem contestatam Officiales—nituntur retinere cognitionem talium causarum,—et virtute monitionum et sententiarum faciunt desistere dominum temporalem a cognitione causae post appellationem : quod nisi faciat, excommunicatur et trahitur ad emendam.—XXIII. Item ad finem, quod dicta curia ecclesiastica augmentetur, dicti Praelati faciunt magnam multitudinem tonsurarum pueris aetate minoribus,— ac hominibus conjugatis insufficientibus et illiteratis.—XXX. Item si contingat, quod gentes regiae capiant aliquem malefactorem pro crimine certo per eum commisso, et idem malefactor dicat se clericum esse, licet nec tonsuram, nec habitum deferat clericales, Officiales Praelatorum faciunt in continenti detinentes et capientes compelli per monitiones et sententias ad restituendum sibi praedictum malefactorem tanquam clericum suum. XXXIV. Item quando aliquis malefactor redditur judicibus Ecclesiae per judices saeculares tanquam clericus ; amici ipsius malefactoris veniunt ad Officiales Praelatorum, et concordant cum eis : et sic dimittunt sine punitione : et sic pejora committunt quam ante, licet crimina essent notiora. XLII. Item judices ecclesiastici in quocunque casu nituntur habere cognitionem injuriarum, sive in verbis, sive in factis commissa sit injuria : necnon uxorum clericorum, licet sint mercatrices, et eorum mariti similiter mercatores. —XLIII. Item volunt habere cognitionem bonorum tam mobilium quam immobilium viduarum.—LXV Item testamenta quoque volunt per manus suas executioni tradere, inventaria facere bonorum defunctorum, eademque servare et haeredibus distribuere, et habent officiales, qui super his exequendis duntaxat deputati existunt. LXVI. Item quod aliquando testamentis coram tabellionibus factis nolunt adhibere fidem, nisi prius per ipsos Officiales fuerint approbata.

[13] See Actio Petri de Cugneriis, consiliarii regii, et Petri Bertrandi, Episc. Aeduensis (after 1331 Cardinal) de jurisdictione ecclesiastica et politica coram Philippo Rege Franciae habita anno 1329 (in Goldasti monarchia ii. 1361, and Bibl. PP. Lugd xxvi. 109), publisht by Petrus Bertrandus. First comes the royal summons occasioned by complaints from both sides. Then it is recorded, that in the assembly Petrus de Cugneriis—locutus est pro Rege, facto themate suo : *Reddite quae sunt Caesaris Caesari, et quae sunt Dei Deo.* Et prosecutus est juxta illud thema materiam suam includendo ad duo. Primo quod Regi debebatur reverentia et subjectio, secundo quod debebat esse spiritualium et temporalium divisio, ut spiritualia ad Praelatos, et temporalia ad Regem et Barones pertinerent. He said also among other things, as is plain from the following speech of Petrus Bertrandus (in Goldasti. p. 1373), quod talia jura regia Rex non poterat a se abdicare, cum essent juris sui regalis, et jurasset in coronatione sua jura

regni non alienare, et alienata revocare, et quod talia erant impraescriptibilia.—Then he declared, quod intentio Regis erat reintegrare temporale, and recited the Gravamina quoted in note 12. Another day afterwards the Archbishop of Sens endeavoured to defend the clergy in a speech which is given entire. E.g. Ille ad judicandum videtur aptior et convenientior, qui est Deo proximior :—sed personae ecclesiasticae sunt Deo proximiores, ergo etc.—Praeterea nullus dubitat, quin cognitio de peccato ad personas ecclesiasticas pertineat : cum ergo talia non perpetrentur sine peccato alterius partis, patet quod Ecclesia cognoscere potest. Item cujus est judicare de fine, ejus est judicare de ordinatis ad finem :—cum igitur corpus ordinatur ad animam, et temporalia ad spiritualia tanquam ad finem ; Ecclesia, quae habet judicare de spiritualibus, potest etiam merito de temporalibus judicare.—Et confirmatur, quia accessorium sequitur naturam principalis, et hoc satis apparet exemplo : cum igitur istae duae jurisdictiones comparentur duobus luminaribus, soli scil. et lunae, et tota claritas lunae sit a sole, et in sole formaliter et virtualiter, et non claritas solis a luna nec in luna; patet quod jurisdictio spiritualis, quae comparatur soli, habet in se formaliter vel virtualiter jurisdictionem temporalem, quae comparatur claritati lunae. Then follow proofs ex jure civili, viz. from the supposed laws of Theodosius, which Charlemagne had establisht (see Part 1, § 9, note 12), and ex jure canonico. Sed forte ad hoc dicetur : *quare hoc sibi vindicat Ecclesia Gallicana, cum aliae Ecclesiae sibi in aliis regionibus hoc minime vindicare noscantur?* Ad quod potest faciliter responderi. Si enim Reges Franciae, quos Deus singularibus privilegiis, gratiis et honoribus prae caeteris Regibus insignivit,—Ecclesiae plures libertates concesserunt, vel concessis uti libere permiserunt, non est mirum : imo tanta fuit ad Ecclesiam eorum devotio, quod Ecclesiae quanto eis propinquiores, tanto pluribus libertatibus gaudent. Nec ex hoc minus habuerunt, sed plus, sicut rei evidentia manifestat, imo hoc redundat in magnam nobilitatem regni et Regis. On the Friday after Petrus Bertrandus spoke, and then answered one by one the Gravamina alledged : these he divided into three parts, quia quidam articuli tangebant jura Ecclesiae perpetua ;—secunda pars articulorum continebat abusus et errores, si veri essent, et illos nullo modo volebant defendere, imo providere ne talia fierent, et corrigere si quae talia facta erant Tertia pars continebat aliqua, quae poterant esse justa, et aliqua injusta : quantum ad justa respondit ut de contentis in prima parte, quantum ad injusta, ut de contentis in secunda. The spirit of these answers may be seen by the following one : Ad XXXIV., qui loquitur de clericis maleficientibus, quos Officiales Praelatorum de facili expediunt pro poenis pecuniariis, dicit, quod hoc esset irrationabile, ubi maleficium esset notorium vel manifestum, et tale vel tantum, propter quod perpetua poena ei deberet imponi, si pro poena pecuniaria tale crimen transiret. Sed nullum est inconveniens, si pro causa justa dicti Officiales poenam corporalem in pecuniariam convertant : quia hoc etiam volunt jura tam canonica quam civilia.

[14] The house of Valois came to the throne with Philip in 1328, although Edward III., King of England, was more nearly related to the deceased monarch, and had numerous adherents in France. The

their intended result.[15] Immediately afterwards the clergy sought to establish their jurisdiction still firmer by decrees of Councils.[16] On the other hand, a powerful resistance to these

Bishops now made it understood, that if Philip persevered in this persecution of the Church, they would lend their influences to the side of his adversary. Comp. Brunet's Letters on this controversy in the Traités des droits et libertés de l'égl. gall. T. i.

[15] After the close of the inquiry, the Prelates entreated the King (l. c. p. 1381), ut pro Dei honore in statu, in quo sui boni praedecessores tenuerunt Ecclesiam, ipse eam teneat et defendat, nec ei faciat aliquam novitatem : et placeat ei proclamationes et inhibitiones factas, scil. quod nullus laicus trahat alium laicum coram judice ecclesiastico, revocare : quia hoc esset omnia Ecclesiarum jura tollere. Et licet in aliquibus locis pro toleranda eorum malitia in talibus proclamationibus seu inhibitionibus verba, quae sequuntur, apponant, videlicet quod laicus non trahat alium laicum coram Ecclesia *super casibus pertinentibus ad judices saeculares ;*—hoc est propter jura Ecclesiae usurpanda, quia multa pertinent ad forum laicorum, quae nihilominus pertinent ad ecclesiasticum. Et sic jus et consuetudo tollerentur, per quae in electione laici est, quod possit alios laicos in foro Ecclesiae convenire. Item quia tales proclamationes seu inhibitiones factae, licet etiam essent bene generales, dant occasionem omnimode jurisdictionem ecclesiasticam perturbandi, unde *reges Franciae semper prohibuerunt tales proclamationes seu inhibitiones fieri, et factas penitus faciebant revocari et ad nihilum reduci.* In the presence of the King, and in his name, Petrus de Cugneriis declared to them, quia intentio domini Regis erat servare jura Ecclesiae et Praelatorum ; still he sought again to prove, quod causarum civilium non poterat ad Ecclesiam cognitio pertinere : however, in a second audience the King refused to acknowledge these last expressions, quod non erant factae de suo mandato, nec aliquid sciebat, nec eas ratas habebat, and contented himself with the promise of the Prelates to remedy the prevailing abuses. The last answer given by Petrus de Cugneriis was, quod placebat Regi, si Praelati emendarent ea, quae essent emendanda et corrigenda : et quod Dominus Rex exspectaret usque ad festum nativitatis Domini proximum venturum, infra quem terminum nihil innovaret. Et si infra dictum terminum Praelati non emendassent emendanda,—dominus Rex apponeret tale remedium, quod esset gratum Deo et populo. Flacius believes in the addition in Goldast p. 1383, that the King, after waiting in vain, past a severe law, qua—se ac suos in libertatem asserit (Cat. test. verit. p. 391), but this is historically untrue. Petrus Bertrandus, with a view to the further establishment of ecclesiastical claims, wrote afterwards the Scholastic tract. de origine et usu jurisdictionum, s. de spirituali et temporali potestate (in Bibl. PP. Lugd. xxvi. 127.)

[16] Conc. Bituricense ann. 1336 c. 12 (Mansi xxv. 1062) first represents the injuries of the ecclesiastical jurisdiction : viz. Nonnulli temporale dominium obtinentes, vel saecularis judiciariae potestatis

proceedings was being developed in Parliament, which was now transforming itself into a standing corporation;[17] this was especially manifest from the time of Charles V. Henceforth ecclesiastical jurisdiction was not only confined to its proper limits,[18] but Parliament claimed a certain degree of superintend-

gerentes officium—aliquotiens palam,—aliquotiens seorsum ad partem, proclamaverunt et inhibuerunt,—ne aliquis subjectorum suorum alter alterum ad forum ecclesiasticum —trahere praesumat,—ne ipsi subditi —super recipiendis contractibus ad — notarios curiae ecclesiasticae recurrerent ;—literas excommunicatorias—quandoque lacerant,—literas, et quod detestabilius est, portitores ipsos interdum capiunt, verberant, et compellunt comedere literas et sigilla ;—sacerdotes,—et personas ecclesiasticas, atque ipsorum uxores, parentes et amicos— ceperunt, arrestaverunt;—licet moneantur, nolunt restituere etc. All such turbatores jurisdictionis ecclesiasticae should fall under excommunication and interdict : quos omnes—nominatim et expresse—per curatos totius provinciae omnibus diebus dominicis in Missa excommunicatos denunciari sub poena excommunicationis praecipimus alta voce. Cap. 13 : The Bishop alone, either in person or per ejus Officialem vel Commissarium super hoc specialem could absolve these excommunicated persons, and then only after they had given complete satisfaction. Comp. Conc. apud Castrum Gonterii ann. 1336 c. 1 and 2. Conc. Noviomense ann. 1344 c. 1 and 2 (Mansi xxvi. 1) etc The clergy were forbidden with especial rigour to seek justice before a secular court. Conc. Bituric. ann. 1336 c. 11.

[17] Pasquier recherches de la France liv. ii. chap. 3

[18] A royal edict of 8. March 1371 to the Bailif of Sens (in the Preuves des libertez de l'Egl. Gallic. chap. vii. no. 27) after enumerating the encroachments of the ecclesiastical jurisdiction, decrees : Quocirca nos jura et libertates jurisdictionis nostrae temporalis—servari volentes illaesa, Vobis, prout per dictam nostram Curiam, habita super his deliberatione diligenti, extitit ordinatum, tenore praesentium committimus et mandamus, quatenus praefatis Archiepiscopis et Episcopis, ac eorum—Officialibus etc.—ex parte nostra, ac sub magnis poenis a nobis applicandis, injungatis,—ne de casibus et actionibus realibus ac aliis superius declaratis—de caetero amplius cognoscere—praesumant, sed facta et agitata in contrarium—revocent penitus et annullent. Quod si facere noluerint, aut plus debito distulerint, ipsos ad hoc per captionem et detentionem eorum temporalitatis, ac omnibus aliis viis et modis licitis, quibus melius videbitur et poteritis, viriliter et debite compellatis :—et insuper ne usurpationes et surprisiae supradictae— illaesae remaneant, vos de et super usurpationibus et surprisiis antedictis, eorumque circumstantiis et dependentibus universis diligenter et secrete informetis, et quos de his per dictam informationem culpabiles reperietis, ipsos ad dies Seneschalliarum vel Baillivarum suarum nostri futuri proximi Parlamenti adiornetis (vorladen) etc. The Parliament kept a jealous watch over these resolutions from this time. Thus, in

ence over it,[19] and drew to itself the right of decision upon many points, which were at that time universally held to be ecclesiastical.[20]

the year 1385, it condemned the Bishop of Chalons to a fine for transgressing against them (ibid. no. 29.)

[19] When the Bishop of Mans excommunicated a man with whom he had a suit before the King's courts pendente lite, and afterwards denied him church burial, he was compelled in 1396 per arrestum of Parliament to have his body removed, and to revoke his excommunication, Preuves des lib. chap. vi. no. 2. Likewise also the Archbishop of Rheims ibid. no. 4.—When the ecclesiastical courts had severely punisht certain persons upon the plea quod ipsi feminas aliasque quam suas desponsatas carnaliter cognoverant, ipsos ad solvendum emendas propter hoc compellendo : Philip of Valois checkt them in 1336 by the command ipsum episcopum ad desistendum de praemissis per ipsius temporalitatis captionem compellere; so also Charles V. in 1388 (Preuves chap. xxxv. no. 10 and 11.)

[20] Parliament maintained its right to take cognizance de omnibus causis ecclesiasticis possessoriis (Preuves chap. xxvi. no. 1), and even Martin V. gave in his express consent to this (ibid. no. 2.)—Preuves chap. xxxv. no. 21 : the Archbishop of Bourges decreed at a diocesan synod in 1369 : Quoniam ut intelleximus domini saeculares propter crimina a Clericis commissa bona capiunt Clericorum, ut sic indirecte de crimine Clericos puniant, et eosdem Clericos faciunt compellare, ut eis emendam exsolvant rationc seu occasione criminum commissorum, quod est directe contra ecclesiasticam libertatem, cum illi de crimine criminaliter seu civiliter distringi seu puniri nequeant per judicem saecularem : igitur praedicta fieri prohibemus, statuentes quod si quis dominus saecularis, vel alius procedendo de caetero, Clericos ratione criminum ab eis commissorum per captionem bonorum mobilium vel immobilium suorum vexaverint, seu ad emendam compellaverint, eo ipso sententiam excommunicationis incurrat, et quaelibet civitas statim quod hoc siverit habeat cessare penitus a divinis, donec bona capta vel ad manum saecularem posita libere sint dimissa, et amotum impedimentum quodlibet ab eisdem : et nihilominus illos, qui contra praemissa fecerint, ut excommunicatos habeatis evitare. The Duke of Berri, on the contrary, immediately came forward as the King's Lieutenant, and publisht on this point, quod dictus rev. Pater postmodum sufficienter informatus et certioratus, dictas suas constitutiones et statuta dictae jurisdictioni temporali et dictae Bituricensis patriae usibus et consuetudinibus existere contrarias ;—in nostri praesentia sponte revocaverit et totaliter adnullaverit, et insuper nobis promiserit dictam adnullationem et revocationem in sua proxima futura Bituricensi Synodo in personis dictorum Curatorum dictae suae dioecesis fieri, facere publicare etc. Accordingly under the conviction, dictum reverendum praedictas constitutiones—non dolo, fraude seu malitia aliqualiter edidisse,—he released him from omnem poenam, emendam et offensam. The King at once approved this proceeding.

## § 109.

### INTERNAL RELATIONS OF THE DIOCESAN HIERARCHY

The earlier encroachments of the Popes upon episcopal rights were still further increast by the fact that they now took to themselves entirely the appointment to ecclesiastical offices,[1] and exercised the right of exemtion in the highest degree particularly during the schism.[2] Thus the importance of the Bishops in the Church was small:[3] they compensated themselves for this by

[1] See above § 103 note 6, ff.
[2] De ruina Eccl. c. 31 (written in 1401, but not by Nicol. de Clemangis see § 103 note 5) in v. d. Hardt Conc. Const. I. iii. 31: Et hos ergo Canonicos aliquis vocabit, qui, sic ab omni canone, h. e. ab omni regula abalienati sunt, qui, ut licenter et impune omnia, quae ferret animus, flagitia admittere possint, ab omni se castigatione et disciplina suorum Praelatorum maxima ubique redemptione exemerunt? Fraudant itaque se mutuo, fraudant subditos.—Quas omnes fraudes et rapinas cum fecerint, non est, qui eos puniat. Ad Papam enim, quem solum judicem plerique eorum se habere jactant, quis circumvento pauperi accessus est?—Martini v. bulla A.D. 1418, by which the exemtions granted during the schism were abolisht (ibid. iv. 1535): a tempore obitus felicis recordationis Gregorii P. xi. praedecessoris nostri, nonnulli Romani Pontifices, et pro Romanis Pontificibus se gerentes—nonnullas *Ecclesias, monasteria, capitula, conventus, prioratus, beneficia, loca et personas*—de novo a dictorum Ordinariorum jurisdictionibus exemerunt, in grave ipsorum Ordinariorum praejudicium.

[3] Jo. Gerson de modis uniendi ac reform. Ecclesiam in Concil. univers. written in 1410 (in v. d. Hardt Conc. Const. I. v. 90. Gersonii opp. ii. 174): Quam quidem coactivam potestatem multi summi Pontifices per successiones temporum et contra Deum et justitiam sibi applicarunt, privando inferiores Episcopos potestatibus et auctoritatibus eis a Deo et Ecclesia concessis: qui in primitiva Ecclesia aequalis potestatis cum Papa erant, quando non fuerunt papales beneficiorum reservationes, non casuum episcopalium inhibitiones, non indulgentiarum venditiones, non Cardinalium commendae, et distinctiones beneficiorum, prioratuum et monasteriorum. Tandem per tempora successive crescente Clericorum avaritia et Papae simonia, cupiditate et ambitione, potestas et auctoritas Episcoporum et Praelatorum inferiorum quasi videtur exhausta et totaliter diruta; ita ut jam in Ecclesia non videantur esse nisi *simulacra depicta*, et quasi frustra: jam enim Papa Romanus reservavit omnia beneficia ecclesiastica, jam advocavit omnes causas ad

secular honors and worldly enjoyment.[4] The oppression which fell upon them from above they knew how to discharge upon those below, and so the lower orders of the clergy groaned beneath intolerable burdens.[5]

Curiam suam, jam voluit Poenitentiariam habere ibidem, jam legitimationes Clericorum, jam ordinationes sacras quorumcunque sine differentia vult fieri in ejus Curia: et illi, qui in terra propria non possint ordinari, in eadem Curia ordinantur de facili.

[4] De ruina Ecclesiae c. 25 : multi ex eis, qui pastorali apice potiuntur, perque annosa tempora potiti sunt, nunquam civitates suas intraverunt, suas Ecclesias viderunt, sua loca vel dioeceses visitaverunt, nunquam pecorum suorum vultus agnoverunt, vocem audierunt, vulnera senserunt, nisi ea forte vulnera, quae ipsi suis uberibus spoliis per alienos mercenarios eis intulerunt. Alienos dixi, quia et ipsimet mercenarii sunt, qui non gregis sui custodiam, salutem, profectum quaerunt, sed solum temporalis mercedis retributionem.—Cap. 26 : At enim, dicet forsan aliquis, jure eis ignoscendum est, si raro suas dioeceses adeant, —quoniam pro consilio a Principibus accersiti magna regni negotia tractant.—Cap. 28 : Sed quid eorum tanto tempore a suis sedibus absentiam accusamus ? cum per suam, si illic adessent, praesentiam verisimilius obesse, quam prodesse possent. Quidnam enim ore illi prosunt, qui toto elabente anno suam bis aut ter intrant Ecclesiam, qui totos in aucupio et venatu, in ludis et palaestra dies agunt, qui in conviviis accuratissimis, in plausibus et choreis, cum puelis etiam, effeminati insomnes transigunt noctes, qui suo turpi exemplo gregem per devia quaeque abductum in praecipitium trahunt, qui imberbes adhuc adolescentuli, vix tum ferulam egressi, ad pastorale convolant magisterium, et tantundem de illo, quantum de nautico sciunt officio ? Difficile itaque satis est statuere, qui eorum magis incommodent suo gregi : hi, qui deserto eo lupisque exposito cum scurris et parasitis in aula versantur, an hi potius, qui coram positi, eum per rapinam vexant, per incuriam negligunt, per errorem ductum praecipitant. Comp. André hist. politique de la monarchie pontificale au xiv e siècle p. 246. The German Bishops, from their peculiar circumstances, were constantly involved in feuds, i.e. in disputes with their freedom-loving capitals, see Schmidt's Gesch. d. Deutschen iv. 600.

[5] Nicolaus Oresmius (or Orem, a theologian of Paris, Dean at Rouen) in a sermon preacht in 1363 coram Papa Urbano et Cardinalibus (ed. Flacius cat. test. verit. no. cccvi. Brown appendix ad fasc. rerum expetend. et fugiendarum p. 489) : Non puto, posse in historiis reperiri, quod unquam fuerit aliqua gentium politia bene instituta, in qua esset tanta doctrina, quam nunc sit in politia sacerdotum, *ut ii quidem essent majores quam Principes saeculi, caeteri dejectiores vulgo.*—In corpore —idem videamus : si nutrimentum fluat ad unum membrum, ita ut enormiter ingrossetur, et alia nimium macerentur, non potest diu vivere : sic in corpore reipublicae ecclesiasticae, si superiores augmentatione substantiae ita graves in statu sunt, quod vix possunt ab inferioribus sustineri, hoc est signum et causa propinquae ruinae etc.

§ 110.

MORAL CONDITION OF THE CLERGY.

The moral condition of the clergy could not fail to degenerate still more in this period, in consequence of the manner in which ecclesiastical offices were generally bestowed, the example which the Papal court gave,[1] and the method in which the ecclesiastical jurisdiction was administered.[2] In the chapters, where the stalls were for the most part benefices reserved for the nobles,[3] as well as among the parochial clergy, there prevailed

[1] See above § 103, note 5.
[2] Comp. Part 2 § 63, note 21. Fresh abuses were now introduced: De ruina Eccl. c. 20 (v. d. Hardt Conc. Const. I. iii. 24): Corradendis omni ex parte pecuniis nostris Praelati summopere invigilant.—Si quis apud eos Clericus pro furto, pro homicidio, pro raptu, aut sacrilegio, aut alio quovis enormi crimine in carcerem conjectus sit, tristisque panis et aquae edulio adjectus : tam diu poenae subjacebit, et tanquam reus sua commissa luet, donec pro modo sui census aut suorum quaesitam a se pecuniam persolverit. Ubi vero id egerit, liber et velut innocens abire sinetur. Omnis noxa, omnis error, omnia maleficia, etiamsi capitalia sint, per pecuniam laxantur ac delentur. Comp. the Gravamina § 108, note 12, no. xxxiv. and the answer Petri Bertrandi ibid. note 13.

[3] De ruina Eccl. c. 29 : Quid de Capitulis et Canonicis longum trahere sermonem necesse est, cum uno statim verbo dicere liceat, similes Episcoporum pro suo modo Canonicos esse, indoctos, simoniacos, cupidos, ambitiosos, aemulos, obtrectatores, suae vitae negligentes, alienae curiosos scrutatores ac reprehensores, adhuc autem ebriosos, incontinentissimos, utpote qui passim et inverecunde prolem ex meretrice susceptam et scorta vice conjugum domi tenent ; vaniloquos, praeterea garrulos, tempus in fabulis et nugis terentes, quia nihil utile noverunt aut serium, in quo occupentur. Et propterea in re sua, seu per fas seu nefas agenda, in cura ventris et gulae, in carnis voluptatibus hauriendis suae vitae felicitatem, ut porci Epicurei, constituunt. Cap. 30 : Quam vero pacem inter se habeant, aut quam fraternitatem, declarant sectae et seditiones, omnibus modo in Ecclesiis per infernales furias excitatae, ut jam illa infernalis hydra schismatica—omnia fere collegia suo vipereo semine infecerit. On the abuses which had crept into the chapters, see Conc. Const. reformatorii Decretales lib. iii. tit. iii. c. 1 (v. d. Hardt Conc. Const. I. xii. 695) : In Ecclesiis quibusdam, praesertim cathedralibus, et etiam quibusdam regularibus de Ordine s.

a depth of ignorance and an immorality which awakened indignation.[4] The continued struggle of the Synods against the

Benedicti, pessime servatur et inolevit consuetudo, vel potius corruptela, sic quod in eis non admittuntur nisi de nobilium aut militarium genere procreati (see Part 2, § 64, note 2. The cathedral chapter of Basle came to the same decision in 1337 with the consent of its Bishop, the records are in Ochs Gesch. v. Basel II. A. i. 49), qui velut ex militia geniti moribus laicalibus et militaribus imbuti literarum studia non frequentant neque curant, et sic ignari remanent et idiotae : ex quibus tunc communiter per electionem talem qualem ad Ecclesias cathedrales hujusmodi militiae dediti in Praelatos promoventur, interdum vix latinum fari scientes, et actus militares tam in vestibus, quam in bellorum conflictibus, et armorum insultibus, quia exercitati sunt in illis, magis praetendentes, quam quod actibus pontificalibus—se ingererent. Cap. 2 : damnabilis usus in quibusdam—Ecclesiis inolevit, quod videlicet, quoad tractatus capitulares secretos et alios, admittuntur interdum Canonici parvi, ex maturitate annorum inhabiles. Cap. 3 : In quibusdam Ecclesiis statutum reperitur, ut, licet numerus Canonicorum praebendatorum sit satis magnus, ipsorum tamen Capitularium ad satis parvum numerum sit restrictus, in finem, ut creditur, quod dicti pauci Capitulares ex capitularibus proventibus uberius valeant impinguari. How great was the ignorance prevailing amongst them is shown by the example of the Chapter of Zurich, in a document of 1335, in which they signified to the Bishop of Costnits the selection of a People's-Priest (Leutpriester), they had to make a declaration by the notary, quia singuli de Capitulo scribere nescimus, see Beitrage zur Gesch. d. deutschen Sprache u. Nationalliteratur, London (in d. Schweiz) 1778 Th. 1. S. 178.

[4] Comp. Ruysbroek, Prior of Grunthal († 1381), in Engelhardt's Richard v. St Victor u. Joh. Ruysbroek S. 326. German sermons of the 13th and 14th century, publisht by Leyser, Einleit. S. xxviii. De ruina Eccl. c. 7 : Summi Pontifices, ut aurei rivuli—suam uberius curiam irrigarent, omnibus diocesanis et patronis praesentandi facultatem conferendique libertatem—ademerunt.—Quantus vero, Deus optime, exspectantium numerus ex illo tempore, et qualium undique affluxit, atque ibi praesto fuit ! Non tantum a studiis aut schola, sed ab aratro etiam et servilibus artibus ad parochias regendas caeteraque beneficia passim proficiscebantur, qui paulo plus latinae linguae quam arabicae intelligerent, imo qui et nihil legere, et quod referre pudor, alpha vix nossent a betha discernere. Ac morum in illis compositio hanc forte ignorantiam excusabat ? Imo si parum docti, negligentius —morati : utpote qui absque literis in otio educati, nihil nisi impudicitias, ludos, comessationes, jurgia, vaniloquia consecutentur. Inde omnibus in locis tot sacerdotes improbi et miseri atque ignari, qui ruinae et scandalo sua turpi conversatione subditis sunt. Cap. 24 : De literis vero et doctrina quid loqui attinet ? Cum omnes fere Presbyteros, sine aliquo captu aut rerum aut vocabulorum, morose syllabatimque vix legere videamus. Quem ergo fructum, quam exauditionem

dissoluteness of Priests remained quite fruitless.[5] The Laity

ex suis orationibus sive sibi, sive et aliis impetrabunt, quibus barbarum est, quod orant? Quomodo per suas preces Dominum alienis propitiabunt, quem sibi ipsi sua ignorantia et suae foeditate vitae per suum ministerium infensum faciunt? Si quis hodie desidiosus est, si quis a labore abhorrens, si quis in otio luxuriari volens, ad sacerdotium convolat. Quo simul ac perventum est, fornices et cauponulas seduli frequentant, potando, comessando, pransitando, coenitando, tesseris et pila ludendo, tempora tota consumunt. Crapulati vero et inebriati pugnant, clamant, tumultuantur, nomen Dei et Sanctorum suorum pollutissimis labiis execrantur. Sicque tandem compositi ex meretricum suarum complexibus ad divinum altare veniunt. How sorely the clergy were wanting in proper education, and the people in religious instruction, may be seen in Nic. de Clemangis de studio theologico in d'Achery spicileg. i. 473, where among other complaints is the following, p. 478 : Conterunt infiniti ovium rectores totam in studiis (Universities) aetatem.—Nec tam procul dubio discere cupiunt, quam sub titulo et umbra studii multiplicandis ecclesiasticis beneficiis atque promotionibus sine ulla unquam satietate inhiare. As to the frightful moral degradation of the clergy, the writings of Wycliffe, Nicol. de Clemangis, Matthaeus de Cracovia, Jo. Huss, Jo. Gerson, Theod. a Niem may be consulted, and the sermons preacht at the Council of Constance by several preachers, which are publisht in v. d. Hardt Conc. Const., in the historia literaria Reformationis P. iii. by the same author, and in Walchii monimentis medii aevi fasc. ii. iii. iv. E.g. Bernhardi Baptisati (a Benedictine monk from Gascony) invectiva in corruptum Clerum (v. d. Hardt Conc. Const. I. xviii. 880) : In Praelatis inclusa est malitia et iniquitas, negligentia, ignorantia et vanitas, superbia, avaritia et pompositas : et qui solebant esse ovium pastores, jam effecti sunt lupi, ovium comestores.—Et habeatis pro firmo, quod revelatum est hic cuidam in generali concilio, quod, nisi de caetero tollatur et extirpetur simonia ab Ecclesia Dei, rapacitas et tyrannia, in brevi erit tanta persecutio Clericorum, et tam terribilis, qualis non fuit ab initio.—Quare hoc? Quia jam supradicti viri ecclesiastici continuo palam et publice concipiunt lasciviam, pariunt ignominiam, nutriunt avaritiam, colligunt superbiam, divisiones et guerras ipsi generant, in cautelis et deceptionibus ambulant,—*in tantum quod jam totus fere Clerus diabolo est subjectus.*—Jo Gerson de simonia cap. 4 (ibid i. iv. 10) : Sicut et alia vitia regnare videmus passim apud homines, et multo plus apud Clericos.—Recessit enim a Clero omnis lex, omnis veritas, omnis verecundia, ita ut haec, audeant, quae etiam latrones et similes horrent, and so on.

[5] Comp. the Einfuhrung der erzwungenen Ehelosigkeit bei den christl. Geistlichen u. ihre Folgen, von Dr. J. A. Theiner u. A. Theiner (Altenburg 1828. 2 Bde 8.) II. ii. 591. To this belongs also the Sermo Mag. Gerardi Magni († 1384) de focariis, first publisht by Th. A. Clarisse in Archief voor kerkelijke Geschiedenis, inzonderheid van Nederland, verzameld door Kist en Roijards i 364, ii. 300, viii 1.

were only too glad to secure their wives and daughters from the sacerdotal ravishers, and accordingly favored, at times even demanded fixt alliances of their Priests with concubines.[6] Thus in many countries concubinage was publicly allowed among the Priests, who were supposed to be too sacred for a matrimonial connexion.[7] The fines with which these excesses were visited by

Moreover, the Satires of Juan Ruitz, Archbishop of Hita in Spain, in the middle of the 14th century, see M'Crie's Reformation in Spain, translated by Plieninger S. 63.

[6] Conc. Palentinum ann. 1322 c. 7 (Mansi xxv. 703) : Quia nonnulli laicorum Clericos compellunt, in sacris praecipue Ordinibus constitutos, ut aliquas mulieres concubinas recipiant, et cum eis in contubernio publice vivant contra decorem ordinis clericalis :—nos—excommunicationis sententiae ipso facto decernimus subjacere quemlibet,—necnon universitatem scu communitatem quamlibet sententiae interdicti, quae personam quamvis ecclesiasticam duxerit compellendam ad recipiendam in concubinam mulierem quamcunque. Nicol. de Clemangis de praesulibus simoniacis, in Opp ed. J. M. Lydius. Lugd. Bat. 1613. 4. p. 165 : Taceo de fornicationibus et adulteriis, a quibus qui alieni sunt, probro caeteris ac ludibrio esse solent, spadonesque aut sodomitae appellantur. Denique laici usque adeo persuasum habent, nullos caelibes esse, ut in plerisque parochiis non aliter velint Presbyterum tolerare, nisi concubinam habeat, quo vel sic suis sit consultum uxoribus, quae ne sic quidem usquequaque sunt extra periculum. Thus Aeneae Sylvii (about 1440) Europa s. Cosmographiae lib. ii. c. 35 (in Freheri scriptt. Germ. T. ii ) of the Frieslanders : Phrisones sacerdotes, ne aliena cubilia polluant, sine conjuge non facile admittunt. Vix enim continere hominem posse, et super naturam arbitrantur.

[7] Alvarus Pelagius de planctu Ecclesiae lib. ii. c. 27 : Utinam nunquam continentiam promisissent, maxime Hispani et Regnicolae, in quibus provinciis in pauco majori numero sunt filii laicorum, quam Clericorum.—Saepe cum parochianis mulieribus, quas ad confessionem admittunt, scelestissime fornicantur.—Multi Presbyteri et alii constituti in sacris, maxime in Hispania, in Austria *(Asturia?)* et Gallicia et alibi, et publice, et aliquoties per publicum instrumentum promittunt et jurant quibusdam, maxime nobilibus mulieribus, nunquam eas dimittere ; et dant eis arras de bonis Ecclesiae, et possessiones Ecclesiae : publice eas ducunt cum consanguineis et amicis et solemni convivio, ac si essent uxores legitimae.—Theodor a Niem nemoris unionis tract vi. c. 35 : In eisdem etiam partibus Hiberniae et Norwegiae juxta consuetudines patriae licet Episcopis et Presbyteris tenere publice concubinas, et eisdem visitantibus bis in anno subditos sibi Presbyteros, ac Ecclesiasticorum Parochialiumque Rectores, suam dilectam ducere secum ad domos et hospitia eorundem subditorum Presbyterorum —Et si forte aliquis ipsorum visitatorum casu vel fortuna non habeat focariam, ut praevaricator paternarum traditionum, Episcopo visitanti proinde pro curationes duplices ministrabit. Ac etiam presbyterorum amasiae seu

CH. II—NAT. CHURCHES ? 110 MORALS OF THE CLERGY 137

many synods,[8] were quickly changed into a welcome gratuity to the avarice of the Bishops.[9] Nevertheless, every attempt of the

uxores in eisdem partibus, statu et gradu, in Ecclesiis ac in mensis, eundo, sedendo et stando caeteris dominabus, etiam militaribus, praeponuntur. Et paene idem modus, scilicet quoad luxuriam, circa presbyteros Gasconiae, Hispaniae ac Portugaliae, necnon contiguarum regionum versus Africam in omnibus observatur. Unde quodammodo plures naturales ex foedo complexu nati, quam filii legitimi in omnibus illis partibus in ecclesiasticis titulis concedendis praeferuntur, et plures legitimis apertissime promoventur. The Synods accordingly confined themselves almost entirely to decrees against the *concubinarii publici*, comp. Theiner in the work quoted above. The Clerici conjugati, who are frequently mentioned in this period (e.g. § 108, note 12. 16) are Clerici minorum ordinum, who, if they were married, could hold no benefice (see Part 2, § 65, note 3), but still on condition of wearing ecclesiastical clothing and the tonsure, continually enjoyed the privilegia clericalia, see Thomassini vetus et nova Ecclesiae discipl. P. i. lib. ii. c. 66.

[8] Part 2, § 65, note 6. Conc. Posoniense (in Presburg) ann. 1309 c. 5 : The concubinarii publici were to pay quartam partem redituum beneficiorum suorum as a fine : confidimus enim, quod spirituali poena, excommunicationis videlicet, quae quamvis sine comparatione periculosior, minus tamen peccatis exigentibus formidatur, in temporalem mutata vindictam, subditorum mutabuntur et mores. Fines of this nature were especially exacted by the Italian councils. Thus by the Conc. Pergam. ann. 1311 rubr. 6, 10 librae Papienses were required from a prelate, 5 from another ecclesiastic. Ravenn. ann. 1317 rubr. 4. Benevent. ann. 1331 c 55. Constit. Eccl. Ferrar. ann. 1332 c. 31 (24 librae) and so forth.

[9] Conc. Moguntin. ann. 1310 (Mansi xxv. 313) : Cohabitationis vitium—quorundam neghgentia Praelatorum, immo quod detestabilius est, aliquorum malitia, qui quaestum aestimant pietatem, sentitur iterum pullulare.—Si qui--ob quaestum turpem hujusmodi ad se delatum in subditis suis favere vel dissimulare praesumpserint (the archdeacons and deans are meant), illi per suos Praelatos ab honoribus dejiciantur. But the taxes afterwards establisht rose from the fines, as had happened before in the case of many penalties inflicted by the synods (Part 2, § 85, note 3.) Thus the lower house in England petitioned the King in 1372 (Rotuli Parliamentorum tempore Edwardi III. p. 313) : de remedie de ce que les Prelatz et Ordinares de seint Eglise pristrent sommes pecuniers de gentz de seint Eglise, et autres, pur redemption de lour pecche de jour en jour, et an en an, de se que ils tiendrent overtement lours concubines. De ruina Eccl. c. 22 (in v. d Hardt Conc. Const. I. iii. 23) : Jam illud, obsecro, quale est, quod plerisque in dioecesibus rectores parochiarum ex certo et conducto cum suis Praelatis pretio passim et publice concubinas tenent ?—Theobaldi publ. conquestio in Conc. Const. (l. c. i. xix. 909) : Ipsi (sacerdotes)—non solum tabernas, sed etiam lupanaria intrare, puellas maritatas atque moniales corrumpere, concubinas in domibus publice tenere, et cum eis

secular power to check these scandals was resisted by the Church as an invasion of her rights.[10]

procreare, atque alias superinducere, statimque post celebrare non adhorrent. Episcopi autem quoniam eodem vitio laborant, talia corripere non praesumunt. *Imo aliquid annuatim ab eis recipiunt*, et omnes in tali miseria stare permittunt. Under these circumstances want of chastity in Priests past for a small offence. Accordingly Gerson de visitatione Praelatorum (Opp. ed. du Pin. ii. 564): denuncietur recipientibus sacros Ordines, quod faciunt votum castitatis solemne, ne putent se liberos ad fornicandum, sicut fatui quidam putant.

[10] The Emperor Charles IV., notwithstanding his deep reverence for the clergy, found himself driven to such attempts : but comp. Innocentii P. iv. ep. ad Carolum (in Raynald. ann. 1359 no. 11) : Habet fide digna insinuatio facta nobis, quod tua Serenitas, attendens quosdam Clericos et ecclesiasticas personas—effrenata quadam vivendi licentia contra ecclesiasticae religionis decentiam, et clericalis habitus honestatem saecularibus sese actibus immiscentes, ad coercendos illorum errores et transgressiones temerarias refrenandas imperialis sollicitudinis operam adhibere fervore devotionis intendit, jamque super his nonnullis Praelatis—certas literas destinavit, comminationes sequestrationis ecclesiasticorum proventuum faciendae per saeculares Principes continentes, ne Clerici ipsi, qui tanquam Dei ministri esse debent caeteris modestiae et gravitatis exemplar, in suam et aliorum perniciem incorrecti ulterius per vitiorum lubricum gradiantur. Siquidem, carissime fili, zelum tuum, quem habes ad domum Domini multipliciter, commendamus etc.—verum cum tu defensor egregius et zelator praecipuus ecclesiasticae libertatis existas, decet excellentiam tuam accurata diligentia providere, ne per id, quod ortum ex puritate devotionis accipit, debitos transeundo terminos, nostro et apostolicae sedis honori, ac praefatae libertati ecclesiasticae—possit in aliquo derogari. Ideoque magnitudinem tuam rogamus et hortamur attente, quatenus ab hujusmodi comminationibus sequestrationis ecclesiasticorum proventuum faciendae, quod absit, per saeculares Principes, de caetero abstinens, et si quid per comminationes ipsas attentatum forsan extiterit, quod non credimus, cum id proculdubio foret illicitum,—in statum pristinum reformare procurans, Praelatos—debita caritate sollicites et inducas, ut contra eosdem transgressores sui officii debitum exequantur etc. The free towns could venture further on this ground. Comp. Conr. Justinger's († 1426) Berner Chronik, publisht by Stierlin and Wyss, Bern 1819, S. 254. Da man zalt von Gottes Geburt 1405 Jare, warent viel Pfaffendirnen im Lande. Nu hattent die von Bern gern gesechen, dass sie die Dirnen von ihnen gelassen hatten. Da meintent die Pfaffen, die Leigen hattent sie nit ze strafen, noch ze wisen. Da gebuttent aber die von Bern allen Pfaffendirnen, dass sie von ihnen kehrtent, bi einer Pene. Also giengent sie von ihnen etwas Zites. Zehand kehrten sie wiederumb. Die hiess man alle fachen, und wurdent in die Kefien geleit.

## THIRD CHAPTER.

### HISTORY OF MONASTICISM.

### § 111.

#### STATE OF THE EARLIER ENDOWED ORDERS.

The same causes which produced the deep decay of the secular clergy, furthered also an universal licentiousness amongst the endowed orders,[1] where the fondness for good living and independence was already of old standing. Thus we find in them few traces of scientific pursuits,[2] but on the contrary, so much the more

---

[1] For instance, discipline was hindered by the grants in Commendam, Gerson de modis uniendi ac reform. Ecclesiam in Conc. (Opp. ed. du Pin ii. 174): Jam monasteria Ordinum quorumcunque—dantur in commendas dictis Cardinalibus, qui vix habent in quolibet decimam partem monachorum ibidem olim existentium, aut paucos aut nullos omnino. Unde videbis, aliquos nepotes aut consanguineos laicos Cardinalium in ipsa Romana Curia otiose vacare, et nisi luxuriis et deliciis inhaerere :—et pauperes religiosi, de quorum fructibus talis pompa fit, —grandi semper rerum penuria laborant.

[2] These orders did not contribute one man of distinction to the sciences of the time, scholastic Theology and Philosophy. How it fared with the monastic libraries may be gathered from the fate of one of the most famous, that of Monte Cassino. See Benvenuti Imolensis comm. in Dantis paradisum cant. xxii. v. 74 (written in 1386 in Muratori antiquitt. Ital. medii aevi i. 1296): Venerabilis praeceptor meus Boccacius de Certaldo (the famous romancer † 1375) dicebat, quod dum esset in Apulia,—accessit ad nobile monasterium Montis Casini.—Et avidus videndi librariam, quam audiverat ibi esse nobilissimam, petivit ab uno monacho humiliter,—quod deberet ex gratia sibi aperire bibliothecam. At ille rigide respondit, ostendens sibi altam scalam : *ascende, quia aperta est.* Ille, laetus ascendens, invenit locum tanti thesauri sine ostio vel clavi : ingressusque vidit herbam natam per fenestras, et libros omnes cum bancis coopertos pulvere alto. Et mirabundus coepit aperire et volvere nunc istum librum, nunc illum, invenitque ibi multa et varia volumina antiquorum et peregrinorum librorum. Ex quorum aliquibus erant detracti aliqui quinterni, ex aliis recisi margines chartarum, et sic multipliciter deformati. Tandem miseratus, labores et studia tot inclytorum ingeniorum devenisse ad manus perditissimorum

debauchery,³ which overstept all bounds, especially during the schism,⁴ and to which the nunneries gave themselves up in the most scandalous manner.⁵

hominum, dolens et illacrymans recessit. Et occurrens in claustro petivit a monacho obvio, quare libri illi pretiosissimi essent ita turpiter detruncati. Qui respondit, quod aliqui monachi volentes lucrare duos vel quinque solidos, radebant unum quaternum, et faciebant psalteriolos, quos vendebant pueris, et ita de marginibus faciebant brevia (magic charms against sickness and such like), quae vendebant mulieribus. Nunc ergo, o vir studiose, frange tibi caput pro faciendo libros.

³ Clement V., at the Council of Vienne, prescribed several reforms to the nigris monachis (Clementin. lib. iii. tit. 10 c. 1), and forbad especially, many times over, offensive dress and hunting. Benedict XII. commanded a still more extensive reform for the Cistercians by the Bull Fulgens sicut stella in 1335, for the Benedictines by the Bull Summi magistri in 1336, and for the other orders by Dudum pro bono in 1340. (These Bulls are in the Bullaria.) But Clement VI. (Tertia vita in Baluz i. 285) constitutionis per—Benedictum P. xii —editae super reformatione monachorum nigrorum rigorem attendens, illam oleo suae clementiae misericordis adspergens modificavit in multis, et eam discretionis lima reformans, ad jugi dominici suavitatem et levitatem omnes cum aequitate reduxit.

⁴ De ruina Eccl. c 32 (in v. d. Hardt Conc Const. I. iii. 33) : De monachis autem et monasteriis late patet ad loquendum materia.— Quid autem commendabile de ipsis dicere possumus, qui—quanto magis inter caeteros Ecclesiae filios ex votis suae religionis perfecti esse debebant:—tanto ab his omnibus rebus licet eos videre magis alienos, magis videlicet tenaces, magis avaros, magis saeculari rei— immixtos, magis insuper lubricos, indisciplinatos, dissolutos, inquietos, magis per loca publica et inhonesta (si modo freno laxantur) discursantes . ita ut nihil illis aeque odiosum sit, quemadmodum cella et claustrum, lectio et oratio, regula et religio  Quocirca monachi quidem sunt exteriori habitu, sed vita, sed operibus, sed internae conscientiae spurcitia a perfectione, quam habitus ille demonstrat, longissime disjuncti. Fallit autem illos nimium sua opinio. Nam quanto sua professione rejecta terrenis magis adipiscendis inhiant, tanto pauciora habent, tantoque dotes et reditus ipsorum magis semper in nihilum fluunt. Ecce omnium coenobiorum uberrimos olim fructus ita hodie attenuatos cernimus, ut unde centum homines vivere solebant, vix decem nunc aegerrime vivant. Cuno, abbot of St Gall, about 1400 kept openly " ein Husfrowen," so also did the monks (Reimchronik des Appenzellerkrieges, publisht by J. v. Arx, St Gall 1830, S. 4 ) The monks of the monastery of Abdinghof in Paderborn had divided the property of their house amongst themselves, led a dissolute life, and in 1409 resisted their Bishop who wisht to reform them. (Annal. Paderborn. ii. 353 )

⁵ Alvarus Pelagius (de planctu Eccl. (see § 99, note 18) lib. ii. c. 45) brings as the 101st charge against the women : aliquae supponunt

se daemoni transfigurato incubo, sicut in quodam coenobio sanctimonialium eam daemoniacam vexationem post multas poënitentias et consimilia et praedicationes non usquequaque de eis potui extirpare : tantam enim familiaritatem cum quibusdam ex eis isti daemones contraxerant, quod ad eorum adspectum non terrebantur, sed absque pavore cum eis loquebantur et contractabantur, sicut ex earum judiciali confessione habui. Compare the representation of nunneries in Rulman Merswin's Buche v. d. neun Felsen (H. Suso's Leben u. Schriften v. Diepenbrock S. 519). De ruina Eccl. c. 36 : De monialibus autem plura dicere, etsi plura, quae dici possent, suppetebant, verecundia prohibet ; ne non de coetu virginum Deo dicatarum, sed magis de lupanaribus, de dolis et procacia meretricum, de stupris et incestuosis operibus pudendum sermonem prolixe trahamus. Nam quid, obsecro, aliud sunt hoc tempore puellarum monasteria, nisi quaedam, non dico Dei sanctuaria, sed Veneris execranda prostibula, sed lascivorum et impudicorum juvenum ad libidines explendas receptacula ; ut idem hodie sit puellam velare, quod ad publice scortandum exponere. Thus also Jo. Gerson declaratio defectuum virorum ecclesiasticorum (Opp. ed. du Pin ii. 317) demands: inquirite, si quae hodie claustra monialium facta sunt quasi prostibula meretricum. Comp. Gregory's XII. letter A.D. 1408 to an abbot of Friesland on the condition of the Benedictine nunneries there (in Theod. de Niem nemus unionis tract. vi. c. 34): nuper ad nostrum pervenit auditum, quod in partibus Frisiae XXII monasteria Ordinis s. Benedicti, Bremensis, Monasteriensis et Trajectensis dioeceseos consistunt, in quibus olim—tantummodo moniales dicti ordinis degebant, sed successu temporis contigit, quod in eisdem etiam mares ejusdem professionis in magno numero qualitercunque cum monialibus—degerent, prout degunt ad praesens —In quibus [monasteriis] paene omnis religio et observantia dicti Ordinis, ac Dei timor abscessit, libido et corruptio carnis inter ipsos mares et moniales, necnon alia multa mala, excessus et vitia, quae pudor est effari, per singula succreverunt.—Fornicantur etiam quam plures hujusmodi monialium cum eisdem suis Praelatis, monachis et conversis, et in iisdem monasteriis plures parturiunt filios et filias.—Filios autem in monachos, et filias taliter conceptas quandoque in moniales dictorum monasteriorum recipi faciunt et procurant : et quod miserandum est, nonnullae ex hujusmodi monialibus maternae pietatis oblitae, ac mala malis accumulando, aliquos foetus eorum mortificant, et infantes in lucem editos trucidant.—Insuper quasi singulae moniales hujusmodi singulis monachis et conversis—ad instar ancillarum seu uxorum—sternunt lectos, lavant etiam eis capita et pannos,—necnon decoquunt ipsis cibaria delicata, ac die noctuque cum ipsis monachis et conversis in comessationibus et ebrietatibus creberrime conversantur etc. Theobaldi sermo in Conc. Const. (in v. d. Hardt Conc. Const. I. xix. 909) : Loca sanctimonialium—quasi publica loca, plus quam theatra ad omnes vanitates, etiam a magnis, non sine maximo scandalo frequentantur. Et si qui forte alti status propter verecundiam temporalem intrare non audeant, sua munuscula, fercula et literas eis mittunt, easque cum maximo scandalo ad se invitant. Quae autem ex his sequuntur, turpe est dicere, sed multo turpius est facere.

## § 112.

### AGENCY OF THE MEDICANT ORDERS

The Mendicant friars, on the other hand, preserved more of that outward decency which was necessary for the maintenance of their multifarious agency than the wealthier orders. The sciences which commanded the greatest respect at that time, scholastic Philosophy and Theology, were nowhere more zealously cultivated than among the mendicants.[1] Accordingly they con-

---

[1] De ruina Eccl. c. 33 (v. d. Hardt Conc. Const. I. iii. 33) : Venio nunc ad Mendicantes, qui ex professione arctissimae paupertatis veros se Christi discipulos verosque imitatores esse jactant atque gloriantur : —qui eruditi praeterea in divinis literis, quibus paene soli hodie insudant, pabulum verbi Dei, quo populi reficiantur, assidua praedicatione ministrant, viam eis salutis aeternae, quam nemo alius docet, aperiunt, —denique soli ipsi, ut asserunt, caeterorum omnium Ecclesiae ministrorum segniter dormitantium officia peragunt, ministeria exercent, eorum delicta, ignorantias et negligentias supplent. Cap 34 : Sed libet ab eis quaerere : si hunc gradum supremae perfectionis—attigerunt, quid est, quod suis eam verbis ita magnificant, quod insolenter adeo inde se jactant, quod universis propterea inani gloriatione se praeferunt, imo quod alios omnes sui status comparatione ab omni perfectione evacuant ? Decebat enim, ut alieno ore, et non proprio suo, illa aetherea et angelica in terris perfectio laudaretur, si modo solidam laudem, non vanam, suspectam et odiosam cupiebant.—Cap 35 : Videtur autem haec parabola (of the Pharisee and publican) contra hos quaestuarios verbi Dei adulatores congruentissime inducta Quia sicut Synagoga suos Pharisaeos habuit, adversus quos in Evangelio acerrime Christus semper invehit, ita nimirum hi novi et subintroducti Apostoli Ecclesiae Pharisaei censendi sunt, quibus omnia a Christo de Pharaisaeis dicta, et forte alia plurima, nescio an deteriora, conveniunt.—With reference to the words of Christ Attendite a falsis prophetis, qui veniunt ad vos in vestimentis ovium, intrinsecus autem sunt lupi rapaces, he asks : Annon lupi rapaces sunt, ovicularum vellere amicti, qui vitae austeritatem, castitatem, humilitatem, sanctam simplicitatem exteriori specie simulant, intus vero exquisitissimis deliciis et variarum copia voluptatum ultra omnem mundanorum luxuriam exuberant ? Annon lupi rapaces sunt, sub ovili imagine latitantes, qui more sacerdotum Belis in suis penetralibus oblata devorant, mero se ac lautis epulis cum non suis uxoribus, licet saepe cum suis parvulis, avide satiantes, cunctaque libidinibus, quarum torrentur ardore. polluentes ? Annon lupi rapaces sunt, foris ovem mentientes, qui ea, quae facienda dictant, non faciunt,

CH III.—MONASTICISM. § 112 AGENCY OF THE MEND ORD 143

tinued to enlarge their sphere of operation both in the universities[2] and among the common people, at the expense of the secular clergy who were held by them in contempt. The stout resistance of the University of Paris in particular to the immoderate privileges of these orders, remained without effect:[3]

et cum aliis praedicaverint, sua praedicatione reprobi efficiuntur? etc. —Satis eorum perfidiam, quantum ad nostram pertinet brevitatem, detegere videmur. De qua, si quem juvat ampliora agnoscere, Cyrillum videat, et illic mira de eis inveniet, ad fidelium instructionem longe antequam orirentur Spiritu sancto revelante praedicta (Cyril, who is regarded by the Carmelites as their third general, on 21. Oct. 1192, received from an angel upon Mount Carmel two tables of silver, with prophecies in the Greek language, which were afterwards translated, and interpreted by the Abbot Joachim and Gilbert the Great, general of the Cistercians, about 1280, Acta SS. Mart. i. 498. Bibliotheca Carmelitana, Aurelianis 1752 fol. i. 357). Quamquam nec aliqui alii scriptores etiam defuerunt, qui de his subdolis illusoribus multa valde utilia et praeclara post eorum introitum ad Ecclesiae praemonitionem et praemunitionem prodiderunt.

[2] Out of the 29 Doctors of Divinity who were assembled by Philip of Valois at Vincennes in 1332 (see § 99, note 41), 13 were Mendicant Friars. Oxford as well as the University of Paris had many disputes with them (Ant. a Wood hist. et antiquitt. Univers. Oxon. p. 150—196). For instance there was a common complaint that they enticed the students into their order, and parents hesitated for this reason to send their sons to the University, see Ricardi Archiep. Armachanidefensorium Curatorum, in Brown app. ad fasc. rerum fugiend. et expetend. p. 473.

[3] By the Decretal Dudum Clement V. confirmed in 1311 the decretal Super cathedram of Boniface VIII. (see Part 2, § 69, note 3), which esstablisht the privileges of the Mendicant Friars against Bishops and Parish Priests. In the year 1321 John XXII. by the Bull Vas electionis (Extravagg. comm. lib v. tit. iii. c. 2) condemned the three positions of John de Poliaco, Doctor of the Sorbonne. quod confessi Fratribus, habentibus licentiam generalem audiendi confessiones, tenentur eadem peccata, quae confessi fuerant, iterum ccnfiteri proprio sacerdoti: secundo, quod stante Omnis utriusque sexus edicto in Concilio generali, see Part 2, § 83, note 5) Romanus Pontifex non potest facere, quod Parochiani non teneantur omnia peccata sua semel in anno proprio sacerdoti confiteri,—immo nec Deus posset hoc facere, quia— implicat contradictionem: tertio, quod Papa non potest dare potestatem generalem audiendi confessiones, immo nec Deus, quin confessus habenti licentiam teneatur eadem confiteri proprio sacerdoti. Joh. de Poliaco had advanced these assertions in his Quodlibetis (Ms. in Paris see d'Argentré coll. judiciorum i 302) from which Jo. de Turrecremata (about 1450) quotes in his Summa de Ecclesia lib. ii. c. 59. The

fundamental principles from which he started, were those which had been universally adopted by the Parisian divines since the time of Philip the Fair in opposition to the Papal system (comp. Part 2, § 62, note 27) : Status et potestas et jurisdictio LXXII. discipulorum continuatur in sacerdotibus Curatis, sicut status et potestas et jurisdictio Apostolorum in Episcopis.—Sed status discipulorum a Christo institutus est, et ipsi ab eo instituti et missi, potestatem immediate ab ipso accipientes, non ab aliquo Apostolorum.—Ergo et status Curatorum et ipsi sunt immediate a Christo instituti, et ab ipso immediate potestatem habent.—Quare enim potestas collata Petro est continuata in Romano Pontifice ; et potestas collata aliis Apostolis non est continuata in aliis Episcopis, et potestas collata discipulis non est continuata in Curatis, non potest dari ratio. Et ideo Curati sunt veri ordinarii, habentes jurisdictionem ordinariam, non jure humano sibi datam, sed a Christo immediate in prima institutione Ecclesiae ;—et etiam non sunt vicarii Episcoporum, sed Jesu Christi,—inferiores tamen et minores Episcopis : nec ab ipsis possunt destitui, nisi ex rationabili causa, sicut nec Episcopi a Papa.—Item Episcopi habent inferiorem potestatem a Deo immediate, sub Papa, sed non a Papa.—Ex quo patet, quod nec Papa Praelatis potest potestatem datam a Christo eis auferre, et aliis non Praelatis dare, nec statum Ecclesiae a Christo institutum destruere et mutare. Petrus Paludanus, the Dominican, who was lecturing at the same time in Paris, wrote against John de Poliaco, as to his works extant in Ms. see d'Argentré i. 302. Comp. Petri Paludani tract. de causa immediata ecclesiasticae potestatis, Paris. 1506.—The Continuator chronici Guil. de Nangis in d'Achery Spicileg. iii. 112, relates a remarkable attempt made against the Mendicants : Anno Dom. 1351 insurrexerunt domni Cardinales et Praelati alii multi cum magna multitudine Curatorum contra Religiosos Mendicantes in Curia Romana, volentes et petentes a domino Papa Clemente VI. eorum annullationem, et quod deficerent in se : Episcopi allegantes fortiter in Consistorio, quod ipsi Mendicantes non erant ab Ecclesia vocati et electi, et quod eis non incumbebat fidelibus praedicare, neque confessiones audire, sed neque sepulturas recipere alienas : unde requirebant dicti Praelati cum curatis, quod ipsi Mendicantes cassarentur, vel quod saltem cessarent a praemissis, aut ad minus quod non solum quarta portio de sepulturis alienis daretur, sed totum emolumentum ipsis Curatis ex integro redderetur, quia nimis erant ditati ipsi Mendicantes de talibus sepulturis. But the Pope forthwith pleaded for the Mendicants : objecit etiam domnus Papa ipsis Praelatis et Curatis, de quo, si ipsi Mendicantes tacerent, de quo ipsi populo praedicarent ? quia si de humilitate praedicaveritis, vos, inquit domnus Papa, estis super omnes status mundi magni, superbi et elati et pomposi :—si de paupertate, vos estis magis tenaces et cupidi, unde non vobis sufficiunt omnes praebendae ac beneficia mundi : si—de castitate, de hoc, inquit, nos tacemus, quia Deus scit, qualiter quilibet agit, et qualiter quamplurimi in deliciis nutriunt corpus suum etc.—Richard, Archbishop of Armagh (see concerning him Baluzii not. ad vit. PP. Aven. p. 950) was accused by the Mendicants before the Pope for many assertions injurious to their order, and defended them in 1357 before Innocent

VI. in a speech which is still extant, defensorium Curatorum in Goldasti monarchia ii. 1392 and Brown append. ad fascic. rerum expet. et fug. p 466): IV. quod Dominus noster Jesus Christus docuit, non debere hominem spontanee mendicare; V. quod nullus potest prudenter et sancte spontaneam mendicitatem super se assumere perpetuo observandam; VIII. quod pro confessione parochianorum—eligibilior est parochialis Ecclesia, quam Fratrum oratorium sive ipsorum Ecclesia; IX. quod ad confessionem parochianorum — eligibilior est persona Ordinarii quam Fratris persona. Richard remained some time in Avignon (Prima vita Innocent VI. in Baluzii vit. PP. Aven. i. 338) duravit quaestio hujusmodi per aliquod tempus. Sed tamen indecisa remansit propter obitum suum (Richard died at Avignon in 1360), qui supervenit; de quo dicti Fratres potius de *Gaudeamus* quam de *Requiem* cantaverunt. Comp. d'Argentré collectio judiciorum de novis erroribus i. 378. Against him wrote the Franciscan and Professor of Theology in Oxford, Rogerus Chonoe or Connovius de confessionibus per Regulares audiendis in Goldast. ii. 1410, and the Carmelite at Cologne, Joannes de Hildesheim, defensorium IV. Ordinum mendicantium (Trithemii chron. Hirsaug. ii. 245.)—On the 2d Jan. 1409 (more Gallicano 1408) the Franciscan Joannes de Gorello was compelled by the Sorbonne to revoke the following opinions maintained by him (Bulaei hist. Univ. Paris. v. 189, d'Argentré collectio judiciorum I. ii. 178): I. quod sacramentum poenitentiae nihil agit in habente gratiam virtute sacramenti;—II. quod debite confessus non possit obligari, ut iterum confiteatur eadem peccata;—III. Curatis non competit, ut tales sunt, praedicare, confessare, extremam unctionem dare, sepulturas dare, decimam recipere. Fundatur in hoc, quod Curati non sint de institutione Christi et Ecclesiae primariae, sed per Dionysium Papam fuerunt ordinati (according to the liber pontificalis and the Pseudo-Isidore ) Item quia stat Curatos esse, qui non sunt sacerdotes;—IV. Fratribus competit principalius, vel essentialius, praedicare et confessiones audire, quam Curatis. Fundatur, quia Fratribus competit ex regula etc. Instead he had to acknowledge the following propositions : I. DD. Curati sunt in Ecclesia minores Praelati et Hierarchae ex prima institutione Christi, quibus competit ex statu jus praedicandi, jus confessiones audiendi, jus sacramenta ecclesiastica secundum exigentiam sui status Parochianorum ministrandi, jus sepulturas dandi, jus insuper decimas et alia jura parochialia recipiendi ; II Item, quod jus praedicandi et confessandi competit Praelatis et Curatis principaliter et essentialiter, et Mendicantibus per accidens ex privilegio : quoniam sunt introducti, vel admissi ex concessione et beneplacito dd. Praelatorum; III. Item quod eadem peccata possunt licite et meritorie pluries confiteri in multis casibus, et quod virtute s. Sacramenti poterit eis prodesse quaelibet talis reiterata confessio etc. In order to avenge themselves, the Minorites obtained from Alexander V. the Bull Regnans in excelsis of 12. Oct. 1409 (in Bulaeus V. 196), in which the privileges of the Mendicants were confirmed afresh, and the following propositions, which were no doubt maintained in Paris, were condemned: I. Confessus Fratri admisso in forma *Dudum* (Clement III. 7, 2) tenetur eadem peccata—iterum Curato confiteri.—II. Conclusiones Joannis de Poliaco damnatae per

they often even exceeded these privileges with impunity.[4] The
Joannem XXII. sunt satis verae.—III. Statutum Joannis XXII.
editum, *Vas electionis*, est irritum et inane, quia, cum illud fecit, erat
haereticus. —IV. Stante statuto, *Omnis utriusque sexus*, nec Deus, nec
Papa—potest facere, quin confessus Fratri mendicanti admisso iterum
teneatur confiteri suo Curato. V. Confessio Fratribus admissis facta
est dubitabilis. Quapropter omnes tenentur dimittere incertum, et sic
solum confiteri suis sacerdotibus curam animarum habentibus sub poena
peccati mortalis. VI. Quamvis Fratres admissi habeant auctoritatem
absolvendi et audiendi confessiones, tamen populus subjectus non habet
potestatem accedendi ad Mendicantes admissos sine licentia proprii
sacerdotis ; et Fratres petentes privilegia pro confessionibus audiendis
et sepulturis habendis sunt in peccato mortali et excommunicati ; et
Romani Pontifices, talia privilegia concedentes Mendicantibus, aut
eisdem confirmantes, sunt in peccato mortali et excommunicati. VII.
Fratres non sunt aut fuerunt Pastores, sed fures, latrones et lupi.
VIII. Sacerdos Curatus dans licentiam Mendicantibus audiendi confessiones magis dispensat cum statuto *Omnis utriusque sexus*, quam
Papa Fratribus dans licentiam juxta formam Decretalis *Dudum*. The
University of Paris was roused to the greatest indignation by this
Bull : Gerson preacht against it (opp. ed. du Pin ii. 431), and composed a *Censura* of it (l. c. p. 442) : the Sorbonne declared it intolerabilis et totius status ecclesiastici turbativa (Bulaeus V. 201) and so
forth. John XXIII. was accordingly compelled to revoke the Bull in
1410 (Bulaeus V. 204), cf. d'Argentré I. ii. 180.

[4] Thus at the Council of Vienne the following complaints de excessibus exemptorum, which principally related to the mendicant friars,
were brought forward by a Bishop (Raynald. ann. 1312 no. 24) : ipsi
—publice excommunicatos a suis Ordinariis ad sacramenta et sacramentalia admittunt in suis Ecclesiis et Capellis. In eisdem etiam
dispensationes clandestinas et benedictiones, quamquam inter personas
excommunicatas aut consanguinitate vel affinitate conjunctas, seu alias
personas matrimoniali vinculo confoederatas celebrare non verentes.—
Et dum a talibus excessibus—ab Ordinariis arguuntur, de sua exemptione confisi reddunt pro verbis humilibus verba tumida et superba etc.
Reformatorii Conc. Constantiensis decretales lib. iii. tit. x. c. 12 (v. d.
Hardt Conc. Const. I. xii. 715) : Multorum querela Curatorum ad hoc
sacrum Concilium deducta, qualiter Fratres Ordinum mendicantium
limites apostolici privilegii—multipliciter excedant : sic quod superiores
dictorum Fratrum non eo modo, sicut deberent, sed in scriptis, imo
interdum nomine non expresso, Ordinariis locorum suos terminarios, ut
plurimum idiotas, et interdum minus quam Presbyteri curati scientes,
praesentant ; praesentato soli absque socio per parochias velut vagi
transcurrunt, absolutiones suas, ultra Curatorum efficaciores, tanquam
apostolica auctoritate concessas, praedicant saepius ; quod in casibus eis
non commissis absolvunt, pecuniaria etiam pactione praecedente aut
interveniente ; decedentibus et testari volentibus secretius ingerunt ; sibi
et non Curatis legari et apud suos conventus sepeliri : quibus omnibus

CH III—MONASTICISM § 112 AGENCY OF THE MENDICANTS 147

original jealousy betwixt the Dominicans and Franciscans derived in fact fresh nourishment from doctrinal controversy :[5] Still any scandalous outbreak was hindered by the fact that these two principal orders gradually formed for themselves separate circles of operation. The Dominicans, left in almost entire possession of the Inquisition, and the cure of souls among the higher ranks, gradually lost the character of a mendicant order.[6] The Franciscans, on the contrary, strove more for influence over the masses, and wrought in every way, even by pious frauds,[7] to

secretius ingestis et practicatis canonicam ipsis Curatis non exhibent portionem etc.

[5] Compare Part 2, § 75, especially upon the immaculate conception of Mary, and the evangelical poverty. The two orders likewise vied with each other in the exaltation of their founders. In imitation of the Franciscans (see Part 2, § 70, note 2), the Dominicans also began to rank their Dominic with Christ. cf Vita s. Catharinae Senensis (of the tertiary order of St Dominic, † 1380), written by Raimundus Capuanus, General of the Dominicans, P. ii. c. 7 (Acta ss. Aprilis iii. 904) : Catherine had seen in a vision summum et aeternum Patrem, de ore suo (ut videbatur) coaeternum sibi Filium producentem.—Quod dum attenderet, ex alia parte vidit beatissimum Patriarcham Dominicum ex ejusdem Patris produci pectore, luce ac splendoribus circumdatum : audivitque ex eodem ore prolatam vocem, quae verba infrascripta formabat : Ego, dulcissima filia, istos duos filios genui, unum naturaliter generando, alium amabiliter et dulciter adoptando.—Sicut hic filius a me naturaliter et aeternaliter genitus, assumpta natura humana, in omnibus fuit perfectissime obediens mihi usque ad mortem ; sic filius adoptivus meus Dominicus, omnia quae operatus est ab infantia sua usque ad terminum vitae suae fuerunt regulata secundum obedientiam praeceptorum meorum, nec unquam semel fuit transgressus quodcunque praeceptum meum.—Et sicut filius naturalis hic, tamquam verbum aeternum oris mei, locutus est palam mundo ;—sic filius meus adoptivus Dominicus veritatem verborum meorum praedicavit palam mundo.— Sicut filius meus naturalis misit discipulos suos,—sic iste adoptivus misit Fratres suos etc.

[6] Compare the tract of the Dominican Petrus Paludanus in Paris (about 1330) quod fratres Praedicatores possunt habere possessiones et reditus.

[7] Compare especially the growth of the Portiuncula Indulgence (Part 2, § 69, note 9.) The Cardinal Bonifacius de Vitaliniis (oftener de Amanatis, see Baluzii PP. Aven. i. 1340) records in his Comment. in Clementinas A.D. 1388, that the Franciscans asserted, that as many souls might be released from purgatory every 2d of August as went in or out of the Church of Portiuncula, see J. B. Thiers traité des superstitions, qui regardent les sacremens (Paris 1701. 4 voll. 12) iii. 259.—Hermanni

win among them respect for their order, and large charitable bequests.

§ 113.

INTERNAL HISTORY OF THE FRANCISCAN ORDER.

The abolition of the Coelestine-Eremites by Boniface VIII. (Part 2, § 70, note 16) had no other result than to renew and increase the division of the Franciscans into Spirituales and Fratres de communitate. For the former, in spite of all the efforts of the Popes, could not be induced to unite themselves again with the order:[1] and when John XXII. invoked the aid of the Inquisition[2] against a party of them in Narbonne and Beziers, many chose rather to be thrust from the Church as

Corneri (Dominican at Lubeck) chron. ad ann. 1359 (in Eccardi corp. hist. medii aevi ii. 1101): The Franciscan Arnaldus de Villa Preodii Vercellensis dioecesis maintained the erroneous notion quod nullus possit damnari, deferens habitum Ordinis s. Francisci, asseruitque constanter, b. Franciscum omni anno semel descendere de caelo ad purgatorium, et eripere inde animas omnium illorum, qui illo anno defuncti, in habitu Ordinis sui extiterunt sepulti, et ad purgatorium fuerant missi. (This Franciscan was Arnaldus Montanerius de Villa Podii Ceritani dioec. Urgellensis, see Eymerici directorium Inquisitorum P. ii. qu. 11 in fine. Even Wadding ann. Minorum ann. 1371 no. 28 considers the annual descent of St Francis into purgatory not improbable.) Hujus autem erroris assertores nedum sed et publici pronunciatores ac praedicatores plures in Ordine praedicto impraesentiarum existunt, qui ausu temerario talia figmenta et mendacia non verentur populo intimare. Imo temporibus meis, *me praesente*, in provinciali synodo in urbe Hammeburgensi celebrata anno Dom. 1406—dominus Joannes Episcopus Lubicensis—hunc errorem in publico consistorio ipsis fratribus Minoribus ibidem praesentibus objecit,—tanquam per dictos fratres publice praedicatum in urbe Lubicensi.

[1] A controversy between the two parties was held before Clement V. Wadding. ann. 1310 no. 1 ss.) In consequence, Clement publisht a new interpretation of the rule in the Constitution Exivi de paradiso (Clementin. lib. v. tit. 11 c. 1), in which he made concessions to both parties in order to effect an union.

[2] How they made themselves masters of the monasteries at Narbonne and Beziers, see Wadding ann. 1314 no. 8, John's XXII. proceedings against them ibid. ann. 1317 no. 11 ss. Baluzii miscell. i. 195.

heretics (1317) than to be persuaded to yield. These persons thus cast out (fratricelli), together with a numerous appendage of Tertiaries, increast the motley crowd of heretical Beghards ;[3]

[3] On the earlier connexion of the Spiritualists with the Beghards see Part 2, § 71, note 12. John's XXII. Bull Sancta Romana of 30. December 1317 (in Extravagg. Jo. XXII. tit. vii.) : Nonnulli profanae multitudinis viri, qui vulgariter *Fratricelli*, seu *Fratres de paupere vita*, *Bizochi sive Beguini* vel aliis nominibus nuncupantur in partibus Italiae, necnon in insula Siciliensi, comitatu provinciae, Narbonensi et Tolosana civitatibus—habitum novae religionis adsumere, congregationes et conventiculas facere, et superiores sibi ipsis eligere, quos ministros, seu custodes, vel gardianos, aut nominibus aliis appellant, plurimos ad eorum sectam recipere,—publice mendicare, quasi eorum secta foret una de religionibus per sedem apostolicam approbatis, temeritate damnabili praesumpserunt, et praesumunt etiam incessanter. Et ut ipsorum error veritas, et impietas religio reputetur ; plurimi eorum regulam seu ordinem fratrum Minorum, quem s. Franciscus instituit, se profiteri et ad literam conservare confingunt, quanquam in obedientia Generalis, vel provincialium ministrorum ipsius Ordinis non morentur, praetendentes se a sanctae memoriae Coelestino P.V.—hujus status—privilegium habuisse. Quod tamen, etsi ostenderent, non valeret ; cum bonae memoriae Bonifacius P. viii.—omnia ab ipso Coelestino—concessa —viribus penitus vacuaverit.—Nonnulli etiam ex ipsis asserentes, se esse de tertio Ordine b. Francisci, Poenitentium vocato, praedictum statum et ritum eorum sub velamine talis nominis satagunt palliare : cum tamen in regula ipsius tertii Ordinis talis vivendi ritus nullatenus sit concessus.—Ipsorum quam plurimi—a veritate catholicae fidei deviantes, ecclesiastica sacramenta despiciunt ac errores alios student multipliciter seminare. Then follows a stern prohibition of this method of life under threat of excommunication.—In the Bull Gloriosam Ecclesiam of 23. Jan. 1318 (in the Bullarium Rom. and in Raynald. ann. 1318 no. 45) the Bishops were accordingly required to imprison the pseudo-minorites, who had escaped to Sicily, and constituted there a small community, distinguishing themselves by wearing quosdam habitus cum parvis caputiis curtos, strictos, inusitatos et squalidos, and to deliver them over to the Franciscan order for punishment. In this also there is a brief account of the past controversy, and a statement of the errors of the separatists, viz. : I. Primus error—duas fingit Ecclesias, unam carnalem, divitiis pressam, effluentem deliciis, sceleribus maculatam, cui Romanum Praesulem, aliosque inferiores Praelatos dominari asserunt : aliam spiritualem, frugalitate mundam, virtute decoram, paupertate succinctam, in qua ipsi soli eorumque complices continentur, cui etiam ipsi spiritualis vitae merito, si qua fides est mendaciis, principantur.—II. Secundus error — venerabiles Ecclesiae sacerdotes—sic jurisdictionis clamitat auctoritate desertos, ut nec sententias ferre, nec sacramenta conficere, nec subjectum populum instruere valeant ;—quia apud ipsos solos, ut ipsi somniant, sicut spiri-

they mutually interchanged their superstitions,[4] and were sacrificed together wholesale by the Inquisition.[5]

With the larger portion of the Franciscans (Fratres de communitate) the renunciation of all property even of such as was held in common, had been reduced to a mere pretence by the Papal interpretation of the Rule. However the order attacht so high a value to this pretence, that at the instigation of a certain Beghard who fell into the hands of the Inquisition at

tualis vitae sanctitas, sic auctoritas perseverat.—III.—in nullum eventum asserunt fore jurandum, dogmatizantes, mortalis criminis contagione pollui et poena teneri, quos contigerit juramenti religione constringi. IV.—sacerdotes rite—ordinatos, quibuslibet tamen criminibus pressos, non posse conficere vel conferre ecclesiastica sacramenta. V.—Evangelium Christi in se solis hoc in tempore—esse completum, quod hactenus, ut ipsi somniant, objectum fuerat, immo prorsus extinctum.—Multa sunt alia, quae isti praesumptiosi homines contra conjugii venerabile sacramentum garrire dicuntur, multaque de cursu temporum et fine saeculi somniant, multaque de Antichristi adventu, quem jamjam instare asserunt, flebili vanitate divulgant etc  Compare Culpae Beguinorum in the Liber sententiarum Inquisitionis Tolosanae ab anno 1307—1323, p. 298, ss.  Under Ph. a Limborch hist. Inquisitionis.  Among these Beguins the Postilla Fr. Petri Olivi (part 2. § 70 note 12) which they had in the language of their country, were held in high esteem. Accordingly the Church of Rome was to them Babylon meretrix magna, John xxii. mysticus Antichristus, praeparator viae majoris Antichristi (p. 304), regula s. Francisci unum et idem cum evangelio Christi (p. 302), viz. vita Christi, quam in hoc mundo servavit et servandam Apostolis suis tradidit (p. 303.)  S. Franciscus seu Ordo ejus debebat Ecclesiam renovare naturally enough the only order considered genuine among the spiritualists.  A Beguin examined in 1321 (p. 298) credidit, informatus per scripturam dicti fratris P. Johannis (Olivi), quod infra XIV. annos computandos a praesenti tempore Antichristus major complevisset cursum suum etc.

[4] Alvarus Pelagius de planctu Eccl. lib. ii. c. 51 de erroribus Begardorum says with regard to the tertius error Begardorum de spiritu libertatis (see part 2 § 90 note 33) :  Tempore meo in provincia b. Francisci multi saeculares et *fratres Minores* pro isto carnali spiritu libertatis per inquisitores haereticae pravitatis incarcerati fuerunt,— tales valde *spirituales* videbantur in lucis angelum transformati.  Accordingly Wadding's efforts (ann. Minorum ann. 1317 no. 24 ss.) to deny the rise of the Fratricelli from his order were facilitated.

[5] These victims were considered martyrs by their party.  Thus Mosheim (Institutt. hist. eccl. p. 583 note z) had a Martyrologium Spiritualium et Fratricellorum, in which 113 martyrs were recorded to have been executed from the year 1318 down to Innocent VI.

Narbonne (1321) it engaged in a most violent contest with the Dominicans on the question whether Christ and the apostles held property in common.[6] John XXII., weary of the disputes about the rule of poverty, declared himself, notwithstanding all the remonstrances of the Franciscans,[7] on the side of the Dominicans, characterized the Franciscan doctrine as heresy,[8] and denounced

[6] The account of the contemporary Nicolaus Minorita in Baluz. PP. Aven. i. 598 : Anno Dom. MCCCXXI—quidam Beguinus seu Bizotus fuit captus in civitate Narbona pro facto haeresis per Archiepiscopum Narbonensem et fratrem Johannem de Belna, Ordinis fratrum Praedicatorum Inquisitorem haereticae pravitatis. Qui Beguinus inter alia asserebat, quod Christus et Apostoli viam perfectionis sequentes nihil habuerunt jure proprietatis et dominii in speciali, nec etiam in communi. Qui Inquisitor volens judicare dictum Beguinum convocavit ad consilium omnes Priores, Gardianos et Lectores Religiosorum et quamplures alios sapientes, inter quos affuit frater Berengarius Taloni Lector in conventu fratrum Minorum de Narbona. Et inter caetera praefatus Inquisitor fecit legi praefatum articulum de paupertate Christi et Apostolorum ejus, pro quo volebat Begardum hujusmodi tanquam haereticum judicare. Praelibatus frater Berengarius Lector super dicto articulo requisitus respondit, quod hoc dicere non erat haereticum, sed dogma sanum, catholicum et fidele, maxime cum hoc esset per Ecclesiam in decretali Exiit qui seminat (Nicolai iv. see part 2 § 70 note 11) diffinitum. Quo facto, ac si asseruisset haeresim dictus Lector, praefatus Inquisitor eidem praecepit, ut dictum suum statim in praesentia omnium revocaret. Qui Lector revocare noluit quoquo modo, sed—ad sedem apostolicam solemniter appellavit, et cum appellatione sua venit apud Avinionem.

[7] Compare the two Declarations of the general chapter of the Franciscans assembled in Perusium in June and July 1322, in Wadding ad h. a. no. 51 ss.

[8] As Nicholas IV in his Bull Exiit had forbidden, under pain of excommunication, all comment upon it, so John XXII. allowed it at first with a view to a further inquiry into the circumstances, in the Bull Quia nonnunquam (Extravagg. Jo. XXII. tit. xiv. c. 2) : Afterwards he decided in the Bull Cum inter nonnullos 12. Nov. 1322 (ibid. c. 4) : in posterum pertinaciter adfirmare, quod Redemtori nostro ejusque Apostolis iis, quae ipsos habuisse Scriptura sacra testatur, nequaquam jus ipsis utendi competierit, nec illa vendendi seu donandi jus habuerint, aut ex ipsis alia adquirendi, quae tamen ipsos de praemissis fecisse Scriptura sacra testatur, seu ipsos potuisse facere supponit expresse : cum talis adsertio ipsorum usum et gesta evidenter includat in praemissis non justa, quod utique de usu, gestis seu factis Redemtoris nostri, Dei Filii, sentire nefas est, sacrae Scripturae contrarium, et doctrinae catholicae inimicum : adsertionem ipsam pertinacem de fratrum nostrorum consilio deinceps erroneam fore censendam merito ac haereticam declaramus. As to the manner in which the champions

forthwith, in the name of the Roman Church, the tenure of Franciscan property (1322.)[9] The most zealous Franciscans, and at their head Michael of Cesena, General of the Order, betook themselves at length to Lewis the Bavarian,[10] and persecuted the heretical Pope to the day of his death.[11] The greater

of Papal infallibility explain away the open contradiction of the Bulls of Nicholas IV. and John XXII. see Bellarminus de Romano Pontifice lib. iv. c. 14.

[9] By the Bull Ad conditorem canonum 8. Dec. 1322 (Extravagg. Jo. XXII. tit. xiv. c. 3.) Here he discovers the fallacy which lay in the former right of property of the Roman Church : Constat, quod post ordinationem praedictam (Exiit, Nicolai IV.) non fuerint in adquirendis ac conservandis bonis in judiciis et extra minus solliciti, quam ante illam fuerant Fratres ipsi.—Adhuc nec utique profuit dictis Fratribus ordinatio supra dicta, quantum ad hoc, quod propter carentiam talis proprii se pauperiores dicere valeant, quam si res ipsas cum illo, quo carere se dicunt, dominio obtinerent. Licet etiam praedecessor noster praedictus dominium earum rerum, quae ipsis Fratribus offerri seu conferri, aut alias obvenire contigerit,—in se Romanamque Ecclesiam recipiendum duxerit ;—attento tamen ipsorum Fratrum utendi modo et ejus effectu,—non ipse usus Fratrum dici debet, sed potius Romanae Ecclesiae dominium esse simplex. Quis enim simplicem usuarium dicere poterit, cui rem usuariam licet permutare, vendere ac donare ? Accordingly nolentes in posterum sub praetextu—talis dominii temporalis verbalis, nudi ac aenigmatici tanta bona, quanta dicti Fratres faciunt, infici,—sancimus, quod in bonis, quae in posterum conferentur,—Fratribus seu Ordini supra dictis (exceptis Ecclesiis, oratoriis, officinis et habitationibus, ac vasis, libris et vestimentis divinis officiis dedicatis)—nullum jus seu dominium aliquod—Romanae Ecclesiae adquiratur, sed quoad hoc habeantur prorsus ordinationes hujusmodi pro non factis. Et—districtius inhibemus, ne deinceps pro recipiendis, petendis, extorquendis, defendendis seu administrandis bonis —quisquam nominetur—nomine s. Romanae Ecclesiae procurator etc. Fr. Bonagratia appealed against this Bull before the Papal consistory in the name of the Order 14. Jan. 1323, but he was thrown into prison (Wadding ann. 1323 no. 1.)

[10] See above § 99 note 32.

[11] Compare Michaelis Caesenatis tract. contra errores Jo. xxii. (in Goldasti monarchia ii. 1236), ejusd. litterae ad omnes Fratres ordinis Minorum A.D. 1333 (ibid. p. 1338 ss.) and ad Regem Rom. et Principes Alemaniae (ib. p. 1344.)—Guil. Ockami compendium errorum Papae (ibid. p. 957), ejusd. opus nonaginta dierum contra errores Jo. xxii. (ibid. p. 993.) On the other hand the Dominicans defended the Papal decision, especially Petrus Paludanus at Paris (1330 Patriarch of Jerusalem † 1342) tract. de paupertate Christi et Apostolorum contra Michaelem de Caesena (Ms. in bibl. Colbert.) As to other works see Raynald. ann. 1323 no. 38 ss. So early as 1324 John XXII. had

portion of the order, however, submitted and chose a general acceptable to the Pope (1329.)[12]

The decrees of John XXII. necessarily caused the observance of the rule of St Francis to be still further relaxt in the greater portion of the Order.[13] So much the less could the Spiritualists who remained true to the Church be reconciled again to the Order. Accordingly, throughout the 14th century, they constantly repeated their endeavour to unite in small retired establishments, in order to observe their beloved rule in its purity, and to indulge the hope of a Reformation in the Church such as

defended his constitution himself in a new Bull Quia quorundam (Extravagg. Jo. xxii. tit. xiv. c. 5) and placed his opponents under Ban. Petrus Rogerius (Benedictine Monk and Professor of Theology at Paris, afterwards Pope Clement VI.) records in his Lecture on this Bull (see Baluzii note ad Antonii Augustini de emendatione Gratiani dialog. lib. i. dial. 17), that at that time a theologian at Paris, no doubt a Dominican, had advanced so far as to maintain: adserere Christum et Apostolos nihil habuisse est magis haereticum, quam adserere Deum non esse incarnatum. Viz.: illud est magis haereticum, quod est contra majorem evidentiam fidei.—Sed adserere, quod Christus et Apostoli nihil habuerunt in proprio vel communi, est contra majorem evidentiam fidei.—Illi enim, qui erant tempore Christi et Apostolorum, clare videbant, quod Christus et Apostoli habebant aliqua vel in proprio, vel in communi; non tamen ita clare videbant, quod Deus esset incarnatus, quia non videbant clare Christum esse nisi purum hominem. Ergo etc.

[12] At a general chapter in Paris Wadding ann. 1329. The Franciscans went back to the old fiction that the property in their possessions remained with the giver (see Part 2, § 70, note 6), see Alvarus Pelagius de planctu Eccl. lib. ii. c. 55 : Fratres Minores possunt habere usum quemlibet separatum a proprietate, cujus proprietas Romanae Ecclesiae erat olim, et nunc dantium, propter Extravagantem, quam fecit Papa Joannes XXII. contra fratres Minores, quae incipit Ad Conditorem.

[13] See the Confession of the Franciscan Alvarus Pelagius ii. c. 66, that his brethren frequently de pecunia, quae pro eis deponitur, emunt et faciunt superflua.—Item non pro necessitatibus ingruentibus— faciunt pecuniam deponi, sed pro futuris necessitatibus et non necessitatibus.—Item vadunt aliqui per terras et villas,—eleemosynas pecuniarias procurando et petendo, et importunitates frequenter ingerendo, famulum retro ducendo, et denariis pixides et loculos implendo.—Item ponunt aliqui cippos et arcas in eorum Ecclesias, ut ibi saeculares ponant pecunias.—Item tangunt pecunias vel cum cera vel cum ligno vel cum palea. Portant etiam quidam eorum pecunias sutas in habitibus et tunicis. Quidam etiam eorum faciunt sibi pecuniam poni in capitiis etc.

Petrus Johannes Olivi had foretold them (Part 2, § 70, note 12.) Accordingly, they bore a great resemblance to the Fratricelli (the passage quoted above, note 9 and 16), without falling into their heresies. At first their communities were frequently disperst, but afterwards they found protection [14] from certain generals of the Order, and increast to such a considerable number, that at length the Council of Costnits establisht them in form as Fratres regularis observantiae, in contradistinction to the Fratres conventuales.[15]

The more the Franciscans relaxt the severity of the so-called evangelical life restored by Francis, so much the more extravagant were they in his praise, as if for the purpose of propitiating the saint, and so much the more profane mockery they practised

[14] Thus Philip of Majorca was refused by John XXII. (Wadding, ann. 1328, no. 28), and afterwards by Benedict XII. (ibid. ann. 1340, no. 23), when he requested permission to form a society of strict Franciscans, and the latter (Benedict XII.) declared to Robert, King of Sicily, who pleaded for Philip, quod idem Philippus sectae Beguinorum—promotor, defensor, rector et conservator extitit,—et his nequaquam contentus tam contra Joannem P. xxii.—quam sedem praedictam multa enormia et haeretica—publice asseruit, et etiam praedicavit interdum. —Johannes de Vallibus formed a small society of this kind in 1334, with the consent of the general of the order at Brugliano (Wadding ann. 1334, no. 24); however, when it began to spread, it roused the jealousy of the order, was accused of heresy (spiritum libertatis inter eos dominari,—eos receptasse aliquos haereticos), and dissolved by the Pope (Wadding 1355, no. 1 ss.) Cola Rienzi (§ 101, note 3) united himself as a Tertiary to one of these societies on Monte Majella in the Appenines, and has left behind him a description of their mode of living (Papencordt's Cola di Rienzo, S. 208.) Fra Angelo, one of the chiefs of these Spiritualists, believed that he recognised Cola by revelation from heaven as the instrument of renovation for the world and the Church; accordingly he sent him to the Emperor Charles IV. in 1350 (Papencordt S. 211.) Throughout this time the congregation of the Clarists, which Angelus de Cingulo had formed A.D. 1302 in the march of Ancona from the remnant of the Celestines, maintained its existence (Wadding ad. h. a. no. 8); and that of Paulutius also (Paolucci von Foligni), a disciple of Joannes de Vallibus, who settled himself again in the ruined monastery of Brugliano with the permission of the general of the order (Wadding ann. 1368, no. 10), and enlarged his society to such an extent (Wadding ann. 1380, no. 29. 1384, no. 4. 1385, no. 4. 1388, no. 1. 1390, no. 1), that he was lookt upon as the founder of the regular observance.

[15] Sess. xix. d. 23. Sept. 1415 (v d. Hardt Conc. Const. iv. 515)

in the comparison of him with Christ.[16] The prophecies of John de Rupescissa testify to the fact that the expectation of an

[16] Compare Part 2, § 70, note 2. At this time appeared the notorious Liber conformitatum Bartholomaei Albicii or Barth. de Pisis, the Franciscan, written in 1385, presented to the general chapter held at Assisi in 1399, and there approved (the only complete edition is that of Milan 1510, fol. Auszug v. Erasmus Alberus mit einer Vorrede v. Luther : Der Barfusser Mónche Eulenspiegel u. Alcoran 1531, also 1573 and 1614. 12, further enlarged in the translations : l'Alcoran des Cordeliers and Alcoranus Franciscanorum, which have been often publisht.) This notorious work is composed of 3 books, and points out 40 conformitates of St Francis with Christ, which are every time briefly announced in the headings, e.g. lib. i. 1. Jesus prophetis cognitus Franciscus declaratur (Prophecies de Francisco tam ante ortum, quam in ortu et post ortum declarato et agnito). 2. Jesus emissus caelitus, Franciscus destinatur. 3. Jesus laete progenitus, Francisco vir laetatur (viz., Prophets and angels rejoiced at the birth of Francis as at the birth of Christ.) 6. Jesus abjectus cernitur, Franciscus separatur. e. g. Nam Apostoli etsi navem et alia reliquerunt, non tamen vestimentum, quod in dorso habebant : beatus vero Franciscus non solum omnium terrenorum facultati abrenunciavit, sed et pannos et femoralia rejecit, nudum corpore et mente se offerens brachiis Crucifixi, quod de nullo alio Sancto mundum abrenunciante alicubi legitur, et sic in hoc b. Franciscus singularis ab omnibus reperitur. For this reason the Brother Pacificus, also, had seen in a vision many seats in heaven, inter quas vidit unam eminentiorem aliis et prae omnibus gloriosius fulgentem, et ornatam omni lapide pretioso, et admirans ejus pulchritudinem coepit cogitare, cujus esset, et statim vocem audivit dicentem sibi : haec sedes fuit Luciferi, et loco ejus sedebit humilis Franciscus.—Lib. ii conf. 13. Jesus signis mirificus, Franciscus divulgatur. The following prophecy was also fulfilled in Francis : omnia subjecisti sub pedibus ejus et constituisti eum super omnia opera manuum tuarum, as also, quod cantatur in Evangelio sui festi : omnia mihi tradita sunt a patre meo. Lib. iii. conf. 37 : Jesus transcendens angelos, Franciscus sublimatur, with the conclusion : sic. b. Franciscus super angelos, archangelos, thronos, dominationes, virtutes, potestates, principatus et cherubim est elevatus, et in ordine seraphico in sede Luciferi locatus et sublimatus, quo concluditur, quod omnes inferiores ordines, tam quoad angelicos spiritus quam humanos, b. Franciscus sublimatus in ordine supremo excessit gratia et meritis. True, the author was placed upon the Index librorum prohibit. of 1564 with the especial designation *Bartholomaeus Conformi* : but still the Franciscan Henr. Sedulius declares, in his Apologeticus adv. Alcoranum Franciscanorum pro libro conformitatum, Antwerp. 1607. 4. in the Prolegomenis : Pudere nos libri conformitatum, tam hoc est falsum, quam, quod scribit Lutherus, verum, nos pro hac abominatione necdum poenitentiam agere, hanc non recantare. Comp. (Baumgarten's) Nachrichten von einer hallischen Bibliothek i. 286

approaching renovation in the Church to be brought about by
Francis and his disciples was not quite eradicated, at least from
the Order.[17]

[17] He was thrown into prison by Clement VI. in 1349 at Avignon,
as a false prophet and heretic (Brown append. ad fasciculum rerum
expetendarum et fugiend. p. 494. Contin. chronici Guil. de Nangis
ad ann. 1356 in d'Achery spicil. iii. 114), but afterwards was releast,
and always considered innocent by his order (Wadding ann 1357 no.
15.) In the year 1356 he announced in his Liber inscriptus Vade
mecum in tribulatione (in Brown l. c. p. 496) in 20 intentionibus the
near approach of Antichrist, the renovation of the Church, and so forth.
The following passage is characteristic : Intentio secunda est, universum
clerum ac dominos supremos,—et universae Ecclesiae Papas et Cardinales etc. cum subditis clericis eisdem reducere ad modum vivendi sanctissimum Christi et Apostolorum sanctorum : quoniam impossibile foret
Ecclesiae aliter recuperare praefatum saeculum perditum et execratum
quoniam impossibile foret infidelium populorum, Judaeorum, Tartarorum,
Saracenorum et Turcarum ad Christi religionem repugnantem carnem et
sanguinem reducere, nisi per viros spiritualissimos, legem spiritualissi-
mam Christi non tam verbo quam opere praedicantes : si enim Praelati
Ecclesiae incederent ad praedicandam paupertatem Christi cum 200
vel 300 equis, sicut nonnulli ex eis hodie incedunt ;—talibus utique
praedicatoribus dicerent infideles illud Evangelii : *Vade caece, medere
et cura teipsum.* Quare omnino necesse est ad reparationem mundi,
modum vivendi Christi et Apostolorum suorum inchoari a summis et
omnibus Praelatis Ecclesiae generaliter.—Et ad hunc modum vivendi
reducentur cum flagellis durissimis, videlicet infra annum Dom. 1370.
—Intentio septima est intelligere modum denudandi Ecclesiam univer-
sam ab omnibus temporalibus rebus. Indignabitur siquidem mundus
ante annum Dom. 1365 contra fastum divitiarum, temporalem gloriam
mundanae superbiae clericorum, et tyrannici ac laici populi subito et
insperate consurgent et auferent ab eis dominia temporalia,—et ipsos
relinquent in puris et nudis Evangelicis declaratis, et insuper multis
tribulationibus et derisionibus eos afficient, nec ipsis quibuscunque
excommunicationibus aut bellicosis insultibus poterint obviare etc.—
Intentio decima est super apparitione duorum admirandorum prophetarum induendorum factis, qui Apoc. c. 10 resistent bestiae ascendenti
de mari : quoniam antequam perveniat mundus ad annum Dom. 1365,
mittet Deus miraculose duos pauperrimos Cordelarios (*cordeliers*), abjectos fratres Minores, qui ad literam sunt, de quibus dicit Dominus
Jesus Christus Apoc. 11· *Dabo duobus testibus meis, et prophetabunt dies*
MCCLX. etc.—unus autem horum duorum erit Papa Romanus, generalis Christi vicarius, et alter, ejus socius, Romanae Ecclesiae Cardinalis.
—Hi igitur duo pauperculi sacratissimi Minores abjecti, Cordelarii
abjecti, sunt mystice Elias et Enoch etc.

## § 114.

### NEW ORDERS

Even now Monasticism was increast with many new orders, but in these, instead of a new spirit, there was nothing more than new forms, which fell into disuse as fast as those before. On the olive-hill of Siena John Tolomei founded the Olivetans, a congregation of Benedictines[1] (Congregatio S. Mariae Montis Oliveti, confirmed by John XXII. in 1319): John Colombino, likewise at Siena, founded the order of Jesuates (Jesuati, confirmed by Urban V. in 1367), a mendicant order, consisting only of laymen living according to the rule of S. Augustine.[2] In Spain and Italy there rose several orders of Hieronymites.[3] About 1363 St Birgitta establisht in the Monastery of Madstena an order called by her own name (Ordo S. Birgittae or S. Salvatoris confirmed by Urban V. in 1370), which united nuns and monks in a peculiar manner in the same houses.[4]

[1] Raynald. ann. 1320 no. 50.
[2] On the life of John Columbinus and the origin of the order, see Acta SS. ad d. 31. Jul. (Jul. T. vii. p. 333).
[3] For instance in Spain there were the Eremitae s. Hieronymi, founded about 1370 by Peter Ferdinand Pecha, Chamberlain to Peter the cruel King of Castile; they were confirmed by Gregory XI. in 1373, and governed by the rule of S. Augustine, with the additions which it had received in the Monastery s. Mariae de s. sepulcro at Florence (the proofs are in the neuen Beitragen v. alten u. neun theol. Sachen, 1754, S. 592). Their third general, Lupus Olivetus, with the consent of Martin V., A.D. 1424, formed among them a peculiar congregation, to which he gave a rule drawn from Jerome's works (see in Lucae Holstenii codex regularum monast. ed. M. Brockie iii 43). In the year 1595 this Order was reunited in Spain with the rest of the Hieronymites, but in Italy it continued under the name Congr. Monacorum Eremitarum s. Hieronymi de observantia s. de Lombardia, see Holstenius-Brockie iv. 1.—In Italy Peter Gambacorti or Petrus de Pisis, after the year 1377, establisht the Pauperes Eremitae Petri de Pisis, or Eremitae S. Hieronymi. Besides there was also the Congregatio Fesulana founded by Charles of Montegranelli († 1417) see Helyot hist. des ordres monastiques iii. 423. iv. 18.
[4] On the Life of St Birgitta see Acta SS. ad d. 23 Jul. Jo. Vastovii vitis Aquilonia, s. vitae Sanctorum in Scandinavia, ed. cum notis Erici Benzel, Upsal. 1708. 4.—Her Revelationes have been often publisht, e g. Romae et Colon. 1628. Monachii 1680 fol.—Her rule,

§ 115.

INDEPENDENT ECCLESIASTICAL COMMUNITIES.

Although Clement V. would not henceforth hear of the toleration of Beghards and Beguines (see Part 1, § 71), on the plea of their being thoroughly tainted with heresy,[1] although the most violent persecutions were employed against them, and although the Inquisitors were very mistrustful of all ecclesiastical societies, which lived according to no definite monastic rule;[2] still the inclination to a freer ecclesiastical union, a manifest token that monasticism was sunken in public estimation, could not be supprest, especially in the Netherlands and in Germany. John XXII. took the female communities of orthodox Beguines

confirmed by Urban VI. in 1379, is in Holstenius-Brockie iii. 100. According to cap. 10 each cloister was to hold 60 sisters, and 13 Priests for their service, juxta numerum XIII. Apostolorum, quorum Paulus tertius decimus non minimum laborem sustinuit, 4 Deacons and 8 Laybrothers, so that tantus omnium personarum erit numerus, quantus erat XIII. Apostolorum et LXXII. discipulorum. These male persons a monasterio Sororum omnino sint separati, unam habentes pro se curiam, in qua habitabunt etc. Cap. 12: Abbatissa eligatur a Conventu, legitime vero electa ab Episcopo confirmetur, quae ob reverentiam beatissimae Virginis, cui hic Ordo dedicatus est, caput et Domina esse debet, quia ipsa Virgo, cujus Abbatissa gerit vicem in terris, ascendente Christo in caelos, Caput et Regina extitit Apostolorum et Discipulorum Christi. Pragmat. Gesch. d. vornehmsten Mönchsorden ii. 1.

[1] Compare the two constitutions publisht at the Council of Vienne in 1311, Clementin. lib. iii. tit. xi. c. 1, and lib. v. tit. iii. c. 3. In the first: statum earundem (Beguinarum) perpetuo duximus prohibendum, et a Dei Ecclesia penitus abolendum. cf. Mosheim de Beghardis et Beguinabus p. 244 ss.

[2] Thus devout laymen, who did not unite themselves with the monks, were particularly hated by them, see Matthiae de Janow lib. de sacerdotum et monachorum abhorrenda abominatione (in the year 1392) cap. 84 in J. Hussii hist. et monum. i. 590: Habent nescio quam causam latentis odii contra illos, qui sunt manifeste devoti in plebibus, utpote sunt virgines et viduae, et ex utroque sexu in paupertate cupientes Christo Jesu deservire, et ipsos miris modis subtilibus et exquisitis persequuntur, ita quod nihil boni possunt loqui de ipsis, sed conviciando et apud plebes deturpando in publico per sermones et in privato.—Quare autem devotis pauperibus, qui sunt in plebe, male

CH. III —MONASTICISM § 115 BEGHARDS AND LOLLARDS. 159

under his protection[3] again, to shield them from persecution. In Germany and the Netherlands the Society of the Alexiani or Fratres Cellitae, called Lollards by the folk, spread itself abroad; this society had constituted itself at Antwerp not long after the year 1300 for works of charity towards the sick and dead;[4] Lollard also soon became synonymous with Beghard, and a name for heretics.[5] Heresies were undoubtedly continually discovered among the Beghards and Beguines.[6] Not unfrequently their

faveant—et ipsis detrahant, pessima omnium contra ipsos mentiendo, eosdem *haereticos, Picardos, fictos nequam*, et aliis quam plurimis blasphemiis lacerando, diffamando, et sic aliis lacerandum exhibendo: non bene causam aliam invenio, nisi quod hoc cupiunt, quod omnes tales, qui volunt esse devoti, ad ipsos confluerent, ut majorem laudem et quaestum perinde consequantur, seipsos per hoc commendando ad plebes. Et idcirco manifeste dicere solent: *si hic vel illa cupit virgo permanere, quare nostram religionem non intrat? quid vult facere talis in saeculo? quare non fugit ad claustra monialium vel monachorum de medio Babylonis?*

[3] Extrav. comm. lib. iii. tit. ix. A.D. 1318 (not 1325 see Mosheim l. c. p 627): quia in multis mundi partibus plurimae sunt mulieres, quae similiter vulgo Beghinae vocatae, segregatae, quandoque in parentum, aut suis, interdum vero aliis—domibus insimul habitantes, vitas ducunt honestas, Ecclesias devote frequentant,—nec se vel alium—praemissis opinionibus erroribusque involvunt :—nos Beghinas hujusmodi non culpabiles—sub prohibitione et abolitione (*Clementis V.*) praemissis— volumus non includi, locorum ordinariis nihilominus injungentes, ut eas sub praetextu hujusmodi nullatenus molestari permittant.—Caeterum statum Beghinarum hujusmodi, quas esse permittimus,—nullatenus ex praemissis intendimus approbare. Compare the Bull address to the Bishop of Strasburg in 1318 in Mosheim l. c. p. 630. In another to the Italian Bishops A.D. 1326, ibid. p. 638, he takes under his especial protection the mulieres, Beguinas vulgariter nuncupatas, seu de poenitentia b. Dominici, in Lombardiae et Tusciae partibus.

[4] Lollard is derived from lollen or lullen, meaning to sing low. Annales Holland. et Ultraject. in A. Matthaei analect. vet. aevi i. 431: Die Lollardtjes die brochten de dooden by een, cf. Matthaei ii. 345. 643. Jo. Bapt. Gramaye Antwerpia lib. ii c. 6, p. 16. Ejusd. Lovanium in his Antiquitt. Belgicis, Lovan 1708 fol. p. 18. Mosheim institt. hist. eccl. p. 589 not. y. Ejusd. comm. de Beghardis p. 583 ss.

[5] See Jo. Hocsemii (Canon at Liége about 1348) gesta Pontiff. Leodiens. lib. 1 c. 31 (in Chapeavilli gestorum Pontiff. Leod. scriptores ii. 350): Eodem anno (1309) quidam hypocritae gyrovagi, qui Lollardi sive Deum laudantes vocabantur, per Hannoniam (Hennegau) et Brabantiam quasdam mulieres nobiles deceperunt.

[6] Detmar's Chronik., publisht by Grautoff, i. 290: "In deme Jahre

mere name incited the inquisitors to unrighteous persecutions, and they sought the Pope's protection.[7] On the other hand, in

Christi 1368 na Twelften do wart vorbannen dat Levent der Bigharde unde der Beghinnen in dudeschen Landen van Kettermesteren de dar weren to ghesettet van deme Pavese. Se weren so sere gewokert in den Landen unde vormeret, dat in der Stadt to Erphorde weren mer dan veerhundert. Do se dat Levent mosten vorlaten bi des Paves Banne, de do wolden in der Stadt bliven, de mosten openbare Bote untfan mit sunderliken Tekenen, de se droghen an erem Kleide; unde der weren bi twen hunderden, de dat deden unde bleven an der Stadt. De anderen makeden sik en wech, unde bleven an deme Banne. Vele hemeliker Ketterye van en beschreven sint an den sevenden Boke des gestlichen Rechtes (in the Clementines see above note 1), wante se brochten vele Bolkes in Dwelinge." Two of them were burnt to death.

[7] There are two Bulls of Gregory XI. dated 7. Apr. 1374 and 2. Dec. 1377 addrest to the Bishops of Germany and the Netherlands, in Mosheim de Beghardis p. 396 and 401. In the second we find: Ad audientiam nostram pervenit, quod in vestris civitatibus et dioecesibus sint nonnulli pauperes utriusque sexus, qui humiliter et honeste in fidei puritate et honestis vestibus aut habitibus in paupertate et castitate vivunt, et Ecclesias devote frequentant. Et quod, licet hujusmodi pauperes nobis et Romanae Ecclesiae et eorum Praelatis et Curatis reverenter obediant, nullis erroribus se involvendo,—tamen nonnulli—Inquisitores haereticae pravitatis—hujusmodi pauperes occasione vestium indebite et injuste perturbant, ipsorum vestes simplices et honestas decurtari, transformari—faciendo, necnon occasione hujusmodi vestium sacramenta ecclesiastica inhibendo, et alia gravamina inferendo.—Quocirca fraternitati vestrae per apostolica scripta mandamus, quatenus quilibet vestrum in dioecesi sua pauperes ipsius occasione —vestium nullatenus molestet, nec ab aliis molestari—permittatis. Boniface IX. issued a Bull 7. Jan. 1394 with the same end in view, and addrest to the same Bishops (in Mosheim p. 653), which, in its description of these personae pauperes, besides those mentioned above, gives also the following traits peculiar to the original Lollards: pauperes et miserabiles personas, petentes, ad eorum recipiunt hospitia, et alia exercent, prout possunt, opera caritatis, infirmos scilicet visitando, et, si opus sit, in eorum infirmitatibus eos forsitan requisiti custodiendo et fovendo, ac decedentium corpora fidelium—rogati ad sepulturam ecclesiasticam deferendo. Quamvis circa praemissa Vos et Inquisitores haereticae pravitatis—personis ipsis auxilio in praemissis esse deberetis, verumtamen ipsae personae per vos ac plerosque ex inquisitoribus ipsis, ac etiam per Officiales et Vicarios vestros in spiritualibus generales— circa praemissa pia opera et modum vivendi multipliciter minus debite frequentius tribulantur, et eisdem circa praemissa diversa gravamina inferuntur. The Bishops were accordingly charged if these persons in their diocese were free from the heresy of the Beghards, to allow them to live according to their own way, citra tamen formam et ritum religionis aut alium modum vivendi reprobatum. In these decrees the

## CH III—MONASTICISM. § 115. BEGHARDS AND LOLLARDS.

many places of Switzerland and the Rhine, where they had united themselves as Tertiaries with the Mendicant orders, the female Beguines drew upon themselves universal hatred from their lazy beggary, interference in family affairs, and unchastity.[8]

A new kind of free ecclesiastical fellowships originated with pauperes personae who were to be tolerated were only described, not mentioned by name : true the people called them Beghards and Lollards, but these names to the Popes only betokened heretics, against whom they renewed continually the severest laws of persecution. Thus Boniface IX. 31. Jan. 1395 (in Mosheim p. 409) : Cum, sicut pro parte dilectorum filiorum, universorum Inquisitorum haereticae pravitatis auctoritate apostolica per Alemanniam deputatorum, propositum extitit coram nobis, in partibus illis sint nonnullae sectae utriusque sexus hominum, vulgo Beghardi, seu Lullardi et Zwestriones, a se ipsis vero pauperes Fratricelli, seu pauperes pueruli nominati, qui — novum religionis seu conformem habitum assumere, congregationes et conventicula facere, in communi habitare, superiores, quos Procuratores vel servos Fratrum, aut Marthas Sororum nuncupant, sub ipsis eligere et publice gregatim mendicare praesumunt, sub quorum etiam habitu et ritu vivendi—semper haereses et haeretici latitarunt :—cum autem, sicut etiam accepimus, hujusmodi Beghardi, seu Lullardi, seu Zwestriones exemptionibus et concessionibus a sede praefata jactent se fulcitos ;—nos igitur -— omnes et singulas exemptiones et concessiones hujusmodi eisdem Beghardis, seu Lullardis et Zwestrionibus—per nos vel quoscunque praedecessores nostros—forsan factas—penitus revocamus, ac volumus quod hujusmodi Beghardi seu Lullardi et Zwestriones, quocunque etiam nomine nuncupentur, in et super haeresibus—conveniri, et per Inquisitores—puniri possint et debeant. This Bull is certainly directed only against the heretical Beghards, without revoking the protection guaranteed to the orthodox Pauperes. However, in fact, these two classes were hardly distinguishable from each other, and so the heretical Beghards availed themselves of the Papal laws of protection. Thus the treatment of all these communities depended entirely upon the decision of the Bishops and Inquisitors, and these Papal protective laws guaranteed to the orthodox pauperes no more security than they had without them.

[8] Thus in Basle where they, in number 1500, and the female tertiaries of the Franciscans, lived as their concubines. Their adversaries were the Dominican and Augustin monks. The struggle lasted from 1401 to 1411 : then the Beguins were banisht, Ochs. Gesch. v. Basel iii. 24. Muller's Schweizergesch. ii. 584. There were similar complaints about them in Strasburg, where they belonged to the Tertiary order of St Dominic, and were sheltered by the Dominicans : Here at the command of the Council they had to leave off their peculiar costume and mendicancy. Rohrich's Gesch. d. Reform. im Elsass i. 44.

Gerard Groot, an Ecclesiastic at Deventer († 1384).[9] When, after preaching to the people with great success, but without any fixt appointment,[10] he had given up this sphere of duty at the command of the hierarchy; then he gathered round him at Deventer a circle of young men, who had dedicated themselves to the ecclesiastical office, that he might be of service to them in securing a maintenance and in the acquisition of true clerical attainments :[11] pious laymen soon after united themselves to this circle.

[9] Thomas a Kempis has written the life of Gerard and his immediate successor; from 1400—1471 he belonged to his foundations first in the Fraterhaus at Deventer, afterwards as a canon of St Agnes at Zwoll, see Thomae opp. ed. H. Sommalii, Antv. 1607. 4 p. 765.— Jo. Buschii (after 1419 canon at Windesheim, afterwards Prior at Sulta in Hildesheim † 1479) chronicon Canonicorum regularium Ord. s. Augustini capituli Windesemensis (written in 1464) ed. Herib. Rosweydus, Antverp. 1621 8. G. H. M. Delprat Verhandeling over de Broederschap van G. Groote,Utrecht 1830 (in German with additions by Dr G. Mohnike, Leipzig 1840.) Th. A. Clarisse over den Geest en de Denkwijze van G. Groote, in Kist en Roijaards Archief voor kerkelijke Geschiedenis i., 355 ii., 245. iii, Bijlagen p. 1, viii. 3. Ullmann's Reformatoren vor der Reformation ii. 62.

[10] Gerard had studied theology in Paris, and lectured with distinction at Cologne, afterwards he chose a life devoted to religious exercises and practical ministerial activity. On the impression which his sermons made, see Thomas a Kempis in vita Gerardi Magni c. 15 : tantus affectus audiendi verbum Dei in populo fuit, ut turbam convenientem Ecclesia vix caperet. Nam multi sua prandia relinquebant, et negotia necessaria suspendentes, ad ejus sermonem pia prorsus aviditate tracti concurrebant. Saepe namque duos sermones uno die praedicavit, et quandoque spiritu fervoris concepto tribus horis aut amplius sermonem continuavit. Praedicavit autem in principalioribus civitatibus dioecesis Trajectensis—primum sermonem teuthonicum. cf. Buschii chron. Windesem. lib. i. c. 1.

[11] Buschii chron. Windesem. lib. i. c. 2 : Daventriae cum in diebus suis particulare studium plurimorum suppositorum in pleno esset vigore, ubi juvenes et adolescentes, majores et minores, de diversis mundi partibus accumulate confluentes, in suis fundamentalibus optime imbuebantur : ven. pater Magister Gerardus plures hujusmodi clericos scriptores meliores in unum recollectos, libros ss. Patrum in forma meliori, salvo pretio condigno, per eos exscribi fecit et excopiari. They earned their living by this employment. On the proposal of Florentius, to which Gerard agreed they began a life in community. Considerantes autem hujusmodi communem vitam viam esse perfectionis, in Ecclesia primitiva sub s. Spiritus gubernatione ab Apostolis sanctis

His disciple, Florentius Radewini († 1400),[12] completed and set in order the work that he had begun, by founding at Windesheim in Zwoll (1386) a chapter of regular canons,[13] which soon became the centre of the well known Windesheim congregation, and afterwards granted to the Society a Fraterhaus in Deventer,[14] in which, under the superintendence of priests, young

institutam ;—bene deliberata et bona sua voluntate, de Magistri Gerardi consilio, auxilio et favore, communi omnium decreto proposuerunt, concordaverunt et firmaverunt, deinceps in tali communi vita sub vera domini Florentii obedientia (quamvis solemniter non promissa) cunctis diebus vitae suae perpetuo remanere, victum et vestitum, caeteraque corporum suorum correquisita de labore manuum suarum in communi, praesertim scripturarum, indefesse procurando. Dei etenim caritate et proximi dilectione divinitus inspirati, affectuosius se mutuo diligere, et plures secum homines, non solum clericos, sed etiam laicos bonae voluntatis, conditionis cujuscunque, ad amorem Dei mundique contemptum verbis et exemplis suis sanctis sedulius attrahere, omnes in communi pariter statuerunt. Pater itaque devotus, dominus Florentius praefatus, cum suis Presbyteris et clericis, in vita communi pariter commorantibus, de consilio Magistri Gerardi formam et modum in communi vivendi, loca et tempora laborandi, vigilandi, dormiendi, orandi, legendi et corpora reficiendi, aliorumque saluti aliquando insistendi, statui suo optime convenientia salubriter et compendiose componentes, cunctis per orbem religiosis, virisque et feminis saecularibus apostolicae vitae formam, et evangelicae perfectionis exemplar formale et bene imitabile oculata fide se praebuerunt, ut omnium in se oculos, vitam eorum prae sanctitate collaudantium, redderent attonitos. Hujusmodi igitur occasione omnes ubique congregationes devotae Presbyterorum, clericoi um et sororum primitivum suscepisse dignoscuntur exordium, per orbem jam Almanicum plurimum dilatatae.

[12] Thomas a Kempis in vita Florentii.
[13] Buschii chron. Windesem. lib. i. c. 6. Gerard upon his deathbed had already desired the institution of such a monastery, and recommended it to his followers (Busch. lib. i. c. 5.) : Aliqui vestrum Ordinem ab Ecclesia approbatum debent assumere, ad quos omnes devoti utriusque sexus in cunctis suis necessitatibus securum habere debent recursum, consilium et auxilium, defensionis praesidium petentes recepturi. And thus his followers acknowledged after his death as William Vornken, Prior at Windesheim († 1455) allows) Archief voor kerkel. Geschiedenis viii. 262 anm.), that the institution, commenced by Gerard could only be lasting, si constitueretur monasterium alicujus probatae Religionis, et praecipue Canonicorum regularium, sub cujus umbra possent omnes devotae turtures ab insultationibus accipitrum tutissime habere refugium. To the number of these hawks belonged especially the pseudodoctores et praedicatores, qui omnia, quae ipsi nesciebant, rabido ore carpere et persequi satagebant (the mendicant friars.)
[14] It was the gift of a widow, the deed of gift dated 17th November

men were preparing for the ecclesiastical office (Clerici),[15] and pious laymen, who plied their different trades, lived together as brethren in community of goods, but without a perpetual vow (Fratres vitae communis,)[16] endeavoured to promote Christian piety among themselves and others,[17] and workt for their end by fixt de-

1396, is in van Heussen hist. episcopatus Daventriensis (Hist. episcopatuum Trajectinensium ii. 41.)

[15] The distinguisht school at Deventer had indeed no connexion with the Fraterhaus of that place, either in origin or constitution. But the brethren maintained a friendly intercourse with it by providing spiritual and bodily entertainment for such of the pupils as betook themselves to them. Thus Thomas a Kempis (lib. de discipulis. dom. Florentii. c. 1), records that when he studii causa in annis adolescentiae (1393) was come to Deventer, he betook himself to Florentius, who ad scholas (me) instituit, datis insuper libris, quibus me egere putavit. Demum hospitium cum quadam honesta et devota matrona gratis impetravit, quae mihi et aliis multis clericis (pupils) saepius bene fecit. Then he gives the character of the brethren: nunquam prius tales homines, tam devotos et ferventes in caritate Dei et proximi me vidisse memini, qui inter saeculares viventes, de saeculari vita nihil habebant, nihilque de terrenis negotiis curare videbantur. Nam domi quiete manentes libris scribendis operam sollicite dabant, sacris lectionibus et devotis meditationibus frequenter insistentes &c.—Cap. 14 de Arnoldo Schoenhoviae : He also came to Deventer propter doctrinae studium, Dominus Florentius—concessit ei mansionem in antiqua domo sua, ubi plures clerici numero fere viginti in communi bursa stabant, unam communem mensam et sumptum habentes, et in magna devotione domino famulantes. Eodem tempore adjuvante domino Florentio et consulente domum illam inhabitare coepi, et fere per annum in congregatione illa cum Arnoldo permansi.—Ibi quippe didici scribere, et sacram Scripturam legere, et quae ad mores spectant, devotosque tractatus audire.—Quicquid tunc scribendo lucrari potui, in sumptus communes tradidi, et quod mihi defuit, larga pietas dilecti domini mei Florentii pro me persolvit, et paterne in omnibus subvenit.

[16] They are also called Fratres bonae voluntatis, Fratres collationarii, Collatienbruder, Fraterherrn, in different places, also Fratres Hieronymiani or Gregoriani according to their patron saint.

[17] Compare the Conclusa et proposita, non vota, in nomine Domini a Mag. Gerardo edita (in Gerardi vita scripta a Thom. a Kempis c. 18, and in the Archief voor kerkel. Geschied. viii. 371), which may be considered as the fundamental rule of this Society : Ad gloriam et honorem et servitium Dei intendo vitam meam ordinare, et ad salutem animae meae. Nullum bonum temporale, sive corporis, sive honoris, seu fortunae, seu scientiae praeponere saluti animae meae.—Primum est nullum amplius beneficium desiderare.—Quanto plura beneficia et plura bona habeo, tanto pluribus ego servio,—et est contra libertatem spiritus, quae est principale bonum in vita spirituali. Rarissime est,

quod qui scientiis lucrativis, vel medicinae, vel legibus, vel decretis inhaeret, rectus sit vel aequus in ratione, vel justus vel quietus vel recte vivens. Item tu nullum tempus consumes in geometricis, arithmeticis, rhetoricis, dialecticis, grammaticis, lyricis poetis, judicialibus, astrologis. Haec enim omnia per Senecam reprobantur, et retracto oculo bono viro respicienda sunt, quanto magis spirituali vel Christiano respuenda? Item inutilis temporis consumptio est, et nihil prodest ad vitam. Item inter omnes scientias gentilium moralia minus abhorrenda sunt, quae saepe sunt multum utilia et proficua, tam in propria persona, quam in docendo alios. Unde sapientiores omnem philosophiam ad mores retorquebant, sicut Socrates et Plato. Et si de altis rebus dixerunt, etiam sub levi moralitate ea figurative, secundum b. Augustinum et experientiam suam, tradiderunt, ut et inveniri posset semper mos juxta cognitionem. Unde et Seneca haec secutus in quaestionibus naturalibus toties admiscet moralia. Quiquid enim meliores nos non facit, vel a malo non retrahit, nocivum est.—Nunquam capies gradum in medicina;—similiter nec gradum in legibus vel canonibus, quia finis graduum est vel lucrum, vel beneficia, vel inanis jactantia.—Item nullam artem studere, nullum librum facere, nullum iter arripere vel laborem, nullam practicam scientiam exercere ad dilatandam famam meam et nomen scientiae meae etc.—Item omnem disputationem publicam vitare et abhorrere, quae est litigiosa vel ad triumphandum vel ad apparendum, sicut sunt omnes disputationes theologorum et artistarum Parisii: immo nec ad discendum interesse. Patet, quia contra quietem sunt,—et inutiles et semper curiosae, et ut plurimum superstitiosae, animales, diabolicae et terrenae.—Item nunquam disputabo cum quocunque private, nisi praeordinetur certus finis evidentis boni. Radix studii tui et speculum vitae sint primo evangelium Christi, quia ibi est vita Christi: deinde vitae et collationes Patrum: deinde epistolae Pauli et canonicae et actus Apostolorum: deinde libri devoti, ut meditationes Bernardi, et Anselmi horologium, de conscientia Bernardi, soliloquia Augustini, et consimiles libri: item legenda et flores Sanctorum, instructiones Patrum ad mores, sicut pastorale Gregorii, de opere monachali b. Augustini, Gregorius super Job, et similia: homiliae evangeliorum ss. Patrum et quatuor Doctorum: intellectus ss. Patrum, et postillae super epistolas Pauli, quia continentur in capitulis Ecclesiae: studium in libris Salomonis parabolarum, et ecclesiastae, et ecclesiastici, quia continentur in Ecclesia in lectionibus et capitulis: orabo spiritu, orabo et mente: studium et intellectus psalterii, quia continetur in Ecclesia ss. Patrum: psallam spiritu, psallam et mente: librorum Mosaicorum studium, historiarum Josuae, Judicum et Regum, prophetarum, et expositiones Patrum in his. De modo transcurrendi decreta propter scire instituta majorum et Ecclesiae, non ad incorporandum, sed transcurrere, ne ignorantia juris pietatem vertas in inobedientiam, ut videas grossos Ecclesiae primitivae fructus, ut scias a quibus debes cavere, et a quibus monere cavendum. Omni die, quando potes, debes audire Missam usque ad finem etc.—Vita Florentii c. 14: Quod a venerabili magistro Gerardo didicit et accepit, hoc diligenter observavit, cujus sententia fuit, ut nemo ad congregationem suscipi deberet, nisi secun-

votional exercises (collations)[18] to which every one had free access. These brethren soon spread themselves in the Netherlands, and also in Northern Germany. From their resemblance to the Beghards,[19] they quickly fell under the suspicion of the Inquisitors,[20]

dum b. Pauli dictum manibus laborare vellet. Est namque operatio sancta ad omnem spiritualem profectum utilissima, per quam carnis lascivia domatur, et ab evagandi levitate mens dissoluta citius refraenatur.—Igitur ars scribendi libros, quae clericis melius convenit, et quietius exerceri potest, a Fratribus domus ejus est maturius arrepta, et pro communi bono *servando usitatius introducta. Ipse vero venerandus pater Florentius, ne vacuum nomen gereret rectoris,—dedit scriptoribus exemplum clarum, membranas pumicando, quaterniones lineando, et componendo. Quia licet minus bene scribere sciret, in praeparando tamen aliis necessaria, quam plurimum scriptores adjuvit manu sua oleo sancto consecrata. Interdum cum opus esset,—assumpto socio libros jam scriptos perlegit et correxit etc.

[18] Hence also their name Collatienbruder. With regard to the collations see Dumbar analecta i. 22. 85. Paquot Mém. littéraires iv. 164. Delprat translated by Mohnike s. 104. These devotional exercises were in the native language: the Brethren also distributed pious tracts written in the same language. There are extant some exhortations written by one of them, Gerard Zerbolt or Gerard of Zütphen († 1396), on the advantage of reading Holy Scriptures in the mother-tongue, and on the necessity of praying in it, see in Revii Daventria illustrata p. 41. Delprat-Mohnike s. 140. Comp. Ullmann's Reformatoren vor der Reform. ii. 115.

[19] The Augustine-eremite John Schiphower (1504) in his Chron. Oldenburg. c. 13, Meibom. rer. Germ. ii. 165 speaks of Gerard Groot as domus fratrum Lullerdorum primatum gerens.

[20] Even Gerard Groot had to defend the society against the attacks of the mendicant friars, Busch. chron. Windesh. lib. i. c. 3. Compare the opinion obtained from the faculty of law at Cologne in 1398 of the persons persecuted as Gerardini, Beghardi etc. in Mosheim de Beghardis p. 433: Sequentes quaestiones cum suis solutionibus super casu, qui sequitur, sunt scriptae et formatae pro munimine Beghardorum etc. *Casus:* In aliquibus partibus plures personae se simul receperunt ad cohabitandum aliquo modo, sicut Clerici in una domo, in qua libros pro pretio scribunt, alii vero non scientes scribere, scientes tamen opera diversa mechanica, quae similiter exercent pro pretio in alia domo, aut etiam aliud faciunt opus manuale. Et istae personae laborant manibus, et de his, quae laboribus acquirunt, vel de suis propriis, si quae habent, vivunt, et omnia sibi invicem pro majore concordia libere communicant, vel in commune ponunt, comedunt simul, et non mendicant. Habent etiam inter se unam personam probam, quae curam domus habet, cujus monitis acquiescunt vel obediunt, sicut boni scolares magistro. On the question whether this life in community without monastic vows (extra religionem) was allowed in law, the faculty decided in the affirmative: On the other side there are the *Observationes Inquisitoris Belgici in*

and had manifold persecutions to undergo; but they always found in the monasteries of the Windesheim congregation, with which they remained in close connection, all the protection which these houses were able to afford.

*magistrorum Coloniensium responsum—pro detectione figmentorum sectae Gherardinorum* (l. c. p. 443): diversae sunt congregationes non solum Clericorum, sed maxime foeminarum, quae in diversis domibus singulas Marthas habentibus, simul in communi, sub cura et regimine earundem Martharum degunt, nec aliquid proprii,—sed omnia in communi habentes, partim de laboribus manuum pro majori, aut de eleemosynis ad modum Religiosorum vivunt. Quibus non licet comedere, bibere, sedere, stare, surgere, exire, loqui, vel dormire, aut quodcunque aliud facere sine speciali licentia Marthae vel Submarthae petita et obtenta. —Singulatim culpas suas dicunt,—et poenas a Martha injunctas obedienter recipiunt. Quae omnia—licet de se non sint mala, immo bona et laudabilia; multi tamen contra ipsas clamant, novas congregationes ad modum Religiosorum propria temeritate facere sine licentia speciali sedis apostolicae non licere.—Est una Martha principalis in Trajecto, quae domos sororum ibidem, et alias domos earundem in oppidis circumjacentibus, quolibet anno ad minus semel, vel bis, aut pluries, visitat directe.—Presbyter quidam cum dicta Martha in eadem domo hospitatur, et istarum congregationum legislator est atque gubernator supremus.—Non volunt regulam approbatam assumere, nec permittuntur ab ipsarum memorato gubernatore, dicente, se velle potius stabulum pecudum custodire, quam eas, si omnino vellent aliquam approbatam regulam accipere.

## FOURTH CHAPTER.

HISTORY OF THE THEOLOGICAL SCIENCES.

§ 116.

THIRD PERIOD OF SCHOLASTIC THEOLOGY.

Bossuet's Gesch. d. Welt u. d. Religion, fortges. v. T. A. Cramer vii. 791.
Tiedemann's Geist der speculativen Philosophie v. 125. Tennemann's
Gesch. d. Philosophie VIII. ii. 803, 840. Ritter's Gesch. ˙d. christl.
Philosophie iv. 547.

The third period of scholastic theology begins with two distinguisht men, who boldly strove to shape out new paths for themselves, the Dominican Durand of St Pourçain (de sancto Porciano from 1313 Reader in Theology at Paris, afterwards Magister S. Palatii, from 1326 Bishop of Meaux † 1333, Doctor resolutissimus)[1] and the Franciscan William Occam (Reader in Theology at Paris, from 1322 Provincial in England, after 1328 in the Court of

[1] His principal work is his Opus super sententias Lombardi (ed. Paris. 1508. Venet. 1571 fol.) How little he cared for authority see lib. i. dist. iii. p. ii. qu. 5 : Quod dicitur de intentione Aristotelis, dicendum, quod quicquid ipse intenderit, de quo non est tantum curandum, sicut de veritate, tamen etc. He inclined already towards Nominalism see Ritter iv. 550 561.—Though at first a zealous Thomist, he afterwards differed from Thomas in many doctrines, comp. Durandi de s. Porciano temerariae opiniones, quae in scholis communiter improbantur, in d'Argentré collectio judiciorum de novis erroribus i. 330. For instance in the doctrine of the Sacraments. Thus lib. iv. dist. i. qu. 4 : *Utrum in sacramentis novae legis sit aliqua virtus inhaerens causativa gratiae etc.*?—Alia opinio est antiqua et sine calumnia, et magis, ut mihi videtur, consonat dictis Sanctorum, scil. quod in sacramentis non est aliqua virtus causativa gratiae :—sed sunt causa, sine qua non confertur gratia ; quia ex divina pactione vel ordinatione sic fit, quod recipiens Sacramentum recipit gratiam, nisi ponat obicem : recipit gratiam non a Sacramento, sed a Deo. Lib. iv. dist. 4. qu. 1 : *Utrum character sit aliquid in anima ?*—Character non est aliqua natura absoluta, sed est sola relatio rationis, per quam ex institutione vel pactione divina deputatur aliquis ad sacras actiones.

Lewis the Bavarian † 1347, Doctor singularis et invincibilis,

Quod declaratur sic: Sicut nummus sortitur rationem pretii, et merellus (the impression) rationem signi ex humana institutione, sic res naturales sortiuntur rationem Sacramenti, et homo rationem Ministri ex divina institutione etc.—Cum scriptum sit Eccl. 24: *Qui elucidant me, vitam aeternam habebunt;* ad ea quae sunt fidei, cum sint satis obscura de se, non est conveniens adducere vias obscuras, et quae plus habent obscuritatis et difficultatis, quam principale propositum. Compare the doctrine of Thomas on the point in question Part. 2 § 77, note 22.—Lib. iv. dist. 11 qu. 1 on Transubstantiation: salvo meliori judicio potest aestimari, quod si in isto sacramento fiat conversio substantiae panis in corpus Christi, quod ipsa fit per hoc quod corrupta forma panis, materia ejus sit sub forma corporis Christi subito et virtute divina, sicut materia alimenti fit sub forma nutriti virtute naturae.— Praedictus autem modus conversionis substantiae panis in corpus Christi constat, quod est possibilis: alius autem modus, qui communis tenetur, est inintelligibilis: nec unus istorum est magis per Ecclesiam approbatus vel reprobatus, quam alius. Nec omnes difficultates fidei difficultatibus superaddere, quin potius juxta documentum Scripturae conandum est obscuritates elucidare. Lib. iv. dist. 26, qu. 3: *An matrimonium sit sacramentum?*—Tenendum est absolute, quod matrimonium est sacramentum, cum hoc determinet Ecclesia Extra de haeret. ad abolendam (Decr. Greg. v. 7, 9).—Sunt alia duo circa matrimonium, circa quae sine periculo haeresis licitum est contraria opinari: quorum unum est theologicum, videlicet utrum in matrimonio conferatur gratia ex opere operato, sicut in aliis sacramentis novae legis; secundum est logicum, videlicet utrum matrimonium habeat plenam univocationem cum aliis sacramentis. Quantum ad primum aliter opinantur Juristae, et aliter Theologi: Juristae enim, qui noverunt textum decretorum et decretalium,—et aliqui eorum fuerunt de collegio Cardinalium s. Romanae Ecclesiae, tenent quod in sacramento matrimonii non confertur gratia.—Quorum opinio an sit vera an falsa, —non determino quoad praesens: sed solum hoc accipio tanquam verum, quod cum praedicti doctores noverint Jura canonica, et eorum scripta et dicta habeantur a Papa et Cardinalibus,—quorum est specialiter scire, quid Ecclesia Romana praedicat et observat, nec scripta eorum, quoad praedictum articulum de matrimonio reprobentur tanquam erronea;—quod sentire, quod per sacramentum matrimonii non conferatur gratia, non est contra determinationem Ecclesiae, nec contra id, quod Romana Ecclesia praedicat et observat.—Huic etiam opinioni consentit Magister sententiarum.—Moderni autem theologi quasi communiter tenent, quod per sacramentum matrimonii confertur gratia. (Comp. Part 2, § 77, note 22.) To the second question, utrum matrimonium habeat perfectam univocationem cum aliis sacramentis, he replies, that according to the prior et communior definitio sacramenti, quod sacramentum est sacrae rei signum, marriage is certainly a sacrament: est enim signum sacrae rei, id est conjunctionis Christi et Ecclesiae: however, with the distinction that in aliis sacramentis res sacra, cujus sunt signum, non solum est significata, sed et contenta; in matri-

venerabilis inceptor.)² The latter especially created an epoch in the history of Scholasticism, because waging an equally undaunted warfare against the philosophical darkness of the Realists, and the Papal encroachments,³ he once more awakened Nominalism, which had quite vanisht since the time of Roscellinus.⁴ As these new Nominalists or Occamists considered all natural human cognition to be only a cognition of phantoms,

monio autem res sacra, cujus est signum, est solum significata, non contenta. If, however, a sacrament is defined as aliquod signum corporale vel sensibile extrinsecus homini appositum ad effectum sanctificationis spiritualis; quantum ad hoc matrimonium non videtur habere perfectam univocationem cum sacramentis novae legis.—His conclusion is matrimonium non est sacramentum stricte et proprie dictum, sicut alia sacramenta novae legis, but as sacrae rei signum only largo modo sacramentum.
² Among his theological works the most important is Quaestiones super iv. libris Sententiarum, publisht at Lyons 1495 fol. Besides Centilogium theologicum, Quodlibeta, Tract. de sacramento Altaris. There are also several philosophical works by him. Some have been already mentioned above § 100, note 13 and 19.
³ Compare the way in which he speaks of his teacher Duns Scotus in the Prologus ad lib. i. Sentent. qu. 1. After quoting him in favour of an assertion, he proceeds: Et si dicatur, quod alibi ponat oppositum, parum me movet: quia ego non allego eum tanquam auctorem, nec dico praedictam opinionem, quia ipse eam ponit, sed quod reputo veram: et ideo si alibi dixit oppositum, non curo.
⁴ See particularly in Sent. lib. i. dist. 2, qu. 4—8. Especially qu. 4. Of the opinion of the realists, quod quolibet universale univocum est quaedam res extrinsecus extra animam realiter in quolibet et singulariter, distincta realiter a singulari, et a quolibet alio universali, ita quod homo universalis est quod homo universalis est una vera res extra animam existens realiter in quolibet homine, et distinguitur realiter a quolibet homine, he says here: Ista opinio est simpliciter falsa et absurda. Nulla una res numero non variata nec multiplicata, est in pluribus suppositis vel singularibus:—sed talis res si poneretur, esset una numero, ergo non esset in pluribus singularibus, nec de essentia illorum.—Qu. 8 : Universale non est aliquid, reale habens esse subjectivum, nec in anima nec extra animam. Sed tamen habet esse objectivum in anima, et est quoddam fictum habens esse tale in esse objectivo, quale habet res extra in esse subjectivo. Et hoc per istum modum, quod intellectus videns aliquam rem extra animam, fingit consimilem rem in mente, ita quod, si haberet virtutem productivam, talem rem in esse subjectivo, numero distinctam a priori produceret extra.—Universale est exemplar et indifferenter respiciens omnia singularia extra:— et ita isto modo universale non est per generationem sed per abstractionem, quae non est nisi fictio quaedam. Comp. Tiedemann v. 168. Tennemann viii. ii. 846. Ritter iv. 579.

CH. IV —THEOL. SCIENCES. § 116. SCHOLASTIC THEOL 171

and not truth,[5] they rejected all philosophical demonstrations of positive Church teaching, grounded the latter only upon revelation, brought emphatically forward the contrast between revelation and the cognition of reason,[6] and did not even hesitate to derive the evidently new Church doctrines from new revelations.[7]

---

[5] Ritter iii. 155.

[6] Occam de sacram. altaris c. 5 : Est advertendum, quod quamvis in N. T. reperiatur expressum, quod corpus Christi sub specie panis est sumendum :—tamen quod substantia panis non manet, ibi non exprimitur, unde et de hoc antiquitus fuerunt diversae opiniones. He then produces three opinions on the presence of Christ in the Lord's Supper : The third is, quod remanet ibi substantia panis et vini, et in eodem loco sub eadem specie est Corpus Christi (the opinion of Johannes Paris. Part 2, § 77, note 8.) With regard to this he says, Quodlibet. l. iv. qu. 35 : esset multum rationalis, nisi esset determinatio Ecclesiae in contrarium, quia illa salvat et vitat omnes difficultates, quae sequuntur ex separatione accidentium a subjecto. Nec contrarium habetur in canone Bibliae, nec plus includit aliquam contradictionem, corpus Christi coexistere substantiae panis, quam ejus accidentibus, nec repugnat rationi. Still he holds fast the Church's determination : substantia panis et vini desinit esse, et manent accidentia tantum, et sub illis incipit esse corpus Christi, and says of it : *hoc constat Ecclesiae per aliquam revelationem, ut suppono, et ideo sic determinavit.* Thus also Petrus d'Alliaco, Card. Cameracensis declares in libr. iv. Sent. multo probabilius esse, et minus superfluorum miraculorum poni, si in altari verus panis verumque vinum, non autem sola accidentia esse adstruerentur, nisi Ecclesia determinasset contrarium (Luther. de captivit. Babyl. T. ii. Jen. fol. 262, b). Comp. Rettberg's Occam and Luther, in the Theol. Studien u. Krit. 1839. i. 69. Thus Gerson lect. ii. contra vanam curiositatem, consider. v. (Opp. i. 101) says of the Trinity : Major distinctio quam formalis stat cum summa simplicitate divina, distinctio scilicet personarum. Hoc ego pia et sola fide teneo, numquam hoc asserturus, nisi fides edoceret.

[7] Thus Occam says of Transubstantiation, above note 6. Jo. Gersonii sermo de conceptione b. Mariae virg. (Opp. ed. du Pin iii. 1330) : Est quod Spiritus sanctus interdum revelat Ecclesiae vel doctoribus posterioribus aliquas virtutes, vel expositiones s. Scripturae, quas non revelavit eorum praedecessoribus.—Ideo Moyses scivit plus quam Abraham, Prophetae quam Moyses, Apostoli quam Prophetae : et doctores addiderunt multas veritates ultra Apostolos. Quapropter dicere possumus, *hanc veritatem, b. Mariam non fuisse conceptam in peccato originali, de illis esse veritatibus, quae noviter sunt revelatae vel declaratae,* tam per miracula quae leguntur, quam per majorem partem Ecclesiae sanctae, quae hoc modo tenet. Fuit tempus aliquod, in quo non tenebatur generaliter, Mariam virginem esse in Paradiso in corpore et anima. (Part 1, § 18, note 12). sicut modo tenetur ; et similiter post institutionem festi nativitatis s. Joannis nativitas Dominae

They were, indeed, sorely attackt by the Realists, for their paradoxical assertions,[8] and in Paris this Nominalism was at first strictly forbidden :[9] however, it imperceptibly gained the upper hand, and, at the end of the fourteenth century, the Nominalists were the dominant party in Paris, whilst elsewhere they were still violently assailed,[10] and in Prague (1408) even banisht by the Realists.[11]

nostrae ordinata fuit per revelationem unius solius feminae, et multa similia. Nota de opinione s. Augustini de igne Purgatorii, qualiter tenetur opposita. (Vol. 1, Part 2, § 121, note 18.)

[8] Compare Errores Joannis de Mercuria Ord. Cist., which were condemned in 1347, in Bulaei hist. Univ. Paris. IV. 298, d'Argentré collect. judiciorum 1, 342; and Errores Nicolai de Ultricuria condemned in 1348, in Bulaeus IV, 308 and d'Argentré I, 355. The latter maintained among others the remarkable proposition : Quod de rebus per apparentia naturalia quasi nulla certitudo potest haberi. Illa tamen modica potest haberi, in modico tempore vel brevi, si homines convertant intellectum suum ad res, et non ad intellectum dictorum Aristotelis, et sui Commentatorum.—Miratur, quod aliqui student in Aristotele et Commentatore usque ad decripitam senectutem, et propter eorum sermones logicos deserunt res morales et curam boni communis ; in tantum quod cum exsurrexit amicus veritatis, et fecit sonare tubam suam, ut dormientes a somno excitaret, contristati sunt valde, et quasi armati ad capitale praelium contra eum irruerunt.

[9] In Paris next after Occam his disciple John Buridan (in 1327 rector of the University), was a zealous diffuser of Nominalism, see Tenneman viii, ii, 914. Ritter iv, 604. With reference to him, yet without mentioning his name, the Facultas artium in the year 1339 prohibited the doctrinam Gulielmi dicti Occam, with a threat against any one who should continue to teach it, ipsum a lectura per annum privamus (see Bulaeus iv, 257. d'Argentré i, 337). A new prohibition appeared A.D. 1340, (in Bulaeus iv, 267. d'Argentré i. 338), against the new school of teaching, e.g. quod nulli Magistri—audeant aliquam propositionem famosam illius auctoris, cujus librum legent, dicere simpliciter esse falsam, vel esse falsam de virtute sermonis, si crediderint, quod auctor posuerit, aut ponendo illam habuerit verum intellectum ; sed vel concedant eam, vel sensum verum dividant a sensu falso quia pari ratione propositiones Bibliae absoluto sermone essent negandae, quod est periculosum.—Item, quod nullus dicat, scientiam nullam esse de rebus, quae non sunt signa, i.e. quae non sunt termini vel orationes : quoniam in scientiis utimur terminis pro rebus, quas nobiscum portare non possumus ad disputationes. Ideo scientiam habemus de rebus, licet mediantibus terminis vel orationibus.

[10] This was the case in Oxford, see A. Wood, hist. et antiqu. Univ. Oxon, p. 169.

[11] Party spirit was here united with national hatred. The vic-

CH. IV.—THEOLOGICAL SCIENCES ₴ 116. SCHOLASTIC THEOL. 173

The third period of Scholasticism is remarkable for the violent warfare of the different schools, particularly of the Nominalists and Realists. By this contest attention was almost exclusively turned to the philosophical axioms of Theology; in this region the Nominalists could gratify, without danger, their love of paradox, in which they thought to copy the originality of their leader. So this period is distinguisht for fruitless subtleties on abstract ideas.[12] All taste for the practical and significant portion of Theology was so entirely deadened, that even the Predestinationism of Thomas Bradwardinus (1325, Reader of Theology in Oxford, 1348 Archbishop of Canterbury, † 1349 Doctor Profundus)[13] which at any other time would have kindled an

torious Bohemians were Realists, the retiring Germans Nominalists, Aeneae Sylvii hist. Bohemica, c. 35

[12] Jo. Gersonii epist. altera de reform. Theologiae (Opp. ed. du Pin i, 122): In facultatae Theologiae videtur esse necessaria reformatio super sequentibus inter caetera. Primo, ne tractentur ita communiter doctrinae inutiles sine fructu et soliditate, quoniam per eas doctrinae ad salutem necessariae et utiles deseruntur. Nesciunt necessaria, quia supervacua didicerunt, inquit Seneca. Secundo per eas studentes seducuntur, qui scilicet putant illos principaliter esse Theologos, qui talibus se dant, spreta Biblia et aliis Doctoribus. Tertio per eas termini a ss. Patribus usitati transmutantur.—Quarto per eas Theologi ab aliis Facultatibus irridentur. Nam ideo appellantur phantastici, et dicuntur nihil scire de solida veritate et moralibus et Biblia. Quinto per eas viae errorum multiplices aperiuntur.—Sexto per eas Ecclesia et fides neque intus neque foris aedificantur.—Tales nunc currunt propositiones ex talibus doctrinis: *Infinitae sunt durationes in divinis, secundum prius et posterius, quamvis aeternae. Et ita de mensura. Spiritus sanctus libere, contradictorie, contingenter producitur ex parte principii quo. In divinis est absoluta potentialitas ad non esse Spiritus sancti. Producere Filium in divinis, ut sic, nihil est etc.*—Item monendi videntur Magistri nostri,—quod materiae secundi, tertii et quarti Sententiarum magis tractarentur (*quia vix legitur nisi primus, occupando tempus in praemissis doctrinis*) et similiter Biblia. Et pro honore Dei attendatur diligenter, quanta est necessitas pro instructione populorum, et pro resolutione materiarum moralium temporibus nostris. Et tunc credendum est, quod in tanta angustia temporis, et inter tot animarum pericula non multum placebit ludere, ne dicam phantasiari, circa ea quae prorsus supervacua sunt.

[13] By him was De causa Dei adv. Pelagium libb. iii. ed. H. Savilius, Lond. 1618, fol. In the Praefatio thore is a complaint against the Theologians of the day: Ecce enim,—sicut olim contra unicum Dei Prophetam octingenti et quinquaginta Prophetae Baal; ita et hodie in hac causa, quot, Domine, hodie cum Pelagio pro libero arbitrio con-

universal blaze, was now lightly regarded. At the same time the
infidel Philosophy, which ever since the beginning of the 13th
century had been secretly maintained, came forward in Italy
with a bolder opposition to Theology.[14] The more distinguisht

tra gratuitam gratiam tuam pugnant, et contra Paulum pugilem gratiae
spiritualem? Quot etiam hodie gratiam tuam fastidiunt, solumque liberum arbitrium ad salutem sufficere stomachantur? aut si gratia
utantur vel perfunctorie, necessariam eam simulant, ipsamque se jactant
liberi sui arbitrii viribus promereri, ut sic saltem nequaquam gratuita
sed vendita videatur?—Non enim verentur astruere, suam voluntatem
in actione communi praeire ut dominam, tuam subsequi ut ancillam.—
Totus paene mundus post Pelagium abiit in errorem. Exurge igitur,
domine, judica causam tuam. Bradwardinus goes so far beyond Augustine as to assert lib. iii. c. 2 : Deus quodammodo necessitat quamlibet voluntatem creatam ad quemlibet liberum actum suum, ad quamlibet etiam liberam cessationem et vacationem ab actu, et hoc necessitate
naturaliter praecedente.—Videlicet universaliter omnis effectus a quocunque agente rationali vel irrationali et libero producitur hoc modo,
quod posito suo agente cum omnibus suis dispositionibus sufficientibus
naturaliter praeviis quibus illum producit, necessario et indefectibiliter
sequitur ipsum produci, et producitur ex necessitate naturaliter praecedente.—*Corollarium*: Unde consequitur evidenter, quod aliqualis
necessitas antecedens et libertas ac meritum non repugnant, et quod
nulla causa inferior, sed tantum superior, scil. Dei voluntas, est necessitas antecedens, et quod omnia quae sunt, fiunt et eveniunt, sunt, fiunt
et eveniunt de aliqua necessitate ipsa naturaliter praecedente. cf.
d'Argentré i. 323. On certain followers and foes of Bradwardine ibid,
p. 328. Albert Bishop of Halberstadt seems to have been a disciple of
this system, against whom Gregory XI. set on foot an inquisition
(Raynald. ann. 1372 no. 33.) According to the Pope's brief he taught,
quod omnia in hoc mundo ex necessitate eveniunt, et quod fata cuilibet
homini vitae ac mortis necessitatem imponunt, et quod non est haben-
dum consilium, nec deliberandum de aliquo, cum omnes actus hominum,
etiam a libero arbitrio procedentes, noscantur ex necessitate caelestis
influentiae provenire. This doctrine had already effected, that nonnulli
etiam nobiles et alii de partibus illis,—per haec putantes tolli merita
et demerita, incipiunt omittere invocationem divini auxilii et Sanctorum, nonnullaque alia opera pietatis etc.

[14] To this belong the 219 propositions condemned in 1277 by Stephen
Bishop of Paris, printed in d'Argentré I. i. 175, more correctly in
Schneider's Bibliothek d. Kirchengesch. i 1 (Ullmann, Reformatoren
vor der Reform. i. 40, gives erroneously the year 1376 with reference
to Jo. de Goch de libertate christ.) Petrarch, in a letter to Boccacio
A.D. 1364 (Rerum senil. lib. v. ep. 3 Opp. iii. 795), speaks of some
such unbelievers, whom he had met at Venice : Dialectici non ignari
tantum sed insani.—Hi Platonem atque Aristotelem damnant, Socra-
tem ac Pythagoram rident. They despise likewise Cicero, Varro, Livy,
Sallust, Virgil, and no less Christ, the apostles, and the fathers of the

CH. IV—THEOLOGICAL SCIENCES. § 116 SCHOLASTIC THEOL. 175

men at the end of this period, Petrus de Alliaco (from 1375 Reader in Paris, 1389 Chancellor of the University, 1396 Bishop of Cambray, 1411 Cardinal, † 1425),[15] John Charlier de Gerson (from 1381 Reader in Paris, 1395 Chancellor of the University, † 1429 at Lyons, Doctor christianissimus),[16] and Nicolas de Clemangiis (Artist, 1393 Rector in Paris, afterwards private secretary to Benedict XIII., from 1408 living in retirement, † before 1440),[17] felt how fruitless the theological pursuits of their time were for science and the Church, and made proposals for amendment.[18]

Church. Est jam hoc inter eos crebrum, atque in consuetudine redactum, ut quotiens haec verenda et sacra nomina proferuntur, vel nutu illa tacito vel impio feriant sermone. Augustinus, inquiunt, multa vidit, pauca scivit. One such person, unus moderno more philosophantium, quique nihil actum putant, nisi aliquid contra Christum et caelestem Christi doctrinam latrant, said to Petrarch : *Tuos et Ecclesiae doctorculos tibi habe : ego quem sequar habeo, et scio cui credidi.* Verbo, inquam, Apostoli usus es, et fide utinam uti velis. *Apostolus,* inquit, *ille tuus seminator verborum, et insanus fuit.—Tu esto Christianus bonus, ego horum omnium nihil credo. Et Paulus, et Augustinus tuus, hique omnes alii, quos praedicas, loquacissimi homines fuere : utinam tu Averroim pati posses, ut videres, quanto ille tuis his nugatoribus major sit.—*Nec supplicii metus valet, nec inquisitores haeresium armati, nec carcer, atque ignis ignorantiam procacem atque haereticam compescit audaciam. He says of the same philosopher *de ignorantia sui ipsius et multorum,* Opp. iii. 1048 · submotis arbitris oppugnant veritatem et pietatem, clanculum in angulis irridentes Christum, atque Aristotelem, quem non intelligunt, adorantes.—Ubi ad disputationem publicam ventum est, quia errores suos eructare non audent, protestari solent, se in praesens sequestrata ac seposita fide disserere.

[15] By him are Comm. breves in libb. iv. Sentent. (ed. 1500. 4), beside several works devotional, mystical, and treating of Church matters.
[16] His life is in v d. Hardt Conc. Const. I. iv. 26. There are a number of theological, moral, and ascetic treatises and speeches by him ; among them are several occasional treatises, most completely collected by Lud. Ellies du Pin Antwerp. (Amsterdam) 1706. 5 voll. fol. Essai sur Jean Gerson par Ch. Schmidt, Strasbourg et Paris 1839.
[17] His life is in v. d. Hardt l. c. I. ii. 71. His works chiefly refer to the defects and reformation of morals and Church constitution, ed. Jo. Mart. Lydius, Lugd. Bat. 1613. 4. Several have been afterwards publisht by Herm. v. d. Hardt in the Conc. Const. and by other persons. Nicolas de Clemanges, sa vie et ses écrits, thèse par Ad. Muntz, Strasb. et Paris 1846.
[18] Jo. Gerson epistt. duae de reform. theol. compare above note 12.

## § 117.

### MYSTIC THEOLOGY.

Ch Schmidt Études sur le mysticisme Allemand au XIVe Siècle, Paris 1847. 4 (from T. ii. of the Mémoires de l'Acad. des sciences morales et politiques, savants étrangers.)

Whilst the Hierarchy was destroying its own reputation, and often its means of efficacy by the use of interdict, and whilst manifold misfortunes weighed down the people; Mysticism won many adherents, especially in southwestern Germany (Gottes-

Nicol. de Clemangis lib. de studio theologiae in d'Achery spicil. i. 473 E.g. p. 476 : Miror Theologos nostri temporis paginas divinorum Testamentorum ita negligenter legere, et nescio quarum satis sterilium subtilitatum indagine sua ingenia conterere, utque verbis utar apostolicis, *languere circa quaestiones et pugnas verborum* (1 Tim. vi. 4), quod Sophistarum est, non Theologorum.—Solebant antiqui Patres et Theologi, quorum per Ecclesiam sunt approbata scripta, nihil dicere vel astruere, nisi quod Scripturarum testimonio posset confirmari : unde et Hieronymus ait : *Quod de Scripturis sacris non habet auctoritatem, eadem facilitate contemnitur qua probatur.* Rectissime plane illi quidem, quoniam in his, quae divina sunt, nihil debemus temere definire, nisi ex caelestibus possit oraculis approbari : quae divinitus enuntiata de his, quae scitu de Deo sunt necessaria aut ad salutem opportuna, si diligenter investigarentur, nos sufficienter instruunt.—Nunc autem plerosque videmus scholasticos sacrarum inconcussa testimonia literarum tam tenuis aestimare momenti, ut ratiocinationem ab auctoritate ductam velut inertem et minime acutam sibilo ac subsannatione irrideant, quasi sint majoris ponderis, quae phantasia humanae imaginationis adinvenit, quam quae divinitas caelitus aperuit, cum, teste Apostolo, *omnis scriptura divinitus inspirata utilis sit ad docendum, ad arguendum* &c. (1 Tim. iii. 16) : ad quae illa sunt parum utilia, in quibus hodie plurimi exercentur, quae licet intellectum utcumque acuant, nullo tamen igne succendunt affectum, nullo motu excitant, nullo alimento pascunt, sed frigidum, torpentem, aridum relinquunt. Inde est, quod ad praedicandum tardi adeo et ignavi sunt, quia scientiam ad hoc utilem minime didicerunt, supervacuisque occupati utilia et necessaria omiserunt. Illa est vera scientia, quae Theologum decet, quamque omnis debet Theologus expetere, quae non modo intellectum instruat, sed infundat simul atque imbuat affectum —Non ergo theologico det eo fine operam studio, ut theologiam sciat, hoc enim quaedam curiositas est ; non ut vulgi favorem aut plausum populi sibi per hoc acquirat, quia ventus inanis est ;—non ut ad honores et dignitates perinde promoveatur, quia

## CH IV THEOLOGICAL SCIENCE. § 117 MYSTIC THEOLOGY 177

freunde.)[1] Hitherto Mysticism had maintained itself in the Church in connexion with Scholastic Theology. Now in opposition to the freezing Nominalism, a subtle idealistic mysticism, grounded upon the Areopagites[2] and Neoplatonists made its appearance, first in the Dominican Henry Eckart at Strasburg and Cologne († before 1329.)[3] God is according to him the only essence,

ambitio est;—sed ea mente ac proposito theologiae aggrediatur studium, ut de talento doctrinae sibi divinitus commisso, fideliter Deo serviendo, secum ad salutem aeternam quoscunque poterit perducat ac lucrifaciat etc.

[1] On them see especially Dr C. Schmidt's Johannes Tauler v. Strassburg S. 161. Comp. also Rohrich's Gottesfreunde u. Winkeler, in Illgen's Zeitschr. f. d. hist. Theol. 1840 i. 118. Die Gottesfreunde in Basel, v. Wackernagel, in d. Beitragen zur Gesch. Basels, Bd. 2 (Basel 1843) S. 111. That the Friends of God were a definitely constituted society, and that they had secretly united themselves with the Waldenses, has been erroneously concluded from the statements with regard to Nicolas of Basle More of this below. Friends of God is the common name by which the Mystics of this period designated each other among themselves, it is of the same meaning with the expressions of other times, Brother in Christ, Peace on earth, Children of God, and so forth. Comp. Tauler: "Darumbe sprach unser herre zu sinen Jungern: ingnoten (von nun an) spruch ich uch nit Knechte, mer Frunde (Joh 15 15)—Und darumb der ein gewarer Frunt wil sin, der mus alle Ding lassen und Got nachfolgen.—Das ensint nut Secten, dass sich Gottes Frunt ungelich usgebent der Welte Frunden. —Sie seynt gar einfeltig gehorsam der heiligen Kirchen (Schmidt S. 164 ff.) They were certainly bound together by community of feeling, and so Suso represents them as the Brotherhood of Eternal Wisdom in a work with this for its title (Ausg. v. Diepenbrock S. 484.) Only it is evident that this is no external union, any one can take up or lay down this Brotherhood on his own authority (S. 486.) In the year 1386 the name Gottesfreunde was in such good repute even among strict Catholics, that Otto v. Passau the Franciscan at Basle, dedicated his Ethics, "The 24 elders or the golden throne," to all friends of God, ecclesiastical and secular, gentle and simple, women and men, or whosoever they be (Schmidt s. 172. A.)

[2] Dionysii Areopagitae et Mysticorum saeculi XIV doctrinae inter se comparantur, diss. scripsit G. A. Meier, Halis 1845.

[3] Concerning him see Quetif et Echard scriptores Ord. Praedicatorum i. 507. Meister Eckart v. D. C. Schmidt, in d. Theolog. Studien u. Krit. 1839. III. 663. 'Etudes p. 12. Meister Eckart, eine theol. Studie v. D. H. Martensen, Hamburg 1842. Ritter's Gesch d. christl. Philosophie iv. 498. In the Basle edition of the Tauler sermons of 1521 and 1522, Bl. 242 ff there are 55 sermons and 4 short essays by Eckart: on MSS. of them see Schmidt études p. 23 On Eckart's book of divine consolation l. c. p. 24 There are three fragments from

the eternal generation of the Son is the production of essential ideas: These are that Divinity which exists in all creatures,[4] everything finite is only a phantom. The godlike in the soul must separate itself from the finite according to the pattern of Christ, that by the contemplation of God, man may become, like Christ, a Son of God.[5] As this doctrine was drawn from the

Eckart in Wackernagels Old-German reading-book, 2d edit. i. 889. Gervinus Gesch. d. poet. National-literatur 3te Ausg. ii. 143, has given a sketch of his doctrine from some manuscripts, which are expected to be publisht in Pfeiffer's German Mystics.

[4] Eckart in Tauler's Sermons, Basle 1521, fol. 254, col. 3 : There is somewhat of God in all creatures, but God dwells God-like in the soul, because it is his abiding place. Fol. 300 col. 4, there is a light in the soul which is uncreated and inexhaustible (fol. 296 col. 4., there is a power in the soul which neither time nor state effects, fol. 297 col. 2, a Light of the Spirit, a spark.) In the Treatise v. d. Wirklichen u moglichen vernunft, by an unknown author of the 14th century, in which Master Eckart is often quoted, occurs the following passage (Docen's Miscellaneen zur Gesch. d. deutschen Literatur i. 145): Nu wil Maister Eckart noch baz sprechen, und spricht, daz Ainz ist in der Seel, daz so hoch und so edel sei, also als Gott, sunder alle Namen. Nu spricht Maister Eckart,—daz die Seel in dem Theil sie ein Funken gottlicher Natur : darum nennet es Maister Eckart einen Funken mit Worten in der Seel.

[5] Eckart fol. 277 col 2 : We should be united in God essentially, we should be united in God individually, we should be united in God entirely. How should we be united in God essentially? This must be done in contemplation and not substantially. His substance cannot become our substance, though it must be our life. (On the other hand fol. 315 col. 1 : we shall become the same essence and substance and nature that He is himself without any difference.—And when his substance and essence and nature is mine then I am the son of God.) Fol. 248 col. 3 : There is one only method to understand the bare truth, which is God, that unites the soul more to God, for it may be united by all those works which sacred Christianity continually effects externally. Fol. 309. col. 4 : Just in proportion as man denies himself by help of God, and is united with God, he is more God than creature. When man is set free from himself by God, and is no one else but God only, and lives not except by God alone, it is plain, that he is in truth the same by grace that God is by nature, and God himself recognizes no difference between himself and this man. Fol. 263 col. 3 : Wherefore is God become man? That I may be born the same God. God died for this reason that I may die to all the world and all created things, —This the Son heard from the Father, this has he revealed to us, that we may be the son. Fol. 260 col 4. · The Father begat the Son in His everlasting wisdom, and thus the father begets the Son in the soul as in His nature.—When the Father begets His Son in me, then am

same sources, as that of the sect of the free spirit, so it was closely related to it,[6] and was condemned for this reason.[7] However the immoral deductions which this sect drew therefrom, are beyond doubt unjustly attributed to Eckart,[8] neither was there any

I the same son and not another. Fol. 254 col. 4 : God himself must work in us, for it is a God-like work, man follows and does not withstand, he is passive and lets God work. Gervinus ii. 146 : However pure and faultless those works may be, which are wrought in the light of the soul, those are still more faultless, which remain within, and in the spirit, and do not come forth. Then the soul approaches her state after death, when she will be infused into the Godhead, and lose her individuality (ihr Icht) being buried in the countenance of God : then she will be unknown to all creatures, but herself will know all creatures.

[6] Gerson de concordia Metaphysicae cum Logica (opp. ed. du Pin i. 825) : Universalia realia extra animam ponere alibi vel aliter quam in Deo, est haeresis expresse damnata per decretalem Innocentii III. (in the Bull against Amalric, Part 2 § 74 note 10 )—Alter error, quod primordiales causae, quae vocantur ideae. i. e. forma sive exemplar, creant et creantur.—Constat quod ad positionem universalium realium, prout exponunt, sequitur haec doctrina, vel forsan insanior, ut quod sit ens unum transcendens in re, quod nec est Deus, nec creatura, nec aeternum, nec temporale.

[7] So early as 1324 Eckart, at that time a Prior at Frankfort-on-Maine, was brought to trial by command of the General of the Dominicans (Schmidt études p. 14), afterwards at Cologne in 1327 by the Bishop of the place, from whom he appealed to the Pope (l. c. p. 16.) The Bull of condemnation by John XXII, which made its appearance in 1329 after Eckart's death, may be seen in Raynald. 1329 no. 70. d'Argentré i. 312   Of the 28 aphorisms which it condemns, 8 are to be found word for word and 14 in effect in Eckart's sermons (see the collection by Schmidt in the Studien u. Krit. 1839. iii. 673.) Mosheim had in his possession some excerpta from a German book belonging to the sect of the free spirit "von den 9 geistl. Felsen," and publishes several of them in his institt. hist. eccl. p. 551 ss. : nine of these again may be found word for word, among the aphorisms condemned in the Bull, see Schmidt in the work quoted above.

[8] Among the aphorisms condemned in the Bull of John XXII. A.D. 1329 there are five to this effect, two of which are also given by Mosheim from the work von den 9 geistl Felsen. XIV. Bonus homo debet sic conformare voluntatem suam voluntati divinae, quod ipse velit quicquid Deus vult. Quia Deus vult aliquo modo me peccasse, nollem ego, quod ego peccata non commisissem : et haec est vera poenitentia (der gottlicke Mensch soll also sinen Willen einformig machen mit Gates Willen, dass er alles das soll wellen, was Gat will. Will Gat in etlicker Wise, dass ick gesundet habe, also soll ick nit wellen, dass ick nit gesundet habe. Und das ist gewarig Ruwe d. i. quies, nicht poenitentia.)   XV. Si homo commisisset mille peccata mortalia, si talis homo esset recte dispositus, non deberet velle se ea non commisisse.

external connexion between him and this sect: accordingly his
speculative mysticism constantly met with great approval in
South-western Germany, particularly among the Dominicans,
and he remained, in spite of the Papal condemnation, the great

(Und wenn dass der Mensch tusend Todsunde gethan hette, und uber
das der Mensch wel besetzet oder geordnet were, er en solte nit wellen,
dass er derselben Sunde nit gethan hette : aber er solte e wellen tusend
Tode liden, e er yme nie de keine Todsunde wolte tun.) These propositions cannot belong to Eckart. According to him every work of
God is a necessity (fol. 268 col. 4 : Von Not muss Gott wurken alle
seine Werk) : He cannot will this way or that, virtue is his necessary
will (fol. 309 col. 2 : Die Tugend ist Gott, oder on Mittel in Gott.)
Accordingly he thus expresses his own doctrine in opposition to that
of the sect of the free spirit (fol. 263 col. 1): " Gott bezwinget den
Willen nit, er setzet ihn in Freiheit, also dass er nicht anders will,
denn das Gott selber ist, und das die Freiheit selber ist, und der Geist
mag nicht anders wollen, dann das Gott will, und das ist nit sein Un-
freiheit, es ist sein eigen Freiheit. Nun sprechent etliche Menschen :
hab ich Gott und Gottes Liebe : so mag ich wol thun alles das ich will.
Diss Wort verstand sie unrecht. Dieweil du kein (d. i. irgend ein)
Ding vermagst das wider Gott ist und wider seine Gebott, so hastu
Gottes Liebe nit, du magst die Welt wol betriegen, als habestu sie.
Der Mensch, der da stat in Gottes Willen und in Gottes Liebe, dem ist
lustlich, alle Ding zu thund, die Gott lieb seind, und alle Ding zu
lassen, die wider Gott seind, und ist ihm als unmuglich kein Ding zu
lassend, das Gott gewurkt will han, als kein Ding zu thun das wider
Gott ist." fol. 244 col. 4 : " Der Gerecht der lebet in Gott, und Gott
lebet in ihm, wann Gott wirt Geboren in dem Gerechten, und der Gerecht wird geborn in Gott. Wann von einer jeglichen Tugend des
Gerechten, so wird Gott geborn, und Gott der wird erfreuwet von einer
jeglichen Tugend des Gerechten, und er wird nit allein erfreuwet von
einer jeglichen Tugend des Gerechten, sonder auch von einem jeglichen
Werk, wie klein das sey, das do vallet von der Tugend, das da gewurkt
wird in der Gerechtigkeit, von dem so wird Gott erfreuwet, ja durch-
freuwet,—ja durchkutzelt von Freuden. Und diss mussen grob Leut
glauben, und aber erleuchten Menschen ist es zu wissen." The fact
that the immoral aphorisms of the sect of the free Spirit were laid to
Eckart's charge in that Bull, may be probably accounted for in the
following manner. This sect availed itself of the remarkable coinci-
dence of their speculative Theology with that of the famous preacher
Eckart, to represent in a work von den 9 geistl. Felsen, their doctrines
as the doctrines of Eckart; this they did by borrowing word for word
from his sermons such aphorisms as agreed with their doctrines, and
adding their own deductions. From this work, which was spread
abroad as a representation of Eckart's doctrine, the Archbishop of
Cologne drew the aphorisms which he sent to the Pope, and which
were accordingly condemned by him as Eckart's aphorisms. It seems
that the Dominicans afterwards represented to the Pope the true state

master of the friends of God.⁹ On the other hand, from the year 1330, a friend of God, Nicolas of Basle,¹⁰ devoted himself to a practical mysticism. By means of ascetic exercises he believed that he had attained to a complete renunciation of the world and his own will, and to an inward intercourse with God, to visions also and revelations; he was now employed without ceasing, in leading all others, who would submit themselves to his guidance,¹¹ to the

of the case: for in 1330 there appeared the Bull In agro dominico (in Coerneri chron. in Eccardi corp. scriptt. medii aevi ii. 1036), in which the same aphorisms word for word were condemned as aphorisms of the Beghards, without any mention being made of Eckart,—this was in fact a kind of retracting of the first Bull.

⁹ Tauler speaks of his teaching as Church-doctrine (2nd Sermon on the xiiith Sunday after Trinitȳ fol 104 col. 2 : Bisch. Albrecht, und Meister Deiterich, und Meister Eckhart, die heissen es einen Funken der Seel.) Suso, who had been his pupil at Cologne, says in his life, cap. 23, Ausg v. Diepenbrock S 71 : " da kam er (Suso) zu dem heil. Meister Eckart, u. klagte ihm sein Leiden. Der half ihm davon." Afterwards many of the dead appeared to him (Kap. 8. S. 20) : " Unter andern erschien ihm auch der selige Meister Eckart."—It is plain that these men could not have allowed that there was any connexion between Eckart, and the sect of the free spirit.

¹⁰ See especially Schmidt's Joh. Tauler S. 28 and 191. The sources of information with regard to him are, the "Historia des ehrw. D. Tauleri," prefixt to Tauler's Sermons, written by Tauler and finisht by Nicholas (comp. Schmidt S. 25 note 5), and the " Buch von den funf Mannen," who lived a Cenobite life dedicated to Mysticism and devotional exercises, and among whom Nicholas was chief (in the Memoriale des Johanniterhauses zum grunen Worth c. 19 ff. Handschrift der Strassburger Biblioth., s. Schmidt S. 197.) Of Nicolas' works there are still extant, a Letter to Christendom, to call it to repentance, occasioned by a vision on Christmas night 1356 (publisht by Schmidt S. 220), and a letter to the Johannites of Strasburg in 1377 (ibid. S. 233.)

¹¹ Submission to the spiritual guidance of experienced persons, whether ecclesiastic or lay, was strongly recommended by the Friends of God. Thus Tauler and Rulman Merswin submitted themselves to the layman Nicolas, as well as the four men with whom he lived in common. So Tauler advises (1 Pred. auf Maria Geburt fol 146 col. 3) : " Darumb war es gar sicher, das die Menschen, die der Wahrheit gern lebten, hatten einen Gottesfreund, dem sie sich underwurfen, und dass er sie richtet nach Gottes Geist.—Die Menschen sollten einen Gottesfreund uber zwenzig Meil suchen, der den rechten Weg bekannte, und sie richtet : und war es nit ein sunderlich Mensche, so wär ein gemein Beichtiger gut." And Nicholas himself in his exhortation to repentance (Schmidt's Joh. Tauler § 231), with a view to bring back Christendom to a Christian state, recommended " daz man Rath

same communion with God.[12] Under such influences grew up the most distinguisht preacher of this mysticism, John Tauler the Dominican at Strasburg († 1361).[13] He had adopted Eckart's

suchte, der usser dem heiligen Geiste kame, sollicher Rath war durch Pfaffen oder durch Laygen.—Aber solliche Menschen, die usser dem heiligen Geiste Rath geben mochten, die sint gar kume zu vindende: aber wie luzel ihr ist, so vindet man ihr noch in der Zit."—Nicholas and the friends of God, who were first brought into notice by Schmidt, were commonly, even by him, placed in some kind of connexion with the Waldenses: for instance the obedience which many friends of God rendered to Nicholas was explained to imply that he belonged to the class of the Perfecti, the teachers and priests of the Waldenses However this relationship cannot be shown to have existed among the Waldenses: on the contrary, the obedience rendered to Nicholas was no other than that which Tauler publicly enjoined upon his hearers, and so cannot possibly be explained as an heretical institution. Besides, Nicholas cannot have been a Waldensian preacher; for, 1, he remained continually in possession of his own property (Historia Tauleri s. 8) compare Yvonetus, Part 2, § 90, note 29; 2, he worshipt Mary and the saints, see his exhortation to repentance, in Schmidt s. 221; 3, he believed in Purgatory (Historia Tauleri, towards the end). 4, Those ecstasies and visions, which the five men believed that they had, were as unknown to the Waldenses as their reveling in inward suffering and self-inflictions. The Cenobitism of the five men was like that which afterwards appeared among the brethren of the common life, who also were bound to obedience to the president of their house.

[12] Also by books written in German, see his exhortation to repentance in Schmidt S. 231: "Aber etteliche Lehrer sprechent, tusche Bucher sind schadeber der Christenheite.—Aber solliche Buchelin, also dis Buchelin ist, und ouch ander tusche Bucher, die ouch in dirre Mose sind und ouch nut wider die heilige Geschrift sind, solliche tusche Bucher sind einvaltigen Leygen gar nutzze und gar gut; und ihr sollent sie uch nut losen die grosen Lehrer abesprechen, dieselben Lehrer, die do vol der Geschrift sind und Lehre Gottes, wenne sie suchent sich selber in Ehre dirre Welte me denne Gott." When Nicholas kept his entire sphere of operation very secret, and only gave further explanations to Tauler under the seal of confession (Historia, s 5); he wisht, partly from humility, to conceal his experiences and revelations from observation, partly also he must have acted from fear of the clergy, since he, though a layman, assumed an ecclesiastical office.

[13] Quetif et Echard scriptt. Ord. Praedicat i. 667. Oberlini diss. de Tauleri dictione vernacula et mystica, Argent. 1786. 4. Ullmann's Reformatoren vor der Reformation ii 222. esp. Johannes Tauler von Strassburg, von D. C. Schmidt, Hamburg, 1841. His 'Etudes sur le mysticisme allemande au XIV$^e$ siècle p. 105. The Historia des ehrw. D. Tauleri (see note 10), is the narative of his conversion and death. On manuscripts and editions of his sermons (in different German dialects) see Schmidt s. 64 The best edition is that of Joh.

CH IV.—THEOL. SCIENCE, § 117 MYSTIC THEOLOGY.

speculative mysticism, when under the guidance of Nicolas of Basle, A.D. 1340, he attained inward regeneration by means of devotion, and henceforth without giving up these speculations, but chiefly by vivid energetic preaching he taught men to renounce earthly objects and sins, to follow the poor life of Christ, and thereby to attain to communion with God.[14]

Rynman, Basle, 1521. fol. The latest, in the language of our time, is that of Frankfort on Maine, 1826. 3 Th. 8vo (with an introduction on Tauler's Life and Writings). Among his lesser ascetic works (Schmidt § 73), the most remarkable is the Book on the imitation of the poor Life of Christ (first publisht by Dan. Suderman, 1621, last by Schlosser, Frankfort on Maine, 1833).

[14] On Tauler's mysticism, see de Wette christ. Sittenlehre, ii. ii. 220. Schmidt's Joh. Tauler, § 90. The children of this world used to say of such earnest and convincing sermons (fol. 77, col. 1): " Es ist eins Begharts Red und Nunnentand. Lug diess seind die newen Geist." Tauler often clearly markt the boundary line between his doctrine, and that of the sect of the free spirit, which might easily have been mistaken. Sermon iii. on Corpus Christi, fol. 67, col. 2 : " Viel minder ist das zu begreifen, wie der Geist verwird in gottlicher Einigkeit, und da er sich also verleurt, daz kein Vernunft darzu kann kummen. Diss nehmen die unverstandigen Menschen fleischlich, und sprechen, sie sollten verwandelt werden in göttlich Natur, und das ist zumal falsch und böss Ketserei. Wann von der allerhochsten nachsten inningsten Einung mit Gott so ist doch gottlich Natur und sein Wesen hoch, und hoher uber alle Hoch, das gatin ein gottlichen Abgrund, dass da nimmer kein Creatur wurd." Sermon on the 21st Sunday after Trinity, fol. 127, col. 2. " Nun seind viel Menschen die diese Blindheit und diese Finsterniss der Sunden haben gelassen, und haben sich gekehrt ganz und gar von ihn selber, und von allen Dingen in das wahr lauter Licht Gottes, und seind insinken in ihren inwendigen Grund und warlich inschmelzen in ihren Ursprung in ein inwendig Stillschweigen in aller ihrer inwendigen Kraft der Seel, und hiedurch werfen sie sich in die Finsterniss der göttlichen Wustung, die da ist uber aller Engel und Menschen Verstandniss, und in dem erschwingen sie sich selber also ferr, daz sie allen Unterscheid verlieren in der Einikeit Gottes, und verlieren auch sich selber und alle Ding, und wissen zumal nit anders dann umb einen blossen lautern einfaltigen Gott, in dem sie seind zu Grund versunken, und alleweil sie da seind, so geht es ihn gar wol, und verirren nit.—So kommt dann die geistlich Schalkheit, daz seind die subtilen Geist, die Teufel, die ferr uber ander Teufel seind in Subtilikeeit und in Schalkheit. Und so sie nit anders mügen, so bringen sie den Menschen in geistliche Hoffart, dass dieselben Menschen selber Gott seind in dieser hohen edeln Anschawung Gottes, darin diese Menschen gezogen werden in ihren Zugängen Gottes. Welcher Mensch diess also bedacht, und daruff warlich stund, und dasselb also warlich von ihm selber hielt, das war ein sorglich Ding,

This same mystical turn of mind, sometimes inclining to the speculative, sometimes to the practical side, was adopted by the Dominican Nicholas of Strasburg,[15] who was rather mystically ascetic than speculative. By Rulman Merswin, a layman in Strasburg,[16] educated as a Friend of God, like Tauler, under the secret instruction of Nicholas of Basle († 1382) : By the secular

und zu forchten ewiger Verdammniss : wurd der Mensch anders hierin funden, daz er sich selber nit erkennt gegen Gott mit grosser Reuw und Leid, die der Mensch darumb haben soll, will er anders wieder kommen." Sermon i. on John the Baptist, fol. 138, col. 1 : " Nun kommen die Bernünftigen mit ihrem naturlichen Liecht, in ihren blossen ledigen unverbildeten Grund, und besitzen da ihr naturlich Liecht mit Eigenschaft (Eigenthum), gleich als ob es Gott sey, und es ist nichts dann ihr blosse Natur.—Sie seynd nit durch den Weg der Tugend gegangen, und durch Uebung, die zu heiligem Leben gehörent und zu Todtung der Untugend, des achten sie nit, wann sie lieben ihr falsche Ledikeit (Freiheit), die nit gesucht ist mit wirklicher Lieb, von innen und von aussen, und sie haben den Bilden (Vorbildern) Urlaub geben ee der Zeit. Denn kommet der Teufel und bringt sie in falsche Sussikeit und falsch Liecht, und damit verleitet er sie, dass sie ewiglich verloren werden. Und wozu er sie geneigt sind in ihr Natur, es sei Unkeuschheit, oder Geizigkeit, oder Hoffart, darin zeucht er sie, und von des inwendigen Entpfindes (Empfindung), und in den Leichtern, die ihn der Teufel hat furgehalten, sprechen sie, dass es warlich Gott sei, und lassen ihn das nit nehmen, von dem so sie das mit Eigenschaft besitzen. Hievon so fallen sie in unrecht Freiheit zu volgen, wozu sich die Natur neigt, diese soll man mehr fliehen dann den Feind, wann sie seynd von ihren Weisen auswendig als ferr, dass sie nit gut seind zu erkennen." He often designates these men as " die frigen Geiste." Comp. Schmidt S. 138.

[15] Papal Nuntio in 1326, intrusted with the superintendence of the Dominican monasteries in Germany. By him are three sermons publist by Mone, Anzeiger, 1838, S. 271 : one by Hoffmann, in Haupt's u. Hoffmann's altdeutschen Blattern, 1840, ii. 165, Stellen aus einem mystischen Tractate von Jahn, Lesefruchte altdeutscher Theologie, 1838 S. 21 heraus-gegeben. Compare Schmidt's John. Tauler S. 5. 'Etudes p. 18.

[16] He founded in 1371, under the guidance of Nicholas of Basle, the Johanniterhaus at Strasburg, he wrote at his desire a German work, " von den vier Jahren seines anfangenden Lebens," and composed the book of the nine rocks (this must not be confounded with the work of the same name in note 7 and 8), which is erroneously placed among Suso's works (Schmidt in Illgen's Zeitschr. f hist. Theol. 1839. ii. 61), a representation of the ascent to God (like the book of the seven steps by an unknown monk at Heilbronn, belonging to the 14th century, see Gervinus Gesch. d. poet. Nationalliter. 3te Ausg. ii, 148). Compare Schmidt's Joh. Tauler S. 177.

CH. IV.—THEOLOGICAL SCIENCE. § 117. MYSTIC THEOLOGY 185

priest Henry of Nordlingen,[17] by the Dominican Henry Suso at Ulm,[18] who with all his trifling superstition and misty fancies was a famous preacher († 1365); and by the two men in whom Eckart's speculative mysticism revived, the author of the Deutschen Theologie,[19] and John Ruysbroek, prior of the regular Canons in Gröndal near Brussels (Doctor ecstaticus † 1381).[20]

[17] His correspondence with the Dominican nun Margaretha Ebner in Maria Medingen is in Jo. Heumanni opuscula, quibus varia juris germ. itemque historica et philol. argumenta explicantur, Norimb. 1747. 4, p. 351. Comp. Schmidt's Joh. Tauler S. 172 Wackernagel in d. Beiträgen zur vaterl. Gesch. herausgeg. v. d. hist. Gesellschaft zu Basel (1843) ii. 136.

[18] Properly v. Berg, he called himself after his mother Sauss or Suss, and received the mystical name Amandus from the mother of God. His life related by him to the Nun Elizabeth Stäglin, written down by her, and publisht by him, is in Diepenbrock's Ausg. S. 1.—Quetif et Echard scriptt. Ord. Praed. i. 653. Ullmann's Reformatorem vor d Ref. ii. 204. Der Mystiker Heinr. Suso von C. Schmidt in d. Theol. Studien u. Krit. 1843. iv. 835. 'Etudes p. 172.—His entire German works (Tracts and Sermons) appeared at Augsburg 1482, at Ulm 1512 fol. latine translata per Laur. Surium, Colon. 1555. 8, according to the earliest manuscripts and impressions, in the language of the present time, by Melch. Diepenbrock, with an Introduction by J. Gorres, Ratisbon 1829. 8. There are extracts from the Book of Eternal Wisdom in its original form in A. Jahn's Lesefruchten altdeutscher Theologie, Bern. 1838, S. 1: and a fragment of the Book of Truth from a Berlin manuscript in v. d. Hagen's Germania ii. 177.

[19] Publisht by Luther in 1516, by Joh. Arndt in 1631, lastly by Troxler, St Gall. 1837. According to Luther's Preface the author was a German gentleman, a priest, and warden in the German Herren Haus at Frankfort: according to Jo. Wolf lectt. memorab. i. 863 his name was Eblendus or Eblandus. A physician Guil. Gratalorus has been considered the author only from a misunderstanding of Bezae epist. 46; and Tauler equally erroneously, he is even quoted in Book 12. Comp. Placcius theatr. anonym. et pseudon. p. 441. Waldau thesaur. bio- et bibliogr. p. 291. Ullmann's Reformatoren vor der Reform. ii. 233.

[20] With regard to him see Dr J. G. B. Engelhardt's Richard v. St. Victor u. Joh. Ruysbroek, Erlangen 1838, S. 165. Ullmann's Reformatoren vor der Reform. ii. 36. Ch Schmidt 'Etudes sur le mysticisme allem. au XIVe siècle p. 213. On his mysticism de Wette's christl. Sittenlehre II. ii. 237.—His works composed by him in the Low Dutch of Brabant, are only known by the paraphrased Latin translation of Laur. Surius (Colon. 1552. fol), but they are still extant in their original language in 19 MSS. of the royal library at Brussels (see Willems in the Belgisch Museum voor de nederduitsche tael- en letterkunde, Gent 1845, ii. 159). The translation of them into high Dutch, which was made as early as the 14th century, and of which

The Friends of God were numerous also in all classes of society: but their head quarters were certain Dominican Monasteries and Nunneries.[21] At a time when all such unusual asceticism was regarded with general mistrust; the Friends of God gave especial offence, by the spiritual influence which Laymen enjoyed among them, and exercised even over priests, as well as by the Revelations, for which many of them were famous: they were in consequence not unfrequently suspected as Beghards. Nicolas of Basle was burnt to death at Vienne, near Poitiers (after 1382),[22] and one of his disciples, Martin of Mayence, a Bene-

there are MSS. at Munich and Strasburg (see proofs in Engelhardt S. 279. 347) is not quite faithful. More faithful are the manuscripts in the dialect of the lower Rhine, from which A. v. Arnswaldt has publisht four works by John Rusbroek, with a preface by Ullmann, Hannover. 1848 (Die Zierde der geistl. Hochzeit, von dem funkelndem Steine, von vier Versuchungen, der Spiegel der Seligkeit. To Rusbrochii opp. lat. redd per L. Surium, there is prefixt a vita Rusbrochii, which was composed by a Canon living soon after his time, but has undergone a verbal alteration by Surius. His life is full of asceticism and heavenly transport For his mystical doctrine nearly related to that of Eckart, he believed that he was indebted only to divine inspiration, and said to Gerard Groot, who visited him (lib. de origine monast. Viridis Vallis in Archief voor kerkel. Geschiedenis door Kist en Royaards viii. 362) Magister Gerarde, sciatis veraciter quod nunquam verba in libris meis posui, nisi ex instinctu Spiritus sancti, or as another states, Nunquam in libris meis aliquid posui, nisi in praesentia S. Trinitatis (similarly vita Rusbrochii c. 8).

[21] On the Dominicans in Cologne Heinrich v. Löwen, Heinr. v. Cöln, Franke v. Cöln, Gerhard v. d. Sterngasse, and their works chiefly extant only in MSS. see Schmidt's Joh. Tauler, s. 24. On the Sisters Christina Ebner, Abbess of the Monastery of Engelthal, in Nuremberg, and Margaretha Ebner, nun in the monastery of Maria Medingen in Dillingen (comp. note 17), ibid S. 15 and 21. Besides there belonged to these friends of God Conrad, a Benedictine in Weissenburg (two treatises by him are contributed from Borman in v. d. Hagen's Germania ii. S. 169 f.), Conrad Abbot of Kaisersheim, and several lay persons (Schmidt 303.)

[22] Jo. Nideri (Dominican prior in Basle about 1430) formicarius, ed Argent. 1517. 4. fol. 40, a: Vivebat paulo ante (Concil. Pisanum) purus laicus, Nicolaus nomine. Hic in linea Rheni circa Basileam et infra primum velut Beghardus ambulans a multis, qui persequebantur haereticos, de eorundem haereticorum numero quasi unus habebatur suspectissimus. Acutissimus enim erat, et verbis errores coloratissime velare novit. Idcirco etiam manus inquisitorum dudum evaserat et multo tempore. Discipulos igitur quosdam in suam sectam collegit. Fuit enim professione et habitu de damnatis Beghardis unus, qui visiones et revelationes in praedicto damnato habitu multas habuit,

CH. IV.—THEOLOGICAL SCIENCE § 117. MYSTIC THEOLOGY. 187

dictine of Reichenau, at Cologne in 1393.[23] At the same time Nominalism, which was increasing more and more, supplanted this realist mysticism. Thus John Gerson attackt

quas infallibiles esse credidit. Se scire affirmabat audacter, quod Christus in eo esset actu, et ipse in Christo, et plura alia, quae omnia, captus tandem Viennae in Pictaviensi diocesi, inquisitus fatebatur publice. Sed cum Jacobum et Joannem, suspectos in fide et sibi conscios suos speciales discipulos, ad jussum Ecclesiae eum inquirenti nollet dimittere nisi per ignem, et repertus in multis a vera fide devius et inpersuasibilis, saecularium potestati juste traditus est, qui eum incinerarunt.

[23] The sentence against him in Schmidt Joh. Tauler S. 237. The doctrines which he is said to have preacht publicly in Cologne, and for which he was condemned were 1. quod judicialiter convicti et per Ecclesiam condemnati ac impoenitentes haeretici, aliquando in Heidelberga concremati, fuerunt et sunt amici Dei : 2. quod solemne perjurium ad evadendum inquisitoris judicium in judicio factum non sit peccatum : 3. quod credere, peccata mortalia post confessionem ad memoriam redeuntia fore ex debito confitenda, sit haereticum : 4. quod Christus non ita poenaliter in cruce, in qua moriebatur, sustinuit, sicut in horto, ubi voluntatem suam patri submisit; 5. quod quidam laicus, nomine Nicolaus de Basilea, cui te funditus submisisti, clarius et perfectius evangelium quam aliqui Apostoli et b. Paulus hoc intellexerit ; 6. quod per eundem Nicolaum Praelatis Ecclesiae virtus ministrandi sacramenta et exercendi quaecunque bona opera affluit : 7. quod si nullus in caritate in hoc mundo esset, tunc nullus Presbyter sacramenta conficere posset—(this is the result of such assertions as that of Tauler with regard to the Friends of God, fol. 139 col 1 : " Diese seind, auf den die heilige christliche Kirch steht und waren diese nit in der Christenheit, die Christenheit mocht nit bestehn) : " 8. quod praedicto Nicolao ex perfectione submissionis sibi factae potes contra praecepta cujuscunque Praelati, etiam Papae, licite et sine peccato obedire : 9. quod ex jussione ejusdem Nicolai nullo modo etiam interficiendo hominem vel cognoscendo mulierem posses peccare : 10. quod per talem dimissionem Nicolao perfecte sine formis et imaginibus factam fuisti liberatus ab obedientia Ecclesiae, intrans statum primae innocentiae : 11. quod melius esset tibi ut in fornicationem caderes et resurgens in tali submissione maneas, quam quod ab obedientia ejusdem Nicolai recederes et sine peccato permaneres : 12. quod per hoc quod contra prohibitionem Ecclesiae sine licentia praedicare, Missas celebrare, et sacramenta eucharistiae et poenitentiae ministrare praesumsisti, non peccasti, ut asseris : 13. quod frequenter sine necessitate horas canonicas etiam illis diebus, quibus valebas,—te dicis sine peccato omisisse : 14. quod talis submissio, qua te submisisti praedicto laico, est ita ad perfectionem vecta, quod etiam, si Magister in theologia vellet perfici, oporteret eum omnem respectum ad literas et scripturam postponere, et tali ductori simpliciter in omnibus obedire : 15. quod perfectus homo non debet pro inferni liberatione ac caelestis regni collatione

Ruysbroek's pantheistic turn of mind,[24] and opposed to it a mysticism, which again closely connected itself with the prevailing Scholasticism, in order to impart warmth to it and receive from it light.[25] But at the end of the 14th century a mysticism of practical benevolence which avoided all speculation was

Deum orare, nec illi pro aliquo, quod Deus non est, servire, sed indifferens ejus beneplacitum expectare (Tauler fol. 49 col. 4: "Wahre lauter Abgescheidenheit, daz ist daz sich der Mensch abkehre und abscheide von allem dem, das Gott nit lauter bloss ist." fol. 52 col. 1. " Stunde das Himmelrich vor dir offen, du solltest nit darein gehn, du solltest zu dem ersten wahrnehmen, ob es Gott also von dir haben wolt:)" 16. quod in Evangeliis et in oratione dominica non debet stare sic : et ne nos inducas in temptationem, quia negatio non ex Christi doctrina, sed ex alia quacunque negligentia.

[24] Jo. Gersonii epist. ad Fr. Bartholom. Carthusiensem super tertia parte libri Jo. Ruysbroech de ornatu spiritalium nuptiarum written in 1406 (Opp. ed. du Pin i. 59 ) Gerson had received through Bartholomew a Latin translation of the work on the Ornaments of the spiritual bridal, he gives his opinion of it in general, comperi multa ibidem tradi salubria et alta documenta, but he objects to certain passages of the third book (c. 1—4 in Arnswaldt's edition S. 138 ff.) because it was there taught, quod anima perfecte contemplans Deum non solum videt eum per claritatem, quae est divina essentia, sed est ipsamet claritas divina —Imaginatur enim,—quod anima tunc desinit esse in illa existentia quam prius habuit in proprio genere, et convertitur seu transformatur et absorbetur in esse divinum etc. Gerson allows that Ruysbroek meant otherwise, but maintains that his words could be understood in no other sense. (From the whole connexion of the work, it is plain that he cannot have called him a Beghard, and the words on page 62 : Erat autem de secta Begardorum, which have been thus understood, must be read Erant autem de s. B, those forsooth quorum aliquos ipse auctor juste reprehendit.) Against Gerson Joh. de Schoenhavia, Canon of Grunthal, wrote an apology for Ruysbroek (ibid. p. 63), in which he endeavours to explain his representation of the union with God. He is not speaking of the unio per identitatem realis existentiae, and not merely of the unio solum per consensum et conformitatem voluntatis, but of the unio per amorem liquefactivum, et excessum contemplationis ecstaticae, quae prae nimia suavitate et magnitudine interni dulcoris et vehementia amoris animam liquefacit et resolvit, et totam virtutem rationis absorbet. In his answer (l. c. p. 78) Gerson persists in maintaining that Ruysbroek's expressions were objectionable, and that John of Schonhofen, who tried to defend them, laid himself open to censure. Cf. Gerson de mystica theologia speculativa c. 41 : de erroribus circa transformationem animae in Deum (Opp. iii. 394). Engelhardt's Rich. v. St Victor u. Joh. Ruysbroek, S. 265.

[25] Gerson's mystical works are to be found in Opp. ed. du Pin T.

iii. He broaches a theory of mystical theology in his Considerationes de myst. theol. ibid. p. 361. On its relation to speculative theology see consid. i.: Aliqua est *theologia mystica* ultra eam, quae vel *symbolica* vel *propria* nominatur. Ita enim separate tractavit de ea sub proprio titulo b. Dionysius a conscio divinorum secretorum Paulo doctus. Cum enim scripsisset de *theologia symbolica*, quae utitur corporeis similitudinibus translatis ad Deum, ut quod est leo, lux, agnus, lapis et similia :—cum praeterea tradidisset *theologiam propriam*, per quam ex affectibus repertis in creaturis, praesertim perfectioribus, ad extra, consurgimus ad affirmandum aliqua de Deo, ut quod est ens et vita, a quo omnibus derivatum est esse et vivere : tandem addidit modum inveniendi Deum perfectiorem caeteris, quo per abnegationem et per excessus mentales tanquam in divina caligine videatur Deus, hoc est in occulto et in abscondito :—propterea hic liber intitulatur *de theologia mystica:* mysticum autem interpretatur absconditum.—Consid. ii. : Theologia mystica innititur ad sui doctrinam experientiis habitis ad intra, in cordibus animarum devotarum : sicut alia duplex theologia ex his procedit, quae extrinsecus ostenduntur.—Consid. viii. :—Expedit, scholasticos viros etiam devotionis expertos in scripturis devotis theologiae mysticae diligenter exerceri, dummodo credant eis. Hoc ideo dicitur, primum, quia quis novit, si tandem ipsis ex familiari tali collocutione aggenerabitur, ut solet, quidam amor et ardor experiendi ea, quae sola interim fide tenent, et quae docta ratiocinatione conferunt ad invicem.—Rursus alius fiuctus est pro illis, quos praedicatio sumpta ab hujusmodi doctrina poterit accendere ad amorem Dei jam praeconceptum, remanente etiam frigido pectore ejus, qui loquitur.—Denique compertum est, multos habere devotionem, sed non secundum scientiam, quales procul dubio pronissimi sunt ad errores, etiam supra indevotos, si non regulaverint affectus suos ad normam legis Christi, si praeterea capiti proprio, propriae scilicet prudentiae, inhaeserint, spreto aliorum consilio. Hoc in Begardis et Turelupinis manifestum fecit experientia. —Propterea necesse est pro argutione, aut directione talium esse viros studiosos in libris eorum, qui devotionem habuerunt secundum scientiam. Eos nihilominus commonitos velim, ne citius debito damnare praesumant personas devotas, simplices in suis affectibus admirandis, ubi nihil adversum vel fidei vel bonis moribus palam inveniunt ; sed aut venerentur incognita sub silentio, suspensam tenentes sententiam, aut consilio peritiorum examinanda remittant. Peritiores autem sunt, quos utraque instructio reddit ornatos, una intellectus, et affectus altera, quales fuerunt Augustinus, Hugo, s. Thomas, Bonaventura, Guillielmus Parisiensis, et caeterorum admodum pauci ; cujus raritatis causam inferius afferre conabimur, comp. de Wette's Sittenlehre ii. ii. 251. J. G. V. Engelhardti comm. de Gersonio mystico partic. ii. Erlang. 1822. 23. 4. C B. Hundeshagen ub. die myst. Theologie des Joh. Charlier v. Gerson, in Illgen's Zeitschr. f. Hist. Theol. iv. i. 79. A. Liebner uber Gerson's myst. Theologie, in den Theol. Studien u. Kritiken 1835, ii. 277. (Jourdain) Doctrina Jo. Gersonii de theologia mystica, Paris. 1838. Ch. Schmidt essai sur Jean Gerson, Strasbourg 1839, p. 67.

faithfully cherisht in Gerard Groot's institutions,[26] and through them obtained a wide influence over the people of many German provinces.

## § 118.

### HISTORY OF THE REMAINING THEOLOGICAL SCIENCES

Casuistry continued to be zealously studied: to the old textbook, the Summa Raymundiana (Part 2, § 76, note 7), were now added those of the Minorite Astesanus († 1330 Summa Astesana),[1] and of the Dominican Bartholomew de St Concordia in Pisa (§ 1347 Summa Bartholina, Pisanella or Magistruccia).[2] On the other hand, moral philosophy was only studied so far as it entered into casuistry, blended with Church-right, and pastoral subtilty. For the development of the universal principles of morals little was done.[3] As the mixture with heterogeneous subjects in casuistry was injurious to moral philosophy, so also was the inclination of the schoolmen to display their subtilty in the development of reasons and counter-reasons, and to create probability for opinions given at hazard. The mournful condition of moral philosophy was particularly manifested in the controversies which followed the murder of the Duke of Orleans, instigated by the Duke of Burgundy (23. Nov. 1407).[4] In order to justify the murder, the Franciscan Johannes Parvus (Jean Petit, Doctor theol. in Paris † 1411) defended the murder of

---

[26] See above, § 115, note 9 ff.

[1] Printed nine times in the 15th Century, Fabricii bibl. med. et inf. Latin i. 145. Comp Stäudlin's Gesch. d. Christl. Moral seit d. Wiederaufleben d. Wissenschaft S. 85.

[2] Printed several times in the 15th century, Quetif et Echard scriptt. Ord. Praedicat. i. 623. Fabric. l. c. p. 177.

[3] On Gerson's works on Morals (Opp. ed. du Pin. t. iii.) see Schrockh xxxiv. 241. Staudlin a. a. O. S. 127. Marheinecke's Darstellung des theol. Geistes der kirchl. Verfassung in Beziehung auf die Moral des Mittelalters, Nurnberg u. Sulzbach 1806, S. 130.

[4] All the works belonging to this subject are collected in Gersonii opp. ed. du Pin t. v. The history of the events is taken from the chronicle of Enguerrant de Monstrelet ibid. p. 3 ss. Compare Marheinecke in the work quoted above, S 161.

tyrants.[5] After that the house of Orleans had recovered the ascendancy, the Bishop of Paris condemned that work (1414):[6] but when the Duke of Burgundy brought the matter before the Council of Constance, it was shown that the Hierarchy watcht over the region of Morality with far less care than that of Doctrine. Whilst the active Gerson fought the cause of morality against the sophisms of the Mendicants,[7] the council hazarded no decisive opinion. True, it condemned the doctrine of Tyrant

[5] See his Justificatio Ducis Burgundiae recitata d. 8 Mart. 1408 coram Rege l. c. p. 15. He comprises his opinion in viii. veritates: 1. Omnis subditus et vasallus, qui—machinatur contra salutem corporalem sui Regis,—dignus est duplici morte, scil. prima et secunda. II. Plus puniendus est miles, quam simplex subditus in hoc casu, Baro quam simplex miles etc. III. In casu supradicto licitum est cuilibet subdito sine quocunque mandato vel praecepto, secundum leges naturalem, moralem et divinam, occidere et facere occidi ipsum proditorem et infidelem tyrannum, et non modo licitum, sed honorabile ac meritorium, praecipue quando est adeo potens, quod justitia non potest bono modo fieri per superiorem. This he proves with 12 reasons ob reverentiam XII. Apostolorum, to wit, with three authorities in theology, St Thomas, John of Salisbury, and some others, with three in philosophy, Aristotle, Cicero, and Boccacio, with three proofs from civil law, and three examples from holy writ. IV. In casu supradicto honorabilius est, magis licitum et meritorium, quod ipse infidelis tyrannus occidatur per unum consanguineum et subditum Regis, quam per extraneum, qui non esset de sanguine Regis; et per Ducem, quam per Comitem etc. VII. In casu supradicto unicuique licitum est, honestum et meritorium occidere et facere occidi supradictum tyrannum per insidias, cautelas et explorationes, et etiam licitum est dissimulare et tacere suam voluntatem. Then he accuses the Duke of Orleans of having bewitcht the king, and of administering poison to him, of carrying out a traitorous and arbitrary policy, and at last concludes, quod dictus dominus Burgundiae in nullo debet culpari, vel redargui de casu qui accidit in persona dicti criminosi defuncti Ducis Aurelianensis, et quod dominus Rex non solum debet contentari, sed etiam debet habere praefatum Dominum Burgundiae acceptum, et suum factum autorisare, quando opus est.

[6] The documents are in l. c. p. 49—342. The Sententia, in which novem assertiones from the works of Johannes Parvus were condemned, may be seen p. 322 ss.

[7] Martin Porree, the Dominican Bishop of Arras, as plenipotentiary of the Duke of Burgundy, proposed (l. c. p. 358): Sententia Episc. Parisiensis et Inquisitoris Franciae, quae de jure est nulla,—adnulletur: tam veritates Parvi, quam assertiones per Johannem de Gerssono eidem Parvo falso impositas, in sua probabilitate relinquendo. E. g. p. 360: dictae assertiones non sunt tanquam erroneae condemnandae, eo quod de earum possibilitate sine evidenti contradictione

murder, but not the work of Johannes Parvus;[8] and afterwards

fidei, sacrae Scripturae et bonorum morum sunt opiniones graves magnorum Doctorum eas asserentium probabiles, ut praefertur, testimonio scripturarum naturalium, moralium, et divinarum. Compare Scriptum Episc. Atrebatensis dd. 11 Oct. 1415 (ibid. p. 391): Si novem assertiones pertineant ad fidem, secundum intentionem Joannis Gersson, qua temeritate condemnavit eos Episcopus Parisiensis, cum sciret aut scire deberet, quod hujusmodi materiae fidei declaratio et definitio, ac novorum articulorum fidei ordinatio ad s. sedem apostolicam, aut sacrum Concilium generale [pertinere] dignoscitur?—Si vero non pertineant ad fidem, sicut nec pertinent de facto ante determinationem Ecclesiae; quare eas condemnavit, oppositas ipsarum mandando teneri sub fide? Numquid non haereticum est, mandare aliquid sub fide esse tenendum, quod non est fides? Gerson on the other hand (ibid. p. 391): dico affirmative, quod hae novem assertiones exhibitae sunt judicio fidei reprobandae per hoc sacrum Concilium, et quod jam nimis tardatum est. Then in justification of the Bishop of Paris he defended the maxim of the Sorbonne (p. 408), quod ad Episcopos catholicos pertinet, auctoritate inferiori et subordinata circa ea quae sunt fidei judicialiter definire (compare below § 119 note 9 )

[8] Sessio gen. xv. d. 6 Jul. 1415 (in v. d Hardt Conc. Const. iv. 439). Synodus—nuper accepit, quod nonnullae assertiones erroneae in fide et bonis moribus—dogmatizatae sunt. Inter quas haec assertio delata est: *Quilibet tyrannus potest et debet licite et meritorie occidi per quemcunque vasallum suum vel subditum, etiam per insidias et blanditias vel adulationes, non obstante quocunque juramento seu confoederatione facta cum eo, non expectata sententia vel mandato judicis cujuscunque.* Adversus hunc errorem satagens haec sancta synodus insurgere,—declarat, decernit, et definit hujusmodi doctrinam erroneam esse in fide et moribus, ipsamque tanquam haereticam, scandalosam, seditiosam, et ad fraudes, deceptiones, mendacio, proditiones, perjuria vias dantem reprobat et condemnat. Declarat insuper,—quod pertinaciter doctrinam hanc pernitiosissimam asserentes sunt haeretici etc. But even this decree was wrung from them by the Emperor Sigismund, see Jo Gersonii dialog. apologeticus (Opp. ii. 387), especially the letter of a companion of the Bishop of Arras to a friend in Paris, on the proceeding in Bulaei hist. Univ. Paris. v. 293: Videns ipse Rex, quod non potuit obtinere conclusionem condemnationis dictarum IX assertionum, ut volebat, licet sollicitaverit Judices quantum potuit per ejus praesentiam in judicio saepissime et per nuncios et literas, dixit, quod nunquam iret ad locum conventionis, videlicet Niciam, donec esset finis dicti processus. Et quod plus est, ipse exivit civitatem Constantiae per VIII dies, et juravit publice, ut dicebatur communiter, quod non rediret nisi prius expedito dicto processu. Quare oportuit pro satisfaciendo sibi, quod quaedam alia propositio vocata *Quilibet tyrannus*—condemnata fuerit ad satisfaciendum dicto Regi, qui putabat, quod dicta propositio esset una de contentis in propositione M. Jo. Parvi, et ita datum est sibi intelligi, et sub illo colore fuit condemnata ipso Rege praesente: unde gavisus est et omnes adversarii, quod communiter

## CH. IV.—THEOL. SCIENCES. § 118. CASUISTRY AND MORAL PHIL. 193

declared the censure of the Bishop of Paris to be unjustifiable.[9] Soon after a work by the Dominican John of Falckenberg,[10] which preacht death and destruction against the Poles and their king Jagello, was condemned by most of the members of the Council (1417) :[11] but the Pope, encumbered by regard for the

dicebant ignorantes, quod propositio Parvi fuerat condemnata.—Sed Deo laus. Post recessum dicti Regis Ambaxiatores (Ducis Burgundiae) sunt securiores quam antea, et liberius tractaverunt materiam et processum cum bono consilio.—Speramus hic omnes habere bonum exitum et honorabilem in materia, quia totum Concilium vellet processum terminari ad bonam pacem et concordiam Ducis.—Et si non habeatur finis per concordiam, non ita cito habebitur per processum, quia adhuc sumus in principio, ut potestis considerare : quia restat adhuc probare intentionem circa libellum exhibitum, et examinare dictas propositiones hinc inde, quae non fient ita cito et sine magno discursu.

[9] Judicium Deputatorum Concilii dd. 15. Jan. 1416 in Gersonii opp. v. 500.

[10] Before this time he had defended Johannes Parvus, against Gerson and d'Ailly : see tres tractatus in Gersonii opp. v. 1013.

[11] Jo. Dlugossi (Canon at Cracow, about 1465) hist. Polonica ed. Francof. 1711, fol. lib. xi p 376 : The Archbishop of Gnesna brought this work with him from Paris, in January, 1417, to Constance, and immediately accused the author, Jo. Falkenberg, who was present in person, of being a Cruciferis de Prussia pretio conductum before the Council. Synodus sacra—praedictum libellum, ut falsum et erroneum, Joannem vero Falkemberg ejus auctorem, ut haereticum, per definitivam sententiam damnavit, et perpetuis deputavit carceribus. Et in condemnationis praefatae signum singuli Cardinales singillatim et omnes nationes sententiam praedictam manibus propriis subscripserunt. So the book was condemned, as is plain from the appeal of the Polish delegates, which was entered in the last session (v. d. Hardt Conc. Const. IV, 1555), per judices in causa fidei a s. Concilio deputatas, and it was conclusum et ordinatum by all the nations and the college of Cardinals, quod idem libellus, tanquam haereses et alia multa et quasi infinita mala et errores continens, in sessione publica per sacrosanctum concilium—publice damnaretur, seu publice damnatus nunciaretur. But this solemn condemnation could not be maintained even from Martin V, who was elected in November. 1417. Dlugossus p. 386 : Martinus P. V. prece incertum est an importunitate Cruciferorum de Prussia circumventus, sententiam damnationis Jo. Falkemberg—infirmare et moderari contendit,—quamvis, existens Cardinalis, se ei manu propria subscripserit. There is only a part preserved of the contents of Falkenberg's book, in the sentence of condemnation, drawn up by the Committee of Faith of the Council, and in its name 4 Jun. 1417 (in Dlugossus p. 387). It had for its title : Satyra contra haereses et caetera nefanda Polonorum et eorum Regis Jagyel fide-

interests of the German order, and the powerful Duke of Burgundy, would neither have this book solemnly condemned, nor decide upon the work of Johannes Parvus. So the mendicants ventured still to maintain the probability of those seditious maxims.[12]

The Theologians of this period interested themselves in Holy Scripture even less than those of the previous centuries. The institution of Professors of the oriental languages, determined on

liter conscripta, and was dedicated universis Regibus et Principibus: caeterisque Praelatis sive Ecclesiasticis sive saecularibus, et generaliter omnibus, qui Christiani nominis meruerunt insigniri titulo. Maxims selected: quod Rex Polonorum, cum sit malus praesidens, est idolum, et omnes Poloni sunt idololatrae, et serviunt idolo suo Jagyel. Item dicit, quod Poloni, et eorum Rex sunt odibiles, haeretici, et impudici canes, reversi ad vomitum suae infidelitatis. Et ergo securissime omnes, non solum Principes saeculi; verum etiam inferiores, qui ad Polonorum et eorum Regis exterminationem se accinxerint ex caritate, vitam merentur aeternam. Item dicit, quod indubie Polonos et eorum Regem propter periculum, quod ab eis timetur Ecclesiae futurum, etiam antequam dissidium faciant, caeteris paribus, magis meritorium est occidere quam paganos. Item dicit, quod omni submoto dubio, belli certamine, quo pro defensione Christianorum suscepto Principes saeculi Polonos et eorem Regem occidunt, regna merentur caelestia — Item dicit, quod ex Principibus saeculi, qui sunt idonei et ratione et potestate Polonos et eorum Regem Jagyel reprimere, et permittunt eum in Christianos debacchari, supplicia merentur gehennae etc.

[12] They tried especially to prove by means of sophisms, that the ix. assertiones, note 6, had nothing in common with the condemned maxim, Quilibet tyrannus, see the numerous controversial treatises in Gersonii opp. t. v. E. G. Responsio Episc. Atrebatensis ibid. p. 475: credo et affirmo, quod nulla dictarum novem assertionum est fidei judicio reprobanda, nec aliqua illarum est condemnanda ex condemnatione illius propositionis *Quilibet tyrannus:* cum nullo modo sequatur ex aliqua illarum novem assertionum, sed non ex omnibus simul, nec continent doctrinaliter illam vel virtualiter, nec in simili radice fundantur, quod patet. Non enim sequitur: *Licitum est unicuique subdito;—occidere vel occidi facere quemlibet tyrannum, qui per cupiditatem, fraudem, sortilegium etc. Ergo quilibet tyrannus etc.* Tum quia ibi arguitur a parte in modo, ad suum totum in modo, cum distributione:—tum quia ad mentem assertionum a parte subjecti, ly *unicuique subdito* capitur pro vasallo immediate Regi subdito: et in illa *Quilibet tyrannus* capitur pro quocunque, etiam subdito tyranno, sive subjecto and so forth. Thence he infers at last, quod hanc doctrinam asserentes opinabiliter, citra determinationem sacri Concilii generalis, et s. sedis apostolicae, non sunt haeretici;—quod asserere—dictas Propositiones esse probabiles, aut forsan veras, non est erroneum etc.

by Clement V. in 1311,[13] was only meant for the education of Missionaries, and had no effect in furthering the interpretation of Scripture. The biblical commentaries of this period are, for the most part, like those of the foregoing centuries, without any scientific value. Only the Franciscan Nicholas, of Lyra (Professor of Theology in Paris, † 1340, Postillator,)[14] by his know-

[13] At the instigation of Raymund Lullus, who laboured much for the conversion of the Mahometans, Clementin. lib. v. tit i. c. 1 : scholas in subscriptarum linguarum generibus, ubicunque Romanam curiam residere contigerit, necnon in Parisiensi et Oxon, Bonon. et Salamantino studiis providimus erigendas, statuentes, ut in quolibet locorum ipsorum teneantur viri catholici, sufficientem habentes Hebraicae, Arabicae et Chaldaeae linguarum notitiam, duo videlicet uniuscujusque linguae periti, qui scholas regant inibi, et libros de linguis ipsis in latinum fideliter transferentes, alios linguas ipsas sollicite doceant,—ut instructi et edocti sufficienter in linguis hujusmodi, fructum speratum possint Deo auctore producere, fidem propagaturi salubriter in ipsos populos infideles.

[14] Concerning him Wolfii biblioth. Hebr. i. 912. iii. 838. G. W. Meyer's Gesch d. Schrifterklarung seit d Wiederherstell. d. Wissenchaften (Gottingen 1802) i. 109. His principal work, Postillae perpetuae in Biblia, was first publisht at Rome, 1471, 5 voll. fol. best cura Fr. Feuardentii, Jo. Dadrei et Jac de Cuilly, Ludg. 1590, also in the Bibliis Glossatis. There is an essay prefixt de libris Bibliae canonicis et non canonicis. Quia sunt multi, qui ex eo quod non multum operam dant sacrae Scripturae, existimant, omnes libros qui in Biblia continentur, pari veneratione esse reverendos atque adorandos, nescientes distinguere inter libros canonicos, et non canonicos, quos Hebraei inter apocrypha computant, unde saepe coram doctis ridiculi videntur, et perturbantur scandalizanturque, cum audiunt, aliquem non pari cum caeteris omnibus veneratione persequi aliquid, quod in Biblia legatur : idcirco id distinximus, et distincte numeravimus, primo libros canonicos, et postea non canonicos, inter quos tantum distat, quantum inter certum et dubium. Nam canonici sunt confecti spiritu sancto dictante : non canonici autem sive apocryphi nescitur, quo tempore quibusve auctoribus sint editi etc. He then enumerates the canonical and apocryphal books of the Old Testament, according to Jerome, and determines their relation to each other according to him and Rufinus. Prologus i. de commendatione sacrae Scripturae in generali. e. g. on the manifold sense : Habet tamen iste liber hoc speciale, quod una litera continet plures sensus. Cujus ratio est, quia principalis hujus libri auctor est ipse Deus, in cujus potestate est non solum uti vocibus ad aliquid significandum,—sed etiam rebus significatis per voces utitur ad significandum alias res. The fourfold sense is described in the lines :—

*Litera* gesta docet, quid credas *allegoria*,
*Moralis* quid agas, quo tendas *anagogia*.

*Prologus ii. de intentione auctoris et modo procedendi :* Omnes expo-

ledge of the Hebrew language, rendered extraordinary service in
the grammatical interpretation of the Old Testament.

sitiones mysticae praesupponunt sensum literalem tanquam fundamentum : propter quod sicut aedificium declinans a fundamento
disponitur ad ruinam, sic expositio mystica discrepans a sensu literali
reputanda est indecens et inepta, vel saltem minus decens caeteris
paribus, et minus apta. Et ideo volentibus proficere in studio sacrae
Scripturae necessarium est incipere ab intellectu sensus literalis :
maxime cum ex solo sensu literali et non ex mysticis possit argumen-
tum fieri ad probationem vel declarationem alicujus dubii, secundum
quod dicit Augustinus in epist. contra Vincent. Donatistam. Ulterius
considerandum, quod sensus literalis—videtur multum obfuscatus diebus
modernis, partim scriptorum vitio, qui propter similitudinem literarum
in multis locis aliter scripserunt, quam habeat veritas textus, partim
imperitia aliquorum correctorum, qui in pluribus locis fecerunt puncta
ubi non debent fieri, et versus inceperunt vel terminaverunt ubi non
debent incipi et terminari, et per hoc sententia literae variatur,—
partim ex modo translationis nostrae, quae in multis locis aliter habet
quam libri hebraici : et tamen secundum Hieronymum—pro veritate
literae habenda in scriptura veteris testamenti recurrendum est ad
codices Hebraeorum.—Sciendum etiam, quod sensus literalis est multum
obumbratus propter modum exponendi communiter traditum ab aliis,
qui licet multa bona dixerint, tamen parum tetigerunt literalem sensum,
et sensus mysticos in tantum multiplicaverunt, quod sensus literalis
inter tot expositiones mysticas interceptus, partim suffocatur. Item
textum in tot particulas diviserunt, et tot concordantias ad suum
propositum induxerunt, quod intellectum et memoriam in parte confun-
dunt, ab intellectu literalis sensus animum distrahentes. Haec igitur
et similia vitare proponens cum Dei adjutorio intendo circa literalem
sensum insistere, et paucas valde et breves expositiones mysticas
aliquando interponere, licet raro. Similiter intendo non solum dicta
doctorum catholicorum, sed etiam hebraicorum, maxime Rabbi Salomonis (Jarchi or Raschi see Part 2, § 76, note 9), qui inter doctores
hebraeos locutus est rationabilius, ad declarationem sensus literalis
inducere.—Postremo quia non sum ita peritus in lingua hebraica vel
latina, quin in multis possim deficere ; ideo protestor, quod nihil intendo
dicere assertive seu determinative, nisi quantum ad ea, quae manifeste
determinata sunt per sacram Scripturam vel Ecclesiae auctoritatem ;
caetera vero omnia accipiantur tanquam scholastice et per modum
exercitii dicta : propter quod omnia dicta et dicenda suppono correc-
tioni sanctae matris Ecclesiae, ac cujuslibet sapientis, pium lectorem et
caritativum flagitans correctorem.

## FIFTH CHAPTER.

### HISTORY OF RELIGION AMONG THE PEOPLE.

### § 119.

Two new festivals were dedicated to the highly-honoured Mary, the Festival of the Presentation of Mary, festum Praesentationis, on 21st of November, by Gregory XI. in 1372,[1] and the Festival of the Visitation of Mary, festum visitationis, on the 2d of July, by Urban VI. in 1389.[2] The Dominicans, indeed, earnestly impugned the doctrine of the immaculate conception of Mary. To the revelations which St Birgitta had received in favour of this doctrine,[3] they opposed those of St Catharine of Siena, a sister of their own order, against it.[4] Nevertheless,

[1] J. A. Schmidii prolusiones Marianae x. (cum praef. J. L. Moshemii. Helmst. 1733. 4), p. 100 ss. Augusti's Denkwürdigkeiten iii. 107.

[2] Schmid l c. p. 111. Augusti in the work quoted above, S. 88.

[3] Concerning Birgitta see above, § 114, note 4. Birgittae revelationum lib. v.; in fine, God the Father revealed with regard to Mary: De radice Adae processit, et de peccatoribus nata est, licet sine peccato concepta, ut Filius meus de ea sine peccato nasceretur; lib. vi. c. 49, Mary says: Veritas est, quod ego concepta fui sine peccato originali, et non in peccato; and cap. 25 she says: Scito quod conceptio mea non omnibus nota fuit.—Placuit Deo, quod amici sui pie dubitarent de conceptione mea, et quilibet ostenderet zelum suum, donec veritas claresceret in tempore praeordinato.

[4] Concerning her, see above, § 104, note 6. In the Orationes xxii. ab ipsa in raptu et extasi ad Deum prolatae, et a sibi assistentibus familiaribus exceptae latinitatique donatae, is the following passage, Orat. xvi. (the passage is wanting in the edition of her works, Colon. 1553, but is quoted as early as by Antoninus Summae p. 1, t. 8, c. 2): Datum est nobis Verbum aeternum per manum Mariae, et de substantia Mariae induit naturam absque peccati originalis macula, et hoc, quia non hominis, sed Spiritus sancti inspiratione facta est illa conceptio. Quod quidem non fuit sic in Maria, quia non processit ex massa Adae operatione Spiritus sancti sed hominis: et quia tota illa massa erat putrida, non poterat nisi in putridam naturam anima illa infundi, nec poterat purgari, nisi per gratiam Spiritus sancti, cujus quidem gratiae non est subjectum susceptibile corpus, sed spiritus

together with the Feast of the Conception,[5] this doctrine continued to spread. The Franciscans, who were at first divided in their opinion upon this question,[6] continued more and more to decide in favour of it, swayed by the violence with which the Dominicans assailed the immaculate conception of Mary, and Duns Scotus, its first champion. The Dominicans, also, when they began from the year 1384 to impugn this doctrine with vehemence in Paris,[7] roused the people as well as the university against themselves. In the year 1387, together with several other maxims of the Dominican, John of Montesono, the university condemned also the decided rejection of this doctrine.[8] True,

rationalis aut intellectualis, et ideo non poterat Maria a macula illa purgari, nisi postquam anima infusa est corpori quod quidem sic factum est propter reverentiam thesauri divini, qui in illo vase debebat reponi. Nam sicut fornax consumit guttam aquae in modico tempore, sic facit Spiritus sanctus de macula peccati originalis: nam post conceptionem ejus statim fuit ab illo peccato mundata, et gratia magna data. Tu scis, domine, quia ista est veritas. Compare on these prophecies of both saints Wadding legatio Philippi III. et IV. ad Paulum P. v. et Gregorium XV. de definienda controv. immaculatae concept. b. Virg. Mariae. Lovan. 1624 fol. p. 342 ss.

[5] Not yet, even at this time, called the Feast of the Immaculate Conception, compare Part 2, § 78, note 16, and Thomas' opinion thereupon, ibid, note 18. The Archbishop of Canterbury decreed at the Conc. Londin. ann. 1328, c. 2 (Mansi xxv. 829), that for the future the festival of the conception of the blessed Virgin should be kept festive et solemniter throughout his province. In the year 1343 Baldwin, bishop of Paderborn, introduced it into his diocese (Schaten annales Paderborn. l. xiii. p. 303). The Gallic nation at the university of Paris in 1380 determined, quod amodo celebraretur festum conceptionis gloriosae V. M. eodem modo, quo et alia festa solent celebrari (Bulaeus hist. Univ. Paris. iv. 964).

[6] The Franciscan Alvarus Pelagius († after 1340 see § 99, note 18) de planctu Ecclesiae lib. ii. c. 52, declares himself still, as the Franciscans of the 13th century had done (see Part 2, § 78, note 17), with a reference to Augustine and Bernard, against this doctrine, licet quidam novi theologi a sensu Ecclesiae recedentes communi, tenere contra, indevoti revera dominae, ei tamen devoti cupientes apparere, nitantur, eam quodammodo sic Deo et suo Filio comparantes: quorum *nova opinio et phantastica sit a fidelibus cancellata,* quia sanctificationem Virginis negat, contra id quod tenet Ecclesia, ipsam—antea—sanctificatam in utero, quam natam extra uterum

[7] Bulaeus iv. 599.

[8] On the whole controversy see Chronic. Caroli vi. lib. viii c. 8, and lib. ix. c. 16 (Chronique du Religieux de S. Denys, publiée par L. Bellaguet, Paris 1839. 4, i. 490. 576). Bulaeus iv. 618, especially

he appealed to the Pope,[9] but the university prevailed at Avignon (Jan. 1389), forced several Dominicans to recant offensive expressions against this doctrine,[10] and required of all d'Argentré collectio judiciorum i. ii. 61. The offensive propositions, together with the censures of the theological faculty, may be seen in d'Argentré, p. 62 : Propositio X. : Non omnes praeter Christum contraxisse ab Adam peccatum originale est expresse contra fidem. The Censure : *Revocanda est tanquam falsa, scandalosa et piarum aurium offensiva, et praesumptuose asserta, non obstante probabilitate quaestionis, utrum b. Virgo fuerit in peccato originali concepta.* Prop. XI. : B. Virginem Mariam et Dei genitricem non contraxisse peccatum originale, est expresse contra fidem. Prop. XII. : Tantum est contra sacram Scripturam, unum hominem esse exemptum a peccato originali praeter Christum, sicut si decem homines de facto ponerentur exempti. Prop. XIII. Magis est expresse contra sacram Scripturam, b. Virginem non esse conceptam in peccato originali, quam asserere ipsam fuisse simul beatam et viatricem ab instanti suae conceptionis vel sanctificationis. These maxims were censured altogether as *revocandae tanquam falsae, scandalosae, praesumptuose assertae et piarum aurium offensivae.*

[9] He petitioned, as is plain from the work publisht against him by Petrus d'Alliaco (d'Argentré i. ii. 82), 1, quia aliquae conclusionum suarum trahuntur ex doctrina s. Thomae ; 2) quod dominus Episcopus (Parisiensis), apponens falcem in messem summi Pontificis, dictas conclusiones pronunciavit et decrevit falsas, haereticas et erroneas : et causam subdit ibidem, quia ista, quae tangunt fidem, sunt de majoribus Ecclesiae causis, et quae ad solum summum Pontificem pro examinatione et decisione deferri debent. The university sent four delegates to the Pope, amongst whom Petrus d'Alliaco was the most eminent: See his Sermones et propositiones in Consistorio l. c. p. 66. With reference to the first charge of the Dominicans, the university had already declared in a letter ad universos Christifideles dd. 14 Feb. 1388 (l. c. p. 65) quatenus s. Thomae doctrinam in dicta nostra condemnatione nequaquam reprobamus. The condemnation only referred to the words est expresse contra fidem (l. c. p. 107) : licet (s. Thomas) dicat, quod fuit concepta in originali, tamen nec ibi, nec alibi dicit, quod oppositum dicere sit expresse—contra fidem.— Licitum est in hac materia probabiliter loqui, et istam partem tenere, vel etiam circa utrumque dubitare ut supponitur : sed non licet sic probabiliter loqui vel dubitare de aliquo, quod est expresse contra fidem etc With reference to the second charge d'Alliaco defended the maxim (l. c. p. 76) : Ad s. sedem apostolicam pertinet auctoritate judiciali suprema circa ea quae sunt fidei judicialiter definire. Ad Episcopos catholicos pertinet auctoritate inferiori et subordinata circa ea quae sunt fidei judicialiter definire. Ad Doctores theologos pertinet determinatione doctrinali et scholastica circa ea quae sunt fidei doctrinaliter definire.

[10] Compare the originals in Bulaeus iv. 633 638, and in d'Ar-

who took academical degrees, assent to the decision issued by herself in this matter.[11] Although this decision was in the first place only directed against the peremptory rejection of the doctrine, still it soon assumed the character of a positive declaration in favour of it.[12] The influence of the University of Paris gave the doctrine definitive ascendancy in the Church.

This period was even as rich as the previous one in new saints,[13] relics,[14] and other shrines,[15] as well as in miracles,[16] gentre i. ii. 132. How far the Dominicans had advanced in their violence, is shown by the expressions which they were now obliged to recall. Thus Fr. Richard (d'Argentré p. 136): Elle fut souillée, touillé et brouillée au ventre de sa mère.—Nemplus que vous ne pourriez bouter vostre main en ung grand plain pot de gresse (vermilion) sans la souiller, nemplus ne fut la Vierge Marie engendrée sans souilleure.—Fr. Adam de Soissons in a sermon (Bulaeus iv. 639): Se la Vierge Marie fust trespassée devant la mort et passion de son glorieux fils,—elle fust descendue en Enfer, pourcequ'elle avoit esté conceue en peché originel. He confest that he added qui je affermois sous la damnation de mon ame, et que en icelle foy je voudrois vivre et mourir. Fr. Joannes Ade (ibid. 641), quod festum Conceptionis b. et gloriosae Virginis Mariae, non erat solemnizandum nec colendum, et qui coleret dictum festum, male faceret plus quam bene. Item praedicando ad populum increpavi illos, qui in laudem Virginis Mariae tenebant, eam non fuisse in Originali peccato conceptam, improperando eis et dicendo: *En volés-vous faire une Deesse?* and so on.

[11] See Gersonius pro reconciliatione Dominicanorum ann. 1403 (Bulaeus v. 83): conclusum erat, ut omnis gradus et honoris in Universitate expers fieret, quisquis non juraret tenere condemnationem super erroribus praedictis ab Universitate prius, deinde ab Episcopo Paris. factam. Distulerunt hoc agere Bacalaurii e fratribus praedictis tunc excipiendi, causantes a Superioribus suis licentiam ad hujusmodi praestationem juramenti necdum petiisse vel habuisse. Ex hac origine neque gradus, neque cathedram, neque sermones posterius adepti sunt. The restoration of the Dominicans to the university was not effected till 1403, see the Instrumentum in d'Argentré l. c. p. 148.

[12] Jo. Gersonii sermo de conceptione b. Mariae Virginis A.D. 1401, see above § 116 note 7.

[13] Shrockh xxxiii. 417.

[14] On the numerous and in some respects peculiar relics which the Emperor Charles IV. collected at Prague, see Hagek's böhm. Chronik. S. 577. 593. 868. ff. Pelzel's Kaiser Karl der Vierte i. 277. Henrici de Hassia (s. de Langenstein, Carthusian, Professor of Theology in Vienna † 1428) secreta Sacerdotum, Lips. 1498. 4, fol B. ii.verso: Vidi quosdam sacerdotes etiam magnatos in solemnitatibus homines offerentes cum reliquiis signare et oscula praebere: audivi etiam magnas indulgentias de eisdem pronunciare, pro quibus nunquam viderunt vel audiverunt aliquam chartam Papae aut Dioecesani: dicunt

and new festivals;[17] masses, almost the sole element of divine service, were multiplied in the most extravagant manner by the

esse reliquias alicujus Sancti, et forte est os alicujus asini vel damnati.

[15] On the holy blood at Wilsnack in Priegnits, which from 1383 attracted remarkable pilgrimages, see Detmar's chronik herausg. v. Grautoff i. 325. Historia v. d. Erfindung, Wunderwerken u. Zerstorung des vermeinten heil. Bluts zur Wilssnagk, durch Matthäum Ludecum, der Stiftskirchen zu Havelberg Decanum, Wittenberg 1586. 4 (Here also is the story of the discovery by the Dean of Havelberg at that time.) Beckmann's Beschreibung der Mark ii. 310. Buchholz Gesch. der Kurmark Brandenburg ii. 593.—A low Dutch work of the year 1374 enumerates the shrines in Rome and their indulgences; Van den Aflate van Rome in Kist en Roijaards Archief voor kerkelijke Geschiedenis vi. 303.

[16] Nicolaus Lyranus in Daniel. xiv. 22 (where he is speaking of the priestcraft in the Dragon's temple at Babylon: Et similiter aliquando fit in Ecclesia maxima deceptio populi in miraculis fictis a sacerdotibus vel eis adhaerentibus propter lucrum temporale.

[17] Beside the two Marian festivals (above note 1 and 2) the Festum S. Trinitatis, which had been kept before here and there in different quarters, was now universally establisht by John XXII. upon the Sunday after Whitsuntide, Baluz PP. Aven. i. 177, cf. Not. p. 793. Festum s. Lanceae et Clavorum was ordained by Innocent VI. in 1354 at the request of Charles IV., for Germany and Bohemia on the Friday after Quasimodogeniti, cf. J. H. a Seelen miscellanea i. 339. The Bull of institution is ibid. p. 394. Compare the list of festival days on which no work was to be done, put forth by Simon, Archbishop of Canterbury, in Conc. Magfeldense ann. 1362 (Mansi xxvi. 417): In primus sacrum diem Dominicum ab hora diei sabbati vespertina inchoandum, non ante horam ipsam praeveniendum, ne Judaicae professionis participes videamur, quod in festis, quae suas habent vigilias, observetur: item festa Natalis Domini, ss. Stephani, Joannis, Innocentium, Thomae martyris, Circumcisionis, Epiphaniae Domini, Purificationis b. Mariae, s. Matthiae Apostoli, Annunciationis s. Mariae, s. Parasceues, Paschae cum tribus diebus sequentibus, s. Marci Evangelistae, Apostolorum Philippi et Jacobi, Inventionis s. Crucis, Ascensionis Domini, Pentacostes cum tribus diebus sequentibus, Corporis Christi, Nativitatis s. Joannis Baptistae, Apostolorum Petri et Pauli, Translationis s. Thomae, s. Mariae Magdalenae, s. Jacobi, Assumptionis s. Mariae, b. Bartholomaei, s. Laurentii, Nativitatis s. Mariae, Exaltationis s. Crucis, s. Matthaei Apostoli, s. Michaelis, s. Lucae Evangelistae, Apostolorum Simonis et Judae, Omnium Sanctorum, s. Andreae Apostoli, s. Nicolai, Conceptionis b. Mariae, s. Thomae Apostoli, Dedicationum Ecclesiarum parochialium et Sanctorum, in quorum honore Ecclesiae parochiales dedicantur: aliaque festa quae in singulis dictae provinciae dioecesibus per locorum Ordinarios ex certa scientia peculiariter indicuntur. And in this catalogue many of

self-interestedness of the priests.[18] Spiritual worship of God was swallowed up in this sensuous kind of divine service,[19] just as the festivals previously kept were omitted, as the archbishop himself declares : quod ad devotionis parabatur compendium, in dissolutionis erigitur cumulum, dum in ipsis festivitatibus colitur taberna potius quam Ecclesia, comessationes abundant et ebrietates uberius quam lacrymae et orationes, lasciviis insistitur et contumeliis magis quam otio contemplationis :—tamquam solemnitates ipsae ad profanationis et perversitatis exercitium gratis fuerint institutae : quae quanto magis protenduntur in numero, tanto abundantius cultores abusionum hujusmodi in suis excessibus insolescunt.

[18] Alvarus Pelagius de planctu Eccl. lib. ii c. 5 : Nostra autem Ecclesia plena et superplena est altaribus, Missis et sacrificiis, sed cum hoc plena in sacrificantibus homicidiis, sacrilegiis, et immunditiis et simoniis, et aliis sceleribus, excommunicationibus, et irregularitatibus usque ad summum.—Tot enim hodie dicuntur Missae quasi quaestuariae, vel consuetudinariae, vel ad complacentiam, vel ad scelera cooperienda, vel propriam justificationem, quod apud populum vel clerum sacrosanctum corpus Domini jam vilescit.—Unde et almus Franciscus voluit, quod in quocunque loco Fratres contenti essent una Missa, praesciens, Fratres se velle justificare per Missas, et ad quaestum eas reducere, sicut videmus hodie fieri : unde et dicebat, quod una Missa caelum et terram implebat. Cap. 27 : Et jam consuetudine vel potius corruptela—inolevit, quod Missa taxata tribus vel quatuor denariis vel uno solido venditur et emitur a populo caeco et Presbyteris simoniacis sceleratis.

[19] The physician Arnaldus de Villa nova was condemned at Tarracona for heresy in the year 1317 (Nic. Eymerici directorium Inquisitorum p. ii. qu xi.) The biting remark was attributed to him, quod Diabolus ingeniose fecit totum populum christianum deviare a veritate Domini nostri Jesu Christi ; sicque suxit et evacuavit populum christianum, quod non dimisit in eo nisi pellem, i e. apparentiam cultus ecclesiastici, quem fecit ex usu : et fides, quam habet, est talis, qualis est fides Daemonum (Jac. 2, 19.) Petri de Alliaco de reformatione in Conc. Constant. c. 3 (in Gersonii opp ed. du Pin ii. 911) : Quia Praelatis de divino cultu specialis cura esse debet, circa hujusmodi reformationem, quae necessaria est, providendum esset, ut in divino servitio non tam onerosa prolixitas, quam devota et integra brevitas servaretur ; ut in Ecclesiis non tam magna imaginum et picturarum varietas multiplicaretur ; ut non tot nova festa solennizarentur ; ut non tot novae Ecclesiae aedificarentur ; ut non tot novi Sancti canonizarentur ; ut, praeterquam diebus Dominicis, et in majoribus festis ab Ecclesia institutis, liceret operari post auditum Officium : cum quia in festis saepe magis multiplicantur peccata in tabernis, in choreis, et aliis lasciviis, quas docet otiositas ; tum quia dies operabiles vix sufficiunt pauperibus ad vitae necessaria procuranda. Cf. Nicolaus de Clamengis de novis celebritatibus non instituendis in opp. ed. Lydii p. 143 ss. Henricus de Hassia also recommended (see Gerson de probatione spirituum in opp. i 40) : comprimendam esse tot hominum canonizationem.

the laws of God were thrown into the shade by the overgrowth of the laws of the Church.[20] The pious brotherhoods, especially the Marian-fraternities, increast to a great number,[21] and notwithstanding all their mechanical religion, promoted brotherly love, and honourable conduct. The mysteries,[22] greatly multiplied as they were at the same time, and conducted for the most part by fraternities, served to impress sacred history and doctrine upon the senses of the people.

The nervous symptoms exhibited in the form of a dancing mania,[23] which made their appearance on the Rhine, and in the Netherlands in the year 1374,[24] and afterwards re-appeared at

[21] Jo. Gerson de vita spirituali animae lect. iv. coroll. xi. (Opp. ed. du Pin iii. 44) : Subditi simplices et timorati quando tot traditionibus intendere compelluntur a superioribus suis, quid mirum si minus capaces redduntur divinorum praeceptorum, quia et minus in eisdem edocentur? Numquid non acerrimo supplicio aut acerbissima objurgatione punietur aliquis quandoque pro parvula inobedientia legis humanae, et absque omni reprehensione peccare quotidie contra legem Dei enormiter permitteretur? Non habemus necesse exemplis immorari, crebriora cernimus quam vellemus.

[21] Wilda's Gildenwesen im Mittelalter s. 345. K. F. Klóden zur Gesch. d. Marienverehrung in d. Mark u. Lausitz, Berlin 1840, s. 64.

[22] See part ii. § 81, note 5. On the Mystère de la Passion, for the representation of which Charles VI. chartered a confrérie de la Passion 1402, see Onesime Leroy hist. comparée du théâtre et des moeurs en France, Paris 1844, p. 195. On the Mystères de Nostre-Dame l. c. p. 134. Compare W. Wachsmuth's europ. Sittengeschichte iv. 213.

[23] Forstemann's christl. Geisslergesellschaften s. 224. Dr I. F. C. Hecker, die Tanzwuth, eine Volkskrankheit im Mittelalter, Berlin 1832. Dr E. C. Wicke's Monographie des grossen Veitstanzes, Leipzig 1844.

[24] Radulphi de Rivo (Decani Tongrensis † 1403) gesta Pontiff. Leodiensium c. 9 (in Chapeaville gesta Pontiff. Leod. iii. 19) : Anno 1374, mense Julio—admirabilis hominum secta ex superioribus Germaniae partibus primo Aquisgranum, inde Trajectum, et tandem circa mensem Septembrem Leodium advenit. Horam tale erat institutum. Utriusque sexus homines a Daemonibus possessi seminudi sertis capita cingebant, choreas non in plateis tantum sed et in Ecclesiis et domibus absque ullo pudore ducebant, nomina Daemonum hactenus inaudita in carminibus suis usurpabant : choreis finitis eos Daemones gravissimis pectoris doloribus cruciabant, ita ut nisi nexibus quibusdam umbilicatim fortiter stringerentur, magnis furiosisque ululatibus se mori proclamarent —Causam hujusmodi sectae diabolicae non aliam viri prudentes assignabant, quam fidei et praeceptorum Dei, quae per id tempus regnabat, crassam ignorantiam. Non deerant tamen e vulgo, qui in

Strasburg in 1418,[25] and also in the second half of the 14th century commenced in Italy, particularly in Apulia in the form of Tarantism,[26] were the result of the sensuous excitement of religion and divine service at this time.

sacerdotes concubinarios culpam rejicerent, quod per eos minus recte pueri baptisarentur etc. Limburgische Chronik § 122 (Ausg. v. C. D. Vogel, Marburg 1828, s. 71): Und wurd des Dings also viel, dass man zu Colln in der Stadt mehr denn 500 Tanzer fand. Und fand man, dass es eine Ketserey war, und geschahe um Gelds willen, dass ihr ein Theil Frau und Mann in Unkeuschheit mochten kommen, und die vollbringen. Und fand man da zu Cólln mehr dann hundert Frauen und Dienstmagde, die nicht eheliche Manner hatten. Die wurden alle in der Tantserey Kindertragend, und wann dass si tanzeten, so bunden und knebelten sie sich hart um den Leib, dass sie desto geringer waren. Hierauff sprachen ein theils Meister, sonderlich der guten Artzt, dass ein Theil wurden tantzend, die von heisser Natur wären, und von andern gebrechlichen naturlichen Sachen. Dan deren war wenig, denen dass geschahe. Die Meister von der heil. Schrifft die beschwohren der Tantzer ein Theil, die meynten, dass sie besessen wären von dem bosen Geist. Also nahm es ein betrogen End, und wahrete wohl sechszehn Wochen in diesen Landen oder in der Mass. Auch nahmen die vorgenannten Tánzer Mann und Frauen sich an, das sie kein roth sehen móchten. Und war ein eitel Teuscherey, und ist verbottschaft gewesen an Christum nach meinem Bedunken.

[25] The sick here were carried to the Chapel of St Vitus (nach Zabern u. Rotestein) to be healed; hence the name St Vitus' dance, compare Schilter's Anm zu Konighoven's Chronik s. 1087.

[26] Hecker's Tanzwuth s. 26.

CH VI. RELIGION OF THE PEOPLE § 120. INDULGENCE 205

## SIXTH CHAPTER.

### HISTORY OF CHURCH DISCIPLINE.

### § 120.

#### ECCLESIASTICAL REWARDS AND PUNISHMENTS.

The Theory of Indulgences brought to perfection by Thomas, was not indeed universally adopted by all the Theologians of this period,[1] but it might be held as the general opinion of the Church, from the time that Clement VI., first of all the Popes, proclaimed it in his Jubilee Bull.[2] The opportunities of winning Indulgences

[1] Passages from those who acceded to the doctrine are collected in Eus. Amort de origine, progressu, valore ac fructu indulgentiarum (Aug. Vindel. 1735 fol.) ii. 80. Augustinus Triumphus Summa de potest. eccles. Qu. 29—32 may be added to the number. On the other hand, Franciscus Mayronius, the Franciscan at Paris († 1325), in his Comm. in Sent lib. iv. dist. 19 qu. 2, disputes the doctrine of the *thesaurus*. Durandus de s. Porciano in Sent. lib. iv. dist. 20 qu. 3 : De indulgentiis pauca dici possunt per certitudinem, quia nec Scriptura expresse de eis loquitur. Quod enim dictum est Petro Matth. xvi. : *tibi dabo claves regni caelorum, et quodcunque ligaveris* etc. intelligitur de potestate ei data in foro poenitentiae. De collatione autem indulgentiarum non est clarum quod debeat intelligi : Sancti etiam, ut Ambrosius, Hilarius, Augustinus, Hieronymus, minime loquuntur de indulgentiis. Gregorius tamen loquitur, qui etiam indulgentias Romae instituit in stationibus, ut dicitur. Et ideo loquendo de eis sequendus est modus communis. Then he states the doctrine of the thesaurus.

[2] See the Bull Unigenitus of 27. Jan 1343 in Extravagg. Comm. lib. v. tit. 9 c. 2 and in Raynald. ann. 1349 no. 11 : (Deus Filius) non corruptibilibus auro et argento, sed sui ipsius, agni incontaminati et immaculati, pretioso sanguine nos redemit, quem in ara crucis pro nobis innocens immolatus, non guttam sanguinis modicam, quae tamen propter unionem ad Verbum pro redemptione totius humani generis suffecisset, sed copiose velut quoddam profluvium noscitur effudisse, ita ut a planta pedis usque ad verticem nulla sanitas inveniretur in ipso. Quantum ergo exinde, ut nec supervacua, inanis aut superflua tantae effusionis miseratio redderetur, thesaurum militanti Ecclesiae acquisivit, volens suis thesaurizare filiis pius pater, ut sic sit infinitus thesaurus

continually increast. Lesser Indulgences might be obtained
every day :[3] there was no lack of Crusades preacht, which offered
a general Indulgence :[4] but chiefly the new discovery of the
Jubilee year was now organized.[5] At the request of the Romans

hominibus, quo qui usi sunt, Dei amicitiae participes sunt effecti!
Quem quidem thesaurum non in sudario repositum, non in agro absconditum, sed per b. Petrum caeli clavigerum, ejusque successores, suos in
terris vicarios, commisit fidelibus salubriter dispensandum, et propriis
*(leg. pro piis)* et rationabilibus causis nunc pro totali nunc pro partiali
remissione poenae temporalis pro peccatis debitae tam generaliter quam
specialiter, prout cum Deo expedire cognoscerent, vere poenitentibus et
confessis misericorditer applicandum. Ad cujus quidem thesauri cumulum beatae Dei Genetricis et omnium Electorum a primo justo usque
ad ultimum merita adminiculum praestare noscuntur, de cujus consump-
tione seu diminutione non est aliquatenus formidandum, tam propter
infinita Christi, ut praedictum est, merita, quam pro eo, quod quanto
plures ex ejus applicatione trahuntur ad justitiam, tanto magis
accrescit ipsorum cumulus meritorum.

[3] When the clergy of Xanten, in the district of Cleves, began to
summon people at eventide with a signal from the Church Bell to invoke
the Blessed Virgin with the angels' salutation, John XXII. in 1318
rewarded the threefold Ave Maria with an indulgence for ten days
(Raynald. ann. 1318 no. 58, cf. ann. 1327 no. 54.) The Conc.
Avenionense ann. 1326 conceded cap. 2 to those who accompanied the
Sacrament to the sick an indulgence, if by day, of twenty days, if by
night, of thirty nights : cap. 3 to those who prayed for the Pope and
the Church, ten days : cap. 4 to those who bowed at the name of Jesus,
ten days. This was repeated by the Conc. Avenion. ann. 1337 c. 2
Vaurense ann. 1368 c 124. Narbon. ann. 1374 c. 19.

[4] E.g. above § 99 note 29. § 101 note 10.

[5] On both the embassies of the Romans to Clement VI. see Papencordt's Cola di Rienzo S. 338. The concession to their request by the
Bull Unigenitus (see above note 2) : Nos autem attendentes, quod
annus quinquagesimus in lege Mosaica—jubileus remissionis et gaudii
—censebatur, quodque ipse quinquagenarius numerus in Testamentis,
veteri quidem ex legis donatione, in novo ex visibili s Spiritus in
discipulos missione—singulariter honoratur, quodque huic numero plura
et grandia divinarum adaptantur mysteria Scripturarum ; et clamorem
peculiaris populi nostri, Romani videlicet, hoc humiliter supplicantis,
ac nos ad instar Moysi et Aaron per proprios et solemnes nuncios ad
hoc specialiter destinatos orantis pro toto christiano populo et dicentis :
*Domine, aperi eis thesaurum tuum fontem aquae vivae,* desirantes
benignius exaudire ;—volentesque quamplurimos hujusmodi indulgentiae fore participes, cum pauci multorum respectu propter vitae hominum
brevitatem valeant ad annum centesimum pervenire : de fratrum nostrorum consilio praedictam concessionem ejusdem indulgentiae ex
suprascriptis et aliis justis causis ad annum quinquagesimum ducimus
reducendam. He then decrees for the year of Jubilee, ut universi

it was brought down to every 50th year by Clement VI. in 1343, and kept accordingly in 1350.[6] Urban VI. altered it in 1389 to every thirty-third year.[7] So Boniface IX. repeated it in 1390, but this avaricious Pope, not satisfied with that, not only offered the Jubilee-indulgence for sale out of Rome in the years immediately following, but also drove a sordid traffic in Indulgences under various names.[8] As this sale

Christifideles, qui vere poenitentes et confessi—Petri et Pauli Apostolorum Basilicas et Lateranensem Ecclesiam—visitaverint, plenissimam omnium peccatorum suorum veniam consequantur, ita videlicet, ut quicunque voluerit indulgentiam hujusmodi assequi, ad minus triginta, si Romani : si vero peregrini aut forenses, modo simili XV. diebus ad praedictas Basilicas et Ecclesias accedere teneantur. Adjicientes, ut ii etiam, qui—post iter arreptum impediti legitime, quo minus ad urbem illo anno valeant pervenire, aut in via, vel dierum praetaxato numero non completo in dicta urbe decesserint, vere poenitentes et confessi, eandem indulgentiam consequantur.

[6] On the great concourse of people see Matteo Villani i. c. 56 (Muratori scriptt. rer. Ital. xiv. 56), Heinr. a Rebdorff ad ann. 1350. Prima vita Clementis VI. in Baluz. i. 256. Petrarcha rerum famil. epist. xi. 1. Rer. senil. epist vii. 1. Vgl. Limburgische Chronik herausgeg. v. Vogel, Marburg 1828, S. 20 : "da ging Annus Jubilaeus an zu Weihnachten—und lieffen die Leute gen Rom.—Und die auch von Rom kamen, wurden eins Theils boser, als sie vor gewesen waren." Papencordt's Cola di Rienzo S. 265.

[7] The Bull of 8. Apr. 1389 is in Eus. Amort de indulgentiis i. 84 : Nos considerantes, quod aetas hominum amplius solito in dies labitur pauciores, et desiderantes, quam plurimos participes fieri indulgentiae memoratae, cum plurimi ad annum quinquagesimum propter hominum vitae brevitatem non perveniant,—ac intendentes, quod anno tricesimo tertio Salvatoris Domini nostri Jesu Christi ipse Salvator noster pro nobis aeterno Patri Adae debitum solvit,—et quod mysterio hujusmodi XXXIII. annorum—plura etiam aha et grandia divinarum Scripturarum mysteria adaptari possunt,—et aliis justis causis ad annum tricesimum tertium reducimus etc. But the real cause was the wish to gratify the seditious Romans, see Spondani annall. eccl. ann. 1389 no. 3.

[8] Theod. a Niem de schism. i. c. 68 : innumerabiles peregrini toto illo anno (1390)—ad urbem venerunt, unde et maxima offertoria Ecclesiis et Basilicis urbis per visitatores data fuerunt, ex quibus aliquae reparationes ipsarum Ecclesiarum factae fuerunt, sed residuum et major pars ad manus Bonifacii et quorundam aliorum devenit. Ipse etiam Bonifacius hujusmodi offertoriis non contentus, licet ad maximas summas ascenderent (erat enim insatiabilis vorago, et in avaritia nullus ei similis), ad diversa regna misit quaestuarios vendendo dictam indulgentiam offerentibus tantum, quantum essent expensuri in via, si propterea ivissent ad urbem : et hujusmodi exactores seu quaestuarii etiam

maximas summas pecuniarum a simplicibus seu barbaris subtiliter
extorserunt, ita quod aliquando in uno regno, seu in una provincia
hujusmodi venditionibus ultra centum millia florenorum reportarunt,
quia omnia peccata etiam sine poenitentia ipsis confitentibus relaxarunt,
super quibuslibet irregularitatibus dispensarunt interventu pecuniae, di·
centes, se omnem potestatem habere super hoc, quam Christus Petro
ligandi et solvendi contulisset in terris. Et per hoc ipsi quaestuarii
impinguati, dilatati, ingrossati, et cum multis pulchris equis et decenti
familia redeuntes ad urbem, ipsam de recollectis per eos taliter rationem
Pontifici fecerunt, sed aliquos eorum, quos comperit infideliter egisse,
carceribus intrudebat: nonnulli eorum mala morte perierunt, aliqui
vero sibi ipsis mortem consciverunt, quidam furore populi in petias (*en
pièces*) secti fuerunt etc.—Magnum chronicon Belgicum (in Rerum
German. scriptt. ed. Pistorius-Struve iii. 363): Postquam annus Jubilaeus—transiit, dominus Bonifacius unum annum sub anni Jubilaei
urbis Romae indulgentiarum forma Coloniensi civitati concessit; ita ut
venientes Coloniam, vel ibidem habitantes, illo anno durante visitantes
certas Ecclesias ad hoc directas cum oblationibus suis possent consequi
indulgentias, quae visitantibus urbem Romanam in anno Jubilaeo concessae erant, videlicet plenissimam remissionem omnium peccatorum.
Quo anno elapso similis annus concessus est ab eodem domino Bonifacio sub eadem forma civitati Magdenburgensi. Et ad utramque
harum civitatum missus est collector Papae, qui certam partem recepit
oblatorum. Deinde indulgentias similes concessit visitantibus alias
nonnullas civitates Germaniae ad certos menses. Unde in Misnia et
Praga ex hujusmodi concessione concursus magnus populorum fuit.
Deinde idem concessit multis locis Almanniae, ut visitantes certas
istorum locorum Ecclesias consequerentur indulgentias similes, quae
erant quondam concessae tali vel tali loco, seu tali, vel tali Ecclesiae, quae
in ipso privilegio concessionis exprimebatur (compare the Bull following) —Et in omnibus privilegiis concessionum praedictarum ponebatur
clausula *porrigentibus manus adjutrices*, ita ut hujusmodi indulgentias,
nisi qui ipsis locis vel Ecclesiis manum porrigeret adjutricem, nemo
consequi posse videretur. Unde quidam concessiones hujusmodi magis
non magni faciebant, ut quas pro lucro magis, quam ex zelo, tum in-
stitutas a Papa suspicabantur. As to the part which the Pope's
Camerarius, Balthasar Cossa, afterwards John XXIII, took in this
transaction, see Theod. de Niem de vita Joh. XXIII. (in Meibomii rer.
Germ. i. 7 and v. d. Hardt Conc. Const ii. 340): Nec istis lucris contentus, sed amplius ditari satagens, quosdam eloquentes et audaces
apostatas de Spoleto in vicinis partibus oriundos, quos Italici Exire-
tanos appellant, et nuncios dicti Bonifacii ad praedicandas in Almania,
Dacia (Denmark), Suecia, et Norvegia, et adjacentibus provinciis indulgentias et peccatorum remissiones de omni peccato largissimas fieri
procuravit. Qui me saepe audiente publice praedicarunt, quod etiam s.
Petrus, si viveret, majorem remissione peccaminum potestatem non
haberet, quam ipsi ab eodem Bonifacio recepirunt ad salutem animarum
illorum, quibus illi eandem remissionem communicarent, et quod omnia,
quae ipsis darentur ratione indulgentiarum hujusmodi, in succur-
sum Imperatoris Constantinopolitani, qui et sui subditi Christiani per

## CH. VI—CHURCH DISCIPLINE. § 120 INDULGENCE

Turcos tunc essent oppressi gravissime, mitterentur. Qui quidem quaestores cum magna copia ad Germaniam pervenientes, et primo in Suevia in dioecesi Constantiensi notabiliora hospitia in locis et oppidis insignibus pro se receperunt, et banderium (banner) Romanae Ecclesiae cum clavibus s. Petri depictum die immediate sequenti post jucundum illic eorum adventum extra fenestras extenderunt: intrantes autem cum magno apparatu illic majorem Ecclesiam aut principalem: major eorum in ipsa Ecclesia in altiori loco prope altare sedile cum tapetis pulcris per suos ministros ad id deputatos sibi fecit apparari cum panno nobili de serico etiam superius extenso.—Solemnem benedictionem ille major nuncius populo dedit, et per aliquos Episcopos titulares illud mel sequentis sermonis ibidem in publico fieri fecit, intimando simplicibus ibidem tunc congregatis, ut eos levius decipere necnon pecunias reportare possent, indulgentias et remissiones peccaminum antedictas: et semper in eisdem sermonibus publice dicebatur, quod ipse major nuncius super omni irregularitate ac peccato posset dispensare, ac ipsa peccata remittere, ac etiam parentum animas eorundem offerentium ipsis de purgatorio liberare, et ultra hoc quicquid posset Papa de plenitudine potestatis, id idem ipsi possent, et etiam aliquid amplius si expediret. Et si aliquis eis in hoc forsan contradixit, illum haereticum aut schismaticum, necnon apostolicae sedi rebellem nominabant, et modis omnibus persequebantur, et quod infra paucos dies in praefata curia coram praedicto Bonifacio, pro meritis digna recepturus personaliter compareret, ignominiose citarunt, et per hoc Praelatos ecclesiasticos et alios terruerunt, quod istis—se opponere non audebant.—Sicque ultra centum millia florenorum auri ipsi nuncii infra biennium per illos modos in eisdem partibus collegerunt. The principal nuncio, Antonius de Roma, went afterwards to Bologna, to give in his account to Balthasar who had become in the meantime Cardinal and Legate at Bologna; but he threw him into prison and took from him the money which he meant to embezzle, cum quo sperabat se empturum aliquam pinguem cathedralem Ecclesiam vel Abbatiam a Bonifacio saepedicto. Videns autem se hujusmodi spe fraudatum, tanquam desperans in carceribus ipsis mortem sibi conscivit, se ipsum quadam chorda, qua cingebatur, quadam nocte jugulando. At last, after money enough was amast, Boniface sought to retrieve the honour of the apostolic see, by revoking at once all the indulgences already granted, on the plea of their having been obtained by fraud (as he did likewise with the reversions. Theod. a Niem ii. c. 9, see above, § 105, note 7), see the Bull of 22. Dec. 1402 in Statuta synodalia a Wenceslao Episc. Wratislav. ann. 1410 publicata ed. a J. Chr Friedrich, Hannoverae 1827 p 11 (mentioned also by the cotemporary Joh. v. d. Pusilie, see Jahrbucher Joh. Lindenblatts herausgeg. v. Voigt u. Schubert, Königsberg 1823, S. 156, but the date is 1402, not 1405, as it stands erroneously in the Statutis). Intenta salutis operibus sedis apostolicae circumspecta benignitas—interdum aliqua per importunam petentium instantiam, quaedam autem per surreptionis malitiam vel fraudem vel quemvis modum illicitum impetrata statuit vel indulget, demum vero in ejus notitiam his deductis ac utilitate publica suadente ea reformat in melius. Accordingly the fol-

of Indulgences was often carried on with the coarsest avarice,[9] so fraud also was continually employed in it. A forged Bull of Indulgence for the Jubilee year 1350, seems to have been put forth by the self-interestedness of the Romans in the name of Pope Clement VI.[10] Fraud had free scope for action when Bonilowing cassations were past. E. g. Item revocamus et annullamus omnes et singulas indulgentias, in quibus continetur *a poena et a culpa*, vel *plena indulgentia omnium peccatorum suorum*, et alias, quae concessae sunt sub formis indulgentiarum Ecclesiarum urbis, anni jubilaei, vel s. sepulchri dominici, s. Michaelis de monte Gargano, s. Jacobi in Compostella, et s. Marci de Venetiis, s. Mariae de Angelis, alias in Portiuncula, s. Mariae de Collomadio, et omnes alias, quae factae sunt ad instar indulgentiarum quibusvis aliis Ecclesiis concessarum, et volumus, quod nullius sint roboris vel momenti, etiamsi in literis apostolicis, super dictis indulgentiis confectis, contineretur talis clausula, videlicet : *et si contigerit revocari per nos indulgentias in genere vel in specie, quod indulgentiae ipsae per easdem literas concessae non intelligantur revocatae*.

[9] Thus when the Cardinal Albornoz in 1356 had a crusade preacht in Italy (compare above § 101, note 5), Matteo Villani vi. c. 14 : E incontanente l'avarizia de' Cherici cominciò a fare l'uficio suo, e allargarono colla praedicazione la'ndulgenza oltre alla commessione del Papa. E cominciarono a non rifiutare danajo da ogni maniera di gente, compensando i peccati e voti d'ogni ragione con danari assai, e pochi, come gli poteano attrarre. E per non mancare alla loro avarizia, sommoveano nelle Città, e ne' Castelli, e nelle Ville ogni femminella, ogni povero, che non havea danari, a dare pannilini, e lani, e masserizie, grani, e biade. Niuna cosa rifiutavano, ingannando la gente, con allargare colle parole quello, che non portava la loro commessione. E così davano la Croce, e spogliavano le Ville, e le Castella più che non poteano fare le Città. Balthasar Cossa's traffic in Indulgences above note 8.

[10] This is the Bull Ad memoriam which even two cotemporaries Peter of Herentals, Prior of the Praemonstrant Monastery at Fleury (Quinta vita Clementis VI. in Baluz. vitae PP. Aven. i. 312), and Albericus de Rosate (Dictionarium juris s. v. Jubilaeus annus) allege. The most remarkable passages in it are : Item concedimus, quod, si vere confessus in via morte praeveniatur, ab omnibus peccatis suis sit immunis et penitus absolutus, et nihilominus mandamus Angelis paradisi, quod amimam illius a purgatorio penitus absolutam ad paradisi gloriam introducant.—Cum autem fideles praedicti ita devote praedicta compleverint, ostendetur eis ex mandato nostro sudarium Domini nostri Jesu Christi, quo viso ab omnibus peccatis suis sint absoluti et indulgentias habeant ab eisdem. Nosque ex parte D. n. Jesu Christi, cujus sumus in terra vicarii, reducimus eos ad statum, quo erant die illo, quo baptismum receperunt de gratia speciali. Jo. Wicliffe dialog. lib iv. c. 32 speaks doubtfully of this Bull (Fateor, quod indulgentiae papales, si ita se habeant, ut dicuntur, tunc sapiant manifestam blas-

CH VI —CHURCH DISCIPLINE § 120 INDULGENCE    211

face IX. after 1390 offered the Jubilee-indulgence for sale in so many places.¹¹

phemiam), Jo. Huss. tract. de Ecclesia c. 12 and 23 (Hist. et Monum. i. 272. 317), Jo. de Paltz, Augustin Monk at Halle, in his Caelifodina, Lips. 1504, fol. Ff. 5 verso quotes it as genuine. On the other hand, Antoninus Florentinus († 1459) Summae histor. P. iii. tit. 10. c. 3 § 6 considered it spurious : sciendum, quod in copia cujusdam bullae, quae dicitur esse Clementis, multa narrantur, quae non videntur esse de stylo Curiae, cum sint levia et exorbitantia satis. Unde licet adscribantur Clementi, non videtur verisimile illius vel alterius summi Pontificis fuisse, sed fictitie inventa. Jo. Wessel († 1489) contradicts him in epist. ad. M. Jac. Hoeck (Opp Groningae 1614. 4. p. 889) reverendissimus ille Antoninus confitetur, copias bullarum Clementis tantam continere exorbitantiam, quod non credit fuisse bullatas : quae tamen hodie Viennae, Limovis, Pictavis plumbatae in thesauro privilegiorum reservantur, and p 892 : Numquid Parisiensi Facultati theologicae non dico ratione majus fuit, immo numquid fuit pro ratione Clementis Papae auctoritas, quando temeritatem illius angelis praecipientem reprehenderunt et correxerunt ? Ever since Jo. Hoornbek examen Bullae papalis, qua Innocentius X. abrogare nititur pacem Germaniae, Ultraj. 1653 4. p. 273 ss. printed the Bull, Protestant controversialists have made plentiful use of it. However, it is undoubtedly a forgery, see Baluzii vit PP. Aven. i. 915. Pagi breviar. gest. Pontiff. Rom. ed. Luc. II. ii. 86. Chais lettres hist et dogm. sur les Jubilés i. 164. For, 1, Albericus, who himself obtained the Jubilee-indulgence of 1350 at Rome, prefixes to this Bull the remark : Circa praedictam indulgentiam alias formas habui, quae an fuerint apostolicae ignoro, tamen sunt pulchrae et ideo eas hic describo : and says afterwards : Haec forma, sicut puto, non fuit bullata, nec confirmata, *nec servabatur tempore dictae indulgentiae,* ad quam fui cum uxore et tribus filiis. 2. The opinion of the Archbishop Antonine upon the Bull is of much more weight than Wessel's. Also seemingly authentic copies, to which he appeals, in this age of forgeries (see Part 2, § 67, note 12) do not command unconditional belief  Nothing at all is known of an opposition in the Sorbonne to which John Wessel alludes. 3. Baluze justly decides with Antonine : insulsa est compositio, fatua, demens, aliena a stylo curiae, such as could not be expected from a learned Pope like Clement VI. It is impossible, as is here stated, that he could have allowed all parish priests to leave their churches for a year, and empowered all monks to wring from their abbots leave of absence and money for traveling: the interest of the Romans rather, betrays itself here, their avarice was particularly conspicuous in this Jubilee-year (Matth. Villani lib. i. c. 55 )  4. The following passage occurs in the Bull : Volumus insuper et ordinamus, quod omnes Romipetae patriae Romanae, Campaniae, Tusciae, Apulegiae, Calabriae, Principatus terrae Lombardiae et Italiae usque ad Pedemontem in praefata civitate per unum mensem sequentem residentiam faciant etc., in direct contradiction to the genuine Jubilee Bull (see note 5), according to which none

o 2

In so much as the Popes made their indulgence arbitrarily dependent upon the fulfilment of certain external conditions: insomuch as they granted to some, and refused to others, what all believers might claim alike;[12] they conducted themselves no longer as stewards, but as absolute masters of spiritual graces. They drew upon themselves the same charge, when they granted certain rights, which were due to all alike, as privileges to particular persons or communities.[13] The kings of France were overwhelmed by Clement VI., who was entirely devoted to their service, with such favours, which at times, in a moral point of view, were extremely objectionable.[14]

but the Romans needed thirty days for the obtaining of the indulgence. Here also the avaricious aims of the Romans declare themselves.

[11] Bonifacii ep. ad Episc. Ferrariensem (in Raynald. ann. 1390 no. 2): Ad audientiam nostram—fidedignorum quamplurium relatio perduxit, quod quidam religiosi diversorum, etiam mendicantium, Ordinum, et nonnulli clerici saeculares etiam in dignitatibus constituti, asserentes, se a nobis—missos,—non veras sed praetensas facultates hujusmodi mendaciter simulant, cum etiam pro qualibet parva pecuniarum summula non poenitentes—ab atrocibus delictis—absolvant, male ablata certa et incerta, nulla satisfactione praevia (quod omnibus saeculis absurdissimum est) remittant; castitatis, abstinentiae, peregrinationis ultramarinae—et alia quaevis vota levi compensatione commutent; de haeresi vel schismate—condemnatos, absque eo quod in debita forma abjurent, non tantum absolvant, sed in integrum restituant;—et indulgentiam, quam felicis recordationis Urbanus P. VI—Christifidelibus certas Basilicas et Ecclesias dictae urbis instanti anno visitantibus concessit,— quibusvis elargiri pro nihilo ducant;—ut quasi hominibus perpetuam felicitatem in hoc saeculo polliceri conentur, et aeternam gloriam in futuro: et quaestum, quem exinde percipiunt, nomine camerae apostolicae se percipere asserant, et nullam de illo nihilominus rationem velle reddere videantur. They should be compelled by force and arrest ad reddendum computum de receptis.

[12] The Theologians of this time handled in good earnest the question, why the Pope should not, if he could, release all souls from Purgatory? E.g. Summae Astesanae (see § 118. note 1) lib. v. tit. 40. Si Papa potest animas in purgatorio sic absolvere, saltem per modum suffragii, quare ergo non absolvit omnes solo verbo, cum talibus sit maxime compatiendum? Resp. Si Deus per se ipsum sic misereretur, ut semper velit timeri justitiam, multo fortius similiter Dei Minister facere debet: unde dispensatio bonorum Ecclesiae discrete et cum moderamine est facienda, et nisi ita fiat, Deus non acceptat.

[13] See § 108. note 8.

[14] These may be seen in d'Achery spicileg. iii. 723, almost all are of the date 20. April, 1351. The Privilege on p. 724 is particularly offensive; vobis et successoribus vestris Regibus et Reginis Franciae—

## CH. VI —CHURCH DISCIPLINE. § 120. PUNISHMENT. 213

The Hierarchy was as rash in the use of its punishments as prodigal in the distribution of its favours. The Inquisition, whose powers had been directed since the time of John XXII. as much against witchcraft,[15] as against heresy, remained feared and hated as before.[16] By the side of its penal cruelties, Ban

in perpetuum indulgemus, ut Confessor religiosus, vel saecularis, quem vestrum et eorum quilibet duxerit eligendum, vota per vos forsitan jam emissa, ac per vos et successores vestros in posterum emittenda, ultramarino, ac bb. Petri et Pauli Apostolorum, ac castitatis et continentiae votis duntaxat exceptis ; necnon juramenta per vos praestita, et per vos et eos praestanda in posterum, quae vos et illi servare commode non possetis, vobis et eis commutare valeat in alia opera pietatis. These are some of the other privileges : quod Rex et Regina in locis interdictis possunt facere celebrare ; quod Confessor absolvere eos potest in casibus sedi apost. reservatis ; quod Confessor Regi cum exercitu potest dare licentiam vescendi carnibus ; quod Confessor Regem et Reginam dispensare potest de jejuniis ; quod Rex ingredi potest monasterium inclusarum ; quod Rex possit facere celebrare super Altare portatile in sua et gentium exercitus sui praesentia ; quod Praelatus celebrans coram Rege seu Regina conferre potest unum annum et XL. dies indulgentiae ; quod Confessor Regis et Reginae eis semel in mortis articulo, et quotiescunque pro Regni defensione imminet periculum, plenam remissionem peccatorum indulgere possit ; quod orantibus pro Rege et Regina centum dies de injunctis poenitentiis qualibet die relaxantur ; quod Rex et Regina eligere possunt Confessorem, qui eos absolvat, si excommunicationis sententiam incurrerint propter manuum injectionem in Clericos ; quod nemo potest in terram Regis et Reginae interdicti sententiam promulgare absque auctoritate apostolica ; quod non teneantur ad restitutionem bonorum, nisi his qui ad notitiam eorum venerint, sed eleemosynae cedant loco restitutionis ; quod Confessor Religiosus Regis et Reginae, cui est esus carnium secundum statuta sui Ordinis interdictus, licite potest in eorum comitiva vesci carnibus : quod Clerici Regis et Reginae possunt a quocunque Episcopo Ordines suscipere, and so forth.

[15] Compare the Bull of John XXII. Super illius specula A.D. 1326 (in the Bullarium) : There were quamplures, qui cum morte foedus ineunt, et pactum faciunt cum inferno daemonibus namque immolant, hos adorant, fabricant ac fabricari procurant imagines, annulum, vel speculum, vel phialam, vel rem quamcunque aliam magice ad daemones inibi alligandos, ab his petunt responsa, ab his recipiunt, et pro implendis pravis suis desideriis auxilia postulant, pro re foetidissima foetidam exhibent servitutem. Against these persons ad infligendas poenas omnes et singulas, praeter bonorum confiscationem dumtaxat, quas de jure merentur haeretici, per suos competentes judices procedatur. So early as 1317 the Pope and several Cardinals were assailed first with poison, afterwards with magic arts (Raynald 1317 no. 52) : Imagines cereas fecerunt sub nostro et ipsorum fratrum nominibus confici,

and interdict, the ecclesiastical penalties of the hierarchy, especially now that they were often employed for trifling causes,[17] sank lower and lower in the estimation of laymen.[18] The most

ut magicis artibus, incantationibus vetitis, ac daemonum invocationibus reprobandis adhibitis vitam labefactarent insontium per punctionem imaginum praedictarum.

[16] The Franciscan Bernardus Delitiosi inveighed in Southern France with some success against the Inquisition; this was one among many of his sayings, quod beati Petrus et Paulus ab haeresi defendere se non possent, si viverent, dum tamen inquireretur cum eis per modum ab Inquisitoribus observatum. He was condemned for this in 1319 to imprisonment for life, see Liber sententiarum Inquis. Tolos. p. 269 (in Limborch hist. Inquis.): the minutes are given more fully in Baluzii vitae Pap. Aven. ii. 341.—The Inquisitors surrounded themselves with armed men for their protection, at times even with an armed mob, compare John's XXII. Bull to the Inquisitors in Lombardy Exiit 3, May 1321 (in the Bullar.): Accepimus assertione fideli, quod vos nonnullis pravis et perversis hominibus, qui frequenter ad caedes et alia nefanda facinora laxant nequiter manus suas, arma per civitatem et districtum Bononiensem portandi, non sine multorum scandalo, licentiam concessistis. Accordingly he enjoins, quatenus neminem familiarem, nisi Ecclesiae fidelem ac devotum, et laudabilis conversationis et vitae, habere quomodolibet praesumatis; nec aliquibus de caetero extra familiam vestram—deferendi arma—licentiam concedatis.

[17] Compare above § 105, note 5. § 108, note 12. So Alvarus Pelagius de planctu Eccl. ii. c. 20, in addition to the ordinary charges against the Bishops, reckons, trigesimum quintum, quod pro minimis culpis paratos etiam corrigi excommunicant: cum tamen nemo excommunicari debeat, nisi pro magnis peccatis, et quando aliter corrigi non potest.

[18] Compare § 108, note 16. Alvarus Pelagius i. c. 69, investigates the question: Cum Ecclesia tantam nunc habeat potestatem temporalem, cur Praelatorum sententiae aut nullo modo aut male a subditis pro majori parte servantur, parvipenduntur et despectui habentur? Petri de Alliaco canones reformandi Eccles. in Conc. Const. (written in 1416) in v. d. Hardt. Conc. Const. i. viii. 417: De secundo gravamine supra tacto, scil. de multiplicatione excommunicationum, et ex consequenti irregularitatum, quas Rom. Ecclesia in suis constitutionibus poenalibus, et maxime in quibusdam novis decretalibus imposuit, et saepe per suos collectores in multorum scandalum fulminavit, et ad cujus exemplum alii Praelati leviter et pro levibus causis—pauperes excommunicatione crudeliter excutiunt, necesse est, providere.—Nam gladius Ecclesiae, scil. excommunicatio qui in primitiva Ecclesia, veneranda raritate, erat formidabilis, jam propter abusum contrarium contemptibilis effectus est. Jo. Vitoduranus in Thesaur. hist. Helv. p. 70:

Mos interdicti poenae nocuit maledictae
Plus caeteris longe censuris Catholicorum,
Quam tulit in plebem Papa nimis temere;

solemn excommunications were those which were usually pronounced by the Pope upon Maundy Thursday.[19].

Extinguit cultum Domini, fidei quoque lumen ;
Devotos animos indurans reddit ineptos,
Suscitat ac haereses improbitate sua.

[19] Even Paschal II. in Coena Domini 1102 pronounced a solemn ban against Henry IV. (see Part 2, § 49, note 9), Gregory IX. in 1227 against Frederick II. (ibid. § 55, note 7). The feria quinta was in truth, according to the consuetudo Romanae Ecclesiae, the day for the reception of Penitents (Guil. Durantis rationale divin. offic. lib. vi. c. 73) : so the curse upon this day was all the more terrible. Towards the end of the 13th century, it was already become the custom for the Popes to repeat annually upon this day excommunications of especial importance ; thus, according to the authority of the Conc. Herbipol. ann. 1287, c. 40, against the imponentes et exigentes nova passagia (see Part 2, § 63, note 24). There are extant two processus in coena Domini of Boniface VIII., the one in 1299 against those, qui ad Saracenos arma, victualia aliaque deferrent; the other in 1303 against those qui laederent ad sedem apostolicam venientes (both are in the Bullar. Rom). These Processus were united, and generally in permanent forms, but repeated every year with alterations and additions, according to circumstances. One such collective-process by Gregory XI. A.D. 1370, may be found in the Vatican library (Le Bret. Gesch. d. Bulle In Coena Domini ii. 156) : But the earliest publisht is that by Gregory XII. A.D. 1411 (Raynald. ad. h. a. no. 1) : Excommunicamus et anathematizamus ex parte Dei Patris ; et Filii, et Spiritus sancti, auctoritate quoque bb. Apostolorum Petri et Pauli et nostra omnes haereticos, Gazaros, Patarenos, Pauperes de Lugduno, Arnaldistas Speronistas et Passaginos, et omnes alios haereticos, quocunque nomine censeantur, et omnes fautores, receptatores, et defensores eorum. Item excommunicamus et anathematizamus omnes piratas cursarios, et latrunculos marinos, et omnes fautores, receptatores et defensores eorum. Item excommunicamus et anathematizamus omnes illos, qui equos, arma, ferrum, lignamina, vel alia prohibita deferunt Saracenis, quibus Christianos impugnant. Item excommunicamus et anathematizamus omnes illos, qui ad sedem apostolicam venientes vel recedentes ab ea, necnon illos, qui jurisdictionem ordinariam vel delegatam aliquam non habentes in eadem curia morantes temeritate propria capiunt, spoliant, percutiunt, mutilant, et detinere praesumunt, et qui talia fieri faciunt seu mandant, and so on. This *Processus annualis* after manifold alterations under different Popes from the time of Pius V. (1566) has retained the name of the Bull in Coena Domini. On its origin see especially Prosperi Card. Lambertini (Benedicti xiv.) de festis P. i. c. 196 : On the other hand Le Bret's pragmat. Geschichte der Bulle *In Coena Domini* (Frankf. u. Leipz. 1769—70. 4 Bde. 4. 1—2 Bd. N. A. 1772) contains next to nothing of the history of its origin.

§ 121.

#### SYNODAL TRIBUNALS.

Ever since the Synodal Courts began usually to punish by fines, they seem to have become only a new method of enriching the Prelates.[1] The Synodal witnesses were mean sycophants, and innocent persons were often obliged to buy themselves off from false accusations.[2] Accordingly the efforts of the laity to

[1] Petri de Alliaco canones reformandi Eccles. in Conc. Const. (written in 1416) in v. d. Hardt Conc. Const. I. viii. 421: Item providendum erit, ut Praelati in suis synodis, et eorum Officiales in suis curiis non ad repletionem bursarum intendant, sed ad correctionem vitiorum, emendationem morum, et aedificationem animarum. Et ut exactiones pro sigillis et literis moderentur, et poenae pecuniariae vel tollantur vel temperentur, aut in totum vel partem ad pios usus notorie applicentur.

[2] De ruina Ecclesiae (A.D. 1401 see § 103. note 5) c. 21 in v. d. Hardt Conc. Const. I. iii 23: Dici non potest, quanta mala ubique faciant illi scelerati exploratores, quos Promotores appellant. Simplices et pauperculos agrestes, vitam satis innocuam in suis tuguriis agentes, et fraudis urbanae nescios in jus saepe pro nihilo vocant. Causas et crimina contra eos sedulo confingunt, vexant, terrent, minantur, sicque eos per talia secum componere et pacisci cogunt. Quod si facere renuerint, crebris eos citationibus, quotidieque repetitis supra modum infestant Quod si semel qualibet occasione praepediti comparere desierint, censura illico anathematis ut rebelles et contumaces feriuntur. Si vero ad diem venire, quoties vocati erunt, perseveraverint, eorum audientias apud judicum tribunalia impedient, morasque et subterfugia dilationum et interlocutionum captabunt, quae perfacile in foris ecclesiasticis obtinentur, quo vel sic longo taedio longaque sui temporis jactura fatigati super futuram vexationem atque impensam pecuniae pactione redimere cogantur. Ita fit pro levi vel nullo delicto, vel pro exiguo debito infinitarum cumulus expensarum. These complaints appear already in the Gravamina of the French Barons A.D. 1329 (see § 108 note 12) e. g Grav. viii: Item (officiales) faciunt citari plures laicos ex officio suo super aliquibus, quae sibi imponunt, maleficiis responsuros.—Et quando citati hujusmodi—negabant maleficia,—dicti officiales ipsos detinent captos,—licet in casibus eis impositis pertineat recredentia *(récréance)*, et licet captio et detentio ad eosdem officiales minime pertineat, sed ad judices saeculares. IX. Item in casibus supradictis licet—iidem laici reperiantur puri et innocentes, nihilominus dicti officiales nolunt eos expedire donec pro scripturis processuum seu inquesta (*enquête*) praedictorum satisfactionem fecerint de magna pecuniae quantitate: licet

keep the Synodal Courts within bounds,³ or obtain Synodal immunity,⁴ became more and more general.

de jure in tali casu eis expensas restituere tenerentur. XXXVII. Item cum quis excommunicatus est in aliquo loco, dicti officiales dant citationes personales super participibus, et faciunt citari totam patriam ad unam vel duas leucas (*heues*) circumquaque, vel tales, qui noverunt excommunicatum bene XL, LX vel centum personae purgaturae se super participatione praedictorum. Ex quo sequitur, quod probi homines antiqui et senes redimunt se quilibet de XII. denariis vel de duobus solidis pro vitandis expensis et laboribus. XXXVIII. Item dicti officiales imponunt pluribus personis famae laudabilis et honestae vitae, quod sunt usurarii, et oportet eos cum ipsis officialibus concordare pro evitanda eorum infamia et labore. XXXIX. Item dicti officiales faciunt citari aliquem bonum hominem conjugatum, et imponunt ei, quod adulteratus est cum aliqua : et similiter mulierem aliquam conjugatam, imponendo sibi quod adulterata est, in perpetuam infamiam ipsorum conjugum, et cum hoc extorsionem pecuniarum recipiunt ab eisdem etc.

³ Thus the archpresbyters of the provinces of Groningen and Drentha in 1322 had to give in a deposition on the extent of their synodal rights (Monumenta Groningana veteris aevi inedita, ed R. Keuchenius Driessen, Stuk I. Groningen 1822, p. 115), on the persons who could bring personal grievances before them (clergymen, monks, widows, orphans, tithe-owners) on the offences which belonged to their court's jurisdiction, and on the Synodal costs. E G. p. 117 : De causis per temporales judices judicatis nihil ad nos. Omnes banni nostri fuerunt tres librae Groningenses ; usurae, perjurii, adulterii, consanguinitatis, compaternitatis, affinitatis, spolia clericorum monachorum et Religiosorum, Ecclesiarum, cimiteriorum, dupli banni. Laesio sacerdotum, clericorum ordinatorum, monachorum et monialium : triplicabantur banni. Mutilatio, excaecatio, captivatio, occisio clericorum, incendium Ecclesiarum, domorum dotalium et sacerdotum, ad arbitrium Episcopi atque nostrum emendari consuevit. Item de juramentis factis coram judicibus temporalibus in judiciis temporalibus non ad nos, nisi constitisset certis indiciis se perjurasse.—Item convictus ab actore et excommunicatus, et nihilominus ex quacunque causa excommunicatus, si infra annum non emendaverat, poena duplicabatur, post duos annos poena triplicabatur, post tres annos invocabatur brachium saeculare. — Insuper Praefectus et Consules in Groninge in Synodis—cum Decano ibidem in Groninge praesidebant, et sententias omnes ibidem emergentes diffiniendas cum sacerdotibus edixerunt.—Denarii scripturales sunt in Groninge quatuor Gronienses, in Anlo duo Gronienses. Praeterea nullas actiones seu querelas pro quacunque causa audivimus seu citare consuevimus praeter in Synodo posteriori et priori (in the spring and in the autumn.)

⁴ Compare part 2 § 83 note 4. Thus in 1357 the city of Marburg also appeared as free from synodal jurisdiction, see Kopp's Nachricht von den Geistl. u. Civilgerichten in Hessen Th. 1. S. 183.

## SEVENTH CHAPTER.

### HISTORY OF HERETICAL SECTS.

### § 122.

#### HISTORY OF THE EARLIER SECTS.

The bloodthirsty zeal of the Inquisition in the first half of the 14th century seems to have almost made an end of the Albigenses of southern France and Italy,[1] and to have driven them into the eastern countries. In Bosnia the largest part of the population profest the Catharic heresy, which, tolerated at times even profest by the lords of the land, spread itself from this into the surrounding countries.[2] The kings of Hungary, as supreme lords of these countries, were incessantly required by the Popes to take steps against the heretics: However their efforts remained fruitless.[3] The Waldenses, in spite of all the persecu-

---

[1] In the Liber sententiarum Inquisitionis Tolosanae ab anno Chr. 1307 ad annum 1323 at the end of Ph. a Limborch hist. Inquisitionis many sententiae contra Albigenses are to be found. Compare Hist. générale de Languedoc iv. 183. C. Schmidt histoire et doctrine de la sect des Cathares ou Albigeois (Paris et Genève 2 T. 1849) i. 354. As regards Italy, see Schmidt i. 186. In northern France, Spain, and Germany, in this period, there are no more traces of the Cathari to be found. According to Schmidt (1, 360. ii. 307), the Cagots, a race detested and shunned of all, living in Navarre, Béarn, Gascony, &c. (compare Fr. Michel histoire des races maudites en France et en Espagne, 2 vol. Paris, 1847), were descendants of the Albigenses, who were obliged as penitents to submit to manifold humiliations, and bequeathed to their children the universal contempt in which they were held. In a letter to Leo X., A.D. 1514, the Cagots themselves derive their own origin from the Albigeois (Michel ii. 220).

[2] Before now in Croatia, Slavonia, Dalmatia, now also in Albania and Rascia. Compare Schmidt i. 125.

[3] Lewis I. King of Hungary, subdued the Bosnians and Bulgarians, in 1359, and forced them to receive baptism; but soon after the heresy reappeared, and when Stephen Twartko had made himself independent

CH. VII —HERETICS. § 122. ALBIGENSES.

tions they underwent in southern France, and especially in the valleys of Piedmont, to which they had withdrawn themselves, were not exterminated,[4] but they now spread themselves more in Germany, and towards the end of the fourteenth century made their appearance in many parts of this country.[5] The rest of the sects dissenting from the dominant Church were

and risen to be king of Bosnia, in 1376, it was again predominant. Schmidt i. 130.

[4] Compare the letter of John XXII. to the Inquisitor at Marseilles, A.D. 1332, in Raynald ad h. a. no. 31 : in vallibus Lucernae et Perusiae,—Philippi de Sabaudia—temporali dominio subjectis, ita creverunt et multiplicati sunt haeretici, praecipue de secta Waldensium, quod frequenter congregationes per modum capituli facere inibi praesumpserunt, in quibus aliquando quingenti Waldenses fuerunt in simul congregati ; quodque dudum—dicti Waldenses contra ipsum Albertum Inquisitorem manu insurrexerunt armata, et quod quadam die quondam Guilelmum rectorem parochialis Ecclesiae de Engravia Taurinensis dioecesis, celebrata Missa per eum in platea dictae villae nequiter occiderunt etc. In the year 1403 St. Vincentius Ferrerius was engaged in these valleys with their conversion (Raynald ad h. a. no. 24). On their continuance in southern France, down to 1323, see Liber Sententiarum Inquis. Tolos. at the end of Limborch. In the year 1335 Benedict XII. instituted a persecution against them in Dauphigny (Raynald. ad h. a. no. 63), but in 1373 a maxima multitudo was still to be found there (see Gregorii P. XI. ep. ad Carol v. in Raynald. 1373, no. 20) ; and in 1375 they were violently persecuted there (Raynald. ad h. a. no. 26).

[5] In Mayence, Limburger Chronik (written in 1398, publisht by Vogel Marburg 1828. S. 104) : "In dieser Zeit (1389) ward zu Mayntz ein Unglaub offenbar, der hatte heimlich gewahrt mehr dann 600 Jar oder langer. Dieser Unglaub u. Articul war also, dass man nimmer nicht andere Heilige anruffen solte, dann sie beteten vor niemand. Item sie hielten, dass zween Wege Waren, wann ein Mensch gestorben ware, so fuhre er gen Himmel oder in die Holl. Item hielten sie in ihren Sitten, dass ein purer Laye mógte also wohl consecriren als ein Pfaff. Item sie hielten, dass der Bischoff oder der Pabst kein Ablass mochte geben. Item hielten sie, dass das Gebott Allmosen geben, Messen und Fasten, das hulffe alles nichts die Seelen, denen man das nachthate." Petri Merssaei Cratepolii electorum ecclesiasticorum i. e. Coloniensium, Moguntinensium ac Trevirensium catalogus, Colon. Agripp. 1580 p. 212 : Under Conrad, Archbishop of Mayence (from 1388—1395) 36 cives Moguntini, Waldensium fratrum sectam professi, Bingam adducti et ibi combusti sunt. Serarius rer. Mogunt. lib. v, p. 867 makes mention of Waldenses at Mayence in 1395. Some heretics were persecuted at Augsburg in 1393, whom Gassarus (Ann. Augstburgenses in Mencken scriptt. rer. Germ. i, 1533) Wittklyffistas, Crusius (Ann. Suev. P. iii lib. 6 c. 4) calls Waldenses. A cotemporary notice of them (herausg. v. d.

designated by the common name of Beghards. Amongst whom the Fratricelli, and the brothers and sisters of the free spirit Pralaten Schmidt in Staudlin's u. Tzschirner's Archiv. f. Kirchengesch. ii, ii, 349) assigns them no particular name, and attributes to them the same heresies which the Limburg chronicle does to the inhabitants of Mayence, only more at length. Besides : Item quidam crediderunt, sectam eorum manere usque in futurum judicium secrete tum usque ad adventum Heliae et Enoch, et tunc manifestarentur, et genera omnia congregarentur in eadem secta. They did not allow the punishment of death and the oath. Item dicunt, *Apostolos* eorum, quos habent, posse consecrare corpus Christi. Forty-six of these were placed under penance in Augsburg, forty in Werdea (Worth?) but sixteen of these soon relapst and were burnt to death. Episcopus recepit bona eorum male sibi, pauperes fuerunt dimissi, divites combusti. Two were burnt to death in Dinkelspuhel, and the same number in Wemdingen. Et sic eodem anno in diversis terris et villis inventi sunt plurimi haeretici ejusdem sectae, et multi cruce signati, et multi apostatati et combusti, et etiam quam plurimi signum crucis pro poenitentia accipientes fidem dereliquerunt, et patriam derelinquentes recesserunt. Et sic inventi sunt in diversis civitatibus et villis in *Suevia*, *Bavaria*, et *Franconia* multi haeretici de eadem secta. Tamen finaliter inventum est, quod domini illorum, qui combusti fuerunt, receperunt bona ipsorum, et pauperes dimiserunt.—In Strasburg as early as 1374 there was a secret community of like profession, in 1400 it was persecuted (Mittheilungen aus dem handschriftlich vorhandenen Verhore von Röhrich in Illgen's Zeitschr.f. d. hist. Theol 1840, I. 144. Schmidt. a. a. O. III, 69). They had masters, wandering preachers (twelve Botten i. e. Apostles, probably not exactly twelve) who were their chief priests and confessors, (See Yvonetus Part 2, § 90, note 29), and whom the Catholics called Winkler (conventicle men) from their secret assemblies, a name which was afterwards extended to all members of the sect. The masters were chosen from them, and had to take a vow of chastity and poverty. The sect had also adherents in Nördlingen, Ratisbon, Augsburg, Tischingen in Swabia, Solothurn, Bern, Weissenburg, Hagenau, Speyer, Holzhausen near Frankfort on Maine, the Swabian Wörth, Friedberg, Mayence, and Vienna. Their schools, in which was prayer, confession, preaching from great books, and instruction on all points of the heresy, are mentioned at Strasburg, Hagenau, and Mayence, private houses and lodgings at Offenburg and Lahr. In 1399 men of the same persuasion were discovered and converted at Bern and Friburg in Switzerland (Hottinger's Helvetische Kirchengeschichte ii. 204). At Steyer in Austria, a hundred heretics were burnt to death, others were placed under penance, a cotemporary Austrian chronicler in Pezii scripti Austr. i. 1157, calls them Waldenses (Cf. Viti Arenpeck in Pez. i. 1244. Preuenhuber ann. Styrenses, p. 72). Flacius (catal. test. verit. Francof. 1666, p. 639) says that he had a roll of minutes of an Examination held in Pomerania, and the March A.D. 1391 upon 443 Waldenses. The ancestors of

CH. VII—HERETICS § 122 WALDENSES      221

formed two principal variations. Among the Beghards of southern France, Italy, and Sicily, the inclination for the Fratricelli prevailed.⁶ The German Beghards, frequently also called Lollards,⁷ were, on the contrary, for the most part professors of the free spirit ;⁸ they derived no small advantage from their connexion with the German mystics of this period,

many of them belonged to this country; teachers had come to them out of Bohemia from age to age. However Flacius, always ready to discover testes veritatis, and to attribute the immoral doctrines of the heretics to the invention of the inquisitors, has probably here pronounced certain professors of the free spirit to be Waldenses. For in Northern Germany the former frequently appear, but not the latter.

⁶ Compare above, § 113, note 3. Thus the Beguins, in the Liber sententiarum inquis. Tolos. in Limborch p. 298 and 381, are called collectively Beguini, qui se dicunt esse de tertio ordine s. Francisci.

⁷ See above, § 115, note 5.

⁸ Their head quarters were at Cologne, where the Archbishop Henry of Virneburg in 1306 issued a decree against them (Mosheim de Beghardis et Beguinabus, p. 210). About the year 1325 they underwent a bloody persecution here, compare the Chron. ad ann. 1327 by the cotemporary Johannes Victoriensis (abbot of Victring bei Klagenfurt), in Bohmer's Fontes rerum Germ. i. 401. It is the Chron. Leobiense in Pez i.) : Viri et mulieres diversi status in noctis medio ad locum quendam subterraneum, quod templum dicebant, convenerunt. Et quidam *Waltherus* nomine, daemonialis sacerdos, Missae officium celebrare visus est, et post elevationem sermone habito, extinctis luminibus, quilibet sibi proximam cognoscebat : et post epulis deliciosissime vacantes, choreas ducebant, et gaudia maxima peragebant, dicentes, hunc statum statui Paradisi et primis parentibus ante lapsum esse conformem. Idem autem, qui erroris caput extitit, se Christum dixit, pulcram quandam et nobilem domicellam Mariam asseruit —Matrimonium cum personis quantumcunque proximis licitum, Christum non de Virgine natum, nihil esse jejunium, Deum non esse natum neque passum, turpiter disputavit, et multa fidei sacratissimae contraria grunniebat. Degradatus, damnatus usque ad ustionem non resipuit, mentitus est etiam, die se tertia surrecturum (according to Trithemii chron. Hirsaug ii. 155 Walter was burnt to death in 1322) Compare the Chron. ad ann. 1325 of another cotemporary, Willelmi Egmondani, Chron. ad ann. 1325 in Ant. Matthaei veteris aevi analecta ii. 643 : Eodem anno Begardorum nequitia, quae diversis mundi elimatibus hactenus latere cernitur, apud Coloniam propalatur. Isti enim eorum ibidem stultitiam praedicantes, et matronas varias ad ipsorum ludibria contrahentes sub terra quoddam mirabile habitaculum fecerant, quod *Paradysum* vocabant.—Ad quem locum, ut saepius, etiam in nocte Parasceues convenire decreverant, ubi cujusdam potentis uxorem cum caeteris invitabant. However, the husband followed his wife thither, cujusdam Lollardi habitu indutus. In the assembly a

for they had the speculative foundation in common with them,
and erected upon it a renunciation of obedience not only to the

certain person came forward, nititur surgere, in Jesu suaeque matris
Mariae, ut ajebat, praesentia erroris materiam propalare. Duo enim—
ibidem aderant, qui se Mariam et ejus filium asserebant. Dictus itaque
nudus praedicans, et omnes more innocentum ad nuditatem exhortans,
vario errore tam prima quam media nititur detegere, et conclusionem
tenebris, extinctione candelarum videlicet, deturpare, whereupon shameful
licentiousness was practised. The man who entered in disguise
afterwards divulged the matter. Capiuntur igitur—hujus sectae singuli,
quorum corpus aut ignis voragine aut Rheni flumine suffocatur. The
connexion of the doctrine which the Dominican Eckart preacht with
that of this sect (according to the modern expression, they were the
right and left sides of the same School), and the inefficacy of its condemnation
by the Pope (see § 117, note 8), could not but be favourable
to the Sect. So both Archbishop Walram in 1335 (Mosheim p. 294),
and his successor William in 1357, had to renew the decree of his predecessor
against the Beggardos et Schwestriones, quia hujusmodi
hominum perniciosa de novo incipit in nostra civitate et diocesi invalescere
multitudo (Mosheim p. 330.)—In Strasburg, Bishop John issued
an ordinance against them A.D. 1317 (Mosheim p. 255) : in the year
1366 several more of them were burnt to death there (Mosheim p. 332.)
—In 1339 three Beghards were burnt at Constance (Vitoduranus p.
76), also at Speyer in 1356 Berthold, an haeresiarcha ex eorum secta,
who had formerly been active for his sect in Franconia (Jo. Trithemii
chron. Hirsaug. ii. 231 ) At Bern a man from Bremgarten, Loffler by
name, was burnt to death in 1374, " der ward funden u. bewiset in
bösem Ketserglouben, den die haltent, die man nempt des fryen
Geistes." When he saw the stake, he said, "ich sieh nit so viel
Holzes, damit man mich verbrennen muge," he expected miraculous
aid (Justinger's Berner Chronik, herausgeg. v. Stierlin u. Wyss, Bern
1819, S. 194.)—But about this time they were already wide spread in
Northern Germany also ; in Magdeburg, the March, Thuringia, etc.
See below note 11.—With regard to a certain William burnt at Lübeck
in 1402, see the notice of two cotemporaries, Herm. Coerneri chron. in
Eccardi corp. scriptt. med. aevi ii. 1185, and Rufus Chron. in Grautoff's
lübeck. Chroniken ii. 463. Coerner : Wilhelmus quidam,
albis vestibus indutus, et pro Apostolo se gerens. He was discovered
per varia impudicitiae signa et verba diversis personis expressa,
et turpia exercitia cum pluribus habita. Propter quod a bonis et
honestis mulieribus accusabatur apud Inquisitorem haereticae pravitatis.
Rufus : "He heelt sik vor enen Apostel, unde hadde ein
uthwendich strenge Levent. He wart velen Luden hemelik umme
sines uthwendigen guden Schynes willen, men van en bynnen was he
vul Drechnisse unde Unloven ; he bedref vele Boverie under boser
Bedeckinge, unde bedroch mennigen guden Mynschen." The Inquisitor
found him guilty in 80 articles of heresy. Amonst these were :
"Unkusheit was em nen Sunde, van der Vasten heelt he nicht, der

Church, but also to all the laws of morality.⁹ To them also belonged the Adamites, who made their appearance in Austria¹⁰ hilgen Kerken Bode (Gebote) helt he vor nicht, unde heelt sik sulven so vullekomen also sunte Johannis Baptista was."

⁹ The Bull of John XXII. In agro dominico A.D. 1330 against the Beghards (in Coerneri chron. in Eccardi corp. scriptt. medii aevi ii. 1036, in Mosheim de Beghardis p. 284) cannot be alledged as a source of information as to the peculiar doctrines of the sect. It chiefly discovers Eccard's principles, which although they agreed with them in fundamentals, had at least a different colouring (see § 117 note 8.) On the doctrine of the sect of the free spirit see part 2 § 90. note 35. Gerson de libris caute legendis (Opp. i. 114) states the error de lege et spiritu libertatis sub qua Begardi et Begardae nefanda et abominabilia perpetrarunt facinora, to this effect, quod anima perfecta reducta in Deum perdit suum velle, ita quod nihil habet velle vel nolle, nisi velle divinum, quale habuit ab aeterno in esse ideali divino. Quo habito dicunt consequenter se posse agere quicquid carnalis affectio deposcit sine peccato vel crimine, cum ex praecedenti non habeant velle et nolle    Diversificatur autem modus iste, quoniam sufficit aliquibus, ut sub Deo solo suam totaliter vel taliter abnegent voluntatem, in qua abnegatione dicunt summam consistere perfectionem. Sunt alii rudiores idiotae et simplices, qui seducti per astutos faciunt hanc abnegationem propriae voluntatis per modum professionis et obedientiae in manibus illorum. Qua facta promittunt astuti tales et perversi, quod amplius peccare nequeunt; sub quo praetextu perpetrant innumerabiles nec referendas abominationes    To live as a part of the all-one, i e. of God, was to them the highest calling of man. Every inclination, every will of the man conscious of this union, was divine: Every law repugnant to these inclinations dissolved this unity. Human nature before the Fall appeared to them to have possest this consciousness in all its purity: they wisht to restore it. Hence their nakedness in their assemblies, the name of Paradise for their place of meeting, instead of marriage their concubitus promiscuus (compare note 8) for marriage as a special connexion seemed to divide the universal unity.—How Ruysbroek, who must have felt the necessity of clearly marking the distinction between his doctrine and that of the free spirit, because of their very similarity, describes and controverts the latter, see Engelhardt's Ricard v. St Victor and Joh. Ruysbroek s. 224.

¹⁰ See Anonymi auctoris brevis narratio de nefanda haeresi Adamitica in variis Austriae locis saeculo xiv. grassante in Pezii scriptt. rerum Austriac. ii. 533: In the year 1312 many heretics were discovered, and several burnt at Krems, St Polten and Vienna. Their offences were: Primus casus est, quod comparabant Missas Lucifero, credentes et dicentes, quod ipse adhuc cum Michaele confligeret, et de eo triumpharet, et quod tunc Lucifer, Angelique sui apostatae cum credentibus, h. e. cum haereticis, aeterna gaudia possideant. Secundus casus est : Sanctus autem Michael cum suis Angelis in beatitudine jam existentibus, suisque credentibus, aeterno deputetur incendio puniendus. Item dicunt se habere XVI Apostolos, annis

A.D. 1312, and the Luciferians who appeared in Angermünde in 1336.[11] The Turlupines also, who were exterminated in the

singulis—climata mundi perlustrantes, ex quibus annuatim Paradisum introeant, auctoritatem ligandi et solvendi ab Helia et Enoch recipiant, quam suis possent communicare credentibus. They denied the virginity of Mary, rejected the sacraments and liturgy of the Church, mockt at the clergy. Quintam feriam noctem insomnem, diemque Parasceues in luxuria et voluptate, ac dissolutione repletioneque ventris in esu carnium—transigebant (because the Church kept the strictest fasts on these days) Their feigned observance of Catholic usages, secret countersigns. One of those who were burnt at St Polten said: fateor hodie, si fides nostra per XV annos in suo robore perstitisset, cogitaveramus eam publice praedicare, ac manu valida defensare. It was further remarkt: raro est apud eos homo cujuscunque sexus, qui textum Novi Testamenti non sciat cordetenus in vulgari. They resisted, on occasion of a later persecution, see Catalogus Abbatum Glunicensium in Pez ii. 330 : anno 1388 in civitate Laureacensi et Styrensi, aliisque vicinis locis suborta est inquisitio haereticorum, et ab istis econtra persecutio Catholicorum, praesertim Cleri et Religiosorum Jo. Vitoduranus also p. 44 and 45 ad ann. 1336, makes mention of these Austrian heretics, and describes their assemblies in hypogeis sive aliis quibusque locis subterraneis in a fabulous manner. The name Adamite, which frequently occurs in Bohemia, in the 15th century, arose about this time. The cotemporary John, Abbot of Victring, after describing the heretics of Cologne, (see note 8), says: Haec haeresis Adamiana dici potest, cujus Isidorus fecit mentionem in libro Etymologiarum, dicens : " Adamiani vocati sunt, quia Adae imitantur nuditatem, unde nudi erant, et nudi inter se mares et foeminae conveniunt." Fuit etiam hoc tempore in multis locis circa metas Austriae et Bohemiae zizania multiplex in medio tritici seminata, et pulchritudo agrorum Ecclesiae defoedata. Qui sub terra in specubus se dicunt non peccare, nec absolutione egere, eo quod Dominus Petro dixerit: " Quodcunque ligaveris *super* terram, et solveris etc."

[11] Chronicon Magdeb apud Meibom. ii. 340 : Eo tempore (1336) in civitate Magdeburg deprehensae sunt quaedam Beghinae de his, quae se de alto spiritu appellant.—Otto Archiepiscopus—invenit eas nonnullos profanos et execrandos articulos temere profitentes in blasphemiam Christi et Sanctorum, quos etiam articulos ob eorum detestabilitatem dignum non duxi scripto commendare. Circa idem tempus—in Angermundis plures personas utriusque sexus invenerunt, de haeresi *Luciferanorum* suspectas. 14 persons were burnt. Circa idem tempus quidam Begardus haereticus nomine Constantinus inter alias suas vesanias asseruit, se esse filium Dei sicut Christum sine aliqua distinctione. Iste—in foro Erfordiae solemniter est crematus. Afterwards in 1367 the sect was abolita et deleta in Magdeburg and Erfurt by the Inquisitor Walter Kerling, propter articulos nefandos et haereticales in constitutionibus Clementinis titulo de haereticis capitulo *Ad nostrum dudum* damnatos (Supplement to the Chron. Magd. in Mencken scriptt.

## CH VII.—HERETICS § 122 BEGHARDS

Isle of France A.D. 1372.[12] The teachers of these sects wandered from place to place in imitation of the apostles. They were called apostles by their followers,[13] and laboured by teacher. Germ. iii. 370. Compare § 115, note 6.) In 1369 the Emperor Charles IV. stated with approval, that the Beghards and Beguins had been exterminated by this Inquisition in the ecclesiastical provinces of Magdeburg and Bremen, in Thuringia, Saxony, and Hesse, Mosheim de Beghardis p. 338. Angermunde long retained the name of Ketser-Angermunde: there were 14 Ketserdörfer in the Neumark.

[12] Mosheim de Beghardis p. 413 ss. So Gregorii XI. ep. ad Carolum V. in Raynald ann. 1373 no. 19 : secta Begardorum, qui alias Turlupini dicuntur. Jo. Gersonii sermo de s. Ludovico (Opp. ed du Pin. iii. 1435) : Begardi et Turilupini de nulla re naturaliter data erubescendum esse dicebant. Id. de examinat. doctrinarum p. ii. Cons. 6 in the year 1423 (i. 19) : sicut nulla est vehementior quam luxuriosa libido, sic ad errandum falsumque docendum nulla perniciosior. Patuit in sectis Turelupinorum, quarum sequaces non desunt usque hodie, quando et ubi latere putaverint serpunt ubilibet. Ch. Schmidt essai sur J. Gerson, Strasb. 1839, p. 101.

[13] Particularly the wandering teachers of the sect of the free spirit were so called, compare the decree of Henry I., Archbishop of Cologne A.D. 1306, against the Becgardos et Becgardas et Apostolos vulgariter appellatos (Mosheim de Beghardis, p. 212), and that of the Council of Trêves, A.D. 1310 against the rusticos, qui se Apostolos appellant (ibid. p. 222). So also William at Lubeck called himself an apostle, see note 8. Conradus de Monte Puellarum, Canon at Ratisbon in the 14th cent. describes these apostles, in a fragment publisht by Gretser (under Rainerius contra Waldenses, Ingolst. 1613. 4, also in the Biblioth. Patrum Lugd. xxv. 310) : Sunt enim hujusmodi viri rusticani, et plerique mechanici, corpore robusti, et literarum omnino inexperti ac penitus idiotae, aut si literas aliqualiter norunt, tenuissimum tamen est, quod sciunt. Hi opera manualia suorum postponentes artificiorum, cucullati gyrovagando provincias per diversas incedunt, et latebras quaerunt occultas, praecipue hospitiis Beginarum inhiantes, eo quod simile suo simili complaudat. Quibus pro nocturno receptaculo in prima congressione malitiae suae, coloratis verbis, insanas et ut plurimum infectivas seminant doctrinas. At illae illorum in crastino promotrices, seu ut verius dicam copulatrices, ostiatim per domos cursitant mulierum, intimando sub arcani sigillo, asserentes, angelum verbi divini adesse occultum, quoadusque conventicula eisdem hypocritis placita congregentur. Quibus secretissime convenientibus in unum, labia suae malitiae resolvunt, de attributis in divinis atque de proprietatibus divinae bonitatis disserendo. Et sic paulatim descendendo affirmant, qualiter ex pietate divina homo ad Dei imaginem creatus existat, et tantum mereri valeat per exercitium bonorum operum, ut Christo, Domino nostro, in humana anima sua aeque perfectus quis efficiatur. Talium etenim unum de Suevia natum ego in Ratispona reperi, qui jam prae-

ing and writing[14] for the extension of their sect. So the apostles of the Waldenses and the sect of the free spirit, made their appearance in Germany, and it was owing to their activity, that the Inquisition also after a long interval was roused anew in Germany with fresh energy.[15]

dictum et articulos alios in Clementinis prohibitos sub titulo de Haereticis Ad nostrum (Clementin. lib. v. tit. 3. c. 3) diligenter affirmabat etc. The wandering teachers of the Waldenses also, the real Pauperes de Lugduno, were held by their disciples, as successors of the Apostles (see Yvonetus part 2 § 90 note 29) and sometimes even called apostles, so at Augsburg and Strasburg, above note 5. The apostles of the Beghards beyond doubt, always commenced with a kind of Waldensian doctrine, and did not take up until afterwards the doctrine of the free spirit. So variations were easily possible.

[14] So Gerson (de distinctione verarum visionum a falsis, opp. i. 55) makes mention of a libellus incredibili paene subtilitate ab una foemina compositus, quae Maria de Valenciennes (a Beguine) dicebatur. Haec agit de praerogativa et eminentia dilectionis divinae, ad quam si quis devenerit, fit secundum eam ab omni lege praeceptorum solutus, adducens pro se illud ab Apostolo sumptum: *caritatem habe, et fac quod vis.* In Germany also disciples of the free spirit, publisht works in German. Thus did Walter who was burnt at Cologne in 1322, see Trithemii chron. Hirsaug. ii. 155; Lohareus [*Lolhardus*] autem ille Waltherus, natione Hollandinus, latini sermonis parvam habebat notitiam, et quia Romano non potuit, sermone sibi teuthonico plures sui erroris libellos conscripsit, quos deceptis per se occultissime communicavit. On Gerhardi Beghardi tract. de spirituali exercitatione reparationis lapsus see Mosheim de Beghardis p. 376. Also a work of the 9 spiritual rocks probably belongs to them (see § 117 note 8.) Compare the edict of the Emperor Charles IV. A.D. 1369 (in Mosheim p. 369): Attendentes,—quod in partibus Alemanniae propter sermones, tractatus et alios libros in vulgari scriptos, inter personas laicas vel paene laicas dispersos, quos libros ut plurimum vel vitiosos, erroneos ac lepra haeresis infectos laici legentes—a veritate auditum avertunt. Qua propter districte praecipiendo mandamus universis,—quatenus in recipiendis, exigendis hujusmodi libris vulgari scriptis,— *praesertim cum laicis utriusque sexus secundum canonicas sanctiones etiam libris vulgaribus quibuscunque de sacra Scriptura uti non liceat* (see part 2, § 89, note 41,)—assistatis Inquisitoribus etc.

[15] About 1367 Urban V. appointed two Dominicans to be Inquisitors for Germany (Mosheim de Beghardis p. 335), one of whom Walter Kerling soon made himself an object of dread to the Beghards. Charles IV. A.D. 1369 lent the Inquisitors the most powerful support in three Edicts (Mosheim p. 343.) Gregory XI. increast the number of the Inquisitors for Germany to five (Mosheim p. 380); Boniface IX. in 1399 increast the number for North Germany alone to six (Mosheim p. 384.)

## § 123.

### FLAGELLANTS

[Jac. Boileau] Historia Flagellantium, de recto et perverso flagrorum usu apud Christianos. Paris. 1700. 12. Chr, Schoettgen de secta Flagellantium commentatio. Lips. 1711. 8.—Especially Dr E. G Forstemann die christl. Geisslergesellschaften. Halle, 1828. 8.—Compare also Mohnike über die Geisslergesellsch. in Illgen's Zeitschr. f. d. hist. Theol. III. ii. 245. Hahn's Gesch. d. Ketser im Mittelalter ii. 537

Although the Church's forgiveness for sin might now be easily obtained in other ways : Still Flagellation was not only greatly admired among the religious, but was also held in such high estimation by the common people, that in case of any calamity or plague, they thought they could propitiate the supposed wrath of God in no more effectual manner than by scourging, and processions of scourgers;[1] just as though the Church's ordinary means of atonement were insufficient for extraordinary cases. A decided mistrust of the Church's intercession, and the clergy who dispenst it, prevailed among the societies of Flagellants;[2] roused to action by the plague that past over from Asia into Europe in the year 1348, and spread devastation everywhere,[3] ever

---

[1] On the pilgrimages of Flagellants in Italy in the years 1334 and 1350 see Förstemann s. 54.

[2] On these scourgers, Cross-brethren, Cruciferi, Flagellatores, Flagellantes (in Pomerania they were called Loisskenbruder from the Lays which they sang, see Mohnike in Illgen's Zeitschr. f. d. hist. Theol. 1833. ii. 263. 267) see Heinr. a Rebdorff annales ad ann. 1349 ; Matthiae Neoburg. Fortsetzung von Albertus Argent. in Urstisius ii, 147 ; Limpurgische Chronik s. 10 ; Henricus de Hervordia in Bruns Beitragen aus alten Handschriften St 3 s. 294 ; Closener's strassburg. Chronik (in d. Biblioth. d. literar. Vereins in Stuttgart i. 83. This section is also publisht by C. Schmidt in den theol. Studien u. Krit. 1837. iv. 889, and by L. Schneegans le grand pelerinage des flagellants à Strasbourg en 1349, Strasb. 1837, frei bearbeitet v. C. Tischendorf, Leipzig 1840. The section on the Flagellants in Konigshoven's Chronik s. 297 is only an extract from Closener.)

Called in Germany the Great Death, in the north the Black Death ; see upon this Kurt Sprengel's Beiträge zur Gesch. der Medicin i. 1, 36. Der Schwarze Tod im 14ten Jahrh. nach den Quellen bearbeitet von Dr Hecker, Berlin 1832.

since the beginning of the year 1349 they diffused themselves from the Hungarian frontier over the whole of Germany,[4] and found entrance even into the neighbouring countries. They rehearst a message from Christ, which was said to have been brought down from heaven by an Angel to Jerusalem,[5] in which the wrath of God was denounced against the sins of men, and penance by scourging enjoined as the only atonement. They practised this penance according to a fixt rule, without the co-operation of the clergy, under the guidance of Masters, Magistri,[6] and made no secret of the fact, that they held the Church's way of salvation in much lower estimation than the penance by the scourge.[7] Clement VI. put an end to the public processions of

[4] According to their own statement in Closener s. 94, they came from Hungary to Meissen, and then extended to Brandenburg, Eisenach, Wurzburg, Hall, Esslingen, Kalw etc. With this agrees the fact that they appeared in Austria so early as about New Year's Day 1349 (Chron. Zwetlense in Rauch Scriptt. rer. Austr. ii. 324), about Easter in Magdeburg (see the account in the Magdeburg Schoppenchronik in v. d. Hagen's Germania iv. 123) about the same time in Lubeck (Detmar's Chronik herausg. v. Grautoff i. 275), 14 days after St John's day at Strasburg (Closener s. 83.)

[5] This letter may be found in German in Closener ibid., publisht in Latin by Stumpf in Forstemann's neuen Mittheilungen aus dem Gebiete histor antiquar. Forschungen ii. 9.

[6] Closener s. 85: Su hettent auch eine gesetzede, daz su pfaffen möhtent under in han, aber ir keinre solte Meister under in sine, noch an iren heimelichen rot gon.—The Masters conferred an absolution; the general scourgings began with the Master striking them man by man as they lay on the ground and saying:

    Stant uf durch der reinen martel ere,
    und hute dich vor der sunden mere.

Heinr. a Rebdorff ad ann. 1349: Isti Flagellatores cum multas superstitiones attentare praesumerent, nimirum invicem se absolvere a peccatis, praedicantes apocrypha et similia, propter quod Laici sunt Clero graviter indignati.

[7] In the lay of the Flagellants, which though first publisht entire in a low Dutch Text by Dr H. F. Massmann (Erlauterungen zum Wessobrunner Gebet, Berlin 1824. s. 39. Forstemann s. 267), is given in high Dutch in Closener's Chronik (some verses are in the Flemish dialect in Willems oude vlaemsche Liederen, Gent 1848, p. 42) the following passage occurs towards the end in the low Dutch text

    Were dusse bote (Busse) nicht geworden,
    de Christenheit wer gar vorsvunden,
    de leyde Duvel (leidige Teufel) hat se gebunden
    Maria had lost unsen bant.

Flagellants, which were already widely prevalent :[8] but penance by the scourge was only thus forced into concealment. In Thuringia Conrad Schmidt,[9] one of their masters, gave the form of a connected system of heretical doctrine to their dislike of the Church, which persecuted out of self-interestedness the work most pleasing to God :[10] and thus there now rose heretical

[8] The Bull of the 20th October 1349 addrest to the German Archbishops, is in Jo. Trithemii chron Hirsaug. ii. 209, and in Raynald ann. 1349 no. 20 : Sane molesta nobis—relatio—nostrum—turbavit auditum, quod in partibus regni Germaniae et ei convicinis quaedam sub praetextu devotionis et agendae poenitentiae vana religio et superstitiosa adinventio—surrexerit, per quam profana multitudo simplicium hominum, qui se Flagellatores appellant, decepta verbis fictis et mendacibus malignorum, asserentium Salvatorem nostrum Jerosolymis Patriarchae Jerosolymitano apparuisse (cum tamen a longis citra temporibus nullus ibidem praesentialiter fuerit Patriarcha), et sibi aliqua dixisse, quae colorem non habentia nec saporem, in quibusdam Scripturae sacrae obviare noscuntur, in illam cordis vesaniam et animae damnationis praecipitium est deducta ;—quod se per societates et conventicula—dividens diversas circuivit patrias, caeterorum vitam et statum contemnendo se justificant, et claves Ecclesiae vilipendunt, ac in contemptum disciplinae ecclesiasticae crucem Domini ante se, et habitum certum, nigrum videlicet, ante et retro ipsius vivificae crucis appensum habentem signaculum, sine superioris licentia deferentes, sub nomine poenitentiae vitam gerunt insolitam ; congregationes, conventicula et coadunationes, quae a jure sunt prohibitae, faciunt, et ad alios actus prosiliunt, a vita et moribus observantiaque fidelium Christianorum penitus alienos ; ordinationes etiam et statuta, quibus utuntur, imo verius abutuntur, propria temeritate fecerunt, erroris suspicione non vacua et judicio rationis carentia. But after the prohibition comes also the limitation : Per praedicta tamen nequaquam intendimus prohibere, quin Christifideles impositam sibi poenitentiam, vel etiam non impositam, dummodo recta intentione et pura devotione ad illam peragendam procedant, in suis hospitiis, vel alias, absque superstitiosis congregationibus, societatibus et conventiculis supradictis possint facere.

[9] His doctrine and prophecies may be seen in Forstemann's neuen Mittheilungen ii. 16. He announced the end of the world for the year 1369 (S. 22.)

[10] Articuli ab ipsomet Flagellantium praedicatore conscripti in Förstemann's neuen Mittheil. ii. 24 : Dominus noster J. Chr. primo bonum vinum posuit : modo autem, i. e. praesenti tempore, quod incepit anno incarnationis ejusdem 1349 optimum vinum propinavit, salutare inquam, quod Deum et homines laetificans reconciliat. Hoc vinum est poenitentia Flagellatorum. Haec igitur poenitentia salutaris tam est necessaria, quod nisi quisque fidelis adultus ad minus omni sexta feria, hora qua Christus sanguinem fudit pro homine, ipse sanguinem fundat pro Christo, salvari non poterit. Item ista poenitentia est tam efficax,

Flagellants called also by the common name of Beghards;[11] they existed down to the time of the Reformation, especially in Thuringia, as an heretical sect very dangerous to the Church.[12]

quod plus potest, quam modo baptismus : nempe propter avaritiam et malitiam sacerdotum baptizantium, qui tales poenitentes non sustinuerunt, imminuta, immo falsificata est vis baptismi, et hanc supplet ista poenitentia. Praeterea ipsa est tam sufficiens, quod confessio illa generalis Deo facta in cursu illius poenitentiae sufficit homini ad salutem, nec requiritur alia facienda sacerdoti propter malum statum sacerdotum praesentium. Haec autem poenitentia novam fidem dictat, et Deum valde delectat.—Est igitur fides nova, scil. ista, quae omnes salvandos salvat, et antiqua, scil. evangelica, quae -omnes damnat. Haec fides ponit, quod baptismus et confessio non sunt necessaria, ut dictum est. Impossibilis est eucharistia : nullus enim sacerdos, postquam praedictos poenitentes propter suam avaritiam repulerunt, et quia turpem vitam et maxime luxuriosam principaliter gerunt, conficere potuit corpus Christi. Quomodo enim mundissimum corpus Christi tractari vellet profanis manibus immundissimi sacerdotis? Item inutilis est unctio extrema. Et ita videtur de aliis sacramentis. Item vana est ecclesiastica sepultura. Nec est aliquid consecratio Ecclesiae vel coemeterii. Item superstitiosa res est quaerere indulgentias. In hac fide nova sic vivas, quod Deum non offendas, sed et pro omni offensa sanguinem tuum fundas, sicut et Christus pro tua offensa sanguinem fudit. Panem illum altaris, quia non est Christus, non adorabis, nec ei aliquem honorem, vel etiam imagini Crucifixi, aut imaginibus Sanctorum impendas.—Cum tamen idem panis praebetur ab altari, cum aliis accipias etiam et tu, ne ipsos scandalizes, et ut latere possis.—The following exhortation is peculiar : Eleemosynam tuam tribue pauperibus, et maxime valet calidus panis. So says also Conrad Schmidt in his Propheticis (see note 9) : Ir en solt nummen gebacken, ir en sollet uwirs brotis warm geben dorch God, welchir masze ir vörmogit. das ist uch gud, das was unsem lieben herren beheilich in der alten ee, unde ist ome noch beheilich. For this they refer to Sara, who (Gen. xviii. 6) set before the Lord new bakt bread.

[11] Gregorii XI. Letter to an Inquisitor in Germany in Raynald. ann. 1372 no. 33 : cum, sicut accepimus, pestis illorum haereticorum negantium ecclesiastica sacramenta, qui appellantur Flagellatores, in nonnullis Alamanniae partibus—dicatur exorta etc. Trithemius in Chron. Hirsaug. ii. 296 records that in the year 1392 the Papal Inquisitor in Wurzburg had discovered haereticos nonnullos ex simplicioribus et rusticanis de secta Flagellantium et Fratricellorum, and afterwards at Erfurt also simili pravitate infectos, Beghardos, Beguttas et alios, quorum aliqui cremati sunt ignibus, aliqui vero poenitentiam egerunt super erroribus suis, reliqui fugam inierunt.

[12] An active persecution was commenced against them A.D. 1414 in Sangerhausen by the Inquisitor and Dominican Henry Schonefeld. At that time 44 were burnt in Winkel near Sangerhausen., 83 in Sangerhausen etc. Their 50 articles may be seen in Theod. Vrie

## CH VII—HERETICS § 123 FLAGELLANTS

This warning example, as well as the mistrust natural to the Hierarchy of all spiritual impulses, which did not originate from itself, decided the destiny of the later societies of Flagellants. When the Whitemen (Bianchi), scourging themselves as they went, descended from the Alps into Italy, they were received almost everywhere with enthusiasm by the clergy and the people; but in the Papal territory death was prepared for their leader, and the rest accordingly disperst themselves.[13]   St Vin-

---

[13] Hist. Conc. Const. P. iii. dist. 13 (in v. d. Hardt Conc. Const. I. i. 126), in Cyr. Spangenberg's Chronik v. Sangerhausen (in Buder's nutzl. Sammlung verschiedener meist ungedruckter Schriften, Frankf. u. Leipz. 1735 S. 335 ff.), and in Förstemann's neuen Mittheilungen ii. 26, from a Huysburger Codex in the library of the University at Halle. 25 other articles which were reckoned up in Sondershausen at the same time may be seen in Forstemann ibid. S. 32. They taught that since the appearance of the Flagellants all ecclesiastical power was taken from the Pope and the clergy. From that time the clergy reigned as Antichrist. The judgment was near: the forerunners Elias and Enoch were already come. For a certain Flagellant burnt at Erfurt in 1366 was Elias, Conrad Schmidt, who had likewise been long dead, was Enoch. To establish these assumptions they taught Artic. Sangerhus. 38 : Deum in principio omnium hominum animas semel creavit, et cum primo homine eas in Paradisum collocavit. 39. Quotiescunque foetus humanus in utero matris animatur, anima de Paradiso per Angelum adducitur et foetui inspiratur. 40. Cum supradictus combustus Erfordiae et praefatus Conradus in maternis visceribus existentes animari debuerint, Angeli de Paradiso venientes uni Eliae, alteri Enoch animas infuderunt, et sic Elias unus veraciter extitit, et Enoch realiter alius fuit. Formerly the Flagellants had only assumed that, since their rejection, the priests had lost the power of converting the bread in the Lord's Supper into the body of Christ : now henceforth they quite denied the doctrine of Transubstantiation, Artic. Sangershus. 15 : Quod Deum et corpus Christi non contineat sub se realiter altaris sacramentum. 16 : Quod si hoc esset verum, quod in sacramento altaris esset veraciter Christus Deus, diu esset devoratus, etiamsi esset mons ingens et magnus. They also pronounced all oaths sinful, Artic. Sonderh. 24 (this they seem to have adopted from the Waldenses): however, they taught Artic. Sang. 43 : Quod, quamvis omnia juramenta, qualitercunque fiant, sint peccata mortalia, eligibilius tamen sit, Flagellatores coram Inquisitoribus jurare, et multa committere perjuria, quam se et sectam prodere : quod possint juramenta et perjuria postmodum cum flagello expiare.

[13] Compare the notice of cotemporaries in Förstemann S. 104, on the execution of the leader Platina de vitis Pontificum, in vita Bonifacii IX. : Sunt qui scribant hujus fraudem quaestione detectam fuisse, hominemque in tanto facinore deprehensum meritas poenas luisse

centius Ferrerius indeed, a Spanish Dominican, who was probably
the prime mover of the penitential pilgrimage of the Bianchi,[14]
during his wanderings in Upper Italy, southern France and
Spain afterwards conducted processions of Flagellants,[15] but the
prevailing disapproval of them in the Council of Constance,[16]
induced him also to discontinue them.

igne scilicet, quo exustum ferunt. Sunt etiam qui dicant, nil fraudis in
homine deprehensum fuisse sed id fictum a Pontifice, abolendo rumori,
quo hominem per invidiam captum et necatum affirmabant. Utrum·
verius sit, Deus novit.

[14] Vincent. Ferrer nach s. Leben u. Wirken dargestellt v. D. L.
Heller, Berlin 1830, S. 62.

[15] See Acta SS, ad. d. 5, April. i. 475. Förstemann S. 142 ss. Heller's Vincentius S. 66.

[16] Heller's Vincentius S. 120. Jo. Gersonii epist. ad Mag. Vincentium contra Flagellantes (Opp. ed. du Pin. ii. 658): Crede mihi,
Doctor emerite, multi multa loquuntur super praedicationibus tuis, et
maxime super illa secta se verberantium, qualem constat praeteritis
temporibus fuisse pluries et in variis locis reprobatam, quam nec approbas, ut testantur noti tui, sed nec efficaciter reprobas. Epist. Petri
Card. Cameracensis ad eundem (ibid. p. 659). Jo Gersonii tract.
contra sectam flagellantium se (ibid. p. 660.)

# EIGHTH CHAPTER.

### EFFORTS FOR REFORM.

### § 124.

#### IN BOHEMIA

Die Vorlaufer des Husitenthums in Böhmen   Aus den Quellen bearbeitet v. Dr.
J. P. Jordan, Leipzig 1846.

In proportion as the Papacy grew more powerful and more terrible, the sects which raised themselves against it partook more of the character of passion and superstition, and were rather inclined, as they quite despaired of salvation within the Church, to seek the foundation of their religious faith without her pale. When the power of the Papacy sank in the same degree as its oppression increast, a more prudent direction was given to reform; recognising the everlasting foundation of Christianity in the Church, it endeavoured to rescue her from the abuses which had crept in.

However the efforts of the fourteenth century for reform present essential peculiarities. For the most part they aimed only at the restoration of external order in the Church, to wit, the limitation of Papal power, and the restoration of outward chastity, and decorum among the clergy, without heeding the more deeply concealed sources of corruption. The Mystics made a nearer approach to the true path of reformation: avoiding all over-estimation of divine worship, they set the highest value upon the life of religion in the inner man. But they were satisfied with laying aside whatever did not please them in the Church, and were also incapable from the singleness of their æsthetic bent, of thoroughly proving and prizing the Church's position as a whole.

The genuine Reformers were distinguisht by the fact that they did not so much recognise the corruption in isolated abuses as in the spirit of the Church, and accordingly strove for a renewal of this spirit. Undoubtedly many of the later Protestants were reckoned among these testes veritatis (witnesses to the truth) who did not belong to their number.[1] There are others who cannot with certainty at any rate be enrolled among them, because they are only known to have had isolated points of difference.[2] Nevertheless a genuine spirit of reform diffused itself in Bohemia: starting from a demand for amendment of morals, it soon advanced to an acknowledgment, that the Church was disorganised, and required a renovation.

Two preachers of repentance appearing at Prague about the same time, were the first to gain a powerful influence over the common people; but for this very reason they drew on themselves the hatred of the rest of the clergy. The German, Conrad of Waldhausen (Conradus ab Austria)[3] incumbent of the Teynkirche

---

[1] E. g. John Munsinger, Rector of the School in Ulm (by Flacius catal. testium veritatis no. 315 and several others) because he rejected the adoration of the Sacrament. However the tenets, for which Munsinger was pronounced a heretic by the Dominicans at Ulm in 1385, according to the verdict of the Universities of Prague (Schelhorn amoenitates literariae viii. 511) and Vienna (l. c. xi. 222) which were consulted on the occasion, were as follows: Corpus Christi non est Deus. Nulla creatura est adoranda adoratione qua Deus debet adorari, adoratione scil. latriae: But *hyperdulia* debetur creaturae, excellenti, sicut est Caro Christi, b. Virgo etc. Further: Hostia consecrata, non est Deus; but Deus est *sub* hostia consecrata, corpus ejus, sanguis et anima. So per hostiam intelligo accidentia quae sunt in pane, rotunditatem videlicet, saporem et gravitatem. He would not have the consecrated host called absolutely corpus Christi, quia accidentia visa non sunt corpus Christi, licet intus sit corpus Christi. Therefore it was propter simplices tutius, to say hic esse corpus Christi sub specie panis. So Munsinger only meant that the species must not be considered to be Christ himself, but he did not by any means deny that Christ must be adored sub specie panis: accordingly both Universities at this time declared his tenets orthodox.

[2] Thus in Würzburg A.D. 1342, the layman Francis Hager (not Conrad Hager, as Flacius catal. test. verit. no. 305 states), was the first to be obliged to recant the assertion, that the Sacrifice of Masses for the dead were neither meritorious nor availing: and soon after the Priest Hermann Küchner, who past for a Beghard, had to recant the other assertion that Popes and Bishops, as regards their orders, were neither greater nor anything otherwise than other priests; see Ludewig. Gesch. vom Bisth. Würzburg (Frankf. 1713 fol.) s. 626.

[3] The name Conradus de Stiekna has been given him by a misunderstanding. Andreas de Broda, a Theologian of Prague, says in an

## CH VIII.—REFORMS. § 124. CONRAD AND MILICZ. 235

in Prague († 1369) made the mendicants in particular his foes by assailing their misdeeds.[4] The Moravian, Milicz of Kremsier,[5] who laid down his ecclesiastical office in 1363, with a view to devote himself to a free Apostolical ministry, gave the Pope an opportunity of denouncing him as a heretic, by teaching that Antichrist was come, and that Christians, wherever it was possible, must communicate daily.[6] He went in person to

---

Epist. ad Jo. Hussum (in Jo. Cochlaei hist. Hussitarum, Mogunt. 1549 fol. i, 42): Si non esset causa alia, praeterquam haec, quod praedicatis contra Clericos, nullus vos, ut aestimo, excommunicaret. Nam et antiquis temporibus *Militius*, *Conradus*, *Sczekna* et alii quam plurimi contra Clericos praedicaverunt, nullus tamen propter hoc excommunicationis fuit sententiae subditus. In this passage the words Conradus Sczekna have been read together as names of one person; but Johannes Stiekna was living in 1400, see Jordan S. 2 and 82.

[4] His cotemporary Beness de Weitmil, Canon of Prague speaks of his influence: the passage is translated from a MS. in Jordan S. 3. Conrad inveighed with success against the finery of women, against usury, and chiefly against the simony of the mendicants, who only admitted persons into their order on payment of large entrance fees. There are extracts from his manuscript Apologia against them in Jordan S. 7. 16. Balbinus (see his epitome rerum Bohem. p. 406) had even seen a large work by Conrad in MS. with the title Accusationes Mendicantium, in quo et accusat Mendicantes Religiosos, et eorum responsiones ad sua objecta iterato refellit.—qui ejus quaedam opera legerunt, putant, eum nimium licenter de sacris personis loqui, atque etiam in Episcopos et Clerum acerbas invectivas componere. His greatest work, Postilla Studentium Universitatis Pragensis is still frequently to be found in MSS. See Jordan, s. 16.

[5] Milicz is his Christian, not his family name. Later writers call him erroneously John Milicz, see Jordan s. 19. Two works on his life by disciples of his are extant. One vita in Balbini miscellaneis historicis regni Bohemiae Decadis i. lib. 4 tit. 34 p. 43 (Prag. 1682 fol.), aus der andern Mittheilungen b. Jordan s. 18.—Matthias v. Janow uber Milicz s. b. Jordan s. 32.—Ueber Milicz Schriften: Libellus de Antichristo (in dem gleichnamigen Tractate des Matthias v. Janow erhalten), Postilla, u. s. w. s. Jordan s. 29. Adaucti Voigt acta literaria Bohemiae et Moraviae vol. i. (Prag. 1775. 8) p. 216.

[6] Vita in Balbini miscell. l. c. p. 45: quamvis in principio suae praedicationis paucum populum habere videretur, et licet etiam ab aliquibus propter incongruentiam vulgaris sermonis derideretur (probably for his Moravian pronunciation of the Bohemian language) nevertheless he went on with zeal: et sic per ejus assiduam praedicationem et austeritatem correctionum primo aperiebantur aures surdorum,—et post coepit populus affluere et admirabantur turbae laudantes nomen Domini etc. In the year 1367 he first went to Rome, to preach there,

Avignon, and justified himself, but died there soon after († 1374).[7] But we first find the genuine insight of a Reformer into the state of the Church in Matthias of Janow, (Magister Parisiensis from 1381 Canon of the Cathedral Church in Prague †1394),[8] who received his earliest impulse from Milicz.

but he was thrown into prison for some time, for advertising by a bill, posted on St Peter's Church, quod Antichristus venit ; and the mendicants in Prague began already to announce in their sermons : Carissimi, ecce jam Militius cremabitur (vita p. 51). After his return his zeal was so successful, ut etiam publicae meretrices de prostibulis per ejus praedicationem ad poenitentiam converterentur : and he changed the prostibulum Benatky (Venetias) nuncupatum into a conservatorium conversarum for them (vita p. 55). But at length hatred and envy broke forth into persecution against him, vita p. 58 : malignus spiritus —Praelatos, Plebanos, Religiosos ad furorem in eum suscitavit, ita ut praedicationem sibi saepius prohiberent, et haereticum eum appellarent. p. 59 : ei verbis multis ac probosis conviciabantur, inter caetera vero dicebant : a principio praedicationis tuae nunquam pace fruimur, sed semper disturbia multa patimur.—Quem saepius et Beghardum, et Hypocritam, et Sodomitam appellabant:—Postremo vero in tantum fuerunt in furorem concitati, quod et 12 articulos falsos et mendaces construxerunt, et eos ad Curiam Romanam—miserunt. The Pope charged the Archbishop of Prague to institute an inquiry about them (Raynald. ann. 1374 no. 10, and sought the necessary support from Charles IV. (ibid. no. 11). These twelve articles are in Jordan s. 39. In them the following doctrines were alledged against him, that Antichrist was come, that it was damnable to purchase the taxes of a community, that similar quitrents which the Priests drew from landed property were usurious, quod omnis homo tenetur de necessitate saltem ad minus bis in hebdomada sumere corporis dominici sacramentum. Further he was charged with having given the form of an order to his society of penitent women, and likewise to a congregation of priests, and caring for no man's opposition, nay, with having even said, quod in Papa, Cardinalibus, Episcopis, etc. veritas nulla esset, et nullus ex eis duceret ad viam veritatis ; with condemning the study of liberal arts, and censuring the modest dress of women, with having said that he had suffered more than Christ, and with having preacht that Priests should hold property only in common.

[7] Jordan s. 27. In a diploma of the strictly Catholic Charles IV., A.D. 1374 (Balbini epit. p. 408) he is called bonae memoriae honorabilis Milicius, quondam devotus noster dilectus.

[8] His principal work still extant in MS is, Regulae veteris et Novi Testamenti in 5 books. The works of Matthias, given in Balbini Bohemia docta ed. ab Raph. Ungar ii. 178, are only certain separate treatises of this work, namely, de hypocrisi from lib. ii., de frequenti communione, de unitate Ecclesiae, de Antichristo, de abominatione in Ecclesia Dei from lib. iii. see Jordan s. 50, 58. In the Preface to the Confessio Bohemica, A.D. 1535 (Niemeyer coll. confessionum in Eccl.

He saw how the Church had changed herself from a spirit of power into a system of constraint, like that of a secular state; he vindicated the free spiritual life of ancient Christendom against the heap of outward dogmas and decrees enforced by authority,[9] he denounced the manifold corruptions of the Church,[10] and emphatically appealed to the Bible as the un-

Reformatis publicatarum p. 776), it is stated that the lib. de abominatione of Matthias, sub titulo et nomine Magistri Jo. Hus excusus in lucem exiit. Thus the work is found also in the Historia et monumenta Jo. Hus. atque Hieron. Pragensis, Norimb. 1715, i. 473. But, according to Jordan, s. 52, who had the whole work, Regulae vet. et novi Test. in MS. before him the whole passage in that edition, p. 473—627, is not by Huss, but taken from the manuscripts of our Matthias, only immoderately mutilated and imperfect. That the fragment De mysterio iniquitatis Antichristi i. 603, belongs to Matthiae tract. de Antichristo is proved by the quotations from this tract in the lib. de abominatione, which reappear in that fragment (compare p. 512, 557, with 610; p. 515 with 611; p. 586 with 612). Likewise p. 597, De unitate Ecclesiae et schismate may well belong to Matthiae tract. de unitate Ecclesiae. Other excerpta from Matthias' great work may be seen in Jordan s. 59.

[9] In Jordan s 68: Dominus Jesus non dedit ullam legem scriptam suis posteris,—sed solum dedit spiritum suum bonum et spiritum Patris in corda credentium pro omni lege viva et perfecta et pro omni regula vitae cujuslibet sufficienti. Propter quod et Apostoli ipsius, nolentes gravare populos credentes in Jesum variis doctrinis et adinventionibus et praeceptis, pauca scripserunt, pauciora mandaverunt, paucissima statuis firmaverunt inconcusse. Unde crudeliter et infrunite posteriores multi videntur egisse et agere usque modo, qui suas adinventiones multas et doctrinas varias ac mandata rigida in Dei et Domini Jesu familiam induxerunt et auctoritative firmaverunt, subditos nimis obligantes et gravantes :—quae omnia non tam facere sufficiunt, sed etiam rescire vel ad plenum memorari. Quapropter apud me decretum habeo quod ad reformandam pacem et unionem in universitate christiana expedit omnem plantationem illam eradicare, et abbreviare iterum verbum super terram, et reducere Christi Jesu Ecclesiam ad sua primordia salubria et compendiosa.

[10] Matthiae lib. de Sacerdotum et Monachorum abhorrenda abominatione desolationis in Ecclesia Christi in Hist. et monum. Jo. Hus i. 473. cap. 3: illa nocentissima abominatio in Dei Ecclesia, puta controversia inter Sacerdotes, et maxime tunc et manifeste [invaluit], quando Religiosi falsi sunt multiplicati per Ecclesiam et invaluerunt.— Ubicunque nondum manent Religiosi, vel non visitant ibidem communiter, ibi stant bene Sacerdotes concorditer ad invicem, et plebs est sine distractione et dissensione.—Cap. 21 : Vae, vae illis, qui faciunt multas promissiones in populis, et excogitant atque adinveniunt multas justificationes peccatoribus!—Veluti est promissio multarum indulgentiarum in festis suis vel locis, ut habeant per hoc nomen, et prae aliis

accursum et applausum populorum : promissio literarum ab omni poena et culpa, promissio communionis fraternitatum, et omnium orationum vel Missarum, vel aliorum bonorum, quae per confratres exercentur etc.—quae nec ipsi certi sunt, si acceptabilia sunt Deo, imo plus odibilia Deo.—*Cap.* 30 : Veruntamen, salvo judicio meliori, ego puto coram Domino dulcissimo Jesu crucifixo, tunc illa omnia habuisse suum initium, quando dominus Apostolicus contraxit ad se omnia beneficia et officia Ecclesiae, pro sua voluntate dispensando, et incepit dispensatione beneficiorum totius Ecclesiae occupari, atque distributione bonorum temporalium se ipsum aggravare, et conferre multa privilegia, et exemptiones ab obedientia infinitis personis,—puta ut essent sibi soli subjecti, et a suis immediatis Praelatis exempti,—habentes potestatem super terrenos (*leg. alienos*) subditos confessiones audiendi, et auctoritatem praedicandi quae volunt, et per consequens impediendi dominos Curatos, et Ordinem sanctissimum conturbandi, alios Ordines excogitando.—(Satan) abduxit Christianos— a primaeva ipsorum dignitate et sanctitate—ad quandam mirabilem simulationem, et Deo nimis abominabilem conversationem, compositam ex vitiis et speciebus sanctitatis, religionis et virtutum, facietenus solum apparentium splendidae et laudabiles apud homines, sed nequaquam apud Deum. Ita dico, abduxit spiritualiter et successive a virtutibus pulcherrimis et dulcissimis, et a rigore ipsarum ad quandam vanitatem vitae, et tepiditatem abominabilem solum consuetudinum et rituum Ecclesiae Romanae, similiter in facie bene apparentium, sed in veritate Dei mortuorum, et desolatorum a Spiritu Jesu crucifixi : ita ut omnia fere Christianorum jam decora et honesta, sint solum quasi pulchra imago exterius picta sine spiritu et vita, sint quoque justitia hominum propria, nimis remota a justitia Dei.—Seduxit, inquam, tali modo—populum christianum, ut omnia turpia et omnia vitia, quae in primitivo populo tantum erant horribilia et abusiva, sint usitata,— excusata.—Et non solum hoc, sed etiam viceversa, qui alienant se strenue ab exercitio talium et a contubernio propter Domini Jesu timorem et amorem, mox a vulgo christiano hujus mundi conviciantur et confunduntur, et nota pessima singularitatum vel haeresum criminantur : propter quod tales homines devoti, qui similia vulgo profano non agunt, Bechardi vel Turlpinii, aut aliis nominibus blasphemis communiter jam nominantur.—*Cap.* 37 : Dei Ecclesia nequit ad pristinam suam dignitatem reduci, vel reformari, nisi prius omnia fiant nova.—Credo,—quod jam tunc surget novus populus, secundum novum hominem formatus, qui secundum Deum creatus est : ex quo novi clerici et sacerdotes provenient et assumentur, qui omnes odient avaritiam et gloriam hujus vitae, ad conversationem caelestem festinando.— Veruntamen Dominus piissimus Jesus Christus hoc opus, puta innovationis Ecclesiae suae, jam in nostris temporibus, i.e. a 50 vel 70 annis, coepit valde accelerare, exercens sua judicia manifesta in Christianis per orbem manifestum.—*Cap.* 60 : Diabolus omnem religiositatem in Ecclesia multiplicat in conventibus et personis, et per consequens omnem sanctitatem et faciem pietatis et gratiae in verbis et habitu exteriori, sed omnia solum ad extra et secundum faciem corporalem, et sine spiritu Jesu crucifixi. Multiplicavit insuper—omnem decorem et

## CH VIII.—REFORMERS. § 124. MATTH OF JANOW

honestatem in Ecclesiasticis, vel saltem illa omnia accepit sibi in adminiculum seducendi Christianos ad amorem hujus saeculi.—Inde etiam idem Satan—multiplicavit promissiones infinitas, et magnas in Dei Ecclesia peccatoribus et amatoribus talibus hujus saeculi justificationes multas inventitias humanas, aut ipsas convertit ad suam fortiorem deceptionem, ut Christiani in illis sibi blandirentur, et constituerent suam spem salutis, non habentes ad Jesum crucifixum fidelem caritatem et ad proximos, et habentes vitam totaliter carnalem.—Item ob id permisit vel procuravit fieri—scientias adinventitias et recentes, quae aequaliter vel magis quam scientia Dei—sunt authenticae, tremendae, et maximae auctoritatis.—Multiplicata sunt ad haec mandata et cerimoniae hominum infinitae, et ut tantum essent tremenda et tantae auctoritatis, quemadmodum Dei summi praecepta, praedicantur et docentur, et cum magna districtione imperantur.—Multiplicata sunt quoque multa incerta corporalia, simpliciter nullam virtutem in se ipsis habentia, nullam efficaciam salutis, nullam sanctitatem spiritus Jesu, nullam auctoritatem ex Deo vel Scripturis, quae quia sunt in se recentia et nova, et splendida coram hominibus, et quasi stupenda, et celeberrime praedicantur, commendantur et famantur, vulgus ea accipit nimis ardue, colit et adorat strenue, tremit coram ipsis, et virtutem quandam magnam et suffragia ponit, quod in talibus corporalibus—et per talia sit Deus colendus et inquirendus.—*Cap.* 82 : Hypocritae, et maxime sacerdotes amici hujus saeculi, habent illud de more, quod Sanctos Dei, qui sunt in caelis, multum nimis solemnisant et extollunt : sanctos vere Christianos secum adhuc in hac vita pauperes et humiles contemnunt et persequuntur.—Sanctorum in caelis ossa et reliquias sumptuose procurant auro, et serico contegunt, sed pauperes sanctos degentes cum eis in hac vita admittunt fame et siti cruciari, et nudos pati gelu et frigora.—Et hoc commune est apud ipsos, illustres viros et sanctos mortuos laudare et glorificare supra modum, sanctos vero illustres et conviventes vituperare, et ipsorum facta virtuosa detractione obnubilare.—*Cap.* 83 : The Mulier ebria de sanguine Sanctorum (Apoc. 17, 6) he explains de multitudine hypocritarum, qui secundum communem consuetudinem nunc Ecclesiae vocantur Religiosi.—Nulli etenim magis proprie comedunt peccata populorum, sicut ipsi, et bibunt et inebriantur.—In isto tamen valde talium ebrietas sanguinis ostenditur evidenter, puta quod in tantum placet ipsis peccata populorum comedere et potare, quod otiosam vitam et quietam continuantes, accipiant multas oblationes et donaria magna tradita pro peccatis, quod non audent hominibus peccatoribus annunciare peccata ipsorum vel aggravare, quinimo magis peccatis blandiuntur et excusant.—Et super hoc amplius vigilare eos opportet omni speciei religionis et pietatis, utpote templis eorum de magno sumptu et adornatissimis omni supellectile pulcherrima et delectabili in aspectu populorum, ita ut omnia sint munda coram hominibus ordinata, quatenus perinde extrahendi a plebibus alienis magis donaria et multam eleemosynam, multam haberent occasionem et nimium coloratam. So among them also are multae festivitates gloriosae Sanctorum Dei in caelis,—multae Sanctorum reliquiae,—pulcherrimae picturae et statuae, quae faciunt insignia

doubted source of Christian faith.[11] He likewise, as well as Milicz recommended more frequent communion, until a Synod at Prague A.D. 1388 decided against it.[12]

These men were rightly regarded afterwards as the forerun-

portenta et miracula magna.—Et tunc deinceps nequaquam est omittendum, quia talia omnia et cum multo additamento exquisite in populis divulgentur,—proclamentur, ut sciant Christiani, ubi vel qua suam salutem debeant providere. Enimvero indulgentiae magnae et magna promissa omnibus accurrentibus, et gratiae vix ab hominibus credibiles, alias ita authenticae, et a dominis apostolicis ita roboratae per testes et per bullas, quod non est plus homini de ipsis nullo modo dubitare. Nam etsi contradiceret, vel non crederet, indignationem Dei omnipotentis incurreret. Et forte plaga manifesta puniretur, sicut jam multi, inquiunt, pro simili incredulitate sunt puniti. Jordan, S. 80 : Nec per hoc ego curo negare, imagines rationabiliter fieri in Ecclesia et poni, cum hoc teneat universitas sanctae Ecclesiae, et dicatur communiter, quod tales imagines sunt scriptura laicorum. Decoretur igitur templum statuis imaginum : huic ego non obsto,—dummodo in talibus cautela contra daemonia, sicut et in aliis, habeatur Sed hoc audacter dico, quod quam cito una imago amplius reveretur quam aliae imagines in templo, vel habet concursum ampliorem plebis cum candelis, genuflexionibus vel aliter, mox est de templo ejicienda, tamquam offendiculum populi. Item si adjungantur aliqua signa facta quasi per imaginem aut ratione imaginis vel aliter, iterum illico illa statua est cassanda ; quia jam valde timendum est plebi Christi, ne fortasse tunc accesserit ibi jam daemonium, volens ludificare plebejos, et polluere adorationem Jesu Christi corporis et sanguinis pretiosi.

[11] Jordan S. 30 : Et quam cito legi b. Augustinum in libro de doctrina christiana, et Hieronymum, dicentes, quod studium textuum sacratissimae bibliae est in principio et in fine super omnia necessarium et utile cuilibet pertingere cupienti ad agnitionem theologicae veritatis, et ipsa est primum et fundamentale et debet esse cuilibet literato christiano : mox agglutinata [est] anima mea bibliae in amore perpetuo. Ubi fateor, quod a juventute mea non recessit a me usque ad senectam et senium, neque in via, neque in domo, neque dum occupabar, nec cum otiabar : et in omni mea ambiguitate, in omni quaestione, semper in biblia et per eam sufficientem et lucidam expeditionem reperi et consolationem animae meae, et in omni turbatione mea, persecutione et tristitia ubique confugi ad bibliam, quae, ut dixi, semper mecum ambulat, mea carissima.—Unde cum vidi, quam plurimos portare semper et ubique secum reliquias et ossa diversorum Sanctorum, pro defensione sua quilibet et sua singulari devotione ; ego elegi mihi bibliam, meam electam, sociam meae peregrinationi, gestare semper mecum etc.

[12] Jordan S. 55. The Synod determined that no layman should be allowed to come oftener than once a month to the Lord's Supper.

CH VIII.—REFORMERS. § 124 MATTH. OF JANOW. 241

ners of Huss.[13] Still the Hussites, after the cup in the Lord's Supper became the token of their party, were not right in appealing to them as supporters of this doctrine. Distrust was at first felt towards Matthias v. Janow's stand for more frequent communion, as though he had demanded the cup for the laity, and administered it to them.[14] Long afterwards Hussite writers conjectured without any reason, that the efforts of all the three men here mentioned were employed in promoting union with the Graeco-Sclavonian worship, nominally maintained until

[13] Espeically by Hussites and Protestants, among whom, however, even from this very view many unauthorised opinions have grown up. Thus it is matter of tradition that Zbyniek (Sbynko) Archbishop of Prague in 1410 had the writings of Milicz and Matthias of Janow burnt with those of Wycliff. The only sources of this opinion are Hagel's (†1553) böhm. Chronik S. 659 : Etliche sagten, es waren daneben viel andere und mehr als des Wigleffs Bücher verbrannt : " and Procopii Lupacii (†1587) calendarium hist. ad d. 16 Jul. Feruntur tum et plurimi libri esse concremati Joannis Militii, Mag. Matthiae cognomine Parisiensis, etc. However, in the archbishop's decree of condemnation which is preserved in Huss' appeal (Hussii opp. 1, 113), and in this appeal itself there is merely a mention of Wycliff's works, and so the rumour which arose 150 years afterwards carries no probability. See Balbini Bohemia docta II, 178. Milicz was also pronounced a heretic by the Annalists Raynaldus, Spondanus and Bzovius ad ann. 1374 : on the contrary, most of the Catholic authors of Bohemia, since Balbinus, have maintained the orthodoxy of all the three men mentioned above.

[14] v. d. Hardt. Conc. Const. t. III. Prolegg. p. 20 records the following fact from the transactions of the Bohemians at the Council of Basle A.D. 1433, which must be taken from manuscript sources, as it is not to be found in the printed acts : Johannes de Polemar, cum Rockizana in Basileensi Concilio de communione calicis contendens, in responsione sua agnosit quidem, Pragae apud s. Nicolaum Magistrum Matthiam pro concione populo nova de sacramento quoque coenae praedicasse, ast palinodiam in Synodo Pragensi anno 1380 cecinisse, ait. In quibus tamen articulis, ut Polemarus eos refert, communionis calicis clara mentio haud facta. Unde in dubio relinquit Polemarus, an Matthias calicem populo dederit, an secus. Hoc interim certum esse ait, eum prohibitum fuisse. *Sive*, inquit, *ipse inceperit hanc novitatem praedicare, sive sub utraque specie communicare, tamen sua doctrina sive practica non habuit progressum.* The Hussite Wenceslaus Pisecenus writes about 1520, of Matthias Parisiensis (Balbini Bohemia docta II, 178): multos eruditissimos conscripsit libros, in quibus de communione utriusque speciei pluribus egit (but compare 1 c. p. 179.) This erroneous notion probably rose from the fact that Matthias, in the communion of lay persons also used the expression communicatio

VOL. IV. Q

these times, and so were directed against the withholding of the cup.[15]

### § 125.

#### JOHN WYCLIFF.

Henrici de Knyghton (Canon at Leicester, Wycliff's contemporary) de eventibus Angliae usque ad ann. 1395 (in Rog. Twisdeni scriptt. X hist. Angl. Lond. 1652 fol.)—Thomae Walsingham (Benedictine at St Albans about 1440) Hist. Anglica major (in Camdeni scriptt. rer. Angl. Lond. 1754. Francof. 1602 fol )
The history of the life and sufferings of John Wicliffe by John Lewis, London 1720. The life and opinions of John de Wycliffe, illustrated principally from his unpublisht Manuscripts, by Rob. Vaughan, London 1829, ed 2. 1831, 2 voll. S. A. J. de Raever Groneman diatribe in Jo. Wickliffi vitam, ingenium, scripta, Traj. ad Rhen. 1837. D. L. Flathe's Gesch. der Vorläufer d. Reformation (2 Th. Leipzig 1835. 36) II, 161. Dr G. Weber's Gesch. der akatholischen Kirchen u. Secten v. Grossbritannien, Th. 1 Bd. 1 (Leipzig 1845) S. 62.

In England the oppressions of the Papal See were felt with double force since it became openly dependent upon the hostile power of France. Government and Parliament, impelled and supported by the general voice of the nation, resisted them with

corporis et sanguinis J. Chr., Leib und Blut Christi empfangen (Jordan S. 52. 55. 56), because he referred John vi. 53 to the Lord's Supper (De abominatione c. 29 and 24 in Hus monumenta 1, 504.) This mode of expression was dogmatically quite right even when used of partaking in one kind (Part 2, § 77, note 12), but it was afterwards so understood among the Hussites, as if Matthias had maintained communion in both kinds.
[15] Paulus Stransky de republica Bojema 1633 c. vi. § 5 (also in Goldasti comm. de Regni Bohem. juribus ed. Schminckii II, 511) is the first who presents this view, without however making any mention of the cup: after him comes next Jo. Amos Comenius (historia persecutionum Ecclesiae bohemicae 1648 p. 19 ss. and historia Fratrum Bohemorum 1660 ed. Buddei p. 6), who is the first to make these men champions of the chalice. All later writers followed him, especially Augustin Zitte in his uncritical and fancifully illustrated life of the three most distinguisht precursors of the renowned M. John Huss, Prague 1786 (in the Kurzen Lebensbeschreibunger beruhmter Manner Bönmens Bd. 1) to which even Schrockh xxxiv. 566 gives too much credit. The following reasons are opposed to the above mentioned view, 1, in the earlier sources there is no trace to be found of a Graeco-

resolution and success.[1] But in consequence of this, the eyes of many were opened to other ecclesiastical corruptions,[2] and chiefly the agency of the Mendicants, the Pope's most zealous officers, was visited with censure from all sides.[3]

In John Wycliff, a fellow of Merton College, Oxford, distinguisht for keensightedness and learning,[4] this general opinion was firmly based upon his love for his father-land, and his zeal for true Christianity.[5] He was the first to come forward as a bold champion in the quarrels of the university with the Begging Friars A.D. 1360 : He denounced without disguise the corruptions of these orders.[6] When Edward III. in 1366

Sclavonic ritual in the time of Charles IV., and a persecution of it; on the other hand, this emperor built the monastery of Emaus in Prague for the Latino-Sclavonic ritual A.D. 1347, compare Dobner in the Abhandl. der Böhmischer Gesellsch. der Wissensch. for 1785 S. 174, for 1786 S. 433 : and 2, in the numerous works and treatises which followed the introduction of the cup by James of Misa (with the exception of that remarkt on in note 14) there is no trace whatever of any earlier attempt of the kind to be found. The Bohemian brethren in their Apologia verae doctrinae A.D. 1538 (see vol. 3, Part 1, § 14, note 4) in Lydii Waldensia II., 292 state expressly : Mag. Jacobellus primus omnium communionem utriusque speciei in Bohemia practicare cepit.

[1] See § 103, note 30.

[2] Thus Robert Longland a priest, about 1350 publisht an allegorical poem, "The Visions of Peirce Plowman" (with comm. by Whitaker, Lond. 1813. 4) which lasht the ecclesiastical superstition, the monks, &c., and proclaimed a reformation of the Church. It soon became very popular, compare Warton history of English poetry (Lond. 1774, 2 voll. 4) 1, 287. Vaughan ii. 148. The Monk John Ball also, who afterwards joined Wycliff, had already preacht before in this strain, see Schlosser's Weltgeschichte ii, 266.

[3] Compare § 112, note 2 and 3 (the appearance of Richard Archbishop of Armagh upon the scene against them at Avignon in 1357.)

[4] By his determined adversary Heinr. de Knyghton de eventibus Angliae lib. v. p. 2644 he is called Jo. Wyclif—Doctor in Theologia eminentissimus in diebus illis. In philosophia nulli reputabatur secundus, in scholasticis disciplinis incomparabilis. His numerous works (enumerated by Lewis, p. 143 SS. .Vaughan ii. 379) cannot unhappily in general be arranged chronologically with any certainty.

[5] On his first work, "The Last Age of the Church," A.D. 1356 (Ed. James Henthorn Todd, Dublin 1841) see Vaughan 1, 254.

[6] The arrangement in order of time of his numerous works written against the Mendicants is no longer possible. Their entire contents he comprised in the work Objections to Friars (printed in the two short treatises against the orders of Begging Friars compiled by John Wiclif,

with the help of his Parliament delivered himself from the shameful tax paid to the Pope, Wycliff boldly defended this step likewise.[7] As he addrest himself in numerous works in his native language to the whole nation, he met with great sympathy among all classes, except the monks; this was further strengthened by the fact that Geoffrey Chaucer († 1400) the father of English poetry, joined in the assault upon the Mendicants.[8] Wycliff became Professor of Divinity at Oxford in 1372, and in 1375 Rector of Lutterworth. And when the Government endeavoured more seriously than ever to withdraw the Church of England from under the Pope's arbitrary power, Wycliff was one of the ambassadors who negotiated a convention for this purpose with the Papal delegates at Bruges in 1374.[9] Under these circumstances he had opportunities enough to recognize the corruption of the Papacy,[10] as well as the shameful working of Monasticism.[11] When he declared his convictions with candour, he was accused by the Pope in 1376 of 19 errors in doctrine. Gregory XI. instituted an inquiry upon him.[12] All danger on this account,

Oxford 1608. 4, publisht by Thomas James), compare Vaughan i. 267. ii. 203. He maintained especially, sith open Begging is thus sharply damned in holy Writ, it is a foule Error to meyntene it, but that is more Error to seie that Christ was such a Beggar. See Lewis p. 7.

[7] Compare above § 101, note 12. Lewis p. 17. Vaughan i. 278. Ruever Groneman p. 87. A monk had written on the contrary and maintained, quod sit falsum et pseudoevangelicum, quod domini temporales possunt in aliquo casu legitime auferre ab Ecclesiasticis bona sua. Wycliff wrote in answer a Determinatio de dominio, printed in Lewis p. 363 ss.

[8] Particularly in the Canterbury Tales (publisht by Th. Tyrwhitt. Lond. 1775. 5 T. 8. Oxford 1798. 2 T. 4.) See W. Godwin hist. of the life and age of G. Chaucer, Lond. 1803. 2 T. 4. Vaughan ii. 137. Weber i. i. 102.

[9] See above, § 103, note 20. Lewis p. 30. Vaughan i. 338. Ruever Groneman, p. 107.

[10] He called the Pope Antichrist, the proud worldly Priest of Rome, and the most cursed of Clippers and Purse-kervers. Lewis p. 34.

[11] The isolated charges which he brought against the Friars in his earlier works, he collected about 1382 into 50 heresies and errors, in Lewis p. 20 ss.

[12] The Papal briefs of the year 1377 to the University of Oxford, the Archbishop of Canterbury, the Bishop of London, and the king of England, are in Walsingham p. 201 ss. Conc. Magnae Brit. iii 116. The Schedula attacht with the 19 heretical propositiones is in Walsing-

however, was warded off from him by the favour of the secular nobles, especially the Duke of Lancaster, who held the regency after Edward's death († 1377.)[13]

From the great Papal schism (1378) Wycliff derived a fresh call, as well as greater freedom, to search out the crimes of the Church and propose amendment. He summoned the secular powers to avail themselves of this favourable time for the Reformation of the Church,[14] and sent out his disciples through

ham p. 204. Conc. M. B. iii. 123. Lewis p. 266 : E.g. 1. Totum genus hominum concurrentium citra Christum non habet potestatem simpliciter ordinandi, ut Petrus et omne genus suum dominetur politice imperpetuum super mundum. VI. Si Deus est, domini temporales possunt legitime ac meritorie auferre bona fortunae ab Ecclesia delinquente. VII. Numquid Ecclesia est in tali statu vel non, non est meum discutere, sed dominorum temporalium examinare, et posito casu confidenter agere, et in poena damnationis aeternae ejus temporalia auferre. VIII. Scimus, quod non est possibile, quod Vicarius Christi pure ex Bullis suis, vel ex illis cum voluntate et consensu suo et sui Collegii quenquam habilitet vel inhabilitet. IX. Non est possibile hominem excommunicari, nisi prius et principaliter excommunicaretur a seipso. XIII. Discipuli Christi non habent potestatem coacte exigere temporalia per censuras. XVI. Hoc debet catholice credi : quilibet sacerdos rite ordinatus habet potestatem sufficienter sacramenta quaelibet conferendi, et per consequens quemlibet contritum a peccato quolibet absolvendi. XIX. Ecclesiasticus imo et Romanus Pontifex potest legitime a subditis et laicis corripi et etiam accusari. Vaughan i. 354. Ruever Groneman, p. 125

[13] Lewis p. 50 ss. At the second hearing in the Archbishop's palace at Lambeth in London, where, as Walsingham, p 205, complains non dico cives tantum Londonienses, sed viles ipsius civitatis se impudenter ingerere praesumpserunt in eandem capellam, et verba facere pro eodem, et istud negotium impedire. Wyckliff gave in a declaratio of those Propositions (p. 206), in which, on some points at any rate, he yielded artfully, e.g. ad I. : patet non esse in hominum potestate impedire adventum Christi ad finale judicium.—ad VI. : Si Deus est, ipse est omnipotens. Et si sic, ipse potest praecipere dominis temporalibus, sic auferre :—sed absit ex illo credere, quod intentionis meae sit, saeculares dominos licite posse auferre, quandocunque et quomodocunque voluerint vel nuda auctoritate sua, sed omnino auctoritate Ecclesiae in casibus et forma limitatis a jure. But others he defended, e.g. ad viii. : patet ex fide catholica, cum oportet dominum [in] omni operatione vicaria tenere primatum. Ideo sicut in omni habilitatione subjecti prius exigitur gratia et dignitas habilitati, sic in omni inhabilitatione prius exigitur dignitas ex demerito inhabilitati, et per consequens non pure ex ministerio vicarii Christi fit talis habilitatio vel inhabilitatio. Comp. Ruever Groneman p. 134.

[14] In his work on the Schism of the Popes, see Vaughan ii. 3 ss

the country (poor Priests called Lollards by their adversaries),[15] to oppose a genuine apostolical agency to the pretence of the Begging Friars, and to preach against the antichristian Hierarchy and the abuses in the Church. Hitherto he had attackt only the ecclesiastical constitution and discipline; now he advanced with bolder steps. In 1380 he began to translate the Bible into English, and as this undertaking was forthwith assailed as heretical, he maintained the people's right to Holy Writ.[16] When he began in the year 1381 to impugn even the doctrine of Transubstantiation, many who were his partisans up to this point were alarmed,[17] but Wycliff had al-

[15] Upon them see Vaughan ii. 163. Ruever Groneman p. 217. Wycliff's work furnishes information enough for us to know them : Pro egentibus Presbyteris, s. de causis ob quas pauperes Presbyteri beneficiis non gaudent, printed in Lewis p. 287.

[16] Henr. de Knyghton p 2644 : Hic Magister Jo. Wyclif Evangelium, quod Christus contulit Clericis et Ecclesiae Doctoribus, ut ipsi Laicis et infirmioribus personis secundum temporis exigentiam et personarum indigentiam cum mentis eorum esurie dulciter ministrarent, transtulit de Latino in Anglicam linguam, non angelicam, unde per ipsum fit vulgare et magis apertum laicis et mulieribus legere scientibus, quam solet esse Clericis admodum literatis et bene intelligentibus : et sic evangelica margarita spargitur, et a porcis conculcatur etc. Wycliff defended his translation in his work, on the truth and meaning of Scripture, see Vaughan ii. 7. Passages from it may be seen in Wharton auctarium historiae dogmaticae J. Usserii de scripturis et sacris vernaculis. Londin. 1689. 4 p. 432 ss. in Lewis p. 67 ss. E.g. The clergy cry aloud, it is Heresy to speake of the Holy Scripture in English, and so they woulde condempne the Holy Goste that gave it in Tongues to the Apostles of Christe, as it is written, to speake the Worde of God in all Languages that were ordayned of God under Heaven, as it is wrytten. Wycliff's translation of the New Testament is publisht by J. Lewis, 1731, and by H. H. Baber, 1810. Compare Vaughan ii. 42. Ruever Groneman, p. 160, 252.

[17] He came forward with twelve conclusiones, which he was ready to mantain publicly (publisht by Vaughan ii. 425) : I. Hostia consecrata, quam videmus in altari, nec est Christus, nec aliqua sui pars, sed efficax ejus signum. III. Olim fuit fides Ecclesiae Romanae in professione Berengarii, quod panis et vinum, quae remanent post benedictionem, sunt hostia consecrata. IV. Eucharistia habet virtute verborum sacramentalium tam corpus quam sanguinem Christi vere et realiter ad quemlibet ejus punctum. The Chancellor of the University immediately condemned this doctrine (see the Definitio in Lewis, p. 268. Vaughan l. c.) : but Wycliff appealed to the king. Et post appellationem advenit nobilis dominus, dux Lancastriae,—prohibens Magistro praedicto Johanni, quod de caetero non loqueretur de ista materia. Sed

ready so many adherents among the learned, especially in Oxford, that he could not be quite put down. William Courtney, distinguisht his promotion to the archiepiscopal see of Canterbury by condemning a string of Wycliffite opinions as

nec ipse contemperans suo ordinario Cancellario, nec tam strenuo domino incepit *Confessionem* quandam facere, in qua continebatur omnis error pristinus, sed secretius sub velamine vario verborum, in qua dixit suum conceptum, et visus est suam sententiam probare. Sed velut haereticus pertinax refutavit omnes Doctores de secundo Millenario in materia de sacramento Altaris, et dixit, omnes illos errasse praeter Berengarium,—et ipsum et suos complices; dixit palam Sathanam solutum et potestatem habere in Magistro Sententiarum et in omnibus qui fidem catholicam praedicaverunt (see Lewis p. 271.) The Confessio in Lewis p. 272, in Vaughan ii. 428 : Saepe confessus sum et adhuc confiteor, quod idem corpus Christi in numero quod fuit assumptum de Virgine, quod passum est in cruce,—est vere et realiter panis sacramentalis :—cujus probatio est, quia Christus, qui mentiri non potest, sic asserit. Non tamen audeo dicere, quod corpus Christi sit essentialiter, substantialiter, corporaliter vel identice ille panis.—Credimus enim, quod triplex est modus essendi corpus Christi in hostia consecrata, scil. virtualis, spiritualis et sacramentalis. Virtualis, quo benefacit per totum suum dominum [*leg. dominium*] secundum bona naturae vel gratiae. Modus autem essendi spiritualis est, quo corpus Christi est in Eucharistia et Sanctis per gratiam. Et tertius est modus essendi sacramentalis, quo corpus Christi singulariter [*est*] in hostia consecrata. Sed praeter istos tres modos essendi sunt alii tres modi realiores et veriores quos corpus Christi appropriate habet in caelo, scil. modus essendi substantialiter, corporaliter et dimensionaliter. Et grosse concipientes non intelligunt alium modum essendi naturalis substantiae praeter illos. Illi autem sunt valde indispositi ad concipiendum arcana Eucharistiae, et subtilitatem Scripturae. These adherents of Transubstantiation were designated as secta cultorum accidentium, cultores signorum, and refuted from several passages of the fathers of the Church. The conclusion : Vae generationi adulterae, quae plus credit testimonio Innocentii vel Raymundi, quam sensui Evangelii capto a testibus supradictis. Idem enim esset scandalizare illos in isto, et imponere eis haeresim ex perversione sensus Scripturae, praecipue et iterum de ore perverso Apostatae accumulantis super Ecclesiam Romanam mendacia, quibus fingit, quod Ecclesia posterior priori contraria correxit fidem, quod sacramentum istud sit accidens sine subjecto, et non verus panis et vinum ut dicit Evangelium cum Decreto. Nam teste Augustino tale accidens sine subjecto non potest sacerdos conficere. Et tamen tantum magnificant sacerdotes Baal mendaciter, indubie juxta scholam patris sui; consecrationem hujus accidentis, quod reputant Missas alias indignas audiri, vel dissentientes suis mendaciis inhabiles alicubi graduari : sed credo, quod finaliter veritas vincet eos. Before the people he defended his doctrine by his work, the Wicket, printed at Nuremberg in 1546, ed. by H. Jackson, Oxford 1612, and in Writings of John

heretical, at a council in London (May and June 1382.) [18]

Wickliff, printed for the Religious Tract Society, London (without date, probably 1836) p. 153, compare Vaughan ii. 64. Ruever Groneman p. 181.

[18] See Mansi xxvi. 695. The following were condemned as Conclusiones haereticae : I. Quod substantia panis materialis et vini maneat post consecrationem in sacramento altaris. II. Item quod accidentia non maneant sine subjecto post consecrationem in eodem sacramento. III. Item quod Christus non sit in sacramento altaris identice, vere et realiter in propria praesentia corporali. IV. Item quod si Episcopus vel sacerdos existat in peccato mortali, non ordinat, conficit, nec baptizat V. Item quod si homo fuerit debite contritus, omnis confessio exterior est sibi superflua vel inutilis. VI Item pertinaciter asserere, non esse fundatum in Evangelio, quod Christus Missam ordinaverit. VII. Item quod Deus debet obedire Diabolo. VIII. Item quod si Papa sit praestigiator et malus homo, ac per consequens membrum Diaboli, non habet potestatem supra fideles Christi ab aliquo sibi datam, nisi forte a Caesare. IX. Item quod post Urbanum sextum non est aliquis recipiendus in Papam, sed vivendum est more Graecorum sub legibus propriis X. Item asserere, quod est contra sacram Scripturam, quod viri ecclesiastici habeant possessiones temporales. Then follow 14 Conclusiones erroneae: I. Quod nullus Praelatus debet aliquem excommunicare, nisi prius ipsum sciat esse excommunicatum a Deo. III. Item quod Praelatus excommunicans clericum, qui appellavit ad Regem et consilium regni, eo ipso traditor Dei est, Regis et regni. IV. Item quod illi, qui dimittunt praedicare seu audire verbum Dei vel evangelium praedica'um propter excommunicationem hominum, sunt excommunicati, et in Die judicii traditores Dei habebuntur. V. Item asserere, quod liceat alicui, etiam Diacono vel Presbytero, praedicare verbum Dei absque auctoritate sedis apostolicae vel Episcopi catholici, seu alia de qua sufficienter constet. VI. Item asserere, quod nullus est dominus civilis, nullus est Episcopus, nullus est Praelatus, dum est in peccato mortali. VII. Item quod domini temporales possint ad arbitrium eorum auferre bona temporalia ab ecclesiasticis habitualiter delinquentibus, vel quod populares possint ad eorum arbitrium dominos delinquentes corrigere. VIII. Item quod decimae sunt purae eleemosynae, et quod parochiani possint propter peccata suorum Curatorum eas detinere, et ad libitum aliis conferre. IX. Item quod speciales orationes applicatae uni personae per Praelatos vel Religiosos non plus prosunt eidem personae, quam orationes generales, caeteris paribus, eidem. X. Item quod eo ipso, quod aliquis ingreditur religionem privatam quamcunque, redditur ineptior et inhabilior ad observantiam mandatorum Dei. XI. Item quod Sancti instituentes religiones privatas quascunque, tam possessionatorum, quam mendicantium, in sic instituendo peccaverunt. XII. Item quod Religiosi viventes in religionibus privatis non sint de religione christiana. *Error perniciosus.* XIII. Item quod Fratres teneantur per laborem manuum, et non per mendicationem victum suum adquirere. *Damnatus ab Alex.* IV. XIV.

## CH VIII.—REFORMERS § 125 JOHN WYCLIFF. 249

When the Hierarchy contrived to make it generally believed that the peasants' rising in 1381 was occasioned by Wycliff's doctrines,[19] the king seemed for some time to be induced thereby to give effect to the ecclesiastical decrees.[20] Wycliff was

Item quod conferens eleemosynam Fratribus vel Fratri praedicanti est excommunicatus et recipiens. Three of Wycliff's most eminent adherents, men of learning at Oxford, Nicholas de Hereford, John Aston, and Philip Repingdon, had to present themselves in person before this Council: but their declarations with regard to these propositions were not satisfactory. Wycliff complained that many assertions were falsely attributed to him at this Council, for instance, Deus debet obedire Diabolo, see Lewis p. 96.

[19] With regard to this see Knyghton p. 2633. Walsingham, p. 247. Schlosser's Weltgeschichte IV. ii. 271. Ruever Groneman p. 221. John Ball was the spiritual leader of the peasants, as Wat Tyler was the temporal. The end in view was communistic. The rich were to be slain, and all property divided. The peasants cry was,
  Whan Adam dalfe and Eve span,
  Who was than a gentleman?

[20] Compare the royal edict of 12 July, 1382, in Lewis p. 282. Wilkins Conc. M. B. iii. 156, whereby permission was granted to the bishops ad omnes et singulos, qui dictas conclusiones sic damnatas praedicare seu manutenere vellent, arrestandos etc., and the injunction on the University of Oxford of 13 July (Lewis p. 379, Wilkins iii. 166) to expel all qui quicquam praedictorum haeresium vel errorum— foverint vel defenderint, vel qui magistros Jo. Wycliff, Nicholaum Herforde, Philippum Repyngdonn, Jo. Astonn—in domos et hospitia ausi fuerint acceptare, vel cum eorum aliquo communicare etc. The wandering poor priests were to be imprisoned by the sheriffs (Fox Acts and Monuments i. 575. Vaughan ii. 79). The clergy showed themselves duly grateful, Walsingham Hypod. Neustriae, p. 535: In Parliamento, facta Londoniis circa festum sancti Michaelis (1382), concessa fuit Regi per Clerum una decima, et a laicis quintadecima; conditionaliter tamen ex parte Cleri, ut videlicet Rex manus apponat defensioni Ecclesiae, et praestet auxilium ad compressionem haereticorum Wicklevensium, qui jam sua prava doctrina paene infecerant totum regnum. Wycliff on the other hand appealed to the King and Parliament 19 Nov. 1382 (a complaint of John Wycliff exhibited to the King and Parliament, printed in Th. James's two short treatises, see above, note 6, compare Vaughan ii. 97), and required of them to reform the Church, to wit, 1. To abolish monastic orders. 2. To confiscate Church property, and remit taxation. 3. To allow no revenues to the wicked clergy. 4. To recognise the doctrine of the Lord's Supper in its purity. True, the lower house did not accede to these proposals, but it declared that edict against heretics invalid, as being issued by the King alone (Vaughan ii. 106). So immediately afterwards Wycliff could defend his appeal without fear, before a Convocation of Bishops in Oxford, before which he was summoned to answer for its contents (Vaughan ii 112).

obliged to leave Oxford, and withdraw to his cure at Lutterworth. However here he could proceed without opposition in his zeal against Church abuses. Not long before his death († 1384) he wrote the Trialogus, in which he drew up the knowledge he had attained with regard to the Church and theology, as his theological bequest.[21]

[21] Jo. Wiclefi dialogorum libri iv. ed. (Basileae) 1525. 4. (Compare Baumgarteu's Nachr. von einer hall. Bibl. v. 178); ed. L. Ph. Wirth. Francof. et Lips. 1753. 4. Wycliff himself calls the work Trialogus; compare the introduction: vidimus quod posset multis utilis quidam esse Trialogus, ubi primo *Alithia* tanquam solidus theologus loqueretur; secundo infidelis captiosus tanquam *Pseudis* objiceret; et tertio subtilis theologus et maturus tanquam *Phronesis* decideret veritatem. Contents: Lib. i. de Deo et ideis (in which platonic realism is emphatically defended), lib. ii. de rebus creatis (in which, c. 14, a strict Predestinarianism is maintained: Et sic videtur mihi probabile, quod Deus necessitat creaturas singulas activas ad quemlibet actum suum. Et sic sunt aliqui praedestinati, hoc est post laborem ordinati ad gloriam: aliqui praesciti, hoc est post vitam miseram ad poenam perpetuam ordinati (cf. Thomas Bradwardinus, § 116, note 13). Lib. iii. de virtutibus et vitiis (cf. cap. 31: nulla alia scriptura capit auctoritatem vel valorem, nisi de quanto sua sententia a Scriptura sacra sit derivata.—Et hinc Augustinus—saepe praecipit, quod nemo credat scriptis suis vel verbis, nisi de quanto se fundaverint in Scriptura, et in ipsa, ut saepe dicit, omnis veritas implicite vel explicite continetur. Et indubie idem est judicium de scriptis aliorum sanctorum doctorum, et multo magis de scriptis Romanae Ecclesiae, et doctorum novorum.—Et tunc Scriptura sacra foret in reverentia, et bullae papales (sicut debent) forent postpositae, et tam leges papales, quam doctorum novorum sententiae, quae sunt post solutionem Satanae promulgatae, forent in suis limitibus veneratae). Wycliff comes forward as a reformer of the Church in Lib. iv. especially, in which, beginning with the sacraments, he censures many abuses and errors in the Church. First, de Eucharistia, c. 2—10, where he controverts as heresy the opinion, quod hoc sacramentum sit accidens sine subjecto. *Cap.* 2: Ipsa curia ante solutionem diaboli cum antiqua sententia planius concordavit, ut patet Dist. ii. c. Ego Berengarius (see Part 1, § 29, note 13). Et sic de omnibus sanctis doctoribus, qui usque ad solutionem Satanae istam materiam pertractarunt. A tempore autem solutionis Satanae, dimissa fide Scripturae, multa haeresis in ista materia, et specialiter inter Fratres et discipulos eis similes, volitarunt. *Cap.* 4: Non dubium etiam laico idiotae, quin sequitur: iste panis est corpus Christi, ergo iste panis est, et per consequens manet panis, et sic simul est panis et corpus Christi. Exempla autem possunt grossa poni pro ista materia attestanda. Non enim oportet, sed veritati repugnat, quod homo, dum fit dominus vel Praelatus Ecclesiae, desinat esse eadem persona: sed maneat omnino eadem substantia quodammodo exaltata. Sic oportet

credere, quod iste panis virtute verborum sacramentalium fit consecratione sacerdotis primi veraciter corpus Christi :—natura panis non ex hinc destruitur, sed in digniorem substantiam exaltatur. *Cap.* 6 : Istam ergo reputo causam lapsus hominum in istam haeresim, quod discredunt Evangelio, et leges papales ac dicta apocrypha plus acceptant. *Cap.* 7 : Ideo si essent centum Papae, et omnes Fratres essent versi in Cardinales, non deberet concedi sententiae suae in materia fidei, nisi de quanto se fundaverint in Scriptura.—*Cap.* 14 : *De confirmatione,* Doubts de ejus fundatione ex fide Scripturae.—*Cap.* 15 : *De sacramento Ordinis :* In primitiva Ecclesia—suffecerunt duo ordines clericorum, scil. sacerdos atque diaconus.—Tunc enim adinventa non fuit distinctio Papae et Cardinalium, Patriarcharum et Archiepiscoporum, Episcoporum et Archidiaconorum, Officialium et Decanorum cum caeteris officiariis, et privatis religionibus, quorum non est numerus neque ordo. De contentionibus autem circa ista, quod unumquodque istorum est ordo, et in ejus acceptione gratia Dei ac character imprimitur, cum aliis difficultatibus, quas nostri balbutiunt, videtur mihi tacendum, cum sic loquentes nec fundant quod asserunt, nec probant. Sed ex fide Scripturae videtur mihi sufficere, esse Presbyteros atque Diaconos, servantes statum atque officium, quod eis Christus imposuit, quia certum videtur, quod superbia caesarea hos gradus et ordines adinvenit.—Dixit Dominus ad Aaron : *in terra eorum nihil possidebitis,—filiis autem Levi dedi omnes decimas Israel.*—Si ergo Praelati nostri—fundant se in secunda parte hujus dicti dominici ad avide capiendum decimas,—cur non primam partem auctoritatis Domini pro amore Christi pauperis adeo amplectuntur? Cap. 17 : Habere civiliter, cum necessitat ad sollicitudinem circa temporalia et leges hominum observandas, debet omnino clericis interdici. Et quantum ad Sylvestrum et alios, est mihi probabile, quod in recipiendo taliter dotationem graviter peccaverunt. Cap. 18 : Temporales domini in isto graviter peccaverunt. Et hinc credo quod justo Dei judicio taliter in suis mundanis divitiis sunt puniti. Ex hoc enim orta sunt bella, contentio et paupertas multorum saecularium dominorum.—Unde narrant Chronicae, quod in dotatione Ecclesiae vox audita est in aere angelica tunc temporis sic dicentis : *hodie effusum est venenum in Ecclesia sancta Dei.* Unde a tempore Constantini, qui sic dotavit Ecclesiam, decrevit imperium Romanum, et in ipso dominium saeculare.—Nos autem dicimus illis [dominis temporalibus], quod nedum possunt auferre temporalia ab Ecclesia habitudinaliter delinquente, nec solum quod illis licet hoc facere, sed quod debent sub poena damnationis gehennae, cum debent de sua stultitia poenitere et satisfacere pro peccato, quo Christi Ecclesiam macularunt. Cap. 23 : *De poenitentia.* Prima est solum in animo et insensibilis, quia contritus Domino confitetur. Illa autem licet sit parvipensa, est tamen virtute maxima, sine qua aliae nihil valent. Secunda vero est poenitentia aggregata ex · illa, et expressione vocali singulariter facta Deo, et sic tam Patres legis veteris, quam Patres novi Testamenti communiter sunt confessi. Sed tertia est poenitentia aggregata ex duabus prioribus, et promulgatione secreta private facta Presbytero. Et ad istam poenitentiam magis attendimus propter lucrum. Utrum autem ista poenitentia tertia sit de necessitate salutis, vel qua auctoritate introducta fuerat, est dissensio apud multos. — Sed non credat aliquis, quin sine tali confessione auriculari stat hominem vere conteri et salvari, cum Petrus injunxit generalem poenitentiam. On the passage Matt xvi. 19 : Quodcunque ligaveris etc. Non videtur hoc dictum in Petro ulteriorem sapere potestatem, nisi quod omne, quod ligaverit vel solverit super terram conformiter ad Christi judicium et Ecclesiae triumphantis, erit solutum et in caelis. Cap. 25 : De extrema unctione. This sacrament is not grounded upon the passage James v. 14 : cum fidelis posset dicere satis probabiliter, quod ille sanctus Apostolus non specivocat infirmitatem finalem, sed consolationem faciendam a Presbytero, dum aliquis infirmatur, et quia per viam naturae oleum abundans in illis partibus valet ad corporis sanitatem. Ideo talem meminit unctionem, non quod illud oleum agat in animam, sed quod oratio effusa a sacerdote devoto medicat quenquam, ut Deus infirmitati animae suffragetur. Si enim ista corporalis unctio foret sacramentum, ut modo fingitur, Christus et caeteri Apostoli ejus promulgationem et executionem debitam non tacerent.—Et sic in sacramento baptismatis, in sacramento confirmationis et cunctis aliis Antichristus ritus infundabiles adinvenit, et ad onus Ecclesiae extra fidem Scripturae supra fideles subditos cumulavit. Sacramenta autem alia necessaria praetermisit, ut patet de septem operibus spiritualis misericordiae, quae debent apud fideles, et specialiter Presbyteros, esse sacramentum etc. Cap. 26 : *De speciebus ministrorum:* Antichristus habet sub specie cleri procuratores duodecim contra Ecclesiam Christi machinantes, cujusmodi communiter ponuntur Papae et Cardinales, Patriarchae, Archipraesules, Episcopi, Archidiaconi, Officiales, Decani, Monachi et Canonici bifurcati, Pseudofratres introducti jam ultimo, et Quaestores (from these must be distinguisht sacerdotes Christi, recte ejus Evangelium praedicantes. Et ista pars debet esse quasi anima corpori matris nostrae.) Omnes autem isti duodecim, et specialiter Praelati Caesarii et Fratres infundabiliter introducti sunt manifeste discipuli Antichristi, quia libertatem Christi tollunt, ac onerant sanctam Ecclesiam et impediunt, ne currat lex evangelii libere sicut olim. Cap. 27 : *Quod Fratres comminiscant haeresim in Ecclesia.* Tres blasphemias de multis ostendi populo de istis Fratribus in vulgari. Prima est de quidditate sacramenti altaris (to wit quod ipsa consecrata hostia sit accidens sine subjecto) ; secunda de mendicatione Christi, et tertia de literis fraternitatum falsissimis (in which they pretend, quod personae, quibus istas concedunt, participabunt post mortem de suis meritis.) On this point down to c. 31. Cap. 32 : *De indulgentiis:* Superbia eorum, qui Deum oderunt, ascendit semper. Ideo licet fons haeresis et peccati sit in ipso tenebrarum principio, tamen rivulus Fratrum ab eo descendens nititur ut dictum est, innaturaliter se extollere supra fontem. Fateor, quod indulgentiae papales, si ita se habeant ut dicuntur, tunc sapiant manifestam blasphemiam. Dicitur enim, quod Papa praetendit se habere potentiam ad salvandum singulos viatores :—et nedum ad mitigandum poenas eorum, qui deliquerunt, ad suffragandum eis cum absolutionibus et indulgentiis, ne unquam veniant ad purgatorium, sed ad praecipiendum sanctis angelis, ut anima separata a corpore, indilate ipsam deferant in

So long as Richard II. reigned, government stood firm in its resistance to ecclesiastical usurpations.[22] The Wycliffites, now called Lollards as a body,[23] were but little disturbed in spite of requiem sempiternam (see § 120 not. 10.) Et per Fratres coloratur ista blasphemia per hoc, quod Christus est omnipotens.—Sed Papa est plenus vicarius ejus in terris, et ideo potest idem quicquid potest Christus humanitus —Unde ad declarandum papalem potentiam pseudofratres in secretis fidei sic procedunt. Supponunt enim primo, quod in caelis sint infinita Sanctorum supererogata merita, et specialiter meritum Domini nostri Jesu Christi, quod sufficeret salvare mundos alios infinitos, et super illum totum thesaurum Christus Papam constituit ad secundum quod sibi libuerit dispensandum: ideo infinitum potest de illo distribuere, cum hoc remaneat infinitum. Contra istam rudem blasphemiam invexi alias primo sic. Nec Papa nec Dominus Jesus Christus potest dispensare cum aliquo, nec dare indulgentias, nisi ut aeternaliter deitas justo consilio definivit.—Item quaero de illis supererogatis meritis sempiternis, in quo membro Ecclesiae subjectantur? Si in Christo et membris suis, mirabile videtur, quod Papa potest a subjectis propriis illa subtrahere propter multa. Primo quia accidens non potest esse sine subjecto. Secundo quia nullus eorum illa desiderat, praeteriit illis hora merendi. Et tertio quia plene juxta suum meritum praemiatur. Quomodo ergo Papa potest per rapinam talem imaginativam facere Deo et illis injuriam? Item per deducens ad impossibile declaratur, quod si viator in tempore alicujus Papae damnabitur, ipse Papa erit reus damnationis propter hoc, quod omittit ipsum salvare etc.—In tales infinitas blasphemias involvitur infatuata Ecclesia, et specialiter per caudam illius draconis, hoc est sectas Fratrum, quae ad illusionem istam, et alias seductiones Ecclesiae Luciferinae deserviunt. Sed eia milites Christi, abjicite prudenter haec atque fictitias principis tenebrarum, et induimini Jesum Christum,— et excutite ab Ecclesia tales versutias Antichristi etc.—Cap. 33 to 38 are against the Mendicant Friars. With this should be compared the collection of his opinions with the original passages quoted in Lewis p. 125, among which his expressions with regard to the abuse of the mass, artistical church music, images, consecrations of oil, salt, wax, &c, canonisations, pilgrimages, ecclesiastical asylums, coelibacy of the clergy, are worthy of notice. Heresy he defines p. 140 as errour meyntened agenst holy Writt, and that in Life and Conversation, as well as in Opinion. His condemnation of war and punishment by death is also remarkable. Compare die theologische Doctrin J. Wicliffe's von D. E. A. Lewald, in Niedner's Zeitschr. f. d. hist. Theol. 1846. II, 171. IV, 503. Wicliffe als Prediger, Progr. v. J. G. V. Engelhardt, Erlangen 1835.

[22] See above, § 105. not. 9.
[23] There is a list of Wycliff's most distinguisht adherents in Wood hist. Univ. Oxon. p. 186 and in Lewis p. 175.—Henricus de Knyghton lib. V. p. 2660: Erant etiam milites, dominus Thomas Latymer, dom. Johannes Trussel etc —cum Ducibus et Comitibus, isti erant praecipue eis adhaerentes et in omnibus eis faventes.—Cumque aliquis pseudo-

all their spiritual condemnations.[24] They even addrest a requisition to the King and Parliament in 1394, to reform the Church upon Wycliff's principles.[25] This indeed remained without result,

praedicator ad partes alicujus istorum militum si diverteret praedicationis causa, in continenti cum omni promptitudine populum patriae convocare, et ad certum locum vel Ecclesiam cum ingenti sollicitudine congregare satagebat, ad audiendum' voces eorum, licet invitos, resistere tamen vel contradicere non audentes. Nam assistere solent juxta sic inepte praedicantes gladio et pelta stipati, ad eorum defensionem, ne quis contra eos aut eorum doctrinam blasphemam aliquid tentare vel contradicere quandoque auderet.—Crevit populus credentium in ista doctrina, et quasi germinantes multiplicati sunt nimis, et impleverunt ubique orbem regni,—audacesque ad plenum facti sunt.—Sicque a vulgo Wyclif discipuli et *Wycliviani* sive *Lollardi* vocati sunt.—Secta illa in maximo honore illis diebus habebatur et in tantum multiplicata fuit, quod vix duos videres in via, quin alter eorum discipulus Wyclefi fuerit.—Thomas Walsingham in Hypodigma Neustriae p. 544 : Lollardi sequaces Johannis Wickliff in tantam sunt evecti temeritatem, ut eorum Presbyteri more Pontificum novos crearent Presbyteros, asserentes, quemlibet sacerdotem tantam habere potestatem conferendi sacramenta ecclesiastica, quantam Papa.—Audierunt et cognoverunt haec regni Pontifices, sed abierunt alius in villam suam, alius ad negotiationem suam : solus Norwicensis temporibus malis ausus est esse bonus. Henricus de Knyghton p 2706 says of them : insuper novos errores antiquis immiscent, and then gives a catalogue of 25 errors, amongst which, beside the Wycliffite doctrines already noticed, the following appear : VII. quod non est supplicandum Sanctis orare pro viventibus, nec dicenda est Letania : affirmant enim Deum omnia facere, ipsos nihil facere posse, quos Sanctos vocamus. Sed multos eorum praedicant esse in inferno, quorum festa celebrantur. XI. quod nullus intrabit regnum caelorum, nisi omnibus renunciaverit, ea dando pauperibus, solum Deum sequendo, modo ipsorum. XIII. quod omnia inter clericos debent esse communia. XVI. quod non licet aliquo modo jurare.

[24] cf. Wilkins Conc. Britanniae iii. 202 ss. Compare especially Conc. Londin. ann. 1396 p. 277 ss. (Mansi xxvi. p. 811 ss.), where again 18 aphorisms of Wycliff's were condemned.

[25] They presented 12 Conclusiones, in Lewis p. 298, in Wilkins Conc. M. B. iii. 221 : *Prima* conclusio est, quod, quando Ecclesia Angliae incepit delirare in temporalitate secundum novercam suam magnam Ecclesiam Romanam, et Ecclesiae fuerant autorizatae per appropriationem diversis locis ; fides, spes, caritas inceperunt fugere de Ecclesia nostra, quia superbia cum sua dolorosa genealogia mortalium peccatorum vindicabat hoc titulo veritatis.—*Secunda* conclusio, quod nostrum usuale sacerdotium, quod incepit in Roma, fictum potestate Angelis altiori, non est istud sacerdotium, quod Christus ordinavit suis Apostolis.—III. quod lex continentiae injuncta sacerdotio, quae in praejudicium mulierum prius fuit ordinata, inducit Sodomiam in totam sanctam Ecclesiam.—IV. quod fictum miraculum sacramenti panis inducit omnes

but also without punishment. But when upon the dethronement and murder of Richard II. (1399) the house of Lancaster came into power with Henry IV.,[26] the new King believed that he could only secure himself on the throne he had usurpt, by the help of

homines—in idololatriam—Sed vellet, Deus, quod ipsi vellent credere, quod *Doctor Evangelicus* dicit in suo *Trialogo,* quod panis Altaris est accidentaliter corpus Christi.—V. quod Exorcismi et benedictiones factae super vinum, panem, aquam et oleum, sal, ceram et incensum, lapides Altaris, et Ecclesiae muros, super vestimentum, mitram, crucem et baculos peregrinorum sunt vera practica necromantiae potius quam sacrae theologiae.—VI. quod Rex et Episcopus in una persona, Praelatus et judex in temporalibus causis, Curatus et Officialis in mundiali officio facit quodlibet regnum extra bonum regimen.—VII. quod spirituales orationes pro animabus mortuorum factae in Ecclesia nostra, praeferentes unum per nomen antequam alium, est falsum fundamentum eleemosynae.—VIII. quod peregrinationes, orationes, et oblationes factae caecis crucibus sive *Rodys,* et surdis imaginibus de ligno et lapide, sunt prope consanguineae ad idolatriam :—imago usualis de trinitate est maxime abominabilis.—IX. quod auricularis confessio, quae dicitur tam necessaria ad salvationem hominis, cum ficta potestate absolutionis, exaltat superbiam Sacerdotum, et dat illis opportunitatem secretarum sermocinationum, quas nos nolumus dicere, quia domini et dominae attestantur, quod pro timore confessorum suorum non audent dicere veritatem, et in tempore confessionis est opportunum tempus procationis, id est *of Wowyng* et aliarum secretarum conventionum ad peccata mortalia. Ipsi dicunt, quod sunt commissarii Dei ad judicandum de omni peccato, ad perdonandum et mundandum, quemcumque eis placuerit. Dicunt, quod habent claves caeli et inferni, et possunt excommunicare et benedicere, ligare et solvere ad voluntatem eorum, in tantum quod pro bussello vel XII. denariis volunt vendere benedictionem caeli per cartam et clausulam de warrantia *(garantie)* sigillata sigillo communi.—X. quod homicidium per bellum vel praetensam legem justitiae pro temporali causa, sine spirituali revelatione, est expresse contrarium Novo Testamento, quod quidem est lex gratiae et plena misericordiarum.—XI. quod votum continentiae factum in nostra Ecclesia per mulieres, quae sunt fragiles et imperfectae in natura, est causa inductionis maximorum horribilium peccatorum possibilium humanae naturae : quia, licet interfectio puerorum antequam baptizentur, et abortivorum, et destructio naturae per medicinam sint turpia peccata, adhuc commixtio cum seipsis vel irrationalibus bestiis, vel creatura non habente vitam, tali transcendit indignitate, ut puniantur poenis inferni. —XII. quod multitudo artium non necessariarum usitatarum in nostro regno nutrit multum peccatum in *waste* curiositate et inter *disguising.* —videtur nobis quod aurifabri et armatores, et omnimodae artes non necessariae homini secundum Apostolum destruerentur pro incremento virtutis.

[26] On this revolution see Flathe's Geschichte der Vorlaufer der Reform. ii. 250.

the clergy. Opposition to them was given up : on the other hand strict laws of heresy were forthwith issued :[27] true they could not be brought into immediate operation on account of the threatening aspect of the other party : but from the time that Henry V. mounted the throne (1413), principally by the suggestions of the King's Confessor, Thomas Waldensis the Carmelite,[28] they were brought to bear upon the Wycliffites with such bloodthirsty zeal,[29] that their numbers were greatly diminisht, and

[27] The statute de comburendo haeretico was issued in 1400 by King and Parliament (Wilkins Conc M. B. iii. 252 ) To complete the statute the heresies which should be persecuted were designated on the part of the clergy, in the Constitutiones dom. Thomae Arundel Cantuar. Archiep. ann. 1408 (in Wilkins iii. 314.) These were directed against preaching without license from the authorities, against erroneous doctrines of the Sacraments, against Wycliff's works, against translations of the Bible, and so on. Const. VII. : Periculosa quoque res est, testante b. Jeronymo, textum sacrae Scripturae de uno in aliud idioma transferre, eo quod in ipsis translationibus non de facili idem in omnibus sensus retinetur, prout idem b. Jeronymus, *etsi inspiratus fuisset*, se in hoc saepius fatetur errasse. Statuimus igitur et ordinamus, ut nemo deinceps aliquem textum sacrae Scripturae auctoritate sua in linguam Anglicanam vel aliam transferat per viam libri, libelli aut tractatus : nec legatur aliquis hujusmodi liber, libellus aut tractatus jam noviter tempore dicti Johannis Wycliff, sive citra, compositus, aut inposterum componendus, in parte vel in toto, publice vel occulte, sub majoris excommunicationis poena, quousque per loci dioecesanum, seu si res exegerit per Concilium provinciale ipsa translatio fuerit approbata. Qui contra fecerit, ut fautor haeresis et erroris similis puniatur.

[28] He wrote beside many other books Doctrinale antiquitatum fidei Ecclesiae cathol. (against Wickliffites and Hussites) ed. Paris 1532. Venet. 1571 fol.

[29] The persecution began with the arrest of John Oldcastle, Lord Cobham, who escaped from the Tower, but was afterwards imprisoned again, and in 1416 hung in chains and burnt. Compare Walsingham hist. Angliae p. 382 ss. Ejusd. hypodigma Neustriae p. 574 ss. Jo. Fox rerum in Ecclesia gestarum, quae postremis et periculosis his temporibus evenerunt (Basil. 1559 fol.) i. 97. Vaughan ii. 361. Flathe ii. 261. Weber I. i. 117.—Comp. Thomas Waldensis in prooemio (Raynald. ann. 1414 no. 16): Henricus V. Christo et mundo commendatissimus inter Reges, gaudebat in ipso regni sui primordio contra Wiclevistas haereticos erexisse vexillum, dum scilicet ad Christi natalem cum duce iniquitatis eorum Joanne Castriveteris (Oldcastle) contra inclytum Regem conspirare coeperunt : nec mora longa processit, quin statutum publicum per omne regni concilium in publico emanavit edicto, quod omnes Wiclevistae, sicut Dei proditores essent, sic

the remnant withdrew into concealment. However the persecuted cause of truth quickly rose again in Bohemia, like a phœnix from her ashes : and the renewed condemnation of Wycliff at the Council of Constance, like the burning of his bones in 1428,[30] only served to bring to light the weakness of earthly power when opposed to truth and spiritual freedom. For even in England Wycliffitism continued, though in deep concealment, and under heavy persecutions, until the great Reformation of the sixteenth century.[31]

proditores Regis et regni proscriptis bonis censerentur, duplici poenae dandi, incendio propter Deum, suspendio propter Regem : factumque est ita. Stat res jure perenni. Multi eorum deprehensi ignibus consumti sunt, contriti sunt : et sic malignantium habita opportunitate relicto regno decesserunt. Si qua alia gens (Bohemians) hujus fascinata criminibus colligere dignum ducat paleas, quas nos auctoritate sanctorum antistitum cum clero regni et principali terrore discussimus, quis imputet Anglicis ? Mare nostrum ejicit mortuos nostros, et terra nostra dedit fructum centuplum, quis criminabitur Angliam quod populus circumventus dolo haeretico mortuos nostros colit et veneratur ut Deos ?

[30] The Council of Constance in its eighth sitting, 4 May, 1415, condemned forty-five articles of Wycliff's, adjudged his works to the flames, and decreed at last, corpus ejus et ossa, si ab aliis fidelium corporibus discerni possint, exhumari, et procul ab ecclesiastica sepultura jactari secundum canonicas et legitimas sanctiones (v. d. Hardt. Conc. Const. iv. 150). The accomplishment of this last command however, had to be enjoined over and over again by Martin V. upon the Bishop of Lincoln, so late as 1427 (Raynald ann. 1427. no. 14).

[31] Burnet hist. Reform. i. 15.—The opinion of the earlier Lutheran divines upon Wycliff was unfavourable. Luther censures the " Spitzigen Wikleff" for his doctrine of the Lord's supper (Bekenntniss vom Abendmal Christi in Walch's Ausg. Th. 20. S. 1808 and 1294). Melanchthon in Apologia August. Confess. ad. art. xvi. : Plane furebat Wiglefus, qui negabat licere sacerdotibus tenere proprium. And again in the Unschuldigen Nachrichten A.D. 1712. S 558, we find Wycliff cannot "unter die rechten Zeugen der Wahrheit gezehlet werden, weil er selbe vielmehr zufällig bezeuget, und viel sonticos naevos gehabt hat."

## NINTH CHAPTER.

EXTENSION AND LIMITATION OF CHRISTENDOM.

§ 126.

If we were to allow that the mere performance of the baptismal ceremony was equivalent to conversion to Christianity, the conversion of the last heathen nations in Europe began at this time. In Lithuania individuals had already betaken themselves to the Russian Church, when the Grand Duke Jagello, in order to win the young Hedwıg to wife, and with her the Crown of Poland, was baptized into the Roman Church, 1386, and required his subjects to follow his example.[1] Baptized indeed many of them were:[2] but the disposition of the Lithuanians

---

[1] Jo. Dlugossi (canon at Cracow † 1480) hist. Poloniae. Francof. 1711 fol. lib. x. p. 96 ss. According to page 104, at the same time with Jagello, his brother Switrigal and his cousin Witoudt were baptized; reliqui Lithuaniae Duces, fratres Ducis Jagyellonis cum dudum ante Graecorum ritu baptisma sortiti fuerint, ad iterandum, vel ut significantiori verbo utar, ad supplendum baptisma non poterant induci. Compare Schlozer's Gesch. von Litthauen, in der Allgem. Weltgesch. Th. 50. S. 84 ff.

[2] Jo. Dlugossus l. c. p. 109 s. In the year 1387 Jagello, now Wladislaw II., went with a great retinue to Lithuania, and had the heathen sanctuaries destroyed. Confractis autem et exterminatis idolis, dum Deorum suorum falsitatem—oculis pervidisseLt, universa Lithuanorum gens et natio fidem christianam suscipere—prona et obedienti devotione consensit. Per dies autem aliquot de articulis fidei, quos credere oportet, et oratione dominica, atque symbolo per sacerdotes Polonorum, magis tamen per Wladislai Regis, qui linguam gentis noverat et cui facilius assentiebat, [operam] edocta, sacri baptismatis unda renata est, largiente Wladislao Rege singulis ex popularium numero post susceptum baptisma de panno ex Polonia adducto novas vestes, tunicas, et indumenta. Qua quidem provida liberalitate et largitione effecit, ut rudis illa natio et pannosa, lineis in eam diem contenta, fama hujusmodi liberalitatis vulgata pro consequendis laneis vestibus catervatim ad suscipiendum baptisma ex omni regione accurreret. Et quoniam labor immensus erat, unumquemque credentium baptisare singillatim, concurrentis ad baptisma populi Lithuanici utri-

## CH IX—CONVERSIONS § 126 LITHUANIANS 259

remained for a long time heathenish.[3] The case was the same with regard to the conversion of the Laplanders, which Hemming, Archbishop of Upsala, commenced in 1335.[4] The Popes still continued to delude themselves with the vain hope of winning the Mongols. Most of their tribes declared themselves all the more decidedly in favour of Mahometanism.[5] The young Christian community in China[6] was completely

usque sexus multitudo mandante Rege sequestrabatur in turmas et cuneos, et universis de qualibet turmarum benedicta aqua sufficienter conspersis, cuilibet etiam turmae et universis, qui in ea constiterant, nomen christianum et usitatum abrogatis barbaricis, videlicet primae turmae *Petrus*, secundae *Paulus* etc.—imponebantur. Militaribus tamen et natu majoribus speciale impendebatur baptisma etc. The facts which follow throw some light on the character of these conversions; the Lithuanian prince Witoudt was baptized in Prussia so early as 1384, when he fled to the German order (see Jahrbucher Johannes Lindenblatt's, a cotemporary, herausg. v. Joh. Voigt u. Schubert, Konigsberg 1823. S. 60), and afterwards a second time by some Russian priests (see Lucas David's, † 1583, preuss. chronik, herausgeg. v. Henning, Bd. 7. S. 174, anm. s. 189, 225), before he received baptism at Cracow. The Samaiten (Samogitae), a Lithuanian tribe, obtained baptism from the German order in 1401, (Lindenblatt S. 130); in 1413 King Wladislaw found the country still entirely heathenish, he overran and converted it (Dlugossus lib. xi. p. 342 ss.): but in 1418 the Samaiten drove out their priests once more, burnt their churches, and returned to Heathenism again (Lindenblatt S. 334.)

[3] Aeneas Sylvius de statu Europae sub Frider. III. c. 20 (in Freheri rer. Germ. scriptt. ed. Struve ii. 114) relates from the mouth of a certain monk Hieronymus Pragensis, how he had found idol-worship completely prevalent shortly before the Council in Lithuania. When Jerome, supported by King Wladislav and Duke Witoudt, began to destroy the sanctuaries, there was a threatening of rebellion: motus ea re Witoldus, veritusque populorum tumultum, Christo potius quam sibi deese plebem voluit, revocatisque literis, quas Praesidibus provinciarum dederat jubens parere Hieronymo, hominem ex provincia decedere jussit. Even in the 16th century secret idolatry was found in Lithuania, Lucas David vii. 205.

[4] Jo. Schefferi Lapponia, Francof. 1673. 4. p. 63 ss. Dalin Gesch. des Reichs Schweden ii. 169.

[5] Compare Part 2. § 93. note 8. Mosheim hist. Tartarorum ecclesiast. p. 90 ss.

[6] What its condition was may be seen from the letter of the Franciscan Andreas de Perusio, Bishop of Canton, in Raynald 1326 no. 31: In isto vasto imperio sunt gentes de omni natione, quae sub caelo est, et de omni secta, et conceditur omnibus et singulis vivere secundum sectam suam. Est enim haec opinio apud eos, seu potius error, quod unusquisque in sua secta salvatur. Et nos praedicare possumus

broken up in 1369 by the expulsion of the Mongols from this country.[7]

### § 127.

#### PERSECUTIONS AND CONVERSIONS OF THE JEWS.

The mutual fanatical hatred which existed between the Jews and the Christians, could only find expression on the part of the former in covert and concealed acts, while on the side of the Christians, it frequently[1] broke out in bloody persecutions of the Jews. One of the severest was that which extended from Seville

libere et secure, sed de Judaeis et Saracenis nemo convertitur: de idololatris baptizantur quamplurimi, sed multi ex baptizatis non recte incedunt per viam Christianitatis.

[7] Mosheim l. c. p 119 ss.

[1] Compare Jost's Gesch der Israeliten seit der Zeit der Maccabäer vi 341 and vii. Frequent pretexts for persecution were the poisoning of fountains, the murder of Christian-children, and desecration of the host. The persecution for poisoning fountains was most fearful in the year of the great plague 1349 (Chron. Mellic. in Pezii scriptt. rer. Austr. i. 248: Judaei in Suevia et Bavaria cremati fuerunt, quia convicti quidam profitebantur, se mortalitatem praedictam inter Christianos pulvere toxicato generasse). However much inclined we may be in this case to make allowance for popular opinion, misguided by the singularity of the disaster, it is still suprising, that it should be stated in minutes received among the Jews at Friburg (Schreiber's Urkundenbuch der Stadt Freiburg im Breisgau i. 378) that in Waldkirch, according to the Jews' own statement, sacks of poison were found in the fountains (S. 383). No less remarkable are the proceedings on the death of a Christian child in Diessenhoven A.D. 1401 (Schreiber ii. 167). The perpetrator of the crime, a Christian hind, was taken in the very act, and declared he was employed by the Jews, to give them the child's blood. By this declaration he could not better his fate, but rather make it worse. The Jews who were arrested confest: they incurred readily, even openly, the condemnation of the Christians, by allowing that they must, at least once in seven years, have the blood of a Christian child under thirteen years old for their passover, that they partook of it, as they had done before of the Paschal Lamb, smeared themselves with it, and swallowed it, "ze Fristung ihres Libes" (for the refreshment of their body), but took particular care not to smell of it: Besides they were able by means of the dried up blood to cause a plague within a circle of half a mile, or poison the air. At an examination in Endingen 1470 (Schreiber ii. 520) they answered on the contrary, that they used the blood as an ointment after circumcision. The diversity of these

statements proves that they were borrowed from the popular opinions of the day. Torture compelled men in those days to confess all that was desired. And when Jews confest without torture (as in Schreiber ii. 110 and 170) we may understand, that they foresaw inevitable death, and wisht to undergo it without previous torments. However in both the cases mentioned above the corpora delicti and their weight of evidence do not admit of being lied away. That the Jews, according to their law required no human blood for the Paschal feast is certain, and on occasion of the Jews' persecution at Damascus in 1840 was demonstrated with overwhelming proofs (see the Schriftenverzeichniss in Illgen's Zeitschrift f. d. hist. Theol. 1841. iv. 174. Compare also Saalschutz ibid. S. 139). But it is a different question whether the Jews might not have been carried away to crimes by their hatred of the Christians, and whether among the manifold superstitions which had flowed in among them since the olden time (see vol. i., Part 1, § 17, note 9) the blood of a child might not be required for certain crimes. Even if there were ground for the charge in isolated cases, still many innocent persons may have been done to death. The desecration of the host is certainly for the most part erroneously charged upon the Jews. The desire which was attributed to them, of paining Christ afresh, and putting him to shame, is conceived altogether in the strain of the Catholic doctrine of Transubstantiation. That the fraud of the Christian priesthood was often employed this way, is plain from Benedicti XII. epist. ad Albertum Ducem Austriae, in Raynald. ann. 1338 no. 18 : When a persecution of the Jews had arisen upon occasion of the discovery of a blood stained host before the house of a certain Jew in the district of Passau, the Duke took the part of the Jews, and wrote to the Pope, quod olim in ducatu Austriae in oppido Neirmiburch — quaedam hostia non consecrata cruore madefacta per quendam clericum in Ecclesia dicti oppidi posita fuit, qui postmodum—confessus fuit, se dicto cruore praefatam hostiam madidasse ad praesumptionem inducendam, quod a Judaeis contumeliose dehonestata taliter extitisset in opprobrium Salvatoris, quae etiam cum a Christifidelibus per aliquod temporis spatium tanquam verum corpus Christi adoraretur, demum vermibus tineisque scaturiens demolita extitit penitus et consumpta. Quam quidam clericus ejusdem Ecclesiae sic consumptam aspiciens suggestione diabolica persuasus, errorem errori accumulans, aliam hostiam non consecratam, cruore per ipsum intinctam, loco praedictae hostiae sic consumptae reponere minime formidavit, sicut postmodum per confessionem ejusdem clerici talia perpetrantis extitit revelatum : eademque hostia in alterius locum supposita—usque ad hodiernum diem tanquam verum corpus dominicum a Christifidelibus hujusmodi fraudem ignorantibus veneratur.—casus similis ob invidiam et odium Judaeorum in oppido Werchartstof coeperat exoriri etc. Jo. Vitoduranus also relates another such case in the Thesaurus hist. Helvet. p. 44 s. and adds thereto, the lying priest suo Diocesano erat praesentatus, qui eum captum et vinctum detinuit per plures dies, sed quod arctae custodiae carceris traditus fuerit, vel alias secundum exigentiam malitiae suae punitus sit, non audivi : quod ex intimis meis doleo praecordiis.—Quod autem Episcopus suus remissus et negligens fuit,—in eo,

in the year 1390, over a large part of Spain, and effected a great number of seeming conversions.²

ut quidam ajunt, ratio haec est, quia per pecuniam—plebani—corruptus fuit. It is, however, very possible, that the Jews in some of the many cases of the kind, in order to strengthen themselves in their conviction of the idolatry of the Christians, procured consecrated hosts, and examined them in every way.

Jost vii. 53.

# FIRST APPENDIX.

### HISTORY OF THE GREEK CHURCH.

### § 128.

### EFFORTS FOR UNION WITH THE LATIN CHURCH.

Leo Allatius de Eccl. occident et orient. perp. consensione lib. ii c 16—18.

In order to avert the danger which threatened them from the side of the Turks, by the help of the western powers, the Greek emperors laboured almost without interruption throughout the fourteenth century, to effect a reunion of the two divided Churches. But beside themselves and a small party at court, no one else on either side would consent to yield, and so all efforts were necessarily frustrated. First the Emperor Andronicus III. Palæologus (1328—1341) opened fresh negotiations (1333)[1] in consequence of which a Greek embassy negotiated in vain at Avignon (1339).[2] True, the most eminent of these ambassadors

[1] See the brief of Pope John XXII to the Greek Emperor, the Patriarch of Constantinople, etc in Raynald ann. 1333 no. 17 ss.— On the negotiations of two bishops, ambassadors of the Pope at Constantinople (1334) see Niceph. Gregorae Byzantina hist. lib. x. c. 8 (ed. Bonn. 1829 i. 501), who took an active part in them himself.

[2] On this point see the Protocol (in Raynald. ann. 1339 no. 19 ss. and taken from another manuscript in Allatius l. c. p. 788 ss.) and Benedicti XII. ep. ad Philippum regem Franciae in Raynald. ann. 1339 no. 33. The Greek ambassadors stated, quod in generali concilio—articulus de processione Spiritus sancti per disputationes et concertationes ibidem concordaretur inter Latinos et Graecos : quodque ante omnia super recuperatione trium vel quatuor civitatum magnarum, quae per Turcos —detineri dicuntur,—praestaretur auxilium. Barlaam the Greek ambassador, who was the principal speaker, promised, quaecunque a generali concilio determinata fuerint, omnes Orientales libenter haec recipient.—Si autem aliquis dicet, quia jam factum est de istis generale concilium in Lugduno, in quo fuerunt et Graeci (Part 2, § 95, note 15) : sciat, quod nemo poterit humiliare populum Graecum, ut recipiant illud concilium sine alio concilio. Quare ? quia illi Graeci, qui

interfuerunt isti concilio non fuerunt missi neque a quatuor Patriarchis, qui gubernant orientalem Ecclesiam, neque a populo, sed a solo Imperatore, qui conatus fuit facere unionem vobiscum ex vi, et non voluntarie. But the aid against the Turks, so ran Barlaam's petition, ought to precede the Council, first quod naturaliter omnes homines magis volunt subjugari benefacientibus eis, quam contra facientibus, secondly because the Emperor could not summon a council before the close of the Turkish war, neque enim dum guerra fit, poterit quatuor Patriarchas et alios Pontifices in unum conjugare, nec concilio poterit interesse. The Pope refused a general council, because non esset decens,—sic clarum determinatum et definitum articulum fidei—nunc per novas disputationes—in dubium revocaré. Then Barlaam made the remarkable proposal, quod saltem, si ad profitendum dictum articulum Graeci forsan induci non possent, reunione facta permitterentur ipsi Graeci quod super eodem articulo tenent credere, Latinique crederent catholice Spiritum sanctum a Patre et Filio procedere: but responsum extitit, hoc esse nullatenus tolerandum, quia in Ecclesia catholica, in qua una fides esse noscitur, quoad hoc duplicem fidem minus veraciter esset dare. The Pope on the other hand proposed that the Greek Church should choose plenipotentiaries, and send them into the west, qui cum aliis viris sapientibus,—per sedem apostolicam super hoc deputandis, non per modum disputationis vel concertationis, sed instructionis, quoad Graecos ipsos, salutifere haberent maturos et diligentes tractatus. Barlaam fell back upon his last proposal: The Pope might send ambassadors to the four Greek Patriarchs, and the emperor with the following declaration: *Viri fratres, quoniam vos et nos confitemur in divinis unam substantiam et tres personas, etiam unum principium, et neque vos neque nos adducimus in divinis aut identitatem personarum, aut divisionem substantiae; sufficiant ista nobis, ut habeamus unionem. De processione autem Spiritus sancti non dividamur ab invicem, sed sapientes quidem vestri cum nostris disputent de ista quaestione si volunt : communiter vero non haberemus propter hoc divisionem, sed tenete vos quod vultis de isto, et nos similiter . et non damnemus propter hoc alterutrum, sed factum sit tantum. Vos quidem date Ecclesiae Romanae illum honorem, quem dabant et antiqui Patriarchae in tempore unionis, quem determinaverunt etiam leges Imperatorum et canones sanctorum Patrum, et plus non petimus a vobis : Nos autem parati sumus dare et firmare Ecclesiae orientali, et specialiter Ecclesiae Constantinopolitanae et imperio Constantinopolitano omnia jura, quae sunt vel ab antiqua consuetudine, vel determinata aut a legibus Imperatorum aut a canonibus sanctorum Patrum* Most of the Greeks would yield obedience to such a demand. The Pope's final answer was, quod ex eo justa petitio non videtur, quia si [Graeci] fortificati, ditati, exaltati et confirmati per sedem apostolicam, Reges, Principes et populos catholicos ante reunionem praedictam, postea terga et non faciem verterent Romanae Ecclesiae memoratae, sicut alias, dum credebantur reuniti,—fecisse noscuntur : proculdubio idem dominus summus Pontifex, Ecclesia, et fideles remanerent delusi, et dici posset opprobrium non modicum, quod suos et fidei juverant et fortificaverant inimicos et hostes, et participassent scandalose cum eis. Sed si per

APP. I.—GREEK CHURCH. § 128 EFFORTS FOR UNION. 265

the Greek Abbot, Barlaam,[3] induced by his controversy with Gregorius Palamas, went over to the Latin Church himself A.D. 1341, and invited his brethren in religion to follow him.[4] But even the step of the Emperor himself, John V. Palæologus (1341—1391) who in his hour of need repeatedly swore allegiance to the Pope (1355 ss.)[5] failed to move the Greek people

illum, qui omnem hominem venientem in hunc mundum illuminat, eorundem Graecorum cordibus infusione gratiae spiritualis illustratis, per viam tactam per eundem dominum nostrum vel aliam accommodam et honestam ad obedientiam—Romanae Ecclesiae redire curaverint cum effectu; ipsos tunc effusis gaudiis, ac gratiis et favoribus largiflue dispensatis—ipse dominus noster et apostolica sedes recipient,—non solum super his quae petunt, sed super aliis eorum opportunitatibus exhibituri tunc—auxilia, consilia et favores. Lastly, Barlaam explained how the way proposed by the Pope de mittendis pro parte Graecorum sapientibus was almost impossible, viz.: quia Imperator non audet manifestare se, quod velit uniri vobiscum, quoniam si manifestasset se, multi ex principibus suis, etiam ex populo, timentes ne forte ipse vellet facere, sicut fecit ipsis Michael Palaeologus, quaererent opportunitatem interficiendi illum. Praeterea Ecclesia Constantinopolitana non mitteret ad hoc negotium legatos suos sine consilio et consensu Patriarcharum Alexandrini, Antiocheni et Jerosolymitani: quare oportet eos in simul congregare, quod est difficile propter guerras: et praeter hoc incertum est, si vocati ad hoc voluissent venire: et dato, quod jam venissent, et omnes unanimiter concordassent ad mittendum legatos super praedictis, ipsi non darent unquam plenum posse super hoc talibus legatis, nec promitterent illud quod factum fuisset per ipsos legatos ratum habere, nisi sub certis articulorum pactis, quae pacta vos nullatenus admitteretis. Barlaam departed with the promise, that nevertheless he would labour zealously to accomplish this end, however nothing was done.

[3] Before his accession to the Latin Church, he had written several works against it, see Allatius l. c. p. 825 ss. Cave hist. literaria vol. ii. App. p. 37, especially λόγος περὶ τῆς τοῦ Πάπα ἀρχῆς, best edited in Cl. Salmasii libr. de primatu Papae. App. p. 101.

[4] In five letters, see Allatius l. c. p. 839 s. Four of them may be found in Canisii lectt. ant. ed. Basnage iv. 369.

[5] He swore to a Papal Nuntio in 1355 (Raynald. ad h. a no. 34): in primis quod ero fidelis, obediens, reverens, et devotus beatissimo patri et domino, domino Innocentio sacrosanctae Romanae ac universalis Ecclesiae—summo Pontifici, et ejus successoribus.—Item quod faciam toto posse meo,—quod omnes populi sub nostro imperio constituti —erunt fideles, obedientes, reverentes et devoti eisdem domino nostro et summo Pontifici, et ejus successoribus. Et quia diuturnitas temporis induravit et aggravavit animos populorum, et vix possent a consuetis retrahi, et per viam novam incedere, nisi cum modo sapientiae et moderatione prudentiae: istum modum, qui sequitur,—ordinavi: He was

to follow his example.⁶ His son and successor Manuel II.
ready to send his son Manuel Palaeologus to the Pope, in return the
Pope was to send him 15 transport ships (usceria) 5 galleys (galeas),
500 knights, and 1000 foot soldiers for six months to carry on his war
against the Turks, in quo tempore legatus domini nostri Papae dabit
beneficia et dignitates ecclesiasticas personis sufficientibus graecis, qui
ad unionem et obedientiam Ecclesiae sponte redibunt, secundum quod
sibi et nobis melius videbitur. Ubi vero infra sex menses—Graeci
sponte ad obedientiam Ecclesiae noluerint redire, quod non credimus,
promittimus ex nunc pro tunc, quod faciemus cum consilio et deliberatione legati domini nostri Papae, quod omnino erunt obedientes. He
promises to assign to the Papal Legate palatium magnum and pulchram
et venerabilem Ecclesiam. Item dabo filio meo primogenito unum
magistrum latinum, qui docebit eum literas et linguam latinam de consilio et voluntate dicti legati. Item dabo hospitia tria magna, in
quibus tenebuntur scholae literarum latinarum, et ego dabo operam
efficacem et favorem cum corde sincero, quod filii magnatum et potentum Graecorum ibunt addiscere literas latinas. In casu ubi praedicta
omnia et singula non observarem,—ex nunc pro tunc judico auctoritate
imperiali me indignum imperio, et privo memet ipsum jure imperii, et
transfero, do, cedo jus et potestatem imperii et imperandi in praedictum
filium meum;—transfero jus patriae potestatis in—summum Pontificem
super dictum filium meum :—do, concedo et trado potestatem—summo
Pontifici, quod possit acquirere—imperium nostrum pro dicto filio
nostro tanquam pro vero et legitimo Imperatore, et dare eidem filio
meo uxorem, bajulos (governors), tutores et curatores usque ad praefi-
nitum tempus a jure; et possit de praedicto imperio ordinare et
disponere tanquam de imperio sibi de jure debito, vice et nomine praedicti
filii nostri etc. In case, however, that he fulfilled all the conditions the
Pope was to support him with more numerous troops, and contribute
towards their stipend : But the Emperor was to be principalis capitaneus et signifer et vexillarius s. matris Ecclesiae cum mero et mixto
imperio et plenaria potestate over the whole army. If the Emperor
were to fail to fulfil all pro eo quod potentia et non voluntas deficeret,
and appear in person before the Pope, the Pope should lend him aid
for the reconquest of his kingdom. Nevertheless just as the Pope's
summons to the knights of St John to lend their assistance to the
Emperor remained without effect (Raynald. l. c. no. 38 ss.), so also
his continued exhortations to the Emperor, to come over to the Church
of Rome with all his people, produced no result (Raynald. ann. 1365,
no. 22, ann. 1366, no. 1.) True, the Emperor took a fresh oath of
obedience as regards the Pope to Lewis King of Hungary, to whom
he came in person in quest of aid (Raynald. ann. 1366 no. 4) and
ended in going over to the Latin Church at Rome in 1369 by swear-
to a Roman confession of faith (Raynald. 1369 no. 2. in Greek in
Allatius p. 843 ss.): However, neither was the wisht for aid granted,
nor the union of the Churches effected.

⁶ Petrarca rerum senilium lib. vii. circa finem : Graeculi isti totis
nos visceribus et metuunt et oderunt : nos canes vocant.

(1391—1425) even wrote against the Latins.[7] Many Greek authors besides him in this century, wrote against the distinctive doctrines of the Latin Church.[8] There was, however, no lack of others, who went over to the Latins after Barlaam's example, and then attackt their ancient Church.[9]

§ 129.

HESYCHAST CONTROVERSY

Dionys. Petavii de theologg. dogmatibus t. i lib i. c. 12 13. Engelhardt uber die Hesychasten, in Illgen's Zeitschr f d hist. Theol. viii. i. 68.

That intuition of the Divine, which, according to the Pseudo-dionysius, ought to be pursued as the loftiest aim of mystic zeal,[1] was misconceived by the monkish-saints on Mount Athos in the coarsest manner: they thought by means of a motionless asceticism

[7] Although he remained long in the west, see note 5. cf. Leo Allatius de perp. consens. p. 854.

[8] Thus did Barlaam (see note 3); the Monk Maximus Planudes about 1340 (De processione Spirit. sancti contra Latinos, ed. in Petri Arcudii opusculis aureis theologicis, Romae 1630 and 1671. 4. p. 614); Nilus Cabasilas, archbishop of Thessalonica about 1340 (De causis divisionum in Ecclesia and De primatu Papae in Salmasii de primatu Papae. App. p. 10. De processione Spir. s. adv. Latinos, Ms. in Vienna, Basle, and Venice, cf. Allatius diatr. de Nilis et eorum scriptis p. 49 ss. Cave hist. lit. vol. ii. App. p. 39): The Monk Gregorius Palamas about 1350 (libb. ii. ἀποδεικτικοὶ quod non ex Filio, sed ex solo Patre procedat Spiritus sanctus, publisht with several similar works Lond. 1624. 4.—Opusculum adv. Latinorum confessionem in the Catalogus biblioth. Taurinensis i. 282); the Monk Nilus Damyla about 1400 (several works de processione Spir. s. besides De Damaso Papa et fide antiquae Romae, and De Synodis duabus Photianis, only fragments of which have been made known by Leo Allatius lib. de Synodo Photiana p. 179 and de Eccl. occid. et orient. perp. cons. p. 622. 857. 859. 916. 1375. 1376).—cf. J. G. Walchii hist. controv. Graecorum Latinorumque de process. spir. s. p. 97 ss.

[9] Thus did Demetrius Cydonius about 1357, who went over at Milan to the Latin Church (cf. Cave hist. lit. vol. ii. App. p. 57, 59); the Dominican Manuel Caleca about 1360 (cf. Jac. Quietif et Jac. Echard scriptt. Ord. Praedicatorum i. 719); the Dominican Simon Constantinopolitanus (l. c. p. 558).—cf. Walch l. c. p. 109 ss.

[1] Dionys. Areopag. de mystica theol. c. 1 · σὺ δέ, ὦ φίλε Τιμόθεε, τῇ περὶ τὰ μυστικὰ θεάματα συντόνῳ διατριβῇ καὶ τὰς αἰσθήσεις ἀπόλειπε, καὶ

to attain to a sensuous perception of the divine light (ἡσυχασταί, ἡσυχάζοντες). The censure which Barlaam pronounced upon them,[2] involved him in a controversy with Gregorius Palamas, who inclined towards them, as to whether this divine light, namely that which appeared at the transfiguration of Christ, was created or uncreated.[3] When a Synod assembled at Constanti-

τὰς νοερὰς ἐνεργείας, καὶ πάντα αἰσθητὰ καὶ νοητά, καὶ πάντα οὐκ ὄντα καὶ ὄντα, καὶ πρὸς τὴν ἕνωσιν, ὡς ἐφικτὸν, ἀγνώστως ἀνατάθητι τοῦ ὑπὲρ πᾶσαν οὐσίαν καὶ γνῶσιν· τῇ γὰρ ἑαυτοῦ καὶ πάντων ἀσχέτῳ καὶ ἀπολύτῳ καθαρῶς ἐκστάσει πρὸς τὴν ὑπερούσιον τοῦ θείου σκότους ἀκτῖνα, πάντα ἀφελὼν καὶ ἐκ πάντων ἀπολυθεὶς, ἀναχθήσῃ.

[2] The Emperor John Cantacuzenus, who took an active part against Barlaam in these transactions, records (Hist. lib. ii. c. 39 ed. Bonn. I, 543), that he always secretly inclined to the Latins, πρόφασίν τινα ζητῶν, ἐξ ἧς τὰ ἡμέτερα διακωμῳδήσει καὶ πρὸς πόλεμον χωρήσει φανερῶς, ὡς δὴ μαθητιῶν τινι προσῆλθε τῶν ἡσυχαζόντων, λόγου τε ἀπεστερημένῳ παντελῶς καὶ ὀλίγον διαφέροντι ἀλόγων καὶ οὐδὲ φρονήσεως γοῦν μετεσχηκότι πρεπούσης ἰδιώτῃ· καὶ ὑπεκρίνετο βούλεσθαι μαθητεῦσαι παρ' αὐτῷ, καὶ τὴν ὁδὸν τῆς ἡσυχίας ἐκδιδάσκεσθαι καὶ τοὺς νόμους τῆς ὑποταγῆς. — ὁ δὲ τόν τε δόλον μὴ συνιδὼν, ὑπό τε τῆς ἄγαν κουφότητος ἐπαρθεὶς, ἀλλά τε ἐδίδασκε τὸν πονηρότατον ὁ ἀνόητος, καὶ ὡς προκόπτοντες κατὰ μικρὸν οἱ ἡσυχάζοντες καὶ προσευχόμενοι ἀθορύβως, ἀγαλλίασίν τέ τινα καὶ ἄρρητον ἡδονὴν καὶ θείαν ἐπιδέχονται ἐν τῇ ψυχῇ, καὶ φῶς ὁρῶσι τοῖς σωματικοῖς ὀφθαλμοῖς ἀστράπτον περὶ αὐτούς. Ἐπὶ μὲν οὖν τοῖς ἄλλοις πολλὴν κατεγίνωσκεν ὁ Βαρλαὰμ ἄνοιαν τοῦ ἀνδρὸς καὶ ἀμαθίαν· φῶς δὲ ἀκούσας ὁρώμενον ὀφθαλμοῖς σωματικοῖς, οὐκέτι οὐδὲ ἠρεμεῖν ἠνέσχετο, ἀλλὰ κοινὴν ἐποιεῖτο τῶν ἡσυχαζόντων καταδρομὴν, ἀπατεῶνας καλῶν καὶ ψευδομένους καὶ Μασσαλιανοὺς καί Ὀμφαλοψύχους κ τ. λ. Barlaam had discovered among them a method of contemplation resembling that for which in still earlier times an abbot Simeon had given the following directions (in Allatius de Eccl. occid. et orient. perp. cons. p. 829): καθίσας ἐν μιᾷ γωνίᾳ κατὰ μόνας πρόσεξαι ποιήσας ὃ λέγω σοι· κλεῖσον τὴν θύραν, καὶ ἔπαρον τὸν νοῦν σου ἀπὸ παντὸς ματαίου ἥγουν προσκαίρου· εἶτα ἐρείσας τῷ στήθει σὸν πώγωνα, κινῶν τὸν αἰσθητὸν ὀφθαλμὸν σὺν ὅλῳ νοΐ ἐν μέσῳ τῆς κοιλίας ἥγουν κατὰ τὸν ὀμφαλὸν, ἄγξον καὶ τὴν τῆς ῥινὸς τοῦ πνεύματος ὀχεὴν, τοῦ μὴ ἀδεῶς πνεῖν· ἐρεύνησον ἔνδον ἐν τοῖς ἐγκάτοις εὑρεῖν τὸν τόπον τῆς καρδίας, ἔνθα ἐμφιλοχωρεῖν πεφύκασιν πᾶσαι αἱ ψυχικαὶ δυνάμεις. Καὶ πρῶτον μὲν σκότος εὑρήσεις καὶ πάχος ἀνένδοτον· ἐπιμένοντος δέ σου, καὶ τούτου τοῦ ἔργου νυκτὸς καὶ ἡμέρας ποιουμένου, εὑρήσεις, ὢ τοῦ θαύματος, ἄληκτον εὐφροσύνην· ἅμα γὰρ εὕρῃ ὁ νοῦς τὸν τόπον τῆς καρδίας, βλέπει παρευθὺς ἃ οὐδέποτε ἠπίστατο· βλέπει γὰρ τὸν μεταξὺ τῆς καρδίας ἀέρα, καὶ ἑαυτὸν φωτεινὸν ὅλον καὶ διακρίσεως ἔμπλεον. (There was a similar practice among the ascetics in Siam, see Kampfer's Gesch. v. Japan i. 30, and in India see Franc. Bernier voyages ii. 127.)

[3] Jo. Cantacuzenus l. c. Among the ἡσυχάζοντες in Thessalonica Palamas and his brothers distinguisht themselves. They remonstrated with Barlaam, ἐδέοντο παύεσθαι τοῦ τοιαῦτα καὶ φρονεῖν καὶ λέγειν κατὰ τῶν ἡσυχαζόντων, καὶ μὴ διὰ τὴν ἀπειρίαν ἑνὸς τὰ ἴσα πάντων καταψηφίζεσθαι, καὶ,

APP. I —GREEK CHURCH. § 129. HESYCHAST CONTROVERSY. 269

nople in 1341 on this account took the monks under its protection, Barlaam withdrew to Italy, and went over to the Roman Church.[4] But his disciple Gregorius Akindynos continued the dispute. Several Synods were assembled at Constantinople on this question (1341, 1347, 1350), all decided against the opinion of the apostate Barlaam.[5] So also did

τόγε εἰς αὐτὸν ἧκον, τοῦ ἀκροτάτου βίου καὶ τῆς τελεωτάτης πολιτείας (or as it is given below τῆς ἱερᾶς ἡσυχίας) τοὺς ἀνθρώπους ἀποστερεῖν. They endeavoured to prove chiefly from the Transfiguration of Jesus upon Mount Tabor that holy men might be surrounded with a divine light (or δυνατὸν εἶναι τοῖς σωματικοῖς ὀφθαλμοῖς θεῖον καὶ ἄκτιστον φῶς θεάσασθαι): εἰ οὖν κἀκεῖνοι (the Apostles), ἄνθρωποί τε ὄντες, καὶ ἔτι ἀτελέστερον διακείμενοι, τὸ περιαστράψαν αὐτοὺς θεῖον καὶ ἄκτιστον φῶς ἠδυνήθησαν ἰδεῖν, τί θαυμαστὸν, εἰ καὶ νῦν τοὺς ἁγίους φαίημεν φῶς ὁρᾶν ἄνωθεν ἐλλαμπομένους ἐκ θεοῦ: However the uncreated light upon Mount Tabor furnisht Barlaam with fresh matter for censure. He exclaimed: τῆς ἀτοπίας ! καπνὸν γὰρ φεύγοντες ἐμπεπτώκαμεν εἰς πῦρ ἄκουε οὐρανὲ καὶ ἐνωτίζου ἡ γῆ· τὸ ἐν Θαβὼρ φῶς ἄκτιστον καὶ τί ἄλλο ἢ θεὸς καθ᾽ ὑμᾶς ! οὐδὲν γὰρ ἄκτιστον ὅτι μὴ θεός· εἰ οὖν μήτε κτίσμα τὸ φῶς ἐκεῖνο, μήτε θεοῦ οὐσία (θεὸν γὰρ οὐδεὶς ἑώρακε πώποτε), τί λοιπὸν ἢ δυσὶ λατρεύειν θεοῖς, ἑνὶ μὲν, τῷ πάντων δημιουργῷ, ὃν καὶ ἀόρατον πᾶς τις ἂν ὁμολογήσειε, δευτέρῳ δὲ, τῷ καθ᾽ ὑμᾶς ὁρωμένῳ ἀκτίστῳ τούτῳ φωτί;

[4] Cantacuzenus lib. ii. c. 40. Nicephorus Gregoras lib. xi. c. 10 (ed. Bonn. i. 557)

[5] Compare the detailed narratives of Cantacuzenus and Nicephorus Gregoras, who both took an active part in the controversy, the former for, the latter against Palamas. The decision of the Synod of 1350 in Mansi xxvi. 127 ss. answers the following questions proposed to it by the emperor John Cantacuzenus, only by stringing together expressions of the fathers of the church, p. 150: πρῶτον, εἰ ἔστιν ἐπὶ θεοῦ θεοπρεπὴς διάκρισις οὐσίας καὶ ἐνεργείας (viz. p. 174 τῆς θείας φυσικῆς ἐνεργείας, p. 187 ἥτις φύσει καὶ ὑπερφυῶς πρόσεστιν ἑκάστῃ τῶν θεαρχικῶν ὑποστάσεων); answered in the affirmative: ἔπειτα διακρίσεως ἀναφανείσης, πότερον ἡ ἐνέργεια αὕτη κτιστή ἐστιν, ἢ ἄκτιστος; Answer, ἄκτιστος. Then: εἴγε ἄκτιστος ἀποδειχθείη ἡ θεοπρεπὴς αὕτη ἐνέργεια, πῶς ἄν τις ἐκφύγοι τὸ μὴ παρὰ τοῦτο σύνθετον τὸν θεὸν εἶναι νομίζειν; on this question nothing is given but passages from the Fathers: τέταρτον δὲ, εἴγε ἡ φωνὴ τῆς θεότητος οὐκ ἐπὶ τῆς οὐσίας μόνον, ἀλλὰ καὶ τῆς θείας ἐνεργείας παρὰ τῶν θεολόγων ὕμνηται; affirmed: πέμπτον δέ, εἴπερ οἱ θεολόγοι κατά τι τὴν οὐσίαν τῆς ἐνεργείας ὑπερκεῖσθαι φασίν; answered in the affirmative. Lastly, τίνος μετέχουσι τὰ πάντα, τῆς θείας οὐσίας ἢ τῆς τοῦ θεοῦ θείας ἐνεργείας; answer, πᾶν δημιούργημα τῆς ἐνεργείας τοῦ δημιουργήσαντος, ἀλλ᾽ οὐχὶ τῆς οὐσίας μεταλαγχάνει. — καὶ οἱ ἅγιοι, τῇ πρὸς θεὸν ἑνώσει θεοποιούμενοι, οὐ τῆς θείας οὐσίας, ἀλλὰ τῆς αὐτοῦ θείας ἐνεργείας μετέχουσι. And so it follows accordingly, ὅτι τι ἄκτιστόν ἐστι τὸ φῶς τῆς τοῦ κυρίου μεταμορφώσεως, καὶ ὅτι οὐκ ἔστι τοῦτο ἡ οὐσία τοῦ θεοῦ. The view of Barlaam and his adherents on the other hand is stated thus in the Synopsis of the cotemporary, Nilus Metrop. Rhodii (Mansi xxv. p. 1148): ἐδογμάτισαν, νῦν μὲν οὐδε-

## THIRD PERIOD —DIV. IV —A.D. 1305—1409.

Nicolas Cabasilas, the most distinguisht mystic author of this period, after 1350 Archbishop of Thessalonica.[6]

μίαν διάκρισιν είναι επί της θείας φύσεως ουσίας, και ενεργείας, αλλά ταυτόν είναι και αδιάφορον· νυν δε διάκρισιν μεν είναι έλεγον· πλην την μεν ουσίαν άκτιστον, τας δε αυτής ουσιώδεις ενεργείας, και φυσικάς συγχωρούντες ετέρας είναι, πλην ουκ ακτίστους, αλλά κτιστάς, και έτι το εν τω Θαβωρίω εκλάμψαν θείον εκείνο φως, φάσμα απλώς και κτίσμα, γινόμενον και απογινόμενον, αλλά ούτε θείας φύσεως φυσικήν αίγλην, και θεότητα, και φως απρόσιτον και ον και λεγόμενον. A short sketch of the speeches and replies which past between Barlaam and Palamas is given by a certain David, publisht by Engelhardt in Illgen's Zeitschr. viii. 1, 74.

[6] With regard to his work περί της εν Χριστώ ζωής, there is a review of it and some fragments by A. Jahn in the Theolog. Studien u. Krit. 1843. iii. 721. There is a complete edition : Die Mystik. des Nicolaus Cabasilas vom Leben in Christo, erste Ausgabe u. einleitende Darstellung von Dr W. Gass, Greifswald. 1849.

# SECOND APPENDIX.

### HISTORY OF THE REMAINING ORIENTAL CHURCHES.

§ 130.

The Kings of Armenia continually desiring the help of the western world against the Mahometans, sought even on this account to maintain inviolate the union of the Armenian with the Roman Church.[1] However, this remained, like the efforts for union on the part of the Greek Emperors, a merely political measure, for which the Court alone felt any desire. Notwithstanding all the efforts of the Popes, the people would not suffer themselves to be deprived of their ancient and characteristic opinions.[2] As the support of the Western powers continued to

---

[1] The Embassies of the Armenian kings to the Popes and western princes, to raise crusades for their support (see Raynald. ann. 1317 no. 35, 1331 no. 30), readily promised the renunciation of all departures from Roman faith and customs in their country (Raynald. 1318 no. 8 ss.): Armenia inferior also united itself with the Roman Church. (Rayn. 1323 no. 7.) Nevertheless, the Pope's summons for a crusade remained without effect, owing to the internal discord of the western world (Rayn. 1322 no. 30, &c.), and only furnish the kings of France with a pretext for drawing a tithe from the Church (see above § 99, note 37.) The Armenians only received aids in money from the Popes, Rayn. 1323, no. 4, 1336, no. 41.

[2] John XXII. sent some Dominicans to the Armenians, who were to preach to the people, and open Latin schools (Raynald. 1318, no. 15): but the Latin monks were quickly driven away by the Armenians (see the work of an anonymous Dominican of the year 1330 in Quetif et Echard Script. Ord. Praedic. i. 573.) In the year 1341 Benedict. XII. complains to the King and Catholicos of Armenia (Raynald. ad h. a. no. 45), that he had heard from incontrovertible witnesses, quod tam in majori quam in minori Armenia nonnulli execrandi errores tenentur a multis et dogmatizantur, and requires that these should be condemned by an Armenian Synod. The list of them

in 117 articles is l. c. no. 49 ss. E.g. I. and II.; the early Armenian teachers had taught rightly quod Spir. s. procedit a filio sicut et a Patre *(hoc fuerat determinatum in conciliis Constantinopolitano et Ephesino)*, but in less than 612 years a general Armenian Council, according to Art. 85 concilium Manesguerdense, quod congregatum fuit ibi de mandato cujusdam Sarraceni, nepotis Machometi (the Council assembled at Manaschierti by command of the Saracen Caliph Omar, see Galani hist. Armen. c. 17), had commanded them only to maintain the procession from the Father; most of the Armenians still followed this decree. III. Item quod in dicto concilio roprobaverunt concilium Chalcedonense,—et determinaverunt, quod sicut in Domino Jesu Christo erat unica persona, ita erat una natura scil. divina, et una voluntas et una operatio.—In dicto etiam concilio Dioscorum condemnatum per dictum concilium Chalcedonense canonizaverunt,—et adhuc ter in anno faciunt festum de eo sicut de Sancto,—et maledicunt b. Leonem et concilium Chalcedonense. IV. Item quod Armeni dicunt et tenent, quod peccatum primorum parentum personale ipsorum tam grave fuit, quod omnes eorum filii ex semine eorum propagati usque ad Christi passionem merito dicti peccati personalis ipsorum damnati fuerunt,—non propter hoc quod ipsi ex Adam aliquod peccatum originale contraxerint, cum dicant, pueros nullum omnino habere originale peccatum nec ante Christi passionem nec post:—sed post Domini passionem, in qua peccatum primorum parentum deletum fuit, pueri qui nascuntur ex filiis Adam non sunt damnationi addicti. VIII. The Armenians taught that the Saints non videbunt Dei essentiam, quia nulla creatura eam videre potest; sed videbunt claritatem Dei, quae ab ejus essentia manat. XVII. Item quod Armeni communiter tenent, quod in alio saeculo non est purgatorium animarum, quia, ut dicunt, si Christianus confiteatur peccata sua omnia peccata ejus et poenae peccatorum ei dimittuntur  Nec etiam ipsi orant pro defunctis, ut eis in alio saeculo peccata dimittantur; sed generaliter orant pro omnibus mortuis sicut pro b. Maria, Apostolis, Martyribus, et aliis Sanctis, ut in die judicii intrent in regnum caeleste (see vol. i. Part 2, § 99, note 17.) XXXII. The Armenians said: Sunt jam trecenti anni, quod omnes daemones sunt disligati et seduxerunt homines a fide Christi per totum mundum exceptis Armenis: sed a triginta annis citra illos homines de minori Armenia, et a viginti quinque annis citra Armenos de majori Armenia seduxerunt a fide Christi, quia, ut dicunt, ex tunc Armeni posuerunt in sacrificio aquam in vino, et fecerunt festum nativitatis Domini vigesima quinta die Decembris, et sic a daemonibus seducti fidem Christi dimiserunt. XXXIV. Dicunt etiam quod *Rex et nobiles minoris Armeniae, quia tenent supradictos articulos cum Ecclesia Romana et Graeca, non sunt de Ecclesia catholica et apostolica.* XXXVIII. Item quod Armeni credunt et tenent, quod in aliis Ecclesiis—non datur peccatorum remissio, quia aliae Ecclesiae negaverunt veram fidem, recipiendo concilium Chalcedonense, nec etiam habent verum baptismum. XLVI. Item quod dicti Armeni observant discretionem ciborum mundorum et immundorum animalium secundum quod ex Moysi dicit: et licet aliqui ex Armenis comedant porcum, tamen secundum eos, si sacerdos comederet de porco, postea non posset expellere daemones de obsessis corporibus, quia, ut dicunt, Dominus expellens daemones de duobus hominibus misit eos in porcos. LVI. Those who were baptized into the Armenian Church, if they went over to the Saracens or Jews, and afterwards returned, were not baptized again: Si tamen aliquis fuisset baptizatus in Ecclesia alicujus Catholicon Armenorum, et postea converteretur ad fidem Romanae Ecclesiae vel Graecae, si postea vellet venire ad Ecclesiam primam,—illa Ecclesia sic baptizaret eum, ac si nunquam fuisset baptizatus. Likewise Ecclesia Armena baptizat baptizatos in Ecclesia latina vel graeca, quando veniunt ad eam. LVIII. Item quod Armeni dicunt et tenent, quod ad hoc, quod sit baptismus verus, ista tria requiruntur, scil aqua, chrisma et Eucharistia. LIX. Many Armenians baptized with wine, others with milk, most with water; all with arbitrary forms. LXV. Item Armeni dicunt et tenent, quod illa inunctio cum chrismate facta in novem locis (in baptism) valet Christianis, dum vivunt, pro omnibus inunctionibus, quae fiunt per Ecclesiam latinam : unde apud eos non est sacramentum confirmationis, nec extremae unctionis : nec quando consecrantur Presbyteri vel Episcopi, inunguntur eorum manus vel capita. LXXIV. Item quod apud Armenos majoris Armeniae non sit imago Crucifixi, nec aliae imagines tenentur Sanctorum. LXXVII. The Catholicos of lesser Armenia had had many persons ill-treated, who had been baptized in forma Ecclesiae latinae, and LXXVIII. charged his bishops, quod non celebrarent Missam latinam, sed Armenorum Missam antiquam, quod non servarent jejunia Ecclesiae Romanae, sed antiqua jejunia Armenorum etc. Et ad testimonium et confirmationem horum dictorum est hoc, quod — supradictus Catholicos consecravit sex Episcopos Armenos, et accepit, ab eis literam publicam, quod ipsi non darent pueros de partibus suis ad addiscendum literam latinam, nec admitterent aliquem praedicatorem latinum, qui praedicaret veritatem s. Romanae Ecclesiae etc. LXXXII. Item quod quando aliqui communicare debent, per sacerdotem fit confessio generalis, — et postea populus reiterat dictam confessionem : in secreto tamen raro vel nunquam aliquis Armenus confitetur sacerdoti sua peccata : — dicunt et tenent, quod dicta generalis confessio sufficit ad remissionem peccatorum. LXXXIV. Item Armeni dicunt et tenent, quod Catholicos, Episcopi et Presbyteri Armenorum eandem et aequalem potestatem habent ligandi et solvendi, quantam et qualem habuit Petrus Apostolus, cui a Domino dictum est : *Quodcunque ligaveris* etc., nec quoad hoc minorem potestatem habent Presbyteri Armenorum quam eorum Catholicos et Episcopi. LXXXV. Item Armeni dicunt et tenent, quod usque ad concilium Nicaenum Romanus Pontifex non habuit potestatem majorem, quam alii Patriarchae : sed nunc de voluntate dicti concilii fuit ordinatum, quod dictus Romanus Pontifex haberet potestatem super alios Patriarchas. Quam potestatem habuerunt Romani Pontifices usque ad concilium Chalcedonense : sed quia in dicto concilio, ad instantiam b. Leonis Papae congregato, fuit determinatum, quod in Christo erant duae naturae et una persona, Romani Pontifices perdiderunt dictam potestatem, et omnes illi, qui dicto concilio consenserunt. XC. Item Armeni dicunt et tenent, quod potestas illa, quam Christus dedit b. Petro, dicendo ei : *Quod-*

*cunque ligaveris* etc. sit solum data personae Petri et pro ipso solo, ita quod haec potestas non transivit ad aliquem ejus successorem. CX. Item quod apud Armenos sunt multi errores a praedictis, qui errores continentur in infrascriptis libris Armenorum, quorum primus intitulatur *Tenophacer* i.e. contra festivitates, quas celebrant Ecclesiae Romana et Graeca.· Secundus liber vocatur *Anadoarmat* i.e. radix fidei — Decimus liber vocatur *liber canonum Apostolorum*, in quo continentur omnes errores Armenorum etc CXVI. Item quod cum Rex Armenorum vocatus Ethom, ut Armeni unirentur Ecclesiae Romanae, congregasset omnes Episcopos Armeniae, et magistros, et Catholicon, ut disputarent cum legato misso eis per Romanam Ecclesiam, et facta dicta disputatione cognovisset dictus Rex, quod veritatem tenebat s. Romana Ecclesia, et quod Armeni errantes erant a veritate ; ex tunc Reges Armeniae minoris tenuerunt fidem s. Romanae Ecclesiae : sed Episcopi, magistri, et Principes Armenorum non fuerunt de hoc contenti. Et post recessum dicti legati quidam magister vocatus *Vartan* de Nigromonte composuit unum librum *de Risma*, i e. versus pedem, contra Papam et suum legatum, et contra Ecclesiam Romanam, in quo vocavit Papam Romanum superbum Pharaonem cum suis subditis in mare haeresis submersum, et legatum ejus, ambaxatorem Pharaonis, fuisse reversum cum maxima verecundia : et dixit, quod Ecclesia Romana erat multum decepta, quia nativitatem et aquam a maledicto Artomono recepit, et multas alias blasphemias scripsit in dicto libro, qui magnus est  Et multi ministri Armenorum, et Episcopi, ac Presbyteri dictum librum honorant tanquam canones Apostolorum. (So Wartan the Great † 1271, one of the most highly-prized writers of the Armenians, is no doubt the author of those works written against the Church of Rome, which the Mechitarists consider forged, see Neumann's Gesch d. armen. Literatur s. 188 )  In order to satisfy the Pope the Armenians held a Synod on the question (Raynald. 1341 no. 118) :  Still Clement VI. found it necessary to send to the Armenian bishops two legates, Antonius Episc. Gajetanus and Joannes electus Coronensis, (Raynald. 1346 no 67 ss.), ut per eos de ipsa fide ejusque salutari doctrina informemini plenius et imbuamini viva voce, quam possetis scriptura instrui vel literis informari, and they brought word back (Raynald. 1350 no 37), quod dicti Rex, Catholicos et populus adhuc in multis a veritate catholicae fidei aberrabant, so that the Pope on occasion of a fresh request for aid from the Armenians, resolved only to send the following engagement to the Archbishop of Nicosia (l. c.), quatenus eidem Regi populoque, cum ipse ac dicti Catholicos et populus aliquas recognitiones super aliquibus, quibus ab ejusdem fidei discrepant veritate, fecerint juxta formam, quam tibi — transmittemus, — sex millia florenorum auri de pecuniis camerae nostrae tradi et assignari facere non omittas.  By means of those ambassadors the Pope had also laid before the Catholicos of Armenia quaedam capitula pro pleniori eruditione, and received responsiones : But he represented to him in a new brief (Raynald. 1351 *no.* 2 ss ) : non potuimus nec possumus ex responsionibus hujusmodi quoad plura elicere, quid tu et eadem Ecclesia minoris Armeniae sincere et pure credatis :— ex quarum (responsionum) aliquibus conditionata, ex quibusdam

be very insignificant, in 1367 Armenia fell beneath the sword

vero diminuta vel imperfecta, et ex nonnullis, forsitan scriptoris vel interpretis vitio, minus vera confessio manifeste colligitur. Accordingly he examines these responsiones throughout, and appends to each new questions, to draw forth their meaning and purpose. Then : Post praedicta omnia mirari cogimur vehementer, quod—subtrahis de LIII. primis capitulis capitula XVI. Primum, quod Spiritus sanctus procedit a Patre et Filio Tertium, quod parvuli ex primis parentibus contrahunt originale peccatum. Sextum, quod animae ex toto purgatae separatae a suis corporibus manifeste Deum vident. Nonum, quod animae decedentium in mortali peccato in infernum descendant. Duodecimum, quod baptismus deleat originale et actuale peccatum. XIII quod Christus non destruxit, descendendo ad inferos, inferiorem infernum XV. quod angeli a Deo fuerunt creati boni. XXX. quod effusio sanguinis animalium nullam operatur remissionem peccatorum. XXXII. quod non judicent comestores piscium et olei in diebus jejuniorum. XXXIX. quod in Ecclesia catholica baptizati, si efficiantur infideles, et postmodum convertantur, non sunt iterum baptizandi. XL. quod parvuli ante octavum diem possunt baptizari, et quod baptismus non potest esse in liquore alio, quam in vera aqua. XLII. quod corpus Christi post verba consecrationis sit idem numero, quod corpus natum de virgine et immolatum in cruce. XLV. quod nullus, etiam Sanctus, corpus Christi potest conficere, nisi sit sacerdos. XLVI. quod est de necessitate salutis, confiteri proprio sacerdoti, vel de licentia ejus [alii] omnia peccata mortalia perfecte et distincte.—Ideo volumus clare et sine velamine a te scire, si praedicta XVI. capitula diminuisti de LIII. pro eo, quod non credis esse vera neque catholica, vel ex qua causa ipsa capitula diminuisti. Item in scriptis rogasti Archiepiscopum et Episcopum antefatos (the Papal Legates), ut esset inter eos et te verborum finis :—scias, quod non possemus nos —finem imponere,—nisi prius pure, clare, perfecte et integre tu et Armeni—fidem illam receperitis, quam ipsa Romana tenet et docet Ecclesia.—Caeterum quia fidedignorum plurium, et quorundam etiam Armenorum relatio frequenter nostris auribus instillavit, quod tu et antecessores tui—ea, quae circa ipsius fidei nostrae cultum—Romanis Pontificibus—descripsistis et promisistis,—in nullo penitus observatis,—ac fidem ipsius Ecclesiae Romanae, extra quam nulli est gratia, nulli salus, habuistis damnabiliter in derisum · ideo fraternitatem tuam monemus,—quatenus responsiones per te ad interrogationes nostras faciendas, et omnia, quae tu et iidem obedientes tibi Armeni circa ipsius fidei nostrae negotium promittetis et dicetis, vos credere ac tenere,—tactis sacrosanctis evangeliis, juramentis solemnibus roboretis : et nihilominus sub juramentis similibus promittatis, quod nobis et successoribus nostris Romanis Pontificibus—parebitis cum effectu, ut ora de te et Armenis eisdem sic graviter—obloquentium obstruas :—sciturus pro certo, quod praeter salutis aeternae praemia, et famae titulos, quae provide consequeris, dabit tibi Deus, ille omnium opulentissimus retributor, unde in praesenti quoque saeculo gratiis et beneficiis affluas.

of the Mamelukes, who immediately began to persecute Christianity with cruelty.[3]

The Coptic Christians also in Egypt during the fourteenth century suffered under the dominion of the Mamelukes several severe persecutions, during which many of them went over to Islam.[4]

The invitations of Pope John XXII. to the Ethiopians[5] and Jacobites[6] to submit themselves to the Roman Church, remained without result.

[3] Cf. Clementis VII. Epist. ad Archiep. Taraconensem in Raynald. 1382. no. 49.

[4] Makrizi's (in Cairo † 1441) History of the Copts, translated by F. Wustenfeld, in d. Abhandlungen d. kgl. Gesellschaft d. Wissenschaften zu Göttingen, Bd. 3 (1847), historisch-philol. Classe S. 71. Compare Renaudot hist. Patriarcharum Alexandrinorum Jacobitarum. Paris 1713. 4. p. 602. ss.

[5] Raynald. 1329 no. 98.

[6] Raynald. 1330 no. 57.

# DIVISION V.

## FROM THE COUNCIL OF PISA TO THE REFORMATION. 1409—1517.

### MOST EMINENT HISTORIANS.

Antoninus, a Dominican, from 1446 Archbishop of Florence, † 1459, canonized 1523 (Summa historialis in III. Partt. down to 1459. publisht Venet. 1481. Norimb 1484 &c. last in Opp. omn. Florent. 1741 T. i. fol.).—Joannes Trithemius or von Trittenheim, from 1483 Abbot of Spanheim, from 1506 Abbot of St James in the suburb of Wurzburg † 1516 (Chronicon Monast. S Martini Spanheimiense in Opp Trithemii historicis ed. Marq. Freherus T. ii. Francof. 1601. Chron Monast. S. Jacobi Majoris in J. P. Ludewig Scriptt rerum Herbipolitanarum, Halae 1713. By far the most important are the Annales Hirsaugienses, ed. in Monast St. Galli, 1690. Tomi ii fol ) Albert Kranz, Lecturer in Theology and Canon Law at Rostock, afterwards Canon, and at length Dean of the Cathedral Chapter at Hamburgh † 1517 (Metropolis, a Church History of Northern Germany until 1504, cum. praef Dav. Chytraei, Vitebergae 1576. Francof. ad M. 1576. 1590 — Kranzens Saxonia, Vandalia, and Chronicon Regnorum Aquilonarium relate to political history.)

## FIRST CHAPTER.

### HISTORY OF THE PAPACY.

Bartholomaei Platinae (properly Barth. de Sacchi from Piadina in the district of Cremona, under Pius II. Papal Abbreviator, persecuted under Paul II., under Sixtus IV librarian of the Vatican † 1481) vitae Pontificum Romanorum, ed Venet 1479 fol publisht afterwards very often, but not always without alterations. The editions which appeared in 12. in Holland without the name of the place A.D. 1640, 1645, and 1664, are sufficiently accurate reprints of the Edit. Princeps and accordingly much prized Compare Dan. Guil Moller disp. de B. Platina. Altorf 1694 4

§ 130. (EDIT. I.)

COUNCIL OF PISA (25. MARCH—7 AUG 1409) ALEXANDER V (26. JUNE 1409—3. MAY 1410) JOHN XXIII. (17. MAY 1410—DEPOSED 29. MAY 1415)

Thedoricus a Niem (see Part III. above § 102) de Schismate lib iii. c 38 ss Ejusdem Vita Johannis XXIII in Meibomii Rerum Germ. T. 1 p. 5 ss and in v d Hardt Conc Constant T II. p. 336 ss.

Leonardi Aretini (Private Secretary to Innocent VII, Gregory XII, Alexander V., and John XXIII, afterwards Chancellor at Florence † 1444) rerum suo tempore in Italia gestarum commentarius ab anno 1378 usque ad ann 1440 (in Muratori Rerum Italicarum Scriptores T xix p 909 ss)

Acts of the Council in Mansi xxvii. p 1 ss. in d'Achery Spicileg. I. p 828 and in v. d. Hardt Conc Constantiense, Tom. ii P. II p 62 ss.

Histoire du Concile de Pise, et de ce qui s'est passé de plus mémorable depuis ce Concile jusqu'au Concile de Constance, par Jacques Lenfant T II à Amsterdam. 1724 4.

The Council of Pisa, among the members of which Peter de Alliaco, Bishop of Cambray,[1] and John Gerson, Chancellor of the University of Paris,[2] came forward as the chiefs of the Reforming party, opened its sessions on the 25. March 1409: Notwithstanding the efforts which the Emperor Rupert caused to be made in favour of the Roman Pope Gregory XII.[3] it

[1] Compare § 106 note 1. § 119. note 9. He was the teacher of Gerson and Nicholas of Clamengis, 1389 Chancellor of the University of Paris, 1396 Bishop of Cambray, 1411 Cardinal (Cardinalis Cameracensis) † 1425. On his life see v. d. Hardt Conc. Const. T i. P. viii. p. 450 ss.

[2] Compare § 107. note 3 and 9 Chancellor of the University of Paris from 1395 † 1429. Opp. ed. L E. Du Pin. Antverp. 1706. Tomi iv. fol. Tomus ii contains Gerson's principal works upon ecclesiastical matters, together with similar works by other cotemporaries On his life and works see v. d. Hardt l. c. T. I. P. iv. p. 26 ss. and Gersoniana prefixt to Dupin's edition.

[3] Theod. a Niem iii., c. 39 The speech of the Emperor's Ambassador Ulricus Ep. Verdensis is in Raynaldus ad ann. 1409. no. 13 ss.

proceeded so early as the 5th of June to the deposition of both Popes:[4] and then, after that the proposed Reformation seemed to be secured by the solemn engagement of the Cardinals in a body,[5] caused Alexander V. to be elected Pope on the 26th of June. Now, the Reformation was to follow;[6] but the Synod was soon obliged to acknowledge, that there was no possibility of reform while in connexion with a Pope. In fact it required

[4] The answer which Petrus de Ancharano gave in the name of the Council, is in Mansi xxvii. p. 367 ss.

[4] In Session X. on May 21, the Articuli contra Petrum de Luna, Benedictum XIII., et Angelum Corario, Gregorium XII. nuncupatos, de papatu perperam contendentes (in Raynald. ann. 1409, no. 47 ss. d'Achery Spicileg. T. I. p 833 ss.), a detailed representation of the behaviour of both the Popes, and the Cardinals hitherto, were presented. In Session XV. the 5th of June, there followed the Sententia definitiva et privativa contra praedictos contendentes (Theodor. a Niem iii., c. 44. Raynald. a. l. no. 71, d'Achery i., p. 847 ss.): Christi nomine invocato sancta et universalis Synodus universalem Ecclesiam repraesentans, et ad quam cognitio et decisio hujus causae noscitur pertinere,—pronunciat, decernit, definit et declarat,—Angelum Corario et Petrum de Luna de papatu contendentes, et eorum utrumque fuisse et esse notorios schismaticos, et antiqui schismatis nutritores, defensores, fautores, approbatores, et manutentores pertinaces, necnon notorios haereticos, et a fide devios, notoriisque criminibus enormibus perjurii et violationis voti irretitos, universalem Ecclesiam sanctam Dei notorie scandalizantes cum incorrigibilitate, contumacia, et pertinacia notoriis, evidentibus et manifestis; et ex his et aliis se reddidisse omni honore et dignitate, etiam papali, indignos; ipsosque et eorum utrumque propter praemissas iniquitates, crimina et excessus ne regnent, vel imperent, aut praesint, a Deo et sacris canonibus fore ipso facto abjectos et privatos, ac etiam ab Ecclesia praecisos; et nihilominus ipsos Petrum et Angelum, et eorum utrumque, per hanc sententiam definitivam in his scriptis privat, abjicit et praecidit, inhibendo eisdem, ne eorum aliquis pro summo Pontifice gerere se praesumat etc.

[5] In Sess. XVI. June 10, the Cardinals had to make oath (Raynald l. l. d'Achery i. p. 848), quod, si quis nostrum in summum Romanum Pontificem eligetur, praesens concilium continuabit nec dissolvet, neque dissolvi permittet, quantum in eo erit, usquequo per ipsum cum consilio ejusdem concilii sit facta debita, rationalis, et sufficiens reformatio universalis Ecclesiae, et status ejus tam in capite quam in membris. If the election were to fall without the college of cardinals, the Pope elect was to take the same oath before the publication of his election.

[6] The necessity of a reformation and the matters to be reformed were forcibly brought before his mind previously to his coronation, by Gerson in the Sermo factus coram Alex. P. (Opp. ed. du Pin ii. p. 131.)

more than ordinary insight, morality and power in a Pope, to
close his ears to the suggestions of a court that seemed entirely
devoted to his cause, and himself to help to overthrow all the
splendor which his predecessors for centuries appeared to have
built up for him, without being sure of the perpetuity of his
work, and the honour of his name in time to come. Alexander's
earliest policy displayed the ordinary characteristics of a Pope in
the ancient fashion.[7] He sought to appease, and not to satisfy.

[7] Gerson de modo reformandi Ecclesiam in Conc. Univ., written
1410, cap. 10 (in v. d. Hardt Conc. Const. T. I. P. V. p. 90): Et ut
sic fieret (viz. ut limitaretur potestas usurpata papalis) fuit omnino
inclinatus dictus Dominus Alexander V. ante ejus Papatum, dum
ageretur, ut dictum concilium celebraretur in Pisis. Qui etiam hoc
dicebat, et etiam super limitatione subsequenda multis argumentis
theologicis, philosophicis, juridicis insudabat. Qui creatus in Papam
in lucem educere non curabat. Petrus de Alliaco de difficultate reformationis in Conc. universali ad Jo. Gersonem, written 1410, cap. 3 (in
v. d. Hardt Conc. Const. T. I. P. VI. p. 262): Alexander prorsus
inexpertus erat eorum, quae officii pastoralis honor et sublimitas exigebat, quamvis esset magnus Theologus. Et quicquid dicti Cardinales
ab eo petierunt, ipsis absque contradictione concessit, nec audebat ipsis
aliquid denegare. Unde ipsi continuo eum importune crebris petitionibus vexarunt, ita ut aliquando propterea in se ipso nimium turbaretur.
Nec poterant satiari. Theodoricus a Niem iii. c. 51 : Fuit autem dictus
dominus Petrus (Alexander prius nominatus Petrus de Candia), cum
eligebatur in Papam, septuagenarius, vel circa.—Hic quicquid ordinavit
et fieri voluit per ipsum dictus dominus Joannes Papa, tunc Diaconus
Cardinalis (Balthasar Cossa), in omnibus et per omnia fecit, ab ejus
precibus, consiliis aut mandatis—nullatenus recedendo, et in ejus Papatu nihil penitus reformavit, et omnibus studuit complacere, et vix
alicui ab eo quicquam petenti a majori usque ad minimum sine personarum discretione scivit denegare. Unde subito postquam in Papam
assumtus fuit, adeo deformavit notabiliora officia suae Curiae ad importunam instantiam multorum petentium, excedendo illorum numerum
antiquum nulla necessitate aut utilitate urgente, quod in longo tempore
in statum debitum vix potuerunt reformari, et tam prodigus fuit in
concedendis gratiis beneficialibus, quod nullam novit differentiam inter
personas, quibus illa fecit, et quales facere deberet, nec modum nec
ordinem debitos et consuetos in talibus observando : fuit enim in illis
practicalibus et agibilibus penitus inexpertus.—Aliquos etiam fratres
Minores (brethren of his order) sibi cáros et sociales publicis officiis et
lucrativis, quae prius consueverunt regi per saeculares personas habiles
et expertas, in eadem sua Curia praefert, et miro modo conabatur plerosque fratres minores cathedralibus Ecclesiis vacantibus praeficere in
pastores : in his praecipue, et etiam in multis aliis Papale officium,
cujus gravitatem non novit, in brevi tempore denigrando.—Cap. 52 :
—statim postquam creatus fuit, et ante ipsius coronationem multos

Accordingly he undertook some insignificant engagements, promised to set on foot a real reformation in a new synod, and then as soon as possible (on the 7th of August) dissolved the troublesome assembly.[8] Thus the result of the Synod of Pisa, which was opened with such great hope (see § 107) failed to satisfy the least of the expectations entertained of it.[9] Instead of two Popes, there

creavit Archiepiscopos, Episcopos et Abbates, et omnibus illis familiaribus dominorum Cardinalium, qui eum elegerunt in Papam, qui dictis Dominis Cardinalibus in conclavi ministrarunt, adeo abusivas et exorbitantes beneficiales gratias, etiam cum dispensationibus ad plura incompatibilia beneficia, qui eas petierunt, absque personarum delectu fecit, sicuti a saeculo nunquam prius auditae fuerunt, ita quod caeteri saltem intelligentes Curiales de indiscreta provisione stupefacti murmurabant. Videbatur enim praedictus Alexander pro nihilo habere titulos ecclesiasticos, quos tam improvide dividebat etc

[8] In Session XX. on July 27. the Pope declared (d'Achery i. p. 852) : Sacro approbante Concilio decernimus,—iterum generale Concilium Ecclesiae fore convocandum, hinc ad triennium, videlicet anno quo dicetur Dom. MCCCCXII. in mense Aprilis, in civitate seu loco habili et decenti. Session XXIII. Aug. 7. (l. c.) : Sanctissimus Dominus noster sacro approbante Concilio ordinavit, quod bona immobilia Ecclesiae Romanae seu aliarum Ecclesiarum nullatenus—alienentur seu hypothecentur usque ad proxime indictum Concilium, in quo super hoc articulo maturius poterit deliberari. Item Dominus noster eodem approbante Concilio ordinat et mandat celebrari Concilia provincialia per Metropolitanos, et Synodos per eorum suffraganeos, secundum formam juris et Concilii generalis; quia ex eorum omissione multa sequuntur inconvenientia. Item — celebrari capitula Monachorum nigrorum et Canonicorum regularium.—Item Dominus noster, misericordia motus, liberaliter remittit, prout alias fecit, omnia arreragia (arrears from *arrérages*) majora, et minuta servitia suae Camerae Apostolicae de toto tempore antiquo debita, sibi dumtaxat competentia: etiam si qui propter defectum solutionis hujusmodi arreragiorum sententiam excommunicationis incurrerint, eos auctoritate Apostolica absolvit. — Item—disponit, non facere translationes de invitis.—Item—concedit omnibus, qui in hoc sacro Concilio interfuerunt, et ejus determinationi adhaererint, absolutionem plenariam a culpa et poena semel tantum.—Item Dominus noster sanctissimus cum consilio Concilii intendit reformare Ecclesiam in capite et in membris. Et quia jam multa per Dei gratiam sunt expedita, quae ipsum Dominum nostrum, et favorem Praelatorum, aliorumque inferiorum concernunt, restantque alia, quae propter recessum Praelatorum et Ambassiatorum de praesenti expediri non possunt: propterea Dominus noster sacro requirente et approbante Concilio dictam reformationem suspendit, et continuat *(i.e , differt)* usque ad proxime indictum Concilum etc.

[9] Gerson wrote in 1410 de modo reformandi Eccles. in Conc. univ.

now were three. For although most of the nations recognized Alexander V., still Gregory XII. retained on his side Naples, several of the smaller states of Italy, and the German Bishops of Treves, Speyer, and Worms, while Benedict XIII. kept Spain and Scotland. A reformation of the Church was not effected, and after Alexander V. died at Bologna 3. May 1410,[10]

c 19 (in v. d. Hardt Conc. Const. T. I. P. V. p 113) : In Concilio Pisano, secundum opinionem multorum, omnia fuerunt quasi primis motibus facta et agitata, spiritu vehementi, et non matura deliberatione, ut etiam Concilium decebat, ordinata nec completa. Nicolai de Clamengis disp. super materia Concilii generalis cum quodam Scholastico Parisiensi (written in 1416, see p. 75) in his Opp. ed. Jo. M. Lydius. Lugd. Bat. 1613. 4. p. 70 : Quae alia res in Pisana congregatione Ecclesiam Dei populumque decepit, et clamare fecit : *Pax, pax*, cum nulla esset pax ; nisi quia carnales et cupidi homines, qui ubique ex refrigerio charitatis superabundant, beneficiorum ardore succensi, prorsusque excaecati ecclesiasticam reformationem, quam boni et fideles plerique ante omnia fieri volebant, impedierunt, ad novamque mox electionem processerunt, qua facta, et promotionibus quas concupierunt adeptis, pacem esse clamarunt, solutoque conventu cum illa quam quaesierant pace, hoc est promotione, reversi sunt? Whether this council was œcumenical or not, remained long undecided after the last trace of its agency was destroyed by the deposition of John XXIII. at Constance. S Antonini Summa histor. Tit. xxii. Cap. 5. § 2 : per Pisanum Concilium vel Conciliabulum (cum non esset auctoritate alicujus eorum, qui se gerebant pro Pontifice, congregatum) non erat ablatum ipsum schisma, sed augmentatum, ex duobus vel tribus jam se pro Papa gerentibus. Cajetanus de auct. Papae et Concilii Tract. ii. c. 2. says, quod nec illud Concilium constat fuisse certum et indubitatum ; Bellarminus de Conciliis et Ecclesia Lib i c. 8. calls it nec approbatum, nec reprobatum, but he still considers Alexander V. and John XXIII. as the real Popes of that age : certe ex tribus, qui tum se pro Pontificibus gerebant, isti maxime ut veri Pontifices colebantur. The later Curialists entirely disavow the œcumenicity of the Concilium Pisanum (Ballerinius de potestate ecclesiastica summorum Pontificum et Concill. Generall. cap. 6.) ; and accordingly they disown its Popes also, Alexander V. and John XXIII., and recognize Gregory XII. as the rightful Pope until his resignation at Constance (Raynald. ann. 1409. no. 79 and 80) The French party on the other hand have constantly defended the Council and its Popes, see Edm. Richerii hist. conciliorum generalium lib. ii. c. 2. § 6. Bossuet Defensio declarat. Cleri Gall. P. ii. lib. 9. c 11. especially Natalis Alex. hist eccl. saec. xv. et xvi. Diss ii.

[10] Probably poisoned by his successor, see the Articuli contra Joh. P. xxiii. laid before the Council of Constance (in v. d. Hardt Conc. Const. T. iv. p. 197) : dictus tunc Dominus Balthasar appellatus, Legatus Bononiae existens, ad papatum illicitis mediis anhelans, in

and Balthasar Cossa, infamous for crimes of all sorts, succeeded him as John XXIII.,[11] nothing more could be expected from the Pope.[12] John XXIII. turned all his power to subdue Ladislaus, mortem bonae memoriae Domini Alexandri Papae V. extitit machinatus, et ut tam ipse, quam medicus suus Magister Daniel de sancta Sophia, artium et medicinae Doctor, veneno extinguerentur, prout extincti sunt, operam dedit. Sicque, ut praedicitur, fuit dictum, tentum, creditum et reputatum, diciturque, tenetur, creditur et reputatur. Atque fuit et est de praemissis in civitate Bononiensi et extra per totum mundum publica vox et fama, et est graviter et notorie diffamatus. Conrad Justingers († 1426) Berner Chronik, herausgeg. von Stierlin u. Wyss, Bern 1819. 8. S. 275 : " und war ein offen Iumde, der kunstig Pabst ware eine Furdrung zu sinem Tode." Antoninus P. iii. Tit. xxii Cap. 5. § 3 merely says : migravit a saeculo, ut dicitur, toxicatus in clisterio.

[11] Conrad Justinger S. 276 : The Cardinals chose the wickedest and most ill-famed man who could be found, his wickedness was discovered at the Council of Constance, his name was Balthasar, accused and laden with many a deed of crime. See Theod a Niem Invectiva in diffugientem a Constant. Conc. Joh. xxiii in v. d. Hardt Conc. Const. T. ii. p. 296 ss. Ejusd. Vita. Jo. xxiii. ibid. p. 336, and the Articuli quoted in note 10.

[12] Regulae Cancellariae Joh. P xxiii. publisht 19th July 1410 in v. d. Hardt I. xxi. p. 954. Petrus de Alliaco de difficultate reformationis in Conc. universali ad Jo Gersonem, written in 1410, cap. 2. (in v. d. Hardt Conc. Const T. I. P. vi p. 256 ss. ): Quippe notorium est, quod dictus Johannes in primordio sui Pontificatus reservarit suae dispositioni omnes Patriarchales, Metropolitanas ac Cathedrales Ecclesias, necnon omnia Monasteria virorum, prout etiam nonnulli ejus praedecessores summi Pontifices facere consueverunt — Item ultra praedictas et omnes generales alias reservationes quarumlibet inferiorum dignitatum et beneficiorum ecclesiasticorum per eum etiam factas, extra solitam consuetudinem eorundem suorum praedecessorum, reservavit suae dispositioni omnes Prioratus, Conventuales et majores post Pontificales in cathedralibus, necnon principales dignitates in collegiatis Ecclesiis ubicunque vacantes et vacaturas. — Item dictus Johannes aliam fecit constitutionem, continentem in effectu, quod quicunque ab eo impetraret qualecunque beneficium ecclesiasticum — , antequam illi super eadem impetratione literae apostolicae in Romana curia confectae traderentur, solveret camerae Apostolicae realiter medietatem *fructuum* dicti beneficii impetrati *unius anni*. To this were added also duae novellae constitutiones—viz., olim quicunque praefecti fuerant cathedralibus Ecclesiis, aut Monasteriis virorum vacantibus in Praelatos, non arctabantur per sedem Apostolicam, ut in promptu plus solverent Camerae Apostolicae aut collegio Cardinalium pro *communi servitio*, quam medietatem taxae, ad quam Ecclesiae vel Monasteria ipsa in eadem Camera reperiebantur esse taxata. Et pro alia medietate solvenda promotis — dilatio dabatur. — Quas quidem taxas oportet promotos per ipsum Dom. Johannem integraliter solvere, — antequam literae Apostolicae — tradantur ipsis promotis. — Ex quo contingit,

King of Naples, who protected Gregory XII. After all his violent
measures, including even a crusade preacht in 1411,[13] had remained without result, the king was won over in 1412 by the
promise of great advantages; and Gregory XII., faithlessly
abandoned, was driven to seek refuge in Rimini with his true
friend Charles of Malatesta.[14] But no long time afterwards Ladis-

quod plures Ecclesiarum et dignitatum seu monasteriorum, ad quae
promoti sunt, possessionem nequeant apprehendere. Further olim ante
schisma — ratione inferiorum dignitatum et beneficiorum Ecclesiasticorum vacantium — non consueverunt impetrantes *medios fructus* dignitatum et beneficiorum praefatorum eidem camerae solvere, priusquam
illa essent pacifice assecuti. Et tunc concordabant super illis cum col-
lectoribus fructuum dictae camerae in diversis partibus debitorum. —
Nunc autem extorquentur dicti medii fructus ab impetrantibus ipsis in
eadem curia, antequam eis literae Apostolicae confectae super talibus
gratiis tradantur per officiales dictae camerae.—Et quod deterius est, si
forte centum concurrerent pro uno beneficio vacante et reservato impe-
trando, daretur omnibus per Papam. Tamen si literas Apostolicas
super ipsis impetrationibus suis vellent habere, quemlibet eorum incunctanter medietatem fructuum dicti beneficii praefatae camerae ante omnia
solvere oporteret, licet nisi unus eorum illud assequi posset (compare
the anonymous writer in Bulaei hist. Univ. Paris iv. p. 914).—Cap. 3. p.
260: Cum igitur juxta praehabita pateat, quod apud Papam et ejus
collegium Cardinalium nulla vigeat charitas quoad alios Praelatos et
Christianos, sed perpetua et insatiabilis rapacitas potius ardeat in
eisdem, ut qualitercunque dicebatur: dato, quod generale Concilium
convocaretur et fieret, sicut dicis et consulis fieri debere, qualis ex hoc
utilitas universalis Ecclesiae resultaret? Esto etiam, quod omnes isti
tres de papatu contendentes sponte cederent, aut ad cedendum compelle-
rentur inviti, eisque novus Papa, sicut factum fuit in Pisis novissime,
surrogaretur: dicti Cardinales in statu eorum nihilominus remanentes
dicerent, quod ad eos duntaxat spectaret electio summi Pontificis. Quod
si obtinerent, non est dubitandum, quin unum ex se ipsis eligerent,
sicut fecerunt in Pisis. Sicque nulla reformatio efficax et fructuosa ex
cessione hujusmodi sequeretur, nisi vocalis, et unius personae mutatio
tantum. Et hi quidem electus et electores juxta mores veteres eorum
similiter perpetuum errorem in ipsa Ecclesia continuarent, quousque
unus eorum in eodem statu in ipsa Ecclesia remaneret. Certum est
enim, quod mystice sacerdotes Bel cum eorum uxoribus et filiis omnes
unanimiter in lacum leonum missi fuerint, ut per ipsos leones devora-
rentur. Quod si aliqui eorum supervixissent, extunc etiam cibos regios,
eidem Bel singulis diebus appositos devorassent, prout ante deceptorie
facere consueverant. Et ne hoc deinceps fieret taliter, una sententia
super omnes justo Dei judicio lata subito perierunt.

[13] Rayanaldus ann. 1411. no. 5 ann. 1412. no 2.

[14] Theodor a Niem de vita Jo. xxiii. c. 22 and 24. H. Leo Gesch.
der Italienischen Staaten. Th. 4 (Hamburg 1830) S. 271, ff.

laus broke once more with John XXIII., suddenly marcht against Rome in 1413, and forced the Pope to fly into northern Italy, and throw himself into the arms of the Emperor Sigismund, who was there at the time. Under these circumstances the Emperor succeeded in inducing the Pope to summon at Constance, a German city, for the 1st Nov. 1414, the long desired general council to put an end to the boundless disorder in the Church.[15]

§ 131.

COUNCIL OF CONSTANCE (5. NOV 1414—22 APR. 1418.) MARTIN V (11. NOV 1417 + 20. FEBR. 1431 )

Magnum oecumenicum Constantiense Concilium ex ingenti antiquissimorum Msctorum mole diligentissime erutum op H. v d lHardt vi. Tomi. Francof et Lips. 1700. Tom vii sistens indicem generalem. congessit G Ch Bohnstedt. Berolini 1742, fol.

Theodorici Vrie (also written Vrige, Frig, Frie, but erroneously called by modern writers Uric or Urias, an Augustin monk at Osnaburg, see v. d. Hardt Prolegg. ad T. 1. Conc Const. p 22 ss ) de consolatione Ecclesiae libb. iv. written in 1417, publisht by v d Hardt with the Title Historia Conc. Constantiensis (Conc. Const T. i p 1 ss.)

[15] Leonardus Aretinus in Muratori xix. p. 928 : unicum remedium et Imperatori et Pontifici videbatur generale Concilium advocari. Sed erant circa hoc ipsum constituenda permulta, ceu locus, tempus, modus. Missi sunt igitur his de causis ad Sigismundum Legati. Horum missio Legatorum ruinae Pontificis initium fuit. Qua in re non videtur praetereundum mirabile quiddam, quod tunc accidit, ut omnia caelitus gubernari cognoscamus. Communicaverat mecum Pontifex arcane mentem et cogitationem suam. *In loco,* inquit, *Concilii rei summa est, nec ego alicubi esse volo, ubi Imperator plus possit. Legatis igitur istis qui a me mittuntur, mandata amplissima, potestatemque maximam ad honestatis speciem dabo, quae palam ostentare possint atque proferre : secreto autem mandatum restringam ad loca certa.* However he altered his mind, he gave the ambassadors only general instructions, ostendens quanti ponderis illa res esset, cujus rei gratia mitterentur, and dismist them with the injunction : *vestrae prudentiae cuncta permitto. Vos, quid mihi tutum, et quid formidandum, cogitetis.* After the ambassadors had come to an agreement with the emperor as regards Constance, Joannes incredibile quantum indoluit, se ipsum ac fortunam suam detestatus, quod tam leviter a cogitatione, propositoque illo pristino restringendorum locorum descivisset. The Bull with which the Council was summoned, d. Laudae V. Id. Dec. 1413, may be seen in Raynald ann. 1413 no. 22. v. d. Hardt T. VI. p. 9.

Histoire du Concile de Constance par Jaques Lenfant Tomes ii à Amsterdam 1714 nouv édit 1727. 4. Nouvelle Histoire du Concile de Constance, ou l'on fait voir, combien la France a contribué â l'extinction du Schism, par Bourgeoise du Chastenet à Paris 1718 4 (a completion of the work by v. d Hardt and Lenfant) —Casp Royko's Geschichte der Kirchenversammlung zu Costnitz Prag Th 1 2 2te Aufl 1796. Th. 3. 4. 1784. 1785 Register 1796. gr. 8.

The desire for a complete settlement of the schism, and for a reformation of the Church in head and limbs, was so much increast by the disappointment experienced in Alexander V., and the daring insults it received from John XXIII.; and the principles and proposals which John Gerson had uttered in his powerful works in favour of reform,[1] seemed to be so generally

[1] Especially in his opus de modis uniendi ac reformandi ecclesiam in Concilio Universali, written in 1410 (cf cap. 21. cum ad praesens de facto vacet Imperium, et Imperii Electores diversis obediant) in v. d. Hardt Conc. Const. T. I. P. V. p. 68 ss. in which he sought to settle the difficulties raised by Petrus de Alliaco de difficultate reform. in Conc. univ. (see § 130, note 12.) The distinction which he adopts between the una, sancta Catholica and the Apostolica Ecclesia, is remarkable ; in v. d. Hardt cap. 2. p. 70 : Catholica, universalis Ecclesia ex variis membris unum corpus constituentibus—est conjuncta et nominata. Cujus corporis, universalis Ecclesiae, caput Christus solus est. Caeteri vero, ut Papa, Cardinales, et Praelati, Clerici, Reges, et Principes, ac plebeji sunt membra inaequaliter disposita. Nec istius Ecclesiae Papa potest dici nec debet caput sed solum vicarius Christi, ejus vicem gerens in terris, dum tamen clavis non erret. Et in hac Ecclesia, et in ejus fide omnis homo potest salvari, etiamsi in toto mundo aliquis Papa non posset repiriri.—Haec Ecclesia de lege currenti nunquam errare potuit, nunquam deficere, nunquam schisma passa est, nunquam haeresi maculata est, nunquam falli aut fallere potuit nunquam peccavit (according to Gratian's Decretal Caus. XXIV Qu. 1 per totum). In ista etiam omnes fideles, in quantum fideles sunt, unum sunt in Christo, in cujus fide non est distantia Judaei, Graeci, domini et servi. Alia vero vocatur *Ecclesia Apostolica* particularis et privata, in catholica Ecclesia inclusa, ex Papa, Cardinalibus, Episcopis, Praelatis et viris ecclesiasticis compaginata. Et solet dici Ecclesia Romana, cujus caput Papa creditur : caeteri vero Ecclesiastici, tanquam membra inferiora et superiora, in ea includuntur. Et haec errare potest, et potuit falli et fallere, schisma et haeresin habere, etiam potest deficere. Et haec longe minoris auctoritatis videtur esse universali Ecclesia : — et est quasi instrumentalis et operativa clavium universalis Ecclesiae, et executiva potestatis ligandi et solvendi ejusdem. Nec de recta conscientia majorem habet vel habere potest auctoritatem, et executionem potestatis, quam sibi ab universali Ecclesia conceditur. Cap 5. p 75 : Si propter salvationem unius regni, unius provinciae, deponitur unus Rex, unus Princeps saecularis, qui per successionem perpetuam descendit : multo magis unus Papa, unus Praelatus est

adopted from the majority in their favour, of the numbers deponendus, qui per electionem Cardinalium fuit institutus, cujus pater et avus forsan ventres implere non sufficiebant fabis  Durum enim est dicere, quod filius unius Veneti piscatoris papatum debeat tenere cum detrimento totius reipublicae ecclesiasticae.—Sed forte me voluisti capere in sermone per varia scripta, allegando, quod tam sancta, tam alta sit potestas Papae, ut a nullo mortalium judicari valeat nec deponi, nisi propter haeresin incorrigibilem ; ad haec allegas Dist. xl. can. 6. Sed perpende, mi frater, quanta fraude, quanta astutia temporibus antiquis fuerint facta et scripta quam plurima ad tenendam hanc dignitatem Papatus.—Dico, quod tantam fraudem in administratione hujus Papatus fecerint aliqui antiqui, qui—multa jura sibi usurparunt, et pro se fecerunt,—et de republica non curarunt.  Et quis fecit illos libros, *Sextum*, et *Clementinas*, arrogantiam, superbiam, juris Ordinariorum locorum usurpationem, Imperatorum Romanorum injuriosam detractionem, et eorum aliorumque potestatis periculosissimam suppressionem, et alia multa in spiritualis et saecularis reipublicae laesionem malitiose et pertinaci ambitione fabricata, in omnibus et per omnia concludentes. Et male : quia non minus terreno Principi in his, quae ad jura pertinent imperii, quam spirituali in his, quae ad Deum spectant, debetur obedientia.—Igitur omnes inobedientes Romano Imperatori, et ejusdem imperio, quia ejus jura usurpant, in statu damnationis existunt. Nihilominus et Papae voluerunt observari illos sicut sancta Dei Evangelia.— Papa, ut Papa, est homo, et ut homo, sic est Papa, et ut Papa potest peccare, et ut homo potest errare —Subjicitur ergo, ut aliter Christianus, in omnibus praecepto et mandato Christi.—Cum ergo Christi praeceptum dicat : *Si peccaverit in te frater tuus, corripe eum inter te et ipsum solum · si te non audierit, adhibe duos testes, sin autem, dic Ecclesiae* (Matth xviii. 15); cum ergo Papa sit meus frater et proximus in natura et in Christi fide :—corripiendus est juxta processum praecepti Christi.  Non ergo illud decretum est tenendum, quod Papa a nemine sit judicandus.—Pag 80 : Papatus non est sanctitas, nec facit hominem sanctum, licet volentem disponat ad sanctitatem, sicut faciunt caeterae dignitates ecclesiasticae.—Et si dicatur : *illa sedes aut sanctum facit, aut sanctum invenit*, intelligitur ita : *deberet sanctum invenire*. Ridiculum est enim dicere, quod unus homo mortalis dicat se potestatem habere in coelo et in terra ligandi et solvendi a peccatis, et quod ille sit filius perditionis, simoniacus, avarus, mendax, exactor, fornicator, superbus, pomposus, et pejor quam diabolus.—Cap 9. p 87 : Sed numquid tale Concilium, ubi Papa non praesidet, est supra Papam ?  Certe sic. Superius in auctoritate, superius in dignitate, superius in officio  Tali enim Concilio ipse Papa in omnibus tenetur obedire, tale Concilium potest potestatem Papae limitare, quia tali Concilio, cum repraesentet Ecclesiam universalem, claves ligandi et solvendi sunt concessae. Tale Concilium jura papalia potest tollere, a tali Concilio nullus potest appellare tale Concilium potest Papam eligere, privare et deponere, tale Concilium potest jura nova condere, et facta ac antiqua destruere, talis etiam Concilii constitutiones, statuta et regulae sunt immutabiles et indispensabiles per quamcunque personam inferiorem Concilio. Nu potest, nec potuit aliquando Papa dispensare contra canones sanctos in Conciliis generalibus, nisi Concilium specialiter hoc illi commiserit ex magna causa. Nec facta Concilii potest Papa immutare, imo nec interpretari, aut contra ea dispensare, cum sint sicut Evangelia Christi, quae nullam recipiunt dispensationem, et super quae Papa nullam habet jurisdictionem. Cap. 10. p. 90 : Concilium ergo generale repraesentans universalem Ecclesiam, si affectat unionem integram videre, si affectat schismata reprimere, si vult schismatibus finem statuere, si vult Ecclesiam exaltare ; primo ante omnia ad instar sanctorum Patrum, qui nos praecesserunt, limitet ac terminet potestatem coactivam et usurpatam papalem. (Here follows the passage quoted in part 3, § 107 note 3 ) p. 91 : Ideo sacrum universale Concilium reducat et reformet Ecclesiam universalem in jure antiquo. Et abusivam papalem in Decreto et Decretalibus, Sexto et Clementinis, necnon Extravagantibus papalibus praetensam limitet potestatem. Christus enim nullam aliam potestatem Petro tribuit, quam ligandi et solvendi, ligandi per poenitentias, et solvendi culpas. Non enim illi contulit, ut beneficia tribueret, ut regna, castra et civitates haberet, ut Imperatores et Reges privaret. Quod si taliter potestatem Christus Petro contulisset, utique ipse Petrus aut Paulus, quod nefas est dicere, valde peccassent, aut errassent in eo, quod Neronem Imperatorem, quem sciverunt esse pessimum, et Christianorum immanissimum persecutorem, imperio non privarint.—Et quis unquam legit, vel in veritate audivit, quod antiquis temporibus Romanorum Reges vel Imperatores consueverint ante Papam juramentum praestare, potissime antequam primus Otto Magni Augusti semper alter, juramentum reperitur in Decretis praestitisse ? quod indultum a quoquam Papae fuerit, ut reservationes cathedralium et aliarum Ecclesiarum ac Monasteriorum faceret ? ut propter pecunias homines, Episcopos et Praelatos excommunicaret, atque ab eorum dignitatibus destitueret, seu privaret, ac omni die festivo in valvis Curiae? ut primos fructus in Camera soleret aggregare, et excommunicatos emaciaret ac eos scandalizaret ? (cf. cap. 17. p 110. ita ut jam non videatur Romana Curia esse, nisi quoddam forum publicum, ad quod quo quis plura portaverit, plura mercimonia habebit.)—Reformetur etiam Ecclesia quoad Cardinales, qui tot commendas habent sine causa, destruentes tot Ecclesias et Monasteria.— Reformetur etiam Ecclesia in Praelatis, in Monachis et Presbyteris. In Praelatis, ut electi ad Ecclesias vitae honestate, literarum sufficientia, et perfecta aetate excellentes per Ordinarios et Archiepiscopos confirmentur : in Monachis, ut vivant in observantia regulari : in Presbyteris, ut non praeficiantur Ecclesiis, nisi virtutibus clari et literarum sufficientia fuerint imbuti, docti et instructi.—Rescindantur etiam abusivae libertates et exemtiones, concessae illis quatuor Ordinibus fratrum mendicantium, quibus nimium abutuntur.—Et liberentur ab ipsis omnino omnia monasteria Monialium, quia ipsi fratres, seu multi ex eis in plerisque provinciis valde deturpant ipsas moniales eis subjectas.—Nimis etiam multiplicantur hi fratres. Et quid opus est, ut in aliqua domo eorum fratrum, scilicet Coloniae,—continue resideant LXX. eorum, aut plures, inter quos forsan non sunt quinque vel sex sufficientes ad proponendum verbum Dei populo. Et tot pro una tota

## CH I.—PAPACY. § 131. COUNCIL OF CONSTANCE

provincia sufficere possent. Cap. 12. pag. 96 : *Sed timeo, dato etiam, quod ista reformatio fiat in scriptis, etiam certis juramentis et firmamentis ac pactis adjectis, quod post per Papam et Cardinales, ac caeteros ipsius Curiae Officiales et Praelatos non observarentur, dicente Francisco Petrarcha in libro sine nomine: Crescentibus flagitiis hominum crevit veri odium, et regnum blanditiis atque mendacio datum est. Et quia difficile est, consueta relinquere.*—Cap. 16. p. 105 : Aut ergo congregetur Ecclesia ad hoc, ut sancita et actitata in concilio Pisano demandentur ulteriori et reali executioni, et illi duo (Greg. XII. et Bened. XIII.) privati de jure etiam priventur de facto. Aut ubi hoc remedium reperiri non poterit, quod est verisimile reperiri non posse propter adstrictas obedientias eis subditas, seu potentes obedientes ipsis, qui ab eis deviare nolunt : tunc, si illi duo privati et abjecti petant generale concilium, et promittant, se ibidem personaliter velle comparere, et suo juri de facto, quod habent, libere et pure renunciare in casu, quo Dominus noster Papa Johannes etiam suo juri renunciare velit : tunc in isto casu quid fiet, dicam sine praejudicio, quod ipse Dominus noster Papa, si alias non potest consuli Ecclesiae,—non dico unum Papatum, sed plures, si essent possibiles, teneatur in casu isto libenter et voluntarie renunciare, et Papatui suo cedere, ne respublica et tota Ecclesia propter unum hominem peccatorem sine virtutibus et exemplis bonis debeat perire. Cap. 17. p. 107 : Tunc—universalis Ecclesia—reformabitur. Sed tunc caveat universalis Ecclesia super omnia, ut nunquam sub quovis colore concedat Papae potestatem dispensandi contra statuta generalis Concilii, aut ea interpretandi, seu immutandi propter varietates temporum, et novos supervenientes casus ; sed quod solum illa debeant immutari per aliud Concilium generale, fiendum de tempore in tempus propter reformationem Ecclesiae. Luce enim clarius constat, quod pro majori parte facta et ordinata in quatuor generalibus Conciliis principalibus, et aliis Conciliis per temporum successiones statuta, crescente avaritia Pontificum, Cardinalium, et Praelatorum, tam per Papae reservationes, quam per iniquas Camerae Apostolicae constitutiones et Cancellariae regulas, et formulas audientiae causarum Rotae, et ambitiosas dispensationes, absolutiones, indulgentias, confessionalia, officium poenitentiariae sint fere immutata, annihilata, et quasi in derisum et oblivionem posita.—Cap. 24. Subsequenter autem venio ad illas novellas constitutiones Alexandri et Johannis praedictorum, quibus cavetur, quod promotus ad aliquam Ecclesiam cathedralem, vel aliquod Monasterium etc. et quod impetrans beneficium reservatum a Papa etc. (s. § 130, not. 12.) Huic quaestioni, Pater reverende, cum non sint de jure, sed de facto hae pestiferae constitutiones, satisfacere nequeo ad praesens, cum sint super violentia manifesta, Simonia publica, rapacitate lupina, et ovium Christi dispersione fabricatae, quaeque ad aliud non sunt, nisi ut eorum conditores furentur, mactent et perdant, ipsi videlicet Papae et Cardinales. Quocirca ut futurus Rex vel Imperator Romanus, Domino concedente, adhaereat dictis Angelo (Gregorio XII.), et Petro (Benedicto XIII.), et tali lupo rapaci, et tali raptori tyranno (Joanni XXIII.), qui non regnat in Ecclesia, nec principatur propter bonum commune, sed solum propter bonum privatum, et ejus principatus est manifesta tyrannis,

assembled at the Synod of Constance,[2] that John XXIII. could not remain long ignorant of the danger which threatened him there. True he opened the Council with full Papal honours (5. Nov. 1414): but the preponderance of Italian voices, which at the earlier Synods had always been in favour of the Popes, was at once lost to him by the resolution, that votes should be given by nations.[3] From an anxious desire to close the schism the

quod sana conscientia compellat, seu compelli faciat, aut audeat compellere, non video.—Sic ergo concludo, quod superioribus sit obediendum in licitis et honestis: non autem compelli debemus ad eorum obedientias, ubi opera eorum sunt notorie prava, et totam Ecclesiam scandalizantia; ubi est patrimonii Christi manifesta dissipatio et injuriosa dispensatio; ubi pastores sunt tonsores; ubi non sunt agni, sed lupi; ubi non sunt dispensatores mysteriorum Christi, sed dissipatores; ubi non sunt sobrii, sed ebrii; ubi non sunt Praelati, ponentes animas suas pro ovibus suis, sed Pilati, satisfacientes aliorum cupiditatibus et desideriis, et ubi non mittunt retia sua in capturam animarum, sed pecuniarum. Omnis enim eorum cura circa acquisitionem pecuniarum est. Et breviter, ubi non Christi, sed mores gerunt Antichristi. Et ideo Christus dixit, talibus non obediendum. *In novisimis enim temporibus multi venient in nomine meo, dicentes: ecce hic Christus, ecce illic Christus* (Matth. xxiv. 23): sicut modo dicitur: ecce hic est verus Papa, ecce iste alius est verus Papa. *Nolite credere eis*, ait Christus. Imo, si nos debemus subtrahere ab omni fratre ambulante inordinate, quanto magis a superiori perverso et iniquo, ex cujus exemplo tota corrumpitur respublica, et sancta mater Ecclesia deturpatur

[2] See Gebhard Dachers List made by order of the Elector of Saxony who had the superintendence, in v. d. Hardt T. V. P. II. p. 10 ss. and another in Justinger's Berner Chronik S. 320 ff. Compare Lenfant T. II. p 365 ss. Dacher's List concludes: Mulieres communes, quas reperi in domibus, et ultra et non minus, exceptis aliis, DCC. Justinger: offen fahrend Dirnen ob 700, denne ander heimlich Dirnen und Curtisanen vast viel.

[3] See v. d. Hardt T. II. p. 224 ss. The Papal party wisht, quod in Concilio—soli Praelati majores, Episcopi et Abbates habeant vocem in definitiva sententia agendorum. On the other hand the Card. Cameracensis (Petrus de Alliaco) gave his opinion in a schedula, in which he remarkt, quod a tempore nascentis Ecclesiae—varii fuerunt modi observati—in modo congregationis et deliberationis Conciliorum generalium. Nam, sicut patet in Actibus Apostolorum,—quandoque in Conciliis congregabatur tota communitas Christianorum, quandoque Episcopi, Presbyteri, Diacoui, quandoque soli Episcopi sine Abbatibus quandoque cum Episcopis Abbates, quandoque Imperator convocabat et congregabat Concilium.—Item sciendum est, quod quando in Conciliis generalibus soli Episcopi habebant vocem definitivam, hoc fuit, quia habebant administrationem populi, et erant viri sancti et docti et electi prae caeteris in Ecclesia christiana. Postea fuerunt additi Abbates

## CH I.—PAPACY § 131 COUNCIL OF CONSTANCE. 291

eadem de causa, et quia habebant administrationem subjectorum. Et eadem ratione addi deberent Priores aut Majores quarumcunque congregationum plus quam Episcopi, vel Abbates inutiles, solum titulares.—Item eadem ratione, qua supra, non sunt excludendi a voce definitiva Sacrae Theologiae Doctores, ac juris canonici et civilis. Quibus, et maxime Theologis, datur auctoritas praedicandi aut docendi ubique terrarum, quae non est parva auctoritas in populo Christiano, sed multo major quam unius Episcopi vel Abbatis ignorantis, et solum titularis. Et quia antiquitus haec Doctorum auctoritas non erat introducta per modum Studiorum generalium, quae hodie auctoritate Ecclesiae observatur, de eis non fit mentio in antiquis juribus communibus, sed in Concilio Pisano et Romano (from 1412) eorum auctoritas allegatur, et in definitiva sententia se subscribunt. Quare eos in simili excludere praesens Concilium, quod est dicti Pisani continuativum non solum esset absurdum, sed dicti Pisani Concilii quodammodo reprobativum.— Item quantum ad materiam terminandi praesens schisma et dandi pacem Ecclesiae, velle excludere Reges, Principes aut Ambasiatores eorum—a voce seu determinatione etiam conclusiva, non videtur justum, aequum, aut rationi consonum : cum hujusmodi pacis conclusio ad eos et populos eis subjectos valde pertineat, et sine eorum consilio, auxilio et favore non possint ea, quae in hoc Concilio concludentur, executioni mandari. To the same effect speaks the Schedula of the Cardinal S. Marci (Guil. Philasterius, Fillastre) p. 226 : Tu, quisquis es, qui praetendis primo, solos majores Praelatos, ut his verbis utar, Episcopos et Abbates, habere vocem in generali Concilio : et ita excludis Doctores, Archidiaconos, Rectores parochialium Ecclesiarum, caeterosque dignitates habentes, quibus cura imminet animarum, Ordines praeterea ecclesiasticos, Sacerdotes et Diaconos, dic, ubi illos non admittendos legisti ? Et si legeris Conciliorum antiquorum actiones, reperisti Sacerdotes et Diaconos admissos.—Si Canonista es, vide textum Canonis dicentem, quod Doctorum Ordo quasi praecipuus est in Ecclesia Dei  Illum ergo Ordinem, et quasi praecipuum Ordinem repellis, et admittis indistincte Episcopos et Abbates, quorum pars major indocta. Et attende, quod Rex, vel Praelatus indoctus est asinus coronatus. Cum illis ergo Doctores admitte, ut illorum scientiae defectum, qui tamen auctoritatem habent, istorum scientia et doctrina suppleant. Then it is even maintained : Inter episcopos et Presbyteros, quantum ad ordinationem et meritum Apostolus nullam differentiam facit. After this question came the other p 230 : quomodo deciderentur agenda in Concilio, et fieret scrutinium votorum ? utrum per nationes in genere, quarum quatuor erant, nimirum Italiae, Galliae, Germaniae et Angliae, vel per capita singula ? Et licet clarum de jure videatur, quod perscrutanda sint vota per capita singula : *quia tamen plures sunt Praelati Italiae pauperes, quam fere de omnibus nationibus, praeterea Dominus noster fecit in numero excessivo Praelatos Cubicularios ultra quinquaginta ; dicitur praeterea, quod multos voluit sibi obligare juramentis et muneribus, alios minis terruisse, ut ita scrutando per capita nihil fieret, nisi quod vellet Dominus noster :* in istis quaestionibus Concilium diu pependit. — Interim Nationes ulterioris Galliae, Germaniae et Angliae, et ita postea Italiae, per se

T 2

resolution maintained at the council, was to let drop the decrees of Pisa, upon which John XXIII. rested his claim, and to persuade all three Popes to a voluntary resignation.[4] John ipsas se congregaverunt et deciderunt *de facto* quaestionem. Cerretanus in Actis Conc. Const. (v. d. Hardt iv. ii. p. 40) says: Die Jovis, septima Februarii, post nonnullas disceptationes decretum est, ut in Concilio per Nationes, et non per vota procederetur.

[4] In the Congregation on 7. Dec. 1414, a proposal was made by the Italians in the interest of John XXIII. (see Schedula in v. d. Hardt iv. i. p. 24), quod declararetur, Concilium Pisanum, omniaque et singula acta et gesta in eo, indeque secuta, fuisse et esse rationabilia et canonica, et ab omnibus et per omnia admittendum fore, et sub poenis canonicis admitti debere, et executioni subjacere condemnata in eo. Et pro eorum executione quod Papa teneatur et debeat expellere Petrum de Luna, et persequi Errorium (Gregorium XII.) dejectos, eorumque fautores et defensores. On the other side Petrus de Alliaco, Card. Cameracensis sought to avert the confirmation of the Council of Pisa (Schedula in v. d. Hardt ii. p. 194): In praesenti Concilio non est revocandum in dubium, sed pro fundamento supponendum, quod Concilium Pisanum fuit legitimum, et canonice celebratum, et ideo stabile et firmum.—Confirmatio Pisani Concilii, simpliciter et sine nova causa facta, non habet proprie auctoritatem mentes solidandi, sed magis irritandi, nec omnem scrupulositatem in causa dicti Pisani Concilii amovendi, seu errores circa ipsum extirpandi, sed magis novos errores inducendi, et schismatis obstinationem confirmandi, nisi prius convenientia remedia adhibeantur. In a second schedula he proposed (l. c. p. 196): quia ejectio duorum contendentium de Papatu non est facilis vel verosimilis obtineri via belli, tentandum erit, et diligenter tractandum, quod fiat pax per ipsorum reductionem vel voluntariam cessionem. He came forward afterwards with still greater plainness in some conclusiones (l. c. p. 200): Licet Concilium Pisanum probabiliter credatur repraesentasse universalem Ecclesiam, et vices ejus gessisse, quae Spiritu Sancto regitur, et errare non poterit: tamen propter hoc non est necessario concludendum, quod a quocunque fideli sit firmiter credendum, quod illud Concilium errare non potuit, *cum plura priora Concilia fuerint generalia reputata, quae errasse leguntur. Nam secundum quosdam magnos Doctores generale Concilium potest errare non solum in facto, sed etiam in jure, et quod magis est, in fide. Quia sola universalis Ecclesia hoc habet privilegium, quod in fide errare non potest.* In January 1415 ambassadors came also from Gregory XII. and Benedict XIII. (v d. Hardt iv. ii. p. 33, ss.), and Gregory XII. declared by his (v. d. Hardt ii. p. 204): viam cessionis Papatus —ex nunc pura et sincera intentione offerimus—juxta determinationem Concilii per Regiam Majestatem de omnibus obedientiis et nationibus in hoc schismate in civitate Constantiensi congregati, dicto Balthasare, qui a nonnullis Johannes XXIII. nuncupatur, non praesidente, nec interessente, cum effectu perficiendam, praefatis Petro de Luna et Balthasar Cossa idem facientibus. In February the Cardinal S. Marci (Guilelmus Philasterius, formerly Dean at Rheims) first came

XXIII., when a frightful charge against him threatened to introduce an examination into his crimes, found himself compelled on 2. March 1415 to promise his resignation.[5] True, he forward with the proposal (v. d. Hardt ii. p. 210) cessionis fiendae ab omnibus, and on the question utrum ad illam teneatur Dominus Johannes, declared himself to this effect; in casu, in quo est manifeste Summus Pontifex, quanto verior pastor Ecclesiae, tanto libentius, ferventius et citius debet pro pace et unione Ecclesiae aggredi viam cessionis et offerre. Patet conclusio ex dictis summi pastoris dicentis: *bonus pastor animam suam ponit pro ovibus suis* (Jo. x. 12).—Si autem animam tenetur ponere, multo magis accidentia vitae, honorem, potestatem, dominatum.—Quia ex praemissis tenetur ad hoc, igitur compelli potest, si recusat.—Nec dubitandum, quin generale Concilium sit judex competens in hac parte. On the other hand, the papal party gave in several schedulae (l.c p. 214 ss), in which it was particularly proved p. 216, that via cessionis, quae Domino nostro proponitur,—quoad Concilium Pisanum, est irrationabilis et injusta, quia est reprobativa et annullativa ipsius Concilii Pisani. But the Card. Cameracensis answered (p. 220 : Licet Concilium (Pisanum) fuerit legitime et canonice convocatum, rite et canonice celebratum, et duo olim contendentes de Papatu juste et canonice condemnati, et electio Domini Alexandri V. fuerit canonice et rite facta,—prout haec omnia tenet Obedientia Domini nostri Papae Johannis XXIII.: tamen duae Obedientiae duorum contendentium probabiliter tenent contrarium. In qua opinionum diversa et adversa varietate non sunt minores difficultates juris et facti, quam ante Concilium Pisanum erant de justitia duorum contendentium. Ex quo sequitur secunda conclusio, quod, sicut ante Concilium Pisanum ad evitandum difficultates juris et facti, et prolixitatem, et dilationem pacis Ecclesiae, tunc acceptata fuit ab omnibus Christifidelibus et laudata via cessionis amborum contendentium, sic et nunc trium contendentium de Papatu, similiter etiam majori ratione acceptanda est et laudanda. Sexta conclusio : Licet regulariter Papa verus et canonicus, de haeresi aut nullo notorio crimine Ecclesiam scandalizante non infamatus, nec suspectus, nequeat ab aliquo particulari collegio, seu persona singulari contra ea quae sunt sui juris compelli vel arctari : tamen ab universali Ecclesia, seu Concilio generali ipsam repraesentante, attenta prolixitate casus praesentis, pro pace Ecclesiae celerius procuranda, juste posset ad cessionem compelli. Septima conclusio : Si in casu praedicto Papa dictam viam pertinaciter recusaret, legitime posset tanquam schismaticus et de fautoria schismaticae pravitatis suspectus rationabiliter condemnari. The result of these negotiations was, p. 230 : Et finaliter omnes declinarunt ad viam cessionis secundum formam primae schedulae super hoc datae per Cardinalem S. Marci. Viz. (v. d. Hardt. iv. ii. p. 41) : Die 15, mensis Februarii Germanica, Gallica et Anglica nationes viam cessionis tanquam salubriorem ad unionem Ecclesiae conficiendam elegerunt, utque natio Italica eandem approbaret, impetrarunt.

[5] Theodoricus de Niem de vita Jo. XXIII. lib. ii. cap. 3. (v. d.

Hardt ii. p. 391): Quibus sic stantibus (towards the middle of February 1415) quidam, ut praesumiter, Italicus, multos articulos valde famosos, et omnia peccata mortalia, necnon infinita quodammodo abominabilia continentes contra eundem Balthasarem in eodem Concilio exhibuit in scriptis, tamen secrete, quod super illis contra eundem Balthasarem fieret inquisitio, et provideretur instanter per Concilium memoratum. Quibus quidem articulis per aliquot majores nationum Germaniae, Angliae et Poloniae perlectis, ipsi nullatenus consentire volebant, quod dicti articuli publicarentur, aut contra ipsum Balthasarem inquisitio fieret hujusmodi super illos. Et hoc propter honestatem. Et si contrarium fieret, ut assereḃant, per hoc macularetur sedes Apostolica, et confunderentur enormiter etiam omnes de obedientia dicti Balthasaris, et ponerentur in dubio promotiones et provisiones per ipsum factae, et multa scandala exinde subsequi possent. Plerisque etiam aliis nobilibus viris assentientibus et consulentibus, quod illa via inquisitionis fieret, quae compendiosa foret, et ipsi articuli, et contenta in eis, saltem pro majori parte essent notoria seu manifesta, et propterea modica vel nulla probatione indigerent. Quibus etiam interim clanculo et proditorie ad notitiam dicti Balthasaris deductis illico mente consternatus est, et coepit valde tremere et timere, ac etiam quosdam sibi secretos Cardinales—consulere,—asserens, quod quaedam in ipsis articulis descripta tanquam homo peccando commisisset, et aliqua non. Et proposuit tunc in mente sua, prout et ore propalavit, quod ipsemet dictum Concilium vellet personaliter accedere, et quae de contentis in eisdem articulis perpetrasset, coram ipso Concilio in publico fateri, *fundans se in hoc, quod Papa propter quodcunque delictum, ut dicebat, nisi propter haeresin, deponi non posset*—Cap. 4. Concilium autem, seu majores deputati in eodem, ignorantes, quod ipse Balthasar praedictos articulos sciret,—accesserunt ad eum, rogantes unanimiter, ut viam cessionis sui Papatus eligeret, ad hoc, quod alii contendentes de Papatu illam similiter acceptarent, quia alias non viderent modum aptum, quod praefata unio fieret in universali Ecclesia pro hac vice. Ad hoc ipse laeto animo, observata tamen, ex industria, quadam gravitate, respondit, se facturum quod peterent, dum tamen ipsi alii duo contendentes idem facere vellent. Maluit enim illam viam per se, ut existimo, amplecti, quam praedicti articuli ad ejus dejectionem a Papatu admissi et probati fuissent. The first forms of the promise (v. d. Hardt ii. p. 232), which John XXIII. offered, were not satisfactory to the Council, because non nisi aliis cedentibus he promised to resign, and propter verba irritativa, quia alii vocantur condemnati de haeresi: at length he adopted the following formula on the 1st of March, and swore to it on the 2d March in the Sessio generalis ii. (l. c. p. 240): Ego Johannes Papa XXIII propter quietem populi Christiani profiteor, spondeo et promitto, juro et voveo Deo et Ecclesiae, ac huic sacro Concilio, sponte et libere dare pacem Christi Ecclesiae per viam meae simplicis cessionis, et eam facere et adimplere cum effectu juxta deliberationem praesentis Concilii, si et quando Petrus de Luna, Benedictus XIII., Angelus Corario, Gregorius XII. in suis obedientiis nuncupati, Papatui, quem praetendunt, per se vel procuratores suos, legitime cedant: et etiam in quocunque casu cessionis vel decessus, aut alio, in quo per meam ces-

afterwards withdrew on 21. March to Schaffhausen :[6] but by so doing he only gave an opportunity to the Council, encouraged by the firmness of the Emperor, who was present in person, and by the powerful oratory of Gerson,[7] to assert in solemn decrees its own design and its own dignity in opposition to the Papal See.[8]

sionem poterit dari unio Ecclesiae Dei per exstirpationem praesentis schismatis. Though he was bound to issue literas testimoniales on this point, he refused at fiist (Theod. de Niem l. c ) However, on the 7th March he had a Bull prepared in which that promise was incorporated word for word (see in v. d. Hardt IV. ii. p. 53.)
[6] Theod. de Niem ii 7. The letters to the King of France, the Duke of Orleans, and the University of Paris, in which the Pope sought to justify his flight, on the plea, that he was neither safe nor free at Constance, that the Emperor Sigismund conducted the council entirely according to his own will, and so on, may be seen in v. d. Hardt ii. p 253 ss. There are letters of the same kind to the King of Poland, the Dukes of Berri and Burgundy, in Bourgeois du Chastenet, Preuves p. 318 ; to the Duke of Orleans in J G. Schelhorn's Ergotzlichkeiten aus der Kirchenhistorie u. Literatur. Bd. i. S. 27 f. There are letters of defence from the Council to the princes in v. d. Hardt iv. p. 108, to the King of France ibid p. 129, more fully in Schelhorn ibid. S. 225. In the first we find, p. 111 : Nos igitur, cum omnia diligenter pensamus, et maturo judicio deliberamus, nil aliud eundem (Papam) attentasse conspicimus, quam hujusmodi Concilii dissolutionem, utpote ad unionem Ecclesiae intendentis. And so according to Theod. de Niem ii. 8, the Cardinals of the Pope's party at Constance endeavoured to spread the opinion, quod Concilium dissolutum esset propter absentiam et recessum dicti Balthasaris.

[7] See Oratio publica de Concilii auctoritate delivered on March 23, in v. d. Hardt ii. p. 265 ss. Gersonis Opp. ed. du Pin. T. ii. P. ii. p. 201 ss.

[8] Sess. generalis iii. d. 26. Mart. Decreta pro Concilii integritate et auctoritate post fugam Papae, per Cardinalem Zabarellam praelecta (in v. d. Hardt iv. p. 72): Ad honorem, laudem et gloriam sanctissimae Trinitatis, Patris et Filii et Spiritus Sancti, pacemque in terris hominibus bonae voluntatis divinitus promissam in Dei Ecclesia consequendum, haec sancta Synodus, sacrum generale Concilium Constantiense nuncupata, pro unione et reformatione dictae Ecclesiae in capite et in membris fienda, in Spiritu Sancto hic debite congregata, decernit, declarat, diffinit, et ordinat, ut sequitur : Et primo, quod ipsa Synodus fuit et est recte et rite convocata ad hunc locum civitatis Constantiensis, et similiter recte et rite initiata et celebrata. Item quod per recessum Domini nostri Papae de hoc loco Constantiensi, vel etiam per recessum aliorum Praelatorum, seu aliorum quorumcunque, non est dissolutum hoc sacrum Concilium, sed remanet in sua integritate et auctoritate, etiamsi quae ordinationes factae essent in contrarium, vel fierent in futurum. Item quod istud sacrum concilium non debet dissolvi, nec

The Process immediately commenced against John XXIII., dissolvatur usque ad perfectam exstirpationem praesentis schismatis, et quousque Ecclesia sit reformata in fide et in moribus, in capite et in membris Item quod ipsum sacrum Concilium non transferatur ad alium locum, nisi ex causa rationabili, et de consilio hujus sacri Concilii deliberanda et concludenda. Item quod Praelati et alii, qui debent interesse huic Concilio, non recedant ab hoc loco ante finitum Concilium, nisi ex causa rationabili, examinanda per deputatos seu deputandos ab hoc sacro Concilio. Qua causa examinata et approbata possint recedere cum licentia ejus vel illorum, qui habebit vel habebunt auctoritatem. Et tunc recedens teneatur dimittere potestatem suam aliis remanentibus sub poenis juris et aliis per hoc sacrum Conoilium indicendis et contra eos exequendis. Still more important resolutions were immediately after adopted by the nations. The Cardinals wisht for several omissions, and although the nations refused to yield (v. d. Hardt iv. p. 81. ss.), still the Cardinal Florentinus (Zabarella) publisht the resolutions with these omissions in the solemn Sess. gen. iv. March 30, see l. c. p. 89. General dissatisfaction with the Cardinals was caused by this action (l. c. p. 92), compare the violent invective of Benedictus Gentianus, representative of the University of Paris, against them in v. d. Hardt ii p. 279 Agreeably to the general resolution the decree had to be repeated unmutilated in Sess. gen. v. April 6, see v. d. Hardt ii. p. 98 (the part omitted by Zabarella is printed in Italics) : In nomine sanctae et individuae Trinitatis, Patris et Filii et Spiritus Sancti, Amen. Haec sancta Synodus Constantiensis, generale Concilium faciens, pro exstirpatione praesentis schismatis, et unione ac reformatione Ecclesiae Dei in capite et in membris fienda, ad laudem omnipotentis Dei in Spiritu Sancto legitime congregata, ad consequendum facilius, securius, uberius, et liberius unionem ac reformationem Ecclesiae Dei, ordinat, diffinit, statuit, decernit et declarat, ut sequitur. Et primo declarat, quod ipsa in Spiritu Sancto legitime congregata, generale Concilium faciens, et Ecclesiam Catholicam militantem repraesentans, potestatem a Christo immediate habet, cui quilibet, cujuscunque status, vel dignitatis, etiamsi papalis, existat, obedire tenetur in his, qua pertinent ad fidem et exstirpationem dicti schismatis, *ac generalem reformationem Ecclesiae Dei in capite et in membris. Item declarat, quod quicunque, cujuscunque conditionis, status, vel dignitatis, etiamsi papalis, existat, qui mandatis, statutis seu ordinationibus, aut praeceptis hujus sanctae Synodi et cujuscunque alterius Concilii generalis legitime congregati, super praemissis seu ad ea pertinentibus, factis vel faciendis obedire contumaciter contemserit, nisi resipuerit, condignae poenitentiae subjiciatur, et debite puniatur, etiam ad alia juris subsidia, si opus fuerit, recurrendo.* Item diffinit et ordinat sancta Synodus, quod Dominus Johannes XXIII. Romanam Curiam et Officia publica, illius seu illorum Officiarios de hac civitate Constantiensi ad alium locum non mutet aut transferat, seu personas dictorum officiariorum ad sequendum eum directe vel indirecte cogat, sine deliberatione et consensu ipsius s. Synodi.—Item ordinat et diffinit, quod omnes et singulae translationes Praelatorum, necnon privationes eorundem aut aliorum

ended with the sentence of his deposition on the 29th May, 1415.[9] Gregory XII. resigned voluntarily on the 4th July.[10] Only beneficiatorum, officialium, administratorum, quarumcunque commendarum ac donationum revocationes, monitiones, censurae ecclesiasticae, processus, sententiae, et quaecunque acta, gesta, gerenda, agenda aut fienda per praefatum Dominum Johannem Papam, aut suos officiarios vel commissarios in laesionem dicti Concilii seu adhaerentium eidem, a tempore inchoationis ejusdem Concilii—facta seu facienda,—auctoritate hujus sacri Concilii ipso facto sint nulla, cassa, irrita et inania.—*Item declarat, quod idem Johannes Papa XXIII, et omnes Praelati, ac alii ad hoc sacrum Concilium vocati, et alii in eodem Concilio existentes, in plenaria libertate fuerunt et existunt, ut visum est dicto sacro Concilio, nec ad notitiam dictorum vocatorum seu dicti Concilii contrarium deductum est. Et hoc testificatur dictum sacrum Concilium coram Deo et hominibus.* Among these decrees the first Sess. v. was always especially offensive to the Ultramontanes. So they denied its legality, Card. Cajetanus de auctoritate Papae et Concilii, Bellarminus de Conciliis et Ecclesia lib. ii. c. 19, Andreas Vallius de suprema potest. Papae P. iv. Q. 7, the French party in answer maintained, see Richerii hist. Conciliorum lib. ii. c. 3. § 7. After the French clergy in their famous propositions of 1682 declared, nec probari a gallicana Ecclesia, qui eorum decretorum, quasi dubiae sint auctoritatis ac minus approbata, robur infringant aut ad solum schismatis tempus Concilii dicta detorqueant; there appeared Emanuel a Schelstraten Acta Constantiensis Concilii ad expositionem decretorum ejus sessionum quartae et quintae facientia, nunc primum ex Codd. Mss. in lucem eruta ac dissertatione illustrata, Antverp. 1683. 4, in which not only are the earlier subterfuges repeated, but it is also asserted, that the first decree of the fourth Session was interpolated by the Council of Basle, which in 1442 first had the acts of the Council of Constance collected; whereas the genuine decree was only pertinent ad exstirpationem dicti schismatis: and that the decrees of the fifth Session were drawn up without sufficient deliberation, and without the consent of all. On the contrary side are the Gallicans Louis Maimbourg traité hist. de l'établissement et des prérogatives de l'église de Rome et de ses evêques. Paris 1685 12. c. 23—25 Du Pin de antiqua eccl. disciplina. cap. vi. § 6. Natalis Alexander hist. eccl. Saec. xv. et xvi. Diss. 4. Since v. d. Hardt has publisht earlier information about the deliberations of the Council, Schelstraten's assertion is refuted officially.

[9] In Sess. vi. 17. April 1415, the Council consented to a project of a Procuratorii super renunciatione Papatus, to be executed by John XXIII. (v. d. Hardt vi. p. 114), by virtue of which the Procuratores to be nominated by him, should be legally authorised to make renunciation in his stead according to the conditions sworn to by himself, with the proviso: Et si quovismodo contingeret, hujusmodi procuratorium seu procuratores nos recovare,—impugnare etc. ex nunc prout ex tunc ipsi Papatui cedimus et renunciamus ipso facto, et deinceps pro non Papa haberi — volumus. When

Benedict XIII. remained immovable. Although the kingdom of Spain renounced his obedience on the 6th Jan. 1416, and united itself in October as fifth nation to the Council; still all attempts at a compromise with him were vain; and he himself cared nothing for the sentence of deposition pronounced against him by the Council 26th July, 1417.[11] However, as his the Pope refused to execute this Procuratorium thus allowed to him, in Sess. gen. vii. May 2. a citation ensued (l. c. p. 143), Sess. gen. x. May 14 suspension (l. c. p. 183), and after 70 Articuli (l. c. p. 196), several of which, however, were not read in public because of their scandalous contents (p. 237, 247), had been proved by witnesses (p. 253), Sess. gen. xii May 29, the Sententia depositionis (l. c. p. 280), in which the Synod declared, recessum per—Johannem Papam xxiii. ab hac civitate Constantiensi—clandestine—factum fuisse et esse illicitum, Ecclesiae Dei et dicto Concilio notorie scandalosum, pacis et unionis ipsius Ecclesiae turbativum et impeditivum, schismatis inveterati nutritivum, a voto, promissione et juramento per ipsum Dominum Johannem Papa Deo, et Ecclesiae, ac huic sacro Concilio praestitis deviativum ; ipsumque Dominum Johannem Papam Simoniacum notorium, bonorumque et jurium, nedum Romanae, sed aliarum Ecclesiarum—dilapidatorem notorium, malumque spiritualium et temporalium Ecclesiae administratorem et dispensatorem fuisse et esse, suis detestabilibus inhonestisque vita et moribus Ecclesiam Dei et populum Christianum notorie scandalizantem;—postque monitiones debitas et charitativas, iteratis et crebris vicibus eidem factas, in praemissis malis pertinaciter perseverasse, seque ex hoc notorie incorrigibilem reddidisse : ipsumque —tanquam indignum, inutilem, et damnosum a Papatu—amovendum, privandum et deponendum fore. Et eum dicta sancta Synodus amovet, privat et deponit, universos et singulos Christicolas, cujuscunque status, dignitatis, vel conditionis existant, ab ejus obedientia, fidelitate et juramento absolutos declarando.—Eumque ad standum et morandum in aliquo loco bono et honesto sub custodia tuta Serenissimi Principis Domini Sigismundi, Romanorum et Hungariae Regis,—nomine dicti sacri Concilii generalis, quamdiu dicto sacro generali Concilio pro bono unionis Ecclesiae Dei videbitur, condemnandum fore, et eadem sententia condemnat. Alias vero poenas, quae pro dictis criminibus et excessibus inferri deberent juxta canonicas sanctiones, dictum Concilium arbitrio suo reservat declarandas et infligendas secundum quod rigor justitiae vel misericordiae ratio suadebit.

[10] Sess. gen. xiv. in v. d. Hardt iv. p. 346 ss. He was accordingly appointed by the Council Cardinal Legate of the march of Ancona (l. c. p. 474). cf. Theodorici de Niem liber iii. de fatis Constantiensibus reliquorum duorum Pontificum Gregorii XII. et Petri de Luna, aliisque negotiis in Concilio, remoto Balthasare, incidentibus in v. d. Hardt ii. p. 409 ss.

[11] Theod. de Niem l. c. The negotiations of the Emperor Sigismund, who went to Spain for the purpose in Sept. 1415, with him, may be seen in v. d. Hardt ii. p. 484 ss. The transactions of the council with regard

obedience was restricted to the small town of Peniscola in Valencia, no further notice need be taken of him.[12]

The Emperor Sigismund and the Germans, supported at first by the English, taking warning from the Council of Pisa, now desired that the proposed reformation[13] should be taken in hand before the election of a new Pope. But the Cardinals and the rest of the nations were so urgent in their opposition to this measure,[14] that the Council was satisfied with framing some few

to him may be found scattered in v. d. Hardt iv. The sentence of deposition Sess. xxxvii. July 26, in v. d. Hardt iv. p. 1373 designates him as perjurum, universalis Ecclesiae scandalizatorem, fautorem et nutritorem inveterati schismatis,—et haereticum a fide devium, et articuli fidei *Unam sanctam catholicam Ecclesiam* violatorem pertinacem, cum scandalo Ecclesiae Dei incorrigibilem, notorium et manifestum. According to Jo. Niderus (a Dominican at Basle and Vienna † 1438) de visionibus ac revelationibus (or formicarius) ed v. d. Hardt. Helmstadii 1692. 8. lib. iii. c. l. Benedict had received a prophecy from a certain abbot, quod plura passurus esset ab adversariis, quod obsideri deberet,—sed tandem Romam iturus esset, et in unione Ecclesiae ibidem, adepta pacifica possessione et sedato schismate, quieturus.— In praedictam prophetiam fatue confidens remotus a Papatu obedire renuit, in munitiunculam fugit, et tandem in exilio, pertinax in sua opinione, vitam nec Romae, nec in pace, sed in miseria finivit.

[12] Benedict XIII. died in 1424. He left behind him 4 Cardinals, three of whom elected a Clement VIII., the fourth a Benedict XIV. Clement VIII. was obliged to abdicate at a Council in Tortosa, A.D. 1429.

[13] On the necessity for reform see Petri de Alliaco canones reformandi Ecclesiam in Conc. Constantiensi, presented to the Council on 1 Nov. 1416 (in v. d. Hardt I. viii p. 409), in Praefat. Quae Ecclesiae reformatio quam necessaria olim fuerit, et amplius modo sit, evidenter ostendit deflenda ipsius deformatio. De qua lamentabiliter conquerebatur b. Bernhardus serm. xxxiii. super Cant. (compare part 2. §. 65 note 10).—Si haec a b Bernhardo dicta sunt, nunc multo magis dici possunt. Quia ex eo Ecclesia de malis ad pejora processit, et in omni tam spirituali quam saeculari statu abjecto decore virtutum in variam cecidit turpitudinem vitiorum.—Hoc autem Deus misericordissimus, qui solus ex malis bona novit elicere, ideo permittere credendus est, ut eorum occasione Ecclesia sua in melius reformetur. *Quod nisi celeriter fiat, audeo dicere, quod, licet magna sint quae videmus, tamen brevi incomparabiliter majora videbimus, et post ista tonitrua tam horrenda, alia horribiliora in proximo audiemus.* Eapropter summopere vigilandum est circa reformationem Ecclesiae. In order to prepare for this Reformation, in Sess. xiii. 15 June, 1415, (v. d. Hardt iv. p. 335) a committee consisting of 4 Cardinals and deputies of the nations was appointed as a Reformatorium, v. d. Hardt I. x. p. 583 ss. has publisht their remarkable protocol.

reformatory decrees,[15] and with recommending the other subjects

[14] V. d. Hardt iv. p. 1394 ss.
[15] Decrees of the Sessio gen. xxxix. 9 Oct. 1417 in v. d. Hardt iv. p. 1435 : I. De Conciliis generalibus : Frequens generalium conciliorum celebratio agri Dominici praecipua cultura est, quae vepres, spinas et tribulos haeresium, errorum et schismatum exstirpat, excessus corrigit, deformata reformat, et viam Domini ad frugem uberrimae fertilitatis adducit : illorum vero neglectus praemissa disseminat atque fovet.— Propter hoc edicto perpetuo sancimus,—ut amodo concilia generalia celebrentur, ita quod primum a fine hujus Concilii in quinquennium immediate sequens, secundum vero a fine illius immediate sequentis Concilii in septennium, et deinceps de decennio in decennium perpetuo celebrentur in locis, quae summus Pontifex per mensem ante finem cujuslibet Concilii, approbante et consentiente Concilio, vel in ejus defectu ipsum Concilium deputare et assignare teneatur ; ut sic per quandam continuationem semper aut Concilium vigeat, aut per termini pendentiam exspectetur.—II. *Provisio adversus futura schismata praecavenda* : Si vero, quod absit, in futurum schisma oriri contingeret, —ipso jure terminus Concilii tunc forte ultra annum pendens ad annum proximum breviatus.—Et quilibet ipsorum se pro Romano Pontifice gerentium infra mensem, a die qua scientiam habere potuit, alium vel alios assumsisse Papatus insignia,—teneatur sub intimatione maledictionis aeternae et amissione juris, si quod forte sibi quaesitum esset in Papatu,—Concilium ipsum ad terminum anni praedictum in loco prius deputato celebrandum indicere et publicare, et per suas literas competitoribus—et caeteris Praelatis ac Principibus—intimare, necnon termino praefixo—ad locum Concilii personaliter se transferre, nec inde discedere, donec per Concilium causa schismatis plenarie sit finita. Hoc adjuncto quod nullus ipsorum contendentium de Papatu in ipso Concilio ut Papa praesideat : quinimo—sint ipsi omnes de Papatu contendentes, postquam dictum Concilium inceptum fuerit, auctoritate hujus sacrae synodi ipso jure ab omni administratione suspensi.—Quod si forte electionem Romani Pontificis per metum, qui caderet in constantem, seu impressionem de cetero fieri contingat, ipsam nullius decernimus efficaciae vel momenti, nec posse per sequentem consensum, etiam metu praedicto cessante, ratificari vel approbari. Non tamen liceat Cardinalibus ad aliam electionem procedere, nisi ille, qui fuit electus, forte renunciet, vel decedat, donec per generale Concilium de electione illa fuerit judicatum. Et si procedant, nulla sit electio.—Sed—teneantur electores omnes—quam cito sine periculo personarum poterunt—se transferre ad locum tutum, et metum praedictum allegare coram Notariis publicis, et notabilibus personis ac multitudine populi in loco insigni.—Teneantur insuper—provocare sic electum ad Concilium.—III. *De professione facienda per Papam.* IV. *Ne Praelati transferantur inviti.* V. *De spoliis et procurationibus.* Cum per Papam facta reservatio et exactio et perceptio procurationum Ordinariis et aliis inferioribus Praelatis debitarum ratione visitationis, necnon et spoliorum decedentium Praelatorum, aliorumque clericorum, gravia Ecclesiis, Monasteriis, et aliis beneficiis ecclesiasticisque personis afferant detrimenta : praesenti

for reform, in general intimations to the future Pontiff.[16] Accordingly Otto Colonna was elected Pope on 11. Nov. 1417, under the name of Martin V. The event justified the fears of the Germans. The feeble light of the council grew pale before the splendour of the new Pope, the first for a long time who had been universally acknowledged ; and the Papal monarchy immediately raised itself again without opposition, above all the limits which the ecclesiastical aristocracy meant to have imposed. The rules in Chancery, which Martin V. prepared immediately after his election, were little different from those of former Popes, about which there had been so much complaining.[17] The pro-

declaramus edicto, rationi fore consentaneum, ac reipublicae accommodum, tales per Papam reservationes ac—exactiones seu perceptiones de cetero nullo modo fieri seu attentari. Quinimo procurationes hujusmodi, et quorumcunque Praelatorum—in Curia Romana vel extra—decedentium spolia, seu bona eorum mortis tempore reperta, plane et libere pertineant illis,—quibus alias, praefatis reservationibus mandatis et exactionibus cessantibus competerent ac pertinere deberent. Praelatis etiam inferioribus et aliis hujusmodi spoliorum exactiones praeter et contra juris communis formam fieri interdicimus.

[16] Sessio gen. xl. 30. Oct. 1417 (v. d Hardt iv. p. 1452) : Sacrosancta synodus Constantiensis statuit et decernit, quod futurus summus Pontifex per Dei gratiam de proximo assumendus, cum hoc sacro Concilio vel deputandis per singulas nationes debeat reformare Ecclesiam in capite et Curia Romana secundum aequitatem et bonum regimen Ecclesiae, antequam hoc sacrum Concilium dissolvatur, super materiis articulorum, alias per nationes in Reformatoriis oblatorum, qui sequuntur. 1. Primo de numero, qualitate et natione Dominorum Cardinalium 2. Item de reservationibus sedis Apostolicae. 3 Item de annatis, communibus servitiis, et minutis. 4. Item de collationibus beneficiorum, et gratiis expectativis. 5. Item de causis in Romana Curia tractandis, vel non. 6. Item de appellationibus ad Romanam Curiam. 7. Item de officiis Cancellariae et Poenitentiariae. 8. Item de exemtionibus et incorporationibus tempore schismatis factis. 9. Item de commendis. 10. Item de confirmationibus electionum. 11. Item de fructibus medii temporis. 12. Item de non alienandis bonis Romanae Ecclesiae et aliarum Ecclesiarum. 13. Item propter quae, et quomodo Papa possit corrigi vel deponi. 14 Item de exstirpatione Simoniae. 15. Item de dispensationibus. 16. Item de provisione Papae et Cardinalium. 17. Item de indulgentiis. 18. Item de decimis. Hoc adjecto, quod facta per nationes deputatione praedicta liceat aliis de Papae licentia libere ad propria remeare.

[17] Martini P. V. Regulae Concellariae, die 12. Nov. 1417 a Johanne Ostiensi Cardinale conscriptae et d 26. Febr. 1418 publicatae in v. d. Hardt. i. xxi. p. 965 ss.

posals for reformation which he drew up, by no means answered the expectations formed.[18] But the strength and unity of the Council were already so much broken up, that the Pope was able to settle the most important points of Reformation by concordats with the separate nations;[19] and then a few decrees for universal

[18] In the beginning of the year 1418 the German nation presented *Avisamenta Nationis Germanicae super articulis juxta decretum Concilii reformandis, exhibenda Domino nostro sanctissimo* (v. d. Hardt i. xxii. p. 999 ss.) Towards the end of January came the *Responsio Dom. P. Martini super reformatione capitulorum, in Concilio per decretum statutorum, per modum Avisamenti data Nationibus* (l. c. p 1021 ss.), the concessions of which fell far short of the requisitions made. With reference to Art xiii. the proposal of the German nation (l. c. p. 1008) was: Super decimo tertio articulo videtur, quod summus Pontifex non solum de haeresi, sed etiam de simonia notoria tam circa sacramenta, quam circa beneficia ecclesiastica, et quolibet alio notorio crimine gravi, Ecclesiam universalem notorie scandalizante, de quo canonice monitus incorrigibilis extiterit, per generale Concilium puniri valeat, ac deponi etiam de Papatu. Item videtur, quod sanctissimus Dominus noster sacro approbante Concilio specialem constitutionem super hoc, quod praemittitur, declaratoriam debeat promulgare, et insuper declarare, quod nedum circa sacramenta, sed etiam circa beneficia ecclesiastica conventionem seu pactionem pecuniariam per se vel alium faciendo crimen pravitatis Simoniacae non evadat (compare Part 3, § 101, note 29.) In the Pope's responsio we find on this head, (l. c. p. 1032): Artic. xiii.: *Propter quae et quomodo Papa possit corrigi et deponi.* Non videtur, prout nec visum fuit in pluribus nationibus, circa hoc aliquid novum statui vel decerni.

[19] Germanicae Nationis et Martini V. Papae Concordata publisht May 2. 1418 (in v. d. Hardt i p. 1055. E. Munch's vollstandige Sammlung aller altern und neuern Konkordate. Th. i. S. 20 ff ) Cap. 1. *De numero et qualitate Cardinalium, et eorum creatione.* Statuimus, ut deinceps numeros Cardinalium S. Romanae Ecclesiae adeo sit moderatus, quod non sit gravis Ecclesiae. Qui de omnibus partibus Christianitatis proportionaliter, quantum fieri poterit, assumantur, ut notitia causarum et negotiorum in Ecclesia emergentium facilius haberi possit, et aequalitas regionum in honoribus ecclesiasticis observetur; sic tamen, quod numerum xxiv. non excedant, nisi pro honore nationum, quae Cardinalem non habent, unus vel duo pro semel de consilio et assensu Cardinalium assumendi viderentur. Sint autem viri in scientia, moribus et rerum experientia excellentes, Doctores in theologia, aut in jure canonico vel civili, praeter admodum paucos, qui de stirpe regia vel ducali, aut magni Principis oriundi existant, in quibus competens literatura sufficiat : non fratres, aut nepotes ex fratre vel sorore, alicujus Cardinalis viventis : nec de uno Ordine Mendicantium ultra unum : non corpore vitiati, nec alicujus criminis vel infamiae nota respersi. Nec fiat eorum electio per auricularia vota

solummodo, sed etiam cum consilio Cardinalium collegialiter, sicut in promotione Episcoporum fieri consuevit. Qui modus etiam observetur, quando aliquis ex Cardinalibus in Episcopum assumetur. Cap. 2. De provisione Ecclesiarum, Monasteriorum etc. Sanctissimus Dominus noster Papa, Martinus V., super provisionibus Ecclesiarum, Monasteriorum et beneficiorum quorumcunque utetur reservationibus juris scripti, et constitutionis Execrabilis et Ad regimen (see part 3. § 101. note 10 and 16) modificatae. The Pope accordingly reserved to himself the occupation of all benefices becoming vacant in Curia, and thus of all those, the incumbents of which were members of the Papal Curia, or were deposed or translated by the Pope, and those to which an appointment had been made, but been annulled by the Pope. The Pope provided likewise when the election was not made within the proper time. The majores dignitates in the chapters were to be filled up by the election of the chapters, the other stalls alternately by the Pope, and those to whom the nomination belonged. A sixth part of the canonries was to be filled up with graduates only, all parish churches likewise with 2,000 communicants and more. Cap. 3. De Annatis. De Ecclesiis et Monasteriis virorum duntaxat vacantibus et vacaturis solventur pro fructibus primi anni a die vacationis summae pecuniarum in libris Camerae Apostolicae taxatae, quae communia servitia nuncupantur. Si quae vero excessive taxatae sunt, juste retaxentur.—Taxae autem praedictae pro media parte infra annum a die habitae possessionis pacificae totius vel majoris partis solventur, et pro media parte alia infra sequentem annum. Et si infra annum bis vel pluries vacaverit, semel tantum solvetur.—De ceteris autem dignitatibus—quibuscunque, quae auctoritate sedis Apostolicae conferentur,—solvatur annata seu medii fructus juxta taxam solitam tempore immissionis infra annum. Et debitum hujusmodi in successorem in beneficio non transeat. De beneficiis vero, quae valorem xxiv. florenorum de camera non excedunt, nihil solvatur. Cap 4. De causis tractandis in Romana Curia necne. —Nullae causae in Romana Curia committantur, nisi quae de jure et natura causae in Romana Curia tractari debebunt.—Caeterae committantur in partibus. Nisi forte pro causae et personarum qualitate, in commissione exprimenda, illas tractare in Curia expediret pro justitia consequenda, vel de partium consensu in curia tractentur. Cap. 5. De Commendis. Ordinat Dominus noster Papa, quod imposterum Monasteria aut magni Prioratus conventuales habentes ultra decem religiosos, et officia claustralia, dignitates majores post pontificales in cathedralibus, sive Ecclesiae parochiales, nulli Praelato, etiam Cardinali, dentur in commendam.—Una etiam Ecclesia metropolitana uni Cardinali vel Patriarchae concedi poterit, provisionem aliam sufficientiorem non habenti Cap. 6. De Simonia in foro conscientiae providetur. Every clerical person was to choose for himself a graduate, or a man otherwise approved for discretion, as his father confessor, who within the next three months, should absolve him from simonia active vel passive commissa and remove all ecclasiastical consequences induced by it. Cap. 7. De non vitandis excommunicatis, antequam per judicem fuerint declarati et denunciati. Cap 8. De dispensationibus. Ordinat etiam Dominus noster, ad Ecclesias cathedrales, Monasteria, Prioratus conventuales, et

reform[20] were sufficient to obtain from the council recognition parochiales Ecclesias super defectum aetatis ultra triennium nullatenus dispensare : nisi forte in Ecclesiis cathedralibus ex ardua et evidenti causa, de consilio Cardinalium—videretur aliter dispensandum. Item Dominus noster in arduis et gravibus casibus sine consilio Cardinalium non intendit dispensare. Cap. 9. De provisione Papae et Cardinalium. Romano Pontifici et s. Romanae Ecclesiae Cardinalibus pro illorum sustentatione, rebus Romanae Ecclesiae stantibus ut sunt, non videtur aliter posse provideri, quam hucusque factum est, scilicet per beneficia et communia servitia, quae vacantiae nuncupantur. Here the resolutions of cap. 5 are repeated. Cardinalis de proventibus ecclesiasticis non habeat ultra valorem sex millium florenorum. Cap. 10. De indulgentiis. Cavebit Dominus noster Papa in futurum nimiam indulgentiarum effusionem, ne vilescant. Et in praeteritum concessas ab obitu Gregorii XI. ad instar alterius indulgentiae revocat et annullat. Cap. 11. De horum Concordatorum valore. Item sanctissimus Dominus noster Papa et inclyta natio Germanorum consenserunt et protestati sunt, quod omnia et singula supradicta durare et tolerari debeant usque ad quinquennium duntaxat a data praesentium numerandum ;—quodque per observantiam illorum nullum jus novum Ramano Pontifici, aut alicui alteri Ecclesiae vel personae acquiratur seu praejudicium generetur, sed lapso dicto quinquennio quaelibet Ecclesia et persona praedicta liberam facultatem habeat utendi quolibet jure suo. The concordat with the French (v. d. Hardt iv. p. 1566 ss.), in which, however, a reservation was made for the King's consent, was likewise publisht 2. May 1418, and in most of its divisions exactly corresponds with the concordat of the Germans : only here the Pope remitted half the Annates for the next four years : on the other hand Circa articulum indulgentiarum habita deliberatione matura nihil intendimus circa eas immutare seu ordinare. The concordat with the English was not concluded till the 12th July, see in v. d. Hardt 1. p. 1079 ss.

[20] Sess. gen. xliii. 21. March, 1418 the following decrees were publisht, (v. d. Hardt iv. p. 1535) : 1. De Exemptionibus (Anf. Attendentes). 2. De unionibus et incorporationibus, whereby all exemtions, unions, and incorporations made since the death of Gregory XI., were revoked with few exceptions. 3. De fructibus medii temporis. Item fructus et proventus Ecclesiarum, Monasteriorum et Beneficiorum, vacationis tempore obvenientes, juris et consuetudinis vel privilegii dispositioni relinquimus, illosque nobis vel Apostolicae Camerae prohibemus applicari. 4. De Simoniacis :—Ordinati simoniace ab executione suorum Ordinum sint eo ipso suspensi :—quaevis provisiones simoniacae —nullae sint ipso jure :—dantes et recipientes eo ipso facto sententiam excommunicationis incurrant. 5. De dispensationibus. An abrogation of the Papal dispensations which were granted to persons appointed to ecclesiastical offices, quibus certus Ordo debitus est, ne debitos aut annexos Ordines suscipiant. 6. De decimis et aliis oneribus. Praecipimus et mandamus, jura, quae prohibent inferioribus a Papa decimas et alia onera Ecclesiis et personis ecclesiasticis imponi, districtius observari. Per nos autem nullatenus imponentur

of what was done, as a satisfactory Reformation.[21] However, during these transactions, not only did the Pope allow himself to grant a tithe of church revenue to the Emperor Sigismund, notwithstanding all the outcry which had been raised against this kind of church oppression,[22] but he even ventured in direct

generaliter super totum Clerum, nisi ex magna et ardua causa et utilitate universalem Ecclesiam concernente, et de consilio, et consensu et subscriptione fratrum nostrorum S. R. E. Cardinalium, et Praelatorum, quorum consilium commode haberi poterit : nec specialiter in aliquo regno vel provincia inconsultis Praelatis illius regni vel provinciae et ipsis non consentientibus, vel eorum majori parte, et eo casu per personas ecclesiasticas et auctoritate apostolica duntaxat leventur. 7. De vita et honestate Clericorum, against the worldly pomp of the clergy.

[21] The last papal decree in its 43d Session was (l. c. p. 1540), Decernimus et declaramus sacro approbante Concilio, per decreta, statuta et ordinata, tam lecta in praesenti sessione, quam concordata, cum singulis nationibus ejusdem Concilii, — huic sacro Concilio super articulis contentis in decreto super fienda reformatione, die sabbati xxx. mensis Oct. proxime praeteriti promulgato (see note 16) fuisse et esse jam satisfactum. Thereupon the Cardinal Bishop of Ostia replied ; De mandato nationum respondeo, quod placent nationibus decreta recitata, et cuilibet nationi placet Concordia cum ipsa per Dominum nostrum facta. Et per praemissa fatentur, decreto etiam jam esse satisfactum, non intendentes propterea, quod concordata cum una natione in aliquo alteri nationi afferant praejudicium.

[22] The Literae gratiosae from the Pope to the Emperor dd. 7. Cal. Febr. 1418 in v. d. Hardt ii. p 589 ss. Dum praeclara devotionis et fidei Tuae Serenitatis merita, quibus erga Deum et universalem Ecclesiam sanctam suam gloriosissime, praesertim circa unionem ejusdem Ecclesiae—per multa jam tempora curis vigilibus et continuis—mirifice claruisti,—pensamus ;—inducimur non indigne, ut in relevationem onerum et expensarum, quae pro consecutione unionis hujusmodi, nonnulla regna partesque terrarum orbis varias peragrando, Tua Serenitas subiit hactenus, nec subire desinit incessanter, Tua Celsitudo nostram et apostolicae sedis gratiam sibi mirificam sentiat ac super alicujus subventorio auxilio liberalem. Hinc est, quod Nos—una cum ven. fratribus nostris S R. E. Cardinalibus super his deliberatione praehabita, ac de ipsorum consilio, nec non ven. fratrum nostrorum Archiepiscoporum, Episcoporum, et dilectorum filiorum Electorum, Administratorum, necnon Abbatum et aliorum de natione Germanica percepto beneplacito voluntatis, ac etiam praedecessorum nostrorum, Romanorum Pontificum,—circa hoc vestigiis inhaerentes, Decimam integram unius anni omnium redituum et proventuum ecclesiasticorum in provinciis— nationis Germanicae, totius provinciae Treverensis, necnon Basileensis et Leodiensis civitatem et dioecesium sub Romano Imperio consistentium,—Serenitati Tuae—assignamus. At the same time he appointed three Bishops to be Commissioners, to collect this tithe by spiritual and

opposition to an express maxim of the Council, to pronounce all appeals from the Pope to a general Council inadmissible, when the Poles in their controversy with John of Falckenberg put in such an appeal.[23] Thus the Council became so unlike itself, that its dissolution, which followed soon after (Sess. XLV. 22. April 1418),[24] could be no cause for regret, so little had it done to fulfil the hopes of the people.[25]

secular means (l. c. p. 592 ss.) Seven German churches remonstrated against this proceeding before the Council, by the mouth of the Florentine Jurist Dominicus de Germiniano; and he in his Repudium decimarum (l. c. p. 608) first proved, quia haec impositio decimae concessa est non consentientibus Praelatis nationis Almaniae, vel saltem majori parte ipsorum, imo inconsultis procuratoribus Cleri dictarum septem Ecclesiarum in Concilio Constantiensi existentibus. Quod tamen fieri non potuit juxta constitutionem Domini nostri Papae (see note 20. 6.)—Item ad ejus levationem invocatur auxilium brachii saecularis. Et sic contra dictam constitutionem etc. However at the end he only moves for a milder method of collecting the tithe.

[23] Compare Part iii. § 118, note 11.- Jo. Gersonii tract. quomodo et an liceat in causis fidei a summo Pontifice appellare (Opp. II. ii p. 303 ss.): Quaeritur utrum haec assertio sit catholica:—*Nulli fas est a supremo judice, videlicet Apostolica Sede, seu Romano Pontifice, Jesu Christi Vicario in terris, appellare, aut illius judicium in causis fidei, quae tanquam majores ad ipsum et Sedem Apostolicam deferendae sunt, declinare?* Arguitur quod sic, auctoritate sanctissimi Domini Martini Papae V. in sua Constitutione ad perpetuam rei memoriam facta, et promulgata in Consistorio generali celebrato Constantiae 6 Idus Martii Pontificatus sui anno primo (10. March 1418), ubi reperitur haec assertio, sicut dicitur. In the Dialogus Apologeticus pro condemnatione propositionum Jo. Parvi (l. c p 390) Gerson stigmatizes this Papal Bull as destruens fundamentale penitus robur, nedum Pisani, sed Constantiensis Concilii, et eorum omnium, quae in eis, praesertim super electione Summi Pontificis, et intrusorum ejectione, attentata factave sunt.

[24] Sess. XLIV. 19. April 1418. the Pope issued the decree (v. d. Hardt iv. p. 1546): Cupientes et etiam volentes decreto hujus sacri generalis Concilii satisfacere, inter alia disponenti, quod omnimode generalia Concilia celebrentur in loco, quem summus Pontifex per mensem ante finem hujus Concilii, approbante et consentiente Concilio, deputare et assignare teneatur (see note 15. I.); pro loco dicti proxime futuri Concilii, celebrandi a fine praesentis Concilii supradicti [in quinquennium], eodem consentiente et approbante Concilio civitatem *Papiensem* tenore praesentium deputamus. The Bull of dissolution which followed in Sess XLV., and guaranteed omnibus et singulis, qui in hoc sacro Concilio et causa ipsius interfuerunt, absolutionem plenariam omnium peccatorum, semel in vita et in mortis articulo, may be seen l. c. p. 1559. The Pope had already issued his approval of the decrees

When France also, which had refused the Concordat offered at the Council of Constance,[26] began again under the young King of the Council, in the Bull of condemnation against Wycliff and Huss Inter cunctas dd 22. Febr. 1418, among the questions which he ordered to be propounded to a person suspected of heresy (l. c. p. 1527): Item utrum credat, teneat et asserat, quod quodlibet Concilium generale, et etiam Constantiense, universalem Ecclesiam repraesentet. Item utrum credat, quod illud, quod sacrum Concilium Constantiense, universalem Ecclesiam repraesentans, approbavit et approbat in favorem fidei et salutem animarum, quod hoc est ab universis Christifidelibus approbandum et tenendum : et quod condemnavit et condemnat esse fidei vel bonis moribus contrarium, hoc ab eisdem esse tenendum pro condemnato. Afterwards in the last Session he declared in his answer to the Polish ambassadors : quod omnia et singula determinata et conclusa et decreta in materiis fidei per praesens sacrum Concilium Constantiense conciliariter, tenere et inviolabiliter observare volebat et nunquam contravenire quoquomodo.

[25] Compare the remarkable passage on the Council of Constance, with which the cotemporary writer Gobelinus Persona, Dean at Bielefeld (see at the head of Division 4), concludes his Cosmodromium, in Meibomii Rerum Germ. T. i. p. 345 : Postquam Dominus Martinus Papa praedictus fuit coronatus, per nationes Concilii petebatur fieri reformatio Ecclesiae tam in capite quam in membris, prout in Reformatorio per ad hoc electos conceptum fuerat. Sed quia non omnes aeque ardenter instabant, Cardinalibus etiam in hoc torpentibus, parum profecerunt. Unde natio Gallicana Regem (Sigismundum) adiit, petens ab eo, ut Papam ad Ecclesiam dignaretur informare. Qui respondit eis : *dum nos, ut reformatio fieret, priusquam ad electionem summi Pontificis procederetur, instabamus, vos nolentes acquiescere, Papam priusquam fieret reformatio Ecclesiae, habere voluistis. Et ecce Papam habetis, quem et nos habemus illum pro expeditione hujusmodi reformationis adite, quoniam pro nunc nostri non interest, prout intererat sede Romana vacante.* Sunt tamen quaedam reformata, quamvis respectu conceptorum pauca, verbis quidem et scriptis, quae propter humanam mentis mutabilitatem, divinitatis excusantem se sub umbra, hic inserere non praesumo. *Ego quidem jam annis multis statum pertractans Ecclesiae, per quem modum ad universalis Ecclesiae reformationem scandalis sublatis omnibus perveniri posset, curiosa mente revolvi. Quem quidem modum Dominus fortasse ostendet, cum in spiritu vehementi conteret naves Tharsis.*

[26] The French nation had protested loudly already in 1417 in the Council against the Annates, see Apostoli et responsio dati per ven. Nationem Gallicanam etc. in the Preuves des Libertez de l'église Gallicane chap. xxii. no. 13 (with the title altered in v. d. Hardt I. xiii. p. 761.) Although in the Concordat with France, half the Annates were now remitted (see note 19) : still an order was issued on the King's side in April 1418 (Bulaei hist. Univ. Paris v. p. 328. Preuves des Lib. de l'égl. Gall. chap. xxii. no. 16), quod Ecclesiis nostrorum Regni

Charles VII. to bow to the Papal yoke (1425) ;[27] when the general councils held at Pavia and Siena in 1423 and 1424, agreeably to a decision of the Council of Constance, remained of no consequence, and produced no result; then the Papacy could return once more to its ancient course, without suffering itself to be held in check by the counteracting laws of individual states.[28] Martin only curbed the Cardinals so far as not to be

ac Delphinatus—secundum antiqua jura Conciliaque generalia de personis idoneis providebitur —Et insuper quoad exactiones pecuniarum, quas ab aliquibus retroactis temporibus Curia Romana seu Camera Apostolica sub praetextu vacantium beneficiorum Regni et Delphinatus praedictorum, aut alias quovis modo seu colore praemissorum sibi applicari voluit, penitus cessabunt. Intendimus tamen tanquam Christifideles summo Pontifici et Ecclesiae Romanae aeque plusve ceteris in necessitatibus, sive et cum tempus exegerit, succurrere et rationabiliter subvenire : and in May the prohibition (ll. cc.), ne aliquis deinceps absque nostra licentia ausu temerario aurum vel argentum, jocalia (*joyaux*, Juwelen), aut alia quaevis pretiosa per literas, bulletas (bonds), obligationes aut alias quovis modo, occasione procurationum, annatarum, vacantium, dispositionis antedictorum beneficiorum—extra Regnum transferat    True, the Duke of Burgundy in 1419 induced the King to repeal these orders, but the repeal was not allowed by Parliament (Bulaeus v. p. 335), and in Febr. 1422 (1423) the orders were re-establisht (Preuves chap. xxii no 17.

[27] There is a royal edict dd. x. Febr. 1424 (1425) (Preuves l. c. no. 19.), ut omnia quaecunque mandata in debita forma, et rescripta Apostolica a die exhibitionis praesentium fuerunt eidem summo Pontifici concessa, bullaeque et processus inde secuti locum executionis habeant in Regno ac Delphinatu nostris, ac eisdem debite per eos ad quos spectat pareatur,—tam in beneficiorum collatione, quam jurisdictionis Apostolicae potestatis exercitio, modo et forma, quibus felicis recordationis Clementis VII. et Benedicti XIII. temporibus in Regno nostro eisdem summis Pontificibus, eorumque bullis, processibus, et literis parebatur atque obediebatur, non obstantibus ordinationibus regiis, arrestis Parlamenti nostri—et aliis quibuscunque mandatis et usibus in contrarium praedictorum —Rogantes tamen sancti Patris nostri clementiam, quod—electiones,--et quaevis aliae dispositiones factae in vim ordinationum et arrestorum praedictorum usque in diem exhibitionis praesentium locum habeant, et—confirmentur, defectus si qui sunt privata largitate supplendo.    Since the King, when Dauphin, had undertaken upon oath the observance of the laws issued before (note 26), the Pope absolved him from this oath, see the Brief dd. Kal Maji 1425 in Raynaldus ad h. a. no. 8.

[28] Thus Martin (Raynald. 1426 no. 19) makes to Henricus Episc. Wintoniensis the most vehement complaints against an execrabile statutum, per quod ita Rex Angliae de Ecclesiarum provisione et administratione disponit, quasi vicarium suum Christus eum institu-

held in restraint by them himself.[29] So the old complaints of extortion and Church-oppression, as well as of the venality of the isset; legem condit super Ecclesias, Beneficia, Clericos et ecclesiasticum statum; ad se suamque laicalem curiam causas spirituales et ecclesiasticas jubet introduci.—Quasdam contra clericos adjecit poenas, quae ne quidem contra Judaeos vel Saracenos per ullum de suis statutis promulgatae inveniuntur. Possunt ad Angliae regnum cujuslibet generis homines libere proficisci: soli acceptantes beneficia auctoritate summi Pontificis, vicarii Jesu Christi, jubentur exulare, capi, carcerari, omnibusque bonis exui; executoresque literarum Apostolicarum, procuratores, notarii, et quicunque alii censuram seu processum ab apostolica sede in regnum mittentes aut deferentes ultimo supplicio deputantur, projectique extra protectionem Regis ab omnibus captivandi. The Bishop is reminded of the example illius gloriosissimi martyris b. Thomae, qui adversus similia decertans statuta holocaustum se Deo offerens pro libertate ecclesiastica occubuit, and required to make every effort with King and Parliament, that the law might be repealed. Compare the papal letters of admonition to Parliament (Raynald. 1427 no. 15), and to Henry Archbishop of Canterbury (l. c. no. 16), who was particularly called to account, quod audivimus te dixisse irreverenter et improbe, propter pecunias exhauriendas abolitionem illius statuti apostolicam sedem ipsam quaerere. Similar royal decrees were issued also in Poland, see Martini ep. ad. Wladislaum Regem Poloniae dd. Kal. Apr. ann. viii. and so A.D. 1425, unless xii. (1429) should be read (in Raynald. ann 1427, no. 17.): Refertur nobis quasi omnia in aliam dispositionem mutata esse; in eodem regno conculcari jura Ecclesiae, et ecclesiasticam opprimi libertatem; non multum timeri censuras nostras, et hujus sedis auctoritatem; electiones Ecclesiarum et Monasteriorum, quorum tamen omnimoda dispositio ad nos spectat, non esse liberas, sed fieri ad praescriptum tuum; beneficiorum per nos collatorum provisiones contemni, tum in beneficiis generaliter reservatis, atque in ea re non pareri mandatis nostris. In another letter to the same monarch dd. 7. Kal. Sept. ann. xiii. (in Raynald. ann. 1429, no. 13) the Pope complains of certain royal letters, per quas tua Serenitas Praelatis et Canonicis Ecclesiae Gneznensis mandat sub gravi poena, ne aliquem extraneum in dicta Ecclesia recipiant ad possessionem alicujus beneficii, cum inter Praelatos regni ita statutum sit et conclusum.

[29] Among the directions which he gives to the Cardinals, this is certainly a prominent one (in Raynaldus ann. 1424, no. 4): Pro Ordinum religionum quorumcunque aut personarum particularium protectione nihil pecuniae percipiant, etiam a sponte offerentibus. Nullas supplicationes ipsi Sanctissimo praesentent, nisi pro pauperibus, vel pro persona sua, seu servitorum, consanguineorum, vel affinium, aut familiarium suorum. The Deputy of the German order writes to his Grandmaster A.D. 1429 (see Raumer's hist. Taschenbuch f. 1833. S. 73): Sie (the Cardinals) durfen wider den Papst nicht reden, ausser was er gerne hort; denn der Papst hat die Cardinale alle so unterdruckt, dass sie vor ihm nicht anders sprechen, als wie er es gerne

Curia, began afresh;[30] and the Romans only, who after a long will, und werden vor ihm redend roth und bleich." Accordingly the Cardinals were very ill disposed towards the Pope, see ibid. S. 173.

[30] Antonini Summa hist. Tit. xxii. Cap. 7, § 3.: Hic igitur Pontifex Martinus, antea nequaquam vir sagax aestimatus sed benignus, in pontificatu tamen ita opinionem de se prius habitam redarguit, ut sagacitas quidem in eo summa, benignitas vero non superflua nec nimia reperiretur (transcribed from Leonardus Aretinus in Muratorius xix. p. 930).—Hoc in eo communis fama redarguit, nimis cupide insistere cumulationi pecuniae, ut nequaquam dicere valeret id primi Apostolici: *argentum et aurum non est mihi* (Act. 3, 6 ). Eberhard Windeck, privy councillor to the Emperor Sigismund, in his Life of the Emperor Sigismund (in Mencken Scriptt. Rer. Germ. i. p. 1117), says of Martin V.: Im wart zugegeben, das er der armest vnd einfaltigiste cardinal were vnter allen cardinalen, die zu Costenz dazumale warent.—Dornach wart er der aller reichest vnd der allergutigiste, das man meinte man funde einen burnen vol goldein vnd duckaten hinter Im da er starb. Compare the extracts from the private correspondence of the ambassador of the German order in Rome with his Grandmaster, which John Voigt has contributed in Raumer's histor. Taschenbuche fur 1833, S. 92 ff. The burden of all these communications is the same as the ambassador wrote in 1420 (S. 94): "Lieber Herr Meister, Ihr musset Geld senden, denn hier im Hofe alle Freundschaft endet, so sich der Pfennig wendet." In the year 1430 (S. 98) he writes: " Die Gierigkeit hat im Hofe zu Rom die Oberhand und weiss von Tag zu Tag mit neuen Listen und Finten das Geld aus Deutschland fur die geistl. Lehen auszupressen, dass gross Schreien und Klagen und Aergerniss daruber bey den Gelehrten und den Curtisanen ist, so dass daraus wol grosser Zwist uber die Papstschaft entstehen, oder gar der Gehorsam endlich entzogen werden wird, damit man das Geld nicht also jammerlich viel den Walschen zuschleppe, und das Letzte ware wol, wie ich vernehme, vielen Landen zu Sinne. In the year 1429 (S. 103) :—" Also ist es Noth, den Papst zu erweichen, was man aber nicht anders thun kann, als mit Geld und Gaben. Allhie zu Rom sind wunderliche Finten, um Geld zu erwerben. Ist da irgendwo Friede unter den Landen oder Fursten und Herren, man bringt es mit List zuwege, dass Zwietract entsteht um deswillen, dass der Theil, der gerecht ist, seine Gerechtigkeit webre und bewahre, und dafur muss er denn hier Geld lassen Wird ein Bischof, Propst, Pralat, oder sonst ein Domherr mit Eintracht gewahlt, so wird er in kurzer Zeit nicht bestatigt, auf dass, wenn Jemand kame, der dem Erwahlten einen Einfall thun wollte, dieser, um seine Gerechtigkeit zu behaupten, mehr Geld ausgeben muss, als er sonst gethan hätte : doch es sind die mancherlei Finten, die es allhie giebt, um Geld zu erkriegen, gar nicht zu beschreiben. Geld ist allhie der Freund und Forderer aller Dinge, die man durchsetzen will." When Pope Martin V. in some disputed question declared himself against the Order, the Ambassador wrote to the Grandmaster (S. 170) : " Der Papst thut dieses nur darum mit so grosser Verfolgung und Uebermuth, weil er uns zu zwingen meint, ihm

interval now partook again of the gains of the Curia, were satisfied with the new posture of affairs.[31] From councils it seemed impossible to expect any further redress :[32] so the Pope did not scruple, in obedience to a decree of the Council of Siena,[33] to make active preparations for the ceremonial of another œcumenical Council, which was to be opened at Basle in 1431.[34] .

10 bis 12,000 Gulden zuzuweisen, was wir doch, ob Got will nimmer thun wollen : denn er ist so gierig, ubermuthig und druckend gegen diejenigen, uber die er Macht zu haben meint, als nur jemals ein Papst gewesen ist. Alles, womit er und der ganze Hof zu Rom umgeht, das ist eine Buberie, Gierigkeit, hypocritenschaft und Uebermuth : das hore ich von Jedermann sagen, der der Redlichkeit folget. Der Papst, wenn er sich Geldes und grosser Brocken vermuthet, lasst selten Jemanden zur Verantwortung kommen." The notices we have of rich presents made to the Pope and Cardinals, sometimes regularly, sometimes on occasion of disputes, confirm this general verdict.

[31] The favourable opinion of this Pope given by Platina (ed. 1645, p. 648 ss.) is a Roman one. According to p. 669 Martin V. was carried to the grave, comitante populo Romano, comitante Clero non aliter flente, quam si Ecclesia Dei, si urbs Roma unico atque optimo parente orbata fuisset.
[32] See Gobelinus Persona, note 20.
[33] Mansi xxix. p. 6.
[34] See the commission which he granted to Cardinal Julian, to preside as papal Legate in the Council, dd. Kal. Febr. 1431. in Mansi xxix. p. 11.

§ 132.

COUNCIL OF BASLE (1431—1443) EUGENE IV (8. MARCH 1431 † 23 FEB. 1447 )

.Acts of the Council at very large in Mansi Sacrorum Conciliorum nova et amplissima collectio T. xxix. p. 1—T. xxxi p. 290 )[1] Augustini Patricii, Canon at Siena, Summa Conciliorum Basileensis, Florentini, Lateranensis, Lausanensis etc. A D. 1480 drawn from two manuscripts left by John of Segovia, and preserved at Basle (in Harduin ix. p 1081 ss. and in Hartzheim Concil Germ. v. p. 774. ss.)

Whilst the long cherisht dissatisfaction of the College of Cardinals with Martin's V. arbitrary government,[2] found its expression both in the measures, by which the Cardinals in Conclave sought to insure their influence for the future,[3] and

[1] A list of the acts which are extant at Paris in seven manuscript volumes of the Collegii Navarrici, and an enumeration of the codices relating to this council, which were laid up in the Library of the University at Basle, may be seen in J. D. Schoepflini Commentationes hist. et criticae. Basil. 1741 4. p. 541 ss. A satisfactory notice of the codices of Basle may be found in Och's Geschichte der Stadt u. Landschaft Basel. Bd. 3. (Basel 1819. 8 ) S. 573 ff. Although Bellarmine himself, de Eccl. Militante c. 16, allows that the Council of Basle is legitimate and œcumenical down to the 26th Session, or until its removal to Ferrara, still the Romans have always stoutly controverted the legality of many of its decrees, and in the Roman edition of the Councils, A.D. 1609, this council is quite omitted, by the advice of Bellarmine according to a statement of Richerii hist. Concill. generall. lib. iii. in fine. Afterwards Lucas Holstenius in a treatise inserted in Phil. Labbei Concil. T. xiii. Append. maintained its illegality · And this opinion is so prevalent at Rome, that even Clement XIV. reckoned among Ulrich Mayer's errors, the statement that the Council of Basle was legitimate until the 26th Session. See Walch's Neueste Religionsgesch. Th. 5. S. 245. Moderate Gallicans consider it œcumenical down to the 26th Session, thus Natalis Alex. hist. Eccl. saec. xv. et xvi. diss. viii.: the more violent Gallicans maintain the whole Council down to its dissolution, thus Richerius hist Concill. lib. iii. cap. 7.

[2] Compare above, § 131, note 29.
[3] Compare the Bull dd. 12. Mart. 1431 (in Raynald. ad h. a. no. 5 ss.), in which Eugene confirmed the Capitula, which all the Cardinals in Conclave had sworn to observe in case of their exaltation to the Papal see. In the very beginning we cannot but recognise an indirect censure of the former rule. The Capitula are, quod (Papa) curiam Romanam in capite et membris reformabit, et incipiet quandocunque et quotiescunque requiretur per dominos Cardinales. (Martin V. had only wisht to reform it in membris, see § 131 note 29): Nec

in the proceedings which Eugene IV. commenced against the family, and the memory of his predecessor:[4] the Council dictam curiam educet de urbe Romana, neque transferet de loco ad locum, de provincia ad provinciam,—sine consilio et consensu consimili (Cardinalium, as Martin V. had done, see Raumer's hist. Taschenbuch f. 1833, S. 74. 159). Item quod Concilium generale celebrabit—in loco et tempore, de quibus fuerit sibi consultum per majorem partem Domm. Cardd., et in eo reformabit—universalem Ecclesiam circa fidem, vitam et mores.—Item quod non creabit Cardinales nisi juxta formam et ordinationem factam in Concilio Constantiensi, quam servare tenebitur, nisi de consensu et consilio majoris partis Domm. Cardd. aliud fiendum videretur Item ut Romano Pontifici a dominis Cardinalibus libera perveniant consilia : non apponet (pledge)—bona alicujus ex eis, nec aliquid in suo statu et provisione immutabit,—nisi de expresso consilio et consensu majoris partis Domm. Cardd. nec damnabit eum nisi convictum numero testium expresso in constitutione Sylvestri Papae facta in Synodo generali, quae incipit : *Praesul non damnetur*. (See Div. II. § 20, note 5). Item quod bona Domm. Cardd., Praelatorumque, nec aliorum Cortesanorum (*Courtizans*) in Curia decedentium nullo modo occupabit,—sed permittet—fieri executiones juxta voluntatem decedentium.—Item quod feudatarios regnorum, et alios vicarios, capitaneos,—omnesque officiarios urbis Romanae, et aliarum terrarum Ecclesiae Romanae obligabit sibi, et successoribus, ac coetui Domm. Cardd.,—quod sede vacante ad mandatum Domm. Cardd. civitates, terras—tradant et expediant libere et sine contradictione quacunque. Item quod Dominis Cardinalibus permittet libere recipere, et assignari faciet medietatem omnium et singulorum censuum, jurium,—et emolumentorum quorumlibet Romanae Ecclesiae juxta concessionem Nicolai IV.—Nec dabit aliquam ex terris Ecclesiae Romanae in vicariatum, feudum, vel emphyteosim sine consensu et consilio majoris partis Domm. Cardd. ; nec movebit guerram, nec confoederationes cum quocunque Rege, vel Principe temporali, aut Communitate faciet sine consilio et consensu consimili ; nec imponet gabellas novas sive exactiones alias in urbe Romana, nec in aliis terris Ecclesiae Romanae ; nec etiam concedet alicui Regi, Domino temporali, seu Communitati praeter vel contra libertatem ecclesiasticam exactionem super Clero vel Ecclesiis—sine causa rationabili, et tunc de simili eorundem Domm. Cardd. consensu. Item nihil de juribus—Ecclesiae Romanae alienabit, nec alienata de juribus quibuscunque Ecclesiarum aliarum—vel Ordinum—confirmabit—sine eorundem Domm. Cardd. consilio et consensu consimili. Item—quod super omnibus,—in quibus consilium Domm. Cardd requiritur, promotionibus ad Praelaturas dumtaxat exceptis, in literis suis—scribi faciet nomina Cardinalium consilium et consensum praebentium,—sicut fieri solebat ante Bonifacium VIII., ut excludatur abusus, qui longo tempore servatus est.—In arduis vero requiritur subscriptio Papae et Cardinalium.

[4] On the war with two of the Colonna family, who were required to restore certain Church lands and moneys which they had received from Martin V. and who were compelled to refund in Sept. 1431 by Eugene with the assistance of the Venetians and Florentines, see two

was assembling so slowly at Basle, that at first it seemed likely to remain as insignificant as the former Council at Siena. However the Hussite disturbances, which threatened Germany in many respects, brought the Council to a more independent position; which was first displayed by opening negotiations with the Hussites. Alarmed at this step the Pope wisht to dissolve the Council;[5] but even the presiding Cardinal-Legate Julian Cesarini resisted him;[6] and that zeal in the cause of Reformation which had been left unsatisfied at Constance, was kindled afresh with heightened ardour.

cotemporary writers Andrea Billii (Augustin monk in Milan † 1435), hist. Mediolanensis lib. ix. in Muratorii Scriptt. Rer. It. xix. p. 143, ss., and the Vita Eugenii iv. in Baluzii Miscell. lib. vii. p. 506 ss., cf. Raynald. ann. 1431. no. 10 ss. As to how far Eugene proceeded against his predecessor, see Andr. Billius p. 145 : Ipsum quoque Martini palatium (tantum processit ira) diruit: insignia familiae, aut Pontificatus, ubicumque per urbem eminebant dejecit.

[5] The letter of the Council to the Bohemians was written on the 15th Oct. (Raynald. 1431. no. 24). The Pope's letter to Cardinal Julian, in which he orders him to dissolve the Council, and give notice of another to be opened at Bologna in a year and a-half, on the 12th Nov. (l. c. no. 21).

[6] Julian's letter is given incomplete in Raynald. 1431. no. 22, complete in the Fasciculus rer. expetend. et fugiend. ed. Lond. p. 54 ss. The Cardinal, who shortly before this time had conducted an unsuccessful crusade against the Bohemians, first writes his reasons, why he had accepted the presidency of the council notwithstanding his former refusal. Principally because of the Bohemian business. Then among other reasons. Incitavit etiam me huc venire deformitas et dissolutio Cleri Alemaniae, ex qua laici supra modum irritantur adversus statum ecclesiasticum. Propter quod valde timendum est, nisi se emendent, ne laici more Hussitarum in totum clerum irruant, ut publice dicunt. Et quidem hujusmodi deformatio magnam audaciam praebet Bohemis, multumque colorat errores eorum, quia praecipue invehunt contra turpitudinem Cleri. Qua de re, etiamsi hic non fuisset generale Concilium institutum, necessarium fuisset facere unum provinciale — pro Clero reformando : quia revera timendum est, nisi iste Clerus se corrigat, quod etiam extincta haeresi Bohemiae suscitaretur alia. Then follow the reasons why the Council ought not to be dissolved. Quanta hic scandala sequantur, et quam prope sit eversio fidei auscultet patienter S. V. Primo vocati sunt Bohemi ad istud Concilium : literas vocationis alias misi S. V. Hoc factum quilibet probat, tanquam salubre et necessarium, ut postquam armis totiens frustra certatum est, alia via tenetur. — Si Concilium dissolvitur, quid dicent haeretici ? Nonne insultabunt in nostros, et fient proterviores ? Nonne Ecclesia fatebitur se esse victam, cum non ausa fuerit expectare illos, quos vocaverat?—Ecce exercitus armatorum totiens fugit a facie

eorum, et nunc similiter Ecclesia universalis fugit. Ecce nec armis, nec literis vinci possunt. Videbitur miraculum Dei evidenter, demonstrans, illos vera sentire, et nos falsa.—Quarto, quid dicet universus orbis, cum hoc sentiet? Nonne judicabit, clerum esse incorrigibilem, et velle semper in suis deformitatibus sordescere? Celebrata tot sunt diebus nostris Concilia, ex quibus nulla sequuta est reformatio. Expectabant gentes, ut ex hoc sequeretur aliquis fructus. Sed si sic dissolvatur, dicetur, quod nos irridemus Deum et homines. Et cum jam nulla spes supererit de nostra correctione, irruent merito laici in nos more Hussitarum : et certe fama publica de hoc est. Animi hominum praegnantes sunt, jam incipiunt evomere venenum, quo nos peiimant : putabunt se sacrificium praestare Deo, qui Clericos aut trucidabunt, aut spoliabunt: quoniam reputabuntur jam in profundum malorum venisse, fient odiosi Deo et mundo: et cum modica nunc ad eos sit devotio, tunc omnis peribit. Erat istud Concilium quoddam retinaculum saecularium sed cum viderint spem omnem deficere, laxabunt habenas publice prosequendo nos. Ah quis honor erit Romanae Curiae, quae Concilium congregatum pro reformatione turbavit? Certe totum odium, tota culpa, et ignominia transferetur in illam, tanquam causam, auctricemque tot malorum.—Septimo, his diebus civitas metropolitana Magdeburgensis expulit Archiepiscopum et Clerum, et jam illi cives incedunt more Bohemorum cum curribus, et dicitur quod miserunt pro uno capitaneo Hussitarum. Et quod valde timendum est, habet civitas ista ligam cum multis civitatibus et communitatibus illarum partium. Item civitas Pataviensis, quae est de dominio domini Episcopi, expulit Episcopum, et erexit machinas contra quoddam castrum Episcopi. Utraque istarum civitatum est finitima Bohemis, et si conjungant se cum illis (prout valde timendum est), multarum civitatum habebunt sequelam. Scriptum est utrique rogando, ut supersedeant a guerra : et si qua controversia inter ipsos sit, offert se Concilium velle illam terminare.—Item quia magna discordia est inter civitatem Bambergensem, et Episcopum et Capitulum, quae est supra modum periculosa propter vicinitatem haereticorum. Concilium dat operam ad interponendum se pro concordia.—Si modo dissolvatur Concilium, nonne populi Germaniae videntes, se non solum destitutos ab Ecclesia, sed deceptos, concordabunt cum haereticis, et fient nobis inimiciores quam illi? Heu, heu, quanta ista erit confusio ! Finis pro certo est. Jam, ut video, securis ad radicem posita est : inclinata est arbor, ut cadat, nec potest diutius persistere. Et certe cum per se stare posset, nos ipsam ad terram praecipitamus.—Et quanquam dicatur, quod talis prorogatio et loci translatio sit ad bonum finem, ut ibi praesente Sanctitate Vestra majora bona sequi possint, nemo hoc credit, quia dicunt : *fuimus delusi in Concilio Senensi, iterum in isto.*—Item, beatissime Pater, per hujusmodi prorogationem non tolluntur scandala quae narrata sunt. Essent interrogandi haeretici, si volunt expectare usque ad annum cum dimidio, ut non disseminent virus suum. Essent et interrogandi, qui scandalizantur de deformitate Cleri, an interim vellent supersedere. Ecce quotidie pullulat ista haeresis : illi quotidie seducunt Catholicos, aut vi opprimunt, non perdunt minimum temporis momentum. Quotidie nova scandala ex deformitate Clericorum insur-

gunt, et nihilominus provisiones ex remedio procrastinantur? Fiat
quod fieri potest nunc : reliquum servetur ad annum cum dimidio.
Ego timeo, quod usque ad annum cum dimidio, nisi aliter provideatur,
magna pars Cleri Alemaniae erit desolata. Si per Germaniam dif-
funderetur haec vox, quod Concilium esset dissolutum, pro certo
Clerus omnis daretur in praedam —Sed audio, quod nonnulli trepi-
dant, quod in hoc Concilio debeat auferri temporalitas ab Ecclesia.
Mira res! Si hoc Concilium non fieret per viros ecclesiasticos
forsitan dubitandum foret : sed quis erit iste Ecclesiasticus, qui
huic determinationi consentiat! Non solum quia esset contra fidem,
sed quia redundaret in detrimentum eorum. — Nec etiam umquam
fuit aliquod legitime congregatum Concilium, in quo Spiritus Sanctus
permiserit aliquid contra fidem determinari. Cur timendum est
contrarium in hoc? Hoc est diffidere de Spiritu Sancto. Sed
vereor ne contingat nobis, sicut contigit Judaeis, qui dixerunt: *si
dimittimus hunc, venient Romani, et tollent locum nostrum et gentem*
(Jo. xi. 48.) Ita et nos dicimus : *si admittimus fieri Concilium,
venient Laici, et tollent temporalitatem nostram*. Sed sicut justo Dei
judicio factum fuit, quod Judaei perdiderunt locum suum, quia nolu-
erunt dimittere Christum : ita et justo Dei judicio fiet, quod quia nolumus admittere Concilium fieri, perdemus temporalitatem nostram, et
utinam non corpora et animas ! Quando Deus vult alicui populo aliquod
infortunium immittere, primo disponit, ut pericula non intelligantur,
neque considerentur. Ita videtur nunc contingere viris ecclesiasticis,
quos saepe redarguo esse caecos, qui vident ignem, et nihilominus currunt versus illum.—Nunquam fuisset celebratum aliquod Concilium, si
hujusmodi timor invasisset corda patrum nostrorum, sicut invadit nostra.
Sed et si hunc timorem habemus, cur non opponimus remedium ? Cur
ad evitandum unum malum, volumus incurrere majus ? Ecce remedium ad hoc : Mittat huc Sanctitas Vestra aliquos de reverendissimis
Domm. Cardinalibus, et aliquos notabiliores Praelatos, qui reperiri
possunt, et bene affectos sedi Apostolicae, et qui sint bene inclinati ad
bonum universale; det Sanctitas Vestra omnem favorem possibilem
huic Concilio, promoveat ipsum quantum potest; scribat ei literas benignas, exhortando ipsos, ad sancta opera, quae proponunt, offerendo se
etc.—Quando isti talia videbunt, et audient, in veritate puto, quod,
etiamsi haberent malum animum, mutarent illum : et non solum stude-
bunt conservare auctoritatem sedis Apostolicae, sed augere.— Sed si
videant contrarium, verbi gratia de dissolutione Concilii, tunc scandalizantur: et sequitur hoc, quod, ubi prius erant tepidi, hujusmodi
vox reddet ipsos magis acutos et ferventes. Then there is a refutation
of the Pope's pretexts for the dismissal of the Council.—Ad minus,
beatissime Pater, differat S. V usque ad mensem Julii, quia tunc
cessabunt illa inconvenientia et scandala, quae modo obstant, videlicet
de haereticis vocatis ad Concilium, et militaribus : quia infra illud
tempus omnia ista erunt completa Poterunt etiam fieri aliquae ordinationes super reformatione Cleri Alemaniae et mitti per Germaniam,
et sic videbitur aliquid factum, nec tunc poterit aliquid imputari S. V.
Et hoc quidem nunc fieret cum scandalo et sine effectu : tunc honestius
fieri poterit.—Aviso Sanctitatem Vestram, quod me hinc recedente, vel

Without regarding the Pope,⁷ the Council opened with due solemnity, (Sess. I. on 14. Dec. 1431),⁸ renewed the decrees made at Constance on the dignity of general councils,⁹ summoned dimittente praesidentiam, isti statim facient sibi unum praesidentem auctoritate Concilii.

⁷ The Pope issued the Bull of dissolution on the 18th Dec. 1431 (in Mansi xxix. p. 564 ss ) One principal reason given is, that Bologna was a more convenient place for a council to be held in to promote union with the Greeks. Et quia post transmissionem praefatarum nostrarum literarum ad notitiam nostram pervenit, ultra ea quae superius continentur, praefatos Bohemos haereticos in Constantiensi Concilio tam mature atque solemniter condemnatos—fuisse invitatos Basileam ad disputandum et contendendum super articulis—condemnatis,—et alia diversa scandala et pericula imminere ;—exnunc—Comcilium, si quod—Basileae congregatum videatur,—dissolvimus,—aliudque Concilium in anno cum dimidio—in praefata civitate Bononiensi—indicimus. Et nihilominus in decennio aliud simile Concilium, juxta statuta Constantiensis synodi,—in civitate Avinionense similiter extunc indicimus.

⁸ The method of deliberation and the course of business were regulated in an especial manner by the Articuli de modo procedendi in S. Concilio conclusi in gen. Congregatione d. 26. Sept. 1430 (probably 1431) in Mansi xxix. p. 377 : Primo sint quatuor deputationes, sicuti sunt, inter quas omnes de Concilio distribuantur aequaliter, quantum commode fieri poterit. Et sint in qualibet deputatione de quolibet statu, scil. Dominorum Cardinalium, Patriarcharum, Archiepiscoporum, Abbatum, Doctorum, Religiosorum, exemptorum et non exemptorum et aliorum —Nihil autem ardui proponat Praesidens in congregatione generali ad deliberandum seu concludendum, nisi prius fuerit propositum in singulis deputationibus et agitatum ; nisi casus esset repentinus et talis, cujus mora esset nociva. The names of the four committees were *Pro Communibus, Reformatorii, Fidei, Pacis.*

⁹ In Sess. II. 15. Febr. 1432 (Mansi xxix p. 21) in the first place, the first two decrees of Sess. V. Conc Const. (see § 131, note 8) were renewed, according to which the Council was above the Pope, and the Pope bound to obey the Council. Further : Synodus Basiliensis decernit et declarat, quod ipsa pro haeresum extirpatione, ac morum generali reformatione Ecclesiae in capite et in membris, necnon pace inter Christianos procuranda in Spiritu Sancto legitime congregata per nullum, quavis auctoritate, etiamsi papali dignitate praefulgeat, dissolvi, aut ad alium locum transferri, seu ad aliud tempus prorogari debuit aut potuit, debet aut potest, debebit aut poterit in futurum, absque ejusdem Synodi Basileensis deliberatione et consensu. Then : Item diffinit,—quod nulla persona—in eadem Synodo actu existens aut futura—ad recedendum ab eadem a quoquam, quavis auctoritate etiamsi papali dignitate praefulgeat,—sine—consensu ipsius sanctae Synodi requiri,—evocari ad alium locum—valeat, seu ne ad eandem sanctam Synodum veniat, possit aut debeat quomodolibet impediri. Si autem a quoquam, quavis auctoritate, etiamsi papali dignitate praefulgeat, in

the Pope and Cardinals,[10] and began in every respect to maintain the supremacy of its authority in the Church.[11] Further still, contrarium attentatum fuerit, seu attentaretur in futurum, aut processus poenales vel mandata, etiam censurae ecclesiasticae—fulminati fuerint —aut fulminarentur in futurum ; totum sit irritum et inane. Lastly, quod Praelati et alii, qui tenentur huic sacro Concilio interesse, ab hoc loco ante finitum Concilium, nisi ex causa rationabili, per deputatos seu ab hoc sacro Concilio deputandos examinanda, non recedant.—Et tunc taliter recedens teneatur dimittere aliis in loco remanentibus suam potestatem.

[10] Sess. III. 29. April 1432. (l. c. p. 25) : Haec Sancta Synodus in Spiritu Sancto legitime congregata praedictum beatissimum dominum Papam Eugenium cum omni reverentia et instantia supplicat, et per viscera misericordiae Jesu Christi exorat, requirit, et obtestatur, ac monet, quatenus praetensam dissolutionem, sicut de facto processit, de facto revocet :—necnon infra trium mensium spatium, quod ad hoc pro termino peremptorio praefigit et assignat, si corporalis ipsius dispositio patiatur, personaliter veniat : sin autem, personam vel personas loco et vice sui destinet et transmittat cum plenaria potestate ad omnia et singula in hoc Concilio peragenda.—Alioquin si haec Sanctitas Sua facere neglexerit (quod de Christi Vicario non est aliqualiter sperandum), sancta Synodus, prout justum fuerit, et Spiritus Sanctus dictaverit, necessitatibus Ecclesiae providere curabit, et procedet secundum quod juris fuerit divini pariter et humani. Similiter—dominos Cardinales—requirit,—quatenus infra spatium trium mensium ab intimatione praesentium—ad dictum sacrum Concilium generale veniant etc.—

[11] Sess. IV. 12. July 1432 it was determined (l c. p 32), quod in eventum vacationis Sedis Apostolicae hoc sacro generali durante Concilio electio summi Pontificis in loco istius sacri Concilii fiat.—*Item*— statuit et ordinat ipsa Synodus, quod de cetero in literis suis authenticis utatur bulla plumbea pendente cum chordula cannabis aut serici, prout varietates causarum et rerum, super quibus litterae eaedem conficientur, postulabit, in uno missionis Spiritus sancti in specie columbae, in alio vero lateribus horum verborum *Sacrosancta generalis Synodus Basileensis* sculpturas continente, decernens eisdem plenam et omnimodam fidem adhibendam fore *Item*—statuit,—quod durante hoc sacro Concilio Romanus Pontifex, a loco istius sacri Concilii absens personaliter, non debeat nec possit aliquem—in s. Romanae Ecclesiae Cardinalem— assumere.—Et si secus attentatum fuerit, ex nunc in antea irritum sit et inane, nulliusque roboris vel momenti. Then the Synod intrusted the Government of Avignon and Venaissin to the Cardinal s. Eustachii, cum ad ipsius sacrae Synodi notitiam—sit deductum, quod civitas Avinionensis — certis urgentibus rationibus et causis necessariis Vicarium per summum Pontificem ad ipsius regimen destinatum se admittere non debere praetendat, atque ad eundem summum pontificem ambaxiatas destinaverit pro utili et salubri gubernatione civitatis ejusdem ac comitatus Venaycini eidem adjacentis, suppliciter postulans, ut de alio utili eis provideretur Vicario, quod hucusque obtinere nequivit, nec sperat posse obtinere : quinimmo is qui pro Vicario

its champions, among whom Nicholas Cusanus was the most distinguisht, laid down certain principles, which threatened the Papal see to its lowest foundations.[12] Encouraged by universal support,[13] the Council publicly advanced from exhortations to menaces, and destinatus est, intendit et nititur suscipere gubernationis officium invita civitate, congregare satagens multitudinem gentium armatarum.

[12] Nicholas Chryfftz (1. e. Krebs) from Eues on the Moselle, born 1401 † 1464 (Berichtigungen u. Zusatze zu s. Lebensbeschreibungen in d. Tubinger theol. Quartalschrift. Jahrg. 1831. Heft 2. s. 386) who was present at the Council as Dean of St Florinus at Coblentz, now wrote his Libb. iii. de Catholica concordantia (in ejusd. Opp. Paris. 1514. fol. T iii and in Sim. Schardii Syntagma tractatuum de imperiali jurisdictione Argent. 1609. fol. p. 285. Compare the following principles among others lib. ii c. 34: Universale Concilium Catholicae Ecclesiae supremam habet potestatem in omnibus super ipsum Romanum Pontificem.—Licet secundum plura Sanctorum scripta potestas Romani Pontificis a Deo sit, et secundum alia ab homine et Conciliis universalibus (comp. vol 1. § 90 and 92, note 7 &c.) tamen videtur in veritate medium concordantiae per scripturas investigabile ad hoc demum tendere, quod ipsius Pontificis Romani potestas, quoad considerationem praeeminentiae prioratus et principatus, sit a Deo per medium hominis et Conciliorum, scilicet mediante consessu electivo.— Unde etsi Romanus Pontifex, aut ex loco et sede Petri, aut principatu civitatis inter caeteros mundi Episcopos in primatu ut praecipuus— veneraretur: tamen nisi subjective ex consensu concurreret electio per eos, qui aliorum omnium vices gerunt, non crederem, ipsum praesidem aliorum omnium et principem sive judicem esse. Quare si per possibile Treverensis Archiepiscopus per Ecclesiam congregatam pro praeside et capite eligeretur, ille proprie plus successor s. Petri in principatu foret, quam Romanus Pontifex. Lib. iii c. 2: Sunt meo judicio illa de Constantino (the *Donatio Constantini*) apocrypha, sicut fortassis etiam quaedam alia longa et magna scripta, Sanctis Clementi et Anacleto Papae attributa, in quibus volentes Romanam sedem omni laude dignam plus, quam Ecclesiae sanctae expedit et decet, exaltare, se penitus aut quasi fundant.

[13] Thus the University of Paris wrote to the Council 9. Febr. 1432 (Bulaei hist. Univ. Paris. v. p. 412), that she had heard plerosque filios iniquitatis ad ipsum totis adspirare conatibus, ut sanctum ac salutare Concilium—prorogetur, aut transferatur, et verius, penitus irritetur atque dissipetur.—Non itaque, Venerandi Patres, torpescant corda vestra, non frangantur animi!—Si autem Romanus Pontifex illud propria auctoritate vellet dissolvere atque dissipare ante plenariam digestionem articulorum inceptorum, non eidem putamus in ea re, salva sedis auctoritate, esse obtemperandum, sed potius in facie, si opus esset, resistendum, sicut Paulus, qui signum tenet Doctorum, Petro in facie restitit, figuram gerenti Pontificum. Etsi enim summus Pontifex in Concilio praemineat atque praesideat, non suae tamen facultatis est ad arbitrium concludere, sed ad ampliorem numerum concordium sententiarum.

at length to a judicial proceeding against the Pope.[14] At first he seemed to wish to offer a stubborn resistance, but prest hard by the Duke of Milan, and the seditious Romans, to whom the protection of the rights of the Council offered a welcome pretext for advancing their own interests,[15] and forsaken by a large part of his Cardinals,[16] he was obliged to resolve to yield upon

[14] On 22. Aug. 1432, the two archbishops of Colocza and Tarentum who had come to Basle at the head of a Papal embassy, spoke in defence of the Pope before a congregatio generalis. Their speeches are in Mansi xxix. 468 ss. The Council afterwards gave an express *Responsio synodalis de auctoritate cujuslibet Concilii generalis supra Papam et quoslibet fideles, quodque sine ejus consensu non potuit dissolvere Concilium Basileense Dominus Eugenius Papa IV* (in Mansi xxix. p. 239 ss.) In Sess vi. 6 Sept. (l. c. p. 39) the Promotores Concilii proposed to declare the Pope and the Cardinals, who had not made their appearance, contumacious. But the Council still delayed this decree, and in Sess. viii 18. Dec warned the Pope again to submit within 60 days. In Sess. x 19. Febr. 1433, on the renewed motion of the Promotores the following decree was past: haec s. Synodus judices hujus sacri Concilii deputat et ordinat ad videndum et ad examinandum processum factum contra eundem dominum Eugenium, et referant in Congregatione generali. Sess. xii. 14 Jul. 1433 (l. c. p. 59) Synodus—amodo in dictum Dominum Eugenium acrioribus remediis, quandoquidem leniora non prosunt, procedere decrevit. Et quamquam in tam notorie et incorrigibiliter scandalizantem Ecclesiam statim posset finalem ferre sententiam, nesciens tamen maternae pietatis oblivisci, intuitu etiam praefati Serenissimi Imperatoris, qui per suas litteras super hoc nos exacte rogavit, adhuc ipsum Dominum Eugenium tertio monere, ac etiam tertiam ei indulgere dilationem proponit, ut in sua potestate sit, si velit poenam evitare. Accordingly it allows him another respite of 60 days, but after that time threatens him with suspension, processura tandem ad ulteriora, usque ad sententiam finalem inclusive, si opus fuerit, ipso domino Eugenio amplius non citato, prout Spiritus Sanctus dictaverit: omnem autem ipsius Papatus administrationem in his omnibus, quae in spiritualibus et temporalibus ad solum Papam, vel ad solam sedem Apostolicam de jure pertinere noscuntur, eadem sancta Synodus post dictum terminum ad seipsam decernit et declarat ipso facto esse devolutam. Sess. xiii. 11. Sept. 1433 a fresh respite of 30 days was conceded to the Pope, and Sess. xiv. 7. Nov. 1433 an additional interval of 90 days.

[15] Raynald. ann. 1433. no. 26. 1434, no. 6.

[16] Antonini summa hist. P. iii. Tit. 22. Cap. 10. § 2 : Et cum nec satis fama prospera Eugenii foret, praesertim quia Pontificatum tranquillissimum a Martino susceptum ipse confestim magnis perturbationibus involvisset : Cardinales plures ab eo recesserunt, aliqui clam insalutato hospite, alii patenter occasione inventa alicujus bonae rei fiendae, et Basileam pergentes—simul cum multis aliis Episcopis et

## CH. I.—PAPACY § 132 COUNCIL OF BASLE. EUGENE IV. 321

all points.[17] Even then the Papal Legates were not admitted to the chief places until after they had acceded to the decided mea-

Praelatis convenerunt. The ambassador of the German order sent particular intelligence of this desertion to his Grand-Master, see Raumer's Taschenbuch for 1833. S. 75. According to him no more than four Cardinals still held with the Pope.

[17] The Emperor Sigismund in particular laboured to induce the Pope to give way, but at first without success, see Eugennii epist ad Franc. Foscarem ducem Venetiarum in Raynald. ann. 1433. no. 19. Primum —cum (Imperator) institisset nobiscum literis et nunciis, ut Concilio illi haereremus omnino, hoc recusavimus : potius enim hanc Apostolicam dignitatem et vitam insuper posuissemus, quam voluissemus esse causa et initium, ut pontificalis dignitas et sedis Apostolicae auctoritas submitteretur Concilio contra omnes canonicas sanctiones, quod nunquam antea neque aliquis nostrorum praedecessorum fecit, neque ab ullo extitit requisitum. However, he issued the Bull Dudum on the first of August 1433 (Mansi xxix. p. 574) with the declaration : *volumus et contentamur*, praefatum generale Basileense Concilium a tempore inchoationis suae continuatum fuisse et esse, prosecutionemque semper habuisse et continuari, prosecutionemque ad praedicta habere debere, perinde ac si nulla commutatio, translatio seu dissolutio facta fuisset : quinimmo praefatam commutationem, translationem, seu dissolutionem *revocantes* ipsum Concilium Basileense pure, simpliciter, cum effectu ac *omni caritate amplectimur* :—ita tamen quod praesidentes nostri ad praefati Concilii praesidentiam admittantur cum effectu, ac omnia singula contra personam, auctoritatem ac libertatem nostram et sedis Apostolicae ac venn. fratrum nostrorum S. R. E. Cardinalium, et aliorum quorumcunque nobis adhaerentium in dicto Concilio facta et gesta per dictum Concilium prius omnino tollantur. The Council was not satisfied with this Bull, and in Sess. xiv 7. Nov. 1433 (Mansi xxix. p. 72) drew up several formulas of the requisite Papal declaration for his choice ; and the Pope publisht a new edition of the Bull Dudum altered to meet their terms, 15. Dec. 1433 (Mansi l. c. p. 78). This bull runs thus : *decernimus et declaramus*, praefatum generale Concilium Basileense a tempore praedictae inchoationis suae *legitime* continuatum fuisse et esse, prosecutionemque semper habuisse, continuari ac prosecutionem habere debere ad praedicta et pertinentia ad ea, perinde ac si nulla dissolutio facta fuisset : quinimmo praefatam dissolutionem *irritam et inanem—declarantes*, ipsum sacrum generale Concilium Basileense pure, simpliciter et cum effectu ac *omni devotione et favore prosequimur*.—Praeterea—duas nostras literas,—et alias quasqunque, et quidquid per nos aut nostro nomine in prejudicium aut derogationem praedicti sacri Concilii Basileensis, seu contra ejus auctoritatem factum et attentatum seu assertum est, cassamus, revocamus, irritamus et annullamus.—Item revocamus quosqumque processus— factos contra supposita hujus sacri Concilii Basileensis et adhaerentes eidem.—Nos autem deinceps a novitatibus et gravaminibus seu praejudiciis inferendis ipsi sacro Concilio, vel suppositis ejus et adhaerentibus eidem realiter et cum effectu desistemus. The Bulls repealed are here recited word for word.

sures taken by the Council to insure its independence.[18] (Sess. xvii. 26. April 1434.) Now the Council, by this time become very numerous, resumed the solemn consideration of Church-reform which was often indeed deliberated upon at Constance, but never completely achieved.[19] So early as Sess. xii. 13. July 1433, most of the Papal reserva-

[18] The Legates had first to swear on 8. April in a Congregatio generalis (Mansi xxix. p. 409), fideliter laborare pro statu et honore Concilii Basileensis, et ejus decreta defendere et manutenere, et specialiter decretum Concilii Constantiensis, cujus tenor sequitur et est talis : *Primo quod generalis Synodus Constantiensis necnon quaecunque alia Synodus in Spiritu Sancto legitime congregata—potestatem a Christo immediate habet etc.—Item declarat, quod quicumque, cujuscumque status et dignitatis etc.* (see § 131. note 8). Item dare sanum et salubre consilium secundum Deum et conscientias suas, et non revelare vota singulorum, inquantum ex hujusmodi revelatione verisimiliter possit oriri aliquod odium vel scandalum, et non recedere a loco hujus Concilii sine licentia obtenta a deputatis ejusdem. Then in Sess xvii. 26. Apr. they were first admitted in the following style (Mansi xxix. p. 90) : Sacrosancta generalis Synodus Basileensis, in Spiritu Sancto legitime congregata, universalem Ecclesiam repraesentans, dilectos Ecclesiae filios Nicolaum tit. s. Crucis in Jerusalem presbyterum, Julianum s. Angeli diaconum, s. Romanae Ecclesiae Cardinales, et venerabiles Joannem Archiepiscopum Tarentinum et Petrum Episcopum Paduanum, ac dilectum Ecclesiae filium Ludovicum Abbatem s. Justinae Paduanae tantum admittit in Praesidentes in hoc sacro Concilio, nomine, vice et loco sanctissimi Domini Eugenii P. IV. cum infrascriptis conditionibus et clausulis, plenissimum robur et effectum per omnia habituris, videlicet, sine omni jurisdictione coactiva, salvo etiam modo procedendi in hoc sacro Concilio hactenus observato, praesertim qui continetur in ordinationibus hujus s. Concilii, quae incipiunt : *Primo sint quatuor deputationes* (see above, note 8).—Item quod lectis in congregatione generali his quae conclusa sunt per deputationes primus inter Praesidentes ibidem praesentes—concludat juxta ordinationes sacri Concilii. Quod si nolit ipse aut alius de Praesidentibus—facere, tunc proximior Praelatus subsequens in ordine considendi concludat.—Et si forte nullus de Praesidentibus veniat ad congregationem, vel ad sessionem generalis Concilii, tunc primus Praelatus—pro illo die faciat officium Praesidentis. Item quod omnia acta hujus sacri Concilii (sicut hactenus est observatum) fiant et expediantur sub nomine et bulla ipsius Concilii.

[19] Andreas de Escobar Episc. Megarensis sent advice to this effect : (This was his real name according to Nicol. Antonii biblioth. Hisp. not as v. d. Hardt states it Episc. Magorensis) : He had been already active at the Council of Constance : He addresses his advice to the Cardinal Julian in his Gubernaculum Conciliorum (in v. d. Hardt Conc. Const T. vi. p. 139 ss.) A.D. 1434 (not 1435, see p. 177 and 186). There are some remarkable expressions, p. 182 : Et timendum

tions were abolisht.[20] In Sess. xv., 26. Nov. 1433, regular Diocesan and Provincial Synods were prescribed.[21] Now in est, quod ante diem judicii, et in brevi (Romana Ecclesia), nisi super eam fiat reformatio et reparatio, desoletur et foras mittatur et ab hominibus conculcetur. Quia penitus ab illis fundamentis Sanctorum et Apostolorum, Martyrum et Confessorum, et Jesu Christi ac patrum nostrorum et majorum doctrinis, et regulis conscientiae aliena, et omnibus vitiis et turpitudinibus defoedata, p 186 : Si (generale Basileense Concilium) absque reformatione dissolvatur, tunc certe speratur, quod sancta Romana Ecclesia et Apostolica—spoliabitur suis ornamentis et possessionibus temporalibus, et Clerus et Apostolica Ecclesia privabitur suis bonis et privilegiis, ac libertatibus, et erit sub servitute peccati ac tributo census et nummi, et turbabitur ac nimium fluctuabit Petri navicula, quae in se Judam et Simonem recepit, qui generalibus Conciliis contradicunt, et ea dissolvere satagunt, et ne fiant imposterum, impediunt.

[20] The Decretum de electionibus et confirmationibus Episcoporum et Praelatorum (in Mansi xxix. p. 61) abolishes the Papal reservations, reservationibus in corpore juris clausis, et his quae in terris Romanae Ecclesiae ratione directi seu utilis dominii mediate vel immediate subjectis fieri contigerit, semper exceptis, and appoints quod per electiones et confirmationes canonicas, secundum juris communis dispositionem, praedictis Metropolitanis, Cathedralibus, Monasteriis, et collegiatis Ecclesiis ac dignitatibus electivis vacantibus debite provideatur.—Decernitque haec s. Synodus rationi fore consentaneum et reipublicae accommodum, ut contra hoc salutare decretum Romanus Pontifex nihil attentet, nisi ex magna, rationabili ac evidenti causa, litteris Apostolicis nominatim exprimenda. Et ut eo firmius hoc salubre decretum custodiatur, vult eadem s. Synodus, ut inter alia, quae Romanus Pontifex in sua assumptione profitebitur, juret decretum hoc inviolabiliter observare. Then follow regulations for the election of prelates. No fees whatever were to be paid for confirmation. Summum vero Pontificem haec s. Synodus exhortatur, ut, cum speculum et norma omnis sanctitatis et munditiae esse debeat, pro confirmatione earum electionum, quas ad eum deferri contigerit, nihil penitus exigat aut recipiat : alioquin, si secus faciendo notorie et incorrigibiliter ex hoc Ecclesiam scandalizet, futuro Concilio deferatur. Pro oneribus autem, quae ipsum pro regimine universalis Ecclesiae subire oportet, proque sustentatione S. R. E. Cardinalium et aliorum necessariorum officialium hoc sacrum Concilium ante sui dissolutionem omnino debite et congruenter provideat.

[21] Mansi xxix. p. 74 — s. Synodus — praecipit, Synodum Episcopalem in qualibet dioecesi post octavas dominicae Resurrectionis, vel alia die secundum consuetudinem dioecesum, ad minus semel in anno, ubi non est consuetudo bis annuatim, celebrari per dioecesanum propria in persona. These were to last at least two or three days, and be engaged in enforcing ecclesiastical decrees, the examination of the morals of the priesthood, the removal of disorders, the suppression of heresies etc. For this purpose testes synodales were

Sess. xx., 22. Jan. 1435, decrees were composed against the concubinage of the clergy,[22] against the precipitate employment of Interdict,[23] and against frivolous appeals.[24] Sess. xxi., 9. June, the annates were abolisht,[25] and certain abuses which had to be sworn in.—Provincial Councils were to be held at least once every three years.—The monastic orders also were to observe their Capitula regularly.

[22] Mansi xxix. p. 101. Sess. xx. Decr. 1. Every clergyman who two months after the publication of this decree should still be a publicus concubinarius, was to be ipso facto suspended a perceptione fructuum omnium suorum beneficiorum for three months, and if he did not immediately dismiss his concubine when required, he was to be deposed from his office. Quia vero in quibusdam regionibus nonnulli jurisdictionem ecclesiasticam habentes, pecuniarios quaestus a concubinariis percipere non erubescunt, patiendo eos in tali foeditate sordescere (see part iii. § 110, note 9) : sub poena maledictionis aeternae praecipit, ne deinceps sub pacto, compositione, aut spe alicujus quaestus, talia quovis modo tolerent aut dissimulent : alioquin ultra praemissam negligentiae poenam duplum ejus, quod propterea acceperint, restituere ad pios usus omnino teneantur et compellantur. Ipsas autem concubinas— Praelati modis omnibus curent a suis subditis, etiam per brachii saecularis auxilium, si opus fuerit, penitus arcere : qui etiam ex tali concubinatu procreatos filios apud patres suos cohabitare non permittant.

[23] Decr. 3 : Quoniam ex indiscreta interdictorum promulgatione multa consueverunt scandala evenire, statuit haec sancta Synodus, quod nulla civitas, oppidum,—aut locus ecclesiastico supponi possint interdicto, nisi ex causa seu culpa ipsorum locorum, aut domini seu rectorum vel officialium : propter culpam autem—alterius cujuscunque privatae personae hujusmodi loca interdici nequaquam possint,—nisi— domini seu rectores — ipsorum locorum, auctoritate judicis requisiti, hujusmodi personam excommunicatam infra biduum inde—non ejecerint, aut ad satisfaciendum compulerint.

[24] Decr. 4 : Ut lites citius terminentur, super eodem gravamine, aut super eadem interlocutoria vim diffinitivae non habente nullatenus liceat secundo appellare. Quodque ante diffinitivam frivole vel injuste appellans, ultra condemnationem expensarum, damnorum, et interesse, in quindecim florenis auri de camera parti appellatae per appellationis judicem condemnetur.

[25] Mansi xxix. p. 104. Sess. xxi. Decr. 1. de annatis : In nomine Spiritus Sancti paracleti statuit haec sancta Synodus quod tam in curia Romana quam alibi pro seu in confirmatione electionum, admissione postulationum, praesentatione provisione, collatione, dispositione, electione, postulatione, praesentatione, etiam a laicis facienda, institutione installatione, et investitura, de Ecclesiis etiam cathedralibus et metropolitanis, Monasteriis,—officiisque ecclesiasticis quibuscumque, necnou ordinibus sacris et benedictione ac pallio, de caetero nihil penitus ante vel post exigatur ratione literarum, bullae, sigilli, annatarum commu-

crept into divine service were forbidden.[26] In Sess. xxiii., 25. March 1436, there followed certain regulations about the election, the oaths and the office of the Pope,[27] and the position of the

nium, et minutorum servitiorum, primorum fructuum, deportuum, aut sub quocumque alio titulo.—Huic autem sacro canoni si quis—contraire praesumpserit, poenam incurrat adversus simoniacos inflictam.—Et si (quod absit) Romanus Pontifex, qui prae caeteris universalium Conciliorum exequi et custodire canones debet, adversus hanc sanctionem aliquid faciendo Ecclesiam scandalizet, generali Concilio deferatur. Caeteri vero pro modo culpae juxta canonicas sanctiones per suos superiores digna ultione puniantur.

[26] Viz., in the omission of the horae canonicae and masses. In Decr. 9, that abusus was forbidden, quo nonnulli Ecclesiarum Canonici contrahentes debita, sic se creditoribus obligant, ut nisi statuto tempore satisfaciant, a divinis cessetur officiis. Decr. 11 against the Feast of Fools (see part ii. § 79) : 'Turpem etiam illum abusum in quibusdam frequentatum Ecclesiis, quo certis anni celebritatibus nonnulli cum mitra, baculo ac vestibus pontificalibus more Episcoporum benedicunt, alii in reges ac duces induti, quod festum fatuorum, vel innocentum seu puerorum in quibusdam regionibus nuncupatur, alii larvales et theatrales jocos, alii choreas et tripudia marium ac mulierum facientes homines ad spectacula et cachinnationes movent, alii comessationes et convivia ibidem praeparant . haec s. Synodus detestans, statuit et jubet tam Ordinariis, quam Ecclesiarum Decanis et Rectoribus sub poena suspensionis omnium proventuum ecclesiasticorum trium mensium spatio, ne haec aut similia ludibria, neque etiam mercantias seu negotiationes nundinarum in Ecclesia, quae domus orationis esse debet, ac etiam coemeterio exerceri amplius permittant, transgressoresque per censuram ecclesiasticam, aliaque juris remedia punire non negligant.

[27] Mansi xxix. p. 110. Sess. xxiii. Decr. 1. de electione summi Pontificis. C. 2. The newly elected Pope was to make the profession which follows in C 3 before any obedience should be rendered to him. It is the same which had been already prescribed at Constance (§ 131. note 15) with additions. In this he first promises to provide, for purity of doctrine, observance of church-usages, the extermination of heresy, pro reformatione morum ac pace in populo Christiano. Then juro etiam prosequi celebrationem Conciliorum generalium et confirmationem electionum juxta decreta sacri Basileensis Concilii. Upon every anniversary of his election or coronation, this Professio was to be read over to him during mass by a Cardinal, with the addition of the following exhortation : Curet igitur Sanctitas Tua, pro honore Dei, et salute animae Tuae, et utilitate universalis Ecclesiae praedicta omnia pro viribus observare bona fide, sine dolo et fraude. Recogites etiam, cujus vicem geras in terris etc —Memineris quid b Petrus aliique sibi succedentes Pontifices fecerunt, qui nihil aliud cogitabant, nisi honorem Dei etc.—Noli Tibi aut Tuis thesaurizare in terris etc.—In distribuendis dignitatibus et beneficiis non carnem, non munera, non quid aliud temporale, sed solum Deum, et virtutes atque hominum merita Tibi proponas. In corrigendis excessibus ecclesiasticam exerce disciplinam.—

Cardinals,[28] together with an unconditional prohibition of the Papal reservations already abolisht.[19] This decisive proceeding of the Council brought on anew a lengthened negotiation with the Pope, and both sides mutually complained of undue pretensions in the other.[30] When the Pope now again made the

Pauperes autem ac miserabiles personas defende, juva et sustenta. Ad omnes autem paternam habe caritatem. Then follow express directions of the Council, how the Pope was to govern the Church and the States of the Church.

[28] Decr 4. de numero et qualitate Cardinalium. Here the decrees of the Council of Constance were first repeated (§ 131. note 19). Then an oath was prescribed for the newly appointed Cardinals, and the other Cardinals were directed how they should provide for their titulos, support the Pope in the government of the Church, and put him in remembrance, and how they should live. E g. Si quando Papam (quod absit) negligentem aut remissum, seu agentem quae statum illius non decent, ipsi Cardinales inspexerint, filiali reverentia et caritate tanquam patrem obsecrent, ut officio pastorali honorique ac debito suo satisfaciat. Et primo quidem aliquis vel aliqui de iis per se, deinde si se non corrigat, omnes collegialiter accersitis quibusdam notabilibus Praelatis, praedicentes, quod si non abstinuerit proximo generali Concilio deferant : nec pro salute ipsius Summi Pontificis et bono publico ejus odium vel qhidquam aliud timeant, dum tamen reverenter et caritative id agant.

[29] Decr. 6. de reservationibus (compare above note 20) Et quia multiplices Ecclesiarum et Beneficiorum hactenus factae per summos Pontifices reservationes non parum Ecclesiis onerosae extiterunt ; ipsas omnes tam generales quam speciales sive particulares de quibuscumque Ecclesiis et Beneficiis, quibus tam per electionem, quam collationem, aut aliam dispositionem provideri solet, sive per Extravagantes Ad regimen et Execrabilis, sive per regulas Cancellariae, aut alias Apostolicas constitutiones introductas, haec s. Synodus abolet, statuens ut de caetero nequaquam fiant : reservationibus in corpore juris expresse clausis, et his, quas in terris Romanae Ecclesiae ratione directi seu utilis dominii, mediate vel immediate subjectis fieri contigerit, duntaxat exceptis. This was the very thing that the German nation at Constance (see § 131, note 18) had already demanded in their Avisamentis (v. d Hardt i xxii. p. 999) but not obtained, see their concordat at Constance cap. 2. (§ 131 note 19 )

[31] The Council of Basle had already laboured long and vainly to bring the Pope to a formal adoption and observance of its decrees, especially the decree de electionibus (note 20), and with this end in view had sent several embassies to him (the names of the Ambassadors may be seen in Mansi xxx. p 1064.) The speech of the fourth deputation consisting of Jo. de Hungaria Decr. Doctor and Mag. Matthaeus Mesnage, who had an audience with the Pope 14 July 1435, is already full of reproaches and threats (Mansi xxx. p. 939): Si Sanctitas Vestra non servaret decretum de electionibus per sacrum Concilium

negotiations for union with the Greeks a pretext for removing the Council into Italy, where the Papal influence could be more powerfully exercised : and when the Fathers of Basle, aware of promulgatum, timendum foret, quod infra decem aut quindecim annos s. catholica Ecclesia divisa reperiatur in tot partes quot sunt dioeceses. Therefore the prayer was repeated, quatenus Sanctitas Vestra deinceps cum effectu servare et servari facere velit decreta edita et edenda per sacrum Concilium Basileense, et in contrarium attentata revocare, alioquin P. B. dicta sacra Synodus multiplicibus jurgiorum ac scandalorum crebris propulsata opprobriis, intendit dare operam efficacem, per quam decreta sua ab omnibus inviolabiliter observentur, etiam quacumque praefulgeant dignitate, prout ei possibile erit —In omnibus autem Sanctitas Vestra velit sic agere, quod patres in sacro Concilio concipere valeant, Sanctitatem Vestram manutenere sacrum Concilium, et non per indirectum dissolvere. At the same time the deputation presented the decree *de annatis* (see note 25) exhorted him to observe it, and declared withal : Sacrum Concilium omnino dispositum est, et jam laborat, per aliquem alium modum honestiorem Sanctitati Vestrae et Dominis Cardinalibus talem facere provisionem, de qua Sanctitas Vestra et Domini Cardinales merito poterunt contentari : praesertim autem si sacrum Concilium informatum fuerit, realiter et cum effectu Sanctitatem vestram decreta sacri Concilii Basileensis servare ab aliisque observari facere, et in contrarium attentata revocare. The Pope accordingly sent oratores to Basle, to desire (Mansi xxx. p 946), quod aut suspendatur decretum de annatis, aut debita sedi Apostolicae fiat provisio : but they were told that such provision could only be made, si Summus Pontifex ipse circa synodalium decretorum observantiam animum, ut decet, inclinaverit. Then a new embassy to the Pope was resolved on 20. Jan. 1436, which bore a still more decided message, and declared conclusively (see their instructions l. c. p. 1064), quod sacrum Concilium non valens amplius ista tolerare, mittit dictos oratores, per quos sacrum Concilium rogat ipsum dominum nostrum,— ac solemniter et peremtorie requirit et monet, ut—velit a talibus penitus abstinere, ac efficaciter servare decreta istius sacri Concilii, et tenorem adhaesionis suae; et quod in testimonium hujus infra XXV. dies a die hujuscemodi monitionis publice ac solemniter in Consistorio publico debeat facere legi litteras more Curiae Romanae bullatas infrascripti tenoris, mittendas infra [alios] XXV. dies ad sacrum Concilium, in generali congregatione seu sessione legendas. Quod si—praedicta non fecerit ;—ipsum sacrum Concilium protestatur coram Deo et hominibus, quod sine alia dilatione et citatione—procedet contra ipsum juxta decretum Concilii Constantiensis. The formula which was appended, for the Bull required of the Pope runs thus (p. 1065): Omnes appellationes interpositas vel interponendas ad nos a sententiis latis per sacrum Concilium, vel Commissarios aut Judices ejusdem ipso durante, annullamus et irritamus, mandantes sub poena excommunicationis latae sententiae omnibus Judicibus et Commissariis auctoritate nostra deputatis, ne super illis procedere audeant. Revocamus etiam omnia gravamina, et quidquid factum est dicta auctoritate nostra contra

tenorem nostrae adhaesionis, ac contra decreta ipsius sacri Concilii
Basileensis : ratificamus et approbamus omnia decreta ipsius sacri Concilii Basileensis, et praesertim de electionibus et de annatis : pollicemur,
quod sine dolo et fraude illa manutenere et servare etc. Then follows
the monitorium to be delivered to the Pope, in which the causes of
complaint against him are set down in detail. The following grievances belong to their number (p. 1067): quotidie nostrae a diversis
personis ac pro variis causis aures pulsantur propter importabilia
gravamina eis illata in derogationem per nos nostraque auctoritate
gestorum, potissime quod adversum sententias hic latas, quae in rem
transiverint judicatam, adversum ipsam etiam causarum pendentiam in
hoc sacro Concilio, rescripta concesserit quotidieve concedat, appellationes etiam a sententiis per hanc Synodum seu ejusdem Commissarios
latis in Curia et extra commiserit et committat, lites propter hoc
faciendo immortales, et divisiones quam plurimas seminando, necnon
varia supposita (*suppôts*) ab hoc sacro Concilio avocando, qui in agendo
pro universali Ecclesia plurimum conferebant. We find even here p.
1068 : Intellexit a fide dignis plurimis s. Synodus, eundem Dominum
Eugenium ad diversos reges et principes suos nuncios destinasse, ut in
earundem annatarum perseverantia sibi adsisterent. A letter of advice
for the instruction of the Pope's nuntii about to be sent to the crowned
heads, which was composed soon after this time, and adopted by the
Pope (in Raynald ann. 1436 no. 2. ss.) contains an express defense of
the Pope, and a complaint of the entire method of proceeding and the
decrees of the Council. It was here set down as an unheard of error
of the Basle-fathers (no. 3), Concilia generalia non suscipere auctoritatem et fundamentum a Christi Vicario, so that even, Romanus
Pontifex, ut Praelatus quilibet, obedire tenetur decretis—Concilii.—
Quod nihil aliud est, quam potestatem Summi Pontificis Christique
Vicarii in terris totaliter annihilare, et supremam potestatem ipsi a
Christo datam in manibus multitudinis ponere: quod est non tam
erroneum, quam etiam ab omni doctrina ss. Patrum totaliter alienum,
immo toto statu catholicorum Principum valde perniciosum, quoniam
pari modo possent eorum populi, si congregarentur, supra eos praetendere potestatem. The Decretum de annatis would be made (no. 4) in
grave praejudicium et depressionem Apostolicae sedis, cum a tanto
tempore, de cujus contrario non est memoria, et per multa retro saecula
(! see part iii. § 103, note 26, § 105 note 3) Summus Pontifex—in
pacifica fuerit possessione de levandis annatis :—utpote quae nunquam
fuerint per aliquod Concilium revocatae, immo potius in generali Viennensi (!!) et Constantiensi Concilio susceptae —Cardinales etiam S. R.
E. et caeteri Curiales Romanae Curiae—in praesentia S. D. N. publice
sunt protestati,—affirmantes, quod si decretum hujusmodi tam praecipi-
tanter factum debebat observari, compellebantur relinquere sedem
Apostolicam et ejus servitia The Basle-fathers also had never
thought in earnest of any other provision for the Pope. However in
no. 6 there was a well grounded complaint made, that the Council
unduly interfered in the administration of the Church : Illud summe
advertendum est, et ad quos omnis Principum consideratio se conver
tere debet, quod ii, qui Basileae sunt, omnia administrant et faciunt tam

the threatened danger, stoutly resisted all his proposals,[31] the

*in spiritualibus quam in temporalibus quae spectant et pertinent ad exercitium supremi in Ecclesia Principis, quoniam minores causas agunt, de causis confirmationis cognoscunt, postulationes, quae soli gratiae nituntur, et quos solus ͞ Papa consuevit admittere vel rejicere, non solum in Concilio recipiunt, immo eas contra provisiones Apostolicae sedis admittunt,—de canonizationibus Sanctorum cognoscunt, beneficia et officia—dant, pensiones super beneficiis imponunt, confessionalia concedunt more Romanae Curiae, ab omnibus peccatis absolvunt,—dant indulgentias,—faciunt Doctores in omni facultate nullo vel modico examine praevio, cum illegitimis dispensant ad ordines, dignitates et haereditates, plerisque pallium conferunt, Episcopos consecrari praecipiunt,—in gradibus a jure prohibitis dispensant ita faciliter, ut repertum sit, dispensatum esse per unum Praelatum in secundo gradu consanguinitatis auctoritate, ut dicebatur, Concilii.—Quae omnia nullum umquam generalium Conciliorum—facere præsumpsit etc* —Accordingly the Legates were to require the princes to take active measures no. 14, viz. if the Basle fathers refused to give way *(sexto)*, *ipsi Principes velint suos oratores de Basilea revocare, necnon etiam Praelatos eorum et subditos tam ecclesiasticos, quam saeculares.* Very characteristic is the close of these instructions (no. 15) in which the Legates are charged with a particular message to win the Emperor's good-will, and another to win the King of France. Then: *Similiter unicuique Regi et Principi specialia quaedam dici poterunt pro majori parte, prout erit expediens, quae ipsimet nuntii pio eorum prudentia scient reperire. Non esset etiam malum, quod nuntii—habeant aliquas particularitates etiam in foro conscientiae, ut possent gratificare Regibus et Principibus. Utile praeterea foret, si ii nuntii Apostolici secum portarent sub bulla aliquam Curiae reformationem, quam Regibus et Principibus praesentarent. Hoc enim baculo adversarii nostri semper nos invadunt et percutiunt, quia dicunt multa in Romana Curia fieri, quae egent magna reparatione, nec illa tamen corriguntur Per hanc reformationem, etiam si usquequaque plena non foret, modo essent aliqua, eorum ora obstruerentur, qui continue lacerant et carpunt Romanae Curiae famam,—redderenturque tunc Reges et Principes melius aedificati, et magis proni ad condescendendum petitionibus Domini nostri Papae etc*

[31] After that negotiations had already begun between the Pope and the Greeks, Greek ambassadors appeared at Basle in 1434, and proposed as fit places for the Council which was to be held (Sess. xix. in Mansi xxix. p. 94) Calabria, Ancona, vel alia terra maritima, Bononia, Mediolanum, vel alia civitas in Italia, extra Italiam Buda in Hungaria, Vienna in Austria, et ad ultimum Sabaudia. The Council determined (p. 95) to send ambassadors to Constantinople, who were to persuade the Emperor in favour of Basle, but if they could not, to declare themselves ready to choose one of the above mentioned places. However, the Patriarch of Constantinople informed the ambassadors (Raynald. 1435. no. 8) that it was necessary, ut statuatur beatissimum Dominum

breach between the two parties soon became decisive. In Sess.
xxvi. 31. July 1437 the Council placed the Pope under impeachment;[32] Eugene removed the Council from Basle to Ferrara by
a Bull dated 18. Sept. 1437,[33] and actually opened a new Synod
for 8. Jan. 1438. The Council in reply pronounced upon him
sentence of suspension Sess. xxxi. 24. Jan. 1438.[34] This was in

Papam in meditata oecumenica Synodo interesse personaliter, et non
repraesentative, electo et statuto loco congruente et commodo pro quiete
dicti beatissimi Domini Eugenii et nostra. Thereupon in Sess. xxv. 7.
March 1437 duplo major pars of the Synod decided for Basle, Avignon,
or Savoy, and so indeed (Mansi xxix. p. 134), quod apud Imperatorem
—et alios Graecos diligens et debita fieret instantia,—ut ex diversis
bonis respectibus civitatem Basileensem acceptarent pro dicto oecumenico Concilio ibidem celebrando : quam si eos omnino recusare contingeret, extunc civitas Avinionensis locus esset—Concilii.—Si tamen
illud in eadem celebrari non posset, extunc in Sabaudia Concilium
celebraretur antedictum   The minority of the Synod, with the Papal
Legates at their head, drew up another decree on the same day in the
name of the Synod (in Raynald. 1437. no. 7), ut videlicet civitas Florentina aut Utinum in patria Forijulii ponenda in manu Concilii, seu
quicunque alius locus tutus in decreto (Sess. xix., see above) comprehensus Summo Pontifici et Graecis accommodus pro oecumenico Concilio eligatur, and the Pope immediately confirmed this last decree by
a Bull dated 29. June (in Raynald. 1437. no. 8.)  Aeneas Sylvius, as
an eye witness, gives a lengthened description of the stormy Session
xxv. in a letter first publisht by Mansi xxxi. p. 220.

[32] Mansi xxix. p. 137 ss. Here the only reason given is disregard
of the reformatory decrees of the Basle Council : Ille, qui primus haec
exequi debuerat, quemque et Christi praecepta et canones sacrorum
Conciliorum prae caeteris servare oportuerat, immo et caeteros ad horum
observantiam efficaciter inducere, nulla unquam monitione, nulla exhortatione induci jam longo tempore potuit, ut aliquam morum emendationem Christo placentem, aut notissimorum abusuum correctionem in
Ecclesia sancta Dei efficere satageret. Quin potius conspicit universus
orbis, sub ejus regimine majora semper scandala gravioraque exoriri.
Of these there is a long catalogue. Non autem solum in rerum spiritualium regimine hanc ipsam ruinam consideramus, sed et in gubernatione temporalium dominiorum s. Romanae Ecclesiae notorios defectus
attendimus.—Quantas enim terras ipse Dominus Eugenius alienaverit,
quantaeque ejus incuria et insolerti regimine deperditae et occupatae
sint,—notoria facta testari videntur. Accordingly it summons the
Pope to answer for himself within 60 days, and requires the Cardinals
under pain of punishment, ut infra eundem terminum in hac civitate
Basileensi compareant, saluti s. matris Ecclesiae cum caeteris in Synodo
congregatis consulturi et opportune provisuri, prout Spiritus Sanctus
dictaverit.

[33] In Harduin ix. p. 698.

[34] Sess. xxviii. 1. Oct. 1437 he was declared contumacious (Mansi

truth the last Session in which a few more reformatory decrees were past, in order to limit the number of causes pending at Rome,[35] and effect a worthier occupation of spiritual offices :[36]

xxix. p. 147.) Sess. xxix. 12. Oct. the removal of the Council to Ferrara was declared invalid, and all the prelates were commanded to repair to Basle. Sess. xxxi. Then followed the suspension (Mansi xxix. p. 168) : s. Synodus praedictum Eugenium P. iv. manifestum contumacem, et in aperta rebellione persistentem, ac notorie incorrigibiliterque Ecclesiam Dei scandalizantem—ab omni administratione Papatus in spiritualibus et temporalibus suspendit.—Omnem autem ipsius Papatus administrationem—eadem s. Synodus ad seipsam decernit ac declarat esse devolutam.

[35] Sess xxxi. decr 1. de causis (Mansi xxix. p. 159):—Inoleverunt hactenus intolerabilium vexationum abusus permulti, dum nimium frequenter a remotissimis etiam partibus ad Romanam Curiam, et interdum pro parvis et minutis rebus ac negotiis quamplurimi citari et evocari consueverunt, atque ita expensis et laboribus fatigari, ut nonnunquam commodius arbitrarentur juri suo cedere, aut vexationem suam gravi damno redimere, quam in tam longinqua regione litium subire dispendia. Sic facile extitit calumniosis opprimere pauperes, sic beneficia ecclesiastica plerumque minus juste per litium anfractus obtenta sunt, dum justis possessoribus eorum, seu quibus illa de jure competebant, neque opes neque facultates ad illos sumptus sufficere poterant, quos longinqua profectio ad Romanam Curiam et litis agitatio in eadem deposcebant Accordingly the Council decrees, quod in partibus ultra quatuor diaetas a Romana Curia distantibus omnes quaecumque causae, exceptis majoribus in jure expresse enumeratis, et electionum Ecclesiarum cathedralium, et Monasteriorum, quas immediata subjectio ad sedem Apostolicam devolvit, apud illos judices in partibus, qui de jure aut consuetudine praescripta vel privilegio cognitionem habent, terminentur et finiantur. Et ne sub umbra appellationum, quae nimium leviter, et nonnunquam frivole hactenus interponi visae sunt, atque etiam in eadem instantia ad prorogationem litium saepe multiplicari, materia fovendis injustis vexationibus relinquatur ; statuit eadem s Synodus, quod si quis offensus coram suo judice habere non possit justitiae complementum, ad immediatum superiorem per appellationem recursum habeat . nec ad quemcunque, etiam ad Papam, omisso medio, neque a gravamine in quacumque instantia ante diffinitivam sententiam quomodolibet appelletur, nisi forsitan tale gravamen exstiterit, quod in diffinitiva sententia reparari nequiret : quo casu, non alias, ad immediatum superiorem licet appellare. Si vero quispiam a sedis Apostolicae immediate subjecto ad ipsam sedem duxerit appellandum, causa per rescriptum usque ad finem litis inclusive in partibus committatur : nisi forte propter defectum justitiae, aut justum metum, etiam in partibus convicinis,—apud ipsam sedem foret merito retinenda.

[36] Decr. 2 De Collationibus beneficiorum. The Roman pontiff was to grant no more gratias exspectativas, likewise no reservationes particulares were to be made. Decr. 3 Qualificationes et ordo in confe-

for henceforth the energies of the Synod were exclusively claimed by the controversy with the Pope.[37]

It was now the interest of the secular princes to secure for their national Churches the reforming decrees of Basle,[38] but also at the same time to avert the impending schism. Charles VII. King of France was indeed dissatisfied with the decrees of Basle against the Pope, but he adopted for the French Church, the Reformation of this Synod with certain modifications, in the Pragmatic Sanction of Bourges, 7. July, 1438,[39] and he disowned the Synod of Ferrara. In Germany during the vacancy of the Imperial throne the electoral princes laboured to mediate between the contending parties, and with a view to effect concessions more readily, on the day before the election of Albert II.,

rendis beneficiis per ordinarios. Every Cathedral Church was to have one Theologus, a third part of the prebendal stalls were to be filled up with graduates: only persons equally well qualified might be made parish priests in the towns, aut ad minus qui per tres annos in theologia, vel in altero jurium, seu magistri in artibus, qui in aliqua Universitate privilegiata studentes fuerint, et hujusmodi gradum adepti fuerint

[37] Joannes de Polemar gives a description of this controversy, in favour of the Pope, in a work wiitten A.D. 1443 (Mansi xxxi. p. 197 ss ): there is another in favour of the Council by Nicholaus de Tudesco, Archiepisc. Panormitanus (well known as a canon-lawyer under the name Abbas or Panormitanus) l. c. p. 205 ss.

[38] Although John Nider, a Dominican, who was very zealous at the Council, did not expect much therefrom. In his Formicarius (or De visionibus ac revelationibus ed. v d. Hardt Helmst 1692. 8) composed A.D. 1437, lib. i. c. 7, p. 96, he makes Piger inquire with reference to the Council of Constance and the praesens Basileense Concilium, quod pene in omnium bullarum suarum praeferebat exordio reformationis titulum, utrum de totali reformatione Ecclesiae in membris et capite aliquam spem habere possimus. The Theologus answers: Non omnino frustra celebrata fuerunt duo ista Concilia.—De totali autem, quam depingis, reformatione Ecclesiae ad praesens et ad propinqua futura tempora nullam penitus spem habeo. Tum quia voluntas bona in subditis deficit, tum quia illud Praelatorum malitia impedit, tum etiam, quia illud electis Dei, qui persecutionibus malorum probantur, non expedit.

[39] Pragmatique Sanction or La Pragmatique de Bourges ed. Pinson, Paris, 1666. fol., in the Ordonnances des Rois de France de la troisième Race vol. xiii. p. 267, and in Munch's Sammlung aller altern und neuern Konkordate. Th. i. S. 207 ff. cf. Histoire contenant l'origine le la Pragmatique Sanction,—comme elle a été observée, et les moyens lont les Papes se sont servis pour l'abolir, in the Traitez des Droits et Libertez de l'Eglise Gallicane. T. i. 1731, fol.

17. March, 1438, they declared the German Church neutral.[40] Nevertheless the advantages of the Basle Reformation were secured to her likewise, in a deed of acceptance drawn up by the Emperor and Empire at Mayence 26. March 1439.[41] The Council seems to have been led away by the universal approbation which this reformation met with, to overestimate its moral power. It refused every approach to concession,[42] it proceeded in its attack upon Eugene IV., in Sess. xxxiv. 25. May 1439 it pronounced sentence of deposition upon him,[43] and on 17. Nov.

[40] See the Protest in Joh. Joach. Muller's des heil. rom. Reichs teutscher Nation Reichstagstheatrum wie selbiges unter Keyser Fiiedrichs V. allerhochsten Regierung gestanden (Jena 1713.fol ) Th.i. S 30.

[41] The Instrumentum acceptationis was rescued again from long oblivion, and publisht by Horix, a privy councillor of Mayence, in the Concordata Nat. Germ. integra. Francof et Lips. 1763, 4, better in the Conc. Nat. Germ. integra variis additamentis illustrata Francof. et Lips. 1771. 3 Tomi 8 ) T. 1. p. 38 ss. The best edition given according to the original in the electoral archives at Mayence with the requisite explanations is the Sanctio Pragmatica Germanorum illustrata ed. Christoph. Guil. Koch. Argentor. 1789. 4. 92. ss. Munch's Sammlung aller altern u. nuern Konkordate. Th. i. S. 42 ff.

[42] Cf. Aenae Sylvii commentariorum de gestis conc. Basileensis libb. ii., written A.D 1444 in favour of the Council, it embraces the years from 1438—1440. The Epist. ad Joannem de Segovia de coronatione Felicis which is appended, was often reckoned as lib ni. Both works may be found in the Fasciculus rerum expetendarum et fugiendarum, p. 1. ss, and are also publisht by themselves Basil. 1577, 8. Cattopoli 1667. 4. According to Aeneas Sylvius, the nobles might have hindered the schism by unanimous co-operation, compare his remarkable expression A D. 1438. to Gaspar Schlick, the Emperor's chancellor Ep. 54 : vidi quid Reges scribunt ex copiis literarum, nec despero rem posse bene conduci, si aggredi velimus negotium. Omnibus enim, ut vides, displicet schisma, omnes abhorrent. Viam autem sopiendi hoc malum Carolus Rex Franciae nisi fallor et tutam et brevem ostendit, ut fiat conventus Principum vel eorum oratorum in communi aliquo loco, ibique una recipiatur conclusio per omnes.—Haec via non posset impediri : nec Papa, nec Consilium reniti possent, tanquam hoc absque ipsis fieri nequiret. Licet enim Principibus saecularibus convenire invito Clero, et tamen illic unio fieri posset. Nam ille Papa indubitatus esset, cui omnes Principes obedirent. Non video Clericos, qui velint pro ista vel illa parte martyrium ferre. Omnes hanc fidem habemus, quam nostri principes : qui si colerent idola, et nos etiam coleremus. Et non solum Papam sed Christum etiam negaremus saeculari potestate urgente, quia refriguit caritas, et omnis interiit fides. Utcunque sit, pacem desideramus, quae sive per aliud Concilium, vel per conventum Principum detur, nihili pendo.

[43] Mansi xxix. p. 179 ss. S. Synodus pro tribunali sedens per hanc suam sententiam diffinitivam—pronuntiat, decernit et declarat,

1439, elected by commission Amadeus VIII. Duke of Savoy to be Pope by the name of Felix V.[44]

This rash proceeding,[45] by which so soon after the toilsome conclusion of one wearisome schism, another was introduced, damaged the cause of the Council extraordinarily. Felix V. was recognized in a few countries only. By the departure and defalcation of many of its members, the council lost more and more of its consequence and weight, and from the 16th May 1443, when it held its 45th and last session, it existed only in name.[46] Eugene Gabrielem prius nominatum Eugenium P. IV fuisse et esse notorium et manifestum contumacem, mandatis seu praeceptis Ecclesiae universalis inobedientem, et in aperta rebellione persistentem, violatorem assiduum atque contemptorem sacrorum canonum synodalium, pacis et unitatis Ecclesiae Dei perturbatorem notorium, universalis Ecclesiae scandalizatorem notorium, simoniacum, perjurum, incorrigibilem, schismaticum, a fide devium, pertinacem haereticum, dilapidatorem jurium et bonorum Ecclesiae.—Quem propterea eadem s Synodus a Papatu et Romano Pontificio ipso jure privatum esse declarat etc.

[44] cf. Aeneae Sylvii Commentar. (See note 42).

[45] That the proceedings at Basle were carried on in a passionate and by no means exemplary manner, may be understood from the foregoing facts Compare Jo. de Polemar (see note 37) in Mansi xxxi p. 202 : Nullibi pejus decreta Basileensium quam Basileae servata sunt. Formula illa morum, in cibis, in vestibus. in familiaribus, in falleris (*phaleris*) equorum, in modo vivendi et procedendi, in deputationibus, in congregatione generali fuitne unquam servata ? Qualiter supplicationes, et alia per deputationes expedita sint temere, immoderate, prout quilibet plus poterat aut per clamores et impressiones, aut multitudinem votorum, non advertendo quid expediat, sed omnia passim concedendo, ea praesertim quae sedes Apostolica repulerat,—pudet referre. Mittunt utique nuncios cum facultatibus, quae nec legatis de latere per sedem Apostolicam tradi consueverunt. Si Diabolus a Basileensibus aliquid peteret et contra fas et jus ; dummodo illis vellet assentire, facillime impetraret. Offerunt et ipsi et Antipapa eorum Regibus, Principibus, et Praelatis privilegia, facultates, dignitates, ut illis adsistant etc.

[46] Aeneas Sylvius descript. Germaniae c. 10, describes the part taken by the different nations in this schism : Gallia quidem, atque Hispania, Italia quoque, Ungaria et Anglia Eugenium sequebantur : Sabaudia, Suicenses, Basilienses, Argentinenses, ac ex Saxonia Caminenses, simulque de ducibus Bavariae Albertus Monaci Felici obediebant. Rex Aragonum et Siciliae Alphonsus, Polonique et Britones nec Eugenio nec Felici, sed Concilio Basileensium auscultabant. Reliqua Germania neutralitatem quandam induit. Joannes de Polemar (see note 37) thus describes the condition of the Council in the year 1443 (Mansi xxxi. p. 206): Nulli Primates, Archiepiscopi, et Episcopi orbis Antipapae adhaeserunt, exceptis paucissimis illis de Pedemontium

would have had an easy part to play against his adversary
Felix, if he had not resolved to attack at the same time the
reformatory decrees of Basle, which had been already acknowledged by the two most powerful kingdoms of Christendom. As
they had found among the higher orders of the clergy their most
determined supporters, the Papal policy endeavoured to win the
secular princes to its aims. In France Eugene was obliged to
be content that Charles VII. should remain as true to him as to

et Sabaudiae, quos non veritas trahit, sed metus et subjectio compellit,
ac illis tanti sceleris patratoribus Basileae existentibus, quorum nomina
opportunum est inserere, ut pateat, qui et quales sint, qui Ecclesiam
perturbant Arelatensis Episcopus (Lewis Allemand, Archbishop of
Arles and Cardinal, President of the Council), Gratianopolitanus Episcopus (of Grénoble), Basiliensis Ep, Ep. Aquensis, Marsiliensis sine
possessione Episcopus, Lacusanensis sine possessione, Ep. Argentinensis titulatus, Ep. Grossetanus titulatus. Fuerunt etiam duo
Episcopi de Arragonia, quos D. Rex tenebat ibi, ut terreret S. D. N.
ne esset sibi adversarius in regno Neapolitano. Fuerunt autem pauci
quidam Abbates de dioecesi Basiliensi, metu ibi manere compulsi;
fuerunt quidam Monachi apostatae et fugitivi, et nonnulli vel notarii
vel copistae, et quidam alli vix in sacris constituti nullius aestimationis,
qui quidem nec in dioecesanis nec in provincialibus Conciliis de jure vel
consuetudine admitterentur, qui Basileam ad hoc profecti fuerant, et ad
hoc morabantur, ut effugerent superiorum suorum correctionem, vel ut
alios litibus vexarent, vel ut scandalum aliquod perpetrarent etc.
Ever since the year 1437 many influential Bishops had separated
themselves from the Council, and the lower clergy had the ascendancy
there. On the other hand Nicholas Panormitanus (comp. note 37)
declared indeed A D. 1439, when he pleaded for delay in the proceedings against the Pope (see Aen Sylv. de Conc. Basil. lib. i. ed. Cattop.
1667, p. 36): Si Episcopi et Abbates computarentur, nemini dubium
esse, quin major pars differri praesentem rem vellet. Cumque totius
potestas Concilii in Episcopis resideret, haud ferendum esse, ut eis
spretis, quod majori parti inferiorum placeret, id concluderetur. But
the Cardinalis Arelatensis controverted him with some passages of
Augustine and Jerome (l. c. p. 43): si, prout Hieronymo placet,
Episcopi sunt sola consuetudine praelati Presbyteris, utique fieri potest,
ut consuetudinem contraria tollat consuetudo: at si Presbyteri debent
Ecclesiam Dei cum Episcopis in commune regere, satis notum est, quod
ad eos quoque decidere res spectat Ecclesiae dubias.—Si soli Episcopi
vocem habeant, id demum fiet, quod nationi placebit Italicae, quae
sola nationes alias in numero Episcoporum aut superat aut aequat.
Utcunque est, opus Dei hac vice fuisse autumo, ut inferiores ad decidendum reciperentur; revelavit enim ea nunc Dominus parvulis, quae
sapientibus abscondit. En horum inferiorum zelum, constantiam,
rectitudinem, magnanimitatem videtis. Ubi nunc Concilium, si soli
Episcopi, solique Cardinales vocem habuissent? Ubi nunc Conci-

the Pragmatic sanction.[47] In Germany he might hope for better success from the weakness of the new Emperor Frederick III. (since 1440), and the divided state of the country. And those unwonted privileges which he granted to the Duke of Cleves A.D. 1444),[38] to the detriment of the Archbishop of Cologne and

liorum auctoritas? Ubi fides catholica? ubi decreta? ubi reformatio? Nempe omnia libidini Eugenii ac temeritati jam diu commissa fuissent; victorque nefandissimi propositi sui ille fuisset, nisi quos modo spernitis inferiores sibi restitissent Hi sunt, qui privationem ab Eugenio factam contempserunt: hi sunt, qui minas, qui spolia, qui persecutiones ipsius flocci fecerunt etc. Afterwards A.D. 1452 the altered Aeneas Sylvius in his Oratio adv. Austriales (in Muratorii Anecdotis T. ii. p. 162) even says : Inter Episcopos, caeterosque Patres conscriptos vidimus in Basilea coquos et stabularios orbis negotia judicantes. Quis horum dicta vel facta judicaverit legis habere vigorem ? This composition of the Council has always been with the Ultramontanes a principal argument against its validity.

[47] Eugene express his opinion of the Pragmatic sanction in a letter to the King, when a Bishop was elected at Angers according to its regulations, although the Pope wisht to provide in the way hitherto customary (Raynald ann. 1439 no. 37) : Quod vero scribitur ordinationes Bituris confectas (te) velle manutenere, a certo tenemus scriptum esse te inscio et invito. Nam cum pro tua sapientia dudum, cum illae ordinationes fierent, consuluisses viros nonnullos timentes Deum, et bonos viros ac doctos, quid de illis sentirent, atque ii tibi respondissent, eas esse contra Deum, contra aequitatem injustas, et contra salutem animae tuae ; mirandum esset—te velle eas ordinationes servare, quae essent iniquae et in animae tuae praejudicium factae. When in the year 1440 ambassadors came from Eugene and the Council to a new Synod at Bourges, and the former desired the abolition of the pragmatic sanction : they received the following answer from the King, after he had taken council with his Bishops and other magnates (Preuves des libertez de l'église Gallicane, Chap. 20 no. 23), quod Rex tenuerat Concilium Basileense pro Concilio, ad ipsum Ambassiatores miserat ; multa bona pro fide et moribus constituerat, quae Rex approbabat ; nec unquam congregatum Ferrariense pro Concilio habuerat aut habebat. Quoad depositionem Eugenii, et electionem Felicis, numquam eas adprobaverat, aut approbat : immo tenuerat Dominum Eugenium pro Papa, et adhuc tenebat, et volebat, quod sibi in suo regno obediretur, nisi aliud in Concilio generali, celebrando juxta annum in aliquo loco Galliarum, fuisset ordinatum, et quod requirebat Papam, quatenus illuc mitteret dictum Concilium, et convocaret, et celebrari procuraret, et quod in eo personaliter interesset.— Quoad Pragmaticam Sanctionem, eam inviolabiliter volebat observari et custodiri. Et si aliqua videntur nimis rigida, in illo generali Concilio Basileensi possent moderari.

[48] See the remarkable Bull addrest to the Bishop of Utrecht dd. 17 Kal. Febr. 1444 in Leibnitii Mantissa Codicis Juris Gentium dip-

the Bishop of Munster, who were both against him, are a proof how earnestly he strove to win over the powerful nobles. He had indeed over-estimated his power in Germany, when he ventured in 1445 to pronounce sentence of deposition against the Archbishops of Treves and Cologne, as decided adherents to the Council of Basle,[49] for this step induced the electoral princes to

lomatici P. ii. p. 168 : Pastoralis officii desuper nobis divina providentia commissi debitum postulat et requirit, ut contra nostrorum et Romanae Ecclesiae rebellium temeritatem eorum, qui in nostra et sedis Apostolicae obedientiae devotione et fide firmi et immobiles permanserunt, statui et quieti animarumque saluti salubriter consulamus. Exhibita siquidem nobis pro parte dilectorum filiorum, nobilium virorum, Adolphi Ducis Clyphensis, et Johannis ejus primogeniti, petitio continebat, quod cum tam saeculares quam ecclesiasticae personae, necnon collegia—et alia loca ecclesiastica in suis dominiis et terris in Coloniensi et Monasteriensi diocesi consistentia, pro eo quod Archiepiscopus Coloniensis nobis et Apostolicae sedi inobediens et rebellis existit, et iniquitatis filius Henricus, qui se gerit pro Episcopo Monasteriensi, damnationis filio Amedeo, olim Duci Sabaudiae, qui se Felicem V. ausu sacrilego nominare praesumit, —adhaerere praesumsit, plurima in spiritualibus et temporalibus detrimenta sustineant : pro parte dictorum Ducis et primogeniti nobis fuit humiliter supplicatum, ut eorum subditorum suorum statui et saluti providere misericorditer dignaremur. Nos igitur — omnia et singula, personas, collegia, capitula, monasteria, Ecclesias et loca quaelibet ecclesiastica, dominia, terras et loca supradicta, donec aliud super hoc duxerimus disponendum, *ab omni jurisdictione, potestate, et superioritate spirituali Coloniensis Archiepiscopi et Episcopi Monasteriensis eximentes et liberantes, Fraternitati tuae unum Episcopum,* etiam titularem,—qui in dictis dominiis,—Clericos ordinare,—omnemque, spiritualem, jurisdictionem, quae Archiepiscopi Colonienses et Episcopi Monasterienses pro tempore inibi habere et exercere consueverunt,—exercere valeat, necnon contra omnes et singulas personas,— quae schismatis labe infecta essent, aut praefato Amedeo quomodolibet adhaererent seu faverent,—inquirere et procedere — possit,—*deputandi, et illum amovendi, aliumque sui loco ponendi, quotiens pro parte dictorum Ducis et primogeniti fueris requisitus,* auctoritate praefata, tenore presentium, concedimus facultatem. Volentes similiter et tibi eisdem auctoritate et tenore concedentes, ut *omnia et singula* dignitates, personatus,—monasteria,—caeteraque *beneficia ecclesiastica* quaecunque in dictis dominiis—nunc vacantia et imposterum—vacatura,—quae in turno sive mense Ordinariorum vacare contigerit, dummodo non sint sedi Apostolicae reservata, *personis idoneis per ipsos Ducem et primogenitum tibi nominandis—conferre et de illis providere—libere et licite valeas.* Hence rose the proverb : Dux Cliviae est Papa in suis terris, see Wern. Teschenmacheri annales Cliviae, Juliae, Montium et Marcae Westphalicae ed. J. Chr. Dithmar. Franc. et Lips. 1729, fol. p. 294.

[49] See the Brief to the Bishop of Utrecht dd. 9. Febr 1446 (in

unite at Frankfort on Maine (21 March 1446) in some decisive demands upon the Pope.[50] However the Emperor who lookt with displeasure upon this partial alliance of the electors, managed by help of the arts of his crafty private secretary, Aeneas Sylvius to

Raynald. ad. h. a. no 1.) : Nuper iniquitatis filios Theodoricum de Moersem, olim Coloniensem, et Jacobum Sirik, olim Treverensem, Archiepiscopos, tamquam haereticos et schismaticos, nostrosque et Romanae Ecclesiae rebelles ex justis et urgentibus causis omni dignitate archiepiscopali—privavimus,—ac privatos fore declaramus : et deinde ad provisionem earumdem Ecclesiarum—paternis et solicitis studiis intendentes, Coloniensi Ecclesiae de persona dilecti filii Adolphi Clivensis duximus providendum, ad Ecclesiam vero Treverensem ven. fratrem nostrum Joannem tunc Cameracensem Episcopum de fratrum consilio auctoritate Apostolica transtulimus.

[50] The acts of this electoral league may be seen in Muller's Reichstagstheatrum Th. 1. S. 278, and edited from the originals in Gudeni Codex diplomaticus Anecdotorum T. iv. p. 290 ss  The electoral princes here resolved : Zu dem Ersten, das Babst Eugenius die Decreta in dem Concilio zu Costentz gesatzt, und in dem Concilio zu Basel ernuert, innhaltende die Gewaltsam der gemeynen Concilien erkennen u. verichen solle von worten zu worten, als die Forme daruber begriffen innheldet. Item das Babst Eugenius der Stette eyne, namlich, Costentz, Strasspurg, Worins, Mentz, oder Triere benenne, dahin er ein gemeyn Concilium beruffe, angehende uf den ersten tag des Meyen Anni 1447. In welichem Concilio erclert werden solle die Zweitracht in der H. Kirchen, von des Babstums wegen und auch sust entstanden ; Und das solich Bulle unsern Herren den Kurfursten geantwort werde uf den Tag gen Frangfurt, hietzuschen u. Kalendas Septembris nechstkommende, als auch ein Forme daruber begrieffen innheldet.  Item das er Bullen gebe von den Decreten des Concilii zu Basel, mit solichen underscheiten, und in massen die durch Kunig Albrecht seligen und UU. HH. die Kurfursten zu Mentse ufgenommen worden sint (see note 41), Verschunge gegen die Nuwekeiten, die dazuschen, als die Protestation (see note 40) hat gewehret, und noch wehren wirdet, gescheen weren, oder noch gescheen, und auch den Versorgnissen nach notdurfft unser Nation, als das in Schriften begrieffen ist. Und so Babst Eugenius solichs also getan, und die Bullen uf die gemelten Zit ungeverlich also unseren Herren geantwort hedte, so salte man Ine fur eynen sur Babst halten, und ime gehorsam sin : u. doch in dem kunftigen Concilio der Erclerunge der obgemelten zweitracht in der H. Kirchen entstanden, warten : Und was also in demselben Concilio wirdet ercleret, das sollen Electores eyntrechtiglichen ufnemen u. halten.—Und ob Babst Eugenius solichs nicht tun wolte, so were wol zu verstcen, das er Fursatz hedte, die heiligen gemeynen Concilia und iren Gewaltsam ewiglich zu verdrugken. So vermeynen unsere Herren, solichen Gewalt nit zu verdrugken lassen, sunder sollen das Concilium zu Basel fur ein war Concilium halten, und dem gehorsam sin ; doch also, das das Concilium zu Basel unsern Herren eine Bulle gebe, darinn sie sich verschriben, das sie sich uf eyn zyt, und an

effect, that the greater number of the princes of the Empire at the Congress of Frankfort (Sept. 1446) should declare themselves pre-ein Stat, die Ine unsere Herren die Kurfursten benennen werden, transferiren, und dahin ein Concilium setzen sollen ; und das sie auch Bullen geben uf die Versorgniss, als die Schriffte daruber begrieffen inheldet : und das soliche Bullen uf Kalendas Septembris nechst kumpt zu Frangfurt unsern Herren ubergeben werden ungeverlich.—Item diewile unsere gnedige Herren den Wegk uff Babst Eugenium zum ersten furgenommen haben ; wurde es sich dann also schigken, das uu. hh., ob Er der sachen als obgeschrieben steet nicht nachqueme, zu dem Concilio zu Basel slahen wurden, als sie auch alsdann tun sollen ; sal das auch versorgt werden, das Babst Felix sich keyner presidentien—in dem Concilio zu Basel, ader in dem zukunftigen Concilio—undertziehen ader annemen ; Sunder das Concilium sal in allem sinem wesen alle Sache handeln u. furnemen, in aller masse, als sie vor getan haben ee Babst Felix gekoren was, bis also lang das solichs durch das zukunftig Concilium, in bywesen unsers H. des Kuniges, so ferre er mit den Kurfursten daran sin wil,—wie mans damitde halten solle, gelutert u erclert wurde. Wolte aber der Kunig mit den Kurfursten nit daran sin, so sal doch das also durch UU. HH. die Kurfursten gehalten, und dem nachgegangen werden.—Item so findet mann vil mutwilliger Lute, die unserer Herren Eynunge u. Protestation nicht geachtet han, sunder allerley impetriret —Darumb haben sich UU. HH. vestiglich vereyniget, Welcher der were, der in der Protestation ichts impetriret hedte, das widder die Protestation were,—das UU. HH , wan sie des—angeruffen wurden, den ader die, die solichs begangen hedten, in iren Landen nicht liden, sunder an der Lip u. Gut griffen, und dem Cleger getruwlich helffen, das solichs abgetan, und dem Cleger sin Koste u. schade nach redelichkeit gekart werde. True the deposition of the two electoral princes is not here expressly mentioned, but it is emphatically enough disavowed : Whilst the abrogation by a Bull of all novelties, which had been introduced during the neutrality since the protest, was required of the Pope, and powerful support assured to all the incumbents of ecclesiastical benefices, against those who had sought the appointment to them during this period *Aeneae Sylvii hist. Friderici III. Imp.* (in *A. F. Kollarii Analecta Monumentorum omnis aevi Vindobonensia t. 11. p.* 120 *ss*): Eugenius cum accepisset, Theodericum Coloniensem, et Jacobum Treverensem Archiepiscopos et Electores Imperii Felicis fovere partes, nutrire neutralitem, adversari Romanae sedi ambos deposuit, et archiepiscopali dignitate privavit, quae res illi magno impedimento fuit. Nam bene nati praesules et amicis fulti, quamvis jure, non tamen facto Ecclesias dimittebant, et acrius Eugenii partes impugnabant. Horum igitur opera conventus apud Francfordiam inter Principes habitus est, in quo decretum est, nisi Eugenius depositionem Archiepiscoporum annullaret, decretum Constantiensis Concilii acceptaret atque profiteretur, Germanicae nationi oportune securaque et stabiliter provideretur ; omnis natio ab Eugenio deficeret, Felicemque sequeretur. Hoc autem secrete inter se statuerunt, silentiumque jure-

pared for a modification of these demands :[51] and a German em-

jurando indixerunt, mittentesque ad Caesarem Legatos, ea lege aperire
jusserunt mandata Caesari, ut non amplius quam sibi et sex consiliariis
patefacerent. Erat autem mens eorum Legatos eosdem ad Eugenium
mittere, qui haec peterent, orabantque Caesarem, ut amplecteretur
eorum viam, atque cum his mitteret. — Legatis Principum dixit
Caesar, non placere sibi depositionem Archiepiscoporum, neque sur-
rogatos eis Gallicos, bene facere Principes, qui eorum indemnitati et
nationis utilitati consulerent, velle se ad haec concurrere et mittere ad
Eugenium cum eis : illud autem indignum esse, quod se Papae judices
constituerint, cum dicerent, nisi sperata fecerit, ab eo se defecturos,
quasi non Papam et Papam esse in eorum arbitrio resideret. The ambassadors of the electors, among whom Gregory of Heimburg, Syndic of
Nuremberg, was the most eminent, immediately started for Rome,
Aeneas Sylvius, as Imperial ambassador, went at their head. Caesar
vocato Aenea Senensi secretario suo, secreta Principum ei aperuit,
jussitque Papam accedere, ac viam pacis ei suadere, pericula exponere
et mentem Principum, orare, ut Electores suos restitueret : Caesarem
sibi in omni re auxilio futurum. Aeneas now declared to the Pope at
a private audience, in the Emperor's name : Videri necessarium Archiepiscopos restitui, non autem cassari privationem. Tum nationi
oportune provideri. Deinde decretum *Frequens* Constantiensis Concilii
(§ 131, note 15) recipiendum esse. Ea si Eugenius faceret, futurum,
ut tota natio et neutralitatem deponeret, et ad Eugenii rediret obedientiam. Sin autem, quamvis Caesar nunquam Eugenium deserturus
esset, tamen Electores mala esse mente multa machinaturos mala,
timendumque grande schisma. The Pope yielded to this advice, and
declared to the electoral ambassadors, quia mandatum non haberent
tractandi et concludendi quae oporteret, missurum Eugenium ad conventum Electorum, responsurumque petitionibus eorum pro dignitate
Romanae sedis. This was accordingly done at Frankfort.

[51] Aeneas Sylvius l. c. p. 125 : Omnis Caesaris cura in eam diaetam
collata erat. Nam sex Electores obligati simul adversus Eugenium
videbantur Caesarem spernere, itaque summum Caesari studium erat,
foedus Electorum solvere, et aliquem ad se trahere, ut Eugenio et sibi
consuleret. Contra enim omnes Electores nihil audebat agere, neque
adversari Eugenio volebat. Itaque neque solus Eugenium sequi audebat, neque cum Electoribus illi adversari volebat.— Eam ob causam
legatis suis (among whom Aeneas was one) id mandati Caesar dederat, ut foedus Electorum omnino rumpere tentarent, et aliquos Electores ad se trahere studerent: quod si duos ex eis habere possent,
declarationem pro Eugenio facerent, sin autem, declarationem omitte-
rent. At first the Legates of the Council of Basle seemed to have the
ascendancy, the electoral ambassadors brought a very unfavourable
report of their success at Rome  Exinde legati Caesaris summo studio
conati sunt Maguntinum Archiepiscopum ex foedere caeterorum Electorum abducere, sic enim et Federicum, Marchionem Brandenburgensem, ab illis extraxisse putabant, qui fidem Archiepiscopi secutus foedus
intrarat. Multa in eam rem practicata sunt. Johannes de Lisura

bassage started for Rome to tender obedience to Eugene on condition that these limited demands were granted.[52] Even these conditions met with great opposition from one party of the Cardinals :[53]

foederis et auctor et defensor Maguntinum in sententia tenebat. Cumque res diu inutiliter tractaretur, ad pecuniam tandem recurrere oportet, cui rarae obaudiunt aures. Haec Domina curiarum est, haec aures omnium aperit, huic omnia serviunt. Haec quoque Maguntinum expugnavit. Non quod sibi quicquam promissum fuerit, sed inter quatuor ejus Consiliarios duo millia florenorum rhenensium erogata sunt, quae bono animo Caesar solvit, ne se spreto Electores ad partem Concilii Felicisve declinarent, quam summam Nicolaus postea per Aeneam Federico remisit. Hi ergo Consiliarii non veritatis amore sed auri dulcedine pellecti Archiepiscopum Maguntinum ad voluntatem Caesaris inclinabant. Sed nolebat Pontifex ille juratum foedus abrumpere sine causa justa, quaerebatque modos honestiores. Cumque legati Caesaris non possent menti ejus satisfacere, Aeneas modum commentus est, qui receptis notulis, secundum quas se Principes obligaverant, nisi Eugenius illas admitteret, velle se eum deserere, omne venenum ex his ademit, novasque notulas composuit (this new compact, a modification of the electoral league, note 50, is printed under the name Concordata Principum Francofordiensia in Wurdtwein Subsidia diplom. T. ix. p. 70), per quas et Archiepiscopi depositi restituerentur (but without declaring their deposition null), et nationi oportune provideretur (but with the adoption of the Papal condition that " die wurdige nation dem heil. Stuhl. zu Rom, ohne der Stadt, ein wiederstattung thue"), et auctoritas conciliorum salvaretur (but the Council of Basle is omitted, because there is here no mention of it, but of another Council, which should decide between the Pope and the Council of Basle): illasque dixit sua opinione Eugenium non negaturum.—Eas igitur Maguntino ostenderunt, dicentes, iniquum esse ab Eugenio discedere, qui notulas illas concessurus esset honestatis et justitiae plenas. Tunc Maguntinus bona fide se dixit intrasse foedus, sibi dictum fuisse, nihil Electores ab Eugenio velle, quod non esset honestum ; at si jam his non contentarentur, ab honestate recederent. Placere igitur sibi, ut notulae in publico legerentur, quaerererenturque vota multitudinis. The electors of Mayence and Brandenburg, the Grandmaster of Prussia, the Archbishop of Magdeburg, and several German princes signed at once before the public deliberation. Cumque ventum esset in concionem, major pars notulas approbavit : Treverensis et Coloniensis et Dux Saxoniae adversi fuerunt, Palatinus dubius mansit. Sic territi tres Electores nihil concludere ausi sunt. At legati Caesaris cum Maguntino, Brandenburgensi et aliis novum foedus fecerunt, statueruntque in futuro nativitatis Dominicae festo ad Eugenium mittere, atque ab eo petere, uti notulas approbaret : quod si faceret, mox nomine nationis obedientia sibi praestaretur ; sin autem, rursus in deliberationem res adduceretur.

[52] Compare the speech of Aeneas to the Emperor Frederich in Baluzii Miscellan. lib. vii. p. 525 ss. in which he describes this embassy, the death of Eugene, and the coronation of Nicholas V.

and Eugene himself, while he appeared in 4 Bulls to satisfy
the demands of the Germans,[54] still reserved for himself and his

[53] Aeneae Sylvii hist. Friderici III. in Kollar ii. p. 129 : Collegium
Cardinalium divisum erat, videbaturque magna pars adversari his,
quae Francfordiae conclusa erant, atque hi erant maxime Theologi, qui
omnia graviora faciunt ob quam rem Ludovicus Aquilegiensis et Johannes Morinensis Cardinales suadent Eugenio, si velit Ecclesiae pacem
habere, novos ut Cardinales assumat, qui resistere contradicentibus
possint. Sic suasus Eugenius quatuor Cardinales creavit. The reluctant Cardinals said (see the Oratio Aeneae in Baluz. vii. p. 533 quoted
in note 52) venditam esse Teutonicis Apostolicam sedem, seque quasi
bubalos duci naribus. Further still p 535 : Grave videbatur Cardinalibus annatas remittere, collationes beneficiorum amittere, Concilium
convocare, decreta recipere, privatos restituere ; ajebantque, non solum
in natione Germanica id esse nocivum, sed alias exinde nationes recessuras et Apostolicam sedem perditum iri, nec bene consultum esse
caeteris Ecclesiis, quando Romana, quae est caput omnium, langueret :
conducere Christianae religioni Romanum Pontificem fore potentem, ut
tueri alios Praelatos queat, inter Principes pacem constituere, infidelibus resistere, haereses extirpare : nunquam tot haereses in Christiana
religione fuisse, quot fuerunt ante Sylvestrum, quia paupertas Romani
Pontificis neglectui fuit.

[54] These four Bulls are given almost entire in Raynald. ad ann. 1447
no. 4 ss. ; entire in Müller's Reichstagstheatrum s. 347 ff., partially
reprinted from the originals in Koch Sanctio Pragm. p. 181 ss.
Munch's Concordate Th. i. S. 77 ff —I. Ad ea ex debito dd. 5 Febr.
addrest to the Emperor and the electors of Mayence and Brandenburg,
upon the new Council desired propter Ecclesiae necessitates : Nos, etsi
absque convocatione novi Concilii alia via rebus Ecclesiae melius consuli posse arbitremur, cupientes tamen vobis et nationi vestrae, quam
singulari semper affectione Apostolica sedes persecuta est, quantum
cum Deo possumus, complacere, contentamur apud Reges et Principes
Christianos curam et diligentiam adhibere fideliter, ut ad votum vestrum trahi valeant et conduci, ita quod in uno ex quinque locis consentiant generale Concilium convocari : quod infra decem (menses)
a die dato praesentium computandos intendimus experiri, et si consensus hujusmodi habere poterit, in fine dictorum X. mensium
generale Concilium ad decimum octavum immediate sequentes initiandum in uno ex praenominatis locis, in nomine Domini convocabimus.
Should the other monarchs object to the place chosen, the Council was
to be summoned at the same time in alio loco rebus gerendis accommodo. *Concilium autem generale Constantiense, Decretum Frequens,
ac alia ejus decreta, sicut caetera alia Concilia, catholicam militantem
Ecclesiam repraesentantia, ipsorum potestatem, auctoritatem, honorem
et eminentiam, sicuti et caeteri antecessores nostri, a quorum vestigiis deviare nequaquam intendimus, suscipimus, amplectimur et veneramur.* II.
—*Ad tranquillitatem* dd. 5. Febr. After a reference to that confirmation
of the decrees of Constance, Super aliis autem decretis Basileae editis, et per
clarae memoriae quondam Albertum Romanorum Regem acceptatis, ex

quorum observantia natio ipsa Alamanica ex pluribus gravaminibus dicitur relevari, contenti sumus, volumus et decernimus, quod omnia et singula vigore decretorum hujusmodi cum suis modificationibus acceptatorum—usque in praesentem diem quomodolibet gesta vel acta sunt, cum omnibus inde secutis rata, firma et inviolabilia persistant.—Super observatione vero et modificatione decretorum eorundem cum nonnulli Praelati nationis praefatae ex eisdem decretis gravatos se fore, nobis conquesti sint, cumque in illis Apostolicae sedi, quae multum in suis juribus ex ipsis decretis gravata dinoscitur, recompensatio promissa sit, decievimus Legatum nostium cum sufficienti potestate ad partes Germaniae tiansmittere, qui mediantibus Rege, Archiepiscopo et Marchione praefatis, ac aliis ejusdem nationis Principibus et Praelatis, cum quibus fuerit opus, super observantia et modificatione decretorum hujusmodi, necnon super piovisione Apostolicae sedi facendis tractare valeat, et finaliter concordare. Permittentes interim, — quod omnes et singuli—in praefata natione decretis hujusmodi—libere et licite uti possint,—donec per Legatum, ut praedictum est, concordatum fuerit, vel per Concilium—aliter fuerit ordinatum.—III. *Ad ea quae ad reductionem dd.* 5. *Febr.* On the petition of the King of Rome, and certain other Prelates and nobles, and at their desire promittimus, —quod, quando ipsi olim Treverensis et Coloniensis Aichiepiscopi ad gremium nostrum et Ecclesiae venientes—nobis plenam et debitam obedientiam praebuerint, ac pro vero Jesu Christi vicario recognoverint, ipsos ad praedictas Ecclesias absque ulla exceptione aut oppositione restituemus, ac in pristinum statum reponemus. IV. *Inter caetera desideria dd.* 7. *Febr.* omnes et singulas—electiones,—provisiones et dispositiones, necnon processus, — sententias aliaque acta judiciaria auctoritate ordinaria hujusmodi suspensionis et neutralitatis tempore factas seu facta—grata et rata habentes auctoritate Apostolica ex certa scientia confirmamus.—Ac illis, qui pallium dictorum, qui Basileae post nostram translationem sub nomine generalis Concilii remanserunt, auctoritate receperunt, ut illo uti possint, praesentibus concedimus et indulgemus · illis autem, qui non habent, sine difficultate dabimus et etiam libere concedemus.—Praeterea omnia et singula, quae dictis suspensione et protestatione durantibus in praejudicium,—vel laesionem -- Metropolitanorum, — necnon aliorum Episcoporum, Praelatorum, Collegiorum, personarum, seu rerum quarumcunque contra foedus protestationis et suspensionis hujusmodi quomodocunque vergentia, Apostolica vel alia quavis auctoritate concessa,—insuper ecclesiasticas censuras, mulctas et poenas—promulgatas—cassamus.—Nec non illis, qui contra ipsos impetratis, concessis vel obtentis—quomodolibet niterentur, etiamsi eis—jus quaesitum foret ex certa scientia de potestatis plenitudine, perpetuum silentium imponentes : insuper quascunque obligationes super annatis seu communibus et minutis servitiis—usque in praesentem diem remittimus —Insuper omnes et singulas praefatae nationis—personas,—qui post dissolutionem sive translationem praefati Concilii per nos factam congregationi Basiliensium sub nomine generalis Concilii adhaeserunt, — qui jam ad nostram obedientiam sunt reversi, vel infra sex menses post declarationem pro nobis factam redierint,—ab omnibus et singulis juramentis, perjurii reatu, ac aliis

successors in a fifth deed of reservation, perfect freedom of action.[55] However the German ambassadors gave in their allegiance to him upon his death-bed 7. Febr. 1447,[56] and the neutrality of Germany was at an end.

§ 133.

NICOLAS V (6 MARCH 1447–24 MARCH 1455). CALIXTUS III (8 APR. 1455–6 AUG. 1458). PIUS II. (19 AUG 1458–15 AUG. 1464). PAUL II, (30. AUG. 1464- 26 JULY 1471).

The Papal See now strove with Roman craft and stedfastness, to win back what was lost by the Council of Basle. Although Nicholas V., immediately after his accession, exprest himself in the most liberal manner to the German ambassadors,[1] and

censuris et poenis, si qui tenerentur.—absolvimus et liberamus.—Ut autem praemissa eo firmius observentur, pro nobis et successoribus nostris Romanis Pontificibus de Venn fratrum nostrorum S. R. E. Cardinalium consilio et assensu pollicemur omnia et singula supradicta inviolabiliter observare, et contra ea—nullo umquam tempore quicquam innovare : et quod nobis licere non patimur, eisdem successoribus indicamus, decernentes ex nunc irritum et inane, si secus super his a quoquam quavis, etiam Apostolica auctoritate—contigerit attentari.

[55] The Bull Decet dd. 5. Febr. in Raynald. ann. 1447. no. 7. and Muller S. 352 : Cum carissimus in Christo filius Fridericus Rex Romanorum illustris, ac ven. frater noster Archiepiscopus Maguntinus, et dil. filius Fridericus Marchio Brandeburgensis, S. I. Electores nonnullique alii nationis Germanicae Praelati et Principes quaedam petiverint a nobis fieri, quae necessitas ipsa et Ecclesiae utilitas, ut eos ad nostram et s. Romanae Ecclesiae unitatem et obedientiam alliciamus, nos concedere quodammodo compellit : nos ad vitandum omne scandalum et periculum, quod exinde sequi posset, nolentes aliquid dicere, aut confirmare vel concedere, quod esset contra ss. Patrum doctrinam, vel quod vergeret in praejudicium hujus s. Apostolicae sedis, quoniam propter imminentem nobis aegritudinem non valemus omnia per eos petita et per nos concessa cum ea integritate judicii et concilii examinare et ponderare, quae rerum magnitudo et gravitas requirit : tenore praesentium protestamur, quod per quaecumque a nobis dictis Regi, Archiepiscopo—ac nationi responsa et respondenda, concessa et concedenda non intendimus in aliquo derogare doctrinae ss. Patrum, aut praefatae sedis privilegiis et auctoritati, habentes pro non responsis et non concessis, quaecunque talia a nobis contigerit emanare.

[56] See the account given by Aeneas Sylvius (note 52) in Baluz. vii. p. 537, ss.

[1] He said to them (see the speech of Aneas cited § 132. note 52 in

CH. I.—PAPACY. § 133. COUNCIL OF BASLE NICOLAS V. 345

confirmed the Bulls of his predecessor;[2] nevertheless he managed by the favour of the Emperor and the mediation of Aeneas Sylvius, to introduce once more in the so-called Aschaffenburg Concordat, properly the Concordat of Vienna (17. Febr. 1448),[3] under pretext of the stipulated provision for the Papal see, the articles of the Constance Concordat so disadvantageous to the German nation.[4] The more powerful German nobles were

Baluzii Misc. vii p. 555) : Ego quae cum natione Germanica meus antecessor fecit non solum approbare confirmareque volo, sed exequi et manutenere omnia. Nimis, ut mihi videtur, Romani Pontifices fimbrias suas extenderunt, qui nihil jurisdictionis caeteris Episcopis reliquerunt. Nimis quoque Basilienses Apostolicae sedis manus abbreviaverunt. Sed ita evenit : qui facit indigna, ut injusta ferat oportet. Arborem, quae in unam partem pependit, qui volunt erigere, in partem adversam trahunt. Nobis sententia est, in partem sollicitudinis qui vocati sunt Episcopos suo jure minime spoliare Sic enim jurisdictionem nostram nos denique servaturos speramus, si non usurpaverimus aliena.

[2] The documents are given in Koch Sanctio Pragm. p. 197 ss.

[3] On its history see especially Koch p. 36 ss. In the diet at Aschaffenburg in July 1447 it was resolved for the next diet to be assembled at Nuremberg. Item concludetur ibi provisio Sanctissimo Domino nostro et sedi Apostolicae, si tempore medio cum legato non fuerit concordatum. This provision had been already promised to the Pope by the Council of Basle as a compensation for what had been taken from him (§ 132. note 30), and been stipulated for by Eugene IV., in the Bull Ad tranquillitatem (§ 132 note 54). But in the mean time the Emperor had the Concordat agreed upon at Vienna by Aeneas Sylvius with the Cardinal Johannes de Carvajal (see the proofs in Koch p. 211. note 3).

[4] Among the many editions the most important are those which are publisht from the originals, viz., from the archives of Mayence in Wurdtwein Subsid. dipl. ix. p. 78 ss., from the imperial archives at Vienna in Koch Sanct. Pragm. p. 201 ss., and from the electoral archives at Cologne in Hedderich elementa juris canonici. P. iv. p. 145 ss. See Munch's Concordate. Th. i. S. 88 ff. The Concordat of Vienna contains only the two sections of the Concordat of Constance (see § 131. note 19 ), Cap. ii. De provisione Ecclesiarum and Cap. iii. De Annatis, and agrees with these in almost every word. The most important alteration is that instead of the alternate presentation to smaller benefices, an alternatio mensium was establisht: De caeteris dignitatibus et beneficiis quibuscunque, saecularibus et regularibus vacaturis, ultra reservationes jam dictas, majoribus dignitatibus post pontificales in cathedralibus, et principalibus in collegiatis, exceptis, *de quibus* jure ordinario provideatur per illos inferiores, ad quos alias pertinet, idem sanctissimus Dominus noster per quamcunque aliam

won over by concessions,[5] the less powerful were obliged to follow of their own accord. Thus the principal results of the Council of Basle, and the acceptation of Mayence were lost to Germany.[6] Felix V. and the feeble remnant of the Council of

reservationem—non impediet, quo minus de illis, cum vacabunt de mensibus Februarii, Aprilis, Junii, Augusti, Octobris et Decembris, libere disponatur per illos, ad quos collatio, aut alia quaevis dispositio pertinebit.—Quotiens vero aliquo vacante beneficio de mensibus Januarii, Martii, Maji, Julii, Septembris et Novembris, specialiter dispositioni Apostolicae sedis reservatis, non apparuerit infra tres menses a die notae vacationis in loco beneficii, quod alicui de illo Apostolica auctoritate fuerit provisum, ex tunc et non antea Ordinarius, vel alius, ad quem illius dispositio pertinebit, de illo libere disponat. In the Pope's Bull of confirmation dd. 19 Mart. in which the entire concordat is recited word for word, the astonishing difference is found, that in the first of the above-mentioned proposals, the words de quibus are left out. Accordingly it runs (Koch p. 240): De caeteris dignitatibus,—majoribus dignitatibus—exceptis, jure ordinario provideatur etc. And thereupon so early as 1457 Aeneas Sylvius epist. 383 ad Mart Mayerum grounds the assertion diametrically contradictory to the genuine text: Concordata ipsa dignitates primas post pontificales et in collegiatis Ecclesiis principales Apostolicae sedis dispositioni permittunt (likewise his Germania c. 12, and c. 21): and this interpretation was universally adopted, until Neller, the canonist at Trêves, in 1757 first vindicated the true meaning, see the note in Koch Sanct Pragm. p. 223 and 240. Nevertheless the reservation of the Deaneries in the latest concordats followed as the consequence of this inveterate error.

⁵ The elector of Brandenburg received the right of nominating the Bishops of Brandenburg, Lebus and Havelberg, see the Papal deed of Sept. 1447 in Gercken Cod. diplom Brandeb T. vii. p 361. The ecclesiastical electors received the Indultum to appoint to benefices vacated in the months reserved to the Pope (Koch p. 42), so did the Archbishop of Saltzburg likewise (see Nachrichten von Juvavia s. 280) Only the elector Dietrich of Cologne would not be won over, but immediately after his death A.D. 1461 the Concordat was publisht in the Diocese of Cologne also, see Hedderich elementa juris canonici. P. iv. p. 145.

⁶ Jacobus de Paradiso (Carthusian and Doctor of Divinity at Erfurt) de septem statibus Eccl. in Brown Appendix ad fasc. rerum expetend. et fugiendarum p 111: Gaudet quidem nostris temporibus, scil. nunc de anno Domini 1449 Ecclesia de unico et indubitato pastore, scil. Nicolao P. V., sed luget de conculcatione decretorum in transactis Conciliis edictorum, et videt quomodo contraria decretis practicantur.— At the end of the Concordat of Vienna is the following passage: In aliis autem, quae per felicis recordationis Dominum Eugenium Papam quartum pro natione praefata usque ad tempus futuri generalis Concilii permissa, concessa, indulta atque decreta, et per memoratum sanctissi-

Basle, removed in 1448 to Lausanne,[7] must now likewise yield.

mum Dominum nostrum Papam Nicolaum confirmata fuere, in quantum illa concordiae praesenti non obviant, ista vice nihil extitit immutatum. According to this the decrees of Basle accepted at Mayence (§ 132. note 41) which were confirmed by Eugene IV. (in the Bull ad tranquillitatem § 132 note 54) and by Nicholas V. (see above note 2) were to remain in force so far as they were not exchanged in this Concordat for other resolutions. This was quite in agreement with the Bull Ad tranquillitatem : for according to it there was to be no Concordat except with reference to the modification of some of those decrees, and the compensation to be made to the Pope for his loss. However, that acceptation of Mayence was gradually forgotten, and the Concordat of Vienna regarded as an independent compact, and the only result in Germany of the Council of Basle. So early as the year 1457 Aeneas Sylvius epist. 383 ad Mart. Mayerum, seems to take it in this sense : Verum cum dicis, decreta Basiliensis Concilii non custodiri, idque putas injuriosum esse nationi, indignam dicimus esse querelam tuam. Propter decreta enim Basiliensis Concilii inter sedem Apostolicam et nationem vestram dissidium coepit, cum vos illa prorsus tenenda diceretis, Apostolica vero sedes omnia rejiceret. Itaque fuit denique compositio facta, in qua nos imperatorio nomine interfuimus. Ea *certam legem* dedit, deinde inviolabiliter observandam, *per quam* aliqua ex decretis Concilii praedicti recepta videntur, aliqua rejecta. Likewise in his Germania c. 11 : Postremo eo modo concordiae locus fuit, ut sententia quorundam decretorum Basiliensis Concilii reciperetur, reliqua vero ejus statuta rejecta viderentur. However Leibnitz Cod. jur. Gentium P. i. p. 396 already maintained, anteriora concordata et concessa, qualia in decretis Constantiensis et Basileensis Concilii et Eugenii approbatione continentur, hic confirmari, adeoque male vulgo negligi. After Horix discovered again the acceptance of Mayence (see § 132, note 41) the true state of the case was once more revealed by him, and frequently maintained by the Canonists Neller at Trêves, Endres, and Gregel, in Wurtzburg, Jung at Heidelberg, Roth at Mayence, Hedderich at Bonn, especially during the controversy about the nunciature. See particularly Jo. Phil. Gregel diss. de juribus nationi Germanicae ex acceptatione Decretorum Basileensium quaesitis, per Concordata Aschaffenburgensia modificatis aut stabilitis Mogunt. 1787. 4. (reprinted in P. A. Gratz Continuatio thesauri juris eccl. ab A. Schmidt adornati vol. i Mogunt. 1829. 8. p. 41 ss.) On the other hand Spittler (Gesch. der Fundamentalgesetze der deutschkathol. Kirche im Verhaltnisse zum rom. Stuhle, in d. Gotting histor. Magazin Bd. 1. St 2 S. 347. St. 3. S. 474. Bd. 4. St 1. S. 151) sought to prove that the decrees of Basle were quite abolisht by the Aschaffenburg Concordat. See on the other side Koch Sanct. Piagm p. 47 ss. Ueber die Fundamentalgesetze der deutschkathol. Kirche im Verh. zum rom. Stuhle, ein Nachtrag zur Spittler'schen Geschichte. Frankf. u. Leipz. 17?0 (in which Spittler's treatise is first reprinted entire, and then refuted.)

[7] Not till the Emperor's permission was recalled in 1447, and the

The former resigned his office, the latter entirely dissolved (1449).[8] The pope had reason to expect to bring all things back to their old course in Germany with greater speed, now that the Emperor Frederick III., when he received the long desired imperial crown at Rome in 1452, was blind enough in his joy, to propose a crusade to the Holy Land instead of the promised Council.[9] The fall of Constantinople, which happened soon after (29. May 1453), furnisht a solemn pretext for a crusade, and Nicholas V. forthwith issued his summons, and granted a tithe of Church-revenue for its support.[10] However the Papacy, now sunk so low in public esteem, could no longer rouse the people as in earlier times, and scatter the political entanglements of princes with a religious enthusiasm. This

town of Basle forced by three Imperial mandates to banish the Council, see Muller's Gesch. Schweizerischer Eidgenossen Th. 4 (new edition Leipz. 1826) S. 262 ff.

[8] See the minutes in Raynald. 1449 no. 3 ss. Muller's Reichstagstheatrum. Th. 1. S. 366 ff.

[9] Compare the speech of Aeneas which he addrest to the Pope by the commission, and in the presence of the Emperor, in Aenea Sylvii hist. Frid. iii. in Kollarii Analecta Monum. T. ii. p. 307, and especially in the passage p. 317 : Alius fortasse vel generale Concilium, vel reformationis decreta petivisset. Sed quod majus haberi Concilium potest, quam Tuae Sanctitatis Tuique Sancti Senatus praesentia? Frustra Concilium petit, qui Romani Pontificis mandata non recipit. Ubi Tua Sanctitas est, ibi Concilium, ibi Reges, ibi mores, ibi decreta, salubrisque reformatio. Caesari susceptis imperialibus infulis, Tuaque sacra manu coronato nihil hoc tempore visum est antiquius, quam de Passagio Tecum agere. The Pope in his answer took his man quite aright : Ecclesiam nunquam Imperio sacro tam gratam esse posse, quam debeat : expeditionem, de qua loquutus esset Aeneas, laudandum opus, dignumque Caesare, multam prae se ferre pietatem ;—consulendos tamen esse caeteros Christianae religionis Principes, eorumque auxilia in tantum opus quaerenda : quos si benivolentes invenerit, relaturum se Caesari, atque tam sanctum negotium summo conatu aggressurum.

[10] The Bull of 30 Sept. 1453 is in Raynald, ad h. a. no. 9. e.g. Inprimis universos Principes Christianos—hortamur, requirimus et mandamus in vim professionis factae in sacri susceptione baptismatis, ac in vim juramenti praestiti, cum dignitatum suarum infulas susceperunt, ut ad defensionem Christianae religionis et fidei, cum bonis et personis suis pro sua possibilitate verisimiliter et indesinenter assistant, aeterna praemia recepturi ab illo, cujus causam egere, et in praesenti vita pariter et in futura  Quod inpraesentiarum credimus cuilibet esse de necessitate salutis, cum talis sit necessitatis articulus, a qua se nullus legitime valeat excusare etc.

remained among the number of unfulfilled projects, and empty engagements; and the Papal see reapt from it no further advantage, than the power of bringing once more into use under a seemly pretext, many of those methods of raising money, which had been abolisht by the Reforming Councils. For this very reason the great mass of the German people, who felt themselves deceived and bitterly injured by the Pope and the Emperor, saw no other agency but Papal avarice at work in these efforts for a crusade.[11] And when Calixtus III. immedi-

[11] On these efforts and their result in Germany see Pii ii. Pont. Max. Commentarii rerum memorabilium, quae temporibus suis contigerunt libb. xii. a Joanne Gobellino (the private Secretary of Pius II. so properly by this Pope himself, see Platina ed. 1645. p. 760) compositi. Francof. 1614. fol. p. 22 ss. In the diet at Ratisbon a general promise was made, which was to be more fully deliberated upon in the next diet of the empire at Frankfort (compare Muller's Reichstagstheatrum. Th. 1. s. 450 ) But here (in Sept. 1454) mutati erant Theutonum animi, nec cuiquam placebat, expeditionem in Turcas fieri: infectae veluti venenis quibusdam aures neque Imperatoris nomen, neque Romani Praesulis ferre poterant, dicebantque, eos corrodere aurum velle, non bellum gerere : sed alium futurum Concilii exitum, quam sibi persuasissent: nec pecuniam collaturos Germaniae populos, nec in militiam daturos nomina: atque in eam sententiam persuasi omnes Imperatori et Papae maledicere, legatos eorum contemnere, Burgundos irridere, qui proni ad expeditionem videbantur, Hungaris durissima verba dare, qui, cum suum regnum tueri nequivissent, nunc Germaniam suis calamitatibus involvere vellent : nec ulla spes reliqua erat rei bene gerendae, cum decretum Ratisponense prorsus rejiceretur. At cum in concionem itum est, locuto Aenea (as Imperial commissary) omnium repente animi in priorem belli gerendi ardorem rediere. Oravit ille duabus ferme horis, ita intentis animis auditus, ut nemo unquam expuerit, nemo ab orantis vultu oculos suos averterit etc. (The speech itself may be seen in Muller's Reichstagstheatrum. Th. 1. s 474 ff.) Aeneas' vain display of eloquence surpast the result. It was quite determined to send a considerable army to the aid of Hungary; but this was to be more particularly discust at the ensuing diet in the Neustadt of Vienna. A more impartial account of the success of this diet is given by the Franciscan Johannes Capistranus, who alone was able at that time to rouse the common people in the style of the ancient preachers of Crusades (on his agency see Chr. A. Pescheck in Illgen's Zeitschr. fur die hist. Theologie. Bd. 2. St. 2. s. 259 ff.), and who was present at Frankfurt, in his letter to the Pope of 28. Oct. 1454 in Wadding Annales Minorum ed. 2. T. xii. p. 203: cum apud multos appareat in praesenti dieta magna fuisse conclusa, mihi vero aut nihil, aut parum boni conclusum extitisse visum est. As all was made to depend upon fresh deliberations, the Hungarians might in the meanwhile be driven to make peace

ately after his accession (1455) began to follow up this opportunity with still greater zeal;[12] the only result effected was that the Reforming party once more arose in Germany to win back again the lost freedom of the Church. When the weak Emperor, Frederick III., under the guidance of the crafty Aeneas Sylvius, attacht himself entirely to the Pope's side;[13] measures were with the Turks. He then also informs the Pope of the common saying which was in vogue after the diet: Omnes Principes, omnes Domini, totus mundus generaliter dicit: *Quomodo volumus contra Turcam proprios sudores, propria nostra bona, panem filiorum nostrorum exponere, quandoquidem summus Pontifex in turribus, in grossis muris, in calce et lapidibus thesaurum s. Petri expendit, quem in defensionem sanctae fidei deberet expendere ?* However, Nicholas V. died during the diet in the Viennese Neustadt, and now the deliberations were again deferred

[12] Platina in vita Calixti iii. ed 1645. p. 727 : bellum Turcis statim indixit. Id se aute Pontificatum vovisse ostendens suo chirographo, his verbis scripto, quod in libro quodam suo extabat : *Ego Calistus Pontifex Deo omnipotenti voveo et sanctae individuae Trinitati, me bello, maledictis, interdictis, execrationibus, et demum quibuscunque rebus potero, Turcos Christiani nominis hostes saevissimos persecuturum.* Admirati sunt omnes qui aderant, quod Pontificatus nomen sibi desumpsisset ante adeptam dignitatem, quodque homo senex ac fere decrepitus tantum animi haberet. Ut autem quod promiserat re ipsa praestare posset, Predicatores per totam Europam statim misit etc. (More particularly s. Antoninus in Summa P iii. Tit. xxii. cap. 14. init. Constituit plures praedicatores diversarum regionum, qui discurrerent per civitates et castella ad praedicandam crucem contra Turcam, qui hortarentur plebes ad contribuendum eleemosynas ad tam sanctum, tam pium, tam necessarium omnibus opus pro conducendis armigeris, concedens indulgentiam plenariam peccatorum contritis et confessis semel in vita et semel in morte cuicunque eleemosynam V. Ducatorum largienti, auctoritatemque tribuens absolvendi et dispensandi in multis casibus.) Ex his autem facultatibus ad sedecim triremes Romae aedificatas in hostem misit, Patriarcha Aquilejensi Praefecto, qui triennio maritima hostium Asianorum vexavit, insulas quasdam cepit, ac magnas calamitates hostibus intulit. A Crusade-Bull dated 15. May 1455, according to which a general crusading-host was to be assembled by 1. March 1456, may be seen in Raynald. ann. 1455. no. 19.

[13] Gobellini comm. p 25 : Haec cum audita essent in Austria (at the diet in the Viennese Neustadt), fuere non pauci, qui Caesari suaserint, nunc tempus esse coercendi Apostolicam sedem, ne tantum in Germania posset; conventiones, quae cum Eugenio quarto factae fuerant, diminutas esse, nec prius obediendum Romano Pontifici, quam ea concederet, quae natio Germanica optaret; ancillam eam videri, libertatem aliquando mereri. Atque hoc ipsum Jacobus Treverensis Archiepiscopus obnixe requirebat, qui ex lite lucrum aliquod expecta-

CH I—PAPACY § 133. CALIXTUS III  351

indeed restricted to loud and bitter complaints against the Pope and the Emperor,[14] and against the breaches of the Concordat committed by the former and endured by the latter; and the Pope in a reproachful letter ventured the bold assertion, that the observance of the Concordat depended upon the Pope's favour.[15]

bat. Contra Aeneas non esse e re Caesaris ajebat, Romani Pontificis auctoritatem reprimere, ut populi gratia iniretur, quae sui natura inconstantissima est; nec multitudini relinquendas habenas, quam nosset principatibus inimicam; inter Principes aliquando amicitiam inveniri, inter plebem et regem odium immortale; Papam Imperatoris, et Imperatorem Papae auxilio indigere; stultum esse illi nocere, cujus expectes opem; cum Pontificatus novus initur, tunc Romani Praesulis gratiam beneficiis emerendam. Quodsi ab injuriis incipias, difficile in benevolentiam patere aditum; mittendam more majorum obedientiam, foedusque cum novo Praesule honestum ineundum, eoque pacto Germanos Imperatori obedituros. Vicit Aeneae sententia, atque ipse missus est, qui ea perageret, quae suaserat etc  The speech made by Aeneas before the Pope upon this proffer of obedience is Ep. 413 in the collection of his letters.

[14] At the diet of Nuremberg in 1456 the electors already thought of electing a King of the Romans even against the Emperor's will, Muller's Reichstagstheatrum Th. 1. S. 555 ff. At an assemblage of the electors of Mayence, Cologne, the Palatinate, Saxony and Brandenburg, with the Archbishops of Saltzburg and Bremen, which was held at Frankfort in 1457, another assembly of the princes was determined upon to meet in Nuremberg at Martinmas-tide 1457, in which they were to deliberate (see Neue Sammlung der Reichs-Abschiede. Frankf. a M 1747. Fol. Th. I. S. 190): anne magis expediat pro honore Principum et nationis quod decreta Constantiensis et Basileensis Conciliorum, quae ea gravamina contingunt, circa quae magis necessarium fuerit providendum, absque modificatione et simpliciter—repetantur et innoventur: vel quod ordinationes intermediae, de quibus in avisamentis supradictis cautum et actum est, prosequantur et continuentur, seu quod alia congrua et honesta via Alemanniae consulatur. Afterwards they were to consult de modo et forma, quibus Romanus Imperator posset induci ad concurrendum una cum Principibus Alemanniae in re ista, et etiam ad providendum Nationi vel per pragmaticam sanctionem vel alio remedio oportuno. Likewise anne Dominus Apostolicus vel literis, vel oratoribus, et quibus modis et mediis interpellandus sit super hac re.  The Avisamenta here agreed on were to be communicated previously to the other nobles.  They may be the Pragmatica sanctio of which Aeneas speaks Germania c. 78 ss  (See below note 19).

[15] Calixti III. ep ad Fridericum Imp dd. 31. Aug. 1457 (imperfect in Raynald. ad h a no. 40, perfect in Aen. Sylv. Epist. 385):—nuper —sicut nobis relatum est, nonnulli ex venerabilibus fratribus nostris ac dilectis filiis, nobilibus viris, Romani Imperii Electoribus, et alii pleri-

However, neither in Germany nor any other country was the

que Principes ac Praelati nationis ejusdem, dieta quadam sive conventu
inter se celebrata (in Frankfort see above note 14), Oratores suos ad Te
miserunt, qui de nobis, deque curia nostra non parvam querelam
facientes, inter caetera exposuisse feruntur, quod nos diversis modis
nationem ipsam aggravantes, quae inter Te nomine nationis et anteces-
sorem nostrum—concordata fuerunt, minime adimplere aut observare
curemus.—Audivimus rumorem esse, tanquam nos aurum ex natione
tua, supra quam deceat, extorqueamus. Injuriantur profecto nobis, et a
vero longe recedunt, qui talia dicunt : nihil unquam nostro nomine ab his
extortum est, quibus beneficia contulimus, ut illi garriunt: nihil exactum,
nihil petitum praeter Annatam vetusto jure debitam : at si qui contra Turcos pecuniaria nobis subsidia obtulerunt, non recusavimus, nec recusare
quidem debemus pro tanta Christianae religionis necessitate. Pecunias
autem hujusmodi—non usurpamus nobis,—non consumimus in deliciis,
sed in defensionem fidei convertimus.—Innumerabiles sunt et intolerabi-
les nobis, quas indies subimus, expensae : nunc in Orientem Legato classis
nostrae, nunc in Albaniam Scanderbechio fortissimo Christi athletae,
indefessoque bellatori, nunc Legatis et Oratoribus in diversas mundi
partes emissis, nunc istis, nunc illis per Graeciam et Asiam laborant-
ibus, ne destituti periclitarentur, pecunias mittimus : nec fuerunt inanes
hujusmodi sumptus. Licet enim nobis in Domino gloriari, qui per
ministros suos, torpentibus ac pene dormientibus cunctis ferme Christianis Principibus, nobis tantummodo instantibus atque urgentibus
Turcorum superbissima cornua et insolentissimas acies apud Ungariam
confregit. (The victory of John Hunnyades at Belgrade in 1456),
magnumque illum et potentissimum exercitum prostravit, qui sibi non
Ungariam modo, sed Germaniam totam, Galliam atque Italiam prote-
rere, legemque Christi funditus evertere promittebat.—Nunc quoque
classis nostra Rhodum tuetur, Cyprum, Mitylenem, Chium, et omnes
in Oriente Christiani nominis insulas :—quodque laudabilius est,—non
tantum quas diximus insulas Legatus noster—tutatus est, sed alias
plerasque Turcorum domino servientes ad Apostolicae sedis devotionem
obedientiamque redegit.—Quae cum ita sint, audent tamen nonnulli
parum quidem religiosi, et ad commune bonum minus intenti nos
redarguere, quod ab his pecunias recipimus, qui promoventur, quamvis
sponte oblatas in classem contra Turcos emissam. Quod quam inique
agunt, jam plane prospicis. Sed ajunt plerique, concordata, de quibus
mentionem supra fecimus, per nos minime observari, affirmantes, electiones Episcoporum *aliorumque Praelatorum nos parvi pendere, ac
prorsus abjicere : quod pari modo neque vere, neque juste nobis objici-
tur. Neque enim electiones Praelatorum in Germania factas quovis
pacto contemnimus, neque ex concordatis omnes passim electiones confirmare tenemur, sed illas tantummodo, quae canonicae experiuntur :
quod quidem a nobis diligenter custoditum est.—Super reservationibus
autem caeterisque beneficiorum provisionibus, de quibus similiter accepimus querelas coram Tua Serenitate fuisse propositas, non sumus
memores, aliquid a nobis esse concessum contra concordata praedicta.

crusade accomplisht :[16] and the Pope could not undertake any decisive enterprise against the Turks, with the sums which had been collected, not without difficulty, from the different national Churches. Aeneas Sylvius, who for his good service in Germany had been already successively rewarded by Nicolas V. with the Bishoprics of Trieste and Siena, and by Calixtus III. (in December 1456) with the rank of Cardinal, still used every means to lessen the opposition to the Papal See in Germany.[17] He

Quod si quid tale factum est, ut saepe in multitudine literarum ac negotiorum aliqua transeunt neque bene gesta, neque bene revisa; non est intentionis nostrae aut Ordinariorum mensibus derogare, aut concordatis ipsis contravenire. *Quinimo quamvis liberrima sit Apostolicae sedis auctoritas, nullisque debeat pactionum vinculis coerceri; ex mera tamen liberalitate nostra, ex zelo, quem gerimus ad pacem, ex caritate, qua te tuamque nationem prosequimur, concordatis ipsis locum esse volumus*, nec patiemur ea temere violari, dum Romanae sedis gubernacula retinebimus. Si quid praeterea est, quod ipsi nationi molestum videatur ex his, quae prodeunt ex nostro solio, idque fortasse dignum emendatione censetur (possumus enim et nos, ut homines, aliquando labi atque errare, in his maxime, quae facti sunt); non decet Episcopos aut alios quosvis mortales super Apostolicam sedem auctoritatem sibi vindicare.—Et tu ergo, Serenissime Imperator, si quid arbitraris tuae nationis Praelatos habere, quod per nos emendari debeat, admone eos, hortare et urge, ut ad nos venientes suas nobis necessitates exponant, gravamina referant, desideria proferant etc Under the letter is the note : Dictata per Aeneam Cardinalem Senensem.

[16] True, Alphonso, King of Aragon and Sicily, took the cross (Raynald. 1455 no. 30), but he carried on a war against the Genoese with the forces and money collected for war against the Turks (l. c. 1456. no. 11 ss ) Alphonso, King of Portugal, also promised to march against the Turks (l. c. 1456 no. 8), but in the end did nothing at all (l. c. 1457. no. 65 ) Charles VII., King of France, forbade the preaching of the crusade, lest his kingdom, threatened by the English, should be left unprotected (l. c. 1456. no. 3 ss.) : he consented indeed at this time to the collection of the tithes of the Church sans prejudice des droits, franchises, libertez et prerogatives de l'Eglise de France (see the edict in the Preuves des libertez de l'égl. Gallicane. chap. xxii. no. 20), but he refused to allow a crusading army to be assembled (Raynald. 1456 no. 5) : the tithe also was refused by many of the clergy, who appealed to a general council after the example of the University of Paris (Raynald. 1457. no. 54 ss.)

[17] This is known chiefly from the letters of Martin Meyer, Chancellor of Mayence, to his friend Aeneas Sylvius dd 31. Aug. 1457 (prefixt to Aeneae Sylv. Germania, printed often besides, e g. in Freheri Scriptt. Rer. Germ. ed. Struve. T. ii. p. 686. Richerii hist. Conc. gener. lib. iv. P. 1. cap. 1. J. F. Georgii Nationis Germanicae

sought by his numerous letters to win over the chiefs of the
malcontents.[18] His work Descriptio de ritu, situ, moribus et
gravamina adv. sedem Rom p. 244 ss.) · Cognovi ex literis amicorum,
Te Cardinalem esse creatum. Congratulor et Tibi, qui pro Tua virtute
digna consecutus es praemia, et mihi, cujus amicus in ea dignitate constitutus est, in qua me meosque necessarios aliquando juvare poterit.
Illud mihi molestum, quod in ea tempora incidisti, quae sedem Apostolicam afflictura videntur. Nam domino meo Archiepiscopo frequentes
afferuntur de Romano Pontifice querelae, qui neque Constantiensis
neque Basileensis Concilii decreta custodit, neque se pactionibus antecessoris sui teneri arbitratur, nationemque nostram contemnere et
prorsus exhaurire videtur. Constat enim, electiones Praelatorum
passim rejici, beneficia dignitatesque cujusvis qualitatis et Cardinalibus
et Protonotariis reservari. Et tu quidem ad tres Provincias Teutonici
nominis sub ea formula reservationem impetrasti, quae hactenus insolita
est et inaudita. Expectativae etiam gratiae sine numero conceduntur :
Annatae sive medii fructus absque ulla dilatione temporis exiguntur, et
plus etiam, quam debeatur, extorqueri palam est. Ecclesiarum regimina non magis merenti, sed plus offerenti committuntur : ad corradendas pecunias novae indulgentiae indies conceduntur. Decimarum
exactiones inconsultis Praelatis nostris (against Conc. Const. Sess.
xliii., see § 131, note 20. Decr. 6.) Turcorum causa fieri jubentur.
Causae, quae tractandae terminandaeque in partibus fuerant, ad Apostolicum tribunal indistincte trahuntur (against Conc. Basil. Sess. xxxi.
see § 132, note 35): excogitantur mille modi, quibus Romana sedes
aurum ex nobis, tamquam ex barbaris, subtili extrahat ingenio : ob
quas res natio nostra quondam inclyta, quae sua virtute suoque sanguine Romanum Imperium coemit, fuitque mundi domina ac regina, ad
inopiam nunc redacta, ancilla et tributaria facta est, et in squalore
jacens, suam fortunam, suam pauperiem multos jam annos moeret.
Nunc vero, quasi ex somno excitati optimates nostri, quibus remediis
huic calamitati obviam pergant, cogitare coeperunt, jugumque prorsus
excutere, et se in pristinam vindicare libertatem decreverunt. Erit
haec non parva jactura Romanae Curiae, si quod cogitant Romani
Principes effecerint. Quantum itaque de tua nova dignitate laetor,
tantum commoveor et angor, tuo tempore hoc parari. Sed Dei fortassis
alia est cogitatio, et illius profecto sententia obtinebit. Tu interim
bonum habeto animum, et quibus repagulis fluminis impetus coerceri
possit, pro tua sapientia cogitato, et vale optime. The dissatisfaction
with Rome proceeded yet further, see Aeneae Sylvii Ep. 301. ad Martinum Mayer : Sunt nonnulli nationis tuae homines, parum pensi habentes, quibus Romani Pontificis auctoritas neque necessaria esse videtur neque a Christo instituta. The whole letter, which is adopted into
Aeneae Germania c. 89 and 90, has for its aim the refutation of their
opinion.

[18] Aeneae Sylvii Ep. 348. ad Laurentium Rovarellam (Legate in
Hungary.) He was to impress upon the German nobles, quod multo
facilius filii Principum promovebuntur per sedem Apostolicam, quam
per Capitula vel Ordinarios. Et hoc bene cura in auribus Principum

CH. I—PAPACY. § 133. CALIXTUS III. 355

conculcare, quia veritas est. Ep 319. ad Theodoricum Archiep. Colon. dd. 2. Dec. 1457. Si Romanae sedis auctoritas deprimeretur, credito, quia nec tua nec aliorum Episcoporum salva manebit. Audito tamen, quae consulis, ut hic quoque ea reformentur, quae odium tuae nationis pariunt, et ego, si mea vox audietur, ad id operam dabo. Nam et hic aliqua committuntur, quae non laudo omnia. Verum illud salubre puto, ut super gravaminibus, quae vestri allegant, ad Romanum Pontificem recursus habeatur, qui non negabit assensum justa petentibus. Ep 334. ad Johannem de Lisura (Councillor of Mayence see § 132 note 51): Per Wigandum Secretarium Moguntini misimus tibi Alphabetum, et nunc duplicamus, si forsitan illud non recepisti: poteris scribere mentis tuae conceptum, et consulere Ecclesiae necessitati.—Labore tuo nostroque quietem consecuta est Ecclesia nostris diebus apud Germanos. Faxit Deus, ne lacerari videamus quod aliquando resarcivimus. Multa rumor affert, et Germanos fieri Gallos imitatione contendit. Nobis illa via salubrior esse videtur, qua patres nostri ambulavere.—Nec facile sua in Dioecesi quisque Pontifex Papatum habebit: et sunt, qui quaerunt, et ejus rei causa nigrum in candida vertunt. Ep. 383. ad Martinum Mayer, the answer to the letter quoted in note 17. He first maintains, nec unquam regni coelestis introire januam potuisse, qui Romanorum Pontificum auctoritatem contumaciter contempsere, nec hodie illis glori lum esse, qui auctoritate propria leges sibi constituunt, quibus pro suo libito Romanae sedis jussiones spernere possint. Hos enim catholica veritas, nisi resipuerint ante obitum, ignis aeterni mancipio sine intermissione deputat. Fatemur insuper aliquando in Romana Curia, quam regunt homines, aliqua fieri, quae digna essent emendatione, nec dubitamus ipsos Romanae urbis Praesules etiam, in quantum homines, falli, errare, labi ac decipi posse Then he refutes the charges, first that the concordats were not observed, afterwards that the right of election was not regarded. On this head the same Aeneas Sylvius, who had declared in his Ep. 66. ad Jo. Peregallum : Nihil est, quod absque argento Romana curia dedat. Nam ipsae manus impositiones et Spiritus Sancti dona venduntur, nec peccatorum venia nisi nummatis impenditur, writes as follows : Quod deinde subjungis extorqueri multum auri ab his, qui dignitates vel alia beneficia assequuntur, non est cur de hac sede conqueramini, sed potius de cupiditate et ambitione vestrorum hominum, qui currentes pro Episcopatibus, invenientes competitores, his quibus palatium patet certatim pecunias offerunt. Illi vero, qui alloqui Pontificem possunt, non sunt omnes similes Angelis, sed quales in Alemania Galliaque multos reperias : recipiunt enim quod offertur, non extorquent. Romanus autem Praesul solus in thalamo suo nunc hos nunc illos audit, et illos promovere solet, qui magis commendantur, nec scit, nec etiam arbitratur, pecuniae causa hos aut illos commendatione praeferri. Nec sibi plus auri datur, quam concordata permittant; nisi fortasse aliquando occasione expeditionis contra Turcos, aliquid super Annatas recepit (The reading in Germania c. 25. justifies this) quod sibi profecto non fuit in tanta necessitate negandum. Then as regards the complaints against the sale of indulgence and tithes. Complaints of extortion would always be

z 2

conditione Germaniae was principally intended for the removal of the exasperation of the Germans against the Papal see.[19] At alleged by the avaricious on various grounds. Germany was not impoverisht, but richer than ever, yet its prosperity was the happy result of Christianity, and so an advantage conferred by the Roman see, which converted the country. Then he defends himself against the reproach of holding insolitas reservationes. The reservations made in his favour were not against the concordats. Sed arbitraris fortasse, beneficia quae in Germania sunt Germanis potius committi debere quam extraneis, nec nos aliter sentimus. Sed cum nos jam annis supra XXIV. Germaniam incoluerimus, non reputamus extraneos existimari debere : cumque Imperatori ipsique nationi longo tempore, summa fide, magnis laboribus servierimus, et nunc ad Cardinalatum recepti ea curemus, quae nationis ipsius honori atque utilitati conducant, et ita prorsus agamus, ut natione Germani potius quam Itali putemur ; non judicavimus tribus illis provinciis Moguntinae, Coloniensi, Treverensi indignum videri, aut grave censeri, si annuo duo millia ducatorum in eis obtineremus ex illis beneficiis, quae sedes Apostolica conferre haberet. Putavissemus etiam majora in eadem natione, cui semper servivimus, sponte offerri : sed non sumus nos insatiabiles, contentamur eo, quid pro debiti status conservatione sufficiat, nec plura circa hoc. Quod autem operas tuas ad id offers, ut gratiae nostrae fructum consequamur, agimus tibi gratias, qui partes amici non negligis, idque rogamus, ut interveniente casu opportuno prorsus efficias.—Si qua Praepositura vacaverit, aut Ecclesia parochialis magni reditus, velis ita efficere, ut ad complementum gratiae nostrae (the reservation granted him by the Pope) pervenire possimus.

[19] This work has been many times publisht separately, e.g. Argent. 1515. small 4to. Romae 1584 and in Aen. Sylv. Opp. Basil. 1571. fol p. 1034 ss  It is addrest to Martin Mayer, Chancellor of the Electorate, and contains a more detailed answer to the gravamina brought forward by him, which are before given Ep. 383 (note 18.) The remarks on the pragmatic sanction proposed in Germany are worthy of note (compare above note 14.)  Cap. 78 : Pugna nobis cum paucis, qui cum sibi docti videantur, nec pro sua opinione dignis efferantur honoribus, miscere omnia divina et humana jura conantur, ut inter rerum mutationes cadentium assequi cathedras valeant etc.— Quid est quod pro libertate molientur, quid parant in Apostolicam sedem, quo sibi modo consulere satagunt?  Non scribis tu hoc nobis : fortasse times deferri.  Commendamus cautionem tuam : nam Cancellario nihil tam convenit quam pectus arcanorum tenax.  Non tamen nos latet hoc : provisi sunt amici nostri, nullis obligati Principibus, quod nobis omnium, quae apud vos aguntur, notitiam fecere, missis exemplaribus ejus Pragmaticae, quae ab aliquibus excogitata, in publicum deferri debuit.  Cap 79 : Cujus duae partes sunt.  In prima referuntur omnia fere gravamina, quae superius enumeravimus. Quibus ut obvietur, ponitur modus, qui servandus sit in natione vestra circa Praelatorum electiones, beneficiorum collationes, causarum auditiones, indulgentiarum concessiones, decimarum exactiones, et caetera istius-

the same time his works exprest so undisguisedly the principles of
the most devoted Papal-policy, that it was already evident from
modi. In secunda ponuntur appellationes, ad quas recurrendum sit, si
forte Pragmaticae sanctioni Summus Pontifex obviam ierit. Inseritur
et poena, qua plectendi sint Germani non obedientes, et foedus Principum pro custodia sanctionis. Fama quoque ad nos delatum est inter
Pragmaticos sermonem habitum esse de mittendis huc oratoribus,
qui ex Romano Pontifice sanctionis suae confirmationem expetant,
quasi primam sedem eo modo honoraturi, quod, si optatum responsum
habuerint, gratias agant, si minus, nihilominus natio Pragmaticae
subjiciatur. Scimus nihil horum placere divo Imperatori, majorique
parti Principum,—sed agimus, ut dictum est, cum seditiosis quibusdam
et perditis hominibus etc. Cap. 80. De Pragmatica igitur imprimis
dicamus.—Summam vim ejus respicimus, quae huc tendit, ne Germanica natio jussionibus Apostolicae sedis obedire cogatur, ne quid
pecuniarum ad Romanam curiam deferatur. Nam hoc est, quod omnes
sibi querelae volunt, hoc quaeritur, dum causae in partibus retinendae
dicuntur, dum Praelatorum electiones ad Metropolitas referuntur, dum
beneficiorum collationes Ordinariis reservantur, dum annatarum exactiones prohibentur. Aeneas conceives of the dignity and power of the
Papal see quite in an ultramontane sense, but he defends them upon a
political and strikingly material platform. Cap. 87 : Ecclesiarum
ceterarum dignitates et cathedras, ut inquit Nicolaus, Papa Romanus
instituit : Ecclesiam vero illam solus ipse Deus fundavit, et super
petram fidei mox nascentis erexit. Qui b. Petro aeternae vitae clavi-
gero terreni simul et caelestis Imperii jura commisit. Cap. 94 : An
pauperem tu Pontificem maximum esse volueris ?—At nos Pontificem
maximum, quamvis optimum, non putamus officio suo satisfacere posse,
nisi facultatibus praeditus sit. —Convenit Romanum Pontificem, magnum sacerdotem, curare, ut evangelium Christi—omnibus sincere
praedicetur, ut omnes errores, omnis blasphemia—eradicetur, ut
pellantur a finibus Christianis impugnatores nostrae religionis, ut
schismata removeantur, ut bella sopiantur, ut furta, rapinae—de medio
tollantur.—Postremo debet Romana sedes, veluti patrocinium orbis
terrae, tutusque portus afflictorum,—omnibus ad se currentibus non
solum benignas aures adhibere, sed opem ultro afferre.—Et quis est,
qui haec agere posse pauperem et inopem Papam affirmet ?—Quomodo
restituentur Episcopi exules, aut haeretici, vel schismatici corrigentur ?
—*Implorandum est brachium saeculare*, clamabis. At nos ex te
quaerimus, an melius per se Romanus Praesul haec agat viribus suis
fretus, an per alium ?—Quid vero, si Principes ipsi aberrent, et, ut saepe
vidimus, haereticis succumbant erroribus, quid agemus ? Quid si Rex
coercendus, si arguendus Imperator ? Numquid et Regem Franciae
inutilem depositum a Romano Praesule legimus ? Numquid Henrici
Fridericique Caesares contra Ecclesiam debacchati sunt, et digni
anathemate putati ? Quid ergo an brachium contra se Imperator prae-
bebit, aut pauper eum corripiet Romanus Praesul?—Nos tenemus,
potentiam, opes, viresque multo melius in Apostolica sede quam in
alio quovis saeculari throno existere. Nam sedes haec tutrix fidei est,

them, what was to be expected from this former adherent of the Council of Basle, when under the name of Pius II. he mounted the Papal throne (1458).[20] Pius II. thought, by imitating the earlier Popes, to bring back the Papacy to its former supremacy;

quae nunquam erravit, aut erratura est, quia rogavit Dominus, ut non deficiat fides Petri. Imperatores vero, et Reges, et alios Episcopos saepe in haeresim lapsos fuisse legimus. *Cap.* 101 : Caeterum neque illud, quod sequitur de appellationibus, piae aures ferre possunt. Nam si Princeps est Romanus Praesul, si Dominus, si Magister, quo pacto ab eo appellatur?—Nam si leges civiles neque a Senatu, neque a Principe saeculari appellationem admittunt, quanto minus ab ecclesiastico Principe erit? Nam si Papa simul et Imperator conferantur, quantum inter solem et lunam interest, tantum eos differre dicemus, et Papam soli, Imperatorem lunae assimulabimus. Praeterea cum appellatio ab inferiori ad superiorem deferatur, Papa vero prior sit et major omnibus, liquet ab eo non esse provocandum. Sed audio, quod tecum loqui potes : *non quispiam singularis homo appellabitur, sed Concilium, quod majus est et potentius Romano Praesule.* Nolumus hanc modo quaestionem ingredi, quae longiorem tractatum requirit, et aliud ingenium quam nostrum est. At idem Gelasius sacros canones ait sanxisse, ne unquam ab ea sede appellaretur, neque Concilium excepit, et amplius de Romana sede, quod illa etiam quos Synodus inique damnaverat absolvit. Quo dicto declarat a Synodo ad Papam appellatum fuisse, eoque modo majorem Synodo Papam extitisse.— Quocirca si quid est quod gravius ille agat, non est recalcitrandum, sed ferendum. Ridiculum profecto, nemo est tam parvae urbis dominus, qui a se appellari ferat, et nos Papam appellationi subjectum dicemus? —*At si me ais, Pontifex indigne premit, quid agam?* Redi ad eum supplex, ora onus levet. *At si rogatus, interpellatus nolit subvenire misero, quid agam?* Quid ages, ubi tuus te Princeps saecularis urget?—*Feram*, dices, *nam aliud nullum est remedium.* Et hic ergo feras.—*Cap.* 102 : Et majores igitur nostri, quamvis Romanum Pontificem aliquando posse injurium esse non dubitarent, non tamen appellandum ab eo sanxerunt. Nam injuriam ab illa sede rarissime venturam arbitrati sunt; privatos vero homines, si provocare possent, non dubitaverunt toties appellaturos, quotiens in eos sententia promulgaretur : quoniam sicut litigare homines injuste audent, ita et provocare audebunt, ac per eum modum nullus erit unquam finis litium

[20] Concerning him see especially Gobellini commentarii above note 11. His own epistolae are the chief sources for his history ; these however, although there are more than 20 editions of them, are still seldom to be found. The edition used here is that of Norimb. 1496. 4. With regard to a new edition intended by Privy-Councillor Zapf, see Hormayr's Taschenbuch fur die vaterland. Gesch. Jahrg. 1830. s. 144 ff.—H. Chr C. E. Helwing de Pii II. Pont. Max. rebus gestis et moribus comm. Berol 1825. 4.

but just as he himself reckoned more upon political calculation, than conviction and enthusiasm, so all his efforts were shivered upon the political complications of that time without eliciting any enthusiasm.[21] Accordingly it was in vain that he set in motion the same means, by which the Popes had achieved such marvellous results in the first ages of Crusades. He founded new Ecclesiastical Orders of Knighthood, but they soon came to an end.[22] He summoned a general assemblage of Christian nobles to Mantua,[23] but he could only bring it to an imperfect issue by dint of great labour.[24] Here the nations were to have united in one Crusade; but here, on the contrary, nothing else was brought fully to light but the universal lukewarmness, and the impossibility of any common undertaking by reason of the manifold quarrels of the Princes amongst themselves.[25] Pius

[21] Pius II. invested Ferdinand with Naples (Raynald. 1458 no. 20 ss ); but the House of Anjou, supported by France, made unceasing claims for this kingdom, and occasioned wars in Italy.—The Emperor Frederick III. was at issue with the king Matthias about Hungary, but he gave in so early as 1459. On the other side within Germany itself, there were two hostile parties, the Imperial and the Palatino-Bavarian opposed to each other.

[2] On 18. Jan. 1459 he founded the Ordo hospitalis b. Mariae Bethlemitanae, after the example of the Knights of St. John for the protection of Lemnos (Raynald. ad. h a. no. 2.). To the same year belongs also a Societas sub vocabulo Jesu nuncupata ad Dei honorem et infidelium oppugnationem instituta (see Pii ii. Ep. ad Carolum R. Galliae dd. 13. Oct. 1459 in Leibnitii Cod. Juris Gentium P. i. p. 420), to which the Pope granted many privileges (Raynald. l. c. no. 83.).

[23] Gobellinus lib. ii. p. 34. The writ of summons is in Raynald. 1458 no. 16 ss.

[24] Pius II. opened the Assembly 1 June 1459 with the words (Gobellinus lib. iii. p. 60): Speravimus, fratres ac filii, hanc urbem adeuntes, frequentes, qui praecessissent Regum legatos invenire: pauci adeunt, ut vidimus, decepti sumus. Non est religionis cura apud Christianos, quantam credidimus etc.

[25] In his closing speech in January 1460 the Pope states the result of the convention to this effect (Gobellinus lib. iii. p. 92.): Hungari si adjuventur, summo conatu et universis viribus suis Turcas invadent. Germani exercitum pollicentur duorum et quadraginta millium bellatorum; Burgundus sex millium; Itali, exceptis Venetis ac Genuensibus, Cleri decimas, populi trigesimas annuorum redituum, ac vigesimas Judaicae substantiae, ex quibus navales copiae sustentari queant. Idem facit Joannes Rex Aragonum. Ragusaei duas triremes offerunt, Rhodi quatuor. Haec tanquam certa solemni stipulatione per Principes

II. condemned also at Mantua appeals from the Pope to a general Council,[26] but immediately after, more appeals then ever followed quick one after the other. Cardinal Bessarion as Papal ac Legatos promissa sunt Veneti quamquam publice nihil promiserint, cum tamen expeditionem paratam viderint, haudquaquam deerunt, neque patientur, ut suis majoribus deteriores videri possint. Idem de Francis, de Castellanis, de Portugallensibus dicimus. Anglia civilibus agitata motibus spem nullam pollicetur, neque Scotia in intimo abscondita Oceano. Dacia quoque, Suecia ac Norvegia remotiores provinciae sunt, quam milites possint mittere, nec solis contentae piscibus pecuniam ministrare possunt. Poloni Turcis per Muldaviam contermini suam causam deserere non audebunt. Bohemos mercede licebit conducere, suo aere extra regnum non militabunt. Sic res Christianae se habent. Classem pecunia Italica parabit, si non Venetiis, ac saltim Genuae, aut in Aragonia : nec minor erit, quam res ipsa deposcat. Hungari viginti millia equitum armabunt ; peditum haud minorem, numerum, qui Germanis juncti ac Burgundis duodenonaginta millia, militum in castris habebunt. Et quis non his copiis superatum iri Turcas arbitretur ? Hic accedet Georgius Scanderbechius, et Albanorum fortissima manus ; et multi per Graeciam ab hoste deficient ; et in Asia Charamannus et Armenorum populi Turcas a tergo ferient : non est cur desperemus, tantum Deus ipse coepta secundet !

[26] The Bull of 23. Jan. 1640 in Gobellinus iii. p 91 (according to Raynald 1460. no. 10. the date is X. Kal. Febr.) : Execrabilis et pristinis temporibus inauditus tempestate nostra inolevit abusus, ut a Romano Pontifice—nonnulli spiritu rebellionis imbuti, non sanioris cupiditate judicii, commissi evasione peccati ad futurum Concilium provocare praesumant : quod quantum sacris canonibus adversetur, quantumque reipublicae Christianae noxium sit, quisquis non ignarus jurium intelligere potest. Namque, ut alia praetereamus, quae huic corruptelae manifestissime refragantur, quis non illud ridiculum judicaverit, quod ad id appellatur, quod nusquam est, neque scitur quod futurum sit ? Pauperes a potentioribus multipliciter opprimuntur, remanent impunita scelera, nutritur adversus primam sedem rebellio, libertas delinquendi conceditur, et omnis ecclesiastica disciplina, et hierarchicus ordo confunditur. Volentes igitur hoc pestiferum virus a Christi Ecclesia procul pellere—hujusmodi provocationis introductiones damnamus, et tanquam erroneas ac detestabiles reprobamus, cassantes, et penitus annullantes, si quae hactenus taliter interpositae reperiantur ;—praecipientes deinceps, ut nemo audeat—ab ordinationibus, sententiis sive mandatis quibuscunque nostris ac successorum nostrorum talem appellationem interponere, aut interpositae per alium adhaerere, seu eis quomodolibet uti. Si quis autem contrafecerit a die publicationis praesentium in Cancellaria Apostolica post duos menses, cujuscunque status, gradus, ordinis vel conditionis fuerit, etiamsi imperiali, regali, vel pontificali praefulgeat dignitate ; ipso facto sententiam execrationis incurrat, a qua nisi per Romanum Pontificem et in mortis articulo absolvi non possit. Universitas vero, sive collegium ecclesiastico subjaceat inter-

Legate was expected to bring about a Crusade in Germany, (1460),[27] but at last he only occasioned a fresh paper of grievances, and an appeal from the electoral princes.[28] Sigismund, dicto ; et nihilominus tam collegia et universitates, quam praedictae—personae eas poenas ac censuras incurrant, quas rei majestatis, et haereticae pravitatis fautores incurrere dignoscuntur. Tabelliones insuper ac testes, qui hujusmodi actibus interfuerint, et generaliter qui scienter consilium, auxilium dederint vel favorem talibus appellantibus, pari poena plectantur.

[27] On Bessarion's vain endeavours at the diets of Nuremberg, Worms, and Vienna, to establish peace amongst the German Princes, and set on foot the expedition against the Turks, see Platinae Panegyricus in Bessarionem Card. in his Vitae Pontiff. Rom. Lovan. 1572. fol. p. 71 ss. Fragments from it are found in H. Chr. Senckenberg Selecta juris et historiarum. t. iv. (Francof. ad M. 1738. 8.) p. 334 ss. and in Chr. J. Kremer's Gesch. des Kurf Friedrichs I. v. d. Pfalz (Manheim 1766. 4.) Urkunden S. 179 f. His efforts with the Bishops in the matter of the tithe were not more fortunate, see Excerpta e Cod. Ms. Acta Imp. publica continente in Senckenberg l. c. p. 315 : 1460. Convocatio Electorum Imperii et Episcoporum per Card Graecum—in Nordlinga in Franconia, postulando decimam generalem a Clero, et ibidem recepto responso dilatando, dedit in sua ira oratioribus benedictionem cum sinistra manu.

[28] The finale responsum Legati at the diet of Vienna (in Senckenberg l. c. p 357 ss) had injured the electors, and so immediately afterwards they drew up an appeal at Nuremberg (l. c. p. 369 ss.) First there is a complaint because, although they had shown themselves ready in good earnest for war with the Turks, and had only demanded previously of the Emperor, quatenus—ad superiores partes Imperii sui in locum competentem se conferre dignaretur ad tollendum et amputandum schismata, divisiones, guerras,—quae proh dolor Rom. Imp. et nationi nostrae increverunt, to which demand however no answer had been made by the Emperor : verumtamen idem Apostolicae sedis Legatus—ceremonia quadam contra dictos oratores nostros fretus est, nos parvifaciendo, et nostras oblationes sinceras et devotas rejiciendo, increpando et judicando,—nostras oblationes esse hominum renitentium et tergiversantium.—Sugillabantur (Principes Germaniae) tanquam ludentes cum fide.—Succensebatur in illos, quasi promissa violantes et sua irrita facientes.—Quae si veritati subnixa forent, sicuti non vera sunt, essemus de sorte gentium incredulorum. On the contrary they repeated their promises. Porro cum in Concilio Constantiensi inter alia ordinatum fore dinoscitur, ne Summus Pontifex decimam imponat, nisi hoc faciat cum concilio et consensu Praelatorum, et majoris partis in regnis vel provinciis, ubi decima venit imponenda ; pronunciavitque saepenumero Apostolicus Legatus praefatus, se plena a Sanctissimo Domino nostro fulcitum auctoritate et facultate decimam, vicesimam, atque tricesimam per plures annos in natione nostra imponendi, sicque praesumendi et formidandi, quod—idem Apostolicus Legatus

Archduke of Austria, was punisht with ban and interdict for his violence towards Cardinal Nicholas of Cusa, Bishop of Brescia, (1460) : But the consequence was only another disagreeable appeal, and an equally disagreeable explanation from Gregory of Heimburg, the Archduke's councillor.[27] In August 1461 Pius

aut Sanctissimus Dominus noster—irrequisito concilio et consensu tam nostrorum quam aliorum, quorum interest—ad hujusmodi impositionem processerint aut procedant : hinc est, si et in quantum—contra ordinationem Ecclesiae sanctae Dei in praefato Concilio Constantiensi—attemptatum foret attempteturve,—hoc esse gravamen edicere gravamur cui nec nos, nec nostri utriusque status homines minime parere aut satisfacere possemus. Attento potissimum, quod, cum per amplissimas et repetitas ei variis respectibus concessas indulgentias, quibus piarum mentium aeraria evacuata sunt, tum per excessivam solutionem annatarum, quarum gratia Ecclesiae vel feneratoribus dispensiose deditae, aut ferme funditus confectae jacent, tum variis aliis gravaminibus—adeo gravatus, adeo exhaustus et exinanitus est uterque status, ut illi omnia ea gravamina et sarcinam hujusmodi acceptandi et ferendi omnino deest facultas atque potestas. Hac occasione ab his impositionibus et gravaminibus—provocamus et appellamus ad S. D. N. Papam Pium, ad sanctam sedem Apostolicam, aut ad illum vel ad illos, ad quem vel ad quos de jure fuerit appellandum, vel ad Romanum Pontificem, qui in Concilio generali seu ycumenico vel jam instituto vel instituendo in proximo praesidentiam habeat vel habiturus est, praesertim ad instituendum eundem Rom. Pontificem de pia nostra intentione, supplici oblatione—plenius, atque forsan hactenus instructus sit etc. The Pope in answer, by a Bull of 4. Sept 1461 (in Muller's Reichstagstheatrum Th. 2. S. 29) declared it to be an untruth that Bessarion, whom he had sent into Germany, ad praesidendum in dietis tam apud Norimbergam, quam apud curiam imperialem tunc tenendis, had in view, eos ad ipsius decimae solutionem compellere, and assured them nostrae intentionis semper fuisse et adhuc esse, quod praedicta decima in eadem natione non exigeretur, nec exigatur, nisi de vestro aliorumque Praelatorum et Principum consensu.

[29] Compare Gerardi de Roo (about 1519) Annales Austriaci lib. vii. p. 222, 261. Jo. Jac. Fugger's (about 1555) Spiegel der Ehren des Erzhauses Oestereich S. 663. ff. 739. The Bishop having been appointed by the Pope against Sigismund's will was always at variance with him, and was thrown into prison by him for laying claim to certain packs of wool, tolls, and saltworks. For this the Pope declared dd. 1. June 1460 (Raynald 1460. no. 33), that the Archduke should be sicut reus criminis laesae majestatis perpetuo infamis, diffidatus, bannitus, intestabilis, omnique privilegio, honore, et dignitate exutus, privatus, ac etiam majoris excommunicationis sententia innodatus, he warned the Swiss, ne ad observandum pacis et concordiae foedera se adstrictos arbitrentur, and commissioned certain prelates ut Helvetios

II. deposed Diether (Theodore), Archbishop of Mayence, in an ad foedus armorum pro coercendo Sigismundo concitent. On the other hand Sigismund appealed through Gregory of Heimburg to a general Council dd. 13 Aug. 1460 (the deed is in Goldasti Monarchia t. ii. p. 1576 and in Brown Appendix ad facsicul. rerum expetendarum et fugiendarum p. 1J4) et appellationes multarum civitatum Italiae et Alamaniae Ecclesiarum valvis—affigi fecit (Raynald. 1460. no. 35). Now fell the Pope's Bann upon Gregory also (Raynald. l. c.) who had been his fellow ambassador to Rome in 1446 (see § 132. note 50). Pius II. wrote to the magistrate of Nuremberg dd. 18. Oct. 1460 (in Brown p. 125): Quidam ex parte Diabolo mendaciorum artifice natus, Gregorius de Heymburg nomine,—a nostra solemni declaratoria sententia, qua—impium Sigismundum—juris scripti poenas declaravimus incurrisse, a nobis ad futurum Concilium improbam, nefariam, temerariam, seditiosam denique appellationem dictavit. Et illius interpositionis per dictum Sigismundum factae ipse dictator in originali instrumento Florentiae ad valvas Ecclesiae affixo testis inscribitur. Quod quia loquax ille, praesumptuosus et praeceps, mendax atque turbulentus, temerarius ob istud facinus excommunicatus existit, criminaque et poenas incidit laesae majestatis atque haeresis, adeo ut ultra execrationem honore omni et bonis jure sit privatus; Devotiones vestras in Domino requirentes admonemus, hujusmodi pestiferum hominem pro tali excommunicato habeatis; — ipsumque non solum vitetis, sed procul ejiciatis ab oppido et dominio vestro; et bona quaecunque habet apud vos, tam mobilia quam immobilia, fisco vestro applicetis, et alia omnia faciatis, quae contra haereticos de jure canonico fieri mandantur. Gregory answered this Bull by an Appellatio ad Concilium futurum (in Goldast. p 1592 Brown p 126), in which he speaks very contemptuously of the Pope: E. g. voluit Papa iste abuti potestate sua,—et sub velamento militaris expeditionis in Turcam instaurandae facultates Germaniae—medullitus exhaurire.—Ipse aliquando audiet, quid gesserit, qualem vitam egerit, et quid apud Comas: sed reprimo me etc.—Mihi satis est didicisse civiles sententias etc.—ipse in numero sit illorum, qui putant haec omnia vi et artificio rhetorum contineri. Ergo si Papa ob id facinus me excommunicatum dicit, quis erit ejectior ipso, qui praeter verbositatem nihil habet in se virtutis? He refutes especially here the Pope's assertion, Concilium supra Papam non esse, and defends appeals to General Councils. Theodorus Laelius Episc. Feltrensis, Referendarius Apostolicus, answered this appeal with a Confutatio (in Goldast p. 1595), which, however, Gregory refuted by an Apologia contra detrectationes et blasphemias Theod. Laelii (in Goldast. p. 1604). Then Pius II. summoned the Archduke before his judgment seat, dd. 22. Jan. 1462 (Raynald. 1461 no. 11), as de damnatissima haeresi, quae est omnium haeresum haeresis, non solum suspectum notorie, sed sensibiliter maculatum, tanquam sacrae fidei non recipientem articulum:—*Credo in unam Sanctam et Apostolicam Ecclesiam.* Nam cum ipsius Ecclesiae Romanus Pontifex caput sit, canonesque et censurae sic sint Ecclesiae,

arbitrary manner :[30] but the Pope's word of command, though
supported by the Emperor, produced no decided effect : it roused

quod quisque in Ecclesia positus et credens capiti, canonibus et ejus
censuris teneatur obedire ; dictus quidem Sigismundus non solum illis
non obedit, sed praedicat insuper, quod minime obedire teneatur, when
Sigismund did not appear, excommunication was once more pronounced
against him, and Gregory die coenae Domini (Gobellinus lib. viii. p.
203). In 1464 Sigismund received the Pope's absolution, compare
Jacobi Picolominei Card. Papiensis Epist. 282 (under Gobellinus p.
668): Sigismundus—divino tandem est humiliatus miraculo, atque
eo quidem usque humilitatus, et Romanorum Imperator,—consanguinitate illum attingens, cum summa Sedis gloria ante genua Legati
apostolici procidens non ante surgendum putaverit,—quam poenitenti
et satis pro injuriis facienti poenarum abolitionem, restitutionemque est
consecutus. On the other hand, Gregory of Heimburg remained firm,
he struggled long against the Popes, first on the side of Diether, Archbishop of Mayence, afterwards on the side of George Podiebrad, King
Bohemia, until he at length, shortly before his death at Dresden in
1472, sought and obtained absolution. There is a documentary narrative of these last events by J. G. Horn in d. Nuztl. Sammlungen zu
einer histor. Handbibliothek von Sachsen. Th. 4. (Leipzig 1728 4.)
S. 382 ff.

[30] Diether was elected in June 1459, and, after much negotiation,
confirmed by Pius II. in Mantua 1460. The Bull of deposition, dated
21. Aug. 1461 (in Raynald. 1461. no. 21, more fully in Müller's
Reichstagstheatrum. Th 2. S. 31), gives first as the reason for the
sentence, that Diether had obtained the majority in the election by
bribery. The Pope, who was not aware of this fact, when his confirmation was applied for, considering, quam conventui Mantuanensi—sua
praesentia admodum utilis esset, required that Diether sicut jura
volunt, pro confirmatione should appear in person : he, however, modo
corporis infirmitatem, modo pauperiem praetendens, had evaded this,
and so the Pope at last had granted confirmation to his proctors : procuratores Dietheri ejus nomine et in animam ejus ea nobis juraverunt,
quae caeteri Episcopi Romanis Pontificibus jurare consueverant et ultra
hoc venturum ipsum personaliter infra annum ad praesentiam nostram.
However he had disappointed all the hopes entertained of him : cum—
expectaremus, hunc hominem—ea curare, quae pro tutela Christianae
religionis in Mantuensi conventu concluseramus, invitare homines suae
nationis ad expeditionem contra Turcos obeundam, ad obediendum in
ea re carissimo fillio nostro, Friderico Romanorum Imperatori Augusto,
ad quem idcirco legatum de latere miseramus ad parandos exercitus, ad
solvendas decimas, ac vigesimas et trigesimas contribuendas, et alia
praesidia praestanda ; homo in reprobum sensum datus—mox cornua
erexit in Apostolicam sedem,—Legatum nostrum calumniatus est, qui
decimas conaretur exigere, quibus copiae contra Turcos armari possent, palamque dicere non est veritus, nos argentum nationis, non fidei
defensionem quaerere (this refers to the transactions at Vienna, and

a contest, and the issue of the struggle was not the overthrow of the appeal of the electors note 28).—Inter haec accidit, ut ad instantiam mercatorum, qui pecunias Apostolicae sedi debitas sibi mutuo concesserunt, cum jam satisfactionis tempus praeteriisset, Dietherus ipse excommunicaretur absque nostra conscientia : nam id per judices inferiores in forma Camerae fieri solet. Quod ubi ad ejus notitiam pervenit,—non recurrit ad nos,—sed—Apostolicam sedem blasphemans conficto quodam infamatorio libello ad futurum Concilium contra Mantuanam bullam appellavit, excommunicationem ipso facto, a qua nisi a nobis absolvi non potest, et alias poenas contra reos majestatis et haereticae pravitatis fautores a jure fulminatas incurrens. Nec animo irreverenti et infrunito satis fuit, primam sedem his modis contempsisse, nisi et divina quoque contemneret, illis se publice immiscens palam et notorie excommunicatus, et in irregularitatem incidens. Then he is charged with not having appeared before the Pope within a year according to his oath, and with having summoned a meeting of the nobles at Frankfort, against the Emperor's will. The Pope had afterwards sent Ambassadors to him, qui male vadentem retraherent et in viam reducerent: they had arrived during the meeting of the nobles which Diether had removed to Mayence: here he had admitted also the excommunicated Gregory of Heimburg as Sigismund's ambassador in spite of their warnings. As his designs against the Pope met with no success, he had secretly disavowed the appeal because of the Legates, but had returned immediately afterwards to his former courses. Accordingly sentence of deposition was pronounced against him. Another Bull of the same day (in Muller S. 35) appoints Adolphus, Count of Nassau, to be Archbishop of Mayence. The true state of the case appears even from the Pope's Bull of deposition; but still plainer from Diether's own defence, viz. from the appellatio mentioned in that Bull (in Senckenberg Selecta juris et histor. T. iv. p. 393), from the apology written in answer to that Bull on the Thursday after Michaelmas 1461 (in Muller S. 38) and from a second work, printed by the first printer at Mayence, dated the Tuesday after the Sunday Laetare 1462 (in Lehmann's Speyerscher Cronik Buch vii. cap 105. S. 859). The first charge of Simony he refutes in his defence (Muller S. 39) by the account of the proceedings at the election, according to which he was unanimously appointed. At Mantua the Pope required from the electoral ambassadors (see Appellatio in Senckenberg iv. p. 393), quatenus se nomine nostro obligarent, ne futuro Concilio daremus operam, neve Principes Germanicae nationis convocaremus. (Schrift in Lehmann : Dann wolten wir—in die Uffsatzung und Schatzung des zehenden, zwantzigsten und dreyssigsten Pfennings, von seiner Heiligkeit uff Teutschland geschlagen, verwilligt und uns verbunden haben, unser Mit-Churfursten bey Zeit unsers Lebens ohne S. Heiligk. Wissen und Gefallen nit zu versamlen, unser Bischoff und Suffraganien und Pfaffheit unter uns seyn, nicht zu beruffen, und kein gemein Concilium furzunehmen gestatten als dz an unser Bottschaft, wir zu S. Heiligk. gesandt hatten, zu mehrmalen gesonnen ist, zweiffelt uns nicht, wir waren solcher

unbilliger Beschwerung vertragen) As the Ambassadors would not
consent to this, they were dismist without effecting the object of their
mission. Some months after a second embassy was sent to the
Pope, to obtain confirmation without those conditions Cum autem
Oratores nostri, antequam ad Cameram Apostolicam pervenissent, litteras nostras atque efficacem obligationem facere cogebantur pro Annata ipsi Camerae persolvenda, qua praestita et recepta ilico eis nuncupata est quaedam pecuniarum summa gravissima, scilicet xxm. vc. et I.
floren. Rhenensium :—obstupuerunt Oratores nostri, nec tamen aliter
literas extrahere potuerunt, nisi in illa obligatione persisterent. Cumque de gravi taxa conquererentur, nihil aliud supererat, quam Camerae
ipsi Apostolicae de taxa expressata [satisfacere], subordinatis etiam
numulariis, campsoribus vel mercatoribus appellatis, qui obligationem
respectu Camerae Apostolicae in se receperunt, et a nostris Oratoribus,
nedum nostro verum etiam ipsorum propriis nominibus, obligationem
seu cautionem acceperunt. Et ita Oratores nostri una cum litteris confirmationis et caeteris, quae ad consecrationem obtinendam requiruntur,
a Romana Curia dimissi sunt. Nos vero admirati, cur tanta summa a
nobis exigeretur, cum tamen a praedecessoribus nostris longe minor
fuerit persoluta, sciscitati sumus, quaenam vera taxa esset ab Ecclesia
Magunt. Camerae Apostolicae debita. Cum vero in hujusmodi inves-
tigatione fluctuaremus ambigue nonnihil, certe summam pecuniarum
persolvimus, ut jam putaremus illi summae satis appropinquasse, quae
a praedecessore nostro tempore suae confirmationis fuit persoluta. Ob-
tulimus ergo et nunc offerimus talem summam, qualem praedecessor
noster exposuit, seu quae de jure vel antiqua consuetudine ipsi Camerae Apostolicae ab Ecclesia nostra debita esset. Papa vero, his
non contentus, processus poenales contra nos et Oratores nostros
supradictos dicitur instituisse, aut comminatur instituere velle. Nobis
vero allegantibus, quod ad solutionem promissio a nobis et a nostris
extorta est, et error factus, qui nos merito excusat : — responsum
est nobis, jam non agere contra nos Romanum Pont. et Collegium
Cardinalium, sed mercatores illos, qui se debitores pro nobis consti
tuerunt, quibus et nos de sua cavimus indemnitate ; ideo, si Camera
nos gravasset, nihilominus mercatoribus illis indemnitatem promissam
exsequi teneamur. Quod et nos profecto justum censeremus, nisi
collusio expressa sufficienter mercatoribus ipsis obstaret, qui agentibus
Camerae subordinati et submissi machinationis hujusmodi non erant
inscii. Quod etiam ex hoc fonte clarius deprehenditur, quod, cum
mercatores ipsi pecuniam constitutam Dominis Cardinalibus exsolve-
runt, ipsi sibi caverunt, quod si pecunia illa ipsis mercatoribus per nos
soluta non fuerit, mercatoribus ipsis a Dominis Cardinalibus persolve-
retur, prout ipsorum Card. litteris ad nos missis clare edocti sumus.
Rudolf, Dean of the Cathedral of Worms, Papal legate at the diet of
Mayence, contradicted that statement with regard to the Annates (in
Gobellinus lib. vi. p. 144): mentiti omnes sunt, qui vel nummum
unum abs te flagitatum asserunt ultra summam in Camera praetaxa-
tam : decem millia auri nummum principalis taxatio requirit, minuta-
que quae vocant servitia et litterarum expeditio, et oratorum sumptus
circiter quatuor millia deposcunt.—Ecclesia Treverensis, quae multo

but the compensation of Diether (Oct. 1463).[31] In Germany where the liberal-minded Aeneas Sylvius was not yet forgotten, the opposite policy of Pius II. could not fail to awaken a mingled feeling of doubt and discontent. Thus the Pope was induced to issue a bulla retractationum addrest to the University of Cologne (26. April. 1463) : but in this his inconsistency was rather brought to light than justified.[32] Pius II. met with but little better success

minor est, sub Calisto tertio triginta millia dedit. From this, however, it would only follow that the money lender employed by the Curia proposed a loan of 6000 florins. According to the Aschaffenburg concordat, which in this point agrees entirely with that of Constance (§ 131. note 19), one half of the annates was to be paid in the first, the other half in the second year.

[31] The struggle betwixt Diether and his adversary, Adolphus of Nassau, which was carried out in favor of the former by the assistance of the Elector Frederich I of the Palatinate, was brought to an end by the treaty of Zeilsheim 12. Oct. 1463 (see Serrarii Rer. Mogunt. ad Johannis T. ii p 192 ss.), which was ratified at Frankfurt on the 26th Oct. and acceded to even by the Papal Legates. According to it Diether resigned the Archiepiscopal dignity, but retained during his lifetime several of the cities, offices, and customs of Mayence, and was exempted from the Archiepiscopal jurisdiction (Gudenus Codex diplom. T. iv. p. 368.) Und zu stunt alz daz geschach (thus writes a cotemporary chronicler at Speyer in Kremers Gesch. des Kurf. Friedrichs I. s. 359), so hat der Legat, der by dem von, Nassau waz, daz Cruz gemacht uber den von Ysenburg und uber sine Diner, und hat auch den Monchen von Franckfurt iren segen geben und absolvirt, wan sie sangent wider des Babstes Gebott und hielten es mit den von Ysenburg But the new elector Adolphus had to pay the expenses of the absolution, and to execute for this purpose a bond for 500 florins in favour of the Papal legate (Gudenus iv. p. 372.) How glad the Pope was to see the matter thus concluded, is shown by his letter to Diether (in Gudenus iv. p. 371), in which he overwhelms him with praises and promises on account of his resignation, calling him his dilectum filium. A detailed narrative of these proceedings, but in favour of the Pope, may be seen in Gobellinus lib. iii. p. 64. lib. vi. p. 143 ss. lib ix. p. 220. lib. xii. p. 345. Compare especially Kremer's Gesch. des Kurf Friedrichs I. v. d. Pfalz. Frankf. u. Leipz. 1765. 4. S. 210 ff. 244 ff. 353 ff. Diether von Ysenburg, Erzb. u Kurf. v. Mainz. Erster Theil (geht bis 1462.) Mainz 1789. 8

[32] This Bull is abridged in Raynald. 1463 no. 114 ss , entire in Harduini Concill. ix. Hartzheim Conc. Germ. v. p. 945 : In minoribus agentes, nondum sacris Ordinibus initiati, cum Basileae inter eos versaremur, qui se generale Concilium facere, et universalem Ecclesiam repraesentare ajebant, dialogorum quendam libellum (this is his Pentalogus de rebus Ecclesiae et Imperii in Pezii thes. anecdotorum

in France than in Germany. When he inveighed at Mantua

novissimo T. iv. P. iii. p. 639) ad vos scripsimus, in quo de auctoritate Concilii generalis, ac de gestis Basileensium, et Eugenii Papae contradictione ea probavimus vel damnavimus, quae probanda vel damnanda censuimus : quantum capiebamus, tantum defendimus aut oppugnavimus : nihil mentiti sumus, nihil ad gratiam, nihil ad odium retulimus. Existimavimus bene agere et recta incedere via, nec mentis nostrae aliud erat objectum, quam publica utilitas et amor veri. Sed quis non errat mortalis ?—Declinavimus et nos ab utero matris, erravimus in invio et non in via, ambulavimus in tenebris, et procul a vera luce recessimus : nec nobis tantum erravimus, alios quoque in praecipitium traximus, et caecis ducatum praebentes caeci cum illis in foveam recidimus. Forsitan et aliquos ex vobis scripta nostra decepere, et in devia deduxerunt, quorum sanguinem si de manibus nostris requisierit Dominus, non habemus quod respondere possimus, nisi nos ut homines peccavisse, qui arbitrantes rectum iter ostendere obliquum monstravimus In misericordia tantum Dei spes nostra sita est.—Utinam latuissent quae sunt ed.ta! nam si futuro in saeculo manserint; aut in malignas mentes inciderint, aut incautis fortasse scandalum parient: *qui haec scripsit,* inquient, *in beati tandem Petri cathedra sedit, et Christi salvatoris vicariatum gessit: ita scripsit Aeneas, qui postea summum Pontificatum adeptus Pius II. appellatus est, nec invenitur mutasse propositum : qui eum elegerunt et in summo Apostolatus vertice collocarunt, ab iis scripta ejus approbata videntur.* Verendum est, ne talia nostris aliquando successoribus objiciantur, et quae fuerunt Aeneae dicantur Pii, atque ab ea sede auctoritatem vendicent, adversus quam ignoranter latraverunt. Cogimur igitur, dilecti filii, b. Augustinum imitari, qui cum aliqua in suis voluminibus erronea inseruisset, retractationes edidit.—Idem et nos faciemus : confitebimur ingenue ignorantias nostras, ne per ea, quae scripsimus juvenes, error irrepat, qui possit in futurum Apostolicam sanctam sedem oppugnare : nam si quem decuit umquam Romani primique throni eminentiam et gloriam defendere ac extollere, nos illi sumus, quos sine ullis meritis pius et misericors Deus sola dispensatione sua ad b. Petri solium, et dilectissimi filii sui, domini nostri Jesu Christi, vicariatum evocavit. Quibus ex rebus dilectiones vestras hortamur, et in Domino commonemus, ne prioribus illis scriptis inhaereatis, aut fidem ullam praestetis, quae supremam Apostolicae sedis auctoritatem quovis pacto elidunt, aut aliquid adstruunt, quod sacrosancta Romana non amplectitur Ecclesia : suadete omnibus ut id solum prae caeteris venerentur, in quo salvator Dominus suos vicarios collocavit.—Requirit autem ordo, ut inferiora a superioribus gubernentur, et ad unum tandem perveniatur tanquam principem et moderatorem cunctorum, quae infra se sunt. Sicut grues unam sequuntur, et in apibus unus est rex, ita et in Ecclesia militante, quae instar triumphantis se habet, unus est omnium moderator et arbiter, Jesu Christi vicarius, a quo tamquam capite omnis in subjecta membra potestas et auctoritas derivatur, quae a Christo Domino Deo nostro sine medio in ipsum influit.—Petrus igitur et successores ejus

against the Pragmatic sanction,[33] Charles VII. in return had an Romani Pontifices primatum in Ecclesia tenuerunt, et nos hodie, quamvis indigni, sola Domini voluntate digni, tenemus : et quicunque Romanae secundum canonicas sanctiones praeficitur Ecclesiae, quam primum electus est in sacro collegio, supremam a Deo potestatem sine medio consequitur, et per ordinem in omnem diffundit Ecclesiam : cujus peccata divino judici punienda relinquuntur. Si quid adversus hanc doctrinam inveneritis aut in dialogis, aut in epistolis nostris, quae plures a nobis sunt editae, aut in aliis opusculis nostris (multa enim scripsimus adhuc juvenes), respuite atque contemnite : sequimini quae nunc dicimus, et seni magis quam juveni credite, nec privatum hominem pluris facite quam Pontificem : Aeneam rejicite, Pium recipite : illud gentile nomen parentes indidere nascenti, hoc christianum in Apostolatu suscepimus. Dicent fortasse aliqui, cum Pontificatu hanc nobis opinionem advenisse, et cum dignitate mutatam esse sententiam Haud ita est, longe aliter actum. Audite, filii, conversationem nostram. Next he relates how in 1431 he came to Basle as a youth, and was there carried away by the universal consent, and the authority of famous names, to take the Council's side against the Pope : How he was afterwards awakened by the Emperor Frederick's conduct, and at his Court was brought to the knowledge of his error. Lastly, he discourses on the necessity of a monarchical government in the Church, and on the prerogative of the Roman See.

[33] See Pii P. II. responsio ad orationem Oratorum Gallicorum in d'Achery Spiclegium III. p. 811 ss. which first justifies at length the policy of the Pope in favour of Ferdinand King of Naples against the claims of the house of Anjou, which were supported by France, and at last p. 820 approaches the Pragmatic Sanction : Caeterum quia Pragmaticae Sanctionis superius incidit mentio, cujus secreta magis pulsavimus quam aperuimus, urget nos conscientia, imo vero caritas, qua genti vestrae devincti sumus, priusquam dicendi finem facimus, de ea aliqua librare : ne taciturnitas nostra indulgentia reputetur, et quod sanabile vulnus est, fiat mortale, et nos a consortio vestro oporteat abstinere : quoniam sicut in veteri lege (Lev. xxi. 11.) sancitum est, *super omnem animam, quae mortua est, non ingreditur Pontifex* quod teste Hieronymo perinde accipiendum est ac si dicat, ubicumque peccatum est et in peccato mors, illuc Pontifex non accedat. Cupimus sanctam esse Francorum gentem, et omni carere macula :—at hoc fieri non potest, nisi haec Sanctionis macula seu ruga deponatur, quae quomodo introducta sit ipsi nostis. Certe non auctoritate generalis Synodi, nec Romanorum decreto Pontificum recepta est, quamvis de causis ecclesiasticis tractatus absque placito Romanae sedis stare non possit Ferunt aliqui idcirco initium ei datum, quia nimis onerarent Romani Pontifices Regnum Franciae, nimiasque pecunias inde corraderent. Mirum si haec ratio Carolum movit, quem praedecessoris sui magni Caroli decebat imitatorem esse, cujus haec verba leguntur : *In memoriam b. Petri Apostoli honoremus s. Romanam Ecclesiam:—et licet vix ferendum ab illa s. Sede imponatur jugum, tamen feramus, et*

appeal to a general Council brought in (1460).[34] Lewis XI.
*pia devotione toleremus* (rather Conc. Tribur. ann. 895. c. 30. see Part
1. § 25 note 4.) Non est credibile Carolum, qui modo regnat, suo
sensu hanc Pragmaticam introduxisse. Deceptum putamus, et piae
menti suggesta fuisse non vera. Nam quo pacto religiosus Princeps
ea servari jussisset, quorum praetextu summa sedis Apostolicae auctoritas
laeditur, religionis nostrae vires enervantur, unitasque Ecclesiae
et libertas perimitur?—Non ponderamus causarum auditionem non
beneficiorum collationem, non alia multa, quae curare putamur Illud
nos angit, quod animarum perditionem ruinamque cernimus, et nobilissimi
Regis gloriam labefactari. Nam quo pacto tolerandum est
Clericorum judices laicos esse factos ? Pastorum causas oves cognoscere ?
Siccine regale genus et sacerdotale sumus ? Non explicabimus
honoris causa, quantum diminuta est in Gallia sacerdotalis auctoritas.
Episcopi norunt, qui pro nutu saecularis potestatis spiritualem gladium
nunc exercent, nunc recludunt. Praesul vero Romanus, cujus parochia
orbis est, cujus provincia nec oceano clauditur, in regno Franciae
tantum jurisdictionis habet, quantum placet Parlamento. Non sacrilegum,
non parricidam, non haereticum punire permittitur, quamvis
Ecclesiasticum, nisi Parlamenti consensus adsit; cujus tantam esse
auctoritatem nonnulli existimant, ut censuris etiam nostris praecludere
aditum possit. Sic judex judicum Romanus Pontifex judicio Parlamenti
subjectus est. Si hoc admittimus, monstruosam Ecclesiam
facimus, et hydram multorum capitum introducimus, et unitatem
prorsus exstinguimus. Periculosa haec res esset, venerabiles fratres,
quae hierarchiam omnem confunderet. Nam cur Regibus,
cur aliis Praesulibus sui subditi parerent, cum ipsi superiori suo
non pareant. Quam quisque legem in alium statuit, eam sibi servandam
putet. Verendum est, ne prope adsit quod ad Thessalonicenses
(2 Thess. ii 3 ) significare videtur Apostolus, *quia post discessionem
revelabitur homo peccati.* Adventum quippe Antichristi sollicitant,
qui discessionem a Romana Ecclesia quaerunt, qualem prae se
ferre videntur, quae sub obtentu Pragmaticae Sanctionis fieri dicuntur.
Sed credimus haec, ut ante diximus, Regi vestro incognita esse cujus
natura benigna est, et inimica mali. Docendus est et instruendus, ne
pestem hanc in suo regno debacchari amplius et animas interficere sinat.
Vos Episcopi lucernae estis ardentes coram eo, et candelabra lucentia
in domo Domini : sic lucete, ut lux vestra tenebras omnes ac caligines
Pragmaticae Sanctionis ex nobili et christianissima Francorum gente
depellat ; solumque lumen solis, id est veritatis splendor et veritas
eluceat. Quod si Rex vester opera vestra fecerit, et vos mercedem
Prophetae recipietis a Domino, et ipse, par suis progenitoribus majorque,
per omnes orbis Ecclesias, et in Romana potissimum, jure merito
et erit et vocabitur Christianissimus.

[34] M. Jo. Dauvet Procuratoris generalis protestatio nullitatis et
appellatio ad futurum Concilium contra orationem Pii. II. Pont. habitam
in Conventu Mantuano, comminationes ejusdem et censuras publicatas
in Carolum VII. Regem Francorum dd 10. Febr. 1460 (viz.
more Gallicano, and so 1461) in the Preuves des libertez de l'église
Gallicane. Chap. 13. no. 10. and in Richerii hist. Concill. generall. lib.

repealed that sanction A.D. 1461 in the hope that the Pope might thus be gained over to support the claims of the house of Anjou to the throne of Naples.[35] But as this was not the case,

iv. P. i. c. 1. The king here exhorts the Pope, ut rem ipsam maturius atque brevius digerat et consulat,—ut cum sacris generalibus Conciliis pacem foveat. Then he charges him Concilium plenarium orbis congregare in loco tuto ac libero —Quod etiam hic maxime necessarium esse videtur pro succurrere fidei orthodoxae : nam licet plura hinc inde invocentur auxilia, et diversae pecuniarum summae variis modis hujus rei piaetextu hactenus petitae et collectae sint, parvum tamen aut nullum efficax adversus invasores christianae religionis—praestatur, dum differtur nimium plenarii Concilii provisio.— Et jam tempus decem annorum effluxum dudum est, in quo secundum instituta magnae Synodi Constantiensis ipsum Concilium debebat celebrari. Illis vero, quae in praefato Concilio determinabuntur, Rex devoto et benigno animo acquiescere paratus erit.—Si sanctissimus Dominus noster celebrationem plenarii Concilii in loco libero—facere recusaverit, aut nimium distulerit, volens ipse Dominus noster Rex, quantum in eo erit, necessitati fidei orthodoxae et universae Ecclesiae succurrere, intendit alios Principes Christianos exhortari, ut omnes unanimiter universalem Ecclesiam in plenario Concilio congregari laborent.

[35] John Godefroy, Bishop of Arras, persuaded the king, being commissioned by the Pope for the purpose (Gobellinus lib. vii. p. 183): in a letter dd. 26. Oct 1461 (Aenae Sylvii Ep 401, and in Raynald. 1461, no. 113, where, however, the beginning is wanting) Pius encouraged the king to put his hand to the work at once, and received his answer so early as 27. Nov. 1461. (l. c Ep. 402. in Raynald. l. c. no. 118); Pragmaticam a regno nostro—per praesentes pellimus, dejicimus, stirpitusque abrogamus, et quam qualemve ante Pragmaticae ipsius editionem circa Ecclesiarum, beneficiorum, aliorumque rerum spiritualium dispositionem, censuram, moderationem in regno nostro— tui praedecessores Martinus V. et Eugenius IV. Romani Pontifices habebant et exercebant, talem eandemque nostro adjutori beatissimo Petro, tibique successori ipsius reddimus, praestamus et restituimus cum summo imperio, cum judicio libero, cum potestate non coarctata. Tu enim cum scias quid auctoritate divinitus tibi tradita possis, quas pro regni nostri et Ecclesiarum in eo tranquillitate postulabimus, non negliges res necessarias, poterisque semper quod optimum fuerit judicare. Pius, out of gratitude, made the Bishop of Arras a cardinal (Gobell. p. 184). Now the latter first began to write about the Sicilian question : it was only if the Pope would yield upon this point sic regis animum placari posse, et Pragmaticam Sanctionem certissime sublatum iri. Lewis had made the same statement to the Episc. Interamnensis : ita demum Pragmaticae Sanctioni finem imponere, si de regno Siciliae ei mos gereretur (l. c. p. 186). Soon after A.D. 1462 a French embassy appeared, which formally announced the repeal of the Pragmatic sanction, and thus gave occasion for great festivities ;

he did not trouble himself to compel his reluctant Parliament to
adopt the repeal; and in the present constitution of the French
Church, there existed only a wavering state of mind.[36] All
but with regard to the Sicilian question, it found the Pope inflexible
(l. c. p. 187 s.). Equally vain was an angry letter from Lewis, and
a threat that all Frenchmen should remove from Rome (Gobell. lib.
viii. p. 207).
[36] See especially Leo's X. Bull Primitiva, below § 135, note 18. The
change in the king's mind is shown by the following decrees : dd. 17
Febr. 1463 (*i.e.* 1464) in the Preuves des libertez de l'égl. Gall.
Chap. 22. no. 21. : Pius Papa modernus bona Praelatorum et virorum
ecclesiasticorum decedentium, tam saecularium quam regularium, quae
nonnulli spolia defunctorum appellant, necnon dimidiam partem fructuum tam beneficiorum incompatibilium, quae dicti viri ecclesiastici, et
illorum, quae in commendam obtinent, ac etiam certam portionem seu
quotam bonorum et personarum saecularium, tam mobilium quam non
mobilium, ejus Camerae Apostolicae per certas ejus constitutiones seu
literas, a paucis diebus ut dicitur apud Romam editas, Apostolica esse,
statuit et decrevit. As oppression, impoverishment, and scandal, could
not fail to be thus occasioned, and the rights of the Crown were assailed, the king now decrees, ut subsidia et onera praemissa, ac alia
similia, quae Collectores, Subcollectores, atque alii Officiarii seu Commissarii Romanorum Pontificum—levare et exigere mitterentur, minime
levabuntur, colligentur, aut exigentur. All officials were to be on their
guard against them, the disobedient were to be punisht. dd. 13 Aug.
1464. l. c. no. 22 : As this decree was not everywhere obeyed, many of
the clergy paid these taxes for plusieurs s'efforcent par bulles et commissions Apostoliques, proceder par excommunimens, fulminations, et censures ecclesiastiques, et privation de benefices contre les gens d'Eglise de
nostre dit Royaume, qui refusent, ou different de payer les despouilles
des trespassez, et la moytié des benefices incompatibles, et des com-
mandes ; so the king gave orders, que ausdits Commissaires ou Exe-
cuteurs ne soit obey : mais leur soit prohibé et defendu de faire lesdites
exactions, sur peine de confiscation de corps et de biens, et de banisse-
ment de nostre Royaume. He likewise forbade his own subjects to pay
under pain of banishment and confiscation of property. dd. 10 Sept.
1464 l. c. no. 23 : Although according to the laws of the French
Church no graces expectatives could be granted : Still depuis l'obeyssance par nous faicte a feu nostre sainct Pere le Pape puis derniere-
ment et n'agueres trespassé such grants had been made en si grand et
excessif nombre, et multitude et à toutes manieres de gens, tant
estrangers et non lettrez, qu'autres personnes quelsconques, que
la chose est venue à telle confusion, qu'a peine y avoit homme d'Eglise
en nosdits Royaume et Dauphiné, qui à cause d'icelles graces se peust
dire seur en l'asseucuration d'aucun benefice, a l'occasion des *Anteferri,*
et autres clauses et prerogatives, qui ont esté mises en icelles graces expectatives, diversitez de regles de Chancellerie Apostolique derogatoires
à droict commun, et autrement. Thereby much money had past out
of the country ; the candidates were reduced to poverty with their

these political combinations hindered the efforts of Pius II. against the Turks. His more peculiar attempt, though in this also he acted in imitation of the ancient pontiffs, to convert the Sultan Muhammed to Christianity by a long letter (1461),[37] remained naturally enough without success. At last he resolved, to go forth in person at the head of a crusade : but even this announcement (1463),[38] which in earlier times would have

relations : these gratiae expectativae were made a pretext for attempting the lives of Incumbents of benefices : unknown strangers had thrust themselves into benefices in this manner. The king accordingly forbad his subjects que d'oresenavant ils n'aillent, n'envoyent, soit par bulles (par billets), lettres de change n'autres moyens quelsconques, querir, pourchasser, ne obtenir en Cour de Rome graces expectatives ; further, qu'aucun d'eux voysent, ou envoyent en ladite Cour de Rome pour avoir, n'obtenir quelques Eueschez,—ou autres benefices electifs, sans premierement avoir nos vouloir et consentement de ce faire, le tout sur peine d'encourir nostre indignation, de perdre les deniers, dont leurs procureurs—seroyent trouvez saisis par bulles, lettres de change, ou autres pour porter et envoyer en ladite Cour de Rome à la cause dessusdite, et d'amende arbitraire envers nous. With regard to those who had already obtained such gratias expectativas, the officers were charged qu'ils les contraignent à eux en desister et departir ; et à revoquer, faire casser et annuler à leurs despens tout ce qu'ils auroyent fait au contraire. Nevertheless that even after this edict much money went to Rome, is plain from the representation of the Parliament to the king A.D. 1465. not 1461 see § 17. laquelle loy—the pragmatic sanction— a esté gardée jusques puis quatre ans, et par le tems de vingt—deux et vingt-trois ans a duré), which is contributed in a Latin translation by Franc. Duarenus de sacris ministeriis et beneficiis. Paris 1551. p. 332 ss. and from him by Flacius in the Catal. test verit. no 179., but in the original French by Jean du Tillet in the Mémoire sur les libertez de l'Eglise Gallicane in his Recueil des Roys de France, á Paris 1607. 4. P. iii. p 339 : The mention in the introduction of the cassation, que l'on dit avoir esté des decrets, constitutions et ordonnances appellées la Pragmatique sanction, is a proof that it could not have been recognized by Parliament. Still it runs § 72 : Et par experience, quae est rerum magistra, soit advisé et consideré à l'evacuation, qui a esté si excessive depuis la cassation de ladite Pragmatique, quae par experience l'on cognoisse et appare, comment ce Royaume est presque tary (exhausted), d'or principalement :—tellement qu'il n'est demouré que monnoye. In the succeeding §§ follows a calculation of the immense sums which had found their way to Rome since the repeal of the pragmatic sanction tempore Pii et de present, for Annates gratiae expectativae, and how by this means and the frequency of grants in commendam the Church was going to ruin.

[37] The letter may be found in Aeneae Sylv. Ep. 410 and in Raynald. 1461. no. 44 ss.

[38] dd. 22. Oct. 1463. see Aen. Sylv. Ep. 412, in the main also in

kindled both prince and people, now drew together none but a worthless rabble.[59] Pius II. intended at any rate to accompany Raynald. 1463. no. 29. ss. E.g. Et quis erit Christianorum tam feri, tam lapidei, tam ferrei pectoris, qui audiens, Romanum Pontificem b. Petri successorem, Domini nostri Jesu Christi vicarium, aeternae vitae clavigerum, patrem ac magistrum universorum fidelium cum sacro senatu Cardinalium Clerique multitudine in bellum pergere pro tuenda religione, libens domi remaneat? Et quae poterit excusatio quemquam juvare : senex, debilis, aegrotus in expeditionem pergit, et tu juvenis sano ac robusto corpore domi delitesces ! Summus sacerdos, Cardinales, Episcopi praelium petunt, et tu Miles, tu Baro, tu Comes, tu Marchio, tu Dux, tu Rex, tu Imperator, in aedibus propriis otiaberis? Siccine perverti hominum officia patieris, ut quae sunt Regum sacerdotes agant, quae nobilitati conveniunt, subire Clerum oporteat? Necessitas ire nos urget, quia non possumus alio pacto pro divinae legis defensione Christianorum animos commovere. Utinam hoc modo commoveamus! After the proclamation of the plenary indulgence which should be granted to all who took part in this crusade, or supported it, with the assurance, non dubitantes, quin animae illorum, quos ad hoc bellum proficisci bona mente contigerit, cum beatissimis ss Patrum et Angelorum Dei spiritibus post hanc vitam in caelestibus sedibus collocentur, et consortes imperpetuum Christi factae aeterna felicitate fruantur : it proceeds : In tanto Christianae religionis discrimine, quantum a Turcis inpraesentiarum cernitur imminere, nulli dubium esse debet, quin Christiani omnes, tam Reges et Principes, quam alii potentatus, et privati homines ad defensionem catholicae fidei et sanctae legis evangelicae juxta possibilitatem suam cum bonis et corporibus suis de necessitate salutis viriliter assurgere et indesinenter assistere teneantur Eapropter fideles ipsos Jesu Christi cultores universos et singulos, cujuscumque status et conditionis fuerint, sive pontificali, sive imperatoria, vel regali praefulgeant dignitate, harum serie monemus ac requirimus, et in vim possessionis factae in sacri susceptione baptismi et in vim juramenti praestiti, cum dignitatum suarum infulas susceperunt, et per obedientiam nobis debitam, eis et eorum singulis mandamus, ut hanc sanctam expeditionem, ad quam profecturi sumus non sine maximo corporis nostri dispendio, modis quibus possunt qua n celerrime adjuvare, et promovere festinent : ab illo, cujus causa agitur, exuberantia suscepturi praemia et in praesenti vita et in futura : negligentes autem negligentur, et in extremo judicii die minime inter illos invenientur quibus dicturus est Dominus : *venite, benedicti patris mei, percipite regnum* etc.

[39] Vita Pii ii. per Joh. Anton, Campanum Episc Aprutinum (in Muratorii Scriptt. Rer. Ital. III. ii. p 990) relates how Pius travelled sick from Rome to Ancona : Supra Ocriculum maxime consternatus est obvia Crucesignatorum multitudine, quos morae impatientes retinere Carvajalius (the Cardinal sent for the purpose) minime poterat, et agmine quum reverterentur, nec rapinis abstinebant: quocirca Medici aversari eo spectaculo illius oculos, obduci lecticae velum perpetuo itinere, causati ventos, jusserunt. Jacobi Card. Papiensis Comment. lib. i.

the Venetian fleet, but he died at Ancona (15. Aug. 1464) before he could embark. Paul II.[40] at once distinguisht the first days of his rule by the violent repudiation of the conditions of the election which had been agreed upon just before.[41] As much

(under Gobellini comm.) p. 357 : Confluxerat eo loci turba multa ex variis gentibus : non satis considerate domo egressa   Etenim cum eos solos evocasset Pius peccatorum proposita venia, qui vel annum, vel anni dimidium suo stipendio in exercitu militarent :—illi tamen nescio quo inconsulto zelo compulsi veniendum statuerant, credentes stipendium ac victum ministrante Pontifice non defuturum.   Cum autem non invenirent, quae sibi animis finxerant,—venditis armis regrediebantur in patriam.   Quorum nihilominus misertus ille, ne omnino frustra venisse se angerentur, decreti sui eos participes fecit (i.e. according to Platina p. 750 : absolutos peccatis in patriam remisit.)   Erant vero inter hos, qui consideratius venientes tolerare ad diem praefinitam militiam possent.   Horum ergo traducendorum causa naves Venetorum duas dies jam multos in horas singulas expectabat : sic enim illi facturos se ante receperant ; sed cum eae diutius tardarent quam oporteret, qui superfuerant crucesignati morae impatientes catervatim abibant, ita ut non multo post appulsis jam navibus miles non superesset, qui illis posset imponi.   Ea res causae quoque plurimum accelerandae mortis Pio dedit, dolente eo ac supra modum tristante, quod retineri in eam horam non potuissent.

[40] Platina, who was harshly treated by him, handles him in turn very severely in his Vitis Pontiff.  Beside him Michael. Cannesius de Viterbio and Gaspar Veronensis have written the life of this Pope (in Muratorii SS. Rer. Ital III. ii. p 993 ss )  Important also for the history of his reign are Jacobi Piccolominei Card Papiensis († 1479) Rerum suo tempore gestarum commentarii libb vii. (from 1464—1469) under Gobellini comm. Frf 1614. p. 348 ss.

[41] To those conditions of election, which Eugene IV. had already been obliged to swear to (see § 132, note 3), more had been gradually added, compare the Capitulation of Pius II. in Raynald. 1458. no. 5. These, which had been sworn to by the Cardinals before the election of Paul II., may be seen in Jacobi Card. Papiensis comm. libb. ii. p. 371 : Jurabat vovebatque Deo sanctisque Apostolis Petro et Paulo, quisquis Patrum ad Pontificatum esset assumptus, inchoatam expeditionem in Turcos, quantum Romanae Ecclesiae paterentur opes, continuare, proventumque aluminis ad eam rem integrum adhibere ; lapsos etiam curialium nostrorum mores ad Patrum disciplinam restringere ; Curiam porro ipsam de provincia in provinciam sine plurium ex Patribus— assensu—non transferre ; Concilium generale Christianorum intra triennium cogere, in quo et Principes saeculi ad tuendam religionis causam accenderentur, aegraeque partes Ecclesiae communi medicamento sanitatem reciperent ; Cardinales non ante creare, quam ii qui creati jam haberentur, intra viginti quatuor essent reducti, majoremque hoc numero non pati in Ecclesia esse ; neminem quoque assumere, qui non trigesimum annum excederet, quique non professus esset vel pontificium

money as possible continued to be gathered in for the Turkish war, but no expedition was undertaken. Germany was crippled not only by the indolence of the Emperor and the tediousness of the imperial diets but also by the Pope's instigations against George Podiebrad, the heretical king of the Bohemians.[42] The adventus, vel civile, vel literas sacras ; nec nisi unum eumque hujus generis hominem de cognatione sua eligere; in omnibus autem eligendis sententias Patrum non tacitas in aurem, ut ante, sed ex subselliis ad declinandos errores palam accipere ; de majoribus insuper committendis sacerdotiis non nisi in Consistorio sententiis auditis decernere ; jus ad ea nominandorum nulli omnino permittere ; diplomata etiam non dare, quibus ad alienum arbitrium eadem se collaturum promitteret ; si qua essent antea data, uno edicto adimere ; non destituere sede sua Episcopum quemquam Abbatemve postulatione ulla principum, nisi et talionem ex juris forma in se ante reciperent, auditique rei solemni judicio essent; non Cardinalem, remve suam apprehendere, nisi ex Patrum sententiis ; non damnare etiam, nisi ex synodali constitutione, cujus est initium *Praesul*, nil porro ex omni Ecclesiae patrimonio, quod paulo insignius esset, in quemquam distrahere, aut ejus censum minuere, nisi et assenserint Patres, et concessioni subscripserint ; iisdem quoque non consulentibus nulli non subdito bellum inferre, aut ad inferendum foedus quodquam inire ; testamenta defunctorum Curialium libera sinere ; portoria nova nulla inducere, nec vetera augere ; Principi Potentatuive tributum de Clericis sine ratione nullum concedere ; arcium custodes jurejurando, vadimoniisque adigere de iis vacante Sede Collegio reposcenti tradendis ; eas, quae essent momenti majoris, solis Clericis, qui tamen suae cognationis non essent, committere ; eundem vero et arcis custodem et praesidem civitatis non facere; Praesidibus provincia decedentibus administratorum omnium judices dare ; ducem ecclesiastici exercitus ex suo genere non constituere ; nil in diplomatibus factum dicere ex fratrum consilio, quod ad verum consulentibus eis decretum non esset ; demum primo quoque mensium omnium Consistorio imperare has leges ad innovandam memoriam ex scripto praesenti se recitari. Additum et his est, ut bis quotannis per Calendas Decembres Majasque Patres seorsum a Pontifice convenientes cognoscerent inter se, an servatae illae judicarentur ; id si minus factum intelligerent, charitate, quae filiis in parentes est debita usque ad tertia rememorationis officia, transgressionis et perjurii illum monerent, ad servandumque precarentur. The Pope's flatterers represented it to him as indignum, vicariam Christi potestatem humanis conditionibus subdi ; ipsumque non tam sui arbitrii, quam alienae moderationis ministrum videri ; quaerendam libertatem esse, idque agendum, ut auctoritatem Ecclesiae apud se, non Cardinales esse omnes agnoscerent. By their advice the Pope took the following course : novae quaedam leges quasi ex persona Patrum scribuntur, quarum erat obtentus, quod priores illae cognoscebantur inutiles, induxisse eos has novas, quibus tantum obnoxium esse Pontificem vellent. The Cardinals were partly persuaded, partly compelled to subscribe this : one alone, Carvajal, was firm in his refusal.

turous pilgrimage of the Emperor to Rome (1468) only increast the number of fruitless negotiations.[43] In Italy Paul had to sustain an incessant negotiation with Ferdinand, King of Naples, who desired a release from his feudal tribute, in 1469 this broke out into open war.[44] In France his labours to obtain a formal repeal of the Pragmatic Sanction were thwarted by the steadfastness of the Parliament (1467).[45]

§ 134.

SIXTUS IV (9 Aug. 1471–12 Aug 1484) INNOCENT VIII. (29 Aug 1484– 25 July 1492) ALEXANDER VI (11 Aug. 1492—18 Aug. 1503)

Stephanus Infessura (Senatus Populique Romani Scriba s. Cancellarius about 1494) Diarium Romanae urbis from 1294—1494, in Eccardi Corpus hist med. aevi T 1 p 1863, and in Muratori Scriptt Rei Ital. III ii. p. 1109, in the latter with the omission of some offensive passages

Johannes Burchardus (from Strasburg, caeremoniarum Magister, from 1503 Bishop of Horta † 1506) Diarium Curiae Romanae from 1484—1506. Leibnitz gave some fragments from this work in the Specimen hist. arcanae s. anecdotae de vita Alex. VI. Papae. Hanoverae 1696. 4.; Eccard gives a fuller but very erroneous abridgment from the part upon Alexander VI. in the corpus histor. medii aevi T. ii. p. 2017 ss. A description of the whole work may be seen in the Notices et Extraits des Mss de la Bibl. du

[42] The Pope pronounced sentence of excommunication and deposition against the King 23. Dec. 1466, and instigated the German princes, and the Kings of Poland, and Hungary, to execute the sentence, see Muller's Reichstagstheatrum Th 2 S. 263 ff. In 1468 Matthias, King of Hungary, at last began a war against the Bohemians, after having first made peace with the Turks for the purpose. Muller S 311. ss.

[43] The description of it is in Jacobi Card. Papiensis comm. lib. vii. p. 438 ss. Muller Th. 2. S. 319 ff.

[44] Platina in vita Pauli p. 773. Jac. Card. Pap. comm. lib. iv. p. 393 ss. lib. v p 403 ss.

[45] The Cardinal Jean Balue, who was sent to France for this purpose, readily obtained the desired edict from the King, but when he brought it to the Parliament for registration, Jean de sainct Romain, Procureur général du Roi, opposed the measure: Parliament refused it, and the University appealed to a Council, compare the Chronique scandaleuse in the Mémoires de Phil. de Comines ed. par Lenglet du Fresnoy. T. ii. p. 66 Preuves des libertez de l'église Gall. chap. 13. no. 11. Bulaei hist. Univ. Paris. T V. p. 684 s.

Rot T ɪ. p 68 ss The best manuscript extant is that at Munich, see Paulus Sophronizon. Bd. 6 Heft 1. S. 1 There are contributions also from the Carlsruhe Ms ibid. S. 6 ff. Bd. 8. Heft 6. S 96 ff.

The succession of Popes which now follows proves the degradation of discipline and sense of shame among the Cardinals: they were distinguisht for nothing but undisguised mediocrity and wickedness, or even depravity. True Sixtus IV. began to push forward the preparations for the Turkish war,[1] with equal zeal, and withal equally bad success: but his chief motive was a mean ambition to raise his family from their low estate to the highest rank, so he allowed his nephew Jerome Riario[2] to beguile him into steps which increast still more the embarrassments of

---

[1] Vita Sixti IV. (probably by Platina) in Muratorii Scriptt. Rer. Ital. III. ii. p. 1056 : Celebrata coronatione ad rem ecclesiasticam christianamque componendam animum adjicit. Concilio itaque tantam rem indigere arbitratus, ad Lateranum se id habiturum ostendit, quo bellum Turcis indici commodius posset, quemadmodum Pius Pontifex instituerat, si ei vivere licuisset. At vero dum hac de re maturius consultaretur, Imperator rem Christianam in magno discrimine cernens, Pontificem rogat, ut Utinum habendi Concilium locum idoneum deligat. Sed Pontifex, quum videret Mediolanensium Ducem, aliquotque populos et Italiae Principes id nequaquam approbaturos : quumque etiam proventus suos, belli nervos, absente Curia, imminui videret, non sine suspicione tumultus, si ab urbe discederet, Mantuam primo, mox Anconam proponit, quo Imperator venire commode poterat.—Verum quum hac deliberatione rem in longum protrahi videret, Patrum consensu Legatos decernit, Bessarionem Nicaenum in Galliam, Rodericum Borgiam Vicecancellarium in Hispaniam, Marcum Barbum in Germaniam Pannoniasque.—Oliverium Carafam Neapolitanum Cardinalem classi maritimae in Turcas praefecit magna cum impensa. All without success When the Emperor, after many deliberations, wisht for a new one at the diet of Augsburg in 1473, and requested a Papal Legate for the purpose, the Cardinalis Senensis said in Consistory (see Jacobi Volaterrani Diarium Rom. in Muratorii Scriptt. Rer. Ital. xxiii. p. 94), nullius sibi usus eam missionem videri : conventus illorum esse inanes : decem intra non multos annos habitos, quorum non sit fructus perceptus . hoc autem incommodi nunquam deesse, quod populorum de nobis innovantur lamenta : etenim magnis apparatibus Principes—ad illos accedere, eorumque sumtuum ferendorum causa tributa suis imponere, atque identidem dicere, imperio Romani Pontificis se proficisci, et adjuvari profectionem necessarium esse : ita miseras plebes non suorum Principum, sed nostras injurias lamentari.

[2] According to Nicol Macchiavelli hist. Florent. lib. vii. both brothers Jerome Riario, Count of Imola, and Peter Riario, Cardinal, were sons of the Pope : on both see Raph Volaterranus Anthrop. l. xxii. below.

Italy, sullied his reputation, and hindered every undertaking against the Turks. First he upheld the conspiracy of the Pazzi against the Medici in Florence 1478 :[3] when this miscarried, and vengeance was taken, even upon the clergy, with capital punishment, he made war upon Florence with spiritual weapons, and in alliance with Naples with secular arms also.[4] The universal

[3] An account of the transactions may be seen in the Excusatio Florentinorum per D. Barthol. Scalam dd. 10. Aug. 1478, in Laurentii Medicis magnifici vita auct. Angelo Fabronio (Pisis 1784. 4.) vol. ii. p 167, in which also the confession of John Baptista Montesecco, a Papal brigand who took an active part in the affair, with regard to the constitution of the conspiracy, is quoted word for word. Raphael Volaterranus († 1521) Commentariorum urbanorum Geographia lib. v. On April 26. during high mass Julian de Medici was murdered in church, Lorenzo escaped, the conspirators were cruelly murdered by the exasperated people, the Archbishop of Pisa was hung from a window of the Town-hall. Comp Laurentii Medicis magnifici vita auct. Angelo Fabronio. vol. i. (Pisis 1784. 4.) p 58 ss H. Leo's Gesch. d. italienischen Staaten. Th 4 S. 381 ff.

[4] The Pope's Bull of Excommunication dd 1. Jun. 1478 (in Raynald. ad h. a. no. 5 ss ) first alledges charges of many kinds against Lorenzo de Medici, chiefly because of the murder of the clergy, and then declares, quamvis—a praedecessoribus nostris in magnos Principes ob minora facinora acriter saevitum esse conspiciamus,—iniquitatis filios Laurentium, Priores, Vexilliferum, octo de Balia antedictos, and pronounces all those who had given their assistance against the murdered clergy as criminis laesae majestatis reos, sacrilegos, excommunicatos, anathematizatos, infames, diffidatos, intestabiles. It was further decreed, eorundem aedificia in ruinam dari debere,—nullum eis debita reddere, nullumve in judicio respondere teneri, nulli quoque filiorum aut nepotum praedictorum—alicujus aperiri debere januam dignitatis aut honoris ecclesiastici vel mundani —Quidquid in bonis tunc inveniebatur eorundem, fisci et Reipublicae dominio applicatum fore. The city and domain of Florence were placed under interdict. On the other hand the Florentines askt for the opinions of the most renowned canon-lawyers who advised an appeal to a general Council (see Fabronius 1. p. 81. The opinion of Franc. Accoltus Aretinus may be seen in his Consilia s. Responsa Venet. 1573. p. 174.) Accordingly a Synod of the whole clergy of the Florentine dominions was summoned, which appealed from the Pope to a general Council (Machiavelli istoria fiorent. lib. 8.) and in a declaration composed by Gentilis Bishop of Arezzo, on 23. July 1478, proved the Pope's participation in the crime by means of an accurate account of the transaction, and the confession of John Baptist Montesecco, which was quoted word for word, and also declared his Ban and Interdict invalid, together with the severest reproaches against him. This declaration was printed at the time, see Storia della Toscana di Lorenzo

indignation roused by this injustice, the threats of Louis XI.

Pignotti T. IV. (Livorno 1820. 12 ) p. 122 : It was publisht again but erroneously, under the title Synodus Florentina contra Sixtum IV. 1770. 8. (without stating the place where it was printed, but still in Italy), and may be found increast with new errors in K Walchner's polit. Gesch. der i. J. 1478 zu Florenz gehaltenen grossen Kirchensynode u. des Zwistes dieser Republik mit d. rom. Papste Sixt. IV. Rotweil 1825. 8 S. 132 ff. Fabronius in Laurentii Medicis vita vol. ii. p. 136 has publisht it from the autograph. Here we find p. 139. Causam tam insolentis odii, et inexspectatae retributionis in familiam de Medicis, quae semper ei et sedi Apostolicae servierat, nullam invenimus, nisi quandam perditam carnis et sanguinis revelationem, qua ob comitem illum suum Hieronymum, in cujus manibus nunc Ecclesia Dei est, delirat, furit, et insanit  Habet hic suus Imolam, s. Romanae Ecclesiae urbem, quam ejecto Thaddeo Manfredo se tenere post mortem sui Pontificis posse diffidebat, nisi vicinum dominium Florentinum aliquo foedere amicitiae obligaret. Major autem obligatio inveniri posse non videbatur, quam si suo beneficio praeessent, qui in ea Republica primates essent : fieri autem id sine status mutatione non poterat, mutari autem status sine morte Laurentii, et Juliani de Medicis impossibile videbatur.—Hac igitur impellente rabie Comes oblitus omnis humani divinique juris, oblitus beneficiorum, oblitus conditionis suae, qui cerdo fuerat, stirpem Cosmanam delere aggreditur etc p. 144 : Sic se res habuit, Christiani lectores, hac de causa, hoc ordine, his mediis tentata eversio Florentina est. Per haec vestigia eum, *qui venit, ut vitam habeant et abundantius habeant,* Sixtus secutus est. Sanguis optime de Christiana religione meritus per Principem religionis fusus, violata per Pontificem Ecclesia, polluta per summum sacerdotem sacra sunt. Et haec ne quis ignoret aut excusare possit, confirmat aperto bello, et promulgatis censuris coeptam conjurationem sequitur. Eam mulierculam imitatur, quae vento detectum calvitium ut posteriori veste retegeret, nates detexit. In cubiculo suo, ut vidistis, tractata res est, suus Comes Pactios ad necem armavit, suus Cardinalis familiam caedi, praesentiam sceleri praestitit, suus exercitus fideles fines nostros pro Turcis ingressus est  Quis jam non videat, delirum senem his suis promulgatis censuris voluisse notam macula, lutum stercore lavare ?—Sed ad repellendam sententiam ejus—veniamus etc.—At last with regard to the murder of the Archbishop p. 156 . Suspensus leno, suspensus parricida, suspensus lusor, suspensus proditor, et id in ipsa enormitate criminis, dum fureret populus in proditores patriae quorum hic erat caput, dum cives primarii de salute patriae trepidabant. Archiepiscopus non erat, quem popularis ille furor, dum palatium suum defendit, suspendit : Archiepiscopi enim talia non faciunt. Armatus scuto et ense captus est, invasor curiae retentus : ecquis hunc pro Archiepiscopo cognovisset, aut cognitum sacerdotaliter tractasset ? Noluissemus ipsum Sixtum sic inventum fuisse a Savonensibus suis. Quod si injiciens manum quocumque modo in Clericum excommunicandus sit, cur non hi, qui manus injecerunt, excommunicantur ? Quid miser Laurentius vulneratus et confectus dolore interempti fratris,—de sua vita, de suo statu, de salute patriae anxius impetitur ? Quid addıtuı afflicto afflictio, et pro medela illati vulneris vulnus adjungitur ? Estne haec illa manifesta et rationabilis causa, pro qua tantam ferri censuram sacri Canones statuerunt ? Est hic gladıus ille bis acutus ex ore sedentis in throno procedens, ut laudetur peccator in desiderıs animae suae, et iniquis benedicatur ? Maledicitur innocens, qui pene occisus est : occisor, et proditor patriae bonae memoriae filius appellatur ! Haeccine memoria, Sixte Pontifex, tuae bonitatis et justitiae ?  Parricidarumne patrem te Cardinales isti creaverunt ? — Perfidia fidem, nocentia innocentiam, scelus bonitatem perdidit, et vis ad nomen censurarum benedictum maledictum existimemus ?—Caeterum libenter hic intelligeremus ab eo, qui tot tam constanter proponit, unde nunc maledicat, quod modo benedixit. Nonne illa sua vox fuit, cum audivit suspensum fuisse ob proditionem Archiepiscopum et stipatores : *benedıctı vos a Domıno, quı homınem suspendıstıs : nunquam voluıssemus praefecisse eum ıllı Ecclesıae !* Nonne etiam mentionem habuit de mittendo Florentiam Legato. qui afflictos consolaretur ? Et unde post tam repens exorta in contrarium sententia, tam subito mutata in crudelitatem commiseratio ? Nondum erat forsan captus Joannes Baptista (Montesecco), qui sua confessione Sixti occultam voluntatem in apertam necessitatem converteret : vel pendet ab alıo, et est Vicarius alicujus hostis nobis ignoti, et homınis, utinam boni, non ejus, qui Ecclesiam suam super firmam petram fundavit.—p. 162. Restat ut sententia nulla sit, quae nullam habuit judicandi causam, falsum sit judicium, quod mendacio nititur, excommunicatus sit, quı alios excommunicare vult violenter et injuste. Acceperit Spiritum Sanctum, non simoniace sit creatus, qui vocem suam veri pastoris, non haeretici hominis vult haberi.—p. 164. Ad alterum igitur lumen, ipsum scilicet Caesarem semper Augustum confugimus, id enim Dominus, ut huic nocti praeesset, creavit : Christianissimum Regem Francorum, in cujus tutela Christi Ecclesia est,— invocabımus : omnes Principes et populos Christianos implorabimus, ut, quando jam vident, simoniace creatum Pontificem templa, Cardinales, Missas ad homicidia fidelium exercere, Concilium, ad quod appellavimus, amplius non differant, sponsam illius, in cujus sanguine baptızati sunt, a tanta turpitudine liberent. — Abeat itaque leno, casta erit mater, angularem lapidem non premat petra scandali etc  The Signoria of Florence on 21. July 1478 issued a letter to the Pope (first publisht by Francis Henry Egerton : Lettre inédite de la Seigneurie de Florence au Pape Sixte IV. Paris Mars 1814. 4. reprinted in Millin Magasin encyclopedique, Avril 1814 in Pignotti T. iv. p. 117. Walchner S 159), in which it refutes the charges against Lorenzo de Medici. E.g Ejicere vis nos e civitate Laurentium de Medıcis : hujus autem voluntatis Tuae duas in literis Tuıs potissimum causas colligimus, et quod tyrannus noster sit, et quod publico religionis christianae bono adversetur. Quo ergo pacto, ut primam causam primum diluamus, nos lıberi erimus Laurentio ejecto, si tuo jussu erit ejectus ! Contraria tuae literae loquuntur, quae, dum lıbertatem pollıcentur, imperando auferunt : et, ut isto te laboıe liberemus, ejicere nos malos cives Tyrannosque didicimus, et administrare rem nostram publicam sine monitoribus. Redi paulum ad te, beatissime pater, oramus  da locum affectıbus, qui sacrosanctam

King of France,[5] the peace which Ferdinand of Naples conis'am sedem, istam gravitatem et sanctitatem pontificalem adeo decorant. Laurentium de Medicis tyrannum clamitas : at nos populusque noster defensorem nostrae libertatis cum caeteris, quos tu arguis, civibus experimur, et una omnium voce appellamus ; parati, in quemcunque rerum eventum omnia ponere pro Laurentii de Medicis salute, et civium reliquorum, in qua quidem publicam salutem et libertatem contineri nemo nostrum dubitat. Quod invehuntur in Laurentium illae literae liberius, nihil est quod contradicamus in praesentia : veritas ipsa satis contradicet et tua conscientia. hoc tamen fatebimur, beatissime pater, movent risum omnibus nobis, tam inaniter, ne dicamus maligne, conficta audientibus —Movet te fortasse, et de ea re Laurentium succenses, quod e furentibus populi armis Raphaelem Cardinalem, tuum nepotem, eripi curaverit, et salvum reddiderit ! Movet, quod trucidato Juliano fratre saucius ipse divina potius quam humana aliqua ope sceleratos gladios sacrilegosque parricidarum et mortem evitaverit ! Si caedi se passus sit ab missis a vobis efferatissimis satellitibus, si aicem libertatis nostrae, publicum Palatium, captum dolis a proditoribus vestris, non recuperassemus, si trucidandos nosmet, ac magistratus nostros, et cives tradidissemus vobis ; nihil modo tecum contentionis haberemus.

[5] See the credentials of the King's ambassadors to the Pope on 20. Nov. 1478 in the Preuves des libertez de l'église Gall. chap. 13 no 12. The King complains in them, that during the threatened danger from the Turks, the Pope and the King of Naples had stirred up dissensiones et guerras in Italy. On this account he had gathered together the ecclesiastical and temporal nobles of his kingdom at Orleans, and there it was determined, necessarium esse Concilium generale convocari, et sanctissimo Patri nostro Summo Pontifici fore supplicandum, ut—Concilium generale convocari et teneri faceret,—quodque ipse Summus Pontifex exemplo Christi vellet pacem praedicare, et cum dicta illustrissima Liga (Florence and her allies) pacis unionem inire. Accordingly the King sent this embassy, which was empowered at the same time, casu quo ipse summus Pontifex praemissa facere denegaverit, seu plus debito distulerit, vel aliqua in contrarium praemissorum, aut aliquid contra nos, regnum et regnicolas nostros fecerit, seu in futurum attentare praesumpserit, ad intimandum et appellationem ab ipso interjectam in congregatione predicta Aurelianis, et de novo si opus fuerit appellandum ab ipso summo Pontifice male consulto ad eundem summum Pontificem bene consultum, seu praefatum proximum futurum Concilium universalis Ecclesiae. The embassy was received in January 1479 in full consistory, see Jacobi Volaterrani, a cotemporary Secretarius Apostolicus, Diarium Romanum in Muratorii Scriptt. Rer. Ital. xxiii. p. 97 S., and here threatened more definitely, that if the Pope refused to yield, nullae vacationes, nullae pecuniae sinerentur ad Apostolicam sedem ex regno illo venire, or according to their written declaration in Raynald. 1478 no. 19 : quod si non fecerit (Papa), eo ipso petit (Rex) congregari generale Concilium in aliqua civitate regni sui, et illico Pragmaticam iudicit Sanctionem, quam servari jubet in regno suo integerrime. Postremo Praelatos, et quasvis ecclesiasticas personas in Romana cuiia

cluded with Florence in 1480,[6] and the conquest of Otranto by the Turks (11. Aug. 1480), forced him to yield.[7] Next the Pope's nephew hankered after the dominions of the house of Este, which ruled in Ferrara: forthwith Sixtus allied himself with Venice against this family; war broke out in May 1482, and Ferrara, though supported by Naples, seemed upon the point of being forced to submission.[8] Then the nephew allowed himself to be won over by Naples;[9] Sixtus went over to the other side (December 1482) and excommunicated Venice.[10]

degentes, et in regno suo habentes beneficia ad ipsa beneficia revocat, et per subtractionem fructuum redire compellit. The Pope decidedly refused all these proposals (l. c. no 20, ss.): however, the Emperor and Matthias, King of Hungary, were urgent for peace: the Venetians pur - chast peace from the Turks, that they might be able to support the Florentines (l. c. no. 30.)

[6] Raph. Volaterranus Geogr. lib. v.: Laurentius cum jam periculum imminere conspiceret, ultro decrevit ad Regis hostis misericordiam confugere Itaque—itinere per mare Tyrrhenum facto Neapolim celeriter adplicuit, ubi humaniter exceptus supplex veniam petiit, ac cum Rege annui census pactione transegit, paucisque post diebus incolumis ad suos regressus est, ac bellum dissolutum (peace of the sixth March 1480.) Quod factum Pontifex quamquam graviter tulit, quod se neglectum praeteritumque viderit: auxiliis tamen destitutus pacem coactus est facere.

[7] The capture of Otranto alarmed the Pope so much, that at first he thought of taking flight to Avignon; but afterwards he began most earnestly to invite all Christian powers to concord, especially to persuade the Italian states to an armistice, and to render their assistance, see Raynald. 1480. no. 17 ss. On the reconciliation of the Florentines with the Pope see Raph. Volaterranus l. c.: Quamobrem oratores xii. ad eum missi, qui veniam praeteritorum peterent ac populum Florentinum communi causa expiarent —Praesul caput legationis orationem in senatu habuit, veniamque petiit praeteritorum. Die deinde dominico primo Adventus (the third of December) anno 1480 omnes mane in porticum basilicae Petri conveniunt, Pontificem atque Patres praestolantes. Ibi Pontifex pro foribus templi procumbentes ad genua viritim de more virga converberatos terga expiavit. Ingressi deinde basilicam sacrificio interfuere, quo peracto domum reducti sunt omnium Patrum familiis comitantibus. Nam prius urbem nemine de more obviam procedente ingressi fuerant A more detailed account is given by Jacobus Volaterranus Diar. Rom. (Muratori xxiii. p. 113 ss.)

[8] Leo Gesch. d. ital. Staaten. Th. 3. S. 183 ff.

[9] Among the conditions of peace (see Jacob. Volaterr. in Muratori xxiii. p. 181) was stipendium Hieronymo Comiti in annos tres xl. aureorum millia.

[10] M. Antonius Sabellicus (Professor of Antient Literature in Venice † 1506) hist rerum Venetiarum Decadis iv. lib ii. (in the Istorici delle

However, this Republic remained so successful, that her enemies were obliged to make peace without reference to the excommunication (7. Aug. 1484). Vexation at this hastened the death of the Pope, who was hated as much as he was despised (12. Aug. 1484).[11] Innocent VIII. succeeded to his place: who,

cose Veneziane, i quali hanni scritto per publico Decreto. in Venezia 1718. 4. T. i. p. 842): Percusso cum hostibus foedere, tentavit Pontifex per literas Venetos ab armis revocare, atque eo suadendo hortandoque perducere, ut Ferrariensi bello omnino abstinerent, restituerentque Herculi Aestensi, quaecunque ad eam diem armis illi ademissent. (This letter, dd. 11. Dec. 1482, is in Raynald. ad h. a. no. 19.): Patres ea denunciatione moti, etsi certi erant, semipartam victoriam nolle abjicere, consuerunt tamen, Pontifici respondendum, ac per literas non illi magis, quam toti Italiae, imo Europeis omnibus demonstrandum:— *Venetos ne injuria quidem lacessitos arma prius induere voluisse, quam belli, quod postea Herculi illatum esset, Pontificem non solum auctorem, sed impulsorem etiam habuissent: nec tum quidem eos a pace multum abhorrere, quin veteri civitatis instituto libenter eam complexuros fuisse, nisi alieno tempore proponeretur, tunc sane, quum jam prope debellatum esset, ac tam indignis conditionibus, ut nil aliud esset illam recipere, quam Venetum nomen omnibus gentibus irridendum exhibere.—Quod ad se attineret, statutum esse, bellum, quod semel summo Pontifice auctore suscepissent, bona ipsius venia ad exitum perducere: quem tam felicem sperarent, quam justa visa esset causa, propter quam illud suscipere debuissent.* Haec et alia in hanc sententiam Venetus. Pontifex autem, pristini foederis oblitus, ubi Venetum in sententia perstare vidit, interdicti spiculum in eum detorsit. The Bull dd. 23. Maj. 1483, is in Raynald. ad h. a. no. 8 ss. However, the Interdict could not be observed in Venice; the Franciscans, who attempted it, were exiled, see Marinus Sanutus († about 1535), in his Lives of the Doges, in Muratori Script. rer. Ital. xxii. p. 1228. The Venetians proceeded still further, see Sixti bulla dd. 15. Jul. 1483 (in Raynald. ad h. a. no. 19.): accersitis in eorum ducali Palatio nonnullis Praelatis ecclesiasticis tunc Venetiis commorantibus, coram eis, ut honestis personis, a monitionibus et mandatis hujusmodi nostris ad tribunal omnipotentis Dei, et ad id, quod de proximo celebrari debere temere affirmare non erubuerunt, futurum generale Concilium appellare, et ut appellatio ipsa per eosdem Praelatos reciperetur, laudaretur et admitteretur, ac tandem ad nostram deduceretur notitiam procurare, et Christifidelibus, Clero et populo—locorum eorum ditioni obtemperantium, quod praetextu appellationis hujusmodi — mandatis nostris obtemperare non tenerentur,—persuadere—non formidarunt. At the same time (Sabellicus l. c. p. 858) ad omnes Germaniae et Galliae Reges oratores miserant, qui illos ad publicum conventum ipsi Pontifici ac Christiano nomini indicendum impellerent, ubi fas esset de Pontificis injuria queri, fidemque Christianorum omnium adversus illum implorare.

[11] The conditions of peace may be found in Sabellicus l. c. p 863 s. How great an impression they made on the diseased Pope, may be

scen in Jacobi Volaterrani Diarium Rom. in Muratorii xxiii. p. 198 s. Stephani Infessurae Diarium urbis Romae in Eccardi Corpus histor. medii aevi ii p. 1938 : Deinde undecima die (Augusti) accesserunt ad eum Ambasciatores Potentiarum, putantes forte afferre ei aliquod gaudium, et exposuerunt ei, qualiter conclusa esset pax per totam Italiam.— De quo ipse multum obstupuit, et miratus est, quare pax esset conclusa sine eo, attento, ut ipse dicebat, ipsum debuisse principaliter intervenire. Et cum hoc saepius interrogasset ab eis, et audivisset, quod dicta pax esset conclusa adeo, ut non posset amplius retractari, doluit valde. Et causa doloris communi omnium existimatione haec fuit, quia semper in omnibus operibus suis animum ostendit suum in hunc finem et propositum, ut aliquem statum, potentiam sive dominium acquireret Comiti Hieronymo.— Putabat modo in hac pacis conclusione, se posse aliquid dicto Comiti acquirere. Et ista de causa intravit in talem confoederationem, et pecuniam Ecclesiae expendit. Sed postquam vidit, se esse illusum, et cecidisse ab hac spe ;—doluit valde, ita ut tam ex primo dolore quam ex novissimo infirmatus sit febre,—et—XII. d. Aug.—mortuus sit Sixtus IV. In quo felicissimo die Deus ipse omnipotens ostendit potentiam suam super terram, liberavitque populum suum Christianum de manu talis impiisimi et iniquissimi regis, cui nullus Dei timor, nullus regendi populi Christiani amor, nulla caritatis et dilectionis affectio ; sed solum voluptas inhonesta, avaritia, pompa, seu vana gloria semper et continue praecipue viguit, et in consideratione fuit. Hic, ut fertur vulgo, et experientia demonstravit, puerorum amator et Sodomita fuit. Nam quid fecerit pro pueris, qui serviebant ei in cubiculo, expeiientia docet, quibus non solum multorum millium ducatorum donavit reditus, verum Cardinalatum, et magnos Episcopatus largiri ausus est. Nam et non propter aliud, ut dicunt quidam, dilexit Comitem Hieronymum, et fratrem Petrum, ejus germanum, ac post Cardinalem s. Sixti, nisi propter Sodomiam.—Hic avarissimus : namque ut notum est omnibus, nullum unquam contulit beneficium cujuscunque generis, nisi soluta pecunia.—Interdum etiam subhastabatur, ut nulla habita ratione peccati, bonus an malus, dignus vel indignus, literatus an illiteratus esset, qui plus offerret, beneficium consequeretur. Cardinalatus quoque et Episcopatus vendidit infinitissimos, de quibus hic narrare non expedit. Hic pecuniarum quaerendarum causa, quas in bellis et pompis consumebat, multa et inexcogitata in Curia Romana officia adinvenit, et vendidit his, qui Scytharum vocabulo denominabantur Stradioti, Jannizari, et Mamaluchi. Hi officiales habebant varia exercitia in Curia, et ex his lucrabantur, et sine dubio ut ex illis pecunias, quas pro consequendis exposuerant, rehabere possent, citra modum lucrum extorquebant. Hic officia multa in urbe, non citra avaritiae causam, perpetua et venalia fecit.—Hic gabellam novam imposuit, ut fornarii sive pistores pro quolibet sacco grani, quod macinandum (to be ground) mittebant, ultra consuetam solutionem unum grossum papale solverent. Hic Datium (*dázio* impost) sub nomine decimae immoderatum tam a Clericis, quam ab Officialibus exigebat, et quidem sine aliqua misericordia. Figebat enim praeceptum in ostio Ecclesiae, ut intra certum brevissimum spatium sub excommunicationis et privationis poena et ultra

in defiance of the conditions of his election,[12] sought with a still

illam, alias centum, et alias quinquaginta Ducati solverentur : quod si ita, ut ponebatur, derepente non esset solutum, Ecclesia ipsa erat interdicta, et Canonici privabantur. Hic Romae dum vixit, panis penuriam semper induxit pecuniarum quaerendarum causa. Nam emebat granum de messibus per omnes ecclesiasticas regiones uno Ducato :— deinde penuria facta—quatuor vel quinque Ducatis revendebat Aliquando ex regno Regis Ferdinandi granum foetidum et putridum parvo pretio comparabat, illudque in loco quodam, qui Abundantia vocabatur,—non minori quam tribus Ducatis pro rubio distrahebat Et quia saepe contingebat, quod tanta grani multitudo ibi consumi non poterat, inter fornarios distribuebat, mandabatque illis, ut sub certa poena non possent aliud quam dictum suum granum consumere seu operari, pro pretio tamen XL. Carlinorum pro quolibet rubio, quod nisi solverent, statim carcerabantur. Panis vero, qui ex dicto frumento fiebat, erat ater, foetidus et abominabilis, et ex necessitate comedebatur, ex quo saepenumero in civitate morbus viguit. Hic poenas omnes cujuscunque generis ad pecuniam reduxit, ita ut, si ignem quis meritus fuisset, soluta aliqua pecunia liberaretur —Et tandem tantum vigebat in eo avaritiae vitium, ut non puderet, nec erubesceret, si aliquando Camera esset debitrix alicujus, et ipse debitum promiserit, denegare, et in sua fide deficere, et aliquando, quod clarissimum erat, denegare.—Hic literatorum et bonos mores habentium inimicus, solum illi grati erant mali etc. Raphael Volaterranus Comm. urban. Anthropologia lib. xxii. : Suorum imprimis amantissimus ac indulgentissimus fuit, quorum causa pleraque praeter fas jusque et agebat et concedebat. Petrum ante omnes ejusdem Ordinis (Franciscani) ac patriae, quem a puero una cum Hieronymo fratre sibi educaverat, ad Cardinalatum usque provexit, virum alioquin natum perdundae pecuniae : nam biennio, quo tantum postea vixit, ducenta aureorum millia in luxu victitando solum absumpsit, LX. millia aeris alieni, argenteorum item CCC. pondo dimisit. Decessit tabidus voluptate annorum XXVIII, opificibus maxime desideratus, quorum officinas novis semper lucris et opibus replebat. Hieronymus vero frater, Forolivii Forocorneliique princeps factus, post eum rem omnem Ecclesiae administravit, vir ingenio severiore ac voluptatibus praeter unicam venationem minimum deditus. Xistus itaque post hos fratrum sororumque filios extulit : neque enim alter propinquis foecundior fuit. Then follows an enumeration of these advancements, and of the wars which he carried on, ad arma conversus, quibus magis quam religioni natus fuerat. Quum igitur tot tumultibus absumpta pecunia indigeret, nova Collegia primus excogitavit, quae liceretur. Estimates of them. Verum haec seu necessitati, seu verius proximis ac ministris tribuenda, nam eo Pontificum nullus nec animo munificentior, nec in dando hilarior, nec in promovendis hominibus promptior repertus fuit. The manner in which he entertained forein nobles, and beautified Rome with buildings

[12] These may be seen in Raynald 1484 no. 28 ss The provisions

more profligate vileness to exalt and enrich his seven illegitimate children.[13] He carried on two wars with Ferdinand, King of Naples, until the year 1492, and brought forward Renatus, Duke of Lorraine, as pretender to his crown.[14] True, he proceeded as

directed against Nepotism are no 30 : De parentela et consanguinitate sua non plures quam unum dumtaxat qualificatum (ad Cardinalatum) promovebit ; and no 38 : quod arces S. Angeli, civitatis vetulae, Tiburis, Spoleti et Caesenae non concedet alicui de parentela sua, nec Praelato, nec saeculari, sed aliis Praelatis et ecclesiasticis personis ; neque faciet eundem Castellanum et gubernatorem alicujus civitatis,— nec Capitaneatum generalem Ecclesiae nepoti, nec alicui consanguineo suo concedet.

[13] Infessura (in Murat. III. ii. p. 1189. Eccard. ii. p. 1947) enumerates the grants, which, according to report, Innocent had promised pro habendis vocibus, and then adds : Quare negari non potest, quin considerata qualitate et vita Viri, qui juvenis et Januensis est, et ex pluribus muliertbus septem filios inter mares et foeminas habet,—ac considerata qualitate electionis, quae multo deterior fuit electione Xisti, quomodo longe pejora et deteriora non sequantur ? So early as the fourth day after the election Cardinales animo insatiabili et quadam voracitate inter se omnia officia saecularia tam urbis quam extra urbem diviserunt The promise, omnia officia et beneficia Romana concedere Romanis was not observed. Et sic in ejus principio sequitur vestigia Xisti, etsi grave est unicuique fidem fallere, sed magis Principi. Sed non est mirum, si populum Romanum decepit, quia Deum omnipotentem, cui in promotione castitatem vovit et promisit, et tamen post septem filios habuit, turpiter fefellit atque decepit. Raph. Volaterranus Comment. urban Anthropologia lib. xxii. : Xisti deinde secutus exemplum quaestus gratia Secretariorum collegium instituit pristinum numerum augendo ; Pontificum etiam primus, qui novum et ipse exemplum introduceret palam liberos nothos jactandi, ac soluta omni antiqua disciplina divitiis eos omnibus cumulandi. The Epigram of the day,

> Octo Nocens pueros genuit totidemque puellas,
> Hunc merito poterit dicere Roma patrem,

probably adopted the number 8 because Innocent was the eighth of this name.

[14] Ferdinand wisht to have the tribute remitted by Innocent VIII. as it had been by Sixtus IV  The Pope entered into an alliance with the disaffected barons of Naples, Ferdinand with the family of Ursini at Rome. The first war began in 1485 (Raynald h. a. no. 38. 1486. no. 1) : on 12. August 1486 a peace was concluded on terms advantageous to the Pope (Raynald. ad h. a. no. 13), but this was not observed by Ferdinand. Accordingly differences soon rose again (Raynald 1487 no. 9 ss.), in 1489 the Pope declared that the King had forfeited his kingdom (Rayn. h. a. no. 5 ss.): The peace of 1492

his predecessor had done, to encourage princes and people to undertake expeditions against the Turks:[15] But when Dschem (called Zizim or Zemes in the western world), the brother and the rival of the Turkish Sultan Bajazet, was delivered over to him in 1489 by the knights of Rhodes, instead of sending him at the head of an army against the Turks, he chose rather to detain him in prison on consideration of an annual tribute from the Turkish Sultan. Alexander was a repetition of the earlier one (Rayn. h. a. no. 10 ss.), compare Leo's Gesch. d. ital. Staaten Th. 4. S. 611. ff. S. 617, f.

[15] Raynald. 1484. no. 60 ss. 1485. no 1 ss. 1486. no. 60 ss. 1488. no. 10 ss.

[16] On Dschem's History see Jos. v. Hammer's Gesch. des osmanischen Reiches Bd. 2 (Pesth 1828. 8.) S. 250 ff. He fled in 1482 to Rhodes, he was kept prisoner in France by the knights of Rhodes, and in 1489 was delivered over to the Pope, who had striven hard to get possession of him, under the pretext of employing him in some expedition against the Turks. Thus Innocent wrote to the Duke of Bourbon (Raynald. 1485. no. 12): Hortamur nobilitatem tuam, et quanto possumus studio per Redemptoris nostri sanctissimam passionem requirimus, ut pro religione animi tui, et pro communi omnium salute,—[nolueris] pati, ut idem Turci frater ad alias quam nostras manus deveniat: nam si in nostra fuerit potestate, modum et viam adinveniemus, quibus illo tamquam instrumento ad res magnas pro religione Christiana et Dei laude gerendas uti possimus. With regard to Dschem's entry into Rome 13. March 1489 and his appearance before the consistory, see Infessura in Murat. III. ii. p. 1224 S Negotiations with the Sultan were immediately opened at Rome. The Papal Legate Angelus Pechinolius (see the notice sent by him to the Pope in June 1489 in Justus Fontaninus de antiquitatibus Hortae Coloniae Etruscorum Rom. 1723 4. p 488) had to hear from the King of Hungary: Orator Soldani, qui est Romae, supplicavit Domino sanctissimo pro parte istius Turci, quod sua Sanctitas sit contenta recipere a Soldano ducenta millia Ducatorum, et quod eum det ad manus Soldani, et sua Sanctitas fuit contenta Sic misit unum hominem ad Rhodum sub praetextu, quod pro aliquibus fratribus religiosissimis Rhodiensium vadat ad Rhodum: sed inde mutatis vestibus ibit ad Soldanum pro compositione istius pecuniae et aliarum rerum. — Quantum autem deceat unum Papam ista facere, sua Sanctitas, quae prudentissima est, potest melius considerare, et quid sint dicturi alii Christiani Principes, quando ista audierint. The Legate could only answer, that the Pope would never deliver up Dschem for 200,000 ducats, as the Sultan had already bidden 600,000 for him However the King stood to his point: Domine Legate, si non scit Paternitas vestra, scio ego: et forte, quod plus sunt: sed de ducentis millibus ego sum bene certus. The King himself had wisht to get Dschem in his power for his war with the Turks when it seemed as if the Pope were going to commit him

VI. likewise, the most depraved of all the Popes (from 11. Aug. 1492)[17] recognized no loftier aim than to overwhelm with honto a Venetian fleet, the King was on the point of entering into a treaty with the Sultan, for he thought (p. 484): Veneti non in bellum contra Turcum proficiscentur, sed privata aliqua commoda et privatas eorum passiones ulcisci intendunt, and declared forthwith to the Legate (p 482): sua Sanctitas vult decimas habere : vere non habebitis :—si portabitis illum Turcum per mare, ego portabo fratrem suum, Turcorum Imperatorem per terram in Italiam. Meanwhile the Sultan made an attempt to have Dschem and the Pope poisoned. Infessura p. 1232 : but afterwards (Infess p. 1234) an Ambasciator magni Turci made his appearance 30. Nov. 1490 with rich gifts for the Pope (the lance with which the side of Christ was pierced belonged to their number, and the Pope received it as genuine, regardless of the representations made to him that the lance was already shown in Nuremberg and Paris, see Burcard in the Notices et extraits T. i. p. 94), and offered to him, quod, si retineret dictum Turcam, pro censu se daturum quadraginta millia Ducatorum pro quolibet anno, quousque ipsum retinuerit. Item obtulit pacem et perpetuam securitatem inter Christianos et Turcas, et quod Chiistiani de caetero possent ire et redire in terras ejus libere et absque aliquo timore.  However, an interview with Dschem must be granted him, for he declared se nolle solvere tributum praedictum, nisi eum oculata fide videret  Et ita dixit se habuisse in mandatis, ne forte diceretur vivus, et mortuus esset.  Compare, with reference to Dschem's history, the Abbot Ludovicus Tubero comm. de temporibus suis from 1490—1522) lib. vi. § 6. and 7 in Schwandtner Scriptt. rerum Hungaricarum. T. ii. p. 214 s.   He first relates § 7. how Matthias king of Hungary had toiled in vain with the king of France, to get Dschem into his power, sperans, si Gemium in potestate haberet, non solum facile consecuturum, ut Bajazethes intra fines suos sese contineret, atque invalidior viribus fieret (certo enim sciebat, Gemium a popularibus studio, ut fit novarum rerum valde desiderari) ; verum etiam se bonam Imperii partem eo facto Turcis ademturum : quippe arbitrabatur, Bajazethem fraterno metu nullam pacis conditionem ab se dictam recusaturum.  Then he proceeds : Non ita multo post Innocentius VIII. Pontifex Romanus et sibi amplum fore putans, Regem Turcam tributarium habere, et tanto auro, cujus quidem sacerdotes hac tempestate maxime avidi sunt, potiri cupiens, oblata Rhodiorum Principi dignitate, qua Cardinales sacerdotes Romanae Ecclesiae insigniti sunt, agit cum illo, ut Turcam sibi traderet.  Rhodius, non parvum fortunae suae additamentum existimans, in collegium Cardinalium cooptari, accepta conditione hominem suae fidei commissum hujuscemodi facile permutat magistratu.   Itaque vidimus, si Deo placet, non pecunia modo, quod jam solemne est, sed etiam perfidia atque humano sanguine sacerdotia apud Christianos parari, si Christiani appellandi sunt, qui nihil praeter nomen habent Christianorum.

[17] In spite of the urgent remonstrances which were brought before the Cardinals when proceeding to a fresh election, in the sermon of Leonellus Episc. Concordiensis (in Raynald. 1492. no. 24 s.) and of

ours and possessions his five illegitimate children, and among them especially his favorite Caesar Borgia.[18] When Charles VIII. king of France desired to assert the claims of the house of Anjou upon Naples, Alexander at first suffered himself to be won over by large gifts bestowed upon his sons, to the side of Ferdinand king of Naples, and after his death (25. Jan. 1494) of his son Alphonso II.,[19] he threatened Charles with excommunication,[20] and sought aid from Turkey for himself.[21] However when

Bernardinus Carvajal Episc. Pacensis (in Martene thes. anecd. II. p. 1774 ss.) all of them, five only excepted, let themselves be bribed by Roderick Borgia to elect him: he now ascended the Papal throne as Alexander VI., see Infessura in Eccard. II. p. 2008. S.

[18] Thus on 10. June 1493 he married his daughter Lucretia to Alexander, lord of Pezaro, after separating her from her former husband, and satisfying him with money: he held a magnificent bridal feast in the papal palace, the proceedings at which were by no means peculiarly decorous, see Infessura in Eccard II. p. 2011 S. Infessura remarks on the occasion: Alexander consuetudinem jam coeptam per Innocentium de maritanda prole foeminina prosecutus est et ampliavit. Incumbit igitur Clerus omnis, et quidem cum diligentia circa sobolem procreandam. Itaque a majori usque ad minimum concubinas in figura matrimonii, et quidem publice attinent. Quod nisi a Deo provideatur, transibit haec corruptio usque ad Monachos et Religiosos, quamvis Monasteria urbis quasi omnia jam facta sint lupanaria, nemine contradicente. Raphael Volaterranus comm. urb. Anthropologia lib. xxii.: Alexander deinde nihil prius habuit quam Innocentii exemplo suos nothos honoribus, verum longe majoribus extollere, quando jam res haec honori et gloriae coepit esse. Itaque *Lucretiam* filiam prius Jo. Sfortiae Pisauriensi Principi locavit, deinde abdicatam (forsaken by her husband, see Machiavelli hist. Fragmente, translated by Leo S. 114) Aloisio Aragoni Alfonsi Regis filio notho, quo demum interfecto Alfonso Estensi Ferrariae Duci, cum quo adhuc perseverat. Ex filiis vero alterum minorem natu in regno Siciliae Principem fecit (see note 19), alium *Caesarem* Cardinalem (1493. Ludov. Tubero lib. viii. § 15.: vix puberem Cardinalem designavit, ementitus, non ex se genitum esse, sed ex viro, cujus uxorem, quod satis constat, ipse adulteraverat), majorem quoque in Hispania ducem (John Borgia of Aragon, duke of Gandia, whom in 1497 he invested with the Dukedom of Benevento also, see Burchardus in Eccard II. p. 2081).

[19] Leop. Ranke's Geschichte der romanischen u. germanischen Volker v. 1494 b. 1535. Bd 1. (Leipz. u. Berlin 1824) S. 30. Leo's Gesch. v. Italien. Th. 5. S. 71 ff For instance Giuffredi Borgia received a natural daughter of King Alphonso for his wife, and with her the Dukedom of Squillace by way of dowry.

[20] On the Pope's effort to keep Charles away from Italy see Raynald 1494. no. 15 ss. After Alexander had invested Alphonso with Naples, the French ambassador appealed against this in consistory to

a general council, the Pope required, on the contrary, that Charles should leave to him the decision of his claims l. c. no. 18, and threatened him with the anathema decreed by Pius II. at Mantua in case of such an appeal (l. c. no. 20)

[21] In July 1494 the Pope had held a conference with Alphonso King of Naples at Vicovarium, in consequence of which both sent ambassadors to the Turkish Sultan (Burchardi Diarium in Eccard. II p. 2047, and Raynald 1494 no. 21). The papal envoy was arrested, and the instructions given him by the Pope found upon him. These instructions and five letters from the Sultan to the Pope may be seen in Burchardi Diarium in Eccard II p. 2053 ss. and in the Mémoires de Phil de Comines, nouvelle édition par Messieurs Godefroy, augmentée par M. l'Abbé Lenglet du Fresnoy T. iv. P. ii. (Londres et Paris 1747. 4.) p. 47 ss. The Sultan's five letters are also given in the Fundgruben des Orients Bd. 5. (Wien 1816. Fol.) S. 183 (all three editions are from different MSS) The Papal instructions of June 1494 charge the Nuntio George Bocciardo to set plainly before the Magnus Turca, Sultan Bajazet, qualiter Rex Franciae properat cum maxima potentia terrestri et maritima—huc Romam veniens eripere e manibus nostris Gem Sultan, fratrem Celsitudinis suae, et acquirere Regnum Neapolitanum,—sed etiam in Graeciam transfretare, et patrias Celsitudinis suae debellare.—Et cum nobis opus sit resistere, —cogimur ad subsidium praefati Sultan Bajazet recurrere, sperantes in amicitia bona, quam ad invicem habemus, quod in tali necessitate juvabit nos : quem rogabis, et nomine nostro exhortaberis, ac ex te persuadebis cum omni instantia, ut placeat sibi quam citius mittere nobis Ducatos quadraginta millia in auro Venetos pro annata anni praesentis, quae finiet ultimo die Novembris venturi (the annual payment for Dschem's detention) As much advantage might be gained by the support of the Venetians, persuadebis et exhortaberis Majestatem suam, quam tenemur certiorem reddere ob veram et bonam amicitiam, quam habemus ad invicem, ne patiatur aliquod interesse, ut statim mittat unum Oratorem ad Dominium Venetorum :—quos exhortetur et adstringat, quod pro quanto cari pendant amicitiam suam, debeant esse adjumento et defensioni nostrae et Regis Alfonsi terra marique.—Denotabis pariter magno Turco adventum Oratoris magni Soldani (Sultan of Egypt) ad nos cum litteris et muneribus, quae transmisit nobis,—et promissiones, quas nobis fecit de magno thesauro, ac de multis aliis rebus (that is if Dschem were delivered up to him) : significabis Majestati suae intentionem nostram, in quantum sibi promisimus, firmiter tenebimus, et nunquam contraveniemus in aliqua re : imo nostrae intentionis est accrescere et meliorare nostram bonam amicitiam. Bene gratum nobis esset, et de hoc multum precamur et hortamur D. Serenissimum, quod pro aliquo tempore non impediat Hungarum, neque in aliqua parte Christianitatis, et maxime in Croatia et civitatibus Ragusiae et Leguiae · quod faciendo et observando nos faciemus, quod Hungarus non inferat ei aliquod damnum, et in hoc Majestas sua habebit compassionem complacendi nobis, attento maxime motu Francorum, et aliorum Principum. Quodsi in bellando perseveraret, habeat pro comperto sua Magnitudo quod in ejus auxilio essent

Charles appeared in Rome (31. Dec. 1494) the Pope went over
to his side immediately, and delivered up to him Prince Dschem,
but he took care to have him poisoned immediately, that he
might not lose the promised price set upon his head by the

quam plures Principes Christiani, et doleret Majestatem suam non
fecisse secundum consilium nostrum, quod damus sibi primo ex
officio, quando simus pater et dominus omnium Christianorum, postea
desideramus quietem Majestatis suae ad bonam et mutuam amicitiam:
quoniam si aliter Majestas sua statueret prosequi et molestare Christianos, cogeremur rebus consulere, cum aliter non possemus obviare
maximis apparatibus, qui fiunt contra Majestatem suam. In the
Sultan's answers, all of the 15th and 18th Sept. 1494, beside the
concession of the Pope's requests, the following noticeable passages
occur. In the fourth: notum sit Tuo supremo Pontificio, quemadmodum Rev. Dominus Nicolaus Cibo Archiepiscopus Arelatensis est
dignus et fidelis homo.—Hujus igitur rei causa justum est a vobis
decerni, majori in ordine ipsum esse debere : unde et rogavimus dictum
supremum Pontificem *(Innocentium VIII)*, ut faceret illum Cardinalem,
et assensus est nostrae petitioni.—Verum quia non erat tempus, id est
Septembris mensis, non sedet in ordine suo.—Ea de causa scribimus
et rogamus Tuam Magnitudinem,—ut adimpleat ipsi Tuum Pontificium, videlicet ut faceret ipsum perfectum Cardinalem. In the
fifth : Inter alia mihi retulit *(Georgius Bussardus)*, quomodo Rex
Franciae animatus est habere Gem fratrem nostrum, qui est in manibus
vestrae Potentiae : quod esset multum contra voluntatem nostram et
vestrae Magnitudini sequeretur maximum damnum, vosque et omnes
Christiani paterentur detrimentum. Idcirco una cum praedicto Georgio
cogitare coepimus : pro quiete, utilitate et honore vestrae Potentiae,
et adhuc pro mea satisfactione bonum esset, quod dictum Gem meum
fratrem, qui subjectus est morti et detinetur in manibus vestrae Magnitudinis, omnino mori faceretis, quod, si vita careret, esset et vestrae
Potentiae utile, et quieti commodissimum, mihique gratissimum.
Et si in hoc Magnitudo vestra contentabit complacere nobis, prout in
sua prudentia confidimus facere velle, debet pro meliori Suae Potentiae,
et pro majori nostra satisfactione, quanto citius poterit, illo meliori
modo, quo placebit Vestrae Magnitudini, dictum Gem levari facere de
angustiis istius mundi, et transferri ejus animam in alterum saeculum,
ubi meliorem habebit quietem. Et si hoc adimplere faciet Vestra Potentia, et mandabit nobis corpus suum in qualicumque loco citra mare
nostrum ; promittimus Nos Sultan Bajazet suprascriptus in quocumque
loco placuerit Vestrae Magnitudini Ducatorum trecenta millia ad
emenda filiis suis aliqua dominia, quae Ducatorum trecenta millia consignare faciemus illi cui ordinabit Vestra Magnitudo, antequam sit
nobis dictum corpus datum, et per vestros meis consignatum. Adhuc
promitto Vestrae Potentiae, quod vita mea comite et quamdiu vixero,
habebimus semper bonam et magnam amicitiam cum eadem Vestra
Magnitudine sine aliqua deceptione, et eidem faciemus omnia beneplacita et gratias nobiles. The Sultan also agreed to disquiet the Chris-

## CH. I – PAPACY § 134. ALEXANDER VI. 393

Sultan.[22] In March 1495 the Pope allied himself again with the Emperor and the King of Spain, in order to drive the French out of Italy.[23] But not long after, he quarrelled with Frederick the new King of Naples, brother of Alphonso II., who refused to satisfy the extravagant demands of Caesar Borgia,[24] and once

tians no more, and at last he confirmed all these promises with a solemn oath.

[22] Burchardus in Eccard ii. p. 2066, more correctly in Raynald. 1495. no. 12 : Feria quarta, vigesima quinta Februarii Gem, frater Magni Turcae, qui nuper Regi Francorum per sanctissimum Dominum nostrum ex pacto et conventione inter eos stipulatis fuerat consignatus, in civitate Neapolitana et castro Capuano ex esu sive potu naturae suae non convenienti vita est functus, cujus cadaver deinde ad instantiam et preces magni Turcae eidem magno Turcae cum tota defuncti familia missum est, qui propterea dicitur magnam pecuniarum summam persolvisse seu donasse, et familiam ipsam in gratiam recepisse. Ludovicus Tubero (see note 16) lib. vi. § 7. in Schwandtner ii. p. 216 : Mortuo Innocentio Alexander, Pontificatum pecunia adeptus, Gemium in Caroli VIII. Francorum Regis, tunc Neapolitanum regnum petentis, coactus—permisit potestatem, dato ei prius veneno haud quidem praesentaneo, sed quod ad occultandam facinoris invidiam aliquot diebus mortem protraheret. Ferunt autem, hunc Pontificem adeo deplorata vita, atque ad extremum perditum fuisse, ut omnia sacra pretio venderet. Quosdam insuper Cardinales divitiis notos veneno sustulisse dicitur, quo eorum pecuniis liberorum suorum ex adulterio susceptorum fortunam augeret. Quare ejus aetate per totum fere Christianum orbem hi versiculi passim decantabantur:

Vendit Alexander claves, Altaria, Christum :
Emerat ista prius, vendere jure potest.

Unde omnibus persuasum est, ipsum Pontificem, qui verius Carnificis nomen obtinere debuit, Venetis quoque non solum consciis, sed etiam internuntiis, propter simultatem, quam cum Rege Carolo habebant, ingentis pecuniae pactione ad hoc scelus a Bajazethe esse inductum, qui quidem in securitatem suam—fratrem e medio tolli magnopere optabat. Atque in hunc maxime modum Christiani, Turcis praesertim finitimi, a quibus minime oportuit, pene proditi sunt. Nam Bajazethes, domestico metu liberatus, statim animo consilia volutare coepit Christianos aperte oppugnandi, atque opportunitate rerum gerendarum, quae ad illam diem haudquaquam patuerat, uti. Compare Hammer's Gesch. des osman. Reiches. Bd. 2. S. 277.

[23] L. Ranke's Gesch. der roman. u. german. Volker v. 1494—1535. Bd. 1. S. 62 ff. Leo's Gesch. v. Italien. Th. 5. S. 96 ff.

[24] John of Borgia was murdered 4 weeks after his exaltation to the dukedom of Benevento (see note 18), as Lud. Tubero lib. viii. § 15. Machiavelli († 1527. Hist. Fragmente von Nicolo di Bernardo dei Machiavelli ubers. v. H. Leo, Hannover 1828. 8. S. 115) and Guiccia-

more made proposals to Lewis XII. King of France. Every
thing was now possible in Rome : the Cardinal Caesar Borgia
was releast from his ecclesiastical profession,[25] Lewis XII.
was divorced from his wife.[26] In acknowledgment of this the latter

dini. lib. iii. expressly state, at the instigation of his brother Caesar
Borgia, who endeavoured from this time forth to be releast from his
ecclesiastical profession, and loaded with worldly honours instead of
his brother. Accordingly he demanded from King Frederick his eldest
daughter to wife, and the principality of Tarentum for her dower : see
Machiavelli ibid. S. 159. Guicciardini lib. iv. Ranke S. 169 ff.

[25] Burchardus in Eccard ii. p. 2096 ; Feria sexta, decima tertia
Augusti (1498), in secreto Consistorio Dominus Cardinalis Valentinus
proposuit, se ab ineunte aetate inclinatum semper fuisse statui saeculari,
sed Sanctissimum Dominum nostrum voluisse, ut se daret statui ecclesiastico, et ad Ordinem se promoveri Diaconatus, cujus voluntati se
opponere visum non est. Cum autem omnis ejus voluntas et inclinatio
sit adhuc ad statum saecularem, supplicavit, S. D. N. dignaretur cum
singulari clementia prosequendo secum dispensare, ut dimissis habitu et
dignitate ecclesiastica liceat ei redire ad saeculum, ac matrimonium
contrahere. Et reverendissimos Dominos Cardinales rogavit, quatenus
hujusmodi dispensationi consentire vellent, et cum eo S. D. N. supplicare.—Cardinales omnes communiter concordi voto remiserunt dispensationem hujusmodi arbitrio et voluntati ejusdem S. D. N. Lud.
Tubero lib. viii. § 15. in Schwandtner ii. p. 282 : Hoc parricidio (the
murder of his brother note 24) admisso Caesar Cardinalatu, quem a
patre ultro oblatum non religionis studio, sed spe, ut plerique faciunt,
opulentioris fortunae acceperat, sese sponte abdicavit, palam professus,
se a Pontifice progenitum, et ob id tanto nequaquam idoneum sacerdotio : aeque ac majus flagitium esset, illegitime natum summum
sacerdotium obtinere, quam sacris Deoque dicatis pecuniis, ac in hos-
pitalitatem absumendis abuti, atque his ipsis regna, pulsis justis regibus, per nefas parare. Afterwards in 1500 Caesar was raised by the
Pope to be Capitaneus Generalis et Confalonerius S. Romanae Ecclesiae,
Burchard p. 2115.

[26] Louis Duke of Orleans succeeded his cousin Charles VIII. in
April 1498. Ludov. Tubero lib. vii. § 14. in Schwandtner ii. p. 254 :
Qui (Ludovicus Aurelianensis) quidem una cum regno uxorem etiam
ipsius Regis in matrimonium accepit, prima conjuge novo inter Christianos exemplo repudiata, apud quos sane conjugium non nisi morte
alterius dirimitur. Ferunt autem, Aurelianensem hoc consilio tantum
facinus Alexandro VI. Romano Pontifice annuente admisisse, ne
scilicet a Francorum regno Armoricae civitates, quas gentes nunc Britones vocant, ad imperium et jus Annae uxoris Caroli spectantes,
deficerent, si illa alium virum sibi matrimonio adjungeret. Haec enim
mulier, nulla in domo paterna virili sobole superstite, Britonum regio-
nem haereditario jure obtinebat. Nec mirum, si tales nuptiae ab
Alexandro VI. Romano Pontifice permissae sunt : cum et ipse Alexander filiam suam, ex quadam adultera susceptam, atque cum Principe

raised the former to the dukedom of Valentinois (1498), and then supported him with an army in his attempt to vanquish the powerful vassals of the States of the Church one by one, and create a principality for himself out of their dominions.[27] Naples on the other side with the consent of the Pope was conquered by France and Spain together (1501),[28] but so early as 1503 it

Pisauriensium matrimonio conjunctam see not 18), e viri thalamo adversus leges pontificias abripuerit, atque alii in matrimonium, sola fortunatioris conjugii spe, dederit. These reasons for the divorce furnisht Caesar Borgia with a pretext, for keeping back the document at first, but the king so soon as he got intelligence of its existence, consummated the marriage notwithstanding, see Machiavelli's hist. Fragmente ubers. v. Leo S. 154 f.
[27] Raph. Volaterrrani comm. urb. Anthropologia. lib. xxii. : Post ejus (the Duke John of Borgia) mortem Caesar Cardinalis spreto sacerdotio ejusque ordine, cupidus dominandi se ad Ludovicum Galliae Regem cum magna vi auri ac suppellectilis contulit, ejusque propinquam de Lebreto (Charlotte d'Albret, sister of the King of Navarre) in matrimonium una cum oppido Valentia accepit. Regis deinde auxilio perpetuoque faedere multum in Italia sibi ditionis paravit, Aemiliam imprimis omnem praeter Bononiam ejectis partimque necatis antiquis familiarum possessoribus (out of which the Pope created the dukedom of Romagna for Caesar in 1501), in Etruria Populinum, in Piceno Camerinum, Senogalliam, Urbinum, quod ex omnibus per proditionem cepit. Nam cum ut hospes et amicus a Guidone Duce cum exercitu apud Callium exciperetur, extemplo dato signo urbem eam corripuit: inde propere Urbinum invadi mandat. Guido vero cum non satis virium improvisus ad resistendum haberet, ne in manus hostis perveniret, statim relictis omnibus nocte sequenti paucis comitibus ad sororium suum Mantuam aufugit. Pontifex interim Roma supplementa res agenti mittebat, una tantum cogitatione occupatus, quonam modo eum maximum Principum constitueret: eapropter in animum induxit proceres urbi finitimos alia atque alia de causa prorsus omnes extinguere: cepitque a Cajetanis, vetusta familia, qui nonnulla apud Volscos oppida possidebant, Jacobum Protonotarium ex ea gente Honorati filium carcere inclusum necavit, adolescentemque unicum Colae filium familiae superstitem absentem trucidari jussit, Columnensium deinde Gallorum auxilio expulsorum imperium omne invasit. Quod reliquum erat cum ad Ursinos anhelaret, nec satis causae haberet, occasionem est nactus, quam optanti hominum promittere nemo potuisset, ipsa dies jam obtulit ultro. Contigit nempe, ut ipsimet Ursini tantos Caesaris successus tantamque imperandi cupiditatem adspicientes sibi quamque amicis timerent, ne cunctis jam sublatis ipsi quoque delerentur. Itaque cum his, qui pari formidine adficiebantur una conspirant. Erant autem hi Joannes Bentivolius, Joannes Paulus Balio Perusinus, Vitellocius Tifernas, Liberoctus Firmanus, Pandulfus Petrucius Senensis, Baptista Cardinalis et Paulus Ursini. Qui omnes

fell under the sole dominion of Spain.[29] Meanwhile Alexander was seeking by traffic in benefices, sale of indulgences, exercise of the right of spoils, and taxes for the Turkish war, as well as by the murder of rich or troublesome persons, to scrape together as much money as possible, to support the wanton luxury and shameful licentiousness of his Court, and provide treasures for his children.[30] At length the poison which the Pope had meant

prope Perusiam concilio facto contra Caesarem conjurant, e vestigioque irruptione facta Urbinum recipiunt et Camerinum, cohortesque Caesarianas quae ad succurrendum mittebantur in itinere adorti adfligunt, aliaque, Aemilae oppida tentare continuo festinant. Pontifex hoc accepto nuntio magnopere commotus omni studio placare sibi Ursinos imprimis conabatur, quod facile cunctos ipsorum sperabat auctoritatem secuturos. Itaque omni pollicitatione, humanitate, conditioneque delinitos in suam sententiam adduxit. Illi conciliati jam capta restituunt, de novoque Senogalliam Caesari acquirunt, ubi Paulus et Gravinae dux Ursini, Vitellocius et Liberoctus una convenerant. Caesar igitur, qui Forocornelii se continebat, opportunum tempus se vindicandi ratus, eo cum exercitu Vasconum de improviso proficiscitur; illi obviam inermes procedentes veniam petunt praeteritorum; humaniter excepti sunt, custodiaeque interim clam adhibitae, ne fugere possent. Itaque jam deducendi officio functi cum discedere vellent, simulatione simul colloquendi restare jussi sunt. Cum in conclave venissent, extemplo clausa janua, et a militibus ad hoc ordinatis capti Vitellocius et Liberoctus eodem die strangulati, paucis post diebus reliqui (Dec. 1502 Jan. 1503). Nec mora, Perusia Tifernumque ejectis Vitelliis ac Balionibus Pontifici sese dediderunt. Pontifex interea Romae ubi per nuntium celerem noctu captos hos esse accepit, Cardinalem Ursinum, quem multa prius blanditia speque securum reddiderat, mane hortatur ad Palatium venire, fingitque Columnenses prope urbem adesse, pontesque cepisse. Ille credulus ubi obtemperavit, capitur et in molem Hadriani conjicitur cum Abbate Alviano Ursinarum partium. Praesul vero Florentinus et Jacobus Sanctacrucius eadem hora capti in Palatio sunt custoditi. Sanctacrucius postera die dimissus vadibus datis, consentiente Cardinale, ad oppida Ursinorum Pontifici adsignanda: ipse vero Cardinalis paucis post diebus est elatus, causa mortis omnibus facile judicata (Burchardus in Eccard. ii. p. 2150 : biberat, ut vulgo aestimabatur, calicem ordinatum, et jussu Papae sibi paratum.—Papa commisit socio meo, ut haberet curam funeris defuncti. Ego nolui interesse: nolui enim sapere plusquam oportet.) Compare Guicciardini lib. iv. Ranke's Gesch. der roman. und german. Volker. Bd. 1. s. 173 ff. 201 ff. Leo's Gesch. v. Italien. Th. 5 s 133 ff. 147 ff.

[28] Ranke S. 179. Leo Th. 5. s. 141 ff.

[29] Ranke S. 195 ff. 207 ff. Leo Th. 5. S. 157 ff.

[30] In the year 1502 a letter, directed to Sylvius de Sabellis, who

for a rich Cardinal, in order to make himself master of his

had been despoiled by the Pope, but printed, was brought out of Germany into Rome; it is given by Burchardus in Eccard ii. p. 2144 ss. He was charged in this letter to make no more efforts with the Pope (hoc monstruoso capite—hac infami bellua.) Haec tibi in publicis Principum conventibus enarranda, haec committenda pluribus exemplis atque per omnium manus tradenda sunt et disseminanda; frustra queri Christianam religionem de Mahometo antiquo ejus hoste,—cum iste novus Mahometus omni criminum foeditate illum longe superaverit:—venisse tempora, quibus jam Antichristus—appareat, neque enim ullum omnino unquam nasci aut excogitari potuisse, qui apertior Dei hostis, Christi oppugnator, fidei et religionis subversor inveniretur. Jam beneficia et dignitates ecclesiasticas—publica venditione dissipari, et illis solummodo cedere, qui aperta emptione plus pecuniarum quam caeteri largiuntur.—Omnia jam apud Pontificem esse venalia, dignitates, honores, matrimoniorum copulas, eorundem solutiones, divortia et repudia uxorum.—Nihil esse jam scelerum aut flagitiorum, quod non Romae publice et in Pontificis domo committatur : superatos esse Scythas latrociniis, Poenos perfidia, immanitate et saevitia Nerones et Cajos : nam caedes, rapinas, stupra, et incestus referre, innumeri et infiniti prope operis foret.—Longum esset prosequi—, qui vel interfecti, vel vulnerati, vel vivi in Tiberim dejecti, aut veneno consumpti sunt : quorum cum sit infinitus numerus, et in dies crescat pernicies ;—nemo in urbe est etiam privatae fortunae, qui sibi et suis jam non timeat. Quis horrenda libidinum monstra enarrare non formidet, quae aperte jam in illius domo et spreta Dei atque hominum reverentia committuntur ; quot stupra, quot incestus, quot filiorum et filiarum sordes, quot per Petri Palatium meretricum, quot lenonum greges atque concursus, prostibula atque lupanaria. Feria Novembris solemnibus omnium sanctorum cerimoniis dedicata quinquaginta meretrices urbanae ad convivium in Palatium vocatae foedissimum et detestabilissimum spectaculum praebuere: et ut ad irritandum exempla non deessent, actitata est sequentibus diebus in publicum spectaculum equa, quae spectante cum filiis Pontifice intromissos admissarios nimio Veneris ardore concitatos in furorem et rabiem converteret (see these shameful transactions as recorded by Burchardus p. 2134). Nihil esse jam auri, quod non ex omnibus populis Christianis ad filiorum luxum summa aviditate conquiratur. Propositum est in Turcas bellum publicare : ob eam speciem per omnes urbis basilicas preces indictae, et venditae exteris civitatibus erratorum indulgentiae : ut scilicet ex hac conquisitione largos sumptus suppeditarent, ut esset, unde filia Pontificis gemmis atque auro onerata, pompam et Romanae Ecclesiae tributa secum trahens, luxu inaudito ad maritum accederet ; unde bellum antiquis civitatibus et veris Dominis inferretur. Pulsos esse sedibus veteres incolas, maximam urbis nobilitatem proscriptione atque exilio ablegatam, antiquos Latii dominos suis fortunis et possessionibus privatos, ut ex eorum cladibus Pontificis iidem filii et nepotes, ex incestuoso partu adhuc in cunis vagientes, ad regna et opes promoverentur.

wealth, inflicted upon him a well deserved death (18. Aug. 1503).[31]

[31] Guicciardini lib. vi. Ludov. Tubero lib. viii. § 15. in Schwandtner ii. p. 283. Petrus Bembus (Cardinal † 1547) hist. Venet. lib. vi. p. 218. Compare Paulus in the Sophronizon Bd 8. Heft 5. s. 8 ff. With regard to Alexander's character see Raph. Volaterranus Anthropol. lib. xxii.: In Alexandro, ut de Annibale Livius scribit, aequabant vitia virtutes. Inerant namque ingenium, ratio, cogitatio, memoria, diligentia, eloquentia vero quaedam naturalis, et ad persuadendum apta, ut nemo rem cautius proponeret, aut acrius defensitaret, seu quovis cuperet impelleret, sese unum omnium animis adcommodando: cum jucundis de remissione, cum severis de disciplina, cum patribus de republica loquebatur. Suos adversarios placabilitate ac patientia devinciebat : nam eorum, qui de numero Patrum exulabant, quosve suspectos habuerat, nihil de pristina dignitate detraxit : Gallorum animos contumacissimos ita sedavit, ut amicissimi discederent ; in tanta procerum Romanorum vastatione, quod sane incredibile, nullum in urbe tumultum, nulla sensimus arma : omnia ipse obire, parum in rebus arduis cuiquam fidere. Idem in otio solutissimus, in metu constantissimus : nunquam negotia seu legationes audiendas voluptate praevertit, res in multam noctem protrahebat, brevissimi somni cibique. Artes liberales, si non colebat, admirabatur, juris praesertim scientiam ubi esse contingeret. Salaria doctoribus, stipendia militibus, mercedem operariis nunquam est differre, nedum auferre, visus, cujus rei gratia exercitum, quem magnum saepe nutriebat ductore filio, fidelissimum habuit : brevique tempore ac negotio totam fere Aemiliam, quae tributa non exsolverat, ei subegit. In annonae difficultate, quae bis contigit, advecta e Sicilia magna vi frumenti ita diligenter urbi providerat, ut plebes nullum fere sentiret incommodum. Has igitur animi dotes magnis obruerat vitiis, quae narrare non attinet : tantum referam, quae vulgus adspexit. Si quando rerum fasce non premeretur, omni se remissionis generisine discrimine dedidit : quapropter comoedias Plautinas, cateraque ludicra libenter spectavit, frequenterque in Hadriani molem ventitabat, ut palam personatos per eorum ferias, ac omnes dies festos si quid elegantius in hominum genere per viam praeteriret, propius adspiceret. In nuptiis filiae, quae ad virum Ferrariam profectura erat, equestres ludos et venationem in Vaticano extra ordinem dedit. In urbe gladiatorum nunquam licentia major, nunquam populo Romano libertas minor Delatorum magna frequentia, brevissimo maledicto poena mortis erat. Grassatorum insuper omnia plena ; nec noctu tutum per urbem iter, nec interdiu extra urbem. Roma, gentium refugium, et arx populorum omnibus saeculis, nobilis jam carnificina facta erat. Quae quidem omnia suorum causa, quibus omnia indulserat, permittebat. Ipse quoque Caesar, dum haec ei licuere, ea fuit indole, ut si ab initio in bonos incidisset vitae monstratores, perpetuam sibi reique Romanae gloriam peperisset : nam et in ea adolescentia, quantum perspicere potuimus, nec deliberanti consilium, nec ductanti exercitum majorum disciplina, neque sermonem habenti facundia defuere : eaque demum a natura liberalitate, ut patris avaritiam

## § 135.

PIUS III. (22. SEPT.—18. OCT. 1503) JULIUS II. (31. OCT 1503—21.
FEBR. 1513). LEO X. (11. MARCH 1513—1. DEC 1521).

Paris de Grassis (from 1504 Magister ceremoniarum, from 1513 Bishop of
Pesaro † 1528) Diarium curiae Romanae from 1504—1522. (There are
Excerpta from this work in Raynald. and Roscoe, for the year 1517 in
Mabillon Museum Ital ii. p 587; for 1518—1522 in Hofmanni nova
Scriptorum ac Monument collectio T. i. p 395 ss. There is a descript on
of the whole work in Notices et extraits des Mss. de la Bibl du Roi. T. ii
p. 546 ss. There are complete Mss at Holfenbuttel and Munich, see
Sophronizon vi, 1. 8 3 ff)
The life and Pontificate of Leo the Tenth by Will. Roscoe 4. voll Liverpool
1805 ss gr. 4 translated from the English by Glaser with notes by Henke
3. Bde. Leipz. 1806—1808. 8.

After Alexander's death the newly created state of Caesar
Borgia straightway fell to pieces. The separate portions submitted some to their former banisht Lords, some to the Pope,
but in the midst of this embarrassment the Venetians began to
make conquests in Romagna.[1] The warlike Julius II. wisht to
reduce the whole country again to subjection to the Papal dominion. He began by wresting Perugia and Bologna from their
Lords (1506). As the powerful state of Venice refused to surrender her conquests, he resolved at length, albeit unwillingly, to
avail himself of foreign aid, he joined the League of Cambray[2]

saepe palam detestaretur : a justitia quoque, uti videbatur, minime abhorrens ; quin in Aemilia jam adepta summa aequitate populos regebat,
ac judicem gravissimum Antonium Montanum juri dicundo preposuit,
tanta subditorum probatione, ut illi vel defuncto Alexandro, quod
minime putabatur, in officio persisterent. Verum ut sterile solum et
intemperies coeli bona frugum semina praecipitant, sic et hunc prava
institutio, ac proximorum libido a recta virtutis semita detorserunt, exquo seque ac omnem Italiam variis calamitatibus involvit.

[1] Ranke's Gesch. der romanischen u. germ. Volker v. 1494—1535
Bd. I. S. 216. 221 ff. Leo's Gesch. d. ital. Staaten. Th. 5. S. 168 ff

[2] Ranke Bd. I. S. 273 ff. 302 f. The Pope, the Emperor, and the
kings of France and Aragon bound themselves by this alliance against
Venice (Raynald. 1509 no. 4.) pro recuperatione seu reintegratione
omnium deperditorum —Nec prius a praedicta invasione, seu guerra,
aut armis per aliquem eorum desisteretur, quam omnino et integre Apostolica sedes recuperaverit Ravennam, Cerviam, Faventiam, et Ariminum,

concluded betwixt France and the Emperor on the 10th December 1508, and assisted with spiritual and temporal weapons to subdue the Republic.³ Venice now hard prest, yielded to the Pope's desires with a view to divide this overwhelming alliance.

— ac omnia alia, quae de statu et juribus Ecclesiae Romanae dicti Veneti occupant et detinent ; et—Imperator recuperaverit Roveretum, Veronam, Paduam, Vicentiam, Tarvisium, Forumjulium, — necnon Patriarchatum Aquilegiensem, — omniaque alia loca et dominia per ipsos Venetos in hoc ultimo bello capta et occupata ex terris et dominiis domus Austriae : et pari modo ipse Christianissimus Francorum Rex recuperaverit totaliter Brixiam, Bergomum,— et generaliter omnia ea, quae fuerunt antiquitus de ducatu et dominio Mediolani ; — et similiter ipse serenissimus Rex Aragonum recuperaverit ea omnia, quae ipsi Veneti de regno Neapolitano—quovis modo abstulerunt,—videlicet Tranum, Brundusium, Otrantum et Gallipolim. With regard to the attempt which Julius made notwithstanding the League, for reconciliation with Venice, see Petrus Bembus (from Venice, Cardinal † 1547) hist Venetae lib. vii. in the Istorici delle cose Veneziane, i quali hanno scritto per publico Decreto. T. ii. p. 260 : Confecto foedere Julius tametsi cupiditate ferebatur Arimino Faventiaque potiundi, quia tamen et Gallorum Regem magnae per se potentiae multo majorem suo permissu fieri nolebat, et cum illam nationem, tum Germaniae populos in possessionem Italiae venire, optimeque ejus partis atque populosissimae dominos fieri, sibi reliquisque Italis detrimentosum existimabat futurum, ut ab illis Venetos opprimi sineret, adduci prope non poterat.

³ Bembus hist. Venet. lib vii. p. 273 : Julius—praeter quod exercitum in fines reipublicae introduxisset, ad illud etiam pertinaciter descendit, ut Lauredano Principi, Senatuique omni Veneto, et civibus singulis aqua et igni interdiceret, ejusque rei literas omnibus hominibus vulgandas proponeret maledictorum et execrationum plenas, nisi die praestituta non Faventiam modo atque Ariminum, sed Ravennam quoque Cerviamque sibi tradiderint : quae quidem oppida centum ferme annos in reipublicae imperio fuerant, neque ullus ea Pontifex Maximus in dubium revocaverat, quin jure a republica possiderentur. (The Bull of 27. April 1509 in Raynald ad h. a. no. 6 not only threatens it with Anathema and Interdict after the expiration of a respite of 24 days, but decrees what Raynald has omitted but Guicciardini remarkt in lib viii p. 737 s. that the property of the Venetians in all countries should be confiscated, and themselves reduced to slavery). Qua intellecta re ne plebs ejusmodi literis, plus quam tempora et reipublicae difficultates postularent, permoveretur, Senatus cavit, ne reciperentur, neve, qui afferrent, admitterentur : appellavit etiam de eo futurum Concilium, missis Romam affixisque in templorum foribus publicae expostulationis literis, missis etiam in Pannoniam ad Thomam Cardinalem Strigoniensem : nam ei propter Patriarchatum Constantinopolitanum, cui praeerat, una cum tribus Episcopis Concilium cogendi jus potestasque antiquitus erat attributa.

Julius, already alarmed at the advancing steps of the French in Italy, readily granted his forgiveness (20. Febr. 1510)[4], and now commenced hostilities against the French and their ally Alphonso, Duke of Ferrara. On the third of July 1510 he declared that the King of France had forfeited his claim on Naples, and invested Ferdinand, the Catholic, with the sole dominion of this realm.[5] On the ninth of August he issued a sentence of condemnation against the Duke of Ferrara.[6] Lewis XII. strove in vain to alarm him by the National Council at Tours (Sept. 1510),[7] Germany, by severe gravamina, and the threat of a

[4] Bembus lib. viii. p. 285. 291. 294. lib. ix. p. 350. lib. x. p. 358. Ranke Bd. 1. S. 322 ff. Leo Th. 5. S. 217 ff.

[5] The documents are in Raynald 1510. no. 25.

[6] In Raynald. 1510. no. 15.

[7] With regard to this Council see the report given by the Imperial Ambassador who was present there, to Margaret of Austria, in the Lettres du Roy Louis XII. et du Cardinal George d'Amboise (à Brusselle. 1712. 4 T. 12.) T. 2. p. 29. The Chancellor, by the King's command, opened the Council (p. 32), narrant tous les biens et grans plaisirs, que ledit Seigneur Roy avoit fait au Pape avant et après sa Papalité et mesmement pour le faire eslire Pape, narrant aussi l'ingratitude et la mécongnoissance dudit Pape envers ledit Seigneur Roy, et comme sans cause ny raison il avait rompue l'alliance faicte à Cambray entre si nobles Princes de Chrestienté, aussy l'emotion qu'il avoit fait des Suisses, et ce qu'il avoit voulu faire contre Gennes, et la ligue qu'il avoit faite avec les Venitiens, et semblablement ce qu'il faisoit contre le Duc de Ferrare son alié : et leur a fait donner aucuns articles par escript, sur lesquels il demandoit leur advis et conseil. Of these articles or questions, and the answers given to them by the Council, there are three texts extant. The first in the Collections of Councils (e.g. Harduin ix. p. 1555), the second in a French translation in Nic. Gilles Croniques et Annales de France (Paris 1566 fol ) vol. ii. fol. 133 b., the third in J. E. Kappen's Nachlese einiger zur Erlauterung der Reformationsgesch. nutzlichen Urkunden. Th. 4. S. 490, all three in Kapp S. 470 ff. The Council here decided that in self-defence against the Pope, as notarium hostem suum, the King might even invade the states of the Church, and renounce obedience to such a Pontiff : to the question what must then be done, the answer given in the first text is : servandum esse jus commune antiquum et pragmaticam sanctionem regni, ex decretis sacrosancti Concilii Basileensis desumptam : in the third, appellare in omnibus ad futurum Concilium. At last to the question : si Pontifex injuste, ordine juris non servato, procedens de facto, et manu armata, pronunciet—aliquas censuras contra principes sibi resistentes,—an ei parendum sit, et quod remedium adhibendum ? The answer given in the first text is, con-

Pragmatic Sanction (1510).[8]  Not even a General Council
clusum est unanimiter per Concilium, talem sententiam nullam esse,
nec de jure, vel alio quocumque modo ligare; in the third, non esse
parendum, sed appellandum ad futurum Concilium. In fine, some
further Conclusiones follow in the third text (in Kapp S. 493), the
purport of which is also stated in the report of the Imperial Ambassador (Lettres du Roy Louis XII. T. 2. p. 47). In these there is first
a remonstrance against the oppressiones et indebitas exactiones contra
stilum in Romana Curia Ecclesiae Gallicanae impositas, quibus nulla
provisio adhibetur per S. D. N nec per ejus officiales, et quod deterius
est, nulli licet libere de hujusmodi gravaminibus querelam facere in
dicta Curia Romana:—et quasi in cunctis ita oppressa est dicta Ecclesia Gallicana, ut nunquam antea. Then the Pope's hatred of the
King was proved, and it was accordingly resolved, Oratores instituendos ad ipsum S. D. N. Julium secundum—et Reverendissimos Cardinales, qui qua decet reverentia supplicent,—ut Sanctitas sua velit
congregare Concilium Ecclesiae in loco tuto et convenienti ad determinationem ultimorum Conciliorum generalium, quatenus fieri poterit ;
idemque procuret Christianissimus Rex apud Imperatorem et alios
Principes Christianos, ut sibi adsint et opem ac auxilium ferant pro
eodem Concilio generali congregando ad reformationem Ecclesiae universalis in capite et in membris : et supplicare etiam eidem S. D. N.,
—ut interim—durantibus dissensionibus, quae nunc sunt inter S. D. N.
et eundem Regem suosque subditos, det Poenitentiarium in regno
Franciae—cum potestate dispensandi et providendi in omnibus casibus,
votis absolutionibus ab excommunicationibus, irregularitatibus, et aliis
censuris intervenientibus, et dispensationibus in gradibus consanguinitatis et affinitatis, et universaliter cum plenaria potestate providendi in
omnibus casibus concernentibus forum poenitentiae et salutem animarum : in casu quo S. D. N. recusaret Concilium generale vel nimis
differret,—vel recusaret Poenitentiarium deputare, cum protestatione
expressa nominibus Christianissimi Regis et Ecclesiae Gallicanae
contra praefatum D N. Papam et suos Cardinales ad omnia juris
remedia.

[8] The minutes may be seen in Orthuini Gratii fascic rerum expetendarum et fugiendarum fol. 167 ss., and quoted thence in Flacii catal.
test. verit. no. 186. (ed. Francf. 1666. p. 467 ss.) Georgii imperatorum
totiusque nationis germ. gravamina adv. sedem Romanam. Francof.
et Lips. 1725. 4. p. 279 ss. Munch's Concordate Th 1. S. 96 ff, and
in several other collections. From the agreement of these with Jac.
Wimphelingii Replica contra Aeneae Sylvii tract. de Germania (see §
133. note 19), Tentzel (hist. Bericht vom Anfang u. ersten Fortgang der
Reform. Lutheri S 64. Anm.) concludes with justice, that they were
drawn up by Wimpheling. The Gravamina may have been written
by him under the direction of the States, but hardly so the articles
which follow, one sees most plainly from the Avisamentis, that
they were the advice of an individual man given to the Emperor. First come X. Gravamina nationis Germanicae . I. Quod

ad servandas bullas, pacta, privilegia et literas, ab antecessoribus absque omni derogatione concessas, successores Pontifices teneri se non arbitrantur: imo per crebras dispensationes, suspensiones, revocationes ad cujuscunque (etiam vilis) personae instantiam contraveniunt. II. Quod electiones Praelatorum quandoque rejiciuntur. III. Quod electionibus Praepositurarum, quas quarundam Ecclesiarum Capitula multo aere impetrarunt, contravenitur —IV. Quod beneficia et dignitates majores Cardinalibus et Protonotariis reservantur. V. Quod expectativae gratiae absque numero conceduntur, et multae interdum ad unum collatorem. Unde surgunt quotidianae lites, et pecuniae dilapidantur.—VI. Quod annatae absque dilatione et sine misericordia, etiam Episcopis intra paucos annos mortuis, exiguntur. Interdum plus, quam debeatur, extorquetur propter nova officia et novos familiares.—VII. Ecclesiarum regimina minus dignis (Romae videlicet) committuntur, qui ad mulos magis, quam homines pascendos et regendos essent idonei. VIII. Indulgentiae novae cum revocatione aut suspensione veterum, laicis contra Clerum murmurantibus, ad corradendas pecunias conceduntur. IX. Decimae sub praetextu expugnandorum Turcarum exiguntur, nulla expeditione subsecuta. X. Causae, quae in Germania, in qua etiam docti et justi judices sunt, terminari poterant, ad tribunalia Romana indistincte trahuntur. Then follows the Remedium contra gravamina nationis Germ, some representations, which might be made to the Pope, partly drawn from the greatness and injustice of this oppression, partly from the state of Germany. For instance a statement was made, that whereas the see of Mayence had formerly paid but 10,000 florins for annates, first 20,000, and afterwards propter nova officia even so much as 25,000 at one time, 27,000 at another, 24,000 at another, had been extorted from it. Non sine causa Jacobus Archiepiscopus Moguntinus jam fere moriens dixit, se de morte sua non adeo dolere, quam ob id, quod subditi sui pauperes iterum pro pallio gravem exactionem dare cogerentur. Mitius ergo summus Pontifex, velut pius pater, filiorum suorum amator, et fidelis ac prudens pastor, cum filiis suis Germanicae nationis agat, *ne propediem vel in universos Christi sacerdotes persecutio suboriatur, vel instar Bohemorum plerique ab Ecclesia deficiant Romana.* In the Remedium pro civitatibus Imperii et animarum salute, proposals follow next for the abolishment of Plurality of Benefices, and a worthier occupation of canonries and parochial churches. Then come the Avisamenta ad Caesaream Majestatem; in which a pragmatic sanction was suggested similar to the French one, as indeed had been already proposed in vain before (see § 133, note 19). Sicut regnum Franciae pragmaticam habet sanctionem, cui in conferendis beneficiis innititur, sic Imperium Romanum habet concordata Principum, utque ea illaesa conserventur, interest Caesareae Majestatis.—Posset etiam Caesarea Majestas per literas aut oratores facile in regno Franciae experiri, quomodo illic beneficia conferantur, et quam auctoritatem in conferendis beneficiis habeat summus Pontifex. Secundum hoc posset moderamen fieri in Imperio Romano, et frenum inexplebili avaritiae Curtisanorum adhiberi. Si praeclarae universitates, praecipue facultas theologica Parisiensis approbaverit modum illum, qui de disponendis et conferen-

summoned at Pisa by the two monarchs for the first Sept. 1511, with the dread phantom of a Reformation in the Church, could bend the obdurate Pope.[9] Julius rather convoked on the

dis beneficiis in Francia servatur : nemo dubitet, Caesaream Majestatem et Principes Germanos, si se isto modo conformaverint, apud Deum tutos fore et excusatos. Praesumendum enim est, quod tanti Praelati, tanti doctores, tam probati viri, qui in regno Franciae ac in Studio Parisiensi vivunt, nihil approbent, quod contra Deum aut justitiam committeretur. Provideat tamen Caesarea Majestas, ne Archiepiscopi Electores in hoc sancto instituto a se dissentiant—propter censuras Apostolicas quas timebunt : et populus interdictum diu non sustinebit. Provideat etiam Caesarea Majestas, ne fratres mendicantes contra ipsam praedicent, qui sedi Apostolicae libenter deferunt, timentes perdere privilegia sua.—Timeat Caesarea Majestas, ne Papa mandet Electoribus, ut ad electionem novi Regis Rom. procedant, sicut contra Fridericum secundum Lantgravius Thuringiae et Guilelmus Hollandiae comes jubente Papa fuerunt electi. Timeat Caes. Majestas omnes Praelatos Ecclesiarum, praecipue Praepositos (the Pope appointed to all the Deaneries, see § 133, note 4), qui ex juramento tenentur avisare Papam etc. The Conclusio et pia exhortatio ad Caes. Majestatem concludes the whole work. The imperial edict appended dd. Oeniponte 1510, against Plurality of Benefices, and against fraudulent and simoniacal acquisition of them, which were forbidden sub poena criminis laesae Majestatis et gravissimae nostrae offensae, must be regarded as the result of this work. Afterwards, in accordance with the advice suggested in the Avisamentis, the Emperor assigned to Jacob Wimpheling a commission, to adapt the sanctio pragmatica of France to Germany. Maximilian's letters to Wimpheling, his answer, and a proposal by which the Pragmatic sanction might be altered for Germany, may be seen in Flacii. Catal. ed. Francof. 1666, p. 474. Georgii, p. 315 ss.

[9] Immediately after the Council of Tours Matthew Lang, Bishop of Gurk, made his appearance as the Emperor's ambassador, first in France, with a view to renew the League of Cambray (Lettres du Roy Louis XII. T. ii. p. 67 ss.), and afterwards betook himself to Italy in order to restore the relations of both parties with the Pope. However, after all the efforts of the Pope to corrupt the Bishop (l. c. p. 107), and of the Bishop to withdraw the Pope from his stubborn resolution (p. 168 pour mettre le Pape hors de la obstinée et dyabolique pertinaxité où il est), remained fruitless (compare the letters of the Bishop of Gurk to the Bishop of Paris, p. 160 ss ), the Bishop of Gurk returned at the end of April 1511 without effecting his purpose (p. 205). Paris de Grassis in Raynald. 1511, no. 57, compare Leo's Gesch. v. Italien, Th. 5, S. 229 ff. Meanwhile several French Prelates assembled at Lyons in April to make preparations for the Council (Lettres ii. p. 145): But in Milan three Cardinals who had deserted from Julius, negotiated in their own names, and the names of six other Cardinals with imperial and French envoys, and upon their requisition issued a

18th July an Œcumenical Lateran Council (Conc. Lateranense V.)[10] for April 1512 and then concluded a close alliance

summons for a general council at Pisa to be held the first of September, on the 16th May 1511, as it runs in the Convocatio Concilii in Richerii hist. Concill. lib. iv. p. i. cap. 3, considerantes quantum reipublicae Christianae utilitatem Concilia generalia universalis Ecclesiae attulerint, quantumque detrimenti ex eorum intermissione Christiana respublica sit passa ; cumque impraesentiarum conspiciant clare, magnam instare necessitatem universalis Concilii congregandi pro vera pace Christianorum fundanda, et sufficienti bello contra infideles stabiliendo : necnon potissime pro reformatione morum universalis Ecclesiae in capite et in membris plurimum collapsorum, ac emendatione criminum gravissimorum notoriorum, continuorum ac incorrigibilium universalem Ecclesiam scandalizantium ;—quumque tempus decennii post ultimum universale Concilium jamdudum sit effluxum, et saluberrima decretali Constantiensi constitutione edita, quae incipit *Frequens*, singulis decenniis universale Concilium congregari debeat, et S. D. N. Dominus Julius P. II., cui primo curae esse deberet illud convocandi, tanto tempore hoc neglexerit, maxime cum voverit et juraverit post biennium a creatione sua illud tenere, et nedum negligens in praecepto Ecclesiae et Concilii, sed et voti et juramenti hujusmodi transgressor, illud non tenuerit, tempusque interpellet pro homine, cumque nunquam sua auctoritate aut voluntate futurum Concilium credatur celebrandum : et cum de gravibus Ecclesiae scandalis in capite agendum sit, quo casu —ad summum Pontificem congregatio Concilii non attinet, sed secundo loco ad Revv. DD. Cardinales. The Pope was then required abstinere a creatione novorum Cardinalium, et a publicatione creatorum,—et processu contra antiquos Cardinales, aliosque Praelatos et personas ad Concilium ipsum accedere volentes, —necnon ab impediendo hujusmodi convocationem Concilii directe vel indirecte, publice vel occulte, quovis quaesito colore, et ab alienatione feudorum seu terrarum S. R. E. In quibus omnibus causis cum omni humilitate protestamur de nullitate actus, &c. Two letters from the Cardinals to Charles, Prince of Spain and Archduke of Austria, and to Margaret, Archduchess of Austria and Governor of the Netherlands may be seen in the Lettres du Roy Louis xii. T ii p. 235 ss.

[10] The Bull of summons is in Raynald. 1511. no. 9 ss. In this Julius refutes the charges which the rebellious Cardinals brought against him, he pronounces the convocationem schismaticae conventiculae, synagogae Satanae et Ecclesiae malignantium, per Dathan et Abiron, auctores schismatum eorumque socios invalid ; he forbids its meeting with a threat of every ecclesiastical penalty, even with infamy ; and lays any place in which the Council should assemble under interdict. Et nihilominus bonam intentionem nostram exequi volentes, ut antiquae haereses, quae in diversis Christianorum partibus nondum extinctae sunt, et pessimum noviter pullulans schisma extinguantur, reformationique morum tam ecclesiasticorum, quam saecularium personarum, quae de jure vel consuetudine reformationi vel determinationi Concilii subji-

with Venice and Spain (Oct. 1511).[11] The Synod of Pisa was quite without influence, from the fact that it was composed almost entirely of French Prelates, and their method of procedure against the Pope, adopted from that of the Basle Fathers, seemed only an empty show.[12] When the French were

ciuntur, bellorumque imminentium seditioni consulatur, unicuique quod suum est reddatur,—Christique fideles—congregati ad faciendum expeditionem contra infideles, jam regnum Siciliae infestantes, meliora ac nobiliora loca Christianorum occupantes, praesertim Jerusalem matrem nostram antiquam, et ex antiqua Christianorum negligentia deperditam, facilius et promtius intendant : in nomine sanctae et individuae Trinitatis, P. et F. et S. S.—oecumenicum, universale ac generale Concilium in alma urbe nostra, communi omnium patria, loco aptissimo et tutissimo apud Lateranum, ubi plurima Concilia per antiquos patres nostros habita fuerunt, et Altissimus Petri sedem collocari voluit,—inchoandum a. D MDXII. die lunae XIX. mensis Aprilis—denuntiamus, convocamus etc.

[11] The articles of the treaty are in the Lettres du Roy Louis xii. T. iii. p. 65 ss.

[12] The minutes are in Richerii hist. Concill. gener lib. iv. P. i. cap. 3. In the Sessio i. 5. Nov. 1511, all Papal decrees issued against the Council were pronounced null and void. Sessio iii. 12 Nov. the Decrees of Constance with regard to the influence of General Councils (see § 131 note 8) were repeated, and then the Synod resolved absque ulla sui dissolutione to adjourn to Milan. Here it endeavoured to set on foot negotiations with the Pope for a Council to be held by both parties in common. But when its envoys were even refused an audience with him, it pronounced sentence of suspension against him in Session viii. 21. April 1512, with the declaration, ipsam papalem administrationem, propter gubernationis defectum, ne Ecclesia discrimen aliquod patiatur, ad ipsam sacrosanctam Synodum fuisse, esse et fore ipso jure devolutum. But this was also the last session soon after most of the Fathers disperst themselves for fear of the Swiss ; an insignificant remnant of the Council removed to Asti, and not long after to Lyons. In Pisa as well as in Milan the Council was considered irregular, and the Interdict was observed, Guicciardini lib. x. The writers on the side of the Council are Philippus Decius, canon-lawyer at Pisa, afterwards at Pavia, Consilium pro Ecclesiae auctoritate supra Papam and Apologia sacri Pisani Concilii moderni (both in Richer lib. iv. P i. c. 2) and Zacharias Ferrerius Vicentinus Abb. Subastensis (see Raynald 1513. no. 51): against it Thomas de Vio Cajetanus de potestate Papae supra Concilium, Franciscus Poggius and Angelus Anachoreta Vallumbrosanus (see Raynald 1511. no. 31. and Mansi ad h. l.) To this period also belongs the gold medal of Lewis with the inscription, Perdam Babilonis nomen (see Le Blanc traité hist. des monnoyes de France ad p. 263. N. 3. Tab. 46.), which Harduin (Supplément du Journ. des Sçavans Janv. 1707. p. 194) labours in

driven from Italy by the Swiss, and the Emperor had declared himself on the side of the Pope and the Lateran Council,[13] this Synod quickly vanisht from Pisa, while the Lateran Council, as the instrument of Papal vengeance launcht the thunders of excommunication against it, against the Pragmatic Sanction, and against the whole realm of France.[14] Under the peaceful rule of Leo X. the relations with France were soon more friendly, and, Lewis XII. in Dec. 1513 even gave in his adherence to the

vain to refer to Cairo: see Ch. S. Liebe Roma Babylon ex numis. Lips. 1714. 4. Deyling observat. sacr. P. iii. p. 498 ss.

[13] When Julius lay on his death-bed in August 1511, Maximilian conceived the idea of becoming Pope himself, cf. ejus epist. ad Baronem Paulum a Lichtenstein dd. 16. Sept. 1511 (in the Lettres du Roy Louis xii. T. iii. p. 324 ss.) : nihil nobis honorabilius, nihil gloriosius, nihil melius obtingere posse, quam si praefatum Pontificatum, ad nos proprie pertinentem, Imperio nostro recuperaremus. He intrusts the Bishop of Gurk with the negotiations to induce the Pope to adopt him as his coadjutor, he gave him sums to bribe the Cardinals, and declared to his daughter Margaret Stadtholder of the Netherlands, dd. 18 Sept. (probably 1511) his intention (Lettres T. iv. p. 1 ss.), de avoir le Papat et devenir Prester et après estre Saint, et que yl vous sera de necessité, que après ma mort vous serés contraint de me adorer, dont je me trouveré bien gloryoes. See E. S. Cyprianus de Maximiliano I. Imper. Pontificatum maximum affectante in his Dissertationes varii argumenti. Coburg 1755. Maximilian let himself be drawn into the league with Ferdinand the Catholic in April 1512 (Ranke Gesch. der roman. u. german. Volker. Bd. 1. S. 371 f.) Matthew Lang Bishop of Gurk made his appearance at the third Session of the Lateran-Council 3 Dec. 1512, to give in his adherence formally to the Council in the name of the Emperor (Paris de Grassis in Raynald. 1512 no. 92. The deed of adherence is in Labbei et Cossartii Concil. T. xiv. p. 80 ss.)

[14] The Council was opened on the 10th of May 1512. In the Sess. II. on the 17th Sept. followed a condemnation of the Conciliabuli Pisani (Labbeus et Cossart xiv. p. 63). Sess. III. 3. Dec. (l. c. p. 82 S.) a Papal decree of the 13th August was renewed, in which regnum Franciae, et praesertim Lugdunum, ducatu Britanniae excepto, —ecclesiastico subjecimus interdicto, nundinasque Lugduni fieri solitas in Lugduno extunc de cetero fieri inhibuimus, dictasque nundinas in civitate Gebennensi (Genf) faciendas transtulimus. In Sess. IV. 10. Dec. (l. c. p 97 ss.) the attack upon the pragmatic sanction began. The letter of Lewis XI. was first read over, in which he had promised its abrogation (see § 133 note 35), then a Monitorium contra Pragmaticum et ejus assertores was issued : Dudum displicenter per nos pluries accepto, per multa temporum spatia per nonnullos Praelatos Gallicae nationis, et nobiles laicos,—praesertim cujusdam sanctionis praetextu, quam ipsi pragmaticam vocant, Apostolicae sedi, sanctaeque Romanae

Lateran Council.[15] Nevertheless peace was not fully restored until the young King Francis I. entered Italy with irresistible force in 1515.[16] Leo thus contrived to change the defeat with which he was threatened into a victory; he concluded a treaty of peace with him without delay,[17] and persuaded him, at a personal interview in Bologna (Dec. 1515) with the help of Du Prat the chancellor of France whom he had won over to his interests, entirely to annul the Pragmatic Sanction, for this purpose he drew up a concordat with him, in which the Pope and the King shared between themselves the antient privileges of the Gallican Church.[18] The Lateran Council was afterwards compelled to

universalis Ecclesiae capiti, libertati et auctoritati enormiter detractum, canonibusque praefatis derogatum fuisse; rem adeo perniciosam, in Dei offensam, et Ecclesiae praefatae vilipendium et evidens detrimentum, amplius ferre nequeuntes, cum sanctio ipsa ab omni ad id potestate carentibus—facta, sed quodam abusu tantum in illis partibus introducta et observata fuerit,—quam etiam clarae memoriae Ludovicus undecimus Francorum Rex abrogavit:— Gallicos Praelatos, Capitula Ecclesiarum et Monasteriorum, Parlamenta, et laicos illis faventes, cujuscunque dignitatis, etiamsi regalis existerent, sanctione praefata abutentes, seu illam approbantes,—per edictum publicum,—moneri et citari—ad comparendum coram nobis et Concilio praefato, causasque dicendas, quare sanctio praefata illiusque corruptela et abusio —nulla et invalida declarari, decerni et abrogari non deberet,—statuimus.

[15] Sess. VIII. 17. Dec. 1513 see Labb. et Coss. Conc. xiv. p. 177 ss.

[16] Leo's Gesch. v. Italien Th. 5. S. 274 ff.

[17] At Viterbo 13. Oct. 1515. Leo S. 286.

[18] Paris de Grassis in Raynald. 1515. no 29 ss. relates very minutely the outward circumstances of this interview, but says nothing about the negotiations. The result was first disclosed by Leo X. in the eleventh Session of the Lateran-Council 19. Dec. 1516 by the Bull Primitiva illa ecclesia (Labbei et Cossartii Concill xiv. p. 292 ss ); sane inter arcana nostrae mentis revolventes, quot tractatus inter piae memoriae—Romanos Pontifices, praedecessores nostros, et clarae memoriae Reges Franciae Christianissimos super abrogatione certae constitutionis in dicto regno Franciae vigentis, quae Pragmatica vocatur, habiti fuerunt; et licet Pius II. praefatus, nuntiis ad cl. m. Ludovicum XI. Franciae Regem Christianissimu n destinatis, tantis eidem persuaserit rationibus, ut Rex ipse pragmaticam sanctionem hujusmodi, tanquam in seditione et schismatis tempore natam, suis patentibus literis abrogaverit; tamen hujusmodi abrogatio, nec etiam literae apostolicae praefati Sixti super concordata, cum oratoribus praefati Regis Ludovici ad praefatum Sixtum praedecessorem destinatis habita, expeditae per Praelatos et personas ecclesiasticas dicti regni receptae fuerunt, nec ipsi Praelati et personae ecclesiasticae illis parere, nec

monitis Innocentii et Julii praedictorum aures praebere, sed eidem pragmaticae constitutioni inhaerere voluerunt. Unde—Julius—in praesenti Concilio Lateranensi—abrogationis pragmaticae sanctionis hujusmodi negotium—congregationibus—commisit, Gallicosque Praelatos etc.—citari—ad comparendum coram eo—jussit.—Et cum super his in forma juris—procederetur,—nosque—ad summi Apostolatus apicem assumpti fuissemus, et contra Praelatos, Capitula, conventus, et personas hujusmodi ad nonnullos actus processissemus : tandem considerantes, pacem esse vinculum caritatis, — matura deliberatione cognovimus, non per nuntios aut legatos nostros, sed in praestatione obedientiae filialis, quam carissimus in Christo filius noster Franciscus, Francorum Rex Christianissimus, personaliter nobis praestitit, haec cum Majestate sua coram discutere, eamque paternis hortari monitis, ut ad laudem Dei et sui honorem prompto animo libens ac volens dictae pragmaticae sanctioni abrenuntiare, et secundum canones et constitutiones s. Romanae Ecclesiae, quemadmodum caeteri Christiani, vivere, mandatis apostolicis et provisionibus, quae a sede apostolica pro tempore emanarent, parere et obedire vellet : et cum ex electionibus, quae in Ecclesiis cathedralibus et metropolitanis ac Monasteriis dicti regni a multis annis citra fiebant, grandia animarum pericula provenirent, cum pleraeque per abusum saecularis potestatis, nonnullae vero praecedentibus illicitis et simoniacis pactionibus, aliae particulari amore et sanguinis affectione et non sine perjurii reatu fierent, cum electores ipsi, etiamsi ante electionem per eos faciendam magis idoneum, et non eum, quem promissione aut datione alicujus rei temporalis, seu prece vel precibus per se vel alium interpositis electionem procurare didicissent, eligere sponte jurarent, juramentum hujusmodi non servarent, sed contra proprium hujusmodi juramentum in animae suae praejudicium venirent, ut nobis notorie constat ex crebris absolutionibus et rehabilitationibus a nobis et praedecessoribus nostris petitis et obtentis : idem Franciscus Rex nostris paternis monitis, tanquam verus obedientiae filius parere volens—in locum dictae pragmaticae sanctionis--constitutiones infrascriptas—cum praefato Rege concordatas —acceptavit.—(1. *De electione*) : quod cathedralibus et metropolitanis Ecclesiis in regno, Delphinatu, et comitatu Diensi ac Valentinensi,— etiamsi per cessionem in manibus nostris et successorum nostrorum— sponte factam vacantibus, illarum Capitula et Canonici ad electionem seu postulationem inibi futuri Praelati procedere non possint , sed illarum occurrente hujusmodi vacatione Rex Franciae—unum gravem Magistrum seu Licentiatum in theologia, aut in utroque seu in altero jurium Doctorem aut Licentiatum in Universitate famosa, et rigore examinis, et in vigesimo septimo suae aetatis anno ad minus constitutum, et alias idoneum, infra sex menses a die vacationis—nobis et successoribus nostris — nominare, et de persona per Regem hujusmodi nominata per nos et successores nostros—provideri ; et si contingeret, praefatum Regem personam taliter non qualificatam ad dictas Ecclesias sic vacantes nominare, per nos—de persona sic nominata eisdem Ecclesiis minime provideri debeat,—sed teneatur idem Rex infra tres alios menses—alium—qualificatum nominare : alioquin—Ecclesiae tunc sic vacanti per nos et successores nostros—de persona, ut praefertur, qualificata, necnon Ecclesiis per obitum apud sedem praedictam (apostolicam) vacantibus semper, nulla dicti Regis praecedente nominatione, libere provideri possit ; decernentes electiones contra praemissa attentatas, ac provisiones per nos et successores nostros—factas nullas et invalidas existere. Consanguineis tamen praefati Regis ac peisonis sublimibus ex causa rationabili et legitima,—necnon religiosis mendicantibus reformatis, eminentis scientiae et excellentis doctrinae, qui juxta sui Ordinis regularia instituta ad gradus hujusmodi assumi non possint, sub prohibitione praemissa minime comprehensis. The same method was to be pursued with the Monasteriis et Prioratibus conventualibus et vere electivis vacantibus. Per praemissa tamen non intendimus in aliquo praejudicare Capitulis Ecclesiarum, et Conventibus Monasteriorum, et Prioratuum, hujusmodi privilegia a sede apostolica proprium eligendi Praelatum obtinentium, quo minus ad electionem— juxta privilegia eis concessa libere procedere possint :—dummodo de privilegiis sibi concessis hujusmodi per literas apostolicas seu alias authenticas scripturas docuerint, omni alia specie probationis eis in hoc adempta. (2. *De reservationibus*) Volumus quoque et ordinamus, quod in Regno, Delphinatu et Comitatu praedictis de caetero non dentur aliquae gratiae expectativae, ac speciales vel generales reservationes ad vacatura beneficia per nos et sedem praedictam non fiant : et si de facto per importunitatem, aut alias, a nobis et successoribus nostris et sede praedicta emanaverint, illas iiritas et inanes esse decernimus. In cathedralibus tamen—et collegiatis Ecclesiis, in quarum statutis caveretur expresse, quod nullus ibidem dignitatem—obtinere possit, nisi in illis actu Canonicus existat, Canonicos ad effectum dumtaxat inibi obtinendi dignitatem—cieare posse intendimus    (3. *De collationibus*) In every Cathedral Church one Canonicatus et praebenda theologalis was to be conferred upon a Magistro, seu Licentiato, aut Baccalaueo formato in theologia, qui per decennium in Universitate studii generalis privilegiata studuerit, ac onus residentiae, lecturae et praedicationis actu subire voluerit. Besides all Collators were to confer the third part of their Benefices upon viris literatis, graduatis et per Universitatis nominatis, and indeed in such a manner that the Benefices falling vacant in the first, fourth, seventh, and tenth months should be given to them. At the same time a period to be afterwards defined by them, was prescribed for the University studies, which was abridged in the case of noblemen. (4. *De mandatis apostolicis*.) Statuimus quoque et ordinamus, quod quilibet Romanus Pontifex semel dumtaxat tempore sui Pontificatus literas in forma mandati, juxta formam inferius annotatam, et non ultra dare possit hoc modo ; videlicet unum collatorem habentem collationem decem beneficiorum in uno, habentem autem collationem quinquaginta beneficiorum et ultra in duobus beneficiis gravare possit.—(5. *De appellationibus* ) Statuimus quoque et ordinamus, quod in Regno, Delphinatu et Comitatu praedictis omnes et singulae causae, exceptis majoribus, in jure expresse denominatis, apud illos judices in partibus, qui—illarum cognitionem habent, terminari et finiri debeant. Et ne sub umbra appellationum, quae nimium et nonnunquam frivole interponi consueverunt atque etiam in eadem instantia ad prorogationem litium saepe multiplicari, injustis vexationibus materia praebeatur : volumus, quod si quis offensus coram suo judice justitiae complementum habere non possit, ad immediatum superiorem per appellationem recursum habeat, nec ad aliquem superiorem, etiam ad nos et successores nostros — omisso medio. Nec a gravamine in quacunque instantia ante diffinitivam sententiam quomodolibet appelletur, nisi forsitan tale gravamen extiterit, quod in diffinitiva reparari nequiret, et eo casu non nisi ad immediatum superiorem liceat appellari. Si quis vero immediate subjectus sedi Apostolicae ad eandem sedem duxerit appellandum, causa committatur in partibus per rescriptum usque ad finem litis, videlicet usque ad tertiam sententiam conformem inclusive, si ab illis appellari contigerit ; nisi propter defectum denegatae justitiae, aut justum metum : et tunc committi debeat in partibus convicinis.—Processus autem contra praemissa attentatos nullos et irritos esse volumus. — Statuimus etiam et ordinamus, quod judices causas, quae in partibus terminari debent,—infra biennium terminare debeant. (6. *De pacificis possessoribus*) against disturbing the incumbents of benefices without good reason. (7. *De publicis Concubinariis*). Such clergymen after three months were to be suspended a perceptione fructuum omnium beneficiorum, then to be deprived of their benefices. Quia vero in quibusdam regionibus nonnulli, jurisdictionem ecclesiasticam habentes, pecuniarios quaestus a Concubinariis percipere non erubescunt, patientes eos in tali foeditate sordescere ; sub poena maledictionis aeternae praecipimus, ne deinceps sub pacto, compositione, aut spe alterius quaestus talia quovis modo tolerent aut dissimulent. (8. *De excommunicatis non vitandis*). Ad vitandum scandala et multa pericula, subveniendum quoque conscientiis timoratis it was decreed that no one should be avoided practextu— censurae ecclesiasticae—ab homine vel a jure generaliter promulgatae, but only when the sentence was pronounced specialiter et expresse against a person or community. (9. *De interdictis non leviter ponendis*). Interdict was only to be suspended over districts culpa ipsorum locorum, aut Domini seu Rectoris, vel officialium ; for the guilt of a private individual, only in case the authorities of the district, when required by the ecclesiastical judge, would neither dismiss the excommunicated person, nor hold him bound to make compensation. (10. *De sublatione Clementinae literae*) Resignations of benefices were only to be regarded as regular, when they were attested per publica instrumenta vel documenta authentica. (11. *De firma et irrevocabili Concordatorum stabilitate*). After this was establisht, it was decreed that this Concordat, unless it were ratified within six months, and accepted by the French Prelates and Parliament, should be null and void Et nihilominus praefato Francisco — in virtute sanctae obedientiae mandamus, quatenus — praesentes literas — publicari, et ea inviolabiliter observari faciat, contradictores, cujuscunque dignitatis et praeeminentiae fuerint, per censuras ecclesiasticas at pecuniarias poenas, aliaque juris et facti quaevis opportuna remedia (appellatione qualibet omnino postposita) compescendo. Besides this Concordat another was concerted at Bologna. Compare ce que le Pape octroya au Roy and Capita tractatus circa Concordata in Leibnitii Mantissa Cod jur. Gentium I. p. 158 ss., and Munch's Concordate

pronounce in form the death warrant of the Pragmatic Sanction, and its principles, and on the other hand to sanction the unlimited power of the Pope.[19] Great as was the indignation Th. 1. S. 219 ff. The Pope granted remission of a debt incurred by Lewis XII., several privileges and indulgences, une decime and la croisade (Cap. tractatus § 10 De Decima Papa concedit, ut, si quae pars debeat dari Papae pro fabrica basilicae Principis Apostolorum de urbe, [*caetera sit*] relicta libertati ipsius Regis. De Cruciata Papa est paratus concedere, dummodo pecuniae deponantur penes idoneos mercatores, convertendae pro sancta expeditione contra Turcas). On the other hand the king had to concede the renewal of the Annates, although in the Concordat they were past over in silence (Cap. tractatus § 6. quod Papa mittat unum Legatum in Regnum Franciae, qui una cum aliquibus Praelatis, deputandis per Regem Franciae, taxas Ecclesiarum et Monasteriorum omnium moderetur augendo vel minuendo, etiam apud Monasteria, quae in libris Camerae apostolicae taxata non reperiuntur : et interim servetur taxa libri dictae Camerae hactenus servata).

[19] In its 11th session in the Bull Pastor Aeternus confirmed by the Council (Labbeus et Cossart xiv. p. 309) : Pastor aeternus—migraturus ex mundo ad Patrem, in soliditate petrae Petrum ejusque successores vicarios suos instituit, quibus ex libri regum testimonio ita obedire necesse est, ut qui non obedierit, morte moriatur Et ut alibi legitur, in Ecclesia esse non potest, qui Romani Pontificis cathedram deserit. — Sane felicis recordationis Julius Papa secundus — provide considerans cum eodem sacro Lateranensi Concilio Bituricensem regni Franciae corruptelam, quam illi pragmaticam sanctionem vocant, cum maximo animarum periculo et scandalo ac dignitatis sedis Apostolicae detrimento et vilipendio retroactis temporibus viguisse et adhuc vigere,—quamquam sanctio praefata ex multis nullitati notorie subjaceret,—ex abundanti tamen cautela—Gallicos Praelatos etc — monuit et citavit, ut—coram eo et Concilio comparerent, causasque dicerent, quare sanctio praefata—nulla et invalida declarari non deberet.—Nos—ad summi Apostolatus apicem assumpti—terminum citationis—ad alium tunc expressum terminum jam diu effluxum in diversis sessionibus pluries prorogavimus. Cum autem moniti et citati praedicti—coram nobis et dicto Concilio non comparuerint, nec comparere curaverint,—possintque merito contumaces reputari :—nos mature attendentes, pragmaticam sanctionem, vel potius, ut dictum est, corruptelam, schismatis tempore a non habentibus potestatem editam,— et a clarae memoriae Ludovico XI. Francorum Rege Christianissimo revocatam, cassatam, atque abolitam, auctoritatem, libertatem ac dignitatem dictae sedis violare ac diminuere,—ipsamque notorie nullitati subjacere, nulloque nisi alicujus temporis seu potius tolerantiae cujusdam adminiculo fulciri ;—ab ejusdem improbae sanctionis extirpatione et totali annullatione, sine nostra et tantorum patrum in praesenti Concilio congregatorum nota, ac nostrae et dictorum illa utentium animarum periculo, abstinere seu desistere non posse, Augustino teste, judicamus atque censemus.—Nec illud nos movere debet, quod sanctio

roused in France by this measure, all resistance was vain against the alliance of the highest spiritual with the highest temporal power.[20] Now at last the Papacy seemed once more to have

ipsa et in ea contenta in Basileensi Concilio edita, et ipso Concilio instante a Bituricensi congregatione receptata et acceptata fuerunt, cum ea omnia post translationem ejusdem Basileensis Concilii, per fel. mem. Eugenium P. iv.—factam, a Basileensi conciliabulo—facta extiterint, ac propterea nullum robur habere potuerint: cum etiam solum Romanum Pontificem pro tempore existentem, tanquam auctoritatem supra omnia Concilia habentem, tam Conciliorum indicendorum, transferendorum, ac dissolvendorum plenum jus et potestatem habere, nedum ex sacrae Scripturae testimonio, dictis ss. Patrum ac aliorum Romanorum Pontificum,—sed propria etiam eorundem Conciliorum confessione manifeste constet.—Cupientes quoque hujusmodi negotium ad debitum finem perduci,—de apostolicae potestatis plenitudine, eodem sacro approbante Concilio tenore praesentium praefatam pragmaticam sanctionem seu corruptelam —nullius roboris vel momenti fuisse et esse decernimus et declaramus. Necnon ad abundantiorem cautelam eandem Bituricensem sanctionem sive corruptelam—revocamus, cassamus,—annullamus ac damnamus.—Et cum de necessitate salutis existat, omnes Christi fideles Romano Pontifici subesse, prout divinae Scripturae et ss. Patrum testimonio edocemur, ac constitutione fel. mem. Bonifacii P. viii.—quae incipit *Unam sanctam* declaratur : pro eorundem fidelium animarum salute, ac Romani Pontificis et hujus sanctae sedis suprema auctoritate, et Ecclesiae sponsae suae unitate et potestate constitutionem ipsam sacro praesente Concilio approbante innovamus et approbamus, sine tamen praejudicio sanctae memoriae Clementi P V., quae incipit Meruit (see Part 3, § 98, note 2): inhibentes in virtute sanctae obedientiae, ac sub poenis et censuris infra dicendis omnibus et singulis Christi fidelibus—in praefato regno Franciae, Delphinatu, et ubicunque praedicta pragmatica—vigeret, quomodolibet existentibus,—ne de caetero praefata pragmatica sanctione, seu potius, corruptela, quomodolibet — uti—praesumant,—nec praefatam pragmaticam sanctionem, aut in ea contenta capitula seu decreta ulterius in domibus suis, aut aliis locis publicis vel privatis teneant : quinimo illam ex quibusvis archivis, etiam regiis, seu capitularibus, et locis praedictis infra sex menses a data praesentium computandos deleant seu deleri faciant, sub majoris excommunicationis latae sententiae, necnon quoad ecclesiasticas—personas—omnium—dignitatum aut beneficiorum ecclesiasticorum saecularium, et quorumvis ordinem regularium privationis, et inhabilitatis ad illa in posterum obtinenda; quo vero ad saeculares praefatae excommunicationis, necnon amissionis quorumcunque feudorum, tam a Romana quam alia Ecclesia —obtentorum,—inhabilitatisque ad omnes et singulos actus legitimos quomodolibet faciendos, infamesque ac criminis laesae majestatis in jure expressis poenis eo ipso— incurrendis : a quibus—nisi a Romano pontifice,—praeterquam in mortis articulo constituti, absolvi nequeant.

[20] Compare Relation de ce qui se passa sur la publication et l'enregistrement du Concordat au Parlement de Paris (in Münchs Samm

entirely quelled the hostile spirit, which had grown up at Conlung aller Konkordate. Th. 1. S. 255, in a Latin translation in Richerii hist. Concill. lib. iv. P. ii. cap, 4. §. 13). In Febr. 1517 the King first summoned a great assemblage of Prelates, members of Parliament, and learned men from the University, and had a representation made to them by his Chancellor with regard to the concordat which had been concluded. He first discourst upon the hostility of the Popes to the King and the Pragmatic Sanction, and upon the citation of the King and the Gallican Church before the Lateran Council. It was universally foreseen that a defence of the sanction at Rome would end in its condemnation, parceque l'assemblée de Latran n'etait composée que de courtisans de la cour de Rome, qui à cause de leur extrème avarice, et de leur ambition avaient la pragmatique en horreur, et étaient résolus de l'anéantir à droit ou à tort. Il paraissait donc plus avantageux de se laisser condamner par defaut et sans que la partie fut entendue. Mais comme le Roi savait que, s'il voulait s'opposer à l'abolition de la pragmatique, Leon X avec son assemblée de Latran procéderait contre lui et contre son Royaume par des censures et par des interdits, et que si ces interdits et ces censures subsistaient une année entière, il s'en suivrait contre l'eglise gallicane une condemnation de schisme et d'hérésie, et que le Pontife Romain, ayant recours à la ruse et aux ligues, à l'exemple de Jules II., livrerait en proie le Royaume de France. Il voyait aussi, qu'il n'avait aucun moyen d'empêcher l'abrogation de la pragmatique, et il n'ignorait pas, que, s'il n'y consentait, la France serait bientôt livrée au trouble et à la confusion, qui y régnaient avant le Concile de Constance et de Basle à cause des abus insupportables des réserves et des grâces expectatives. Enfin, pour remédier à tous ces inconveniens, pour s'assurer ainsi qu'aux princes du Royaume et à toute son armée un retour facile et tranquille en France, pour dissiper les ligues faites contre lui, le Royaume de France, et ses principautés d'Italie, François Ier fut forcé de traiter avec le Pape Léon X.; et malgré tous ses efforts il ne put le faire, qu'en consentant à l'abolition de la pragmatique et à l'institution des Concordats. Then by an edict of 12. May 1517 (in Leibnitii Mantissa cod. jur. gent. P. I. p. 161 ss., and in Munch Th. 1. S. 224) the king publisht the Concordat. Here he repeats, that now, since the Pragmatic Sanction could no longer be maintained, he was bound to consider how he might provide by law against the recurrence of the former disorder, which prevailed before the Sanction was given. The Concordat furnisht him with the means, and in such a manner, ut pleraque pragmaticae sanctionis capita firma nobis posthac rataque futura sint.—Quod vero ad electiones pertinet, minime quod optabamus obtinere potuimus, causis in dictis conventis latissime insertis. The Parliament, however, refused to register and publish the Concordat, and presented to the king two successive remonstrances against it (in Leibnitii Mantissa, P. II. p. 335 ss., and in Munch Th. 1. S 268 ff.). The restoration of the Annates was here chiefly objected to, which was in the highest degree perilous, pour évacuer en peu de temps ce Royaume d'or, d'argent et de finances, and which ne se pourroit practiquer sans commettre le peché de Simonie. The Parliament likewise declared itself against the appointment, que les grandes causes, les causes des Cardinaux et officiers de Cour de Rome ne seront traictees en ce Royaume, mais en la dicte Cour, and shows the dangerous results that would follow; moreover, against the Pope having power to appoint to benefices qui vacqueront par mort en Cour de Rome; also, he had only renounced the reservation of the beneficia vacatura, and so he might reserve them post illorum vacationem. Then there were express remonstrances made against the resignation of the right to elect bishops and abbots, which right was moult ancien, et fond en droict divin. Lastly, the danger of the Bull by which the Pragmatic Sanction would be abolisht, was shown. The two remonstrances closed with the declaration, que les dicts Concordats sont contre l'honneur de Dieu, les libertés de l'Église, l'honneur du Roy et le bien public de son Royaume. However, the king remained firm in his desire, and became continually more violent and menacing The Parliament appealed on the 19th March 1518 (see Relation in Munch Th. 1 S. 267) au Pape mieux conseillé, et au premier concile général légitiment assemblé : and when the king nevertheless had the Concordat publisht in Parliament on the 22d of March, it repeated this appeal on the 24th March (see the Appendix to the Relation of this day, which is wanting in Munch, in a Latin translation given by Richer). The University of Paris followed this example on the 27th March 1518 (stylo gall. 1517), and appealed likewise a Domino nostro Papa non recte consulto, et jam dicti sacri Basileensis Concilii et ei adhaerentis pragmaticae sanctionis statutorum abrogatione, novorum statutorum editione, consensus praestatione, et attentata illorum quadam publicatione, et omnibus inde sequutis et sequuuturis—ad futurum Concilium legitime ac in loco tuto [congregatum], et quod libere et cum securitate—adire poterimus, et ad illum vel ad illos, ad quem seu ad quos de jure—vel alias nobis provocare et appellare licet. (The text of this appeal in Leibnitii Mantissa T. ii. p. 358 ss., and quoted thence in Munch. Th. 1. S. 307, is full of errors, and in many places unintelligible : a purer text may be seen in Richerii hist Concill. lib iv. P. ii c. 4. § 14, and in the Preuves des Libertez de l'église Gallicane, chap. xiii. no. 18). Both appeals were forced to yield to the king's power; still a strong feeling against the Concordat lasted a long time. Thus Gilbertus Genebrardus (Professor of the Hebrew language at Paris, from 1593 Archbishop of Aix † 1597), Chronographia, Paris 1580, fol. ad ann. 1515, says of Leo X.: Pragmaticam sanctionem sustulit, Concordata quae vocantur cum Rege Francisco agitans de nominatione Episcoporum et Abbatum, specioso praetextu, ut Rex propter electionum abusus—nominare teneretur : revera autem ageretur mysterium illud iniquitatis, quo perditam Ecclesiam Gallicanam cernimus, and further also below : Anno 1516 abrogata est in Galliis pragmatica sanctio, et Concordata, ut vocant, substituuntur, fremente universo clero, scholasticis, populo, bonis denique et doctis omnibus. He also wrote De sacrarum electionum jure et necessitate ad Ecclesiae Gallicanae redintegrationem; but this book was condemned to the flames.

Constance and Basle, and found its stronghold in France : and
now at this very time it was approaching its most grievous
downfall.

§ 136.

## ON THE GENERAL POSITION OF THE PAPACY

By means of the reforming councils at Constance and Basle,
in opposition to the doctrine of the Pope's universal monarchy
which had been hitherto maintained, the other theory of the
limitation of the Papacy by the ecclesiastical aristocracy, which
had already reacht its full growth in France, obtained full
recognition in the Church.[1] The controversy betwixt these two

[1] With regard to the different Theories of this time, see Gerson de
potest. ecclesiastica (written at Constance during the Council) consid.
xii. (Opp. ed. du Pin ii. p 246): Potestas ecclesiastica papalis non
ita habet dominia et jura terreni simul et coelestis imperii, quod possit
ad libitum suum de bonis Clericorum et multo minus laicorum disponere; quamvis concedi debeat, quod habet in eis dominium quoddam
regitivum, directivum, regulativum, et ordinativum. Declarationem
hujus considerationis, quam discretio moderatrix atque mediatrix ponit
inter errores oppositos, dum facere meditarer, occurrere visa est protinus
in ipso meditationis meae secreto duplex improba pestis. Nomen unius
Detractio livida, nomen alterius Adulatio subdola : prima potestatem
ecclesiasticam deprimens subjiciebat temporali; altera sustollebat in
immensum, velut ad similitudinem Altissimi, confundens jura cujuslibet alterius potestatis. Tolle, tolle, clamat Detractio, temporalitatem
omnem, jus vel dominium ab Ecclesiasticis. Quare? quia sic instituit
Christus, cujus ista vox est : *Nisi quis renuntaverit omnibus, quae
possidet, non potest meus esse discipulus* (Luc. xiv. 33.).—Addit Detractio, quod Ecclesiastici nequaquam capaces sunt jurisdictionis temporalis,
etiamsi Principes illis conferre voluerint. Inducit Apostolum, quia
*Nemo militans Deo implicat se negotiis saecularibus* (2 Tim. ii. 2)
Addit Detractio, nihil habere Ecclesiasticos, neque decimas neque oblationes, quantominus alias dotationes vel possessiones, nisi ex pura
eleemosyna donantium : et quod ab Ecclesiasticis peccantibus, saltem
habitualiter, possent per saecularem potestatem optimo jure tolli ; quia
data est potestas haec saecularis in vindictam malefactorum, *neque sine
causa gladium portat* (Rom. xiii. 4.) Addit quarto innitens Apostoli
verbis : *habentes alimenta et quibus tegamur, his contenti simus* (1 Tim.
vi 8), quia quicquid habent Ecclesiastici ultra simplicem victum et
vestitum, totum illud est pauperum, cujus retentio nedum furtum vel
rapina simplex est, sed sacrilegium.—Vult tandem Detractio Ecclesiasticos omnes ad illam Apostolorum et discipulorum primam pauperta-

tem sine equis, sine thesauris, sine calceamentis, sine possessionibus de necessitate salutis redigere, execrans in Ecclesiasticis pompam omnem.
—Consurgit ex adverso blandiens et subdola Adulatio, et ad aures Ecclesiasticorum, praecipue summi Pontificis, insusurrans: o quanta est, quanta sublimitas ecclesiasticae potestatis tuae! o sacer Clere, quam nihil est saecularis auctoritas tuae comparata! Quoniam, sicut Christo collata est omnis potestas in coelo et in terra, sic eam Christus omnem Petro suisque successoribus dereliquit. Unde et nec Constantinus quidquam Sylvestro Papae contulit, quod non esset prius suum, sed reddidit injuste detentum. Porro sicut *non est potestas nisi a Deo* (Rom. xiii 1), sic nec aliqua temporalis vel ecclesiastica, imperialis vel regalis, nisi a Papa, in cujus femore scripsit Christus : *Rex Regum, Dominus Dominantium* (1 Tim. vi. 15.) De cujus potestate disputare instar sacrilegii est : cui neque quisquam dicere potest : cur ita facis ! si etiam temporalia omnia, si ecclesiastica bona atque dominia mutaverit, diripuerit, distraxerit. Mentior, si non inveniuntur haec scripta, ab illis etiam, qui sapientes sunt in oculis suis ; si praeterea non inveniuntur fuisse per aliquos summos Pontifices haec credita. Notum est illud Satyrici : *Nihil est quod credere de se non possit cum laudatur diis aequa potestas ;* et illud Comici de adulatore : *hic profecto ex stultis insanos facit.* Sentiens autem Adulatio quandoque nimis se cognosci, studet quasi modestiori sermone depressius uti, ut credibilior appareat. Concedit saeculari potestati possessiones et jurisdictiones proprias, quas tollere nequit pro libito Papa ; recognoscit, Constantinum, vel alios Principes aliquid Ecclesiae noviter contulisse : nihilominus tradit, quod summus Pontifex supremus est Monarcha, nedum in spiritualibus, sed temporalibus, habens potestatem hanc immediate a Christo, sed alii Reges omnes et Principes suam recipiunt dominationem ab eo, et solum mediate a Deo. Alioquin, ait, monstruosus esset hic mundus, si haberet tot capita, quae non sub unico regerentur, rediretque Manichaei deliramentum, ponentis duo principia, unum bonorum et spiritualium, aliud malorum et temporalium. Unde et sicut corpus est propter animam, et ab anima vivit et regitur ; sic potestas saecularis propter spiritualem, a qua recipit suum esse legitimum. Quam auctoritatem spiritualem qui negant vel impugnant, sint intus, sint foris Ecclesiam, possunt gladio, vel spirituali excommunicationis, sicut Catholici, vel debellationis, sicut infideles, feriri, et eorum dominia vel bona in alios transferri.—Rursus animadvertens Adulatio, durum esse multis hunc sermonem, et ideo minus credibilem, studet loqui restrictius, concedens, quod, sicut ante Petrum fuerunt apud infideles vera dominia, quemadmodum irrefragabilis auctoritas sacrae Scripturae et evangelicae narrationis testis est, sic non oportet nunc post Petrum, ut omnis potestas imperialis, regalis, vel altera saecularis sit immediate robur habens a summo Pontifice, sicut Rex Francorum Christianissimus superiorem hoc modo non habet, nec recognoscit in terris. Idcirco transfert verbum suum Adulatio loqui de dignitatibus, officiis, et bonis Ecclesiasticorum, quae omnia sic subjicit summo Pontifici, ut quidquid circa ea placuerit disponere mutando, transferendo, appropriando, hoc possit, hoc teneat, et ratum sit, licet hoc sine causa, licet cum peccato suo peregerit : quamvis peccatum circa hoc vult Adulatio longe a Papa

systems was waged incessantly from this time onward. General council was raised up against general council, author against author. As the Councils of Constance and Basle maintained the principles of the liberal theory, so the Council of Florence[a] and the fifth Lateran vindicated the Papal-system. Amongst the quarrels of authors upon this subject, the most remarkable is that betwixt the Dominican Thomas de vio Cajetan, and Jacobus Almainus Doctor of the Sorbonne at the end of this period.[3] The chief principles of the newly risen monarchical-aris-

sic facere, ut eum simoniam posse neget committere, quoniam sua sunt omnia ecclesiastica bona, concedit insuper quod super jus est, potens ab altero jus suum tollere ; et quod nec ab eo appellari, neque eum judicialiter evocari, nec obedientiam ab eo subtrahi, praesertim extra casum haeresis, sit aliquatenus possibile. Hic solus symbolum fidei condere, hic solus causas ejusdem fidei, et majores caeteras tractare potest ; solus, ut jam tactum est, definitiones, regulas, leges et canones condit : alioquin quidquid per alios definitur, decernitur, conditur, statuitur, irritum est et inane ; nec aliquid ex eis quae statuerit potest, nisi per ipsum, quomodolibet cassari vel infringi : ipsum vero aliena qualiscumque constitutio ligat nulla. Fallor, si non ante celebrationem hujus sacrosanctae Constantiensis Synodi sic occupaverat mentes plurimorum, literalium magis quam literatorum, ista traditio, ut oppositorum dogmatizator fuisset de haeretica pravitate vel notatus, vel damnatus. Hujus rei signum accipe, quia post declarationem ex theologiae principiis luce clariorem, et quod urgentius est, post determinationem et piacticationem ejusdem sanctae Synodi inveniuntur, qui talia palam asserere non paveant : tam radicatum, et ut cancer serpens tam medullitus imbibitum fuit hoc priscae adulationis virus letiferum.

[a] In the Definitio s. oecumenicae Synodi Florentiae (Labbei et Cossartii Concilia. T. xiii p. 515) it states : Item diffinimus,—ipsum Pontificem Romanum successorem esse b Petri, principis Apostolorum, et verum Christi vicarium, totiusque Ecclesiae caput, et omnium Christianorum patrem ac doctorem existere; et ipsi in b. Petro pascendi, regendi, ac gubernandi universalem Ecclesiam a domino nostro Jesu Christo plenam potestatem traditam esse.

° Cajetan wrote in 1511 against the Synod of Pisa his tract. de comparatione auctoritatis Papae et Concilii (in Rocaberti biblioth. max. Pontificia. T xix. p. 443, and elsewhere), in which he defends the Papal system in the most unmitigated manner. The Synod of Pisa sent this book with a letter dd. 10. Jan. 1512 (see in Richerii hist. concill lib. iv. P. i. c. 2. § 9.) to the University of Paris with a requisition to refute it. Jac. Almainus thus encouraged wrote his tract. de auctoritate Ecclesiae et Conciliorum generalium (in Gersonii Opp. ed. du Pin ii. p. 976) in June 1512. Cajetan wrote in answer de comparata auctoritate Papae et Concilii Apologiae Partes ii. (in Rocaberti xix. p. 493), and afterwards A.D. 1521 de Romani Pontificis institutione et auctoritate (l. c.

## CH. I—PAPACY. § 136. GENERAL POSITION 419

tocratic system are these, that the secular power is not dependent upon the ecclesiastical;[4] that the supreme and legislating sovereignty in the Church belongs to general councils alone,[5] to which the greater number of the Theologians of this party assigned at

p. 526.) Almainus was hindered from answering by his death † 1513. At the same time the Doctor of the Sorbonne Johannes Major, a Scot, controverted Cajetan in several works publisht in Gersonii Opp. ed. du Pin ii. p. 1121 ss.

[4] See Nicolai Cusani de concord. cathol. (see § 132. note 12) lib iii. in Schardii Syntagma tractatunm p. 356 ss. Joannes Major comm. in Sentent. lib. iv. dist. 24. (printed in Gersonii Opp ed. du Pin ii. p 1121) and Scholia in Evang. Matthaei cap. 16. written A.D. 1518 (with the title disp. de potestate Papae in rebus temporalibus. ibid. p. 1145 ) Jac. Almaini Expositio circa decisiones M. Guil. Occam super potestate summi Pontificis (Gersonii Opp. ii. p. 1013.)

[5] Gerson de potest. eccl consid. xi. (Opp. ii p. 243): Potestas ecclesiastica in sua plenitudine est in Ecclesia, sicut in fine, et sicut in regulante applicationem et usum hujusmodi plenitudinis ecclesiasticae potestatis per se ipsam, vel per generale Concilium, ipsam sufficienter et legitime repraesentans. Constat itaque, datam fuisse Petro plenitudinem ecclesiasticae potestatis a Christo ad aedificationem Ecclesiae suae, sicut conformiter ad Apostolum ponit descriptio. Propterea loquitur Augustinus cum aliis quibusdam, quod *claves Ecclesiae datae sunt non uni, sed unitati*, et quod, *datae sunt Ecclesiae.*—Potest etiam dici in Ecclesia vel in Concilio haec plenitudo ecclesiasticae potestatis nedum in se formaliter, sed aliis duobus modis, videlicet quoad applicationem ad hanc vel illam personam, et quoad usum regulandum, si fortassis in abusum verti quereretur. — Cum igitur summus Pontifex habens eam subjective sit peccabilis, et possit hanc potestatem in destructionem Ecclesiae velle convertere ; similiter sacrum Collegium, quod ei datum est et coassistit quasi communitas aristocratica, non est in gratia vel fide confirmatum : superest, ut aliqua sit relicta inobliquabilis et indeviabilis regula ab optimo legislatore Christo, secundum quam possit abusus hujusmodi potestatis reprimi, dirigi atque moderari. Haec autem regula est vel Ecclesia, vel generale Concilium.—Hic fundantur ea multa, quae per hoc Sacrum Concilium (Constantiense) et constituta et practicata sunt: ut quod Papa judicari potest et deponi per Concilium etc. Nicolaus Cusanus de concord cathol. lib. ii c 34 in Schardius p. 349 : Si universalis catholica Ecclesia infallibiliter per Christi assistentiam dirigitur ; tunc concurrente omnium Christianorum consensu ad quamcumque conclusionem necessitatem salutis includentem, necessario sequitur, illam christianam, fidelem et veram. Universale vero Concilium dictans talem conclusionem consensu et legatione omnium fidelium, necessario ex Christi assistentia et Spiritu Sancto inspirante vere et infallibiliter d'ctat eandem.—Omnes autem provinciales Synodos, ac etiam Romanos Pontifices hoc privilegium non attingit. p 351 : Nec fuit Petrus ex illo primatu Ecclesia major : quoniam ipse ab Ecclesia et propter eam nominatur secundum Augustinum.—

Quare illa Petri majoritas non fuit majoritas supra, sed infra Ecclesiam.
Unde licet os sive caput esset Apostolorum ac Ecclesiae,—tamen nihilominus tanquam membrum subfuit.—Unitas fidelium est illa, ad cujus servitium et observantiam praesidentia est super singulos. Hinc unitas fidelium, quam nos Ecclesiam dicimus, sive universale Concilium catholicae Ecclesiae ipsam repraesentans est supra suum Ministrum ac singulorum praesidem. Andreas Episc. Megarensis Gubernac. Concill. (see § 132 note 19) in v.d. Haidt Conc. Const. VI., iv. p. 147 : haec plenitudo potestatis papalis non fuit data Petro, ut Petro sed fuit data universali Ecclesiae. p. 162 : quando Petrus claves accepit, has potius tota Ecclesia suppositaliter accepit in ipso Petro, sive per ipsum Petrum, et ipse Petrus claves accepit in typo, mystice; et ministerialiter ab ipsa Ecclesia universali. Claves enim, quas Ecclesia non poterat per omnes exercere universaliter, voluit quod exequerentur per Petrum et ejus successores particulariter. p. 158 : potestas universalis Ecclesiae seu Synodi generalis convocatae canonice est major, quam potestas Papae : —quia potestas Concilii est a Deo, Christo Jesu immediate, duntaxat; et potestas Papae est a Christo et Conciliis. Alphonsus Tostatus (Lecturer at Salamanca, afterwards Episc. Abulensis, and the King's Councillor † 1454) comm. in Numer. c. 15, quaest. 48 : Claves Ecclesiae datae sunt a Christo toti Ecclesiae : quia tamen non poterat tota Ecclesia dispensare illas, cum non esset aliqua persona, tradidit eas Petro nomine Ecclesiae. Si tamen intelligeretur, claves traditas esse Petro specialiter, non solum sequeretur inconveniens commune, quod alii Apostoli non habuissent aliquam actoritatem clavium, quod falsum est, quia illis data est potestas remittendi peccata, ut patet Joannis 20. cap. scil. *accipite Spiritum Sanctum, et quorum remiseritis peccata, remissa erunt, et quorum retinueritis, retenta erunt:* ista tamen est sola potestas clavis : ergo alii Apostoli susceperunt claves. Sed aliud inconveniens majus erat, scil. quod defuncto Petro non mansissent claves, quod necesse erat, si soli Petro datae fuissent, et non solum si ipsi soli, sed etiam si omnibus Apostolis datae fuissent claves specialiter tanquam determinatis personis, defunctis illis non mansissent claves in Ecclesia, quia isti non habebant potestatem dandi aliis claves, faciendo eos successores suos, cum nemo posset Praelatum successorem sibi facere. Et tamen omnes successores b. Petri et aliorum Episcoporum habent claves, sicut habuit Petrus et alii Apostoli : ergo non fuerunt datae claves illis tanquam determinatis personis, sed tanquam ministris Ecclesiae, et tunc magis dabantur claves Ecclesiae, cum Ecclesia, quae habet ipsas radicaliter, nunquam moriatur. Quaest. 49 : Ecclesia suscepit claves a Christo, et Apostoli tanquam ministri Ecclesiae ; et nunc Ecclesia illas habet, et Praelati etiam, sed aliter Ecclesia quam Praelati : nam Ecclesia habet secundum originem et virtutem, Praelati autem habent secundum usum earum. Dicitur Ecclesia habere secundum virtutem claves, qui potest illas conferre Praelato per electionem :—Ecclesia autem a nullo suscipit, postquam semel a Christo suscepit, ideo illos per originem et virtutem habet. Praef. ad Evang. b. Matthaei with reference to the Council of the Apostles : Hoc factum est Spiritu S. dictante, ut recognosceretur per hoc auctoritas et potestas Concilii generalis, qua nulla est major

CH I —PAPACY § 136. GENERAL POSITION. 421

the same time infallibility ;[6] that the Pope being subordinate to them, was no more than a caput ministeriale Ecclesiae, and not super terram, et non potest errare in pertinentibus ad fidem, nec errat in pertinentibus ad mores. Quilibet autem homo, quantumcunque sanctus et quantaecunque potestatis potest errare in fide et effici haereticus. Sicut de multis summis Pontificibus legimus, ut de Liberio, de Joanne xxii., et aliis quibusdam. Dionysius Carthusianus (properly de Leewis of Ryckel, a Carthusian at Ruremonde † 1471) de auctoritate Papae et Concilii lib. i. art. 31 : Concilium generale nonnisi propter causas singulariter magnas et arduas, utputa quae aliter congrue expediri non queunt cougregandum celebrandumque esse omnes fatentur. Porro hae causae sunt extirpatio haereticae pravitatis ac schismatis, declaratio fidei atque editio symboli ejus, universalis reformatio Ecclesiae in capite et in membris. Itaque in expeditione istorum major dicitur potestas Concilii generalis quam Papae, quoniam Christus promisit Ecclesiae seu Concilio ipsam repraesentanti infallibilem directionem et gloriosam assistentiam incessantem ; ita quod errare non potest in fide, neque in his, quae ad bonos pertinent mores, eo quod in talium determinatione regatur immediate a Spiritu Sancto. Unde et Papa in talibus tenetur stare determinationi Ecclesiae, seu statuto Concilii, tanquam ordinationi et sententiae Spiritus Sancti Cumque Papa possit errare in fide et moribus et caeteris, quae sunt de necessitate salutis; ejus judicio non videtur ultimate et certitudinaliter standum in istis, cum non sit infallibilis regula, neque indeviabile fundamentum. Jac. Almainus de auct Eccl. et Concill. generall. c. 7. ss. (Opp. Gersonii ii. p 989 ss )

[6] The infallibility of General Councils came before the Council of Basle only as a controverted doctrine in the Schools, and as such was denied even at the Council itself without causing any offence, by Petrus de Alliaco, see above § 131, note 4. This doctrine gathered shape after the Council of Constance, see (Blau's) krit. Gesch der kirchl. Unfehlbarkeit, Frankf a. M. 1791. S. 240 ff. and was maintained decidedly by John Gerson, Alphonsus Tostatus, Dionysius Carthusianus, Nicolaus Cusanus There were others indeed who held as an article of faith the infallibility of the universal Church, but not of General Councils: thus Joannes Breviscova (Doctor Paris. from 1420 Bishop of Paris, from 1422 Bishop of Genf) tract de fide, Ecclesia, Romano Pontifice et Concilio. Art. 3 in Gersonii Opp. ed. du Pin i. p. 898 ; Thomas Netteras Waldensis (Provincial of the Carmelites in England † 1430) doctrinale antiquitatum fidei cathol. adv. Wiclevitas et Hussitas. T. i lib. ii. c 19, 27 ; Nicolaus de Tudesco, Archiep. Panormitanus (famous as a member of the Council of Basle, and as a Canon-lawyer, under the names Abbas or Panormitanus) comm. in Decretal. lib. i. Tit 6 c 4 ; Antoninus Archiep Florentinus Summa theol. P. iii. Tit. 23. c. 2, § 6, see Blau ibid S 241 ff. However, the doctrine of the infallibility of General Councils gradually obtained universal ascendancy among the liberal theologians as the counterpoint to the curialist theory of the infallibility of the Pope See Jac. Almainus de auct. Eccl. et Conc. gen. c. 10. (Gersonii opp. ii. p. 1001): Papa potest errare errore judiciali, de errore personali omnibus

authorized to give laws to the Church;[7] and that appeals might be made to a general council;[8] that the Episcopal power did not

notum est. Probatur ista propositio : duo summi Pontifices determinaverunt contraria, etiam in his, quae fidem tangunt, ergo alter eorum erravit errore judiciali. Antecedens patet de Joanne xxii. et Nicolao, quorum unus determinavit judicialiter, Christum et Apostolos nihil habuisse in communi, nec in proprio; alter oppositum, ut videre est in eorum extravagantibus. Secundo Innocentius III. et Caelestinus determinaverunt contraria super ista propositione : uno conjugum ad haeresim transeunte, alter qui remanet in fide potest ad secunda vota transire. Determinatio Innocentii III, quod non potest, ponitur in cap. Quanto, de divortiis. Determinatio Caelestini, ut dicit Glossa in eodem Cap. olim ponebatur in Decretalibus de conversione conjugatorum in fine. Tertio, aliqui statuerunt contra Evangelium, ut Pelagius, qui fecit constitutionem, quod omnes Subdiaconi Siciliae a suis uxoribus abstinerent, quas in minoribus Ordinibus duxerant, aut ab officio cessarent : quam (quia erat iniqua et contra Evangelium) retractavit Gregorius I., ejus successor, ut patet 31. Dist. Can. Ante triennium, in textu et in glossa.—Ex his satis patet, quod summus Pontifex potest errare, sententiando in materia fidei.—Sequitur secundo, quod ultima resolutio in his quae fidei sunt, non spectat ad summum Pontificem.— Concilium universale in his quae fidei sunt errare non potest, et sic ad ipsum ultima fidei decisio spectat.

[7] See note 5. Gerson de modis uniendi ac reformandi Ecclesiam in Conc. Univ. c 2. see § 131, note 1. Responsio synodalis Conc. Basil. ann. 1432 (see § 132 note 14) in Mansi xxix. p. 249 : Etsi sit *caput ministeriale Ecclesiae*, non tamen est major tota Ecclesia. With regard to the binding force of Papal decrees see Gerson de potest. eccl. consid. iv. (Opp. ii. p. 232) : Ecclesia potest condere leges obligantes, et regulantes etiam ipsum Papam, tam quoad personam, quam respectu usus potestatis. Non sic e contra potest Papa judicare totam Ecclesiam, vel usum suae potestatis limitare : immo si Papa condat leges et canones, videtur observandum illud quod dicit Augustinus *leges instituuntur cum promulgantur, firmantur autem cum moribus utentium approbantur*. Hoc enim dicitur ad reprimendam praesumptionem quorundam summorum Pontificum vel eis adulantium etc. Nicolaus Cusanus de concord, cath. lib. ii. c 9 ; Ecclesiastici canones non possunt nisi per ecclesiasticam congregationem, quae Synodus vel coetus dicitur, statui. Et ideo nisi, quicunque ille fuerit, aut Papa, aut Patriarcha, decreta secundum canones ecclesiasticos promulgaverit, non possunt illa statuta, canones, sive ecclesiastica statuta vocari ; et nihil habent firmitatis, cujuscunque particularis statuta, nisi in quantum per acceptationem et usum seu consensum confirmentur, seu canonibus consentiant. Almainus de auct. Eccl. et Conc. gen. c. 12. (Gersonii opp. ii. p 1008) : Summus Pontifex non solum deponi potest ab Ecclesia seu Concilio pro haeresi, verum etiam et pro alio crimine notorio Ecclesiam scandalizante.

[8] This was one of the points which was most loudly and most frequently

finally rest upon the Papal power, but shared with it the same foundation.⁹ Although the reasons in defence of this theory controverted betwixt the two parties Martin V. had already condemned such appeals at Constance, and thereby roused Gerson to their defence see § 131, note 23. Pius II. condemned them afresh, see § 133, note 26, but he likewise met with a stout resistance from Gregory of Heimburg, see ibid., note 29.

⁹ Gerson de potest. cccl. Epilogi Conclus. 2 (Opp. ii. p. 256) : Nec tamen plenitudo potestatis papalis sic intelligenda est immediate super omnes Christianos, quod pro libito possit immediate jurisdictionem in omnes per se vel alios extraordinarios passim exercere : sic enim praejudicaret Ordinariis, qui jus habent immediatius, immo immediatissimum super plebes eis commissas, actus hierarchicos exercendi Extenditur igitur plenitudo potestatis Papae super omnes inferiores solum dum subest necessitas ex defectu Ordinariorum inferiorum : vel dum apparet evidens utilitas Ecclesiae. Nicol. Cusanus de concord. cath. lib. ii c. 13 . Pro investigando veritatem illius, an scilicet de jure positivo omnes Praelati inferiores Papa derivative, scil. ab ipso Papa, jurisdictionem habeant ;—oportet primo, si hoc verum foret, Petrum aliquid a Christo singularitatis recepisse, et Papam in hoc successorem esse. Sed scimus, quod Petrus nihil plus potestatis a Christo recepit aliis Apostolis.—Nihil enim dictum est ad Petrum, quod etiam aliis dictum non sit —Ideo recte dicimus, omnes Apostolos in potestate cum Petro aequales.—Unde cum potestas ligandi et solvendi. in qua fundatur omnis ecclesiastica jurisdictio, sit immediate a Christo ; —et quia ab illa postestate ligandi et solvendi est divinae jurisdictionis potestas ; patet, omnes Episcopos, et forte etiam Presbyteros aequalis potestatis esse quoad jurisdictionem, licet non exequutionis. Quod quidem exercitium exequutivum sub certis positivis terminis clauditur et restringitur propter melius et causam cum majori parte perducendi omnes homines ad finem suum, scil. Deum : ob quem finem finaliter omnis potestas, et jurisdictio, et statuta humana per media proportionata tempori et loco tendere debent. Unde cessante causa statui illius,— puta vel ob negligentiam inferiorum, vel necessitatem, tunc cessant illa positiva jura.—Quare dicimus, — quod omnes Episcopi unius sunt potestatis et dignitatis : quae supra sunt, scil. Archiepiscopalis, Patriarchalis, et Papalis sunt administrationes.—Quare hoc solum singularitatis in Petro inveniemus, quod ipse fuit major in administratione, ad quam volentibus Apostolis a Christo est electus, quia senior.—Sicut principatus Petri a legatione Christi dependebat, ita et omnium Episcoporum — quare qui eos audit, Christum audit. — Apostolicum praeceptum habent omnes Episcopi regendi se et gregem.—Si dicis, Papam subditos Episcoporum absolvare et ligare, dico idem in aliis, quando consensus propriorum intervenit. Actus enim, aliter nullus, per consensum aut gratificationem proprii sacerdotis in hac materia validus efficitur, — Cum ergo usu communi sit hoc introductum, et ex usu consensus elicitur, patet quod efficacia hujus vigorem ex consensu recipit.—Igitur non legitur, antiquos Romanos Pontifices se de his intromisisse, et talia confessionalia et alia consimilia concessisse,

were principally drawn from the earlier ecclesiastical laws, which were still preserved in the collections of statutes in force; still, as the consideration of these might easily have led men on to too widely extended historical researches, its champions took their ground almost exclusively upon the dogmatical-scholastic platform. Undoubtedly individuals had attained by the help of the newly awakened knowledge of antiquity to deeper insight into history. The fraud of the Pseudo-isidore, and the spuriousness of the grant of Constantine were known to many, and the latter publicly announced by Laurentius Valla.[10] However, these discoveries were neither as yet made public property, nor used by the liberal canonists for their own advantage, and so the weapons of history most fatal to the Papacy were not yet directed against it with any effect.

Against this new monarchic-aristocratical system, which had grown up especially in France, and was regarded and defended as the groundwork of all Church-freedom, the antient Papal system under the protection of the Popes, found no less decided champions principally in Italy, among the throng of men, who were bound to the Curia partly by favours received, partly by their hopes;[11] roused by opposition they maintained this system

et forte non fuisset permissum. Unde si Concilium Africanum, cui se subscripsit s. Augustinus, non admisit appellationem a Synodo ad Papam (see vol 1. § 92, note 52),—quomodo tunc admisissent ista, et ea quae hodie exorbitanter fiunt? Sed quia consensus ex usu longaevo hoc nunc introduxit, valida illa sunt quoad animarum salutem, quam diu patiuntur: tolli autem possent per Concilium, et hoc reformatio deposcit.—Et dum hanc partem defendimus, quod Papa non est universalis Episcopus, sed super alios primus, et sacrorum Conciliorum non in Papa, sed in consensu omnium vigorem fundamus: tunc quia veritatem defendimus, et unicuique suum honorem reservamus, recte Papam honoramus.

[10] See Part 1, § 20, note 17 and 21.

[11] Thomas de Corsellis says in his speech before the Council of Basle (Aen. Sylvius de Conc. Basil. lib. i. ed. Cattopoli 1667, p. 19): Sunt aliqui, sive avidi gloriae, sive quod adulando praemia expectant, qui peregrinas quasdam et omnino novas praedicare doctrinas coeperunt, ipsumque summum Pontificem ex jurisdictione sacri Concilii demere non verentur. Excoecavit namque illos ambitio, a qua non solum hoc modernum, sed omnia usque in hanc diem schismata suborta reperiuntur —Alius clamat, subditorum facta judicari a Papa, Romanum vero Pontificem solius Dei reservari arbitrio. Alius dicit, quia primam sedem nemo judicabit.—Alius vero asserere non veretur, Romanum

## CH I.—PAPACY § 136. GENERAL POSITION 425

in its most unmitigated form, and without any fear for its most obnoxious results.[12] According to them the Pope's authority was exalted immeasurably high over every other dignity on earth;[13] the Pope was supreme above all princes,[14] as well as the

Pontificem, quamvis animas catervatim secum ad inferos trahat, nullius reprehensioni fore subjectum    Nec considerant miseri, quia quae praedicant tantopere verba aut ipsorum summorum Pontificum sunt, suas fimbrias extendentium, aut illorum, qui eis adulabantur. Jacobi de aradiso (Carthusian and Doctor of divinity at Erfurt) collectum de septem statibus Ecclesiae in Apocalypsi mystice descriptis (written 1449) in Walchii monim. medii aevi vol. ii. fasc. 2. p. 43 s. below note 31. Joannes Major (see note 2) comm. in Matth. c. 18. in Gersonii Opp. ii. p. 1144 : Quod vero plures Pontificem extollant quam Concilium, non miraberis. Concilium raro congregatur, nec dat dignitates ecclesiasticas, Papa dat eas : hinc homines ei blandiuntur, dicentes, quod solus potest omnia quadrare rotunda, et rotundare quadrata, tam in spiritualibus quam in temporalibus.

[12] In the fifteenth century one Joannes de Turrecremata, a Dominican, Magister s. Palatii, sent as papal envoy to the Council at Basle, from 1439 Cardinal † 1468, takes the first place among them. Against the Council of Basle he wrote his summa de Ecclesia et ejus auctoritate lib. iv. (Lugd. 1496. Venet. 1561), from which lib. ii. de postestate Papali and libb. iii. de Conciliis in Rocaberti biblioth. max. pontificia T. xiii. p. 281 have been taken, where also p 575 ejusd. de summi Pontificis et generalis Concilii potestate, ad Basileensium Oratorem in Florentina Synodo responsio, viva voce exhibita is to be found. With regard to Cajetan see above note 3.

[13] Jo. de Turrecremata lib. ii. c. 52. states wherein the plenitudo potestatis Romani Pontificis is shown. To wit primo ostenditur ex his, ex quibus excellentia papalis dignitatis sive principatus nobis figuraliter describitur. — Secundo ostenditur—in extensione principatus sui ; extenditur enim in totum orbem terrarum, nullus enim fidelis in toto orbe christiano eximitur ab ejus principatu.—Tertio—ostenditur in potestate clavium in foro conscientiae.    Extenditur enim potestas clavium in eo ad omnia loca, ad omnes personas, ad omnes casus.— Quarto—ostenditur in clavibus judiciariae potestatis in foro exteriori Valet enim de omnibus personis orbis christiani, cujuscumque status aut conditionis existant, judicare : est enim judex totius Ecclesiae.— Cum enim Romanus Pontifex caput totius Christianae communitatis princeps existat ; ejus non tantum est promovere ea et ordinare, quae ad bonum reipublicae, et consecutionem supernae beatitudinis, quae finis ultimus Christianorum est, conferunt, sed ea tollere et submovere prohibendo et corrigendo, quae ad motionem ad talem finem fideles impediunt.—Quinto plenitudo potestatis Romani Pontificis ostenditur in depositione Episcoporum.—Sexto—in hoc, quod ejus potestas a nulla potestate humana exceditur, vel superatur ; sed ipsa omnem aliam excedit et superat.—7. in hoc, quod non arctatur ejus potestas ad hoc, ut semper servato ordine inferiorum potestatum operetur, sed potest

mediantibus illis, vel illis intermissis, immediate in quemcunque Christianum operari, ut immediatus ordinarius Pastor et Praelatus, quando viderit expedire. — 8. in exemptione inferiorum Praelatorum a superiori.—9. in hoc, quod non ligatur legibus a se factis, aut etiam sacrorum Conciliorum canonibus, sed potest ex plenitudine potestatis super jus et leges positas facere, et in canonibus Conciliorum juxta temporum opportunitatem aut locorum, et personarum conditiones dispensare.—10. in dispensatione actionum humanarum, puta votorum et juramentorum.—11 in administratione et dispensatione rerum ecclesiasticarum. Alii autem Praelati et Collegia habent potestatem coarctatam in administrando et dispensando res suas, et transferendo dominium ipsarum, obligando, et alienando, quia nonnisi ex certis causis et cum certis solemnitatibus jure possunt res Ecclesiae alienare :—Papa vero in istis solus sine consensu etiam cujuscumque, et sine solemnitatibus potest res quascumque cujuslibet Ecclesiae alienare, et alienando dominium transferre, dum tamen hoc faciat ex justa causa.—12. in hoc,— quod quaedam sunt superiorum Ordinum, quae potest Papa committere inferioribus quibusdam : sicut Presbyteris concedit conferre minores Ordines, quod pertinet ad Potestatem Episcopalem :—13. in dispensatione thesauri Ecclesiae, quoniam ipse solus, utpote Christi principalis vicarius et dispensator, dat plenariam indulgentiam, et omni homini fideli de toto mundo.—14 in hoc, quod dispositio totius ecclesiastici ordinis quoad dignitates ecclesiasticas,—et dispensatio beneficiorum, tanquam ad servum, quem constituit Dominus super familiam, ut det illis tritici mensuram, pertinent ad Romanum Pontificem.—15. in canonizatione Sanctorum. Rodericus Sancius Episc. Zamorensis et Referendarius P. Pauli II., Speculum vitae humanae (Romae 1468, frequently publisht, e.g. Argent. 1507, fol.) lib. ii c. 1 : Summi Pontificatus excellentiam, dignitatem et auctoritatem,—illiusque necessitatem et utilitatem ostendere, hodie munus suscepi, grande quidem negotium, sed parvum ingenium. Cujus tanta est sublimitas et eminentia, tanta immensitas, ut nullus mortalium nedum comprehendere, aut satis exprimere, sed nec cogitare posset. Obtundit enim omnem humanum intellectum illius sacratissimi et omnium eminentissimi status majestas et excellentia, quia scriptum est : *scrutator majestatis opprimetur a gloria.* Si—nihil in hoc saeculo excellentius—inveniri potest statu et dignitate simplicium sacerdotum,—quid cogitandum est de eo summo Pontifice, qui vices veri Dei gerit in terris? qui ad plenitudinem status, qui ad apostolicum thronum, qui ad culmen omnium dignitatum assumitur, ex qua certe, ut rivuli a fonte, rami ab arbore procedunt. Qui non ad humanum tantum principatum, sed ad divinum ; non ad principandum solum mortalibus, nec modo hominibus, sed angelis; non ad judicandum vivos, sed mortuos ; non in terra solum, sed in caelo ; non ad praesidendum solis fidelibus, sed infidelibus : et (ut paucis agam) qui ad eam ipsam dignitatem, ad eandem jurisdictionem et coactionem, ac universalem toto orbe supremum principatum a summo Deo et ejus loco super cunctos mortales institutus et evectus est De quo per Job scriptum est, quod coram eo curvantur, qui portant orbem, et Reges seculi atque tyranni ridiculum sunt, qui solus omnem potestatem ambit. Et, sicut Scriptura commemorat, unus est,

et secundum non habet —Cujus, teste propheta, suae sunt justitiae, potestas et imperium. Quem iterum David signat inquiens : dedit ei potestatem et regnum, et omnes populi et linguae servient ei etc.
[14] On this head Jo. de Turrecremata is somewhat more minute. He designates ii. c. 103 as two extremes the opinions, quod Romanus Pontifex ratione sui principatus in solis spiritualibus consistat, ita quod nullo modo jure Papatus ad temporalia se extendat, and quod R. P. jure sui Principatus, sive Vicariatus Christi habeat in toto orbe terrarum plenam jurisdictionem, non solum in spiritualibus sed etiam in temporalibus, quod omnium Principum saecularium jurisdictionalis potestas a Papa in eos derivata sit. He asserts on the contrary, quod spirituali potestati potestas saecularis in Papa conjungitur, qui utriusque potestatis apicem tenet, but that he only held jurisdictionem in temporalibus in toto orbe christiano in so far quantum necesse est pro bono spirituali conservando ipsius et aliorum, sive quantum Ecclesiae necessitas exigit, aut debitum pastoralis officii in correctione peccatorum exposcit. Accordingly the Pope was not orbis Dominus or Rex aut Imperator orbis ; it did not follow, ut quemadmodum omnes dignitates ecclesiasticae a sede Apostolica pendere dicuntur ab ea jurisdictionem sumentes,—ita principatus et jurisdictiones Regum et Principum saecularium dependent ab ea. Neither any more, quod de feudis Principum saecularium, aut de possessionibus directe se intromittere aut judicare valeat regulariter ; and quod a quocunque judice saeculari passim et regulariter ad eum possit appellari. Moreover Papa non habet potestatem, sive jurisdictionem in temporalibus, ut Reges in bonis temporalibus habent dominium, nec ita ut sit regulariter eorum dispensator :—non habet ita plenam jurisdictionem in temporalibus, sicut in spiritualibus, ita quod sicut deponere potest Praelatum ecclesiasticum, etiam sine culpa sua, ita possit deponere Principem saecularem, sive laicum. On the other hand, cap. 114 : potestatis spiritualis, et maxime Papae, qui est universalis dux et rector populi Christiani, est dirigere et regulare, praecipere atque leges dare potestati saeculari, quibus in administratione sui officii dirigatur in finem ultimum felicitatis aeternae. Et secundum hoc Romanus Pontifex se habet ad Reges et Principes, tanquam architectonicus ad artifices : ille enim propter quid et regulas judicandi scit : isti autem, scil. artifices mechanici, tanquam experti in multis ipsum quia sciunt, propter quid autem ignorant : propter quod debet illis Papa leges dare, secundum quas debent jurisdictionem suam exequi, et populum regere in ordine ad beatitudinem supernaturalem.—Ex cura ergo pastorali, quam Romanus Pontifex habet super omnes fideles, cujuscumque status, dignitatis vel conditionis existant, statim datur intelligi, quod apicem non tantum spiritualis potestatis, sed etiam temporalis aliquo modo habere dicendus sit.—Sine ulla dubitatione ad Praelatos Ecclesiae, et maxime ad Praelatum Praelatorum pertinet jure sibi a deo collato recognoscere et judicare de peccato quocumque.—Non solum Principes saeculares circa usum suae jurisdictionis delinquentes potest per censuram ecclesiasticam coërcere, verum etiam eos notabiliter negligentes a dignitate deponere. This moderation of Torquemada, by means of which, however, not one of the Papal pretensions was rescinded, was probably the fruit of cir-

source and perpetual dispenser of all episcopal powers :[15] he stood above all councils which derived their authority from him alone ;[16] he was the lawgiver on points of faith and infallible.[17]

cumstances during the Council of Basle. Afterwards the Ultramontanes spoke with less disguise. Thus Dominicus Venetus (Epise. Torcellanus, afterwards Brixiensis about 1465) in Marci Antonii de Dominis de republ. eccles. lib. vi. c 10. § 3.) : Papa est verus Dominus mundi, et verus Monarcha, et apud ipsum est utraque monarchia. Papa potest tollere Imperium, praesertim si videatur sibi, quod aliter mundus melius gubernaretur : et quod nullus esset Monarcha praeter ipsum, et quod Reges immediate ipsum recognoscerent, et nullum alium superiorem. Papa temporalem jurisdictionem habet universaliter in omni loco, et potest eam exequi. Papa non solum potest deponere Imperatores et Reges, verum etiam Imperium et Regnum extinguere in laicis, etiam sine causa, et Principatus supprimere, et nova regna aut Principatus erigere. Rodericus Sancius Bp. of Zamorra (see note 11) in his work de origine et differentia Principatuum (in Le Bret's Magazin f. Staaten- u. Kirchengesch. Th. 4. S. 520) : Est vero naturaliter, moraliter et divino jure cum recta fide tenendum, Principatum Romani Pontificis esse verum, unicum, immediatum Principatum totius orbis, nedum quoad spiritualia, sed quoad temporalia ; et principatum imperialem esse ab ipso dependentem et mediatum, ministerialem et instrumentalem, eidem subministrantem et deservientem, foreque ab eo ordinatum et institutum, et ad jussum Principatus papalis mobilem, revocabilem, corrigibilem et punibilem. Especially remarkable in this point of view is the reprimand received by an imperial ambassador in the Papal consistory A.D., 1473, see Jac. Volaterrani diarium Romanum in Muratorii Scriptt. rer. Ital. xxiii. p. 94 : Thomas quidam, vir acris ingenii, quum Imperatoris Federici nomine assumi ad dignitatem Cardinalatus Dominicum Episcopum Brixiensem contenderet, eamque ob causam postulato Senatu ac dato fervidius loqueretur, saepe inter agendum Monarcham orbis Imperatorem appellabat. Tum Cardinalis Rotomagensis, qui etiam causae Dominici minus favebat, paulo commotior factus : *male,* inquit, *agis, Thoma , non tuus Imperator, sed hic noster Pontifex Monarcha est orbis : pati non possum, Romanae amplitudini detrahi.* Tum ille : *non omnium,* inquit, *Monarcham Imperatorem ajo ; temporalium tantum intelligo.* Et Rotomagensis : *nec temporalium quoque illi est Monarchia : jure divino et pontificio tota Romani est Praesulis.* Idem qui ex Patribus jus didicere, uno judicio confirmarunt.

[16] Jo. de Turrecremata summa de Ecclesia ii. c. 32 : solus Petrus, inter Apostolos immediate a Christo factus et ordinatus fuit Episcopus : —alii vero Apostoli a Petro mediate, vel immediate, solo, vel cum alio, vel cum aliis sunt Episcopi facti vel ordinati. c. 54. : dicimus cum s. Thoma,—quod tota jurisdictionis potestas aliorum Praelatorum de lege communi derivatur a Papa.—Apostoli alii—non susceperunt potestatem jurisdictionis immediate a Christo, sed mediante Petro. Ergo sequitur, quod etiam nunc Praelati, qui sunt in Ecclesia, jurisdictionis potestatem suscipiant immediate a Papa, et non a Christo. c. 65. :

Romanus Pontifex immediatus Praelatus et judex est omnium Christianorum, potestque facere in toto orbe terrarum, quicquid inferiores Praelati agere possunt.—In quocumque ordine quando tota potestas inferiorum dependet et originatur a potestate superioris, ad quaecunque se potest extendere potestas inferiorum, ad omnia illa se potest extendere immediate potestas superioris : sed potestas jurisdictionis, de qua est sermo, omnium aliorum Praelatorum in Ecclesia a potestate Papae derivatur ; ergo sequitur, quod summus Pontifex potest in toto orbe omnia facere immediate, quaecumque possunt alii Praelati. Thom. Cajetanus de auct. Papae et Conc. c. 3. (Rocaberti XIX. p. 449) : In Petro et a Petro inchoat omnis Ecclesiae potestas, et derivatur in totam Ecclesiam via ordinaria.

¹⁷ Jo. de Turrecremata ii. c. 80. : Romanus Pontifex superior, ac major jurisdictionis auctoritate est tota ipsa residua universali Ecclesia. —Omnis pastor—superior est grege, cujus est pastor, sed Rom. Pont. est pastor Ecclesiae universalis, ergo ipse est — superior universali Ecclesia. Lib. iii. c. 28. : universaliter Conciliorum auctoritas a Rom. Pont. pendet et emanat. c. 32. : ea, quae in universalibus Conciliis statuuntur, sententiantur, aut definiuntur, aut interpretantur, auctoritate Romani Pontificis principaliter regulariter fiunt. c. 44. : Rom. Pontifex superior est jurisdictionis auctoritate universali Concilio. c. 47. : appellare non licet a Romano Pontifice ad Concilium universale, sed magis e converso, puta a sententia Concilii, quam Apostolica sedes nondum approbavit, ad Papam licet appellare. c. 51. : Rom. Pontifex nec ligatur, nec subjicitur necessitate quorumcunque Conciliorum,—nec universalium statutis, legibus, aut canonibus, quae sub juris positivi genere comprehenduntur. c. 55. : Rom. Pontifex non solum auctoritatem in canonibus sacrorum Conciliorum, etiam universalium, et decretis suorum praedecessorum dispensandi habet, verum etiam tollendi, aut revocandi, aut mutandi, prout temporum aut causarum necessitas exposcit. c. 62. : Quemadmodum ad Romanum Pontificem, ut ad Ecclesiae Principem, pertinet, Concilia universalia, si bene processerint, approbatione et auctoritate sua confirmando honorare ; ita ipsius est, ea Concilia quae in perniciem fidei, aut totius Ecclesiae perturbationem celebrata reperta fuerint, corrigere, reprobare, ac cassare, ea, quae minus juste, minusque bene acta sunt, retractando et condemnando. Thom. Cajetanus de auctor. Papae et Concilii c. 7 ss. (Rocaberti xix. p. 455) c. 20 p. 474 it was allowed quod Papa factus haereticus subest potestati ministeriali Ecclesiae, et non auctoritativae super Papam ; on the other hand c 24. p. 482 ss. it was resolutely denied, quod Papa propter incorrigibilitatem in quocumque notorio crimine scandalizante Ecclesiam subjiciatur Concilii potestati, ita quod possit deponi : because forsooth c. 26. p. 487 it was written in Matth. xviii., quod pes, manus, vel oculus, non tamen caputs candalizans amputaretur. Apologiae P. I. c. 1. (1 c. p. 494) : Natura ecclesiastici regiminis ab ipsa sua nativitate est, non ut in communitate ad unum vel plures derivetur, quemadmodum accidit in regimine civili humano ; sed ut in uno certo Principe suapte natura sit. Et cum Princeps iste unus atque idem Dominus Jesus heri, hodie, et in saecula vivat et regnet ; secundum naturalis juris consequentiam oportet, ut ad ipsum Principem, non ad communitatem Ecclesiae spectet in sua absentia

The excitement of controversy, and mean flattery advanced so far, that many persons elevated the donatio Constantini proved ordinare de Vicario, non communitatis Ecclesiae, quae utpote *serva nata* principandi jure caret, sed ipsius Principis, naturalis Domini communitatis Ecclesiae. Et hoc ipsum Salvator noster per semetipsum exequi dignatus est, dum Petrum Apostolum solum instituit suum Vicarium post resurrectionem, antequam coelos ascenderet, ut patet Joan. ult.

[18] Jo. de Turrecremata ii. c. 107.: Ad Romani Pontificis auctoritatem spectat, tanquam ad generalem totius orbis principalem magistrum et doctorem, determinare ea, quae fidei sunt, et per consequens edere symbolum fidei, sacrae Scripturae interpretari sensus, et doctorum singulorum dicta ad fidem spectantia approbare vel reprobare. c. 109 : tanta soliditate veritatis apostolicum thronum clementia Divinitatis firmaverat, quod judicium ejus in his, quae fidei sunt, errare a veritati non possit. Decebat sane ut sedes illa, quae superni dispositione Concilii magistra fide, et cardo omnium instituebatur Ecclesiarum, in his, quae fidei sunt, hominumque necessaria saluti, ab ipso ominum auctore Deo,—hoc singulari infallibilitatis munere donaretur. In cujus rei sacramentum primo illius sedis Pontifici—nomen firmitatis imponitur, scil. Petrus, quod Syra lingua rupes interpretatur. c. 112.: Ubi—bene advertendum, quod non dicitur, quoad Papa errare non possit, aut male sentire aut judicare in his, quae fidei sunt ;—sed dicitur, quod sententia, quam in judicio Rom. Pontifex profert in his, quae fidei sunt, errare non possit, aut quod sedis Apostolicae judicium, quod idem est, errare non possit —Sedis autem Apostolicae—sententia in judicio prolata a Rom. Pontifice intelligitur, non quae occulte, malitiose, aut inconsulte per solum Rom. Pontificem, aut etiam quae per ipsum cum paucis sibi faventibus, aliis in fraudem contemptis sive non vocatis, ad partem profertur ; sed quae a Rom. Pontifice cum maturo et gravi virorum sapientum, et maxime dominorum Cardinalium primo Concilio digesta et maturata sancitur et profertur Lib. iii. c. 58. On the question utrum universale Concilium in his, quae fidei sunt, errare possit? Ad quam questionem nobis videtur sub distinctione respondendum. De Concilio universali loqui possumus dupliciter : uno modo de Concilio universali plenario, plenarium autem Concilium dicimus, in quo cum Ecclesiae patribus Romanus Pontifex eorum caput—concurrit.—Secundo modo loqui possumus de Concilio, prout dicitur corpus tantum patrum, distinctum a capite suo Romano Pontifice. Si primo modo loquamur de Concilio, fit ista conclusio : Concilium universale in his, quae ad fidem pertinent, errare non potest, quae tam patrum Ecclesiae, quam Romani Pontificis unanimi consensu definita sunt.—Apostolicae sedis judicium in his, quae fidei sunt, errare non potest ; ergo nec Concilium universale, in quo Apostolicae sedis intervenit, sive concurrit auctoritas et consensus. —But, on the other hand, Concilium universale non interveniente consensu et approbatione Apostolicae sedis errare potest in his, quae fidei sunt.—Phantasia stulta eorum, qui omni Concilio non errandi gratiam quasi essentialiter inesse affirmant cum tam ex Evangelio, quam ex actibus Apostolorum, et gestis antiquorum Conciliorum manifeste oppositum habeatur. Dominicus Ve-

by Laurentius Valla to be a falsehood, to a restitutio,[18] and the Pope to be a God upon earth.[19]

netus (see note 12) de Cardinalium legitama creatione (publisht at the end of Marci Ant. de Dominis de Republ. eccl. P i.) Propos. vii.: Universale Concilium legitime congregatum, et auctoritate Romani Pontificis confirmatum, in se et decretis suis universalem Ecclesiam repraesentat : et id, quod facit aut determinat cum tali approbatione et consensu Maximi Pontificis, tenendum est ratum et firmum, ac si universalis Ecclesia determinaret, quae non permittitur a Deo errare in fide, nec in determinando ea, quae ad bene vivendum pertinent.—Haec autem infallibilis regula non est Concilium, etiam legitime congregatum.—Nam multa Concilia errasse leguntur ;—Ephesina secunda universalis fuit, et legitime congregata, utpote auctoritate Leonis Max. Pont. et pro justa causa, utpote pro damnatione haeresis : quae tamen errasse legitur.—In cujus correctionem Synodus Chalced. convocata est ejusdem Leonis auctoritate; et hoc quia non requiritur solum auctoritas Rom. Pontificis in congregando, sed etiam in definita et sancita approbando.—Similiter etiam nec Papa solus est illa regula infallibilis, quia aliqui errasse leguntur in fide, ut patet de Liberio, et de Anastasio secundo, qui communicavit Acacio haeretico, ideo percussus est a Deo (evidently a mistake for the Emperor Anastasius) : ergo infallibilis regula erit Papa, adhibito debito consilio peritorum ; a fortiori ergo si cum generali Concilio, quod pro arduis causis congregatur, quia difficilius errant plures, quam pauci. Thom. Cajetanus de auctor. Papae et Conciliis c. 9 (Rocaberti xix. p. 460): Magis potest errare communitas Ecclesiae sine auctoritate Papae, quam Papa. Et ratio est, quia error Papae in definitiva sententia fidei est error totius Ecclesiae,—quia ad ipsum spectat determinare finaliter de fide quid tenendum, et quid repellendum.—Impossibile est autem universalem Ecclesiam errare in fide, ergo impossibile est, Papam in judicio definitivo auctoritative errare in fide.—Papa in hujusmodi judicis est rectissimus propter assistentiam Spiritus Sancti.

[18] Antonini Summa historialis Pars i. Tit 8. c. 2. § 8. : Quaestio adhuc agitur inter Canonistas et Legistas, utrum illa tenuerit donatio. Quod Canonistae omnino firmant, et Theologi magis confirmant eo quia non fuit simplex donatio, sed potius restitutio Ecclesiae facta juris sui, cum omnia sint de Christi dominio, cujus Papa est vicarius in terris : caetera vero dimisit dominis temporalibus. Jo. Major (see note 2) comm. in Matth. c. 16. in Gersonii Opp. ed. du Pin ii. p. 1158 : Quaeritur, an Constantinus contulerit justum titulum Pontifici in terris, quae nunc vocantur Ecclesiae. Est hic modus dicendi : aliqui volunt, quod nunquam ei dedit terras in Italia, nec Romanam urbem ; aliquibus placet, quod nec dare poterat Italiam, sive istas terras quae dicuntur Ecclesiae ; alii tenentes, Pontificem habere dominium tam in spiritualibus, quam in temporalibus, dicunt, quod nihil dedit, sed solum detentum injuste restituit. He maintained on the other hand : Ecclesia licite cepit, and Constantinus M. licite multa contulit Ecclesiis, thus Rom. Pont. juste possidet. It is worthy of note that the Cardinal Bernardinus Carvajal Card. S. Crucis, who stood at the head of the

Each of these systems declared the opposite view to be a pernicious error: but the imminent danger of an irremediable schism, hindered these condemnations from being vindicated to the utmost. A peculiar embarrassment was prepared for the Popes by the fact, that they were obliged to regard the Council of Constance as œcumenical, in order to prove the validity of their own succession; while they were nevertheless compelled to reject its fundamental principles, which were the groundwork of the Gallican system. For this reason they most readily past over the unpleasant decrees of Constance in silence:[20] if they

Cardinals that forsook Julius II. and summoned the Council of Pisa in 1511, had formerly written in defence of this Restitutio: Jo. Boutzbachius (Prior in the Monastery of Laach near Andernach) writes of him in the year 1511 in his Auctarium in librum Jo. Trithemii de scriptoribus ecclesiasticis (MS. in the library of the University of Bonn: Scripsit quidem praeclara opera, e quibus unum exstat, quod mihi dudum innotuit contra Laurentium Vallam et alios, qui vesana sua loquacitate audent latrare in summum Christi Vicarium et s. Romanam Ecclesiam, quasi non vera, sed falsa et conficta sit donatio Constantini Imperatoris. In quo quidem praegrandi volumine omnem istorum assertionem ita subnervavit, ut non tantum veram, sed quod magis est, legitimam et debitam restitutionem potius quam donationem fuisse probet. Omnem itaque bestialem Laurentii invectionem elidens scripsit contra eundem: De restitutione Constantini l. I.

[19] Gersonii circa materiam excommunicationum resolutio, Consideratio xi. (Opp. ii. p. 424): Contemptus clavium—non incurritur, dum in praemissis casibus dicit aliquis—juxta conscientiam suam, quod hujusmodi sententiae non sunt timendae, et hoc praesertim si observetur informatio seu cautela debita, ne sequatur scandalum pusillorum, qui aestimant Papam esse unum Deum, qui habet potestatem omnem in coelo et in terra. Compare the passage of Rodericus Sancius above note 11. Christophorus Marcellus thus addresses Julius II. in a speech delivered before the Lateran Council in the fourth Session 10. Dec. 1512 (Labbei et Cossartii Concilia xiv. p. 109): Hinc merito conqueri potest Ecclesia.—His lamentationibus et querimoniis ad tuos sanctissimos devoluta pedes in hunc modum opem humiliter implorare videtur: —Tua sub ditione defensa sum.—Ad te igitur supplex tanquam ad verum principem, protectorem, Petrum et sponsum accedo.—Cura, pater, beatissime, ut sponsae tuae forma decorque redeat et pulcritudo. —Tu enim pastor, tu medicus, tu gubernator, tu cultor, tu denique alter Deus in terris.

[20] Paul Sarpi in a letter to Leschasser (in Le Bret's Magazin für Staaten- u. Kirchengesch. Th. 2. S. 324) speaks emphatically in the name of the Curia Concilium Constantiense neque probari, neque emendari inter arcana habemus.

were forced to speak they helpt themselves out with a version of their own: many of their adherents did not shrink from a downright denial of their validity.[21]

Whilst this controversy took root in the Hierarchy, the secular power regained its ascendancy in the different countries, from the fact that it principally depended upon this power, which system should prevail.[22] But the temporal governments allowed themselves to be principally swayed by political influences in their demeanour towards the Pope. Whilst in France the principles of the Papal system, if they ever preponderated, were immediately condemned by the Parliament and the University of Paris:[23] in

[21] Jo. de Turrecremata Summa ii. c. 99 (Rocaberti xiii. p. 426) reduces the conclusions drawn from the decrees of Constance and Basle into the statement Concilium generale potestatem a Christo habere immediate. With reference to the decree of Constance Sess. V. (see § 131, note 8), in which this statement was expressly maintained, he first remarks: Ecce manifeste, quod decretum illorum Patrum non loquitur universaliter de qualibet Synodo universaliter, sed de illa singulariter, pro cujus tempore non erat in Ecclesia unus pastor totius Ecclesiae indubitatus: But also he states that abstractedly that decree was not binding (non habet necessitatem): because Decreta illa si ita sunt appellanda, facta sunt solum a Patribus aliquibus obedientiae Johannis XXIII. The Council of Constance did not become universal until the three obediences were united. Besides praefatum decretum Constantiense non militat, quoniam per Apostolicam sedem non fuit approbatum, immo videtur per Dominum Martinum reprobatum, sive annullatum in condemnatione erroris Joannis Vicleff et Joannis Hus, inter quos—unus articulus condemnatus est: quod Petrus non est nec fuit caput Ecclesiae sanctae catholicae In like manner cap. 100 he proves the important decrees of Basle to be invalid. The argument drawn from the confirmation of them by Eugene IV. (see § 132, note 17) he disposes of thus, 'quod praefatae bullae magis extortae fuerunt minis, quam de mente Domini Eugenii emanaverint. But independently of this, nihil eorum, quae in praefatis bullis continentur, suffragatur adversariis, quoniam Dominus Eugenius numquam praebuit consensum decretis Concilii Basileensis. Compare his Responsio de summi Pont. et gen. Concilii potestate l. c. p. 578. In like manner Cajetanus de auct. Papae et conc. c. 8 (Rocaberti xix. p. 456) denies the validity of the decrees of Constance, and seeks to prove that the confirmation by Martin V. (see § 131, note 24) did not extend to the decrees of the fourth and fifth Session. Compare Apologiae P. ii. c. 11. (l. c. p. 508).

[22] See Aeneae Sylvii Ep. 54. above § 132. note 42.

[23] The mendicant monks in particular, the natural adherents of the Papal system from the circumstances of their order, drew upon themselves such censures. Thus the Dominican Johannes Sarrazin in the

other countries the same fate befel the opposite doctrines of the Gallican system.[24] And if from the side of France and Germany humiliating demands were not unfrequently made upon the Popes, Spain and Portugal found it advantageous to their own interests, to allow themselves to receive from them, as their peculiar property, the countries which had been conquered, and

year 1429 was obliged to recant the following statements (d'Argentre collectio judiciorum de novis erroribus I ii. p. 227) : Omnes potestates jurisdictionis Ecclesiae—sunt ab ipso Papa quantum ad institutionem et collationem. Hujusmodi potestates non sunt de jure divino, nec immediate institutae a Deo.—Quandocumque in aliquo Concilio aliqua instituuntur, tota auctoritas dans vigorem statutis in solo summo residet Pontificio.—Summus Pontifex canonicam simoniam a jure positivo prohibitam non potest committere. The Augustin Nicolaus Quadrigarius 1442 had to revoke the statement (l. c p. 240): sola Papae potestas in tota Ecclesia immediate est a Christo. The Franciscan Joannes Angeli in February 1483 the assertions (l. c. p. 305): Papa posset totum jus canonicum destruere et novum construere.— Papa posset ab uno Ecclesiastico tollere medietatem redituum beneficiorum suorum et uni alteri dare, non exprimendo aliquam causam. Quicumque contradicit voluntati Papae, paganizat, et sententiam excommunicationis incurrit ipso facto : et a nullo Papa reprehendi potest, nisi in materia haeresis.

[24] Thus an assembly of divines and canon-lawyers convoked by the Archbishop of Toledo at Complutum in 1479, condemned the following propositions among others which Petrus de Osma, a Doctor from Paris who lectured at Salamanca, had publisht in a libellus confessionis (Barth. Caranza Summa Conciliorum, Duaci 1659. 8. p. 660) : VII. quod Ecclesia urbis Romae eriare potest. VIII quod Papa non potest dispensare in statutis universalis Ecclesiae (similarly Gerson de modis uniendi ac reformandi Ecclesiam c. 9. see above § 131 note 1. Jac. Almaini expositio circa doctrinam M Occami c. 12, in Gersonii Opp. ed du Pin ii. p. 1055.) In the Bull with which Sixtus IV confirms this decision (in Raynald. 1479. no. 32 complete in de Aguirre Concill. Hispaniae v. p 353 ss ) Prop. VII. is not to be found : it is however sufficient that in Spain it was considered worthy of condemnation. The theological faculty at Vienna in the year 1492 accused one of its members Johannes Kaltenmarkter before Pope Innocent VIII. for having taught : Concilium esse supra Papam ; Papam non posse revocare per Concilium generale conclusum-; Romanum Pontificem non posse dare licentiam Parochianis quibuscunque, ut alteri, quam proprio sacerdoti Curato libere confiteantur ; Papam non posse dare generalem potestatem audiendi confessiones : Kaltenmarkter had to make his appearance in Rome, undergo a penance imposed upon him, and afterwards recant his assertions at Vienna : see the extracts from the proceedings printed in 1493 in (Dietrich) Auctarium catalogi testium veritatis p. 260. cf. Mitterdorfferi conspectus hist. Univ. Vien-

for the most part newly discovered by themselves ;[25] and thereby to concede to the Papal See its loftiest pretensions. On the whole then the Pope, both on account of his spiritual sway over

nensis Saec. ii. Viennae 1724. 8. p 54 ss. Hansizii. Germ. sacra T. i. p. 597.
[25] See the letter of Nicholas V. to Alphonso King of Portugal A.D. 1452 (Raynald. ad. h. a. no. 11): tibi Saracenos et Paganos, aliusque infideles et Christi inimicos quoscumque, et ubicumque constitutos, regna, ducatus,—aliaque dominia, terras,—et quaecumque alia—bona mobilia et immobilia—per eosdem—possessa—invadendi—et subjugandi, illorum personas in perpetuam servitutem redigendi, regna quoque,—aliaque dominia—et bona hujusmodi tibi et successoribus tuis, Regibus Portugalliae, perpetuo applicandi—plenam et liberam auctoritate apostolica tenore praesentium concedimus facultatem. With reference thereto Nicholas V. in 1454 granted to the King the new discoveries on the west coast of Africa as his own domain (Raynald. ad h. a. no. 9): de apostolicae potestatis plenitudine literas facultatis praefatas—ad Ceptensem et praedicta et quaecunque alia, etiam ante datam dictarum facultatem literarum acquisita, et ea quae in posterum nomine—Alfonsi Regis suorumque successorum in ipsis—et ulterioribus—partibus de infidelium—manibus acquiri poterunt,—sub ejusdem facultatis literis contineri praelibatis,—ipsamque conquestam, quam a capitibus de Bonador et de Nam usque per totam Ghineam—extendi harum serie declaramus, etiam ad ipsos Alfonsum Regem, praedecessores suos ac infantem—spectasse—et in perpetuum spectare,—decernimus et declaramus : ac pro potioris juris et cautelae suffragio jam acquisita et quae in posterum acquiri contigerit provincias—praedictis Alfonso Regi ac successoribus—perpetuo donamus, concedimus, et appropriamus per praesentes. Alexander VI. dd. v. non. Maji 1493 (in Raynald h. a. no. 18) granted the newly discovered regions of America to Ferdinand and Isabella sovereigns of Spain, quite in the same form, and defined this grant more accurately in a letter to them on the same day (l. c no. 19): de nostra mera liberalitate, et ex certa scientia ac de apostolicae potestatis plenitudine omnes insulas et terras firmas inventas et inveniendas, — fabricando et construendo unam lineam a polo arctico—ad polum antarcticum,—quae linea distet a qualibet insularum, quae vulgariter nuncupantur de los Azores y cabo Verde, centum leucis versus occidentem et meridiem, ita quod omnes insulae et terrae firmae repertae et reperiendae—a praefata linea versus occidentem et meridiem, quae per alium Regem aut Principem Christianum non fuerint actualiter possessae,—auctoritate omnipotentis Dei nobis in b. Petro concessa, ac vicariatus Jesu Christi, qua fungimur in terris, cum omnibus illarum dominiis, civitatibus,—juribusque et jurisdictionibus, ac pertinentiis universis vobis haeredibusque—vestris—in perpetuum tenore praesentium donamus, concedimus, assignamus. So early as 1494 Ferdinand conceded to the King of Portugal that this line should be drawn 360 leagues westward of the Azores instead of 100.

men's minds, and his temporal dominions in Italy, at that time
the apple of discord betwixt the most powerful monarchs, was of
so great importance, that all princes necessarily attacht great
value to his friendship, and that even a King of France was
ready to sacrifice for it the welfare of his National Church.[26]
These political connexions now constituted the strongest hold of
the Papal See;[27] and so it became the aim of Papal policy to win
over the support of the princes of the world against the encroachments of the ecclesiastical aristocracy.

[26] See § 135, note 18 and 20.

[27] Compare especially the disquisition of the Florentine Franc.
Guicciardini († 1540) on the origin of the secular power of the Popes
in the four books of his Italian history, which has been omitted in the
editions of this work, but printed in Goldasti Monarchia iii. p. 17 ss.
and in Conringii Opp. i. p 113. At the end of this disquisition is the
following passage : His igitur fundamentis et modis ad terrenam potentiam elati, ac sensim animarum salutis, divinorumque praeceptorum
obliti, atque ad mundana imperia omni cogitatione conversi, nec divina
auctoritate alio quam quasi telo et instrumento rerum fragilium abutentes, Principes potius gentium, quam rerum sacrarum Pontifices
videri coeperunt. Horum curae et negotia non jam vitae sanctimonia,
non religionis incrementa, non erga Deum et homines caritas, sed
exercitus, sed bella in Christianos, cogitatione et manibus sanguine
respersis sacra tractantes : sed pecuniae immensa cupido, novae leges,
novae artes, novae insidiae ad pecuniam undique congendam. In hunc
finem audacissime arma coelestia vibrare, profanarum sacrarumque
rerum nundinationem impudentissime exercere : hinc opes in immensum
aductae, et in totam ipsorum aulam effusae, ex quibus fastus, luxus,
mores turpissimi, libidines, voluptatesque nefandae : nulla de succesoribus cura, nulla majestatis perpetuae Pontificatus sollicitudo ; sed horum
loco cupido anxia et pestifera, filios, nepotes, item alios sibi conjunctos
et necessarios non modo ad opes immoderatas, verumetiam ad regna et
imperia evehendi : non jam honores et emolumenta in merentes et bonos
conferendo, sed plerumque auctionando, aut in homines ambitione,
avaritia, et pudendis voluptatibus perditos effundendo. His moribus
effectum est, ut excussa penitus ex animis hominum illa vetere erga
Pontifices reverentia, tamen ex parte eorum auctoritas religionis, qua
nihil in terris ad homines vel impellendos vel retinendos potentius invenitur, nomine et majestate, facultate qua pollent Principibus atque iis,
qui apud illos maxime possunt, sacris beneficiis et honoribus conferendis
gratificandi adjuta sustentetur. Qui cum sciant magna se in admiratione mortalium esse, et qui adversus eos arma sumunt, eos gravis
infamiae notam, et saepenumero aliorum Principum odia subire, ac
quomodocunque, res cadat, perexiguum emolumentum ad eos, a quibus
oppugnantur, redundare, et victores ex suo arbitrio victoria usuros,
victos quibus velint conditionibus pacem habituros ; ad haec suos pro-

True, the devotion of the nations to the Papal See now rested no longer, as of old in the period of the crusades, upon religious enthusiasm, but only, for some time past, upon habit. However, even this would hardly have been destroyed by any theories, had not the immorality of the Curia, their avarice, their venality and injustice, so greatly injured the common weal, and outraged public morality.[28] The more closely any nation was brought into connexion with the customs of the Popes and their court, the lower sank their feeling of reverence towards the Pope; and in

pinquos ex privata conditione ad Principatus attollendi cupidine inflammati, jam per multos annos bellorum auctores, novorumque incendiorum faces in Italia extiterunt.

[26] Among the numerous testimonies of this age, compare the expressions of the Ambassador of the German order at Rome, § 131, note 30: Martini Meyeri epist ad. Aen. Sylv. § 133, note 17; Aeneae Sylvii epist. 66, ad Jo. Peregallum, § 133, note 18. Also Gravamina nationis Germanicae adv. Curiam Romanam Joanni Card. S. Angeli Nicolai V. P. R. Legato Exhibita (about 1451) in Walchii monimentis medii aevi fasc. i. p. 101 ss.:—dictus Dominus Cardinalis Legatus venit ad reformandum nationem Almanicam, tam saeculares, quam spirituales personas.—Si reformatio debeat esse regularis et ordinaria, oportet ante omnia, quod noster Papa et sua Romana Curia prima et principaliter reformetur, propter multos excessus multasque exorbitantias, quae per eum et suos Cardinales per illam execrabilem et maledictam simoniam quotidie committuntur in vendendo ecclesiastica beneficia.—In taxationibus etiam literarum apostolicarum expediendarum esset Dominis Papa reformandus. Item Dominus Apostolicus omni die insatiabili desiderio cogitat cum suis, quomodo totam substantiam nationis Germanicae sibi valeat acquirere.—Item Curia Romana in multis est reformanda. Nam Cardinales superbe, pompose, centum, sexaginta, vel septuaginta equis palatium ingrediuntur.—Quidam etiam de Cardinalibus habent tres Ecclesias metropolitanas et cathedrales in commendam, decem Abbatias, sex Praeposituras et Archidiaconatus, et privatas quatuor Ecclesias parochiales. Non curant, quot monachi in monasterio sint;—totam substantiam monasterii tollunt.—Item in curia Romana sunt publici usurarii, bancarii et campsores, cum quibus Papa et Cardinales habent pecuniam, cum damno vel lucro, Deus novit. Sunt etiam ibi publici fornicarii. concubinarii, ruffones, et lenones, et plures alii peccatores de familiaribus Cardinalium, et peccatrices publicae plures. Et Papa tolerat istos etc.—Modo emittit Cardinalem, qui ut residuum de substantiis nostris habeat, et pauperes Christi per positionem cistarum spoliat, indulgentias anni jubilaei sub pacto vendendo — Et ille idem Legatus introductus sub modo et specie reformationis, volens sic reformare Clericos, pauperes, pistores, carnifices, culinarios : certe si Dominus Apostolicus et sua Curia se reformaret, vel per Concilium generale fieret reformatio generalis, facile membrum Ecclesiae unum-

Italy, although the Papal system seemed to reign there supreme, nevertheless the Pope's excommunication was least regarded.[29]

quodque in suo statu reformaretur. Felix Hemmerlin's (Dean of the great cathedral at Zurich † before 1464, see with regard to him Muller's Schweizergesch. neue Aufl. 1826 Th 4 S. 276 ff ), expressions may be seen in Muller ibid. S. 257 ff. Baptista Mantuanus (Carmelite monk in Mantua † 1516) de horum temporum calamitatibus lib. iii. :

— — Petrique domus polluta fluenti
Marcescit luxu : nulla hic arcana revelo,
Non ignota loquor, liceat vulgata referre,
Sic urbes populique ferunt :— —
— — — ea fama per omnem
Jam vetus Europam mores extirpat honestos :
Sanctus ager scurris, venerabilis ara cinaedis
Servit, hoi orandae Divum Ganymedibus aedes.—
— — — venalia nobis
Templa, Sacerdotes, altaria, sacra, coronae,
Ignes, thura, preces : caelum est venale Deusque.

*Ejusd. Epigrammata ad Falconem. Colloquium inopum de Falcone* ·

Obtinet expulsa probitate pecunia Romam,
Nec Deus in tota possidet urbe locum.
Quot sunt Romae homines, tot eunt per compita fures ;
Quosve canes speras, experiere lupos.—
Omnibus esse lupos licet in regione luporum,
Inter Pygmaeos non pudet esse brevem.

Johannis Episc. Chemensis (Bishop of Chiemsee in Carniola) Onus Ecclesiae (written 1519) cap. 19. de indispositione Romanae Curiae § 6 : Inprimis sedes bestiae, i.e. Ecclesiae perversae, est in curia Romana, cujus regnum est tenebrosum. § 8 : Heu sicut olim in Romano imperio, sic hodie in Romana Curia est vorago divitiarum turpissima : crevit avaritia, periit lex a sacerdote ac visio de Propheta, et consilium a senioribus : claves Ecclesiae sunt in abusu et servitute simoniae et ambitionis. Vitia enim ferme Curialium celari negarique vix possunt : Roma quasi gurges flagitiorum. § 13 : Ecce Roma nunc est vorago et Mammon inferni, ubi Diabolus totius avaritiae Capitaneus residet, vendens patrimonium Christi, quod sua passione promeruit, qui nobis praecipit, ut gratis demus quod gratis acceperimus. Id modo versum est in proverbium . Curia Romana non petit ovem sine lana : dantes exaudit, non dantibus ostia claudit. Ludovicus Tubero (see § 134, note 16) comm. de temporibus suis i. § 16 : solos falsarios hoc corruptissimo tempore sedes Apostolica ultimo supplicio afficit, in caeteris connivere solet : eo quod falsi crimen, quum Pontificum, quorum omnis in comparandis duntaxat pecuniis cura fixa est, deterat emolumenta, capitale putatur.

[29] See the report of the ambassador of the German order to the Grandmaster A.D. 1429 (Raumer's hist. Taschenbuch, f. 1833, S.

Accordingly their most faithful councillors recommended to the Popes an abatement of their oppressions, and a reform of the abuses prevailing at their court: and throughout the whole fifteenth century a strong feeling was displayed that unless there were some alteration on these points spreading downwards from the highest rank, there would be a compulsory reformation rising upward from below, not effected without violence and schism.[30] But at the same time the conviction that Rome would not undertake of herself so great a reformation, and that neither the Ecclesiastical aristocracy, nor the temporal princes, would be able to enforce it from the want of union amongst themselves, was firmly establisht by the events of this period.[31]

175): furchtet Euch nur etwa nicht vor dem Banne, der Teufel ist so hasslich nicht, als man ihn oft malet, auch der Bann nicht so gross, als ihn uns die Päpste machen  In Welschland furchten auch Herren und Fursten und Stadte, die doch unter dem Papste gelegen sind, den Bann ausser Recht gar nicht weiter, und man halt in Welschland nichts mehr vom Papste, als insofern er es mit ihnen wohl will, und anders nicht.  Nur wir armen Deutschen lassen uns noch dunken, dass er ein irdischer Gott sey ; besser wir liessen uns dunken, dass er ein irdischer Teufel ware, als er es furwahr auch ist.—And A.D. 1430, S 176: Wenn Euch der Papst mit dem Banne hart entgegen seyn wollte, so bedenket nur, wer mit Pràlaten und Pfaffen zu schaffen haben will, der muss sich zuweilen des Bannes erwagen : aber habet zu ungerechtem Banne nur guten Muth, und lasset Land und Leute um solches Bannes willen nicht verderben

[30] See Petri de Alliaco praef. ad canones reformandi Ecclesiam § 131, note 13.  Juliani Card. epist. ad Eugen. iv. § 132, note 6. Andreae Megarensis gubernac. Conciliorum. § 132, note 19. Remedium contra gravam. nationis Germ. § 135, note 15.  Johannis Episc. Chemensis onus Ecclesiae (see note 28) cap. 19, § 14 : Quamobrem vehementer praesumendum est, ac provide est timendum, propinquam nunc esse ruinam Ecclesiae latinae circa dignitatem ecclesiasticam, quoniam debile fundamentum ruinam causat.  Unde columna Dei viventis jam pene videtur nutare, et sagena summi piscatoris, scil. Petri, procellis intumescentibus cogitur in naufragii profunda submergi : quod nemo percipit corde, neque ad praedictas revelationes et avisationes fit cujuspiam emendatio, sed singuli Pontifices, tam summi quam inferiores, carnalia sequentes, exhibent se magis mixti Antichristi praecursores. quam veri Christi fideles servitores.

[31] That Rome in her reformations had no other aim than to deceive, is declared most undisguisedly in the Papal Instructions in Raynald. 1436, no. 15, see above § 132, note 30, towards the end.  Petrus de Alliaco de diffic. reform c 3, see § 130, note 12.  Gerson de modis uniendi ac reformandi Ecclesiam c. 12 see § 131 note 1  Gobelinus

Persona, see § 131, note 25. Julianus Card. Legatus in Conc. Bas., see § 132, note 6. Jo. Nider, see § 132, note 38 Jacobi de Paradiso or Jac. Junterburgii (Carthusian and Doctor of Divinity at Erfurt † 1465. see with reference to him Walchii monum. medii aevi fasc. i. praef. p. lxv.) collectaneum de septem statibus Eccl (written 1449) in Goldasti Monarchia ii. p. 1567, in Edw. Brown Appendix ad fascic. rerum expetendarum et fugiendarum p. 102 ss and in Walchii monimenta medii aevi vol. ii. fasc 2 p. 23 ss Compare in Walch p. 34 : Verisimiliter opinabile mihi est, statum praesentem continuandum, imo pejorandum, usque ad sextum statum, scil Antichristi : cum experientia docente cognoscimus, hos contra niti reformationi generali Ecclesiae, quos magis deceret conatu toto ad reformationem tendere, cupiditate et primatu honorum eos ad hoc impellente. Etsi quandoque coetus Deum timentium reformationi operam dare intendat; tamen in hoc mundo celebres et potentes viros, plus ecclesiasticos quam saeculares, videmus se fortiter opponere, adhaesionem sibi attrahentes Principum et potentum saecularium, quorum multitudo aut potentia scintillam inchoatam extinguit p 38 : Reformationem generalem Ecclesiae extreme necessariam factam nostris temporibus, mores corrupti totius orbis pronunciant : cum revera pene omnis caro corruperit viam suam. Sed quomodo eam fore possibilem in effectu fieri, nondum est positum ad praxim : licet aliquoties per Concilia generalia sit adtentatum. Et licet quaedam decreta in hunc finem prodierint ab iisdem Conciliis, tamen tanta resistentia altae dignitatis personarum, tam spiritualium quam saecularium, facta est, ut vidimus, quod totum negotium lugemus infectum : et cum tempus pariendi advenisset, vires non habuit parturiens. Tanta denique credulitate debacchati sunt, ut non tantum prolem sanctam, scil. reformationem, necare contendant : sed et matrem, scil. auctoritatem Conciliorum, et eorum convocationem occidant, prout res in prospectu declarat. Per quorum tamen Conciliorum auctoritatem majorem esset spes ad viam reformationis obtinendam. p. 42 : palpabiliter cernitur, ipsam summi Pontificis curiam maxima indigere reformatione, sicut omnia clamaverunt ultimo celebrata generalia Concilia p. 43 : Unde mihi vix credibile videtur, posse Ecclesiam generalem reformari, nisi curia Romana fuerit ante reformata. Quod tamen quam difficile sit, cursus temporum praesentium manifestat : cum nulla gens aut natio fidelium tantam resistentiam faciat reformationi universali Ecclesiae, sicut natio Italica, et alii eis applaudentes, spe promotionis, aut lucri, aut temporalis commodi, aut timore amissionis dignitatum ligati. Contremiscunt enim solo auditu congregationis generalis Concilii, cum sciant per experientiam, quod Concilia generalia palpare nesciunt, sed corrigere et emendare sine personarum acceptione : cum ibi congregentur de omnibus mundi partibus, qui vitiis non parcunt, nec amore nec timore seducti.—Praesidentes ex parte Papae Conciliis, quia vident contra dominum suum et contra se negotium Conciliorum disponi, quid aliud agere existimandi sunt, quam ut tota auctoritate decretis Conciliorum obicem ponant, aut per dissolutionem Conciliorum, aut per discordiarum seminationem : sicque opus totum redditur infectum, ac per hoc itur in antiquam sylvam, scil. erroris et tenebrarum.—Et ex hoc ortum est vulnus nescio quando curabile contra auctoritatem

Conciliorum generalium, ut abscedentibus Papa aut suis praesidentibus a loco Concilii, vel differentia exorta inter patres ejusdem, censeatur Concilium dissolutum, resideatque in persona Papae de plenitudine potestatis auctoritas dissolvendi aut transferendi generalia Concilia, prout Eugenius olim Papa de anno Domini 1437 fecisse comprobatur. Hocque venenum effusum est per eum in Ecclesiam, per adversarios Conciliorum indelebiliter observandum,—ad quod refugium habebunt in fulcimentum sui erroris, ut subterfugere valeant correctionem et reformationem : ita ut etiam modernis temporibus frontose aliqui altarum scientiarum viri dogmatizare audeant, in quolibet Papa residere plenitudinem potestatis, non solum super quolibet membro singulari Ecclesiae, sed et super totam Ecclesiam conciliariter congregatam, ad libitum ipsius disponendi, decretandi, dissolvendi, transferendi, corrigendi, et auctorizandi· ut nullus ei audeat dicere : cur ita facis ? Et sic totaliter nituntur suffocare auctoritatem Conciliorum. p. 48 : Et nisi in futuro Concilio celeri remedio provideatur huic veneno recenter introducto, de auctoritate Conciliorum supra Papam, cujus contrarium dogmatizant aliqui, et maxime de curia Papae et ejusdem assentatores : clarum est quanta inconvenientia inde sequantur. Primo quia datur Papae audacia impune peccandi et disponendi omnia negotia Ecclesiae ad libitum suum. Secundo quia datur subjectis in toto orbe occasio vilependendi, imo contemnendi omnes constitutiones, ordinationes et mandata Papae.—Tertio sequitur, quod si in antea fieret convocatio Concilii generalis, totius Germaniae Principes et Praelati, Doctores ac Magistri se subducerent a Concilio. — Exinde ludibrio ducerentur Concilia : maxime quia videmus, quod omnia, quae tantis laboribus, impendiis in retroactis Conciliis elaborata sunt, penitus irritantur, et tanquam pulveres ventis obnoxii conculcantur. Fontale vero principium omnium illorum malorum secundum Apostolum est cupiditas, quae sibi vendicat locum pene in omnibus Clericis : quoniam secundum Jeremiam a maximo usque ad minimum omnes avaritiae student. Ad quam satiandam non reperiunt ecclesiastici viri commodiorem opportunitatem, quam in adipiscendis dignitatibus et beneficiis ecclesiasticis. Et haec sentiunt conferri per Papam, qui sibi per haec attrahere consuevit pene totam ecclesiasticorum virorum cohortem. Ideo adhaerentiam copiosam sibi parit per horum provisionem p. 58 : quid ergo, putamusne, Ecclesiam posse recipere reformationem generalem, et quidem ad hunc statum devenire, ut omnia vitia tollantur ab Ecclesia ? Ego judico impossibile humano modo.—Sed est alia reformatio, de qua quaeritur, ut scilicet ea quae sint decolorativa statuum et personarum tam saecularium quam spiritualium ad rectam formam perducantur, ut reformatio pacis inter regna et principes, extirpatio haeresium et schismatum, simoniacae pravitatis a Curia Romana et ab omnibus Ecclesiae Praelatis, et concubinariorum repressionis etc.—Et quis omnia enarrare ac enumerare sufficiat, quibus Ecclesia modernis temporibus cernitur deformata? Putamusne haec omnia aliquando posse reformari ? Persuaderi mihi videor, quod nec aetas nostra nec futura haec patietur : quum non habeam rationes probantes, quomodo illud fieri possit. Primo propter inveteratam et inolitam consuetudinem, quae difficile curatur : secundo propter potentium tam in scripturis quam in altis dignitatibus resistentiam: tertio propter avaritiae morbum, qui ubique invaluit, maximeque in altis sedibus, quae nullo modo patientur sibi auferri honoris, fastus, divitiarum et voluptatis amplitudinem. Et qui amplius insistere deberent reformationibus, his pompis amplius delectantur, fingentes ipsis colores sub specie defensionis ecclesiasticae, ut ideo eos oporteat abundare, ne status eorum vilescat, et ut habeant armatam militiam, qua compescere valeant violentos et bonorum ecclesiasticorum detentores. Et ideo oportet, ut dicunt, eos fulcitos esse pluralitatibus beneficiorum atque dignitatum. p 62: Aestimo igitur mundum dietim decrescere in pravis moribus—usque ad profundum delictorum, quousque veniat filius perditionis etc. Joannes Episc. Chemensis onus Ecclesiae (see note 28) writes likewi-e A.D. 1519 cap. 19. § 16.: Reformatio vero non fiet, nisi in aliquo generali et libero candidoque Concilio, ubi Spiritui Sancto, non maligno, locus ad spirandum detur. Heu cum formidine conjicio, nostrum saeculum non esse dignum congregatione legitimi Concilii, in quo vitiis reprehensis et virtutibus promotis Ecclesia reformatur: adeo errorum illudimur operationibus. Concilia profecto debita raro et segniter celebrantur, vel Romae seu alibi coram potentibus tractantur, ubi humilibus et fidelibus non libera est expressio, ut in eis lente corrigantur ea quae divinum cultum, et Christianam religionem, reformationemque concernunt.

www.ingramcontent.com/pod-product-compliance
Lightning Source LLC
Chambersburg PA
CBHW071138300426
44113CB00009B/1012